EL CONTROL DE LA ACTIVIDAD ADMINISTRATIVA

COLECCIÓN DE DERECHO ADMINISTRATIVO COMPARADO

LIBARDO RODRÍGUEZ RODRÍGUEZ
(Director)

CONSEJO ACADÉMICO:

Christian PIELOW - Alemania
Juan Carlos CASSAGNE - Argentina
Ernesto JINESTA LOBO - Costa Rica
Luciano PAREJO ALFONSO - España
Jacqueline MORAND-DEVILLER - Francia
Luciano VANDELLI - Italia
Olivo RODRÍGUEZ H. - República Dominicana
Carlos DELPIAZZO - Uruguay
Allan Randolph BREWER-CARÍAS - Venezuela

COLECCIÓN DE DERECHO
ADMINISTRATIVO COMPARADO

LIBARDO RODRÍGUEZ R.
(Director)

VOLUMEN I

EL CONTROL DE LA ACTIVIDAD ADMINISTRATIVA

CARLOS DELPIAZZO
(Coordinador)

Volumen en homenaje al profesor
DIOGO DE FIGUEIREDO

EDITORIAL TEMIS S. A.
Bogotá - Colombia
2018

© Autores Varios, 2018.
© Editorial Temis S. A., 2018.
    Calle 17, núm. 68D-46, Bogotá.
    www.editorialtemis.com
    correo elec.: gerencia@editorialtemis.com

Hecho el depósito que exige la ley.
Impreso en Editorial Nomos S. A.
Diagonal 18 Bis, núm. 41-17, Bogotá.

ISBN 978-958-35-1170-7
        2935 20180010150

PRESENTACIÓN

El Instituto Internacional de Derecho Administrativo - IIDA (*www.iida-deradm.org*) es una institución sin ánimo de lucro, de carácter académico y científico, que tiene como objeto el fomento y la promoción de la ciencia del derecho administrativo en los diferentes países y en el marco de la comunidad internacional, para lo cual desarrolla actividades tendientes al cumplimiento de los siguientes objetivos específicos:

a) Promover el estudio, la investigación, la profundización y el conocimiento de las diversas expresiones del derecho administrativo en los diferentes países y desde la perspectiva del derecho comparado.

b) Propiciar la reflexión, el debate, el diálogo y el intercambio de ideas y experiencias entre sus miembros y entre ellos y otras personas o entidades interesadas en los temas propios del derecho administrativo.

c) Fomentar y fortalecer la docencia, la investigación, la divulgación y el desarrollo del derecho administrativo en los diferentes países.

d) Las demás que sean conducentes para el logro del objetivo general.

En cumplimiento de esos objetivos, el Instituto tiene la satisfacción de presentar a la comunidad jurídica la *Colección de Derecho Administrativo Comparado*, cuyo objeto es publicar obras colectivas sobre temas básicos y actuales del derecho administrativo, que permitan, sobre la base de trabajos nacionales que desarrollen el respectivo tema desde la perspectiva de cada país, acometer un análisis de derecho comparado que contribuya al mejor conocimiento y comprensión de esos temas.

Para lograr ese cometido comparatista, el contenido de cada uno de los trabajos, se circunscribe, en general, a los elementos conceptuales, doctrinales, normativos y jurisprudenciales vigentes en el respectivo país, sin perjuicio de las referencias necesarias a la doctrina, la normatividad y la jurisprudencia de otros ordenamientos jurídicos nacionales o internacionales que sean indispensables para la comprensión del propio ordenamiento nacional. Sobre esa base, el Coordinador del volumen respectivo diseña algunas pautas que permitan responder los interrogantes fundamentales que plantea el tema y que faciliten el análisis comparativo, los cuales deben ser respondidos por los autores, sin perjuicio de los demás análisis que ellos quieran incluir en el desarrollo del trabajo.

Con fundamento en los trabajos de los diferentes países, el Coordinador de cada volumen tendrá a su cargo la elaboración de un documento de análisis comparativo del tema al cual está dedicado el volumen respectivo.

En ese orden de ideas, el volumen I de la Colección, que hoy presentamos, está consagrado al tema de *El control de la actividad administrativa*, con el cual pretendemos tener una visión global de los diversos instrumentos de control de la Administración que se utilizan en los diferentes países y una visión comparativa de los mismos.

En este volumen I han participado académicos de trece países, miembros del Instituto, cuyas ponencias se publican en orden alfabético de los mismos países, junto con las traducciones al español de las ponencias correspondientes a Brasil, Francia e Italia, cuyas versiones originales fueron redactadas en la lengua materna de sus autores. Las traducciones han sido realizadas por otros administrativistas, algunos de ellos miembros del Instituto. La coordinación del volumen y el trabajo final de derecho comparado entre las trece ponencias ha estado a cargo del profesor uruguayo CARLOS DELPIAZZO, miembro del Consejo Directivo del Instituto.

De otra parte, este volumen está dedicado a la memoria del ilustre administrativista brasilero DIOGO DE FIGUEIREDO, miembro fundador del Instituto y autor de la ponencia sobre el *Control de la actividad administrativa* en ese país, que forma parte de este volumen, quien falleció el 1º de julio de 2017, apenas unos días después de haber hecho entrega de su trabajo, el cual es muy probable que haya sido el último aporte de su valiosa contribución a la ciencia del derecho administrativo.

La dirección de la Colección agradece a los autores, a los traductores, al coordinador y a las editoriales el aporte realizado, que contribuye, sin duda, al cumplimiento de los objetivos del Instituto.

LIBARDO RODRÍGUEZ RODRÍGUEZ
Presidente del IIDA

ÍNDICE GENERAL

CONTROL DE LA ACTIVIDAD ADMINISTRATIVA

DIOGO DE FIGUEIREDO

CHILE

EL CONTROL JURÍDICO DE LA ACTIVIDAD ADMINISTRATIVA EN CHILE. EVOLUCIÓN Y PANORÁMICA ACTUAL

Alejandro Vergara Blanco

COLOMBIA

LOS MEDIOS DE CONTROL DE LA ADMINISTRACIÓN EN COLOMBIA

Gustavo Quintero Navas
Jorge Enrique Santos Rodríguez

COSTA RICA

CONTROL DE LA FUNCIÓN ADMINISTRATIVA
EN COSTA RICA

Ernesto Jinesta L.

ECUADOR

LA ACTIVIDAD ESTATAL DE CONTROL
EN ECUADOR

Efraín Pérez

ESPAÑA

EL CONTROL DE LA ACTIVIDAD ADMINISTRATIVA EN EL DERECHO ESPAÑOL

Luciano Parejo Alfonso

FRANCIA

LE CONTRÔLE DE L'ADMINISTRATION EN FRANCE

Jacqueline Morand-Deviller

EL CONTROL DE LA ADMINISTRACIÓN EN FRANCIA

JACQUELINE MORAND-DEVILLER

ITALIA

IL CONTROLLO DELL'ATTIVITÀ AMMINISTRATIVA NEL DIRITTO COMPARATO

ALDO TRAVI

EL CONTROL DE LA ACTIVIDAD ADMINISTRATIVA EN EL DERECHO COMPARADO

Aldo Travi

MÉXICO

EL CONTROL DE LA ACTIVIDAD ADMINISTRATIVA EN MÉXICO

Luis José Béjar Rivera

PERÚ

EL CONTROL DE LA ADMINISTRACION PÚBLICA EN PERÚ

Jorge Danós Ordóñez

URUGUAY

CONTROL DE LA ACTIVIDAD ADMINISTRATIVA
EN URUGUAY

Augusto Durán Martínez

VENEZUELA

EL CONTROL DE LA ACTIVIDAD ADMINISTRATIVA
EN EL DERECHO VENEZOLANO

Allan R. Brewer-Carías

LOS SISTEMAS DE CONTROL
DE LA ACTIVIDAD ADMINISTRATIVA
EN EL DERECHO COMPARADO

Carlos E. Delpiazzo

ARGENTINA

EL CONTROL DE LA ACTIVIDAD ADMINISTRATIVA EN ARGENTINA

Juan Carlos Cassagne[*]

1. Introducción

Argentina adoptó, desde la sanción de la Constitución de 1853, la forma republicana y federal del gobierno, lo que significa que la titularidad del poder estatal tiene origen en la voluntad de su pueblo, aunque su ejercicio efectivo corresponde a los diversos órganos de gobierno y de la administración, quienes son responsables de rendir cuentas de sus actos a la ciudadanía. La forma republicana de gobierno implica la adopción de un sistema basado en el principio de la separación de poderes y el consecuente gobierno de la ley y no de los hombres (principio de legalidad) y además, supone la alternancia del poder y la publicidad de sus actos.

En la estructura constitucional argentina, el ejercicio de las funciones ordinarias del poder está distribuido entre el Congreso, que ejerce la función legislativa, la Corte Suprema de Justicia y demás tribunales inferiores, que ejercen la función judicial, y el presidente de la Nación, quien ejerce la función ejecutiva. Esta pluralidad de órganos tiene por finalidad hacer más eficiente el ejercicio del poder del Estado[1] y, para ello, se dan una serie de controles hori-

---

[*] Profesor Emérito de la UCA y Titular Consulto de la UBA.

[1] La Corte Suprema de Justicia argentina señaló que "la doctrina de la división de los poderes o de la separación de funciones, especialmente en nuestras sociedades modernas, halla su causa y su finalidad en la especialización que pide el cumplido ejercicio de las diversas funciones que deben satisfacer los Estados. La distribución de dichas funciones en órganos, cuya integración personal y medios instrumentales está pensada con arreglo a la especificidad de aquellas, es prenda de un mejor acierto de sus proyectos y realizaciones" ("C., M del C. B. de c/ Estado Nacional, Ministerio de Salud y Acción Social", fallos 310:120 [1987]).

A su vez, este mismo Tribunal, conforme a inveterada jurisprudencia, ha puesto de resalto que "siendo un principio fundamental de nuestro sistema político la división del gobierno en tres departamentos, el legislativo, el ejecutivo y el judicial, independientes y soberanos en su esfera, se sigue forzosamente que las atribuciones de cada uno le son peculiares y exclusivas; pues el uso concurrente o común de ellas haría necesariamente desaparecer la línea de separación entre los tres altos poderes políticos, y destruiría la base de nuestra forma de gobierno" (fallos 1:32; 338:1060, entre muchos otros). Sin embargo, la doctrina habla de funciones prevalecientes lo que no implica la división absoluta de las funciones ya que, por ejemplo, el

zontales intraórganos —es decir, dentro de cada uno— e interórganos —los que se traducen en las relaciones que operan entre los órganos gubernamentales—, a su vez que concurren con diversos controles verticales.

Asimismo, nuestro país ha adoptado el sistema federal de gobierno, el cual supone la coexistencia de dos órdenes de autoridades y distintas organizaciones administrativas (tanto concentradas o desconcentradas como centralizadas o jurídicamente descentralizada). Cada una de las 23 provincias —además de la Ciudad Autónoma de Buenos Aires, la cual goza de un estatus constitucional especial de autonomía— conserva todo el poder no asignado por la Constitución al gobierno federal, dándose sus propias instituciones y rigiéndose por ellas[2]. El federalismo supone, entonces, una forma efectiva de control al evitar la concentración del poder en el gobierno federal que, en el caso argentino, configura un federalismo relativo por la supremacía constitucional de la Nación o Estado Federal en virtud de las amplias atribuciones que la Constitución le ha conferido.

En este sentido, todo el accionar del Estado argentino halla su primer y último fundamento, además de su límite, en la Constitución Nacional y en el plexo de juridicidad que emana de ella. La vigencia irrestricta del orden jurídico permite que los individuos y las asociaciones alcancen el desarrollo más pleno de su propia perfección sabiendo que la Administración Pública debe comportarse dentro del marco de legitimidad que le impone la Ley Fundamental.

En la organización administrativa nacional, cuya titularidad corresponde al poder ejecutivo, existen dos estructuras básicas: la Administración central y la Administración descentralizada, ambas bajo la dirección de aquel poder (art. 99, inc. 1º de la Constitución Nacional argentina). La segunda, es decir la llamada jurídicamente descentralizada, supone la creación de nuevas entidades con personalidad jurídica propia vinculadas al poder ejecutivo mediante las llamadas relaciones de "tutela" o de "control administrativo". Situación análoga se reproduce en los ámbitos provinciales y municipales.

Si bien es cierto que la Administración debe ejercer sus potestades sobre la base de una habilitación otorgada previamente por la ley (potestades que pueden surgir de normas expresas, implícitas o inherentes), la ley positiva ha dejado de ser el centro del sistema jurídico, puesto que el clásico bloque de legalidad del que nos hablaba HAURIOU[3] (integrado por la ley y la costumbre)

---

poder ejecutivo tiene adjudicada la función reglamentaria que, desde el punto de vista material, es función legislativa; véase: JUAN CARLOS CASSAGNE, *Curso de derecho administrativo*, t. I, Buenos Aires, La Ley, 2016, págs. 33 y ss.

[2] Conf. arts. 5, 121 y 122 de la Constitución Nacional argentina.

[3] MAURICE HAURIOU, *Précis de droit administratif et de droit public*, 9ème éd., Paris, Sirey, 1919.

se integra también con los principios generales del derecho[4], que se expanden y desarrollan en forma extraordinaria[5], prevaleciendo sobre las leyes positivas[6].

De ese modo, todo el accionar del Estado debe encuadrarse en un marco de respeto prioritario al ordenamiento jurídico. En general, el principio de legalidad fue formulado en relación con el procedimiento administrativo recursivo bajo el nombre de "legalidad objetiva", explicándoselo en el sentido de que el procedimiento administrativo tiende no solo a la protección del recurrente o a la determinación de sus derechos, sino también a la defensa de la norma jurídica objetiva, con el fin de mantener el imperio de la legalidad y justicia en el funcionamiento administrativo[7].

En el campo de la Administración Pública, el principio de legalidad puede concebirse en varias acepciones. Por lo pronto, toda actuación administrativa debe fundarse en ley material (ley formal, reglamento administrativo, ordenanzas, etc.) y este es el sentido que cabe atribuir al artículo 19 de la Constitución Nacional argentina[8], que juega como garantía a favor de las personas afianzando la separación de poderes. Al propio tiempo, el principio de legalidad opera como una restricción al ejercicio del poder público, y exige ley formal o ley formal-material para aquellas actuaciones que interfieran en la libertad jurídica de los particulares (v. gr. arts. 16, 17, 18, 19 y 28 de la Constitución Nacional argentina).

El Máximo Tribunal de justicia de nuestro país ha señalado que de la premisa de que la actuación de la Administración debe ser legal surge que, si su actividad es contraria al ordenamiento jurídico, debe rectificarse, en primer término, por la propia Administración Pública y, a falta de ella, por el órgano jurisdiccional competente, pues el administrado debe tener garantías de justicia

---

[4] SANTIAGO MUÑOZ MACHADO, *Tratado de derecho administrativo*, t. I, 2ª ed., Madrid, Iustel, 2006, pág. 420.

[5] *Vid*. PEDRO J. J. COVIELLO, "Los principios generales del derecho frente a la ley y al reglamento en el derecho administrativo argentino", en *ReDA*, núm. 62, Buenos Aires, Lexis Nexis, 2007, págs. 1088 y ss.

[6] Así lo hemos sostenido en "Los principios generales del derecho en el derecho administrativo", Separata de la Academia Nacional de Derecho y Ciencias Sociales de Buenos Aires, 1988, pág. 34, y más recientemente en *Los grandes principios del derecho público constitucional y administrativo*, Buenos Aires, La Ley, 2015, págs. 156 y ss.; véase también: RAFAEL BIELSA, *Metodología jurídica*, Santa Fe, Castellví, 1961, págs. 102 y ss.

[7] Este modo de concebir el principio de legalidad fue recogido por la Procuración del Tesoro de la Nación argentina tanto antes del dictado de la Ley Nacional de Procedimientos Administrativos (dictámenes: 94:172), como después (dictámenes: 167:369). La invocación genérica del principio de legalidad objetiva como inspirador del procedimiento administrativo, puede verse, asimismo, en dictámenes: 86:285; 87:142; 91:209; 92:96; 94:172; 97:102; 114:180; 163:200; 167:369, entre muchos otros.

[8] JOSÉ O. CASÁS, *Derechos y garantías constitucionales del contribuyente*, Buenos Aires, Ad Hoc, 2002, pág. 232.

respecto de la Administración Pública[9]. Esta regla se traduce en la exigencia de que la actuación de la Administración debe siempre realizarse de conformidad al ordenamiento positivo, el cual limita o condiciona su poder jurídico.

En definitiva, el principio de legalidad (en sentido amplio, es decir comprendiendo también la justicia y razonabilidad) reposa en un fundamento de seguridad jurídica y de justicia, por cuanto se objetivan la competencia y los fines de la actividad de la Administración que no quedan librados al arbitrio subjetivo del gobernante o del funcionario.

Así lo ha remarcado la propia Corte Suprema de Justicia argentina al señalar "[...] que es inherente al ejercicio de la actividad administrativa que esta sea desempeñada conforme a la ley, pues constituye una de las expresiones del poder público estatal, que tiene el deber de someterse a ella. En esa sujeción al orden jurídico radica una de las bases del Estado de derecho, sin la cual no sería factible el logro de sus objetivos"[10]. La Procuración del Tesoro de la Nación se ha expedido en análogo sentido[11].

Ahora bien, hecha esta introducción respecto del régimen republicano y el sistema federal de gobierno que existe en Argentina, y la sumisión que la Administración le debe a la ley y a los principios generales del derecho argentino, corresponde, en consecuencia, adentrarnos en las diversas formas que existen de realizar un control de la actividad administrativa del Estado argentino.

Expone MARIENHOFF que en toda organización administrativa debe existir un sistema de control o de medios de fiscalización de la actividad de la Administración Pública y de la de quienes tratan con ella. Con este sistema de controles o de fiscalización se tiende a constituir un conjunto de garantías de legitimidad y de oportunidad en la actividad administrativa, a la vez que a lograr la eficiencia y moralidad dentro de la Administración[12].

Es por ello por lo que, a la luz de la legislación vigente y de la jurisprudencia de los tribunales argentinos, vamos a identificar y hacer el análisis de las principales herramientas respecto de cada uno de los medios de control en particular: en sede administrativa y en sede judicial, el control de los recursos públicos o financiero y, finalmente, el control ciudadano.

2. EL CONTROL DE LA ACTIVIDAD ADMINISTRATIVA

El reconocimiento de los principios constitucionales de razonabilidad y prohibición de arbitrariedad, ligados con el postulado de la división de pode-

---

[9] CSJN, 19/11/1992, "Naveiro de la Serna", fallos: 315:2771 (consid. 3º).

[10] *Ibidem.*

[11] Dictámenes PTN, 230:243.

[12] MIGUEL S. MARIENHOFF, *Tratado de derecho administrativo*, t. I, 5ª ed., 2ª reimp., Buenos Aires, Abeledo-Perrot, 2011, pág. 497.

res, conduce a que en el derecho argentino la Administración no pueda dictar actos irrazonables y arbitrarios.

Ello es una obligada consecuencia del principio de la tutela judicial efectiva, establecido en los pactos internacionales[13], que ha venido a ampliar el ámbito tradicional de la garantía de la defensa establecida en el artículo 18 de la Constitución Nacional argentina, en lo que atañe a: a) el acceso a la jurisdicción[14] y la inexigibilidad o relativización del reclamo administrativo previo[15]; b) la quiebra del principio revisor[16]; y c) el control judicial de los actos discrecionales; así como d) el reconocimiento de la responsabilidad del Estado[17], y e) la ejecución de las sentencias dictadas en su contra[18].

Respecto a la discrecionalidad, si se reconoce que alguna zona de la actividad del Estado, particularmente, los juicios técnicos o de oportunidad que lleva a cabo la Administración, se encuentra exenta del control jurisdiccional, no habría tutela judicial pues esta sería solo formal y carente de efectividad.

Hay que tener en cuenta que en la conformación política actual de la separación de poderes en los Estados modernos (en las que las mayorías legislativas gobernantes han diluido, en gran parte, la independencia del poder legislativo), el poder judicial se afirma como el principal custodio de las libertades y demás derechos e intereses individuales y colectivos.

A) *Control en sede administrativa: los recursos administrativos*

Analicemos, entonces, el primer ámbito de control de la actividad administrativa: el control dentro de su propio ámbito, es decir, el control en sede administrativa.

[13] Arts. 8 y 25 de la Convención Americana de los Derechos Humanos (Pacto San José de Costa Rica) incorporada a la Constitución por el art. 75 inc. 22; véase: DOMINGO SESÍN, *Administración pública, actividad reglada, discrecional y técnica*, 2ª ed., Buenos Aires, LexisNexis, 2004, pág. 34, considera —en postura que compartimos— que la garantía de defensa prevista en el art. 18 de la Constitución Nacional se integra con el principio de la tutela judicial efectiva.

[14] Cfr. PEDRO ABERASTURY, *La justicia administrativa*, Buenos Aires, LexisNexis, 2006, pág. 51.

[15] DANIEL FERNANDO SORIA, "Las vías administrativas previas en el contencioso federal contra la Administración", en JUAN CARLOS CASSAGNE (Dir.), *Derecho procesal administrativo*, Homenaje a Jesús González Pérez, t. I, Buenos Aires, Hammurabi, 2004, pág. 809.

[16] *Vid.* PABLO E. PERRINO, "La inactividad administrativa y su control judicial", en *RAP*, núm. 269, Buenos Aires, 2001, págs. 9-11, relaciona el quiebre del principio revisor con la posibilidad de juzgar la inactividad administrativa.

[17] Cfr. CARLOS E. DELPIAZZO, "Responsabilidad del Estado y tutela jurisdiccional efectiva", en *Estudios Jurídicos en Homenaje al Profesor Mariano R. Brito*, Montevideo, Fundación de Cultura Universitaria, 2008, págs. 981 y ss.

[18] JUAN CARLOS CAJARVILLE PELUFFO, "Incumplimiento de sentencias y responsabilidad estatal", en *Estudios Jurídicos en Homenaje al Profesor Mariano R. Brito*, cit., págs. 934 y ss.

Es por todos sabido que un recurso administrativo es toda impugnación de un acto o reglamento administrativo que se dirige a obtener del órgano emisor del acto, del superior jerárquico u órgano que ejerce el control de tutela, la revocación, modificación o saneamiento del acto impugnado[19]. Se parte de la idea de la disconformidad del afectado y la necesidad de asegurar una revisión luego de su dictado.

Lo esencial del recurso administrativo consiste en que se trata de un acto de impugnación de un acto o reglamento administrativo anterior, que da lugar a un nuevo procedimiento[20] que posee carácter administrativo, desde el punto de vista material. Eso es así porque su resolución se canaliza mediante la emisión de un nuevo acto que traduce la función administrativa (en sentido material u objetivo) por parte de un órgano del Estado.

En nuestro país, a diferencia de los recursos, las meras reclamaciones no son, en principio, medios para impugnar actos administrativos. Se trata de articulaciones, que pueden o no tener contenido jurídico, que presenta el administrado en ejercicio del derecho de peticionar ante las autoridades administrativas (art. 14, Constitución Nacional argentina) tendientes a obtener el dictado de un acto favorable o a provocar el ejercicio de la potestad revocatoria *ex officio* que, en algunos supuestos, puede ejercer la Administración, aun cuando no hubiera un recurso administrativo formalmente planteado.

Las meras reclamaciones también se distinguen de los recurso en que, en principio, la Administración no se encuentra obligada a tramitarlas ni a dictar resolución definitiva, salvo en aquellos casos en que el titular poseyere un derecho subjetivo, que tuviera su fuente en la ley, reglamento, acto o contrato administrativo.

Al lado de las meras reclamaciones se hallan las reclamaciones regladas, donde, aun cuando no se impugna un acto administrativo (v. gr., la queja), la Administración tiene el deber de tramitarlas.

Un capítulo aparte corresponde a aquellas reclamaciones o "reclamos" reglados que constituyen un procedimiento previo para la habilitación de la instancia judicial, tales como la reclamación administrativa previa y el

---

[19] Héctor J. Escola, *Tratado general de procedimiento administrativo*, Buenos Aires, Depalma, 1973, pág. 254; Fernando Garrido Falla, *Régimen de impugnación de los actos administrativos*, Instituto de Estudios Políticos, 1956, pág. 288; Enrique Sayagués Laso, *Tratado de derecho administrativo*, t. I, Montevideo, Talleres Gráficos Barreiro, 1963, págs. 470-471.

[20] Jesús González Pérez, *Comentarios a la Ley de Procedimiento Administrativo*, Madrid, Civitas, 1977, pág. 705; Íd., *Manual de procedimientos administrativos*, Madrid, Civitas, 2002, pág. 559.

reclamo impropio que se exige para impugnar reglamentos en sede judicial[21]. En realidad, son recaudos procesales de la acción o del recurso contencioso-administrativo, no participando de la naturaleza de las meras reclamaciones administrativas ni de aquellas que se encuentran regladas; aunque no pertenecen a las vías recursivas, estos "reclamos" pueden también tener por objeto la impugnación de un acto administrativo en forma directa o indirecta, si se reclamaren, por ejemplo, daños y perjuicios.

A su vez, la denuncia administrativa, que a diferencia de los recursos y reclamaciones puede formular el portador de un interés simple, consiste en el acto por cuyo mérito un particular pone en conocimiento del órgano administrativo la comisión de un hecho ilícito o la irregularidad de un acto administrativo o reglamento, sin que exista obligación de tramitarla ni de decidirla por la Administración Pública. Puede ocurrir, no obstante, que una vez acogida la denuncia, el administrado posea un verdadero poder jurídico para que esta se tramite como recurso. Es lo que acontece con la llamada "denuncia de ilegitimidad" que se encuentra reglada en el ordenamiento positivo nacional[22].

Hecha esta introducción, es menester señalar que el recurso administrativo constituye una herramienta necesaria para realizar un control de la actividad administrativa. Tratándose de una declaración de voluntad del particular que produce efectos jurídicos respecto de la Administración y las demás personas legitimadas en el procedimiento, es evidente que el recurso administrativo es un acto jurídico y no un derecho[23]. No debe confundirse, pues, el derecho de recurrir que es emanación conjunta del derecho de peticionar a las autoridades y de la garantía de defensa trasladada al plano administrativo, con su manifestación concretada en el acto por el cual se recurre. Este último es el recurso, siendo su verdadera naturaleza la de un acto de derecho público[24].

El recurso administrativo integra el núcleo impugnatorio del procedimiento administrativo y al pertenecer a la función administrativa, en sentido material u objetivo, se rige por los principios inherentes a dicha función. Los recursos contencioso-administrativos —al igual que las acciones de ese carácter— se

---

[21] Arts. 30 y ss. (con las reformas de la ley 25.344) y art. 24, inc. a), respectivamente. Por las razones que damos en el texto nos parece más apropiado denominar a estos medios "reclamos" y no "reclamaciones", no obstante reconocer que, en la práctica, se usan indistintamente ambos conceptos.

[22] Art. 1º, inc. e), ap. 6, Ley Nacional de Procedimientos Administrativos, con las modificaciones de la ley 21.686.

[23] Conf. Jesús González Pérez, *Comentarios a la ley de procedimientos administrativos*, cit., pág. 704.

[24] Conf. Manuel M. Díez, *El acto administrativo*, 2ª ed., Buenos Aires, TEA, 1961, pág. 95.

ubican en el proceso judicial de esa especie, cuyas controversias debe resolver, en nuestro país, el poder judicial[25].

Entre un tipo y otro de recurso existen los llamados recursos jurisdiccionales ante la Administración, que solo se admiten por vía excepcional cuando la ley hubiera atribuido, por razones de idoneidad técnica, el juzgamiento de ciertas causas a tribunales administrativos (v. gr., Tribunal Fiscal de la Nación) o a los entes reguladores[26] siempre que el poder judicial conserve el control de la decisión final de la controversia.

Sin embargo, los recursos jurisdiccionales ante la Administración, aun cuando poseen ciertas características peculiares, no son recursos administrativos, participando del régimen de los recursos contencioso-administrativos o de las acciones de esta naturaleza. Por tal causa, la decisión en esta clase de recursos constituye el equivalente de la sentencia judicial.

De esa manera, mientras la decisión que se adopte en un recurso administrativo de reconsideración puede revocarse siempre en beneficio del administrado, ello no puede acontecer en el caso de los recursos que se promueven para excitar la función jurisdiccional, donde las resoluciones que decidan las pertinentes controversias se encuentran alcanzadas por el principio de la cosa juzgada, además de otras importantes diferencias (v. gr., imposibilidad de la avocación).

Por tal causa, la decisión que se adopte en un recurso administrativo no posee sustancia jurisdiccional, como lo sostuvieron algunos autores[27], sino que tiene naturaleza materialmente administrativa[28], de lo cual se deriva que mientras un recurso contencioso-administrativo debe motivarse exclusivamente en consideraciones jurídicas inherentes a la ilegitimidad, el recurso administrativo puede apoyarse en meras razones de oportunidad[29].

En definitiva, los recursos administrativos son una efectiva herramienta de control en tanto, al permitirle al particular ejercer su derecho a ser oído antes

---

[25] Estos recursos o acciones contencioso-administrativas se tramitan según las reglas de la función jurisdiccional, siendo una de las más importantes, la de la cosa juzgada.

[26] Configurándose, en tales casos, una jurisdicción primaria administrativa; véase sobre esta cuestión HÉCTOR HUICI, *La actividad jurisdiccional de los entes reguladores*, La Ley, 1996-B-843.

[27] RAFAEL BIELSA, *Derecho administrativo*, t. v, Buenos Aires, Ateneo, 1956, pág. 135; MIGUEL S. MARIENHOFF, *Tratado de derecho administrativo*, cit., págs. 537 y ss.

[28] Es la opinión mayoritaria en la doctrina: MARCEL WALINE, *Droit administratif*, 9ème éd., Paris, Sirey, 1963, págs. 195 y ss., esp., pág. 196 (núm. 321), donde destaca el interés de la distinción; ENRIQUE SAYAGUÉS LASO, *Tratado de derecho administrativo*, t. I, cit., pág. 171; JOSÉ R. DROMI, *Instituciones de derecho administrativo*, Buenos Aires, Astrea, 1973, págs. 517-518.

[29] FRANCIS P. BENOIT, *Le droit administratif français*, Paris, Dalloz, 1968, pág. 374.

de que se decida, obliga a la Administración a revisar su propia actividad en caso que el administrado se muestre disconforme.

Así, en el supuesto del recurso jerárquico, se da un control jerárquico, es decir, del órgano superior sobre el inferior, permitiendo al decisor revocar, sustituir o modificar el acto. Mientras que en el caso del recurso de alzada, se da un control de tutela o jerárquico atenuado, por un órgano de la Administración central sobre los órganos de las entidades descentralizadas, siendo únicamente revisable la legitimidad y procedimiento, en principio, solo la revocación del acto impugnado.

B) *Control en sede judicial*

a) *Alcance del control judicial de la discrecionalidad y la posibilidad de que el juez sustituya la actividad administrativa.* Como es sabido, las cuestiones que suscitan mayores discrepancias doctrinarias tienen que ver con el alcance del control judicial de la discrecionalidad y la posibilidad de que el juez sustituya la actividad administrativa. Sucintamente, nos proponemos ver a continuación, cómo se ejerce el control judicial de la actividad administrativa.

a') *El control de la causa del acto administrativo (antecedentes de hecho y de derecho).* En la doctrina francesa se sostuvo que el control de los hechos era una de las herramientas más útiles para fiscalizar los poderes discrecionales[30]. En Argentina, no pueden caber dudas acerca de que al controlar el ejercicio de poderes discrecionales de la Administración los jueces pueden revisar y verificar, plenamente, la materialidad y exactitud de los hechos y del derecho[31], es decir, lo que en nuestro ordenamiento configura, como se ha apuntado, la causa del acto administrativo[32]. La observancia del principio de la tutela judicial efectiva, además de la necesidad de una revisión judicial plena de toda la actividad administrativa —con un amplio marco de debate y prueba—así lo impone.

La Corte Suprema de Justicia argentina sostuvo, en el caso "López de Reyes"[33], respecto de una persona afectada por una decisión del Instituto Nacional de Previsión Social a quien se le había negado el derecho a obtener una jubilación por incapacidad, la potestad constitucional de los jueces para revisar los hechos de la causa. El voto del juez Boffi Boggero expresa, a nuestro juicio, la línea jurisprudencial correcta: "la revisión por los jueces no puede entonces

---

[30] Marcel Waline, "Le pouvoir discrétionnaire de l'administration et sa limitation par le contrôle jurisdictionnel", en *Revue du Droit Public*, Paris, 1930, págs. 218 y ss.

[31] Domingo Sesín, *Administración pública, actividad reglada, discrecional y técnica*, cit., pág. 307.

[32] Art. 7, inc. b), de la Ley Nacional de Procedimientos Administrativos.

[33] Fallos, 244:548 (1959).

quedar reducida [...] al aspecto que se vincula con la correcta aplicación de las normas jurídicas por el organismo administrativo, sino que, teniendo en cuenta que los procesos judiciales se integran, al menos en una instancia, con la faz 'de hecho' y con la 'de derecho', esa revisión ha de penetrar el examen de los hechos, aspecto esencial que no puede ventilarse solamente en la órbita administrativa sin que los principios precedentemente expuestos quedasen transgredidos. Que si, como aconteció en esta causa, se dejare exclusivamente en manos de la Administración lo que concierne a la prueba de los hechos, todo agravio legítimo al respecto quedaría fuera del examen judicial, sin que el afiliado tuviese la oportunidad, entonces, de reclamar por la violación de sus derechos ante los órganos que la Constitución prevé a esos efectos. Y es fácil concluir que una indebida fijación de los hechos no puede ser subsanada con una acertada selección de normas jurídicas porque sería equivocado el presupuesto de que entonces se habría partido en el acto de juzgar".

Luego, en la causa "Marra de Melincoff"[34], el Máximo Tribunal argentino precisó que el "control de legalidad supone la debida aplicación por el órgano administrativo de las normas estatutarias, de manera que tanto la descripción como la clasificación de los hechos sea correcta".

b') *El control judicial de las cuestiones técnicas.* Según SESÍN, el fenómeno de la revisión judicial de las decisiones basadas en juicios técnicos debe ser descompuesto en dos aspectos: "a) reglas técnicas tolerables o indiscutibles que como tales son adoptadas por el ordenamiento pasando a formar parte del bloque reglado o vinculado, y b) discrecionalidad que se individualiza en la valoración subjetiva y la posibilidad de elegir dentro de la juridicidad"[35].

Lo técnico forma parte del mundo jurídico y del control de razonabilidad porque de lo contrario, si los juicios técnicos fueran inmunes al control de los jueces, se cercenaría la tutela judicial efectiva[36], uno de los pilares en que se asienta el Estado de derecho.

Ahora bien, creemos que no es posible extender o proyectar en nuestro sistema el criterio de la deferencia, propio del derecho norteamericano, según el cual los jueces no penetran en el análisis de los juicios técnicos o especializados de la Administración, salvo irrazonabilidad grave o manifiesta[37]. Ello en tanto el control judicial de las cuestiones técnicas no implica invadir zonas reservadas a otros poderes del Estado, sino simplemente, permitirle al juez controlar, por medio de peritos, el ejercicio correcto y razonable de los juicios

---

[34] Fallos, 306:820 (1984).

[35] DOMINGO SESÍN, *Administración pública, actividad reglada, discrecional y técnica*, cit., pág. 173.

[36] *Ibidem.*

[37] *Vid.* CARLOS F. BALBÍN, *Curso de derecho administrativo*, t. I, Buenos Aires, La Ley, 2007, págs. 518- 519.

técnicos de la Administración por más "alta complejidad" que contengan. La "alta complejidad", entonces, no puede erigirse en argumento que justifique o valide la elusión que realice un juez respecto del control de la actividad administrativa que les asigna e impone la Constitución.

c') *El control de los aspectos vinculados a la oportunidad o mérito de las decisiones administrativas.* El meollo de las discusiones teóricas y de las tendencias jurisprudenciales encuentra su punto de inflexión en aquellos aspectos de la actividad administrativa en los que la Administración ha emitido juicios de oportunidad o mérito que, por una peculiar y errónea interpretación de la teoría de la separación de los poderes, algunos consideran que se encuentran exentos del control judicial.

En efecto, la clásica división existente en Francia entre legalidad y oportunidad (que también recoge nuestra Ley Nacional de Procedimientos Administrativos —arts. 17 y 18— con respecto a la potestad revocatoria) se ha trasladado sin más al ámbito del control judicial de los juicios de oportunidad o mérito, sin reparar que en el esquema constitucional argentino de separación de los poderes, no se opera una división rígida de las funciones (como en el sistema francés) sino flexible[38].

De ese modo, en el sistema judicialista que consagra la Constitución argentina (en sus arts. 18, 108, 109, 116 y 117) y en el Preámbulo (en cuanto postula el objetivo de "afianzar la justicia") no pueden excluirse, en principio, porciones de la actividad del poder ejecutivo que sean inmunes al control judicial[39], habida cuenta que dicho control debe ser amplio y suficiente conforme a los principios sentados por la propia Corte Suprema de Justicia.

En este sentido, los juicios de oportunidad son objeto de control judicial en forma plena y cuando traducen el ejercicio de poderes discrecionales, los jueces se hallan facultados para controlar la razonabilidad de la actuación administrativa, aun cuando la arbitrariedad que exhiben no sea manifiesta. Porque la circunstancia de que un defecto resulte patente, notorio u ostensible no tiene por qué limitar el alcance del control habida cuenta de la posibilidad que ofrece la técnica del control judicial suficiente (en cuanto al derecho de ofrecer y producir prueba, en sede judicial).

d') *La posibilidad de sustitución judicial de la decisión administrativa.* Por último, otro aspecto que se plantea en la revisión judicial de los juicios de oportunidad que emite la Administración se basa en el argumento de que la decisión judicial no puede sustituir las razones de oportunidad o la apreciación del interés público que lleva a cabo el órgano administrativo.

---

[38] Ampliar en JORGE TRISTÁN BOSCH, *¿Tribunales judiciales o tribunales administrativos para juzgar a la Administración Pública?*, Buenos Aires, Zavalía, 1951, págs. 37 y ss.

[39] Véase JUAN CARLOS CASSAGNE y TOMÁS RAMÓN FERNÁNDEZ, *Sobre la ley, el poder discrecional y el derecho,* Buenos Aires, Abeledo-Perrot, 2014, págs. 121 y ss.

La idea de que ello violaría la separación de poderes o la zona de reserva de la Administración está presente en alguna de las construcciones que restringen el alcance de las decisiones judiciales a la declaración de invalidez de los actos administrativos. Sin embargo, una mínima reflexión sobre el punto, tiene que admitir, desde un punto de vista lógico, que todas las sentencias que hacen lugar a los recursos a acciones promovidas contra la Administración o el Estado (*lato sensu*) implican, en algunos casos, una suerte de sustitución en la medida que dejan sin efecto un acto sustituyéndolo por otro, por más que este constituya su negación o rechazo, y la sustitución aparezca subsumida en la declaración de invalidez.

El problema es complejo y no parece encontrar una respuesta precisa ni rígida dentro del cauce de la Constitución argentina. Va de suyo que, en los casos notorios, la decisión judicial no puede avanzar sobre las típicas funciones de legislar y de administrar que, en forma prevaleciente, tuvieran adjudicadas en el esquema constitucional argentino, el legislativo y el ejecutivo.

Nadie podría sostener que un juez posee competencia constitucional para disponer el sitio o lugar por donde debe pasar una carretera ya que los jueces limitan su actuación ante la presencia de un caso (art. 2º de la ley 27). Al no existir un derecho o interés en el trazado, no hay conflicto o caso que justifique la función jurisdiccional. En cambio, el juez podría disponer, si el trazado es caprichoso y, por tanto, irrazonable y lesiona el derecho de propiedad de una persona[40], que la Administración deje sin efecto el trazado y realice uno nuevo. Esta sería, desde luego, una situación extrema que pondría a prueba la prudencia y el equilibrio que debe caracterizar a toda decisión judicial que sobre la base de la armonía de los poderes respete el esquema divisorio.

La cuestión ha de apreciarse, fundamentalmente, desde la posición constitucional del juez[41] al que la Ley Fundamental argentina le encomienda la función de decidir, fundadamente, una controversia con fuerza de verdad legal para realizar la tutela efectiva de los derechos vulnerados y debe verse, además, con el alcance que tienen las sentencias que se dictan contra la Administración que, en muchas ocasiones, va más allá de la declaración de nulidad, cuando modifican un acto administrativo (ej. en materia sancionatoria) o bien, disponen una condena consistente en el pago de una indemnización o la ejecución de una sentencia de dar sumas de dinero, en el supuesto que la Administración no la cumpla voluntariamente. Es evidente que, en todos estos casos hay, de algún modo, una suerte de sustitución del acto que la Administración ha dictado o no quiere dictar.

Resulta advertible, por fin, que en el análisis del fenómeno del control judicial de la discrecionalidad se ha operado un cambio de sentido en la direc-

---

[40] Tomás Ramón Fernández, *De la arbitrariedad de la administración*, Madrid, Civitas, 1994, págs. 170-171.

[41] *Ibidem.*

ción marcada en el siglo anterior, que postulaba la exención del control por los jueces en una amplia zona de la actividad no reglada de la Administración y que justificaba esa solución en las clásicas técnicas propias de la interpretación y aplicación del derecho.

No solo el juez está obligado por el principio de tutela judicial efectiva y por la prohibición de arbitrariedad, a integrar en forma racional y razonable sus decisiones con el auxilio de los principios generales del derecho y los provenientes de la justicia material, sino que la Administración está paralelamente sometida a un control pleno[42] y suficiente por parte de los jueces, cuyas decisiones puede excepcionalmente sustituir, sin incurrir en exceso de jurisdicción. Y es evidente que en la delimitación de esta frontera se halla la clave para el correcto funcionamiento de un Estado de Derecho que sostenga y afirme principalmente las libertades y los demás derechos e intereses, tanto individuales como colectivos, de todas las personas.

b) *La acción declarativa de inconstitucionalidad.* En segundo lugar, creemos conveniente dedicar unas líneas a la acción declarativa de inconstitucionalidad, que no es otra cosa que el instituto de control que tutela, ante los estrados judiciales, la primacía del poder constituyente sobre el poder constituido, en cuanto hace efectivo el carácter supremo de la Carta Magna argentina (art. 31). Su finalidad es la de preservar los derechos fundamentales, y demás derechos y garantías reconocidos en la Ley Fundamental, mediante la declaración de inconstitucionalidad de un acto o una norma que repugna el sistema constitucional argentino.

Nuestro sistema, al igual que el norteamericano, es un sistema de poderes limitados y separados, y de control recíproco, para lo cual resulta indispensable que los poderes constituidos —incluido al legislativo— ajusten su actuación al cuerpo de normas y principios estables que prescriben las cartas constitucionales, a fin de garantizar así el equilibrio entre los órganos que ejercen el poder estatal y su independencia funcional.

El reconocimiento de la acción declarativa de inconstitucionalidad en Argentina, si bien registraba antecedentes que podrían reputarse favorables a su admisión constitucional[43], ocurrió finalmente en 1985, al resolver la Corte Suprema de Justicia el caso "Santiago del Estero c/Nación Argentina"[44]. Para arribar a la admisión de esta acción, la jurisprudencia argentina tuvo que superar varios escollos producto de una interpretación constitucional basada en

---

[42] Véase JUAN OCTAVIO GAUNA, "La problemática del control judicial de los actos de la Administración Pública", La Ley, 1979-C, 922 y ss. A pesar de los años transcurridos, este excelente trabajo doctrinario de GAUNA no ha perdido actualidad y conserva, aún hoy, una vigencia real.

[43] Señalados en el dictamen del procurador general de la Nación Dr. Eduardo H. Marquardt, en el caso "Hidronor c/ Provincia de Neuquén" (Fallos 307:1387).

[44] Fallos 307:1379.

un círculo de argumentos que implicaban una falsa petición de principios tan erróneos como contradictorios.

Esa senda jurisprudencial, que negaba la acción declarativa de inconstitucionalidad, particularmente de leyes, no fue la seguida por el derecho norteamericano en la década del treinta del pasado siglo, cuando reconoció la aptitud de la acción declarativa[45] para configurar en caso o controversia. Por el contrario, la Corte Suprema Argentina, con apoyo en los artículos 100 y 101 de la Constitución Nacional y en el artículo 2º de la ley 27, consideró que la actuación de los tribunales judiciales no podría invadir el ámbito reservado al poder legislativo mediante la emisión de declaraciones generales y abstractas[46], en la inteligencia de que la aceptación de esta clase de acciones conculcaba el principio de la separación de los poderes.

En esa línea, la Corte argentina entendía que de aceptarse la procedencia de las acciones declarativas de inconstitucionalidad de las leyes ello implicaba violar la presunción de validez de las leyes y, en el caso, de actos administrativos, que el reconocimiento de la acción afectaba la presunción de legitimidad de los actos administrativos. Por ese motivo, se acudía a un concepto restringido de la actividad del poder judicial concibiéndola solo como una función reparadora y retributiva de lesiones materiales causadas al derecho ajeno.

En cualquier caso, la tendencia jurisprudencial negatoria de la acción declarativa envolvía una contradicción con el sistema constitucional ya que por aplicación de esa doctrina, en las acciones declarativas admitidas por los ordenamientos provinciales en los que se ventilaban puntos de derecho federal, la Corte no podría conocer de ellas por vía de la apelación extraordinaria, con lo que se frustraba el control constitucional que le corresponde ejercer al Alto Tribunal argentino.

Resta por decir que el argumento que fundaba la improcedencia de las acciones declarativas de inconstitucionalidad, basado en la presunción de validez de las leyes, no reviste el menor análisis por cuanto la admisibilidad de esta clase de acciones (siempre que no se trate de consultas, juicios hipotéticos o declaraciones)[47] lejos de conculcar el principio de la separación de poderes viene a reforzarlo, pues, de lo contrario, el poder legislativo podría violar la Constitución sin que el poder judicial pueda ejercer el control de constitu-

---

[45] ALBERTO B. BIANCHI, "La acción declarativa de inconstitucionalidad", en *Tratado general de derecho procesal administrativo*, 2ª ed., t. II, Buenos Aires, La Ley, 2011, págs. 757 y ss.

[46] Fallos 307:1387. Sobre la imposibilidad de que el poder judicial emita declaraciones abstractas o juicios académicos ver: CARLOS J. LAPLACETTE, *Recurso extraordinario federal. Análisis teórico y práctico*, Buenos Aires, La Ley, 2011, págs. 34-39.

[47] NÉSTOR PEDRO SAGÜÉS, *Elementos de derecho constitucional*, t. I, 3ª ed., Buenos Aires, Astrea, 2003, págs. 178-179, señala que en el control abstracto de inconstitucionalidad (como acontece en las naciones populares) el demandante puede no hallarse "involucrado en una relación jurídica específica donde se aplique la norma que él juzga inconstitucional".

cionalidad en los casos concretos sometidos a su juzgamiento, además de la circunstancia de que tal presunción de validez no surge del texto constitucional ni de ningún principio general de derecho. Lo mismo acontece con la llamada presunción de legitimidad del acto administrativo que, en todo caso, no constituye un principio absoluto dado que, frente a la presencia de nulidades ostensibles o manifiestas, dicho principio, en la realidad, cede.

Durante mucho tiempo se utilizó, en nuestro país, el mecanismo de la acción meramente declarativa prevista en el artículo 322 del Código Procesal Civil y Comercial de la Nación como la vía apta para canalizar esta clase de pretensiones[48]. No obstante, en muchos casos esta regulación se mostró insuficiente e inaplicable[49], lo que determinó que, frente a la ausencia de un marco legal positivo, la acción declarativa de inconstitucionalidad procediera y fuera admitida por los tribunales en razón de encontrar sustento en el principio de la tutela judicial efectiva que se desprende de los artículos 8º y 25 de la Convención Americana de Derechos Humanos, además de que contribuye al objetivo de "afianzar la justicia" que prescribe el preámbulo de la Constitución Nacional.

Asimismo, es importante destacar que en forma paralela o mediante acumulación con otras pretensiones (según los distintos casos en que ello proceda), la pretensión de inconstitucionalidad de leyes, reglamentos y actos administrativos puede canalizarse a través de: a) la acción declarativa directa de constitucionalidad; b) la acción de amparo prevista en el artículo 43 de la Constitución, y c) el proceso de impugnación de reglamentos y actos administrativos que prescriben los artículos 23 y 24 de la Ley Nacional de Procedimientos Administrativos.

En definitiva, mediante un análisis empírico, es dable afirmar que la admisibilidad por los jueces de estas pretensiones declarativas de inconstitucionalidad se acrecentó con el nuevo constitucionalismo. Las transformaciones que han acontecido en el plano del papel del juez y de la jerarquía de las fuentes, como consecuencia de la pérdida de la centralidad de la ley y de la prevalencia de los principios generales y de los tratados internacionales sobre las leyes, hicieron que se potencie la función jurisdiccional en la creación del derecho aplicable en cada caso. El juez dejó de erigirse en un mero aplicador de la norma escrita mediante un proceso de subsunción, o incluso de deducción, sino que tiene que integrar ante todo los principios generales a la solución de

---

[48] Sin embargo, cabe tener presente que esta norma fue diseñada para regir en las relaciones entre particulares y, ante el vacío legislativo existente, solo por analogía puede acudirse a ella en el derecho público, porque los requisitos que contemplan no resultan compatibles, en todos los supuestos, con las situaciones que vinculan a los particulares y el Estado, cuando se emiten leyes, reglamentos o actos inconstitucionales.

[49] ALBERTO B. BIANCHI, *Control de constitucionalidad*, t. 1, Buenos Aires, Ábaco, 1992, pág. 414, señala que el art. 322 del Código Procesal Civil y Comercial de la Nación "está claramente desbordado con la acción declarativa creada por la Corte".

la controversia mediante una ponderación razonable de todos los principios y normas atinentes al caso que debe resolver. Es en este marco donde la acción declarativa de inconstitucionalidad cobra todo su vigor, al penetrar en el sistema jurídico erigiéndose en valioso instrumento de control de la legalidad administrativa, al corroborar que su actuación se dé al amparo del plexo constitucional.

c) *El amparo*. Son varias sus modalidades:

a') *El amparo por mora de la Administración*. A los fines de contrarrestar la inactividad de la Administración, y con el único objetivo de asegurar el debido proceso adjetivo durante la sustanciación del procedimiento administrativo, el administrado cuenta con la posibilidad de ejercer su derecho de control mediante la interposición de un amparo por mora de la actividad administrativa.

En el ámbito nacional, existen dos instrumentos administrativos sumamente útiles para urgir una decisión fundada de la Administración: el silencio y la queja[50]; sin embargo, nos limitaremos aquí a explicar en qué consiste la acción judicial de amparo, tanto por morosidad de la Administración como contra actos arbitrarios o ilegítimos del Estado.

Sabido es que el derecho de peticionar ante las autoridades[51], reconocido expresamente en el artículo 14 de la Constitución Nacional, y en el artículo

---

[50] Con el objeto de corregir los defectos de trámite y particularmente el incumplimiento de los plazos legales o reglamentarios del procedimiento administrativo se le concede al administrado —por medio de la queja— la potestad de acudir ante el superior jerárquico inmediato, a efectos de que este disponga las medidas necesarias para subsanar las anormalidades incurridas en las actuaciones. Se trata de una vía administrativa que no constituye técnicamente un recurso, en razón de que con ella el administrado no pretende la impugnación de acto alguno sobre la base de un fundamento que se apoya en el principio de economía procesal, reconocido por la Ley Nacional de Procedimientos Administrativos.

En el procedimiento administrativo la queja cumple una doble función, ya que no solo corrige defectos de los actos ya dictados, sino que también hace posible que el administrado disponga de un remedio frente a la mora de la Administración en cumplir con su deber de dictar el acto administrativo pertinente, con independencia de la facultad del particular de poner en funcionamiento el silencio (denegatoria tácita) o el amparo judicial por la morosidad administrativa.

Así, al no pretenderse con la queja la impugnación de los actos administrativos, esta constituye una reclamación (en idéntico sentido, véanse FERNANDO GARRIDO FALLA, *Tratado de derecho administrativo*, t. III, Madrid, Centro de Estudios Constitucionales, 1980, pág. 164; TOMÁS HUTCHINSON, *La Ley Nacional de Procedimientos Administrativos. Ley 19.549, comentada, anotada y concordada con normas provinciales*, t. II, Buenos Aires, Astrea, 1985, pág. 297).

[51] Como apuntó en su momento MARCELO PEARSON, "al derecho personal de peticionar ante la Administración corresponde la obligación personal de esta, de resolver. Es que el hecho de la presentación del interesado planteando sus pretensiones y peticionando crea una

24 de la Declaración Americana de los Derechos y Deberes del Hombre, no se agota por el mero hecho de permitirle al particular que articule su pretensión. Resulta necesario, además, el reconocimiento del derecho a ofrecer y producir la prueba pertinente en el expediente administrativo y, sobre todo, el derecho a obtener una decisión fundada, debiéndose considerar los principales argumentos expuestos por el administrado, en tanto fueren conducentes para la resolución de su pretensión[52].

El amparo por morosidad de la Administración está previsto en la Ley Nacional de Procedimientos Administrativos de la República Argentina. El artículo 28 de este cuerpo legal establece lo siguiente:

"El que fuere parte en un expediente administrativo podrá solicitar judicialmente se libre orden de pronto despacho. Dicha orden será procedente cuando la autoridad administrativa hubiere dejado vencer los plazos fijados y en caso de no existir estos, si hubiere transcurrido un plazo que excediere de lo razonable sin emitir el dictamen o la resolución de mero trámite o de fondo que requiera el interesado. Presentado el petitorio, el juez se expedirá sobre su procedencia, teniendo en cuenta las circunstancias del caso, y si lo estimare pertinente requerirá a la autoridad administrativa interviniente que, en el plazo que le fije, informe sobre las causas de la demora aducida. La decisión del juez será inapelable. Contestado el requerimiento o vencido el plazo sin que se lo hubiere evacuado, se resolverá lo pertinente acerca de la mora, librando la orden si correspondiere para que la autoridad administrativa responsable despache las actuaciones en el plazo prudencial que se establezca según la naturaleza y complejidad del dictamen o trámites pendientes".

De la lectura de la norma se desprende que el amparo por mora no es otra cosa que una orden judicial de pronto despacho[53] cuyo destinatario es la Administración, y que tiene como finalidad que esta cumpla con su deber de decidir respecto de una petición que aguarda respuesta. No pretende, entonces, que el juez resuelva el fondo del asunto, sino que se agota con el mandato a la Administración morosa para que dicte un acto debidamente fundado. Sin embargo, esta acción no es procedente para urgir un pago[54], ni para generar una obligación de hacer o dejar de hacer, sino que busca la de decidir las peticiones de los particulares.

---

verdadera relación jurídica entre el mismo y la Administración" ("La acción judicial contra la Administración Pública en el orden nacional, por su mora en el procedimiento administrativo", en *La Ley*, 1982-D, 912).

[52] Ezequiel Cassagne, "El amparo por mora de la Administración", La Ley, 8/9/2010.

[53] Cfr. Manuel María Díez, *Derecho procesal administrativo*, Buenos Aires, Plus Ultra, 1996, pág. 363.

[54] Cámara Nacional en lo Contencioso Administrativo Federal de la República Argentina, Sala I, "Promeco SA c. AFIP (DGI) s/ Amparo por mora", 10/04/2001.

En todo procedimiento administrativo los plazos son obligatorios tanto para los administrados como para la Administración. Así, conforme al texto legal antes transcrito, la mora se producirá cuando la autoridad administrativa hubiere dejado vencer los plazos fijados y, en caso de no existir estos, hubiere transcurrido un plazo que excediere de lo razonable sin emitir el dictamen o la resolución de mero trámite o de fondo que hubiere requerido el interesado. De modo que, vencido el plazo fijado para resolver, la Administración se encuentra en mora[55]. Por ello, BUDASSI estima que nos encontramos "ante un particular caso de mora automática por el solo transcurso del plazo, sin necesidad de interpelación alguna, lo que habilita la interposición del amparo del art. 28 de la Ley Nacional de Procedimientos Administrativos"[56].

Esta clase de amparo se erige en efectivo instrumento de control de la actividad administrativa en tanto reconoce, en primer lugar, una legitimación activa sumamente amplia: así, podrá exigir un pronunciamiento judicial de este tenor toda persona que sea parte en un procedimiento administrativo, es decir, todo aquel que posea un derecho subjetivo o un interés legítimo[57].

En segundo lugar, podemos afirmar que se trata de una valiosa herramienta judicial contra la arbitrariedad en la que puede incurrir la Administración, en tanto esta no podrá desobedecer un mandato de una autoridad judicial. Así, deberá explicar por qué no se pronunció respecto del pedido efectuado en sede administrativa, expresando lo que ha ocurrido con el expediente, si se ha dictado o no resolución, si se ha emitido el dictamen, cómo fue el comportamiento del administrado, si se han prorrogado los plazos, si se abrió a prueba el recurso o reclamo administrativo, etc., y aportar la prueba que estime, en ejercicio de su derecho constitucional de defensa, que, demás está decirlo, también es aplicable a la Administración[58].

---

[55] Cfr. RODOLFO BARRA, "El amparo por mora de la Administración", en *Estudios de derecho administrativo*, Buenos Aires, Cooperadora de Derecho, 1975, págs. 9 y 13.

[56] IVÁN BUDASSI, "Amparo por mora", en JUAN CARLOS CASSAGNE (dir.), *Tratado de derecho procesal administrativo*, t. II, La Ley, 2007, pág. 447.

[57] HALPERÍN sostiene que, incluso aquel que tiene solo un interés simple y haya iniciado una denuncia, o presentación, puede iniciar una acción de amparo por mora para obtener una decisión fundada respecto de su presentación ("La acción de amparo por mora de la Administración", en JUAN CARLOS CASSAGNE (dir.), *Derecho procesal administrativo*, t. II, Buenos Aires, Hammurabi, 2004, pág. 1656).

[58] *Vid.* entre otros, LUIS CARRANZA TORRES, "Sobre la naturaleza procesal del amparo por mora", Buenos Aires, La Ley, Suplemento de Jurisprudencia de Derecho Administrativo, 16/08/2; MIRIAM IVANEGA, "Algunas cuestiones sobre el amparo por mora", en JUAN CARLOS CASSAGNE (dir.), *Derecho procesal administrativo* , t. II, cit., pág. 1690; ALÍ SALGADO y ALEJANDRO VERDAGUER, *Juicio de amparo y acción de inconstitucionalidad*, 2ª ed., Buenos Aires, Astrea, 2000, pág. 302.

Por último, a los fines de reafirmarse como un instrumento de control, cabe advertir que el amparo por mora procede contra órganos que actúan con independencia funcional de los poderes clásicos, tales como el defensor del Pueblo de la Nación o la Auditoría General de la Nación, o incluso contra entidades no estatales que ejercen prerrogativas de poder público, como el Colegio Público de Abogados de la Ciudad de Buenos Aires. Ello determina la posibilidad de erigirse en una valiosa herramienta de fiscalización de la cual muchas veces, en la práctica, no se echa mano por ignorancia.

b') *El amparo constitucional.* Por otra parte, también existe, en el ordenamiento jurídico argentino, la acción autónoma de amparo o el amparo constitucional, el cual constituye un instrumento de control idóneo en tanto contiene una pretensión, de carácter urgente y de trámite sumarísimo, que procede contra cualquier tipo de comportamiento estatal o de un particular, ya sea por acción u omisión, que en forma actual o inminente, lesiona, restrinja, altere o amenace, con arbitrariedad o ilegalidad manifiesta, los derechos reconocidos en la Constitución Nacional, las leyes y tratados, con la salvedad de la libertad personal cuyo aseguramiento opera por vía de la pretensión de *habeas corpus.*

Esta acción rápida y expedita encuentra apoyo positivo en el artículo 43 de la Constitución y, en el ámbito nacional, en la ley 16.986 que data de 1966. Sin embargo, ya en 1957 la Corte Suprema de Justicia argentina había creado pretorianamente esta acción en el caso "Siri"[59], limitándola contra actos de autoridad pública, para luego extenderla —un año más tarde— contra actos de particulares en el caso "Kot"[60].

Posteriormente, con motivo de reformarse la Constitución Nacional en el año 1994, se decidió incorporarla en una cláusula, la cual quedó redactada en los siguientes términos:

"Toda persona puede interponer acción expedita y rápida de amparo, siempre que no exista otro medio judicial más idóneo, contra todo acto u omisión de autoridades públicas o de particulares, que en forma actual o inminente lesione, restrinja, altere o amenace, con arbitrariedad o ilegalidad manifiesta, derechos y garantías reconocidos por esta Constitución, un tratado o una ley. En el caso, el juez podrá declarar la inconstitucionalidad de la norma en que se funde el acto u omisión lesiva.

"Podrán interponer esta acción contra cualquier forma de discriminación y en lo relativo a los derechos que protegen al ambiente, a la competencia, al usuario y al consumidor, así como a los derechos de incidencia colectiva en general, el afectado, el defensor del pueblo y las asociaciones que propendan

---

[59] Fallos, 239:459.
[60] Fallos, 241:291.

a esos fines, registradas conforme a la ley, la que determinará los requisitos y formas de su organización".

Así, esta norma amplió el alcance del amparo y estableció que la pretensión sería admitida en la medida en que se acreditara la concurrencia de los siguientes presupuestos:

a) Acto u omisión de autoridad pública o de un particular;

b) Que lesione, restrinja, altere o amenace de manera actual o inminente un derecho o garantía reconocido por la Constitución Nacional, un tratado o una ley;

c) Manifiesta arbitrariedad o ilegalidad de la acción u omisión en cuanto a sus efectos perjudiciales, y

d) Inexistencia de otras vías procesales idóneas para concretar la debida tutela del derecho o garantía constitucional.

Como podrá advertirse, luego del año 1994 se amplió sensiblemente la operatividad del instituto, remozando esta figura en línea con el principio de tutela judicial efectiva, al corregir y superar los importantes defectos contenidos en la ley 16.986 y otros derivados de interpretaciones judiciales. Así, a tenor del texto constitucional no solo se abandonó la exigencia de las denominadas vías previas que antes establecía la ley 16.986 (art. 2º, inc. a), sino que se señaló que no era necesario agotar la vía administrativa para interponer esta acción.

Asimismo, se amplió la franja de legitimados, pues no solo se autoriza a demandar al afectado, sino también para cierto tipo de amparos, se encuentran habilitados el defensor del pueblo, y las respectivas asociaciones debidamente registradas. Se trata de los amparos cuyo objetivo es la tutela de los denominados derechos de incidencia colectiva, entre los cuales se encuentra la protección al ambiente, a los usuarios y consumidores, a la competencia y a la no discriminación.

Por último, siguiendo la jurisprudencia de la Corte Suprema argentina, se autorizó a los jueces a declarar la inconstitucionalidad de las normas en los procesos de amparo[61], con lo que se desvirtuó, en la práctica, la prohibición que establecía el artículo 2º, inciso 2º de la ley 16.986. De este modo, la acción de amparo contra actos manifiestamente ilegítimos provenientes de las autoridades públicas se incorporó al sistema de control como una herramienta muy valiosa y de amplia proyección y utilidad.

C) *Control de la administración de los recursos públicos*

Como toda persona jurídica que posee un patrimonio, el Estado para poder cumplir sus funciones, necesita llevar una contabilidad de sus bienes que le

---

[61] Fallos, 313:1513.

permita registrar las diversas operaciones que efectúa (v. gr., recaudación de fondos)[62].

El ordenamiento jurídico constitucional estatuye cómo se forma el patrimonio del Estado y cuáles constituyen sus ingresos: "El gobierno federal provee a los gastos de la Nación con los fondos del Tesoro nacional formado del producto de derechos de importación y exportación, del de la venta o locación de tierras de propiedad nacional, de la renta de correos, de las demás contribuciones que equitativa y proporcionalmente a la población imponga el Congreso General, y de los empréstitos y operaciones de crédito que decrete el mismo Congreso para urgencias de la Nación, o para empresas de utilidad nacional" (art. 4º de la Constitución Nacional). El artículo 75, incisos 1º al 6º, complementa esta norma atribuyendo al Congreso competencia para establecer los derechos o impuestos, contraer empréstitos y emitir moneda, encomendando al poder ejecutivo la supervisión de la recaudación de las rentas de la Nación, con arreglo a las leyes (art. 99, inc. 10).

En lo relativo a los gastos del Estado, la Constitución Nacional establece que el Congreso fijará anualmente el presupuesto de gastos de la Nación y aprobará o desechará la cuenta de inversión (art. 75, inc. 8º), siendo atribución del poder ejecutivo decretar su inversión de acuerdo con la ley o presupuesto de gastos (art. 99, inc. 10).

El funcionamiento de la hacienda pública supone la existencia de una organización administrativa-contable, la realización de procedimientos administrativos con arreglo a los cuales se recaudarán las rentas o se realizarán los gastos, y el dictado de actos administrativos; todo ello bajo un régimen de control administrativo[63].

Las normas jurídicas sobre la organización contable del Estado nacional argentino se hallan establecidas en la Constitución, en la Ley de Ministerios y en la ley de "Administración Financiera y de los Sistemas de Control del Sector Púbico Nacional", sin perjuicio de que cada una de las provincias dicte sus normas específicas sobre la materia, por tratarse de cuestiones que conciernen a la competencia local.

En 1994 se llevó adelante una reforma parcial de la Constitución Nacional, incorporando algunas cláusulas al texto originario esbozado por JUAN BAUTISTA ALBERDI en 1853. Así, se estableció que el control externo del sector público nacional (en sus aspectos patrimoniales, económicos, financieros y operativos) constituye una atribución propia del poder legislativo, quien debe ejercerla con sustento en los dictámenes emanados de la Auditoría General de la Nación (art. 85).

---

[62] OSCAR J. COLLAZO, *Administración pública*, Buenos Aires, Macchi, 1974, pág. 38.

[63] BARTOLOMÉ A. FIORINI, *Manual de derecho administrativo*, t. I, Buenos Aires, La Ley, 1968, págs. 207-208.

Este precepto, al darle jerarquía constitucional a la Auditoría General de la Nación, circunscribe su competencia "al control de legalidad, gestión y auditoría de toda la actividad de la administración pública centralizada y descentralizada, cualquiera fuera su modalidad de organización y las demás funciones que la ley le otorgue". Estas funciones no pueden extenderse más allá del fin que justifica la creación de este órgano de control, que está acotado por la actividad de la administración pública (centralizada y descentralizada), por lo que su extensión a personas privadas sería francamente inconstitucional.

A su vez, el artículo 85 de la Constitución argentina, atribuye también competencia preceptiva a la Auditoría General de la Nación para intervenir en el trámite de aprobación o rechazo de las cuentas de percepción e inversión de fondos públicos.

a) *La Ley de Administración Financiera y los sistemas de control.* El pro ceso de reforma del Estado argentino, iniciado con la sanción de las leyes 23.696 y 23.697, ha generado innovaciones de trascendencia en materia de la administración financiera y los sistemas de control del sector público nacional mediante la sanción, en 1992, de la ley 24.156 (en adelante, LAF), vigente con varias modificaciones.

Esta norma importó abandonar un régimen de tipo eminentemente represivo y punitivo, a fin de adoptar un sistema de control cuyo eje central pasa por su afán correctivo y ejemplificador, que contribuye a promover una administración más eficaz y transparente[64]. En este sentido, se crearon dos órganos rectores de los sistemas de control interno y externo que son, respectivamente, la Sindicatura General de la Nación y la Auditoría General de la Nación.

Entre los objetivos que persigue la LAF —en lo que se refiere al control interno— se destacan los siguientes:

"a) Garantizar la aplicación de los principios de regularidad financiera, legalidad, economicidad, eficiencia y eficacia en la obtención y aplicación de los recursos públicos; b) sistematizar las operaciones de programación, gestión y evaluación de los recursos del sector público nacional; c) desarrollar sistemas que proporcionen información oportuna y confiable sobre el comportamiento financiero del sector público nacional útil para la dirección de las jurisdicciones y entidades y para evaluar la gestión de los responsables de cada una de las áreas administrativas; d) establecer como responsabilidad propia de la administración superior de cada jurisdicción o entidad del sector público nacional, la implantación y mantenimiento de: i) un sistema contable adecuado a las necesidades del registro e información y acorde con su naturaleza jurídica y características operativas; ii) un eficiente y eficaz sistema de

---

[64] MARTHA ZILLI DE MIRANDA, "Los controles interno y externo de la administración pública en el ámbito nacional de la República Argentina", en *Documentación Administrativa*, núms. 269-270, Madrid, Instituto Nacional de Administración Pública, 2004, pág. 181.

control interno normativo, financiero, económico y de gestión sobre sus propias operaciones, comprendiendo la práctica del control previo y posterior y de la auditoría interna; iii) procedimientos adecuados que aseguren la conducción económica y eficiente de las actividades institucionales y la evaluación de los resultados de los programas, proyectos y operaciones de los que es responsable la jurisdicción o entidad" (cfr. art. 4º, LAF).

La administración Ffinanciera del Estado estará integrada por los siguientes sistemas, que deben estar interrelacionados entre sí: presupuestario, de crédito público, de tesorería, y de contabilidad (art. 5º, LAF). La dirección de estos sistemas está a cargo de un órgano rector distinto, a saber: a) la Oficina Nacional de Presupuesto (para el sistema presupuestario); b) la Oficina Nacional de Crédito Público (que rige el sistema de crédito público); c) la Tesorería General de la Nación (respecto del sistema de tesorería), y d) la Contaduría General de la Nación (para el sistema de contabilidad).

b) *El control interno de la administración pública.* De acuerdo con los preceptos contenidos en la LAF, la Sindicatura General de la Nación (en adelante, SIGEN) ha sido creada como órgano rector de control interno del poder ejecutivo nacional (art. 96, LAF), sustituyendo al Tribunal de Cuentas de la Nación, y dependiendo exclusivamente del presidente. Su organización se completa con unidades de auditoría interna que deben crearse en cada jurisdicción y en las entidades que dependen del poder ejecutivo nacional. Estas unidades, aunque se hallan diseñadas para actuar bajo la dependencia jerárquica de la autoridad de cada organismo, deben hacerlo bajo la coordinación técnica de la SIGEN.

A su vez, las autoridades superiores que ejerzan la dirección de las unidades de auditoría interna son responsables del mantenimiento de un adecuado sistema de control que incluye los instrumentos de "control previo y posterior", dado que se considera que "las fallas de control interno son evidencias de defectuosa administración"[65], cuyas consecuencias se imputan siempre a las autoridades superiores.

Pese a que la LAF caracteriza a la auditoría interna como un servicio posterior de las actividades financieras y administrativas sujetas a control, es evidente que los auditores precisan conocer previamente la planificación y el ordenamiento de las decisiones, así como realizar el seguimiento de los actos al tiempo de su ejecución[66].

---

[65] Willian L. Chapman, "Crónica resumida del proceso de control gubernamental y comentarios sobre la nueva Ley de Reforma del Régimen de Control de la Administración Financiera del Estado Nacional", en *Revista de Administración Pública*, núm. 169, Madrid, Centro de Estudios Políticos y Constitucionales, 2005, pág. 15.

[66] *Ibidem*, pág. 16.

En lo que concierne al alcance del control interno, la LAF considera fiscalizable tanto los aspectos legales (contables y financieros) como los de mérito o de gestión, e incluye "la evaluación de programas, proyectos y operaciones". Se trata de un control integral que —como lo prescribe la propia ley— ha de fundarse con criterios de "economía, eficiencia y eficacia". La legalidad, en consecuencia, no es la única condición para la habilitación de la potestad fiscalizadora[67].

Por último, este órgano de control interno se encuentra a cargo de un funcionario denominado síndico general de la Nación, cuya designación compete al poder ejecutivo, previéndose la asistencia de tres síndicos generales adjuntos, quienes lo sustituyen en caso de ausencia, licencia o impedimento.

c) *El control externo del sector público nacional.* Bajo la dependencia orgánica del Congreso Nacional (poder legislativo), la LAF ha creado una nueva entidad: la Auditoría General de la Nación (en adelante, AGN), con el objeto de atribuirle la función de realizar el control externo de todo el sector público. Empero, esa dependencia no configura una vinculación jerárquica, ya que la propia ley prescribe que se trata de una entidad con personería jurídica propia, que posee independencia funcional y financiera.

En su primera etapa, la estructura orgánica, las normas básicas internas, la distribución de sus funciones y las reglas de funcionamiento de la AGN serán establecidas mediante resoluciones conjuntas de las Comisiones Mixta Revisora de Cuentas y de Presupuesto y Hacienda de ambas Cámaras del Congreso de la Nación. Posteriormente, las modificaciones a esas normas serán sometidas, por la propia AGN, a la aprobación de las comisiones legislativas.

El contenido del control externo que lleva a cabo la AGN guarda simetría con el alcance del control que ejerce la SIGEN, ya que comprende los aspectos presupuestarios, patrimoniales, económicos, financieros, legales y de gestión.

Sin embargo, resulta obvio que todo lo que constituya un control de mérito (v. gr., control de gestión) configura una función de colaboración con el poder ejecutivo (típica relación interpoderes), por cuanto la fiscalización que, en definitiva, haga el Congreso, se tiene que circunscribir a los aspectos inherentes a la legitimidad, ya que no se concibe que exista un control parlamentario sobre aspectos relativos a la oportunidad o conveniencia económica, eficacia y eficiencia de los actos controlados[68], control que es privativo del poder ejecutivo como administrador general del país y jefe de la Administración (art. 99, inc. 7º, de la Constitución Nacional).

---

[67] Aspecto que destaca, en su trabajo, EDUARDO MERTEHIKIAN, "La reforma del Estado y el nuevo sistema de control gubernamental", en *RAP*, núm. 171, Buenos Aires, Ciencias de la Administración, 1992, pág. 7.

[68] Cfr. WILLIAM L. CHAPMAN, *Crónica resumida del proceso de control...*, cit., pág. 17.

El control que realiza la AGN es siempre posterior a la emisión y ejecución de los actos, lo que si bien ha sido criticado por un sector de la doctrina[69], persigue el objetivo de no obstaculizar ni paralizar la actividad administrativa, como acontecía en el sistema derogado[70].

Con todo, hubiera sido mejor, aun manteniendo el control *a posteriori*, atribuirle a la AGN la facultad de formular observaciones con efecto suspensivo a fin de asegurar la eficacia del control. En cambio, pensamos que la AGN posee amplia competencia para promover sumarios administrativos, a pesar de que la redacción de la norma emplea el término "investigaciones de contenido patrimonial".

En la asignación de funciones que prescribe la LAF, se destacan tanto la facultad genérica de "fiscalizar el cumplimiento de las disposiciones legales y reglamentarias", la de realizar auditorías financieras, de legalidad y de gestión respecto de órganos y entes estatales, como la más específica de dictaminar sobre los estados contables-financieros de los "entes privados adjudicatarios de procesos de privatización" (art. 118, incs. a y b, y art. 117, 1ª parte). Esta última facultad implica un grado mayor de intervencionismo que el proclamado por las leyes de reforma del Estado y, aunque se halla circunscrita a "las obligaciones emergentes de los respectivos contratos", ha devenido en una norma inconstitucional por exceder el marco material de competencia previsto en el artículo 85 de la Constitución Nacional (que es la Administración Pública centralizada o descentralizada), aparte de duplicar el control en los casos que este se hubiera atribuido por ley a otros entes jurídicos (v. gr., entes reguladores del gas y electricidad)[71].

En lo que atañe a su composición, la dirección de la AGN se encuentra a cargo de un órgano colectivo integrado por siete auditores generales, quienes duran ocho años en sus funciones (excepto tres de ellos en primer período), pudiendo, sin embargo, ser removidos en caso de inconducta grave o manifiesto incumplimiento de sus deberes, por el procedimiento establecido para su designación.

d) *El control parlamentario.* Por último, la LAF ha reglamentado, también, un control parlamentario que será ejercido por la Comisión Mixta Revisora de Cuentas, órgano del Congreso Nacional integrado por seis senadores y

---

[69] Pedro Aberastury, "El control de la legalidad en el anteproyecto de Ley de Administración Financiera y control de gestión del sector público nacional", Buenos Aires, La Ley, 1991-D, 1281.

[70] Donde tanto el Tribunal de Cuentas como la ex Sindicatura General de Empresas Públicas (SIGEP) se encontraban facultados para observar previamente los respectivos actos, con efectos suspensivos.

[71] Igual crítica nos merece el art. 120 de la LAF que permite extender el control externo a las personas públicas no estatales, ya que estas se encuentran bajo la fiscalización del Ministerio de Justicia.

seis diputados, quienes permanecen en sus funciones el tiempo que duran sus mandatos en las comisiones permanentes.

El artículo 129 de la LAF impone a dicha Comisión una serie de deberes bajo la fórmula de atribuciones funcionales, a saber:

"Para el desempeño de sus funciones, la Comisión Parlamentaria Mixta Revisora de Cuentas debe:

a) Aprobar juntamente con las Comisiones de Presupuesto y Hacienda de ambas Cámaras el programa de acción anual de control externo a desarrollar por la Auditoría General de la Nación;

b) Analizar el proyecto de presupuesto anual de la Auditoría General de la Nación y remitirlo al poder ejecutivo para su incorporación en el presupuesto general de la Nación;

c) Encomendar a la Auditoría General de la Nación la realización de estudios, investigaciones y dictámenes especiales sobre materias de su competencia, fijando los plazos para su realización;

d) Requerir de la Auditoría General de la Nación toda la información que estime oportuno sobre las actividades realizadas por dicho ente;

e) Analizar los informes periódicos de cumplimiento del programa de trabajo aprobado, efectuar las observaciones que pueden merecer e indicar las modificaciones que estime conveniente introducir;

f) Analizar la memoria anual que la Auditoría General de la Nación deberá elevarle antes del 1º de mayo de cada año".

Al contenido del precepto transcrito cabe agregar la tarea de participar en el trámite de aprobación o rechazo de la cuenta de inversión, juntamente con la Auditoría General de la Nación (art. 85, *in fine*, Constitución Nacional).

D) *Control ciudadano: la audiencia pública*

En los últimos tiempos, ha vuelto a tomar trascendencia la exigencia de celebrar audiencias públicas como una forma de asegurar la participación ciudadana en aquellas medidas y decisiones administrativas que puedan afectar directamente a la población. Así, los ciudadanos realizan una suerte de control de la actividad administrativa mediante su participación en estas audiencias.

La obligatoriedad de la audiencia pública en aquellos supuestos no exigidos por un precepto expreso ha pretendido fundarse en el artículo 42 de la Constitución. Sin embargo, lo cierto es que este precepto constitucional solo habla de la necesidad de garantizar la participación de los usuarios y consumidores, por lo que suponer que esta norma prescribe la obligación de acudir al mecanismo de la audiencia pública cuando la Ley Fundamental no lo exige en forma expresa ni implícita, implica un exceso interpretativo inadmisible.

A nuestro juicio, en la medida en que no exista una norma imperativa y vinculante, no puede afirmarse que la celebración de una audiencia pública configure un requisito de validez de la decisión que debe adoptarse en materia tarifaria o regulaciones económicas de los servicios públicos, en general. El texto constitucional argentino en modo alguno permite extraer dicha conclusión, dado que la participación que consagra puede alcanzarse por otros medios. En la medida en que se asegure una convocatoria amplia que garantice la concurrencia de todos los interesados en hacer oír su opinión, sin discriminaciones injustificadas, a falta de una prescripción legal o reglamentaria que indique lo contrario, la Administración estará en condiciones de escoger discrecionalmente el instrumento idóneo para establecer los canales de participación en cada caso que tal intervención ciudadana sea necesaria.

Así lo ha interpretado la jurisprudencia en los casos en que le ha tocado pronunciarse sobre el asunto. En el precedente "Youssefian", la Sala IV de la Cámara Nacional en lo Contencioso Administrativo Federal ha sostenido que "la audiencia pública [...] constituye uno de los cauces posibles para el ejercicio de los derechos contemplados en el art. 42 de la Constitución Nacional. Ello pues, la realización de dicha audiencia no solo importa una garantía de razonabilidad para el usuario y un instrumento idóneo para la defensa de sus derechos, un mecanismo de formación de consenso de la opinión pública, una garantía de transparencia de los procedimientos y un elemento de democratización del poder, sino que resulta una vía con la que puede contar aquel para ejercer su derecho de participación, en los términos previstos en la citada norma constitucional, antes de una decisión trascendente"[72].

Una misma línea jurisprudencial se observa en la Sala II del mismo Tribunal, en la causa "Celadi y otro c/ Secretaría de Transporte y otros s/ amparo ley 16.986", donde se sostuvo que "el artículo 42 de la Constitución Nacional ha dejado librado al legislador la determinación, en cada caso, de los instrumentos o medios de control que se consideren más adecuados; lo cual no significa, ni surge tampoco de manera directa del texto del artículo 42, que sea la audiencia pública el único y exclusivo medio idóneo a fin de que el derecho consagrado constitucionalmente pueda ser ejercido de manera eficaz"[73].

En otro fallo de la Sala I, también de la Cámara Nacional en lo Contencioso Administrativo Federal, el Dr. PEDRO COVIELLO fue todavía más explícito al afirmar que "el artículo 42 de la Constitución Nacional no parecería haber instituido a la audiencia pública como el procedimiento insoslayable en la

---

[72] Cámara Nacional en lo Contencioso Administrativo Federal, sala IV, "Youssefian, Martín c/ Secretaría de Comunicaciones", La Ley, *1998-D*, págs. 710 y ss.; en el mismo sentido: ÍD., "Unión de Usuarios y Consumidores c/ Secretaría de Transporte y otros", La Ley, *1999-E*, págs. 211 y ss.

[73] Cámara Nacional en lo Contencioso Administrativo Federal, sala II, "Celadi y otro c/ Secretaría de Transporte y otros", La Ley, 2001-B, pág.186.

materia sino, antes bien, de la lectura de su texto surgiría que lo importante y trascendente a estos fines es "la necesaria participación de las asociaciones de consumidores y usuarios y de las provincias interesadas en los organismos de control". Es decir, parecería que el objetivo es no predeterminar un solo procedimiento por excelencia en el texto constitucional (puesto que precisamente se trata de una Constitución que debe adaptarse a las cambiantes situaciones de la realidad llamada a regir, máxime si se advierte que la modalidad del procedimiento de audiencia pública podría con el tiempo ser superado por otro más idóneo)". Continúa el magistrado señalando que "se sigue de lo dicho que ante la inexistencia de un régimen legal formal que regule en forma específica esta materia, no se desprendería la posibilidad de que la actora esté en condiciones de invocar un derecho que surja de una preceptiva de rango legal formal. Más bien, lo que surge del texto constitucional sería la necesidad de una modalidad de participación que podría reclamarse a las autoridades, que en el caso y con sustento constitucional la demandada optó por una de las formas hasta ahora conocidas: el documento de consulta"[74].

Por ello, nos preguntamos: ¿puede acaso sostenerse que la audiencia pública responde a una idea democrática cuando son apenas quinientas personas las que participan arrogándose la representación de un millón de usuarios que no les han conferido tal representación? En otras palabras, si las instituciones y procedimientos de toma de decisión política alientan un debate libre, reflexivo e informado en el que todos los afectados pueden participar o están adecuadamente representados, la deliberación política permite adoptar decisiones más justas, eficaces y eficientes, debiendo respetarse las posiciones de las mayorías y de las minorías, procurando su armonización.

En líneas generales, el instituto de audiencia pública es un modo de hacer efectiva la participación ciudadana[75], reforzando la idea de su necesariedad en el proceso de toma de decisión administrativa o legislativa en el cual la autoridad responsable de la misma habilita un espacio institucional para que todos aquellos que puedan verse afectados o tengan un interés particular expresen su opinión respecto de ella. El objetivo de esta instancia es que la autoridad responsable de tomar la decisión acceda a las distintas opiniones sobre el tema en forma simultánea y en pie de igualdad a través del contacto directo con los interesados.

La Corte Suprema de Justicia argentina se ocupó de tratar, recientemente, la obligación de la celebración de las audiencias públicas. Así, el más alto

---

[74] Cámara Nacional en lo Contencioso Administrativo Federal, sala I, "Asociación Civil Cruzada Cívica para la DECUSP", JA de 7 agosto 2002.

[75] Véase el artículo de ESTELA SACRISTÁN, "Las audiencias públicas en el derecho comparado (con especial referencia a los sistemas anglosajones)", publicado en *ReDA* 81, mayo-junio 2012, págs. 673-686.

Tribunal de Justicia del país invalidó el procedimiento de aumento de la tarifa del gas pues consideró que, al no realizarse la audiencia pública, los intereses de los usuarios residenciales de este servicio público no se vieron debidamente tutelados.

En la causa "Centro de Estudios para la Promoción de la Igualdad y la Solidaridad"[76] (CEPIS), la Corte Suprema de Justicia argentina resolvió, en un fallo unánime, declarar la nulidad de las resoluciones 28 de 2016 y 31 de 2016 del Ministerio de Energía y Minería de la Nación respecto, únicamente, de los usuarios residenciales del servicio de gas natural. Para resolver de ese modo, los jueces de la Corte Suprema federal hicieron una lectura del artículo 42 de la Constitución argentina (recordando los debates en la Convención Constituyente reformadora de la Ley Fundamental realizada en el año 1994), y concluyeron que aquella norma de la Carta Magna reconoce la participación ciudadana en la toma de decisiones públicas.

Según la Corte, el mecanismo de la audiencia pública es una manera, aunque no la única, de garantizar la participación ciudadana, a través de la cual permite que los intereses de los usuarios sean debidamente tutelados al oír sus opiniones. Si bien no son vinculantes ni obligatorias para el poder administrador, ese mecanismo de participación debe realizarse siempre con anterioridad a la modificación tarifaria pues, de lo contrario, el usuario se tornaría en un mero espectador. La audiencia no solo sirve para dotar de legitimidad a la decisión que finalmente adopte el poder ejecutivo, sino que luego de su celebración, permitiría creer que se daría una sensible reducción en la litigiosidad del asunto debatido. Hete aquí el componente de control del que venimos hablando.

Esta idea de encontrar un lugar donde puedan debatirse ideas y escucharse diferentes opiniones asegura la participación ciudadana y permite prever —mediante un análisis empírico y realista— que una vez en vigencia, esa decisión no será luego cuestionada en los tribunales mediante una avalancha de acciones individuales.

Explica ROSATTI, con particular claridad, que la audiencia pública: "[...] se trata de una respuesta lógica, porque es un mecanismo participativo 'abierto' (desde el punto de vista de los partícipes), 'amplio' (desde el punto de vista temático) y 'deliberativo' (desde el punto de vista actitudinal), requisitos que no se congregan en cualquiera otra modalidad participativa [...]

"Desde el punto de vista gnoseológico la audiencia pública es el procedimiento que permite exponer, intercambiar y refutar opiniones técnicas y, como consecuencia, ratificar las percepciones iniciales de sus partícipes o bien modificarlas como consecuencia del debate. Es el mecanismo apto no

---

[76] CSJN, Centro de Estudios para la Promoción de la Igualdad y la Solidaridad ("CEPIS") y otros c/ Ministerio de Energía y Minería s/ amparo colectivo, 18 de agosto de 2016, exp. FLP núm. 8399 de 2016.

solo para salir de la ignorancia sino también para construir alternativas que permitan formular una síntesis que dé cabida a la *mayor cantidad posible de opiniones diferentes, pero no contradictorias*"[77].

La Corte Interamericana de Derechos Humanos ha expresado que "[l]a participación política puede incluir amplias y diversas actividades que las personas realizan individualmente u organizados, con el propósito de intervenir en la designación de quienes gobernarán un Estado o se encargarán de la dirección de los asuntos públicos, así como influir en la formación de la política estatal a través de mecanismos de participación directa" y que "el Estado tiene la obligación de garantizar el goce de los derechos políticos, lo cual implica que la regulación del ejercicio de dichos derechos y su aplicación sean acordes al principio de igualdad y no discriminación, y debe adoptar las medidas necesarias para garantizar su pleno ejercicio. Dicha obligación de garantizar no se cumple con la sola expedición de normativa que reconozca formalmente dichos derechos, sino requiere que el Estado adopte las medidas necesarias para garantizar su pleno ejercicio, considerando la situación de debilidad o desvalimiento en que se encuentran los integrantes de ciertos sectores o grupos"[78].

En síntesis, mediante la celebración de una audiencia pública se efectiviza un control preventivo de la legalidad de la actividad administrativa, al garantizar la participación ciudadana previa, sobre todo, en asuntos concernientes a la resolución de cuestiones vinculadas a la satisfacción de las necesidades primordiales de la población, como son los servicios públicos. Si bien no asegurará la efectividad de la medida, su litigiosidad debería ser nula o lo más cercano a ella, lo que determina, en términos prácticos, el éxito de este instrumento de control ciudadano que, como explicamos, no necesariamente debe realizarse mediante la celebración de una audiencia.

3. Conclusiones

Que la actividad administrativa esté sujeta a diversos tipos de control no debe ser entendido como un límite al ejercicio de su función, sino como una forma de fortalecerse. La existencia de controles en sede administrativa y en sede judicial, respecto de la administración de los recursos, o incluso el que realiza la propia ciudadanía, debe ser visto en sentido positivo.

La administración pública es una realidad compleja y multifacética, lo que impide que exista una única aproximación a ella. Así, necesitamos acudir a distintos enfoques para lograr un conocimiento cabal de su realidad: un enfoque jurídico, sociológico, económico, histórico, filosófico, etc. Todos ellos cons-

---

[77] CSJN, *in re* "Cepis", consid. 16 del voto del juez Rosatti.

[78] Corte Interamericana de Derechos Humanos, caso "Yatama vs. Nicaragua", 23 de junio de 2005.

tituyen, como expresaba RODRÍGUEZ-ARANA MUÑOZ, dimensiones y aspectos básicos para entender qué es y cómo funciona la administración pública[79].

Los controles que hemos visto deben darse con una cuota razonable de flexibilidad pues un control lento y rígido conspirará contra la eficiencia que debe regir en las relaciones que unen al administrado con el Estado. Ello, por supuesto, a la luz del respeto de los derechos y garantías reconocidos por la Constitución Nacional argentina, los cuales incluyen, a su vez, los principios generales del derecho.

En definitiva, los distintos sistemas de control de la actividad administrativa han de actuar como instrumentos de armonía social y de moralidad del obrar administrativo, al tiempo que colaboren a prestigiar la función pública. Además, la tensión entre la legalidad, por una parte, y la eficacia y eficiencia, por la otra, que traduce el problema del control no siempre resulta conveniente resolverla a favor de una interpretación estricta de la legalidad, sino a través del imperio de los principios generales del derecho, asegurando —siempre— la mayor transparencia posible en la actividad del Estado. Es evidente que para que el control sea ejercido en forma eficaz y eficiente hay que unificarlo, antes de diversificarlo, dentro de cada sistema de control. Ello, conjuntamente con dotar a la administración pública de funcionarios probos y honestos, además de capaces y con vocación de servicio.

---

[79] JAIME RODRÍGUEZ-ARANA MUÑOZ, "El control de la administración pública", en *Control de la administración pública: administrativo, legislativo, judicial*, 2ª ed., Buenos Aires, Rap, 2009, pág. 16.

BRASIL

CONTROLE DA ATIVIDADE ADMINISTRATIVA PUBLICA

DIOGO DE FIGUEIREDO

1. GENERALIDADES

Em última análise, todo *controle exercido sobre a Administração Pública* no desempenho funções constitucionais, tem como referência o *interesse público*, mas cumpre distinguir o que foi em tese expressado pelo *legislador*, do que se apresentou como uma referência em hipótese pelo *administrador público*. Necessário, portanto, precisar-se em maior profundidade o conteúdo jurídico dessa fórmula chave —o *interesse público*—para melhor relacioná-la ao tema do presente estudo.

A) *O interesse público*

Tanto na gestão dos *interesses da sociedade* constitucionalmente cometidos ao Poder Público, quanto na gerência de seus próprios *interesses do Estado*, como pessoa jurídica, referidos a seu pessoal, bens e serviços, o Estado *age sempre absolutamente vinculado ao que vem definido pela ordem jurídica como interesse público*, desde a Constituição e nas normas legais infraconstitucionais.

Para tanto, deve-se partir da ideia de que o *interesse público primário* é um conceito substantivo, definido a partir das necessidades, das aspirações, dos valores, dos anseios, das tendências e das opções gerados e manifestados numa sociedade, enquanto o *interesse público derivado* ou *secundário* é um conceito adjetivo, definido ou inferido a partir das necessidades organizativas e funcionais do *Estado*.

B) *Expressão política do interesse público e legitimidade*

O *interesse público politicamente expresso* é a sua manifestação *originária, básica* e de *maior antiguidade*. Seu atual conceito se prende à *manifestação de interesse dominante da sociedade* no Estado Democrático, como expressão da *soberania da vontade popular*. Nas sociedades em que se pratica a *democracia representativa*, cabe, em princípio, aos *mandatários políticos* eleitos segundo suas regras, a tarefa de captar o prístino interesse público difuso, interpretá-lo e defini-lo, seja na forma de manifestações positivadas de vontade política, abstratas e gerais, seja na forma de atos concretos e particularizantes, ou seja, *legislando* e *administrando*.

Além dessa modalidade *indireta* de captação e definição formal do *interesse público*, outras mais existem a partir do exercício da *democracia participativa*, de forma direta ou semidireta, que se institui e conflui com idêntico propósito. O regime constitucional brasileiro está primariamente fundado na *participação indireta*, mediante o exercício da *representação política* (CF, art. 1.º, parágrafo único), para conformar as diversas legislaturas e governos executivos, prevendo a *participação direta* e a *participação semidireta* para as hipóteses em que se pretenda recolher a *vontade política popular* com maior segurança de autenticidade e de atualidade (*e. g.*, CF, arts. 14, I, II e III; 29, XII e XIII, e 61, § 2.º).

C) *Expressão jurídica do interesse público e legalidade*

O *interesse público juridicamente expresso* é a sua manifestação *derivada* e *formalmente manifestada*, apresentando um *conteúdo tecnicamente mais elaborado*, e, por isso, de mais recente aparição histórica. Este conceito aparece conotado à ideia da *norma jurídica*, entendida como a *cristalização da vontade política*, o que, no Estado de Direito, se afirmava genericamente pela *supremacia da Lei* e, atualmente, no Estado Democrático de Direito, especificamente, pela *supremacia da Constituição*.

Com efeito, é fenômeno historicamente comprovado que os processos civilizatórios levam a *vontade política* a paulatinamente sedimentar-se sob a forma de *mandamentos gerais* e *permanentes* que, uma vez *coercitivamente impostos* por um centro de poder a uma sociedade organizada, em sua histórica evolução, passam a ser sistematicamente categorizados como *normas jurídicas* e, assim, a conformar seus respectivos *ordenamentos jurídicos*.

2. GENERALIDADES SOBRE OS CONTROLES DE LEGITIMIDADE E DE LEGALIDADE

Se os dois referenciais enunciados —a *legitimidade* e a *legalidade*— se impõem igualmente à sociedade e ao Estado, obviamente *ambos* deverão pautar, indissociavelmente, toda sua atuação administrativa pública, tanto a *extroversa* como a *introversa*, para conformarem a categoria síntese da *juridicidade*.

O Estado desempenha quase todas as suas funções de *administração pública extroversa*, especialmente por um de seus poderes —o *executivo*—, integrado por órgãos diferenciados dos demais para expressar *definições políticas e jurídicas* destinadas a atender, de modo direto, imediato, concreto e prioritário, os *interesses públicos primários* da sociedade a que serve.

Complementarmente, o Estado desempenha funções de *administração pública introversa*, neste caso, a cargo de todos os seus *Poderes e órgãos dotados de independência funcional constitucional* —o *Legislativo*, o *Executivo* o *Judiciário*, os *Tribunais de Contas*, os *Conselhos Nacionais da Justiça e do*

Ministério Público, os *órgãos de execução das Funções Essenciais à Justiça* e a *Ordem dos Advogados do Brasil*— para conformar, da melhor maneira possível, a autogestão dos respectivos *interesses públicos secundários*, cuja satisfação é necessária, por sua vez, como meio para que cada um deles atenda autonomamente, sem interferências indevidas por parte dos demais, aos *interesses públicos primários postos a seu cargo*, tal como lhes são cometidos pela Constituição.

Em ambas as formas de atuação, tanto nas *relações de subordinação* quanto nas *relações de coordenação*, o que vale dizer, tanto na *gestão dos interesses da sociedade (administração extroversa)* quanto na *gestão de seus próprios interesses operativos (administração introversa)*, a ação do Estado está sempre submetida a esse *duplo parâmetro de aferição da juridicidade —a legitimidade e a legalidade—* daí decorrendo a também dupla classificação do *controle exercido sobre a atividade da Administração Pública*: o *controle de legitimidade* e o *controle de legalidade.*

Em princípio, os *agentes políticos*, formalmente intitulados, em razão de seus respectivos mandatos, a *expressar* a *legitimidade*, são os mesmos que devem *controlá-la.* Não obstante, a ordem jurídica poderá *outorgar* ou autorizar que se *delegue* a *agentes administrativos* a expressão de algumas *definições secundárias e complementares integrativas do conteúdo de legitimidade*, caso em que também sobre estes caberá o exercício do *controle hierárquico de legitimidade*, assegurado, sempre, na cúspide de cada sistema de administração pública externa, um *controle hierárquico final*, a cargo do agente político que exerça a Chefia monocrática do Poder Executivo e, nos demais Poderes e órgãos constitucionalmente autônomos, em sua administração interna, a cargo dos respectivos *órgãos de direção*, monocráticos ou colegiados.

Como melhor se exporá adiante, o *controle de legitimidade* difere do *controle de legalidade* não só em razão das distintas características apontadas, como, ainda, em virtude de seus distintos *efeitos*, porquanto, relativamente a estes, o *controle de legitimidade* visa preponderantemente à *fiscalização*, à *revogação* ou à *substituição* do *ato ilegítimo.*

Pela *fiscalização*, busca-se *detectar* uma possível desconformidade da ação administrativa com o interesse público; pela *revogação*, objetiva-se *desconstituir*, total ou parcialmente, um ato considerado desconforme com o interesse público e pela *substituição*, se atua tanto para *desconstituir*, total ou parcialmente, um ato tido como desconforme com o interesse público, como para *constituir* outro em seu lugar, entendido como mais adequado à satisfação pretendida do interesse visado.

O *controle de legitimidade*, porém, em qualquer dessas três modalidades fiscalizatórias, não chega à *invalidação* do ato, nem, tampouco, à *punição* de seu autor, salvo nos casos em que certos *vícios* no emprego da *discricionariedade* (abuso, desvio, irrazoabilidade e irrealidade) remetam sua desconstituição à via judiciária. Em regra, as alternativas para superar a *ilegitimidade* apenas abrem uma *oportunidade de aperfeiçoamento* da ação do Estado, em termos do que deva ser o *melhor atendimento* do interesse público em causa.

Distintamente, o *controle de legalidade* é fundamentalmente de *correção*, portanto, destinado à *anulação* de um ato que se apresente em desacordo com a *ordem jurídica positivada*, ou, dito de outro modo, em desconformidade com a expressão legislada do interesse público, embora, alternativamente, também possa se apresentar com a possibilidade de ser um controle de *sanação*, sempre que possível recuperar-se, por ato de vontade, a legalidade comprometida através do emprego do instituto da *sanatória voluntária*.

A técnica do *controle de legalidade* passa, necessariamente, pela investigação das condições de *validade* do ato, posto em confronto com a norma jurídica —uma atividade lógica que pressupõe como premissa maior a definição ou *dicção* do direito aplicável, por isso, etimologicamente, ser uma atividade de *jurisdição*— daí a denominação tipológica e genérica do *controle jurisdicional*, que se reserva à específica função de controle cometida ao *Poder Judiciário*.

Ante a eventual desconformidade do ato com o interesse juridicamente expresso na legislação, a *atuação de controle* há de ser a *declaração de nulidade*, podendo, neste caso, alcançar o agente responsável pela ilegalidade e aplicar-lhe as *sanções* previstas.

Ambas as modalidades de controle —tanto o de *legitimidade* quanto o de *legalidade*— têm o seu próprio assento constitucional. O *princípio da legitimidade* está expresso na Constituição Federal, logo em seu art. 1.º, parágrafo único ("Todo o poder emana do povo, que o exerce por representantes eleitos, ou diretamente, nos termos desta Constituição") e o *princípio da legalidade*, no art. 5.º, II ("Ninguém é obrigado a fazer ou deixar de fazer alguma coisa senão em virtude de lei"), sendo que, no Direito Administrativo, o princípio é tomado em sentido estrito, vinculatório: *a Administração só pode atuar conforme a ordem jurídica positivada* – portanto, entendida como a *norma legislada*.

A) *Controle de legitimidade*

A *legitimidade*, como se assentou, refere-se diretamente aos *interesses públicos primários da sociedade*, embora os *interesses públicos secundários do Estado* também devam ser considerados e protegidos, não, porém, de modo autônomo e muito menos exclusivo, mas integrados, na suficiente medida em que sejam *instrumentais* para a *funcionalização dos interesses públicos primários da sociedade*, sendo, portanto, auxiliares à *funcionalização dos direitos fundamentais*. Por isso, os *interesses públicos secundários*, também denominados *interesses estatais,* por serem *instrumentais*, são *interesses públicos derivados* ou *interesses públicos adjetivos*, por esta razão, *axiologicamente subsidiários*.

Reafirme-se ainda uma vez: ambas as categorias de *interesses públicos* —os substantivos e os adjetivos— por certo devem ser satisfeitos, mas essa observância sempre se fará com rigoroso respeito à *precedência axiológica da legitimidade*, pois os *adjetivos* devem ceder aos *substantivos* já que estes constituem a própria razão da existência do Estado.

Cabe, assim, ao Estado o dever de agir *legitimamente* em sua função administrativa, conformando-a, por certo, às necessidades e condições conjunturais, mas, por ser extremamente complexa e mutável a *conjuntura política, econômica e social* que a Administração Pública deve, sucessivamente, considerar, avaliar e ponderar em sua atuação, *não há possibilidade de prever-se, na norma legal, em sua expressão geral e abstrata, de modo permanente e integral, em que condições o interesse público deverá ser entendido e atendido em cada caso concreto.*

Ora, uma *integral vinculação* da função administrativa ao *conteúdo de normas abstratas* acabaria *inviabilizando a sua aplicação* e se tornando a *negação do próprio interesse público primário* a ser prioritariamente atendido, uma vez que, ante as exigências, sempre mais demandantes, cambiantes e complexas a serem enfrentadas pela Administração Pública, se torna cada vez mais difícil e, por vezes impossível, minimizar a racionalidade administrativa a nada mais que uma *aplicação automática* de normas legais, não obstante seu conteúdo se patenteie *insuficientemente densificado* para tipificar e atingir essas realidades que deve reger.

Incumbe, assim, à Administração, desenvolver análises e aperfeiçoar padrões de gestão, de modo a aplicar as prescrições abstratas dessas normas aos casos concretos, *adequando-as*, no que for possível, às características idiossincrásicas da realidade e *justificando* responsavelmente as opções que forem feitas. Esta é a razão pela qual se multiplicam, no Direito Administrativo, as *hipóteses de atuação administrativa que não se encontram integralmente definidas na norma legal, mas que, por isso, se valem de um leque mais ou menos amplo de escolhas de oportunidade, de conveniência e de densidade de conteúdo com vistas a atingir a sua aplicação administrativa concreta.*

Portanto, nesses casos, cabe ao legislador *delegar* a ente, órgão ou agente administrativo, uma implícita e especial *competência*, graças à qual se faz juridicamente possível *integrar, em cada hipótese concreta, o que seja um adequado conceito de legitimidade,* para tanto sopesando a *conveniência* e a *oportunidade* (motivo) de agir e precisando os *resultados pretendidos*, que constituem o seu *conteúdo* (objeto), ambos escolhidos considerando uma gama de *efeitos juridicamente admissíveis*, sem que, nesta operação, o administrador público esteja adstrito a quaisquer outros critérios que não os de *legitimidade*, de *realidade*, de *razoabilidade* e de *proporcionalidade*.

O emprego dessas *técnicas de densificação* da norma jurídica, que se perfaz pela *integração do seu conteúdo de legitimidade ainda defectivo*, tradicionalmente descrito como *exercício de poder discricionário*, era considerado, então, como uma manifestação *própria*, se não que *característica,* da Administração Pública, muito embora sempre se reconhecesse a sua *limitação* aos casos fixados em lei e sob as condições gerais previstas na ordem jurídica vigente. Com o progresso da Ciência do Direito, atualmente, não mais se vislumbra, neste emprego do *instituto da discricionariedade*, o exercício de qualquer espécie de *poder* metajuridicamente diferenciado e, muito menos, que se o possa considerar como um "poder" *próprio da Administração*, mas, simplesmente, como o normal *exercício de uma função específica* —que é a de *integrar o conteúdo de uma norma* densificando o seu conteúdo de modo a possibilitar a sua aplicação concreta—.

Assim, por se tratar de *exercício de uma função* e não de *imposição de um poder autônomo, o emprego da discricionariedade se encontra sujeito aos mesmos requisitos constitucionais exigidos para a edição de qualquer norma jurídica,* notadamente a observância da *realidade* (possibilidade física) e da *razoabilidade* (possibilidade lógica).

Destarte, o *exercício* da discricionariedade pela Administração *não se valida apenas por conter-se no âmbito de atuação que lhe foi aberto pelo legislador,* como até recentemente se admitia, uma vez que, além desse requisito, faz-se necessário que as *soluções escolhidas,* sobre se cingirem a esses lindes legais, se apresentem também *realistas* e *razoáveis* em face da integralidade da *ordem jurídica* e, em acréscimo, concorram efetivamente para que sejam atingidos *resultados legítimos.*

Em suma, conceituando: a *discricionariedade administrativa é um resíduo de legitimidade, cuja última definição a ordem jurídica defere à Administração Pública,* de modo que a *função administrativa discricionária* é exercida para a satisfação de um implícito mandato da norma legal para integrar a vontade do legislador. Como se conclui, nem por isso ela está *imune ao controle,* mas, muito ao contrário: o reconhecimento dessa característica nomológica submete-a a uma dupla imposição: tanto ao *controle político-administrativo, de legitimidade* quanto ao *controle jurídico-administrativo, de legalidade.*

Submete-se, portanto, o exercício da *função administrativa* a um amplo *controle político-administrativo de legitimidade* quanto ao emprego conveniente e oportuno da *discricionariedade.* Se, por um lado, o ligame dos elementos vinculados dá-se, especificamente, à *lei* (*submissio legis*), como *controle de legalidade,* por outro lado, a referência dos elementos *discricionários,* aqui estudados, se faz, genericamente, à *ordem jurídica* (*submissio juris*), integrado pelo *controle de legitimidade.*

B) *Controle de legalidade*

O *controle de legalidade* que, como afirmado, se filia ao princípio do mesmo nome, sucintamente se define como a *sujeição do agir à lei,* como produto da legislação estatal, sendo de especialíssima importância quanto aos atos da Administração Pública, como enfaticamente o destacou o legislador constitucional (art. 37, *caput*). Justifica-se essa especial atenção considerando-se a extensa gama que cobre a atuação administrativa pública, tornando seu estudo tão delicado quanto importante.

Tem-se que a *sujeição jurídica do agir do Estado enquanto legislador* é, fundamentalmente, a sua *conformidade constitucional*; enquanto a *sujeição jurídica do agir do Estado à legislação* vigente, ao *proferir decisões judiciárias,* é, basicamente, a *observância da integralidade da ordem jurídica*, mas, distintamente, a *sujeição do agir do Estado ao Direito, enquanto administrador de interesses públicos* é muito mais ampla do que as sujeições anteriores e, também, muito mais complexa, pois, além da obrigatória observância da estrita *vinculação legal*, deve ainda considerar se o eventual uso da *discricionariedade* se conteve nos limites do *possível* e do *razoável*, como *critérios amplamente referidos a todo o ordenamento jurídico*, que, em seu *conjunto* —de *princípios, preceitos* e *costumes*— torna-se o *referencial do interesse público*, cujo atendimento é a única finalidade e justificação do Estado.

A partir do estudo da *legalidade*, observa-se que a *desconformidade do agir à lei* poderá assumir duas modalidades, lá, então, identificadas: uma, *objetiva*, e outra, *subjetiva*. A *ilegalidade objetiva* é a desconformidade do agir em face da lei, sem que dela resulte, necessariamente, *violação* de nenhum *interesse concreto* juridicamente protegido. Já a *ilegalidade subjetiva* é a desconformidade do agir em confronto com a lei, quando dela resulte *violação* de algum *interesse concreto* juridicamente protegido.

Portanto, uma vez detectado, no exame que se proceda de uma determinada relação jurídica administrativa, um problema de *legalidade*, cumpre definir, preliminarmente, desde que admitida, por hipótese, tal *desconformidade com a ordem jurídica em abstrato (ilegalidade objetiva)*, se, por acréscimo, *teria também, o ato considerado, ferido algum interesse concreto juridicamente protegido (ilegalidade subjetiva)*. Desdobra-se, assim, em dois necessários estádios metodológicos uma pesquisa plena da ilegalidade.

Recorde-se que o *interesse juridicamente protegido* poderá se apresentar, em dois graus: como *interesse legítimo*, quando, na relação jurídica, a tutela legal proteja o interesse público em jogo, *refletindo*-se, em certas circunstâncias, sobre a órbita jurídica do administrado, e, como *direito subjetivo*, quando, na relação jurídico-administrativa, a norma tutele única ou precipuamente o *interesse individual*, extensível ao coletivo e ao difuso.

Se a atividade administrativa em exame não feriu nem ameaçou o interesse juridicamente protegido —tanto um interesse legítimo como um direito subjetivo— inexistirá, em princípio, possibilidade de provocação de controle externo; se, ao contrário, qualquer que seja a atividade administrativa, ocorrer *violação ou ameaça de interesse juridicamente protegido*, será sempre invocável o controle externo, pelo acionamento dos *órgãos constitucionalmente competentes para essa tutela* —o que a Carta Magna denomina de *lesão de direito*, no art. 5º, XXXV, os quais, segundo a dicção do mesmo dispositivo— conformam o *Poder Judiciário*.

O *controle externo* das atividades administrativas poderá ser realizado pelos Poderes Legislativo e Judiciário, quando se tratar especificamente dessa tutela da *lesão ou de ameaça a interesses juridicamente protegidos*, casos de violação da *legalidade subjetiva*, se restringe à competência do *Judiciário*. Ao Poder Legislativo cabe, por outro lado, apreciar amplamente a *legalidade objetiva* dos atos da Administração.

Mas não ficam aqui as generalidades a serem lembradas quanto ao *controle de legalidade*: também com relação aos *efeitos* do seu controle externo, há que se fazer outra importante distinção, envolvendo a *tipologia* de atuação de um e outro Poder do Estado: enquanto o controle externo pelo Legislativo, o dito Parlamentar, respeitadas as exceções, é, preponderantemente de *fiscalização*, o controle externo pelo Judiciário é precipuamente de *correção*. Por esta razão, o *controle parlamentar não atinge diretamente o ato ilegal* —e as medidas, *facultativamente* tomadas em seu âmbito, se processam na área de discrição política; enquanto *o controle judiciário atinge diretamente o ato ilegal*— e as medidas, *necessariamente* tomadas, se processam na área da decisão vinculada.

Se não há *ilegalidade subjetiva*, o Judiciário *nada terá a corrigir*; entretanto, o Legislativo, que não recebe o encargo de *tutelar em concreto* os interesses juridicamente protegidos, terá competência para introduzir na ordem jurídica uma nova solução que, em tese, lhe pareça mais adequada para o problema de juridicidade enfocado, visando a prevenir ou dirimir *conflitos futuros*, pelo aporte de aperfeiçoamentos institucionais.

A integridade do sistema constitucional de atuação do Estado, *que se desenvolve em espectro cada vez mais plural e plurissetorizado*, através de órgãos e funções de seus três Poderes, como também de órgãos e funções constitucionalmente independentes, de órgãos e funções estatais intermédios e, ainda, da atuação dos particulares delegatários, autorizatários ou reconhecidos a qualquer título, converge para sustentar o *primado do Direito* nas relações entre os indivíduos, entre os indivíduos e o Estado e dentro do próprio Estado.

Embora cada entidade, cada Poder do Estado, cada órgão, cada agente e, individualmente, cada administrado, tenha o dever de *controlar a legalidade*, ante a evidência de uma ilegalidade deverão se ater à ação prevista em sua respectiva esfera de competência, entendida como o respectivo *poder de agir*.

Aos administrados cabe a *provocação do controle*. À Administração competirá, de maneira plena, o exercício do *autocontrole*. Ao Legislativo incumbe o *controle substitutivo*, *ex nunc* e de natureza política, sem que possa alterar o ato ilegal, cabendo-lhe apenas alterar para o futuro os pressupostos da própria legalidade. Ao Judiciário competirá, por fim, o *controle corretivo*, para anular ou desaplicar atos, com reserva da decisão final e definitiva em tema de *legalidade subjetiva* e, em casos especiais, também de *legalidade objetiva*.

Quanto aos *efeitos jurídicos do controle de legalidade*, já que seu objetivo é *eliminar da ordem jurídica o ato viciado,* por ser com ela incompatível, se limitam aos dois tipos institucionais já estudados: a *anulação* e a *sanação*, ambas, *técnicas de natureza corretiva*.

C) *Os campos de atuação do controle*

Cada um dos três Poderes do Estado e órgãos constitucionalmente independentes, atuando em seus respectivos campos específicos, tem competência constitucional para exercer um amplo e diversificado controle sobre as atividades de administração pública, seja como *auto*, seja como *heterocontrole*.

A seguir, desdobra-se o estudo da *teoria do controle*, considerado este critério, em as seguintes legendas: 3. *O Controle Administrativo*; 4. *O Controle Parlamentar*; 5. *O Controle Judiciário*; e, aplicativamente, 6. *Os meios de Controle Judiciário*.

3. O CONTROLE ADMINISTRATIVO

O *controle administrativo* é, por definição, o exercido pelos órgãos com *função administrativa* sobre seus próprios atos, no desempenho da *autotutela*. Portanto, cabe ao Poder Executivo o amplo controle sobre suas próprias funções administrativas, *extroversas* e *introversas*, e aos demais Poderes do Estado, bem como aos órgãos constitucionalmente independentes, exercer o autocontrole no que toca às suas respectivas funções administrativas.

Em relação ao *objetivo*, esta modalidade de controle visa, genericamente, à *juridicidade* da ação administrativa pública, destacadamente quanto à sua *legitimidade* e *legalidade*.

A) *Controle administrativo de legitimidade*

No âmbito do Poder Executivo, em todos os graus federativos, o *controle administrativo de legitimidade* de seus atos é de superior importância, pelo fato de lhe competir a quase totalidade da *administração extroversa*, ou seja, a *gestão dos interesses da sociedade, que lhe são constitucionalmente confiados,* uma vez que, nesta função, atua, como regra, com ampla margem de *discricionariedade,* que, como já se definiu, é o preenchimento administrativo do resíduo de legitimidade que lhe delega o legislador.

O seu *titular unipessoal,* o Chefe do Governo —Presidente da República, Governador de Estado ou Prefeito Municipal— terá sempre a *última palavra* no desempenho de sua função, de *direção superior da Administração* (CF, art. 84, II), e os seus auxiliares diretos —os Ministros de Estado, Secretários de Estado ou Secretários de Município— exercerão a *supervisão* dos órgãos e entidades subordinadas em suas respectivas esferas de ação (CF, art. 87, parágrafo único, I), no exercício de suas próprias competências, estabelecidas por lei ou delegadas por decreto, para o *exercício de aspectos setoriais desse controle*.

Assim como essas autoridades político-administrativas têm competência para *definir o resíduo do interesse público no desempenho de suas respectivas funções discricionárias*, do mesmo modo, lhes caberá exercer sua competência *para controlar a atuação de todos entes, órgãos e agentes subordinados em seus respectivos âmbitos de atuação*, formulando juízos críticos sobre o *alcance* e o *resultado* dos *atos sujeitos à sua decisão e supervisão e revisão* em termos de atendimento dos interesses públicos a seu cargo. Trata-se, assim, de uma *competência de controle tanto sobre o exercício de sua própria discricionariedade* como *sobre aquela exercitada por todos os seus subordinados hierárquicos,* no exercício de suas respectivas competências.

O mesmo se aplica no âmbito administrativo interno dos Poderes Legislativo e Judiciário, bem como no dos órgãos constitucionalmente independentes, nos quais, similarmente, existem *órgãos diretivos* competentes para zelar por esses mesmos valores no desempenho de atividades administrativas introversas.

B) *Controle administrativo de legalidade*

O *controle administrativo de legalidade* tem diversa natureza: trata-se de um *dever geral*, que se impõe a *todo e qualquer ente, órgão ou agente* da administração pública sobre a ação de seus subordinados, não importa quem a exerça, em que hierarquia se situe ou se se trate de atividade extroversa ou introversa.

No que concerne à ação dos *servidores públicos*, no desempenho de seus respectivos cometimentos, esse dever está *implícito em sua investidura*, obrigando-os não somente a *agir de acordo com a lei*, como a *atuar obrigatoriamente no controle da legalidade de sua aplicação*, apontando sua violação, onde e quando for o caso, e corrigindo-a, quando para tanto competentes.

C) *O controle como função administrativa*

Ambos os modos de controle, como expostos, constituem uma específica *função* da Administração, que apresenta natureza reflexa e que lhe confere o poder-dever de praticar *todos os atos necessários à conformação corretiva de sua gestão*, tanto em referência ao interesse público não legislado, cuja integração lhe cabe (*legitimidade*), quanto ao interesse público legislado (*legalidade*), desdobrando-se, portanto, em duas espécies do gênero *função administrativa de controle*: o *controle administrativo de legitimidade* e o *controle administrativo de legalidade*. O *controle administrativo de legitimidade*, que é o *controle do mérito administrativo*, pois se refere ao *motivo e ao objeto discricionários*, que constituem o *mérito*, e o *controle administrativo de legalidade* toca, por sua vez, não só aos *elementos vinculados* do ato administrativo, como se estende a *todos os aspectos dos elementos discricionários que se apresentem suscetíveis, por alguma forma, de contrasteamento com parâmetros positivados da ordem jurídica.*

Esta afirmação confirma, mais uma vez, que a *discricionariedade* não é um *poder da Administração*, mas uma *função*, que, como qualquer outra, *também se sujeita ao exame de legalidade* em todos aqueles aspectos e pressupostos que se encontrem explícita ou implícita, direta ou indiretamente *vinculados à legislação.*

D) *Modalidades de atuação do controle administrativo*

O *controle administrativo* comporta ser estudado sob dois critérios: o *temporal* e o *objetivo*: no primeiro caso, examinando o exercício do *controle no tempo*, tem-se o *controle anterior*, o *concomitante* e o *posterior*, e, no segundo caso, partindo da *eficácia pretendida* quanto ao objeto controlado, desdobram-se os objetos de *fiscalização* e de *correção*.

O *controle preventivo* cerca o processo de *formação da vontade administrativa* de cuidados *antecipativos* para evitar injuridicidades, como, por exemplo, o exercido nas *aprovações prévias* de ações, nos *referendos*, nas *audiências* e *consultas públicas.*

O *controle concomitante* se desenvolve simultaneamente com a elaboração e a *manifestação da vontade administrativa*, pelo exame de cada fase em que desdobre, possibilitando a introdução de correções *incidentais*, como, por exemplo, nas *aprovações de prosseguimento* de ações e no *acompanhamento de processos.*

O *controle posterior*, que é o mais empregado porque permite que a ação administrativa se processe com maior rapidez, tem lugar *a posteriori*, o que não impede o emprego intercorrente de instrumentos de *publicidade*, para que se produzam a fiscalização eventual e a possível aplicação de correções incidentais.

Como são, basicamente, dois os *objetos do controle* considerando a *eficácia* pretendida, classificam-se duas *modalidades de atuação:* a de *fiscalização* e a de *correção*. A *atuação de controle administrativo de fiscalização,* ou *atuação fiscalizadora*, é aquela que se destina ao *exame* e ao *reexame de relações administrativas* visando a identificar possíveis desconformidades, tanto em termos de legalidade como de mérito. A *atuação de controle administrativo de correção*, ou *atuação corretiva*, é aquela que se dirige à *eliminação da ile-*

galidade ou da ilegitimidade nas relações de direito administrativo, uma vez identificadas: são elas, elencadas quanto à *ilegalidade*: a *anulação*, a *suspensão, a confirmação* e a *sanação*, acrescendo-se, quanto à *legitimidade*: a *revogação*, a *modificação* e, também, as mesmas formas da *suspensão* e da *confirmação*.

A *atuação anulatória* é a que se volta à *eliminação da ilegalidade* pelo *desfazimento de uma relação administrativa por ilegalidade*.

A *atuação sanatória* é a que se destina a *eliminação da ilegalidade* pela *adaptação a posteriori da relação administrativa* às respectivas normas regedoras.

Atuação revocatória é a que se utiliza para *desconstituir* uma *relação administrativa* que, embora válida, não mais seja considerada de *interesse público*, ou por se ter constatado a *impossibilidade* de vir a realizá-lo através dela, ou, ainda, porque tenha sido reavaliada como inconveniente ou inoportuna para o pretendido efeito.

Atuação modificatória é a que, sem desconstituir o ato discricionário formador de uma *relação administrativa*, no caso de se lhe introduzir alterações por considerações de mérito.

As duas *modalidades corretivas comuns*, aplicáveis aos problemas de *legalidade* e de *mérito*, são a *suspensiva* e a *confirmatória*.

A *atuação suspensiva* é a que, a Administração, por motivos cautelares, em caso de reexame de legalidade ou do mérito, *interrompe o processamento* da manifestação da vontade da Administração ou *retira temporariamente a exequibilidade* de um ato formador de determinada *relação administrativa*.

Finalmente, a *atuação confirmatória* é aquela em que a Administração reafirma a *legalidade* de qualquer *relação administrativa* posta sob dúvida ou suspeita, ou renova a apreciação de sua *legitimidade*, reafirmando seu juízo de possibilidade, de conveniência e de oportunidade de um ato discricionário praticado.

O *controle administrativo* pode ter duas modalidades, quanto à *origem da atuação do controle*: se for *interna*, denomina-se de *autocontrole*, em que coincidem a Administração controladora e a controlada; se de origem *externa*, denomina-se *heterocontrole*, neste caso, sendo *distintos*, de um lado, o órgão ou Poder controlador e, de outro, o controlado.

Cabe distinguir, ainda, quanto à *oportunidade* de realização do controle, duas modalidades básicas de atuação administrativa: o *controle administrativo preventivo* e o *controle administrativo repressivo*.

E) *Instrumentos para atuação do controle administrativo*

São *instrumentos* do controle administrativo os *atos* e os *processos* próprios, previstos na ordem jurídica, destinados a suscitar e a realizar o reexame de relações administrativas suspeitas de defeitos na conformação legal ou no mérito.

a) *Direito de petição.* Este instituto, tradicionalmente previsto nas Constituições brasileiras, está mantido no art. 5º, XXXIV, *a*, da Constituição de 1988, para a defesa de direitos ou contra a ilegalidade ou abuso de poder, sendo, por isso, um instituto indissociável do conceito de Estado Democrático de Direito.

A utilização desse instrumento destinado a provocar o *reexame* de matéria administrativa, está franqueada a todos, ou seja, a qualquer pessoa —natural ou jurídica, nacional ou estrangeira— não exigindo mais que o requerente possua algum tipo de *interesse pessoal* para dele se valer, não estando, tampouco, sujeito à prescrição.

b) *Reclamação relativa à prestação dos serviços públicos.* Mais restrita do que o direito de petição, destaca-se, também com assento constitucional no art. 37, § 3.º, I, a *reclamação administrativa relativa à prestação dos serviços públicos*, como modalidade de provocação do controle administrativo, exigindo pertinência subjetiva entre usuário reclamante e o serviço público objeto de reclamação.

A lei, no caso, subentendida a própria de cada entidade política, em razão de sua autonomia constitucional, deverá disciplinar esse instrumento, juntamente com outras formas de participação direta e indireta dos usuários relativamente aos serviços que lhes são prestados.

c) *Recursos em processos administrativos.* Ainda com assento constitucional, no art. 5º, LV, os *recursos* são *garantidos aos litigantes em processo administrativo*, não importando a disciplina específica que os regule.

Recursos administrativos são os pedidos formais de reexame de atos, geralmente fundados no princípio hierárquico ou em hipóteses especialmente instituídas em lei. O ato da autoridade recorrida, como resultado da apresentação do recurso, salvo se de outro modo venha dispor a lei, é *devolvido* à reapreciação da autoridade recorrente sob todos os seus aspectos —de legalidade e de mérito—.

F) *Autocontrole contábil, financeiro, orçamentário, operacional
e patrimonial interno*

O Direito Administrativo abrange não apenas as *relações extroversas* da Administração com os administrados, como as *relações introversas,* que se travam entre seus entes, órgãos e agentes.

Portanto, as atividades de *controle interno*, quanto à legalidade da *gestão pública financeira*, nelas incluídas a contábil, orçamentária, operacional e patrimonial públicas, constituem-se em específico *ramo* do Direito Administrativo que, por sua importância e complexidade, se tem tratado autonomamente sob a denominação de *Direito Financeiro*, pois, em última análise, convergem especialmente para *administração das finanças* das entidades de direito público e, sob certas condições, também as das entidades paraestatais, em tudo o que toque à defesa do *erário público*, em sentido amplo.

A extensa e até redundante designação deste item repete didaticamente o subtítulo constitucional correspondente (CF, art. 70). Especificamente, porém, por *gestão financeira*, entende-se todo o *gênero*, que é a disposição administrativa dos recursos públicos; por *gestão orçamentária*, a submissão contábil dos dispêndios públicos à previsão legislativa, expressa em suas três modalidades de leis de natureza orçamentária instituídas; por *gestão operacional*, a busca da eficiência administrativa, através da maximização quantitativa e qualitativa dos *resultados*, com a minimização dos dispêndios; e por *gestão patrimonial*, a disposição jurídica do patrimônio mobiliário e imobiliário do Estado.

Em consequência, as atividades correlatas de *controle* terão, genericamente, o objetivo de zelar pela *juridicidade* dos atos praticados no desempenho desses variados aspectos específicos da gestão pública.

O *controle financeiro* volta-se à fiscalização e à correção das ilegalidades cometidas na *gestão dos dinheiros públicos*, inclusive o endividamento, implicando, assim, o *controle contábil,* quanto a seus aspectos técnicos peculiares.

O *controle orçamentário* destina-se a fiscalizar e a corrigir as infrações às leis de meios —o orçamento plurianual, as diretrizes orçamentárias e o orçamento anual— sempre zelando pela juridicidade da *disposição* dos dinheiros públicos.

A conjugação dos dois controles, o *financeiro* e o *orçamentário*, possibilita a realização do que se tem como uma *gestão fiscal responsável* - a que, para tanto, é a *planejada* e a *preventiva de riscos* (objeto da Lei Complementar nº 101, de 4 de maio de 2000, art. 1.º, § 1.º)

O *controle operacional* direciona-se à supervisão das atividades administrativas quanto ao fiel cumprimento dos planos e programas e, especialmente, quanto ao atendimento dos resultados e metas específicas, por eles visados.

O *controle patrimonial* objetiva a rigorosa observância das normas que regem o uso, a conservação e a disposição dos bens públicos, com ou sem dispêndio de recursos fazendários.

Todos os Poderes e órgãos constitucionalmente independentes, de quaisquer das entidades políticas, na forma do art. 70 da Constituição e no desempenho do *controle interno* que lhes cabe, deverão exercer cada uma dessas modalidades de controle, abrangendo a totalidade desses aspectos: o de *legalidade, legitimidade, eficácia, eficiência e economicidade,* na forma da legislação que lhes for aplicável.

Esta legislação a ser aplicada é de *competência concorrente* da União e dos Estados, no que toca ao controle financeiro (CF, art. 24, I) e ao orçamento (CF, art. 24, II), admitindo a suplementação municipal (CF, art. 31, combinado com o art. 30, II).

Reservou-se, ainda, à União a *competência privativa* para legislar sobre *normas gerais* de *licitação* e *contratação*, em todas as modalidades, para as administrações públicas diretas, autárquicas e fundacionais da União, Estados, Distrito Federal e Municípios, obedecendo ao regime especial previsto para as empresas públicas e sociedade de economia mista (CF, arts. 22, XXVII, c/c 37, XXI, e 173, § 1.º, III).

Observe-se que essa competência, para legislar sobre *licitação* e *contratação*, está limitada ao estabelecimento de *normas gerais*, não podendo, a União, sob pena de inconstitucionalidade, esgotar qualquer dos aspectos regulados.

Compete, ainda, à União legislar amplamente sobre normas gerais, e sobre normas específicas próprias, de *controle orçamentário, financeiro, operacional e patrimonial*, e, aos Estados, Distrito Federal e Municípios, legislar especificamente sobre essas matérias, obedecidas as normas gerais baixadas pela União, sendo que os Municípios observarão, ainda, os princípios constitucionais e a legislação concorrente aplicável de seus respectivos Estados (CF, arts. 24, I e II e 29).

Dessa competência destaca-se, particularmente, a de legislar sobre o *orçamento* (CF, art. 24, II), que é a instituição-chave para assegurar a qualidade *democrática* (sob o específico aspecto da legitimidade) e *jurídica* (sob os demais aspectos de legalidade) da gestão da *receita* e da *despesa* públicas.

O *Direito Financeiro* arrola como *princípios doutrinários do orçamento*, entre outros, a *unidade*, a *universalidade*, o *equilíbrio*, a *veracidade*, a *especialização* e a *anualidade*, distinguindo-se, constitucionalmente, duas leis preparatórias de natureza orçamentária, o *plano plurianual*, para as despesas de capital que exijam *continuidade* e se prolonguem por mais de um ano, e as *diretrizes orçamentárias*, compreendendo as metas e prioridades, as alterações na legislação tributária e a política de aplicação das agências financeiras oficiais de fomento (CF, art. 165 e seus parágrafos).

A Constituição distingue, ainda, quanto a essas modalidades de controle, o *interno* do *externo* (art. 70), distinção feita pela doutrina não só pela *competência* dos órgãos que os exercem (o controle interno cabe à própria administração de cada Poder e o controle externo, ao Poder Legislativo, que o exerce diretamente ou por órgãos auxiliares), como pela *abrangência* e pela *eficácia jurídica*, aspectos que são próprios a cada um deles.

O *controle interno*, preponderantemente *administrativo*, é amplíssimo, podendo se estender a aspectos de *legalidade* e de *mérito* da gestão financeira, orçamentária, operacional e patrimonial, enquanto que o *controle externo*, restrito às hipóteses constitucionais (CF, art. 71), é preponderantemente *político*, sendo que cabem, em regra, a seus órgãos auxiliares internos e aos Tribunais de Contas a *fiscalização* e, excepcionalmente, a prática de um tipo de *correção* da ilegalidade contábil e financeira, como se examinará adiante.

A Lei Orgânica do Tribunal de Contas da União, n.º 8.443, de 16 de julho de 1992, dispõe sobre competência, jurisdição, julgamento de contas, execução de suas decisões, recursos, fiscalização, denúncia cidadã, sanções, organização interna, Ministério Público especial, Secretaria e providências correlatas.

G) *O controle pelo processo administrativo*

Implícita na norma constitucional que garante o *recurso administrativo* (CF, art. 5.º, LV), bem como na anterior, que assegura o *devido processo legal* (CF, art. 5.º, LIV), contém-se a própria afirmação constitucional do *princípio da processualidade*, obrigatório para a atuação do Estado.

Os *processos administrativos* consistem na *sucessão de atos racionalmente dispostos*, de modo a convergirem para a obtenção de um *resultado jurídico desejado*. Esta *sucessão de atos* materializa um *procedimento*, que variará em função do *resultado* colimado.

O *Direito Administrativo Processual* é o ramo didático adjetivo voltado ao estudo e aplicação desses princípios, preceitos e técnicas jurídicas destinados a ordenar da maneira mais segura e eficiente esta fundamental atividade da Administração, em função da realização de um *ato final*, que deve conter um *resultado*, que caracterizará de cada processo.

Portanto, conforme qual seja a *eficácia pretendida desse ato final*, identificam-se as seguintes modalidades processuais:

1. *Processos ordinatórios*, os destinados a instituir atos administrativos *normativos*;

2. *Processos negociais*, os destinados a declarar uma vontade administrativa *anuente* com um interesse privado previamente expressado, tais como a licença, a autorização, a dispensa, a permissão etc.;

3. *Processos enunciativos*, os que objetivam uma declaração *certificatória* de ato ou *atestatória* de ato ou de omissão; e

4. *Processos punitivos*, os que visam a infligir uma *sanção*, interna ou externa, por violações da lei ou de comando administrativo.

Reserva-se a cada ente da Federação legislar sobre o seu próprio processo administrativo e os seus respectivos procedimentos, observados os princípios constitucionais explícitos e implícitos. Para a Administração Federal o *processo administrativo* está disciplinado pela Lei nº 9.784, de 29 de janeiro de 1999, diploma de vanguarda e tecnicamente apurado, no qual se garantem, em síntese, aos administrados, o *recurso* administrativo e a *revisão* e se regulam vários aspectos de sua tramitação, como a reconsideração, a interposição independente de caução, o encaminhamento, a tramitação máxima por três instâncias, a legitimidade das partes, os prazos, as condições substantivas da interposição, as hipóteses de não conhecimento e a revisão de sanções (arts.

56 a 65), aplicando-se, subsidiariamente, quanto ao procedimento, todas as leis processuais administrativas específicas vigentes no plano federal.

Não obstante a sua difundida utilização na atividade administrativa, os *processos administrativos* ressentem-se, no Brasil, da falta de *regras gerais nacionais,* que deem consistência e segurança à tramitação dos atos de interesse dos administrados em todo o País. A atomização de princípios e de normas aplicáveis gera vacilações e indefinições que dificultam, quando não impedem, a plena observância da garantia constitucional do *devido processo legal*, notadamente nas hipóteses que envolvam a *liberdade* e os *bens* dos administrados (CF, art. 5.º, LIV.

Ainda assim, venham ou não a ser adotadas, *de lege ferenda,* essas desejadas *normas gerais nacionais de processo administrativo,* a doutrina auspiciosamente já tem avançado bastante neste propósito, distinguido alguns *princípios básicos*, de assento e amplitude constitucionais, indispensáveis à regência de um *processo administrativo* democrático, seguro e eficiente, tais como os seguintes, que foram adotados na referida legislação federal e em outras legislações estaduais: o *princípio da legalidade, o princípio da publicidade*, o *princípio da oficialidade*, o *princípio do contraditório*, o *princípio da motivação* e o *princípio da recorribilidade.*

O *princípio da legalidade*, aqui tomada esta em sentido estrito, consiste na vinculação do processo, em todas as suas fases, a prévios ditames legais, proibidos à Administração o acréscimo ou a redução de fases e de atos, salvo com expressa previsão legal.

O *princípio da publicidade* determina a obrigatória divulgação dos atos processuais, salvo quando a defesa da intimidade ou o interesse social exigir o sigilo.

O *princípio da oficialidade* corresponde à prerrogativa de impulso da Administração, pois, primando o interesse público, cabe, em princípio, à Administração, acioná-lo em todas as suas fases.

O *princípio do contraditório* consiste na garantia do administrado de que lhe será aberta a oportunidade de esclarecimento e de ampla defesa, de apresentação de prova e de acompanhamento de todo o procedimento, sempre que o processo verse sobre interesses cuja proteção lhe foi assegurada, sejam individuais, coletivos ou difusos (CF, art. 5.º, LV).

O *princípio da motivação*, já enunciado constitucionalmente (art. 93, X), determina a exposição clara e consequente das razões fáticas e jurídicas que embasem quaisquer decisões administrativas.

O *princípio da recorribilidade* determina que qualquer decisão tomada em processo administrativo, deverá ser revista por autoridade hierárquica recursal (CF, art. 5º, LV).

Em suma, com a Constituição de 1988, o *contraditório*, a *ampla defesa*, os *recursos* e a *publicidade* tornaram-se obrigatórios em todos os processos, judiciais ou administrativos (art. 5º, LV e LX), devendo as unidades federadas zelar, por sua parte, para que sejam efetivamente observados.

4. O CONTROLE PARLAMENTAR

A) *Conceito de controle parlamentar*

O *controle parlamentar*, ou *legislativo*, é o exercido pelo Poder Legislativo de qualquer das três órbitas federativas; podendo, *diretamente*, por seus plenários ou comissões parlamentares, e, *indiretamente*, com o auxílio de órgãos independentes instituídos para esse fim específico.

O controle parlamentar se insere entre os denominados *mecanismos constitucionais* de *freios e contrapesos*, instituições dedicadas à manutenção do equilíbrio entre os Poderes e órgãos constitucionalmente autônomos do Estado, disciplinando as *interferências* de cada um sobre os demais. Seu emprego, por excepcionar a independência funcional, está restrito às *hipóteses constitucionais de admissibilidade*, podendo se exercer com a natureza de *controle fiscalizador, suspensivo, anulatório* e, eventualmente, *sancionatório* (como na hipótese de *impeachment*).

A Constituição de 1988 adota diversas formas de *controle parlamentar* incidentes sobre a Administração Pública, apresentando uma sensível expansão desta modalidade relativamente às Cartas precedentes, o que concorreu para um saudável reforço político do Poder Legislativo.

A característica principal do controle parlamentar é a de ser, preponderantemente, um *controle de legitimidade* e, apenas excepcionalmente, de *legalidade*. Seu escopo consiste, em última análise, em assegurar que a administração pública se processe com estrita *fidelidade aos valores e aos interesses públicos politicamente prevalecentes, segundo a interpretação dos representantes do povo com assento nas Casas Legislativas,* ou seja, com sujeição aos crivos da *democracia representativa* e, sempre que possível, da *democracia participativa.*

Dessa característica *material* do controle parlamentar decorre a *formal*, que é a de ser, normalmente, um *controle de fiscalização*, só excepcionalmente conduzindo à prática de atos interventivos, nestes casos, com a *suspensão* e a *anulação* de atos ou com a *punição* de responsáveis, como a seguir se examinará.

B) *Modalidades de controle parlamentar*

Sob o *critério orgânico*, mencionaram-se três modalidades gerais de controle parlamentar: duas *diretas* —o controle exercido pelos *plenários legis-*

lativos e o exercido por suas *comissões*— e uma *indireta* o controle exercido em conjunto com *órgãos auxiliares* constitucionalmente instituídos.

Sob o *critério material dos efeitos* se distinguem as modalidades *preventivas* e as *repressivas*. As primeiras, nitidamente *fiscalizadoras* e, as demais, com eficácias *suspensivas*, *anulatórias* ou *sancionadoras*.

Como as *modalidades* de controle parlamentar já foram relacionadas, suficiente será oferecer exemplos característicos de *controle parlamentar direto, o preventivo e o repressivo*, e, a seguir, do *controle parlamentar indireto*, também *o preventivo e o repressivo*.

a) *Controle parlamentar direto preventivo por plenários legislativos*. Esta é a modalidade mais ampla, visando principalmente ao exercício constitucional, pelo Congresso Nacional e por suas Casas singulares, da sua *competência para participar em altas decisões político-administrativas da República*. Assim, tomando exemplos desta modalidade: ao Congresso Nacional, juntamente com o Presidente da República, cabe constitucionalmente fixar o efetivo das Forças Armadas (CF, art. 48, III), transferir temporariamente a sede do Governo Federal (CF, art. 48, VII) e conceder anistia (CF, art. 48, VIII), entre outras.

Ao Congresso Nacional se reserva ainda a *exclusividade* da prática de inúmeros outros atos político-administrativos que importam no exercício de *competências de controle prévio* sobre a Administração Pública Federal, como, destacadamente: a autorização ao Presidente da República para declarar guerra, celebrar a paz, permitir trânsito ou permanência de forças estrangeiras (CF, art. 49, II) e para ausentar-se do País (CF, art. 49, III); a aprovação ou suspensão do estado de defesa, do estado de sítio e da intervenção federal (CF, art. 49, IV); a incorporação, subdivisão ou desmembramento de áreas de Territórios ou Estados (CF, art. 48, VI); a fixação, dos subsídios do Presidente da República, do Vice-Presidente da República e dos Ministros de Estado (CF, art. 49, VIII); a escolha de dois terços dos membros do Tribunal de Contas da União (CF, art. 73, § 2.º, II), e, principalmente, a convocação de Ministros de Estado para prestar informações (CF, art. 50).Também com privatividade, cabe ao Senado da República isoladamente: aprovar previamente a escolha de diversos titulares de altos cargos federais (CF, art. 52, III); autorizar operações financeiras externas (CF, art. 52, V); fixar limites globais para a dívida consolidada da União, dos Estados e dos Municípios (CF, art. 52, VI), e aprovar a exoneração de ofício do Procurador-Geral da República antes do término de seu mandato (CF, art. 52, XI). Finalmente, às duas Casas, em conjunto ou separadamente, compete a importante missão política de *fiscalizar e controlar todos os atos do Executivo* (CF, art. 49, X), podendo, suas respectivas Mesas, pedir informações, por escrito, aos Ministros de Estado e a outras autoridades constitucionalmente referidas (CF, art. 50, § 2.º).

b) *Controle parlamentar: direto repressivo por plenários legislativos*. Essas hipóteses são encontradas em número bem mais reduzido, mas são todas de decisiva importância para o controle da legitimidade e da moralidade da Administração Pública.

Assim é que, ao Congresso Nacional cabe *julgar as contas prestadas pelo Presidente da República, apreciar os relatórios sobre a execução dos planos de governo* (CF, art. 49, IX) e *sustar os atos normativos* do Executivo que exorbitem do poder regulamentar ou dos limites de delegação legislativa, o que constitui o chamado *veto legislativo* (CF, art. 49, V).

Essa última modalidade, uma exceção ao princípio da separação dos Poderes, instituída para aprimorar o controle congressual sobre atos do Poder Executivo no emprego do *poder regulamentar* ou no do *poder legiferante delegado*, deve ser, todavia, como, de resto, toda exceção, interpretada restritivamente, e não como se fora o exercício de um *poder jurisdicional* pelo Congresso, como poderia parecer, mas como *uma expressão específica do controle de legitimidade*, competindo, inafastavelmente, ao Judiciário, a decisão final sobre a *juridicidade* daqueles atos.

À Câmara dos Deputados cabe *autorizar a instauração de processo* contra o Presidente, o Vice-Presidente da República e os Ministros de Estado (CF, art. 51, I).

Ao Senado Federal cabe *processar e julgar* o Presidente e o Vice-Presidente da República nos *crimes de responsabilidade*, bem como os Ministros de Estado e os Comandantes da Marinha, do Exército e da Aeronáutica nos crimes da mesma natureza conexos com aqueles (CF, art. 52, I); processar e julgar os Ministros do Supremo Tribunal Federal, os membros do Conselho Nacional de Justiça e do Conselho Nacional do Ministério Público, o Procurador-Geral da República e o Advogado-Geral da União, nos crimes de responsabilidade (CF, art. 52, II).

c) *Controle parlamentar: direto preventivo pelas comissões congressuais*. O Congresso Nacional e cada uma de suas Casas, por suas respectivas Comissões, permanentes ou temporárias, exercem também *controle preventivo* sobre a Administração. Não terão *controle repressivo*, que é reservado, como visto, aos Plenários, mas poderão produzir, através das *Comissões Parlamentares de Inquérito* (CF, art. 58, § 3.º), peças que ensejem ao próprio Legislativo e aos demais Poderes e órgãos constitucionalmente autônomos, tomar ações repressivas imediatas, próprias de suas respectivas competências.

As modalidades de ação das *comissões parlamentares* estão estabelecidas na Constituição Federal, destacando-se a *convocação de Ministros de Estado* para nelas prestar informações (CF, art. 58, § 2.º, III).

d) *Controle parlamentar indireto preventivo e repressivo*. O controle parlamentar exercido pelo Congresso Nacional em matéria de fiscalização financeira, orçamentária, operacional e patrimonial, como um *controle externo*, se integrará com os sistemas de *controle interno* de cada Poder ou órgão constitucionalmente independente.

e) *Controle contábil, financeiro, orçamentário, operacional e patrimonial externo*. Para auxiliá-lo nesta específica modalidade de controle —contábil, financeiro, orçamentário, operacional e patrimonial externo—, o Congresso Nacional atua em conjunto com um dos *órgãos constitucionalmente independentes*, conformado como um colegiado e provido de habilitação técnica para exercê-la —o *Tribunal de Contas da União*—, cuja competência vem minudentemente estabelecida na Constituição (art. 71), existindo, simetricamente, *Tribunais de Contas* para os Estados, o Distrito Federal e os Municípios do Rio de Janeiro e de São Paulo, sujeitos todos, no que couber, às mesmas normas, estabelecidas nos artigos 70 a 75 da Constituição.

A Constituição submete à *prestação de contas*, perante esses órgãos, qualquer pessoa física ou jurídica, pública ou privada, que utilize, arrecade, guarde, gerencie ou administre dinheiros, bens e valores públicos ou pelos quais a União responda, ou que, em nome desta, assuma obrigações de natureza pecuniária (art. 70, parágrafo único).

Esta atuação do controle externo é *preventiva*, disseminando-se por uma complexa rede para o exercício da *fiscalização*. Há, contudo, atividades *deliberativas*, que eventualmente se desdobram em ações *repressivas* autônomas, como o *julgamento das contas dos administradores e demais responsáveis por dinheiros, bens e valores públicos* na administração direta e indireta, incluídas as fundações e as sociedades instituídas e mantidas pelo Poder Público Federal, bem como das contas daqueles que derem causa a perda, extravio ou outra irregularidade de que resulte prejuízo ao erário público (CF, art. 71, II); a *sustação de atos impugnados* (CF, art. 71, X) e a *sanção dos responsáveis por irregularidades e abusos* (CF, art. 71, VIII).

Quanto às *contas prestadas anualmente pelo Presidente da República*, compete ao Tribunal de Contas da União emitir *parecer prévio* ao julgamento de competência do Congresso Nacional (CF, art. 71, I), com apreciação de aspectos de *legalidade* e de *legitimidade*. Há *regra constitucional de simetria* que manda aplicar as normas relativas ao Tribunal de Contas da União, no que couber, aos órgãos similares dos Estados e dos Municípios (art. 75).

Expostas as generalidades dessa modalidade orgânica de *controle parlamentar financeiro*, envolvendo o contábil, o orçamentário, o operacional e o patrimonial, resta examinar mais detidamente a atuação do *sistema de controle* estabelecido pelo novo ordenamento constitucional.

Trata-se de um *sistema* especializado, compreendendo o *controle interno* e o *controle externo*, que devem operar *integradamente*, como deflui da própria Constituição (art. 70), sendo necessário, por isso, não perder de vista as múltiplas imbricações funcionais desse *sistema de controle misto*, que se funda nos *princípios constitucionais de legalidade, legitimidade* e *economicidade* aplicados à *gestão financeira e orçamentária*.

A *economicidade* consiste em não comprometer recursos inúteis, desproporcionais ou supérfluos para alcançar os objetivos fixados; a *legalidade*, em não violar a lei e a *legitimidade*, em não se afastar dos objetivos democraticamente escolhidos pela Nação, que se incorporam à sua ordem jurídica e a orientam, bem como aos resultados coerentes da gestão administrativa.

Fundamentalmente, como se expôs, enquanto o *controle interno* é de *fiscalização* e de *correção*, acompanhando toda a execução dos programas de governo e dos orçamentos, ou seja —a gestão orçamentária, a financeira e a patrimonial— o *controle externo* é, precipuamente, de *fiscalização* e, excepcionalmente, diante de graves irregularidades, de *correção*, restrita aos casos expressamente mencionados.

A Constituição prevê, quanto à *sustação de atos e de contratos da Administração*, a tramitação de processos de acertamento e recursais que garantirão a última palavra ao Congresso Nacional (art. 71, §§ 1.º e 2.º); observe-se que expressão "o Tribunal decidirá a respeito", encontrada no texto do art. 71, § 2.º, significa que esta *competência* somente é devolvida ao Tribunal de Contas em caso de inércia dos demais Poderes.

Do mesmo modo que, como acima está exposto, se institui uma *simetria* na organização e criação de *Tribunais de Contas dos Estados* e do *Distrito Federal* (marcando-se uma *singularidade federativa* com a existência de dois Tribunais de Contas de Municípios da Capital de dois Estados, todos como *sistemas de controle misto* de obrigatória adoção, no que couber, sobre a administração pública extroversa e introversa dos Estados, Distrito Federal e Municípios (CF, art. 75).

A Carta de 1988, acrescentou ao tradicional *controle financeiro e orçamentário* novas dimensões operativas, em termos de *eficácia, eficiência, economicidade* e *legitimidade*, abrindo um novo *ciclo de aperfeiçoamento constitucional do sistema*, superando as antiquadas *modalidades registrárias*, mantidas apenas em matéria de *administração de pessoal* (admissões, acumulações, aposentadorias, reformas e pensões), ao qual se acrescentou, entre os institutos destinados à preservação da *responsabilidade fiscal* (Lei Complementar n.º 101, de 4 de maio de 2000), a modalidade preventiva de *controle prudencial,* simultaneamente de caráter político e técnico.

5. O CONTROLE JUDICIÁRIO

A) *Contencioso administrativo material*

A expressão *contencioso administrativo* apresenta duas acepções e, por isso, um acertamento técnico-semântico deve preceder a seu estudo. Assim, em sentido lato, *contencioso administrativo* pode ser tomado como *contenda*, *controvérsia* ou *litígio* envolvendo matéria administrativa, ou seja, *concernente a relações jurídicas administrativas litigiosas*, um conceito que expressa a sua *acepção material*. Em sentido estrito, *contencioso administrativo* designa apenas a *técnica de especialização da atividade estatal* para, através de *órgãos diferenciados da própria Administração, julgar autonomamente aqueles litígios*, sendo esta a sua *acepção formal*.

Em razão do sistema tradicionalmente adotado no Brasil, da *jurisdição una*, concentrada em um só sistema de funções – o Poder Judiciário (CF, art. 5.º, XXXV) – a expressão *contencioso administrativo* será doravante utilizada em sua acepção lata, que é o seu *sentido material*. Esta, porém, é a razão de ordem *juspositiva,* pois há outra, de ordem *jusdoutrinária*, que parte da própria *natureza da relação jurídica administrativa*, pois, tal como ocorre com as demais relações jurídicas – *privadas, criminais, político-eleitorais, trabalhistas, criminal-militares* e *internacionais* – que demandam, respectivamente, a *diferenciação* paralela de um *contencioso cível*, um *contencioso penal*, um *contencioso eleitoral*, um *contencioso trabalhista*, um *contencioso penal-militar* e de *contenciosos internacionais*, diferencia-se também o *contencioso administrativo*, não por uma submissão formal de todos esses litígios a um *ramo especializado* do Judiciário, mas pelo aparelhamento de subsistemas organizativos do próprio Poder Judiciário para atender concentradamente, tanto preferente como exclusivamente, por órgãos judicantes especializados, às multifárias peculiaridades da relação jurídico-administrativa.

Tanto em se adotando uma quanto outra solução, o que se impõe é considerar-se a *autonomia científica do Direito Administrativo*, que, por apresentar princípios próprios e características doutrinárias inconfundíveis, convém que o tratamento das situações contenciosas de relações jurídicas administrativas ou que daquelas se derivem, seja rigorosamente *sistemático* e *coerente*, em benefício da *segurança jurídica* dos administrados.

Portanto, em última análise, o que não se justifica é o prejuízo da unidade conceptual e da sistematicidade de tratamento do contencioso administrativo, tanto quanto não se justificaria, pelas mesmas razões, que as relações jurídicas acima referidas fossem tratadas fragmentária e assistematicamente, quando assumissem aspectos litigiosos.

Nesta linha de ideias, ideal seria, em princípio, que a cada sistema de *contencioso material* correspondesse, no Judiciário, um sistema apropriado de *contencioso formal*, e, efetivamente, a evolução dos aparelhos de controle administrativo pelo Judiciário, tanto no exterior como no Brasil, tem atestado o acerto desta orientação e ditado a adesão a esta tendência, como, para lembrar um exemplo recente, na década passada ocorreu com as benéficas transformações experimentadas no tradicional sistema do contencioso administrativo francês e que terminaram por equipará-lo aos sistemas dos órgãos jurisdicionais ordinários.

O estudo do contencioso administrativo em seu sentido *material*, que será o doravante encetado, cinge-se, assim, *às relações jurídicas administrativas litigiosas e aos meios judiciários existentes para solucioná-las*. Em outros termos, o prosseguimento deste estudo concentrar-se-á nas *formas e meios de controle judiciário* sobre as relações administrativas de *juridicidade* contestada ou contestável.

a) *Injuridicidade objetiva e injuridicidade subjetiva.* O *contencioso administrativo material* colima o *controle da juridicidade* em sua expressão *subjetiva*, com as exceções às quais se dedicará um item complementar. Isto significa que a *provocação do controle* através dos *meios dispostos para o contencioso judicial administrativo*, em regra, se *fará com vistas à tutela em concreto de algum interesse juridicamente protegido*, motivo pelo qual MIGUEL SEABRA FAGUNDES ensinou lapidarmente ser a "finalidade e característica do *controle jurisdicional* a *proteção do indivíduo* em face da Administração Pública", antecipando de meio século a atual e hoje prevalecente *visão funcionalista dos direitos fundamentais das pessoas*, aportada pelo *neoconstitucionalismo*.

Não se considerará, em consequência, como *contencioso administrativo jurisdicional,* o exercido em instância de *autocontrole*, a cargo da Administração, vertido sobre seus próprios atos. Desde logo, se pode notar ser bem distinta a *finalidade do autocontrole*, pois não visa precipuamente à tutela da *juridicidade subjetiva*, mas a da *juridicidade objetiva*.

Não obstante, sempre que o administrado se sentir prejudicado de direito, poderá se valer da *provocação do autocontrole* através da abertura de uma relação processual administrativa graciosa, não só pelo meio constitucional da *petição* (CF, art. 5.º, XXXIV, *a*), como pelos demais meios de *provocação simples e recursais* previstos nos vários e extensos níveis políticos e administrativos de normatividade processual administrativa. Observe-se, todavia, que o *objeto do exame*, que Administração procederá, nessa relação graciosa, não será o fato de ter ela *lesado direito subjetivo individual*, mas, simplesmente, *se teria ela agido objetivamente em desacordo com a lei*.

Assim, no *autocontrole*, a Administração apenas *reexamina a própria atuação em face da lei* – inexistindo, a rigor, uma *relação litigiosa*, porque o *objeto* do pronunciamento administrativo em conclusão do reexame solicitado, não estará referido a um hipotético *ferimento de direito subjetivo individual*, mas, meramente, à *conformidade ou desconformidade de seu próprio agir com a vontade da lei*. Portanto, rigorosamente, cabe à Administração, tão somente, *reconsiderar a legalidade objetiva de seus próprios atos*, sem avançar julgamentos sobre a *relação subjetiva contenciosa* subjacente, ainda porque, esta ainda não se teria instalado formalmente.

b) *O julgamento da matéria contenciosa administrativa.* Conforme o exposto, a Administração *não julga seus atos, como tampouco julga a si mesma*, limitando-se *ao reexame de sua atuação à luz do Direito*, simplesmente para verificar a sua *juridicidade objetiva*, de modo que, se vier a corrigi-los, para alterá-los ou anulá-los, não terá sido porque os tenha considerado *violadores* de interesses juridicamente protegidos, mas porque os deu por *juridicamente viciados*, e se acaso decidir por mantê-los, sempre remanescerá ao *Judiciário* definir terminativamente a respeito de sua *juridicidade subjetiva*, que não é objeto de exame *principaliter* —como questão principal— na instância administrativa, cabendo-lhe, então sim, *proferir um julgamento*, em que a preliminar lógica será o exame e o pronunciamento da *injuridicidade objetiva*, como a última palavra de direito.

Erro, portanto, afirmar-se que o Judiciário *substitui o julgamento de juridicidade* de um ato praticado pela autoridade administrativa pelo seu próprio, pois a Administração, em nosso sistema, a rigor *não julga* o contencioso de juridicidade subjetiva adveniente de seus atos, mas apenas aprecia a sua *juridicidade objetiva*.

É necessário, portanto, que a expressão *julgamento* seja entendida, não em sua mera acepção *lógica* —como um sinônimo de *juízo*, o produto de uma apreciação de *congruência* ou *incongruência* entre ideias— mas em seu sentido *jurídico* próprio —como a *conjugação de uma atividade lógica* com uma *atividade substitutiva de vontade*—. Com efeito, realmente, tomada a *jurisdição* como a *função do Estado*, em que se dá a *substituição da vontade decisória,* seja a dos particulares seja a do Estado, por outra, emanada por órgão diferenciado do próprio Estado, como ressalta o magistério de Giuseppe Chiovenda, torna-se inconciliável e *inconfundível* o conceito de *controle pelo contencioso administrativo*, que ostente essas características, com o do *autocontrole exercido pela Administração*.

Conclui-se, portanto, que, através do *contencioso administrativo jurisdicional*, o Estado perfaz uma *função de controle de juridicidade subjetiva* de sua própria ação administrativa, pela substituição da expressão da vontade da Administração, pela que será a pronunciada pelo Judiciário, como afirmação do primado da lei e do Direito.

B) *Escala de juridicidade*

O *poder do Estado* é uno, pois resulta, necessariamente, da própria *unidade política da Nação*, manifestando-se em diversas *funções públicas*, nas quais a *vontade estatal é sempre a mesma*, não importando como se expresse, seja na *lei*, na *sentença* e no *ato administrativo*, bem como nos *atos próprios dos órgãos constitucionalmente independentes*, os que exercem *funções essenciais à justiça*, os *Tribunais de Contas*, a *Ordem dos Advogados do Brasil* e os dois *Conselhos Nacionais*, o da *Justiça* e o do *Ministério Público* —de modo que o que varia é apenas a *eficácia* atribuída à manifestação de cada uma deles—.

Essas polimórficas atuações integram um *conjunto de atos portadores de vontade estatal*, que expressam, em sua totalidade, a *diversidade de eficácias possíveis que a ordem jurídica lhes atribui*, conformando em sua totalidade um *sistema harmônico, articulado e hierarquizado* —e necessariamente um *sistema jurídico positivo*— que, enriquecido dos *costumes da sociedade* e do trabalho da *doutrina*, da *jurisprudência* e, em geral, dos *operadores do direito*, integram o *fenômeno, mais extenso e democraticamente aberto possível:* o do *Ordenamento Jurídico do País*.

A esta altura, como *referência* para o estudo do *escalonamento hierarquizado da juridicidade*, importa enfocar uma *parte desse ordenamento jurídico*, conformado pelas *normas positivadas* pelas fontes estatais do Direito: o *sistema normativo positivo brasileiro*.

a) *Sistema normativo positivo brasileiro.* No topo da hierarquia normativo-administrativa assenta-se o *ordenamento constitucional* —a *Constituição*, com suas respectivas *emendas constitucionais*— harmonizando as esferas política e jurídica e vertebrando toda a *ordem jurídica* do País, de modo que a desconformidade de qualquer outro ato com suas normas caracteriza a mais grave modalidade de *injuridicidade*: a *inconstitucionalidade*.

Quanto às *emendas constitucionais*, distingue-se a *emenda válida* —que se incorpora à Constituição e passa a ter a mesma eficácia de qualquer das normas originais, da *emenda inválida*— que, por vulnerar regras formais ou materiais, previstas na Constituição, a ela não se incorpora, nem pode gerar a eficácia nela pretendida.

A inconsistência de qualquer ato do Poder Público, normativo ou concreto, com a Constituição, caracteriza a *inconstitucionalidade*, que poderá se apresentar como de natureza *formal* ou *material*. Será *inconstitucionalidade formal*, se o *ato* do Poder Público não for praticado com estrita observância das normas constitucionalmente prescritas para a sua formação, estruturação e publicidade; distintamente, tratar-se-á de *inconstitucionalidade material*, se o *conteúdo do ato* vulnerar comandos explícita ou implicitamente expressos nas normas constitucionais, originais ou adventícias.

Segue-se ao *ordenamento constitucional* o *ordenamento normativo infraconstitucional,* desdobrado em quatro *subordens*: (1) o *ordenamento normativo infraconstitucional federal,* (2) o *estadual,* (3) o *distrital-federal* e (4) o *municipal.*

O *ordenamento normativo infraconstitucional federal* está constituído pela categoria genérica das *leis,* com as seguintes espécies: as *leis complementares,* as *leis ordinárias,* as *leis delegadas,* as *medidas provisórias,* os *decretos legislativos* e as *resoluções,* de modo que *a desconformidade de qualquer outro ato do Poder Público Federal, com alguma dessas categorias normativas, caracterizará a ilegalidade* (no sentido estrito). Estão incluídas neste rol as *medidas provisórias* (CF, art. 62), atos de competência do Presidente da República (CF, art. 84, XXVI), que têm validade, *com força de lei,* por 60 dias, desde sua edição, prorrogáveis por igual período nas condições previstas (CF, art. 62, §§ 3.º e 7.º).

No topo de cada *ordenamento normativo infraconstitucional estadual* situa-se a respectiva *Constituição do Estado,* com suas respectivas *emendas,* de modo que a desconformidade de qualquer outro ato do Poder Público estadual, com os princípios e preceitos nelas contidos, caracterizará uma *inconstitucionalidade estadual.* Este *ordenamento normativo infraconstitucional estadual* se integra com as *leis complementares,* as *leis ordinárias,* as *leis delegadas,* as *medidas provisórias,* os *decretos legislativos* e as *resoluções estaduais,* de modo que a desconformidade de qualquer outro ato do Poder Público estadual, confrontado com essas normas, caracterizará uma *ilegalidade de* nível *estadual* (no sentido estrito).

No topo do *ordenamento normativo infraconstitucional distrital-federal* está a *Lei Orgânica do Distrito Federal,* com suas respectivas *emendas,* e a desconformidade de qualquer outro ato do Poder Público local, com os princípios e preceitos nelas contidos, caracterizará uma *ilegalidade orgânica distrital-federal.* Do mesmo modo que no plano estadual, o *ordenamento normativo infraconstitucional distrital-federal* se integra pelas *leis complementares, leis ordinárias, leis delegadas, medidas provisórias, decretos legislativos* e *resoluções,* e a desconformidade de qualquer outro ato do Poder Público do Distrito Federal, confrontado com essas normas, caracterizará uma *ilegalidade de nível distrital federal* (no sentido estrito).

No topo de cada *ordenamento normativo infraconstitucional municipal* situa-se a respectiva *Lei Orgânica Municipal,* com suas respectivas *emendas,* e a desconformidade de qualquer outro ato do Poder Público municipal, com os princípios e preceitos nelas contidos, caracterizará também uma *ilegalidade* (no sentido estrito). Também, guardando a mesma semelhança, o *ordenamento normativo infraconstitucional municipal* se integra pelas respectivas *leis complementares, leis ordinárias, leis delegadas, medidas provisórias, decretos legislativos* e *resoluções*, de modo que a desconformidade de qualquer outro ato do Poder Público municipal, confrontado com essas normas, caracterizará uma *ilegalidade de nível municipal* (no sentido estrito).

Por derradeiro, cada uma das ordens e subordens jurídicas acima descritas serão integradas, no âmbito das respectivas Administrações Públicas, pelos *decretos* e *regulamentos* expedidos pelo respectivo Chefe de Governo para fiel execução das leis (CF, art. 84, IV), que abrem, por sua vez, o campo do *ordenamento normativo administrativo* —respectivamente, federal, estaduais, distrital-federal e municipais— de sorte que a desconformidade de qualquer outro ato da Administração em face dessas *normas regulamentares*, inclusive até aquele que venha ser singularmente praticado em desacordo pelo próprio Chefe de Governo (vício de incoerência injurídica definido pela doutrina na expressão *venire contra factum proprium*), caracterizará outro tipo de *injuridicidade* que pode ser designado como *irregulamentaridade*.

b) *A inconstitucionalidade*. A hierarquização das leis é formulação relativamente recente na evolução do Direito Público. Os conceitos de *supremacia constitucional*, como os de seu respectivo *controle de constitucionalidade*, surgiram como uma *evolução jurisprudencial* nos Estados Unidos da América, pois não estavam explicitamente previstos em sua Constituição, partindo da célebre decisão do *Chief Justice* (Juiz da Suprema Corte) John Marshall, no caso *Marbury versus Madison*, ao negar validade às leis que não se adequassem a seus comandos.

Todavia, com relação à *eficácia* e ao *alcance* do pronunciamento judiciário de inconstitucionalidade, desdobraram-se *dois sistemas*: o tradicional, que entende serem nulos e sem nenhum efeito jurídico os atos praticados em desconformidade com a Constituição, e o mais recente, o *kelseniano*, que entende serem anuláveis, para reconhecer-lhes, em princípio, certos efeitos pretéritos; tendo sido construídas, entre os dois sistemas, soluções de compromisso.

No *sistema de controle de constitucionalidade brasileiro* —na confluência da doutrina constitucional norte-americana e da continental europeia— a *inconstitucionalidade* —como conceito de fundamental importância na sustentação da higidez e coerência da ordem jurídica— admite duas *formas de controle*: 1.º —o *controle difuso*— realizado por qualquer juiz ou tribunal, em qualquer processo de sua competência, quando incidentalmente a constatar; e 2.º —o *controle concentrado*— realizado como competência originária pelo Supremo Tribunal Federal, através de *ação direta de inconstitucionalidade de lei ou ato normativo federal ou estadual* e de *ação declaratória de constitucionalidade de lei ou ato normativo federal* (CF, art. 102, I, *a*) e, por via recursal, através do *recurso extraordinário* (CF, art. 102, III, *a, b* e *c*).

c) *Níveis e soluções de controle infraconstitucional.* Examinar-se-ão adiante, a partir desse nível constitucional, os subsequentes níveis positivados de controle, tendo como critério classificatório a *eficácia* do pronunciamento judicial de inconstitucionalidade no Direito brasileiro; note-se, entretanto, que a *inconstitucionalidade*, em tese, tanto poderá se referir à Carta Federal quanto às Cartas Estaduais, suscitando, por isto, outra distinção, no campo federativo, conforme se trate da integridade da *ordem jurídica nacional* ou a das *subordens jurídicas estaduais*, caracterizando, neste caso, uma *inconstitucionalidade de grau estadual.*

a') *A ilegalidade.* O *ordenamento normativo infraconstitucional* é necessariamente instituído a partir da observância dos *processos legislativos,* para tanto constitucionalmente estabelecidos (CF, art. 59), havendo simetria obrigatória na produção de normas —a *simetria nomopoiética,* referida à edição das *leis*, em sentido amplo, em qualquer dos sistemas normativos— o federal e os estaduais, em relação às suas respectivas Constituições, bem como o distrital-federal e os municipais, em referência às respectivas leis orgânicas –, de modo que as indicações e observações que, a seguir, são apresentadas para a órbita federal se aplicam, *mutatis mutandis*, aos demais níveis da Federação.

As *leis complementares* caracterizam-se *formalmente* pelo *quorum* qualificado, que consiste na sua aprovação por *maioria absoluta* (CF, art. 69), e *materialmente*, pelos *temas*, que devam ser *obrigatoriamente* legislados sob essa forma, conforme *previstos* na própria Constituição, de modo que o Legislativo não poderá adotar arbitrariamente a modalidade de *legislação complementar* para outras matérias, que não as previstas na Carta. Antes da Constituição de 1967, esta espécie legislativa complementar, com a autonomia e a eficácia que hoje a caracterizam, não era formalmente conhecida no País, salvo de maneira rudimentar, como a introduzida na Emenda Parlamentarista n.º 4 à Constituição de 1946.

Rara e excepcionalmente, então, como em escritos de Afonso Arinos de Mello Franco e de Miguel Reale, se encontrava algum tratamento doutrinário esparso, o que dificultava a elaboração de uma construção testada e segura a respeito desse instituto de Direito Constitucional, de singular importância para o Direito Administrativo. Vinte anos de experiência e de elaboração teórica seriam ainda necessários para o desenvolvimento da atual doutrina brasileira sobre *leis complementares.*

Vale reiterar, por fim, que tanto as leis complementares quanto todas as demais modalidades normativas elencadas no art. 59, exceto, é claro, as emendas à Constituição, *não guardam qualquer hierarquia entre si*, pois são eficazes em seus respectivos âmbitos, e a violação recíproca, referida a qualquer delas se constitui em simples *ilegalidade* em sentido estrito.

b') *A irregulamentaridade.* O *poder regulamentar*, a assim impropriamente denominada faculdade reconhecida aos Chefes de Governo de baixar *atos normativos* com eficácia imediatamente infralegal, é uma função prevista, originariamente, na Constituição Federal (art. 84, IV), no âmbito da União, e, de modo derivado, nos dispositivos paralelos das Constituições Estaduais e das Leis Orgânicas do Distrito Federal e dos Municípios, em seus respectivos âmbitos juspolíticos.

O *regulamento* se posta, por seu turno, na cúpula de uma *nova hierarquia de atos*, que envolve tanto os *normativos* como os *concretos, praticados pelos demais órgãos subordinados da Administração*, dispostos em escala interna própria, não importando as denominações específicas que recebam, pois não há padronização exigida.

A doutrina reconhece dois tipos de regulamentos: o *regulamento de execução* e o *regulamento autônomo.*

O *regulamento de execução*, modalidade constitucionalmente prevista, a ser sempre baixado por *decreto*, além de vincular todos os demais atos da Administração, também pode ser objeto de *arguição de inconstitucionalidade* em *ação direta originária* perante o Supremo Tribunal Federal, tratando-se de ato *federal* ou *estadual*, face à Constituição Federal, e, em se tratando de atos normativos dos respectivos Poderes Legislativos e Executivos e dos Poderes dos Municípios, face às Constituições Estaduais ou à Lei Orgânica do Distrito Federal, perante os *Tribunais de Justiça* dos Estados e do Distrito Federal.

Quanto à outra modalidade – o *regulamento autônomo* – a Constituição de 1988, que havia posto cobro às dúvidas doutrinárias existentes sobre sua sobrevivência na ordem constitucional brasileira, graças a seus artigos 5.º, II e 84, III, que suportavam uma i*nterpretação restritiva na linha do princípio da reserva legal*, a reintroduziu com a edição da Emenda Constitucional n.º 32, de 11 de setembro de 2001, ao atribuir competência ao Presidente da República para dispor, mediante *decreto*, sobre a *organização e funcionamento da administração federal*, quando não implicar aumento de despesa nem criação ou extinção de órgãos públicos e a extinção de cargos públicos, quando vagos (CF, art. 84, VI, *a* e *b).*

C) *Soluções corretivas do controle judiciário*

O controle judiciário, como estudado, visa a impor o *primado da juridicidade*, através de *funções corretivas* impostas sobre quaisquer *manifestações de vontade que contrariem a ordem jurídica,* qualquer que seja o seu autor, embora nem sempre seja possível *eliminar de fato todos os efeitos do ato corrigido.*

O Judiciário, em qualquer caso, reconhecida uma *injuridicidade,* em qualquer grau, emite uma *declaração de nulidade*, variando, no entanto, a *eficácia* do asserto, conforme o ato anulado se trate de *ato normativo* ou de *ato concreto.*

Para bem estabelecer essa diferença, recorde-se que o *pronunciamento de nulidade* equivale à *declaração de que um ato não está apto a produzir efeitos*, ou seja: de que o ato é *ineficaz*. Ora, para alcançar esta conclusão, o Judiciário deverá chegar a um *convencimento motivado* de que o ato em causa ou é juridicamente *inexistente* ou é *inválido* (pois a eficácia sempre resultará da *existência válida* de todos os seus elementos constitutivos).

Pois bem, em se tratando de *ato concreto*, em que os efeitos jurídicos foram casuisticamente determinados e materializados, se decretada a sua *nulidade*, ele perderá a razão de existir, desaparecendo do mundo jurídico. Já, quanto *ato normativo*, em que os efeitos jurídicos são indeterminados e abstraídos em tese, ainda que pronunciada casuisticamente a sua nulidade, *a eficácia da declaração se restringirá ao caso apreciado*, não comprometendo a existência da *norma*, embora reconhecida como nula, permanecendo, assim, no mundo jurídico e ainda aplicável a outras hipóteses. É que a sentença, no contencioso judicial administrativo, como de resto em qualquer outro processo judiciário, com exceção dos previstos nos arts. 102, I, *a*, e 125, § 2.º, da Constituição, *tem sua eficácia e autoridade restritas aos limites subjetivos e objetivos da relação jurídica litigiosa concreta posta sob sua decisão.*

Em outros termos: a *declaração de nulidade* de um *ato concreto* retira toda a eficácia regular dele esperada, sustando-se, em consequência, a execução, enquanto que a declaração de nulidade do *ato normativo* retira-lhe a eficácia apenas quanto à hipótese decidida, não prejudicando a aplicação da norma a hipóteses não decididas. Resulta nítida essa diferença entre as duas *soluções corretivas* do controle judiciário: a *anulação simples*, de caráter *ablativo* ou, simplesmente, *anulação*, incidente sobre o ato concreto, que, em consequência fica desfeito, e a *anulação desaplicatória*, ou *desaplicativa* ou, simplesmente, *desaplicação*, incidente sobre o ato normativo, que, em consequência, perde sua eficácia *in casu*.

Finalmente, o controle judiciário é caracteristicamente provido sob *provocação*, por via de ação ou por via de exceção, em regra, por quem tenha direito *subjetivo violado* ou *sob ameaça de violação* e, excepcionalmente, por pessoas que a lei legitime, como representantes, sucessores ou substitutos processuais.

6. OS MEIOS DE CONTROLE JUDICIÁRIO

A) *Generalidades sobre o controle judiciário*

Para que o Poder Judiciário possa exercer sua missão de *controle de juridicidade* sobre as relações jurídicas administrativas, tal como o faz quanto às demais relações jurídicas públicas ou privadas, há dois requisitos: a *provocação* adequada e o emprego de *meios* juridicamente apropriados.

Há, pois, uma *técnica judiciária* destinada à obtenção dos efeitos preventivos e repressivos, tanto os de fiscalização como os de correção, próprios do campo do *Direito Processual*, submetida aos princípios da *Teoria Geral do Processo*, abrangendo os conceitos essenciais, como os de *jurisdição* e *competência* dos órgãos judiciários, natureza e tipologia das *ações*, a *relação processual*, o *procedimento*, a *prova* judiciária, a *decisão*, os recursos, a definição de *coisa julgada* e a *execução*.

A partir dessa base institucional comum, que é da *Teoria Geral do Processo*, subdividem-se as disciplinas didáticas autônomas específicas para cada *especialidade de jurisdição*, assim se esgalhando: o Direito Processual Civil, o Direito Processual Penal, o Direito Processual do Trabalho, o Direito Processual Eleitoral, o Direito Processual Penal Militar e o Direito Processual Parlamentar, este ramo, aplicável às hipóteses em que as Casas Legislativas ajam excepcionalmente como órgãos jurisdicionais.

O *contencioso administrativo*, como já foi exposto, não dispõe de um sistema processual que lhe seja próprio e exclusivo, posto que uma interpretação equivocada do brocardo *una lex, una jurisdictio* (um só direito, uma só jurisdição) responde pela dispersão da matéria contenciosa administrativa, predominando, embora, os *meios processuais civis*.

Realmente, o conceito de *una jurisdictio* não implica afastamento da especialização, bem como o de *justiça especial*, tampouco se confunde com o de *justiça de exceção*. A *justiça especial* é uma imposição da boa técnica judiciária, recomendável sempre que determinada *matéria*, por suas peculiaridades, reclame tratamento judiciário especializado, seja *orgânico* (órgãos judicantes especializados) ou *funcional* (processo judiciário especializado).

O contencioso do Poder Público no Brasil, sob este aspecto, notadamente desde o restabelecimento da Justiça Federal de primeira instância, é um *sistema híbrido,* tanto em termos *orgânicos* como em termos *funcionais,* seguindo, embora mais lentamente, a tendência universalmente observada em direção à *especialização do controle judiciário das atividades do Poder Público,* que é um conceito mais amplo do que o de *controle judiciário da relação jurídica administrativa,* que nele se insere e é o tema com o qual se prossegue esta Seção.

Com efeito, a *Justiça Federal* —com exceção do *Supremo Tribunal Federal,* que se aproxima do perfil de uma corte constitucional, e, do mesmo modo, o *Superior Tribunal de Justiça*—, quando atua no desempenho de funções de *instâncias ordinárias*, o faz *predominantemente* como uma *justiça especializada no contencioso administrativo material da União*; mas, em contraste, nos Estados e nos Municípios, as respectivas matérias contenciosas são cometidas à *justiça comum inespecializada*, de modo que, *predominantemente*, são submetidas a juízes preparados e exercitados em grande parte, quando não em quase toda a sua carreira, em matérias do contencioso cível e criminal.

Também com relação à *provocação judicial*, cabem ainda algumas observações, como a que está *aberta aos particulares* e as que *se reservam ao Estado*: 1 —a *provocação pelos particulares*, em princípio privativa de *advogados* constituídos pelas partes ou dativos— não oferece problemas, tratando-se de agentes que desempenham a *função essencial à justiça* genérica da advocacia privada (CF, arts. 133 e 134); 2 - a *provocação pelo Estado* é privativa da *Advocacia de Estado*, através dos *órgãos que a desempenham privativamente*, e a provocação pelo Ministério Público (CF. art. 127 e ss.)

B) *Classificação das ações administrativas contenciosas*

Finalmente, considerando os *meios técnicos de postulação judiciária*, podem-se distinguir duas classes de ações: as *ações específicas do contencioso administrativo*, criadas pela legislação apenas para efetivar-se o exercício do *controle judiciário sobre a relação jurídica administrativa*, e as *ações inespecíficas do contencioso administrativo*, que são todas as demais previstas na legislação constitucional e processual civil, penal, trabalhista, eleitoral e penal militar, das quais possa resultar, direta ou indiretamente, *principaliter* ou *incidenter*, o *controle judiciário* da ação administrativa do Estado.

Todos os *meios específicos do contencioso administrativo* são *especiais*; quanto aos *meios inespecíficos do contencioso administrativo*, poderão ser *ordinários* e *especiais*.

Os *meios específicos do contencioso administrativo* admitem, por sua vez, uma subdivisão, conforme a *provocação* incumba *exclusivamente* ao *Estado* (entidades, órgãos ou seus delegados) ou ao *administrado*, havendo, ainda, como uma terceira categoria, a *provocação* que lhes seja *comum*.

Para melhor visão de conjunto, segue-se, esquematicamente, um elenco didático dos *meios de controle judiciário* do contencioso administrativo brasileiro:

I. Meios inespecíficos

A) *ordinários*

1. ação ordinária;

2. ação penal;

B) especiais

3. interditos possessórios;

4. ação de nunciação de obra nova; e

5. ação de consignação em pagamento.

II. Meios específicos

A. de provocação do Estado

1. execução judicial da dívida ativa da Fazenda Pública;

2. ação de desapropriação;

3. ação de intervenção de defesa econômica;

4. ação discriminatória de terras públicas;

5. ação de dissolução de sociedades ilícitas ou com subvenção; e

6. ação de renda e indenização por trabalhos de pesquisa mineral.

B. de provocação do administrado

1. habeas corpus;

2. mandado de segurança;

3. mandado de segurança coletivo;

4. ação popular;

5. habeas data;

6. mandado de injunção; e

7. ação penal privada subsidiária nos crimes de ação pública.

C. De provocação comum

1. ação direta de inconstitucionalidade;

2. ação declaratória de constitucionalidade;

3. conflito de atribuições;

4. ação civil pública;

5. reclamação para preservação de competência e garantia da autoridade de decisões do Supremo Tribunal Federal e do Superior Tribunal de Justiça;

6. arguição de descumprimento de preceito fundamental;

7. reclamação contra ato administrativo ou decisão judicial que contrariar súmula aplicável ou que indevidamente a aplicar; e

8. ação de improbidade administrativa.

Eis, posto em breves traços, alguns aspectos importantes do sistema brasileiro de controle das atividades administrativa públicas.

Teresópolis, RJ, verão de 2017.

CONTROL DE LA ACTIVIDAD ADMINISTRATIVA[*]

DIOGO DE FIGUEIREDO

1. GENERALIDADES

En último análisis, todo control ejercido sobre la Administración Pública en el desempeño de funciones constitucionales, tiene como referencia el interés público y corresponde distinguir lo que fue la tesis expresada por el legislador, de lo que se presentó como una referencia en hipótesis por el administrador público. Es necesario, por lo tanto, precisar en mayor profundidad el contenido jurídico de esa llave maestra —el interés público— para relacionarla mejor al tema del presente estudio.

A) *El interés público*

Tanto en la gestión de los intereses de la sociedad constitucionalmente atribuidos al poder público, como en la gerencia de los propios intereses del Estado, como persona jurídica, referidos a su personal, bienes y servicios, el Estado actúa siempre absolutamente vinculado a lo que viene definido por el orden jurídico como interés público en la Constitución y en las normas legales infra constitucionales.

Para ello, se debe partir de la idea de que el interés público primario es un concepto sustantivo, definido a partir de las necesidades, de las aspiraciones, de los valores, de las ansias, de las tendencias y de las opciones generadas y manifestadas en una sociedad; en cuanto el interés público derivado o secundario es un concepto adjetivo, definido o inferido a partir de las necesidades organizativas y funcionales del Estado.

B) *Expresión política del interés público y legitimidad*

El interés público políticamente es expresado en su manifestación originaria, básica y de mayor antigüedad. Su actual concepto se asocia a la manifestación de interés dominante de la sociedad en el Estado democrático, como expresión de la soberanía de la voluntad popular. En las sociedades en que se practica la democracia representativa, cabe, en principio, a los mandatarios políticos electos según sus reglas, la tarea de captar el prístino interés público

[*] Traducción del Dr. Víctor Hernández-Mendible y del Lic. Eustaquio Jiménez Rodríguez.

difuso, interpretarlo y definirlo, sea en la forma de manifestaciones positivadas de la voluntad política, abstractas y generales; sea en la forma de actos
concretos y detallados, o sea, legislando y administrando.

Además de esa modalidad indirecta de captación y definición formal del
interés público, otras más existen a partir del ejercicio de la democracia participativa, de forma directa o indirecta, que se instituye y confluye con idéntico
propósito. El régimen constitucional brasileño está primariamente fundado en
la participación indirecta, mediante el ejercicio de la representación política
(Const. Pol. de la República Federativa del Brasil —CF—, art. 1º, parg. único),
para conformar las diversas legislaturas y gobiernos ejecutivos, previendo la
participación directa y la participación indirecta para las hipótesis en que se
pretenda recoger la voluntad política popular, con mayor garantía de autenti-
cidad y de actualidad (ej., CF, arts. 14, I, II y III; 29, XII y XIII, y 61, § 2º).

C) *Expresión jurídica del interés público y legalidad*

El interés público jurídicamente expresado es su manifestación derivada y
presenta un contenido técnicamente más elaborado y por eso, de más reciente
aparición histórica. Este concepto aparece connotado a la idea de la norma
jurídica, entendida como la cristalización de la voluntad política, lo que, en
el Estado de derecho, se afirmaba genéricamente por la supremacía de la ley
y, actualmente, en el Estado democrático de derecho, específicamente, por la
supremacía de la Constitución.

En efecto, es un fenómeno históricamente comprobado que los procesos
civilizatorios llevan a la voluntad política a sedimentarse paulatinamente bajo
la forma de mandatos generales y permanentes, que una vez son impuestos
coercitivamente por un centro de poder a una sociedad organizada, en su histórica evolución, pasan a ser categorizados sistemáticamente como normas
jurídicas y así, a integrar sus respectivos ordenamientos jurídicos.

2. GENERALIDADES SOBRE LOS CONTROLES DE LEGITIMIDAD Y DE LEGALIDAD

Si los dos referenciales enunciados —la legitimidad y la legalidad— se
imponen igualmente a la sociedad y al Estado, obviamente ambos deberán
pautar, indisociablemente, toda su actuación administrativa pública, tanto la
exterior como la interior, para conformar la categoría síntesis de la juridicidad.

El Estado desempeña casi todas sus funciones de Administración Pública
exterior, especialmente por uno de sus poderes —el ejecutivo—, integrado
por órganos diferenciados de los demás para expresar definiciones políticas y
jurídicas destinadas a atender, de modo directo, inmediato, concreto y prioritario, los intereses públicos primarios de la sociedad a la que sirve.

Complementariamente, el Estado desempeña funciones de Administración
Pública interior, en este caso, a cargo de todos sus poderes y órganos dotados

de independencia funcional constitucional —el legislativo, el ejecutivo, el judicial, los tribunales de cuentas, los Consejos Nacionales de la Justicia y del ministerio público, los órganos de ejecución de las funciones esenciales a la justicia y la Orden de los Abogados de Brasil— para conformar, de la mejor manera posible, la autogestión de los respectivos intereses públicos secundarios, cuya satisfacción es necesaria, a su vez, como medio para que cada uno de ellos atienda autónomamente, sin interferencias indebidas por parte de los demás, a los intereses públicos primarios puestos a su cargo, tal como les son atribuidos por la Constitución.

En ambas formas de actuación, tanto en las relaciones de subordinación como en las relaciones de coordinación, lo que vale decir, tanto en la gestión de los intereses de la sociedad (administración exterior) como en la gestión de sus propios intereses operativos (administración interior), la acción del Estado está siempre sometida a ese doble criterio de referencia de la juridicidad —la legitimidad y la legalidad— y de allí deriva también la doble clasificación del control ejercido sobre la actividad de la Administración Pública: el control de legitimidad y el control de legalidad.

En principio, los agentes políticos formalmente titulados, en razón de sus respectivos mandatos, son expresión de legitimidad y son los mismos que deben controlarla. No obstante, el orden jurídico podrá otorgar o autorizar que se delegue a agentes administrativos la expresión de algunas definiciones secundarias y complementarias integrativas del contenido de legitimidad, caso en que también sobre estos cabrá el ejercicio del control jerárquico de legitimidad, asegurado siempre en la cúspide de cada sistema de Administración Pública externa, un control jerárquico final, a cargo del agente político que ejerza la jefatura autocrática del poder ejecutivo y, en los demás poderes y órganos constitucionalmente autónomos, en su administración interna, a cargo de los respectivos órganos de dirección, autocráticos o colegiados.

Como se expondrá mejor más adelante, el control de legitimidad difiere del control de legalidad, no solo en razón de las distintas características señaladas, sino en virtud de sus distintos efectos, por cuanto, relativo a estos, el control de legitimidad apunta preponderantemente a la fiscalización, a la revocación o a la sustitución del acto ilegítimo.

Mediante la fiscalización, se busca detectar una posible disconformidad de la acción administrativa con el interés público; por la revocación, se pretende deshacer, total o parcialmente, un acto considerado disconforme con el interés público y a través de la sustitución, se actúa tanto para deshacer, total o parcialmente un acto tenido como no conforme con el interés público, como para constituir otro en su lugar, entendido como más adecuado a la satisfacción pretendida del interés buscado.

El control de legitimidad, sin embargo, en cualquiera de esas tres modalidades fiscalizadoras, no llega a la invalidación del acto, ni tampoco, a la sanción de su autor, salvo en los casos en que ciertos vicios en el empleo de la discrecionalidad (abuso, desvío, irracionalidad e irrealidad) remitan a su disolución a la vía judicial. En concreto, las alternativas para superar la ilegitimidad apenas abren una oportunidad de perfeccionamiento de la acción del Estado, en términos de lo que deba ser la mejor atención del interés público en el caso.

Por el contrario, el control de legalidad es fundamentalmente de corrección, por lo tanto, destinado a la anulación de un acto que se presente en desacuerdo con el orden jurídico positivado, o, dicho de otro modo, en disconformidad con la expresión legislada del interés público, aunque, alternativamente, también se pueda presentar con la posibilidad de ser un control de sanación, siempre que sea posible recuperar la legalidad comprometida, por acto de voluntad, a través del empleo del instituto de la sanación voluntaria.

La técnica del control de legalidad pasa, necesariamente, por la investigación de las condiciones de validez del acto, puesto en confrontación con la norma jurídica —una actividad lógica que presupone como premisa mayor la definición o expresión del derecho aplicable, por eso, etimológicamente, es una actividad de jurisdicción—. De allí la denominación tipológica y genérica del control jurisdiccional, que se reserva a la específica función de control atribuida al poder judicial.

Ante la eventual disconformidad del acto con el interés jurídicamente expresado en la legislación, la actuación de control ha de ser la declaración de nulidad, pudiendo, en este caso, alcanzar al agente responsable por la ilegalidad y aplicarle las sanciones previstas.

Ambas modalidades de control —tanto el de legitimidad como el de legalidad— tienen su propio asiento constitucional. El principio de la legitimidad está expresado en la Constitución Federal, en su artículo 1º, parágrafo único ("Todo el poder emana del pueblo, que lo ejerce por representantes electos, o directamente, en los términos de esta Constitución") y el principio de la legalidad, en el artículo 5º, II ("Nadie está obligado a hacer o dejar de hacer alguna cosa sino en virtud de la ley"), siendo que, en el Derecho administrativo, el principio es tomado en sentido estricto, vinculatorio: la Administración solo puede actuar conforme al orden jurídico positivado —por tanto—, entendida como la norma legislada.

A) *Control de legitimidad*

La legitimidad, como se asentó, se refiere directamente a los intereses públicos primarios de la sociedad, aunque los intereses públicos secundarios del Estado también deban ser considerados y protegidos, sin embargo no de modo autónomo y mucho menos exclusivo, más bien integrados, en la adecuada medida en que son instrumentales para la funcionalización de los intereses públicos primarios de la sociedad, siendo, por lo tanto, auxiliares a la fun-cionalización de los derechos fundamentales. Por eso, los intereses públicos secundarios, también denominados intereses estatales, por ser instrumentales, son intereses públicos derivados o intereses públicos adjetivos y por esta razón, axiológicamente subsidiarios.

Se reafirma aún más: ambas categorías de intereses públicos —los sus-tantivos y los adjetivos— ciertamente deben ser satisfechos y esa observan-cia siempre se hará con riguroso respeto a la precedencia axiológica de la legitimidad, pues los adjetivos deben ceder a los sustantivos —ya que estos constituyen la propia razón de la existencia del Estado—.

Cabe así al Estado el deber de actuar legítimamente en su función admi-nistrativa, conformándola, por cierto a las necesidades y condiciones coyun-turales, por ser extremadamente compleja y mutable la coyuntura política, económica y social que la Administración Pública debe sucesivamente, con-siderar, evaluar y ponderar en su actuación. Dado que no hay posibilidad de que se prevea en la norma legal, en su expresión general y abstracta, de modo permanente e integral, en qué condiciones el interés público debe ser entendido y atendido en cada caso concreto.

Ahora bien, una integral vinculación de la función administrativa al conteni-do de normas abstractas acabaría haciendo inviable su aplicación y tornándose en la negación del propio interés público primario a ser prioritariamente aten-dido, una vez que, ante las exigencias, siempre más demandantes, cambiantes y complejas que debe enfrentar la Administración Pública, se vuelve cada vez más difícil y, a veces imposible, minimizar la racionalidad administrativa a nada más que una aplicación automática de normas legales, no obstante que su contenido se patentice insuficientemente concretizado para tipificar y alcanzar esas realidades que debe regir.

Incumbe, así a la Administración, desarrollar análisis y perfeccionar patro-nes de gestión, que permitan aplicar las prescripciones abstractas de esas nor-mas a los casos concretos, adecuándolas, en lo posible, a las características idiosincrásicas de la realidad y justificando responsablemente las opciones que fuesen hechas. Esta es la razón por la cual se multiplican, en el Derecho administrativo, las hipótesis de actuación administrativa que no se encuentran integralmente definidas en la norma legal y por eso, se valen de un abanico más o menos amplio de opciones de oportunidad, de conveniencia y de preci-sión de contenido, con miras a alcanzar su aplicación administrativa concreta.

Por lo tanto, en esos casos, cabe al legislador delegar a ente, órgano o agente administrativo, una implícita y especial competencia, gracias a la cual se hace jurídicamente posible integrar, en cada hipótesis concreta, lo que sea un adecuado concepto de legitimidad, mientras tanto sopesando la conveniencia y la oportunidad (motivo) de actuar y procurando los resultados pretendidos, que constituyen su contenido (objeto), ambos escogidos considerando una gama de efectos jurídicamente admisibles, sin que, en esta operación, el administrador público esté adscrito a cualesquiera otros criterios que no sean los de legitimidad, de realidad, de razonabilidad y de proporcionalidad.

El empleo de esas técnicas de precisión de la norma jurídica, que se destaca por la integración de su contenido de legitimidad tradicionalmente descrito como ejercicio del poder discrecional, no era considerado, entonces, como una manifestación propia, sino que caracteriza a la Administración Pública, aun cuando siempre se reconociese su limitación a los casos fijados en ley y bajo las condiciones generales previstas en el orden jurídico vigente. Con el progreso de la ciencia del Derecho, actualmente, ya no se vislumbra, en este uso del instituto de la discrecionalidad, el ejercicio de cualquier especie de poder meta-jurídicamente diferenciado y, mucho menos, que se lo pueda considerar como un "poder" propio de la Administración, mas, simplemente, como el normal ejercicio de una función específica —que es la de integrar el contenido de una norma precisándolo a modo de posibilitar su aplicación concreta—.

Así, por tratarse del ejercicio de una función y no de imposición de un poder autónomo, el uso de la discrecionalidad se halla sujeto a los mismos requisitos constitucionales, exigidos para la edición de cualquier norma jurídica, la notable observancia de la realidad (posibilidad física) y de la razonabilidad (posibilidad lógica).

De este modo, el ejercicio de la discrecionalidad por la Administración no se valida solamente por encontrarse en el ámbito de actuación que le fue abierto por el legislador, como hasta hace poco se admitía, ya que además de ese requisito, se hace necesario que las soluciones escogidas, de ceñirse a esas fronteras legales, se presenten también realistas y razonables de cara a la integralidad del orden jurídico y que, en suma, concurran efectivamente para que sean alcanzados resultados legítimos.

En suma, conceptuando: la discrecionalidad administrativa es un residuo de legitimidad, en cuya última definición de orden jurídico defiende a la Administración Pública, de modo que la función administrativa discrecional sea ejercida para la satisfacción de un implícito mandato de la norma legal, de integrar la voluntad del legislador. Como se concluye, ni por eso ella está inmune al control, y muy por el contrario: el reconocimiento de esa característica nomológica la somete a una doble imposición: tanto al control político-administrativo, de legitimidad como al control jurídico-administrativo, de legalidad.

Se somete, por lo tanto, el ejercicio de la función administrativa a un amplio control político-administrativo de legitimidad en cuanto al empleo conveniente y oportuno de la discrecionalidad. Si, por un lado, el enlace de los elementos vinculados se da, específicamente, a la ley (*submissio legis*), como control de legalidad, por otro, la referencia de los elementos discrecionales, aquí estudiados, se hace, genéricamente, al orden jurídico (*submissio juris*), integrado por el control de legitimidad.

B) *Control de legalidad*

El control de legalidad que, como se ha afirmado, se afilia al principio del mismo nombre, sucintamente se define como el actuar con sujeción a la ley, como producto de la legislación estatal, siendo de especialísima importancia en cuanto a los actos de la Administración Pública, como enfáticamente lo destacó el legislador constitucional (art. 37). Se justifica esa especial atención considerándose la extensa gama que cubre la actuación administrativa pública, siendo su estudio tan delicado como importante.

Se tiene que la sujeción jurídica de la actuación del Estado en cuanto legislador es, fundamentalmente, su conformidad constitucional; en cuanto a sujeción jurídica de la actuación del Estado a la legislación vigente, al proferir decisiones judiciales, es, básicamente, la observancia de la integralidad del orden jurídico; en cambio, la sujeción de la actuación del Estado al Derecho, en cuanto administrador de intereses públicos es mucho más amplia que las sujeciones anteriores y, también, mucho más compleja, pues, además de la obligatoria observancia de la estricta vinculación legal, se debe aún considerar si el eventual uso de la discrecionalidad se mantuvo en los límites de lo posible y de lo razonable, como criterios ampliamente referidos a todo el ordenamiento jurídico, que, en su conjunto —de principios, preceptos y costumbres— se vuelve el referencial del interés público, cuya atención es la única finalidad y justificación del Estado.

A partir del estudio de la legalidad, la disconformidad de la actuación respecto de la ley podrá asumir dos modalidades, allá, entonces, identificadas: una, objetiva, y otra, subjetiva. La ilegalidad objetiva es la disconformidad del actuar en relación con la ley, sin que de ella resulte, necesariamente, violación de ningún interés concreto jurídicamente protegido. Ya la ilegalidad subjetiva es la disconformidad del actuar en confrontación con la ley, si de ella resulte violación de algún interés concreto jurídicamente protegido.

Por lo tanto, una vez detectado, en el examen que se proceda de una determinada relación jurídica administrativa, un problema de legalidad, se debe definir preliminarmente, desde que se admite la hipótesis de tal disconformidad con el orden jurídico en abstracto (ilegalidad objetiva), si, por añadidura, el acto considerado, también implicaría lesión a algún al interés concreto jurídicamente protegido (ilegalidad subjetiva). Se desdobla así, en dos necesarios estadios metodológicos una investigación llena de ilegalidad.

Recuérdese que el interés jurídicamente protegido podrá presentarse, en dos grados: como interés legítimo, cuando, en la relación jurídica, la tutela legal proteja el interés público en juego, reflejándose, en ciertas circunstancias, sobre la órbita jurídica del administrado, y, como derecho subjetivo, cuando, en la relación jurídico-administrativa, la norma tutele única o principalmente el interés individual, extensible al colectivo y al difuso.

Si la actividad administrativa bajo examen no lesionó ni amenazó el interés jurídicamente protegido —tanto un interés legítimo como un derecho subjetivo— no existirá, en principio, posibilidad de provocación del control externo; si, al contrario, cualquiera que sea la actividad administrativa, ocurre una violación o amenaza de interés jurídicamente protegido, será siempre invocable el control externo, por la acción de los órganos constitucionalmente competentes para esa tutela —lo que la Carta Magna denomina lesión de derecho, en el art. 5º, xxxv—, los cuales, según la dicción del mismo dispositivo integran el poder judicial.

El control externo de las actividades administrativas podrá ser realizado por los poderes legislativo y judicial, cuando se trate específicamente de esa tutela de la lesión o de amenaza a intereses jurídicamente protegidos, y en los casos de violación de la legalidad subjetiva, se circunscribe a la competencia del judicial. Al poder legislativo cabe, por otro lado, apreciar ampliamente la legalidad objetiva de los actos de la Administración.

Pero no se limitan a estas las generalidades que deben ser recordadas en cuanto al control de legalidad: también en relación con los efectos de su control externo, hay que hacer otra importante distinción, considerando la tipología de actuación de uno y otro poder del Estado: en cuanto al control externo por el legislativo, el llamado parlamentario, respetadas las excepciones, es, preponderantemente de fiscalización, el control externo por el judicial es principalmente de corrección. Por esta razón, el control parlamentario no alcanza directamente el acto ilegal —y las medidas, facultativamente tomadas en su ámbito, se procesan en el área de la discreción política; en cuanto al control judicial este tiene que ver directamente con el acto ilegal— y las medidas, necesariamente tomadas, se procesan en el área de la decisión vinculada.

Si no hay ilegalidad subjetiva, el poder judicial nada tendrá que corregir; entretanto, el legislativo, que no recibe el encargo de tutelar en concreto los intereses jurídicamente protegidos, tendrá competencia para introducir en el orden jurídico una nueva solución que, en teoría, le parezca más adecuada para el problema de juridicidad enfocado, orientado a prevenir o dirimir conflictos futuros, por el aporte de perfeccionamientos institucionales.

La integridad del sistema constitucional de actuación del Estado, se desenvuelve en un espectro cada vez más plural y plurisectorizado, por medio de órganos y funciones de sus tres poderes, y también de órganos y funciones constitucionalmente independientes, de órganos y funciones estatales intermedios. Además, de la actuación de los particulares delegatarios, autorizados o reconocidos a cualquier título, convergen para sostener la primacía del Derecho en las relaciones entre los individuos, entre los individuos y el Estado y dentro del propio Estado.

Aunque cada entidad, cada poder del Estado, cada órgano, cada agente e individualmente, cada administrado, tenga el deber de controlar la legalidad, ante la evidencia de una ilegalidad deben atenerse a la acción prevista en su respectiva esfera de competencia, entendida como el respectivo poder de actuar.

A los administrados cabe la provocación del control. A la Administración competerá, de manera plena, el ejercicio del autocontrol. Al legislativo incumbe el control sustitutivo, *ex nunc* y de naturaleza política, sin que pueda alterar el acto ilegal, cabiéndole apenas alterar para el futuro los presupuestos de la propia legalidad. Al judicial competerá, finalmente, el control correctivo, para anular o desaplicar actos, con reserva de la decisión final y definitiva en temas de legalidad subjetiva y, en casos especiales, también de legalidad objetiva.

En cuanto a los efectos jurídicos del control de legalidad, ya que su objetivo es eliminar del orden jurídico el acto viciado, por ser con ella incompatible, se limitan a los dos tipos institucionales ya estudiados: la anulación y la sanación, ambas, técnicas de naturaleza correctiva.

C) *Los campos de actuación del control*

Cada uno de los tres poderes del Estado (en Brasil) y los órganos constitucionalmente independientes, al actuar en sus respectivos campos específicos, tienen competencia constitucional para ejercer un amplio y diversificado control sobre las actividades de Administración Pública, sea como auto, sea como heterocontrol.

Seguidamente, se desdobla el estudio de la teoría del control, considerado este criterio, en los siguientes subtítulos: 3. El control administrativo; 4. El control parlamentario; 5. El control judicial, y, aplicativamente; 6. Los medios de control judicial.

3. EL CONTROL ADMINISTRATIVO

El control administrativo es, por definición, el ejercido por los órganos con función administrativa sobre sus propios actos, en el desempeño de la autotutela. Por lo tanto, corresponde al poder ejecutivo el amplio control sobre sus propias funciones administrativas, exterior e interior, y a los demás poderes del Estado, así como a los órganos constitucionalmente independientes, ejercer el autocontrol en lo que se refiere a sus respectivas funciones administrativas.

En relación al objetivo, esta modalidad de control apunta, genéricamente, a la juridicidad de la acción administrativa pública, destacadamente en cuanto a su legitimidad y legalidad.

A) *Control administrativo de legitimidad*

En el ámbito del poder ejecutivo, en todos los niveles federativos, el control administrativo de legitimidad de sus actos es de superior importancia, por el hecho de competirle a casi la totalidad de la administración exterior, o sea, la gestión de los intereses de la sociedad, que le son constitucionalmente confiados, una vez que, en esta función, actúa como regla, con amplio margen de discrecionalidad, que, como ya se definió, es el cumplimiento administrativo del residuo de legitimidad que le delega el legislador.

Su titular unipersonal, el jefe del gobierno —presidente de la República, gobernador de Estado o el prefecto municipal— tendrá siempre la última palabra en el desempeño de su función de dirección superior de la Administración (CF, art. 84, II), y sus auxiliares directos —los ministros de Estado, secretarios de Estado o secretarios municipales— ejercerán la supervisión de los órganos y entidades subordinadas en sus respectivas esferas de acción (CF, art. 87, parágrafo único, I), en el ejercicio de sus propias competencias, establecidas por ley o delegadas por decreto, para el ejercicio de aspectos sectoriales de ese control.

Así como esas autoridades político-administrativas tienen competencia para definir el residuo del interés público en el desempeño de sus respectivas funciones discrecionales, del mismo modo, les cabrá ejercer su competencia para controlar la actuación de todos los entes, órganos y agentes subordinados en sus respectivos ámbitos de actuación, formulando juicios críticos sobre el alcance y el resultado de los actos sujetos a su decisión, supervisión y revisión en términos de atención de los intereses públicos a su cargo. Se trata, así, de una competencia de control tanto sobre el ejercicio de su propia discrecionalidad, como sobre aquella ejercida por todos sus subordinados jerárquicos, en el ejercicio de sus respectivas competencias.

Lo mismo se aplica en el ámbito administrativo interno de los poderes legislativo y judicial, así como en el de los órganos constitucionalmente independientes, en los cuales, de manera similar, existen órganos directivos competentes para velar por esos mismos valores, en el desempeño de actividad administrativa interior.

B) *Control administrativo de legalidad*

El control administrativo de legalidad tiene distinta naturaleza: se trata de un deber general, que se impone a todo aquel ente, órgano o agente de la Administración Pública sobre la acción de sus subordinados, no importa quien la ejerza, en que jerarquía se sitúe o si se trate de actividad exterior o interior.

En lo que concierne a la acción de los servidores públicos, en el desempeño de sus respectivos cometidos, ese deber está implícito en su investidura, obligándolos no solamente a actuar de acuerdo con la ley, como también a actuar obligatoriamente en el control de la legalidad de su aplicación, apuntando su violación, donde y cuando fuera el caso, y corrigiéndola, cuando sean competentes.

C) *El control como función administrativa*

Ambos modos de control, como se exponen, constituyen una específica función de la Administración, que presenta naturaleza refleja y que le confiere el poder-deber de practicar todos los actos necesarios a la conformación correctiva de su gestión, en referencia al interés público no legislado, cuya integración le cabe (legitimidad), y al interés público legislado (legalidad), desdoblándose, por tanto, en dos especies del género función administrativa de control: el control administrativo de legitimidad y el control administrativo de legalidad. El control administrativo de legitimidad, que es el control del mérito administrativo, pues se refiere al motivo y al objeto discrecionales, que constituyen el mérito, y el control administrativo de legalidad toca, a su vez, no sólo a los elementos vinculados del acto administrativo, como se extiende a todos los aspectos de los elementos discrecionales que se presenten susceptibles, de alguna forma, de contraste con criterios positivados del orden jurídico.

Esta afirmación confirma, una vez más, que la discrecionalidad no es un poder de la Administración, y sí una función, que, como cualquier otra, también se encuentra sujeta al examen de legalidad en todos aquellos aspectos y presupuestos que se encuentren explícita o implícita, directa o indirectamente vinculados a la legislación.

D) *Modalidades de actuación del control administrativo*

El control administrativo debe estudiarse conforme a dos criterios: el temporal y el objetivo. En el primer caso, examinando el ejercicio del control en el tiempo, se tiene el control previo, el concomitante y el posterior; y, en el segundo caso, partiendo de la eficacia pretendida en cuanto al objeto controlado, se desprenden los objetos de fiscalización y de corrección.

El control preventivo rodea el proceso de formación de la voluntad administrativa de cuidados anticipativos para evitar ilegalidades, como, por ejemplo, el ejercido en las aprobaciones previas de acciones, en los referendos, en las audiencias y las consultas públicas.

El control concomitante se desarrolla simultáneamente con la elaboración y la manifestación de la voluntad administrativa, por el examen de cada fase que se desarrolla, posibilitando la introducción de correcciones incidentales, como, por ejemplo, en las aprobaciones de prosecución de acciones y en el acompañamiento de procesos.

El control posterior, que es el más utilizado porque permite que la acción administrativa se procese con mayor rapidez, tiene lugar *a posteriori*, lo que no impide el uso recurrente de instrumentos de publicidad, para que se produzcan la fiscalización eventual y la posible aplicación de correcciones incidentales.

Como son, básicamente, dos los objetos del control considerando la eficacia pretendida, se clasifican dos modalidades de actuación: la de fiscalización y la de corrección. La actuación de control administrativo de fiscalización, o actuación fiscalizadora, es aquella que se destina al examen y al reexamen de relaciones administrativas orientado a identificar posibles disconformidades, tanto en términos de legalidad como de mérito. La actuación de control administrativo de corrección, o actuación correctiva, es aquella que se dirige a la eliminación de la ilegalidad o de la ilegitimidad en las relaciones de derecho administrativo. Una vez identificadas, son enlistadas en cuanto a la ilegalidad: la anulación, la suspensión, la confirmación y la sanación, agregándose, en cuanto a la legitimidad: la revocación, la modificación y, también, las mismas formas de la suspensión y de la confirmación.

La actuación anulatoria es la que resuelve la eliminación de la ilegalidad, por la disolución de una relación administrativa por ilegalidad.

La actuación sanadora es la que se destina a la eliminación de la ilegalidad, por la adaptación *a posteriori* de la relación administrativa, con las respectivas normas regidoras.

La actuación revocatoria es la que se utiliza para disolver una relación administrativa que, aunque válida, deja de ser considerada de interés público, o por haberse constatado la imposibilidad de concretarlo mediante ella, o, además, porque haya sido reevaluada como inconveniente o inoportuna para el pretendido efecto.

La actuación modificatoria es la que, sin deshacer el acto discrecional formador de una relación administrativa, lleva a introducírsele alteraciones por consideraciones de mérito.

Las dos modalidades correctivas comunes, aplicables a los problemas de legalidad y de mérito, son la suspensiva y la confirmatoria.

La actuación suspensiva es la que, la Administración, por motivos cautelares, en caso de reexamen de legalidad o de mérito, interrumpe el procesamiento de la manifestación de la voluntad de la Administración o retira temporalmente la viabilidad de un acto formador de determinada relación administrativa.

Finalmente, la actuación confirmatoria es aquella en que la Administración reafirma la legalidad de cualquier relación administrativa puesta bajo duda o sospecha, o renueva la apreciación de su legitimidad, reafirmando su juicio de posibilidad, de conveniencia y de oportunidad, de un acto discrecional practicado.

El control administrativo puede tener dos modalidades, en cuanto al origen de la actuación del control: si fuese interna, se denomina autocontrol, en que coinciden la Administración controladora y la controlada; si es de origen externo, se denomina heterocontrol, en este caso, siendo distintos, por un lado, el órgano o poder controlador y, por el otro, el controlado.

Cabe distinguir, además, en cuanto a la oportunidad de realización del control, dos modalidades básicas de actuación administrativa: el control administrativo preventivo y el control administrativo represivo.

E) *Instrumentos para la actuación del control administrativo*

Son instrumentos del control administrativo los actos y los procesos propios, previstos en el orden jurídico, destinados a suscitar y a realizar el reexamen de aquellas relaciones administrativas que sean sospechosas de defectos, en la conformación legal o en el mérito.

a) *Derecho de petición*. Este estatuto, tradicionalmente previsto en las Constituciones brasileñas, está contenido en el artículo 5º, xxxiv, a, de la Constitución de 1988, para la defensa de derechos o contra la ilegalidad o abuso de poder, siendo, por eso, un estatuto indisociable del concepto de Estado democrático de derecho.

La utilización de ese instrumento destinado a provocar el reexamen de materia administrativa, está franqueada a todos, o sea, a cualquier persona —natural o jurídica, nacional o extranjera— no exigiendo más que el requirente posea algún tipo de interés personal para valerse de él, no estando, tampoco, sujeto a la prescripción.

b) *Reclamación relativa a la prestación de los servicios públicos*. Más restricta que el derecho de petición, se desprende, también con asiento constitucional en el artículo 37, § 3º, I, la reclamación administrativa relativa a la prestación de los servicios públicos, como modalidad de provocación del control administrativo, exigiendo pertinencia subjetiva entre usuario reclamante y el servicio público objeto de reclamación.

La ley, en el caso, sobreentendida la propia de cada entidad política, en razón de su autonomía constitucional, deberá disciplinar ese instrumento, junto con otras formas de participación directa e indirecta de los usuarios, en relación a los servicios que les son prestados.

c) *Recursos en procesos administrativos*. Igualmente con asiento constitucional, en el artículo 5º, lv, los recursos son garantizados a los litigantes en el proceso administrativo, no importando la disciplina específica que los regule.

Recursos administrativos son los pedidos formales de reexamen de actos, generalmente fundamentados en el principio jerárquico o en hipótesis especialmente instituidas en ley. El acto de la autoridad es recurrida, como resultado de la presentación del recurso, salvo si de otro modo lo dispone la ley, para que sea devuelto a la reapreciación de la autoridad recurrente, en todos sus aspectos de legalidad y de mérito.

F) *Autocontrol contable, financiero, presupuestario, operacional*
   y patrimonial interno

El Derecho administrativo abarca no solo la relación exterior de la Administración con los administrados, sino la relación interior, que se traba entre sus entes, órganos y agentes.

Por lo tanto, las actividades de control interno, en cuanto a la legalidad de la gestión pública financiera, en ellas incluidas la contable, presupuestaria, operacional y patrimonial pública, se constituyen en rama específica del Derecho administrativo que, por su importancia y complejidad, se ha tratado autónomamente bajo la denominación de Derecho financiero, pues, en último análisis, convergen especialmente para la administración de las finanzas de las entidades de derecho público y, bajo ciertas condiciones, también de las entidades paraestatales, en todo lo que toque a la defensa del erario, en sentido amplio.

La extensa y hasta redundante designación de este ítem repite didácticamente el subtítulo constitucional correspondiente (CF, art. 70). Específicamente, sin embargo, por gestión financiera, se entiende todo el género, que es la disposición administrativa de los recursos públicos; por gestión presupuestaria, el sometimiento contable de los dispendios públicos a la previsión legislativa, expresada en sus tres modalidades de leyes de naturaleza presupuestaria instituidas; por gestión operacional, la búsqueda de la eficiencia administrativa, mediante la maximización cuantitativa y cualitativa de los resultados, con la minimización de los dispendios; y por gestión patrimonial, la disposición jurídica del patrimonio mobiliario e inmobiliario del Estado.

En consecuencia, las actividades correlacionadas de control tendrán, genéricamente, el objetivo de velar por la juridicidad de los actos practicados, en el desempeño de esos variados aspectos específicos de la gestión pública.

El control financiero envuelve a la fiscalización y a la corrección de las ilegalidades atribuidas a la gestión de los dineros públicos, inclusive el endeudamiento, implicando, así, el control contable, en cuanto a sus aspectos técnicos peculiares.

El control presupuestario se destina a fiscalizar y a corregir las infracciones a las leyes de medios —el presupuesto plurianual, las directrices presupuestarias y el presupuesto anual—, siempre velando por la juridicidad de la disposición de los dineros públicos.

La conjugación de los dos controles, el financiero y el presupuestario, posibilita la realización de lo que se tiene como una gestión fiscal responsable —la que, por tanto, es planificada y preventiva de riesgos— (objeto de la ley complementaria 101, de 4 de mayo de 2000, art. 1º, § 1º).

El control operacional se dirige a la supervisión de las actividades administrativas en cuanto al fiel cumplimiento de los planes y programas y, especialmente, en cuanto a la atención a los resultados y metas específicas, por ellos fijados.

El control patrimonial, objetiva la rigurosa observancia de las normas que rigen el uso, la conservación y la disposición de los bienes públicos, con dispendio de recursos hacendarios o sin él.

Todos los poderes y órganos constitucionalmente independientes, de cualquiera de las entidades políticas, en la forma del artículo 70 de la Constitución y en el desempeño del control interno que les compete, deberán ejercer cada una de esas modalidades de control, abarcando la totalidad de esos aspectos: el de legalidad, legitimidad, eficacia, eficiencia y economicidad, en la forma aplicable, dispuesta por la legislación.

La legislación que debe ser aplicada es de competencia concurrente de la Unión y de los Estados, en lo que corresponde al control financiero (CF, art. 24, I) y al presupuesto (CF, art. 24, II), admitiendo la suplementación municipal (CF, art. 31, en concordancia con el art. 30, II).

Se reservó, sin embargo, a la Unión la competencia privativa para legislar sobre normas generales de licitación y contratación, en todas las modalidades, para las administraciones públicas directas, autárquicas y fundacionales de la Unión, Estados, Distrito Federal y Municipios, obedeciendo al régimen especial de las empresas públicas y de las sociedades de economía mixta (CF, arts. 22, XXVII, c/c 37, XXI, y 173, § 1º, III).

Obsérvese que esa competencia, para legislar sobre licitación y contratación, está limitada al establecimiento de normas generales, no pudiendo, la Unión, bajo pena de inconstitucionalidad, agotar cualquiera de los aspectos regulados.

Compete, además, a la Unión legislar ampliamente sobre normas generales, y sobre normas específicas propias, de control presupuestario, financiero, operacional y patrimonial, y, a los Estados, Distrito Federal y municipios, legislar específicamente sobre esas materias, obedeciendo las normas generales establecidas por la Unión, siendo que los municipios observarán, además, los principios constitucionales y la legislación concurrente aplicable de sus respectivos Estados (CF, arts. 24, I y II y 29).

De esa competencia se destaca, particularmente, la de legislar sobre el presupuesto (CF, art. 24, II), que es la institución llave para asegurar la calidad democrática (bajo el específico aspecto de la legitimidad) y jurídica (bajo los demás aspectos de legalidad), de la gestión de los ingresos y de los gastos públicos.

El Derecho financiero enumera como principios doctrinarios del presupuesto, entre otros, la unidad, la universalidad, el equilibrio, la veracidad, la especialización y la anualidad, distinguiéndose, constitucionalmente, dos leyes preparatorias de naturaleza presupuestaria, el plan plurianual, para los desembolsos de capital que exijan continuidad y se prolonguen por más de un año, y las directrices presupuestarias, comprendiendo las metas y prioridades, las alteraciones en la legislación tributaria y la política aplicable por las agencias financieras oficiales de fomento (CF, art. 165 y sus parágrafos).

La Constitución distingue, además, en cuanto a esas modalidades de control, el interno del externo (art. 70), distinción hecha por la doctrina no solo por la competencia de los órganos que los ejercen (el control interno cabe a la propia administración de cada poder y el control externo, al poder legislativo, que lo ejerce directamente o por órganos auxiliares), como por la cobertura y por la eficacia jurídica, aspectos que son propios a cada uno de ellos.

El control interno, preponderantemente administrativo, es amplísimo, pudiendo extenderse a aspectos de legalidad y de mérito de la gestión financiera, presupuestaria, operacional y patrimonial, en cuanto que el control externo, se restringe a las hipótesis constitucionales (CF, art. 71), es preponderantemente político, siendo que competen, por regla, a sus órganos auxiliares internos y a los tribunales de cuentas la fiscalización y, excepcionalmente, la práctica de un tipo de corrección de la ilegalidad contable y financiera, como se examinará más adelante.

La Ley Orgánica del Tribunal de Cuentas de la Unión, 8.443, de 16 de julio de 1992, dispone sobre la competencia, jurisdicción, juzgamiento de cuentas, ejecución de sus decisiones, recursos, fiscalización, denuncia ciudadana, sanciones, organización interna, ministerio público especial, secretaría y providencias correlacionadas.

G) *El control por el proceso administrativo*

Implícita en la norma constitucional que garantiza el recurso administrativo (CF, art. 5º, LV), así como el anterior, que asegura el debido proceso legal (CF, art. 5º, LIV), se contiene la propia afirmación constitucional del principio de procesamiento, obligatorio para la actuación del Estado.

Los procesos administrativos consisten en la sucesión de actos racionalmente dispuestos, de tal modo que lleven a la obtención de un resultado jurídico deseado. Esta sucesión de actos materializa un procedimiento, que variará en función del resultado.

El Derecho administrativo procesal es la rama didáctica adjetiva volcada al estudio y aplicación de esos principios, preceptos y técnicas jurídicas destinados a ordenar de la manera más segura y eficiente esta fundamental actividad de la Administración, en función de la realización de un acto final, que debe contener un resultado, que caracterizará cada proceso.

Por lo tanto, conforme a cual sea la eficacia pretendida de ese acto final, se identifican las siguientes modalidades procesales:

1. Procesos ordinarios, los destinados a instituir actos administrativos normativos;

2. Procesos de negociación, los destinados a declarar una voluntad administrativa anuente con un interés privado previamente expresado, tales como la licencia, la autorización, la dispensa, el permiso, etc.;

3. Procesos enunciativos, los que objetivan una declaración certificatoria de acto o testimonio de acto o de omisión; y

4. Procesos punitivos, los que apuntan a infligir una sanción, interna o externa, por violaciones de la ley o de orden administrativa.

Se reserva a cada ente de la Federación legislar sobre su propio proceso administrativo y sus respectivos procedimientos, observando los principios constitucionales explícitos e implícitos. Para la Administración Federal el proceso administrativo está disciplinado por la ley 9.784, de 29 de enero de 1999, texto de vanguardia y técnicamente purificado, en el cual se garantizan, en síntesis, a los administrados, el recurso administrativo y la revisión, se regulan varios aspectos de su tramitación, como la reconsideración, la interposición independiente de caución, el encaminamiento, la tramitación máxima por tres instancias, la legitimidad de las partes, los plazos, las condiciones sustantivas de la interposición, las hipótesis de no conocimiento y la revisión de sanciones (arts. 56 a 65), aplicándose, subsidiariamente, en cuanto al procedimiento, todas las leyes procesales administrativas específicas vigentes en el plano federal.

No obstante su difundida utilización en la actividad administrativa, los procesos administrativos se resienten, en Brasil, de la falta de reglas generales nacionales, que den consistencia y seguridad a la tramitación de los actos de interés de los administrados en todo el país. La atomización de principios y de normas aplicables genera vacilaciones e indefiniciones que dificultan, cuando no impiden, la plena observancia de la garantía constitucional del debido proceso legal, visible en las hipótesis que envuelven la libertad y los bienes de los administrados (CF, art. 5º, LIV).

Aun así, sean o no adoptadas, de *lege ferenda*, esas deseadas normas generales nacionales de proceso administrativo, la doctrina ya ha avanzado bastante en este propósito, distinguiendo algunos principios básicos, de asiento y amplitud constitucionales, indispensables para regir un proceso administrativo democrático, seguro y eficiente, tales como los siguientes, que fueron adoptados en la referida legislación federal y en otras legislaciones estaduales: el principio de la legalidad, el principio de la publicidad, el principio de la oficialidad, el principio del contradictorio, el principio de la motivación y el principio de la recurribilidad.

El principio de la legalidad, tomada esta en sentido estricto, consiste en la vinculación del proceso, en todas sus fases, a previos dictámenes legales, prohibidos a la Administración en el incremento o la reducción de fases y de actos, salvo con expresa previsión legal.

El principio de la publicidad determina la obligatoria divulgación de los actos procesales, salvo cuando la defensa de la intimidad o el interés social exija el sigilo.

El principio de la oficialidad corresponde a la prerrogativa de impulso de la Administración, pues, primando el interés público, cabe, en principio, a la Administración, accionarlo en todas sus fases.

El principio del contradictorio consiste en la garantía del administrado de que le será abierta la oportunidad de esclarecimiento y de amplia defensa, de presentación de pruebas y de acompañamiento de todo el procedimiento, siempre que el proceso verse sobre intereses cuya protección le fue asegurada, sean individuales, colectivos o difusos (CF, art. 5º, LV).

El principio de la motivación, ya enunciado constitucionalmente (art. 93, X), determina la exposición clara y consecuente de las razones fácticas y jurídicas que sustenten cualesquiera decisiones administrativas.

El principio de la recurribilidad determina que cualquier decisión tomada en proceso administrativo, deberá ser revista por autoridad jerárquica competente (CF, art. 5º, LV).

En suma, con la Constitución de 1988, lo contradictorio, la amplia defensa, los recursos y la publicidad se tornaron obligatorios en todos los procesos, judiciales o administrativos (art. 5º, LV y LX), debiendo las unidades federadas velar, por su parte, para que sean efectivamente observados.

4. EL CONTROL PARLAMENTARIO

A) *Concepto de control parlamentario*

El control parlamentario, o legislativo, es el ejercido por el poder legislativo de cualquiera de las tres órbitas federativas; pudiendo, directamente, por sus plenarias o comisiones parlamentarias, e, indirectamente, con el auxilio de órganos independientes instituidos para ese fin específico.

El control parlamentario se inserta entre los denominados mecanismos constitucionales de frenos y contrapesos, instituciones dedicadas al mantenimiento del equilibrio entre los poderes y órganos constitucionalmente autónomos del Estado, disciplinando las interferencias de cada uno sobre los demás. Su uso, por ser una excepción a la independencia funcional, está restringido a las hipótesis constitucionales de admisibilidad, pudiendo ejercerse con la naturaleza de control fiscalizador, suspensivo, anulatorio y, eventualmente, sancionatorio (como en la hipótesis de *impeachment*).

La Constitución de 1988 adopta diversas formas de control parlamentario incidentes sobre la Administración Pública, presentando una sensible expansión de esta modalidad referente a las Cartas precedentes, lo que concurrió en un saludable refuerzo político del poder legislativo.

La característica principal del control parlamentario es la de ser, preponderantemente, un control de legitimidad y, apenas excepcionalmente, de legalidad. En su totalidad consiste, en último análisis, en asegurar que la Administración Pública se procese con estricta fidelidad a los valores y a los intereses públicos políticamente prevalecientes, según la interpretación de los representantes del pueblo con asiento en las cámaras legislativas, o sea, con sujeción a los tamices de la democracia representativa y, siempre que sea posible, de la democracia participativa.

De esa característica material del control parlamentario discurre la formal, que es la de ser, normalmente, un control de fiscalización, solo excepcionalmente conduciendo a la práctica de actos de intervención, en estos casos, con la suspensión y la anulación de actos o con el castigo de responsables, como seguidamente se examinará.

B) *Modalidades de control parlamentario*

Bajo el criterio orgánico, se mencionaron tres modalidades generales de control parlamentario: dos directas —el control ejercido por las plenarias legislativas y el ejercido por sus comisiones— y una indirecta —el control ejercido en conjunto con órganos auxiliares constitucionalmente instituidos—.

Bajo el criterio material de los efectos se distinguen las modalidades preventivas y las represivas. Las primeras, nítidamente fiscalizadoras y, las demás, con eficacias suspensivas, anulatorias o sancionadoras.

Como las modalidades de control parlamentario que fueron relacionadas, será suficiente ofrecer ejemplos característicos de control parlamentario directo, el preventivo y el represivo, y, seguidamente, del control parlamentario indirecto, también el preventivo y el represivo.

a) *Control parlamentario directo preventivo por plenarias legislativas.* Esta es la modalidad más amplia, referida principalmente al ejercicio constitucional, por el Congreso Nacional y por sus Cámaras singulares, de la competencia para participar en decisiones político-administrativas importantes de la República. Así, tomando ejemplos de esta modalidad: al Congreso Nacional, conjuntamente con el presidente de la República, le corresponde constitucionalmente fijar el efectivo de las Fuerzas Armadas (CF, art. 48, III), transferir temporalmente la sede del Gobierno Federal (CF, art. 48, VII) y conceder amnistía (CF, art. 48, VIII), entre otras.

Al Congreso se reserva además la exclusividad de la práctica de innumerables actos político-administrativos, que suponen el ejercicio de competencias de control previo sobre la Administración Pública Federal, como son puntualmente: la autorización al presidente de la República para declarar la guerra, celebrar la paz, permitir tránsito o permanencia de fuerzas extranjeras (CF, art. 49, II) y para ausentarse del país (CF, art. 49, III); la aprobación o

suspensión del estado de defensa, del estado de sitio y de la intervención federal (CF, art. 49, IV); la incorporación, subdivisión o desmembramiento de
áreas de Territorios o Estados (CF, art. 48, VI); la fijación de los subsidios del
presidente de la República, del vice-presidente de la República y de los ministros de Estado (CF, art. 49, VIII); la escogencia de dos tercios de los miembros del Tribunal de Cuentas de la Unión (CF, art. 73, § 2º, II), y, principalmente, la convocatoria de ministros de Estado para rendir informaciones (CF,
art. 50). También con exclusividad, corresponde al Senado de la República
aisladamente: aprobar previamente la escogencia de diversos titulares, de altos
cargos federales (CF, art. 52, III); autorizar operaciones financieras externas
(CF, art. 52, V); fijar límites globales para la deuda consolidada de la Unión,
de los estados y de los municipios (CF, art. 52, VI), y aprobar la exoneración
de oficio del procurador general de la República, antes del término de su
mandato (CF, art. 52, XI). Finalmente, a las dos cámaras, en conjunto o separadamente, compete la importante misión política de fiscalizar y controlar
todos los actos del ejecutivo (CF, art. 49, X), pudiendo, sus respectivas mesas,
pedir informaciones, por escrito, a los ministros de Estado y a otras autoridades
constitucionalmente referidas (CF, art. 50, § 2º).

b) *Control parlamentario: directo represivo por plenarias legislativas.*
Esas hipótesis son excepcionales, mas son todas de decisiva importancia para
el control de la legitimidad y de la moralidad de la Administración Pública.

Así es que, al Congreso Nacional corresponde juzgar las cuentas prestadas
por el presidente de la República, apreciar los informes sobre la ejecución de
los planes de gobierno (CF, art. 49, IX) y sustentar los actos normativos del
ejecutivo que excedan del poder reglamentario o de los límites de delegación
legislativa, lo que constituye el llamado veto legislativo (CF, art. 49, V).

Esa modalidad, constituye una excepción al principio de la separación de
los poderes, instituida para perfeccionar el control del Congreso sobre actos
del poder ejecutivo en el uso del poder de reglamentar o del poder legislativo
delegado, que debe ser, como toda excepción, interpretada restrictivamente,
y no como si fuese el ejercicio de un poder jurisdiccional por el Congreso,
como podría parecer, sino como una expresión específica del control de legitimidad, compitiendo, indisolublemente, con el judicial, la decisión final sobre
la juridicidad de aquellos actos.

A la Cámara de los Diputados corresponde autorizar la instauración de
proceso contra el presidente, el vicepresidente de la República y los ministros
de Estado (CF, art. 51, I).

Al Senado Federal corresponde procesar y juzgar al presidente y al vicepresidente de la República en los crímenes de responsabilidad, así como a los

ministros de Estado y a los comandantes de la Marina, del Ejército y de la Aviación en los crímenes de la misma naturaleza conexos con aquellos (CF, art. 52, I); procesar y juzgar a los ministros del Supremo Tribunal Federal, los miembros del Consejo Nacional de Justicia y del Consejo Nacional del Ministerio Público, el procurador general de la República y el abogado general de la Unión, en los crímenes de responsabilidad (CF, art. 52, II).

c) *Control parlamentario: directo preventivo por las comisiones congresales.* El Congreso Nacional y cada una de sus Cámaras, por sus respectivas Comisiones, permanentes o temporales, ejercen también control preventivo sobre la Administración. No tendrán control represivo, que está reservado, como vimos, a las plenarias, pero sí podrán producir, por medio de las Comisiones Parlamentarias de Indagación (CF, art. 58, § 3.º), piezas que enseñen al legislativo y a los demás poderes y órganos constitucionalmente autónomos, a tomar acciones represivas inmediatas, propias de sus respectivas competencias.

Las modalidades de acción de las comisiones parlamentarias están establecidas en la Constitución Federal, destacándose la convocatoria de ministros de Estado, para en ellas prestar informaciones (CF, art. 58, § 2º, III).

d) *Control parlamentario indirecto preventivo y represivo.* El control parlamentario ejercido por el Congreso Nacional en materia de fiscalización financiera, presupuestaria, operacional y patrimonial, como un control externo, se integrará con los sistemas de control interno de cada poder u órgano constitucionalmente independiente.

e) *Control contable, financiero, presupuestario, operacional y patrimonial externo.* Para auxiliarlo en esta específica modalidad de control —contable, financiero, presupuestario, operacional y patrimonial externo—, el Congreso Nacional actúa en conjunto con uno de los órganos constitucionalmente independientes, integrado como un órgano colegiado y provisto de habilitación técnica para ejercerla —el Tribunal de Cuentas de la Unión—, cuya competencia está minuciosamente establecida en la Constitución (art. 71), existiendo, simétricamente, tribunales de cuentas para los estados, el Distrito Federal y los municipios de Rio de Janeiro y de São Paulo, sujetos todos, en lo que cabe, a las mismas normas establecidas en los artículos 70 a 75 de la Constitución.

La Constitución somete a la prestación de cuentas, ante esos órganos, cualquier persona natural o jurídica, pública o privada, que utilice, recaude, guarde, gerencie o administre dineros, bienes y valores públicos o por los cuales la Unión responda, o que, en nombre de esta, asuma obligaciones de naturaleza pecuniaria (art. 70, parg. único).

Esta actuación de control externo es preventiva, diseminándose por una compleja red para el ejercicio de la fiscalización. Hay, con todo y eso, actividades deliberativas, que eventualmente se desdoblan en acciones represivas autónomas, como el juzgamiento de las cuentas de los administradores y demás responsables por dineros, bienes y valores públicos en la administración directa e indirecta, incluidas las fundaciones y las sociedades instituidas y mantenidas por el Poder Público Federal, así como de las cuentas de aquellos que diesen causa a pérdida, extravío u otra irregularidad de la que resulte perjuicio al erario (CF, art. 71, II); la interrupción de actos impugnados (CF, art. 71, X) y la sanción de los responsables por irregularidades y abusos (CF, art. 71, VIII).

En cuanto a las cuentas presentadas anualmente por el presidente de la República, compete al Tribunal de Cuentas de la Unión emitir parecer previo al juicio de competencia del Congreso Nacional (CF, art. 71, I), con apreciación de aspectos de legalidad y de legitimidad. Hay una regla constitucional de simetría, que ordena aplicar las normas relativas al Tribunal de Cuentas de la Unión, en lo que quepa, a los órganos similares de los Estados y de los municipios (art. 75).

Expuestas las generalidades de esa modalidad orgánica de control parlamentario financiero, involucrando lo contable, lo presupuestario, lo operacional y lo patrimonial, queda examinar más detenidamente la actuación del sistema de control establecido por el nuevo ordenamiento constitucional.

Se trata de un sistema especializado, que comprende el control interno y el control externo, que deben operar integradamente, como fluye de la propia Constitución (art. 70), siendo necesario, por eso, no perder de vista las múltiples imbricaciones funcionales de ese sistema de control mixto, que se fundamenta en los principios constitucionales de legalidad, legitimidad y economicidad aplicados a la gestión financiera y presupuestaria.

La economicidad consiste en no comprometer recursos inútiles, desproporcionales o superfluos para alcanzar los objetivos fijados; la legalidad, en no violar la ley y la legitimidad, en no apartarse de los objetivos democráticamente elegidos por la Nación, que se incorporan a su ordenamiento jurídico y lo orientan, así como a los resultados coherentes de la gestión administrativa.

Fundamentalmente, como se expuso, en cuanto el control interno es de fiscalización y de corrección, acompañando toda la ejecución de los programas de gobierno y de los presupuestos, o sea —la gestión presupuestaria, la financiera y la patrimonial— el control externo es, primordialmente, de fiscalización y, excepcionalmente, ante graves irregularidades, de corrección, restringida a los casos expresamente mencionados.

La Constitución prevé, en cuanto a la suspensión de actos y de contratos de la Administración, la tramitación de procesos de corrección y reconsideración que garantizarán la última palabra al Congreso Nacional (art. 71, §§ 1º y 2º); obsérvese que la expresión "el Tribunal decidirá al respecto", que trae el texto del artículo 71, § 2º, significa que esta competencia solamente es devuelta al Tribunal de Cuentas en caso de inercia de los demás poderes.

Del mismo modo que, como arriba está expuesto, se instituye una simetría en la organización y creación de tribunales de cuentas de los estados y del Distrito Federal (marcándose una singularidad federativa con la existencia de dos tribunales de cuentas de municipios de la capital de dos estados, todos como sistemas de control mixto de obligatoria adopción, en lo que cabe, sobre la Administración Pública exterior e interior de los Estados, Distrito Federal y municipios (CF, art. 75).

La Carta de 1988, agregó al tradicional control financiero y presupuestario nuevas dimensiones operativas, en términos de eficacia, eficiencia, economicidad y legitimidad, abriendo un nuevo ciclo de perfeccionamiento constitucional del sistema, superando las anticuadas modalidades de registro, mantenidas nada más en materia de administración de personal (admisiones, acumulaciones, jubilaciones, reformas y pensiones), a lo cual se agregó, entre los estatutos destinados a la preservación de la responsabilidad fiscal (ley complementaria 101, de 4 de mayo de 2000), la modalidad preventiva de control prudencial, simultáneamente de carácter político y técnico.

5. El control judicial

A) *Contencioso administrativo material*

La expresión contencioso administrativo presenta dos acepciones y, por eso, un ajuste técnico-semántico debe preceder a su estudio. Así, en sentido lato, contencioso administrativo puede ser tomado como contienda, controversia o litigio que involucra materia administrativa, o sea, concerniente a relaciones jurídicas administrativas litigiosas, un concepto que expresa su acepción material. En sentido estricto, contencioso administrativo designa solamente la técnica de especialización de la actividad estatal para, mediante órganos diferenciados de la propia Administración, juzgar autónomamente aquellos litigios, siendo esta su acepción formal.

En razón del sistema adoptado en Brasil, de que la jurisdicción es una, concentrada en un solo sistema de funciones —el poder judicial (CF, art. 5º, XXXV)— la expresión contencioso administrativo será en adelante utilizada en su acepción lata, que es su sentido material. Esta, sin embargo, es la razón de orden *juspositiva*, pues hay otra, de orden *jusdoctrinal*, que parte de la propia naturaleza de la relación jurídica administrativa, pues, tal como ocurre con las demás relaciones jurídicas —privadas, criminales, político-electorales, laborales, criminal-militares e internacionales— que demandan, respectivamente, la diferenciación paralela de un contencioso civil, un contencioso penal, un contencioso electoral, un contencioso laboral, un contencioso penal-militar y de contenciosos internacionales, se distingue también el contencioso administrativo, no por una sumisión formal de todos esos litigios a una rama especializada del judicial, más bien por el emparejamiento de subsistemas organizativos del propio poder judicial para atender concentradamente, tanto preferente como exclusivamente, por los órganos judiciales especializados, a las múltiples peculiaridades de la relación jurídico-administrativa.

Tanto adoptándose una como otra solución, lo que se impone es considerarse la autonomía científica del Derecho administrativo, que, por presentar principios propios y características doctrinarias inconfundibles, conviene que el tratamiento de las situaciones contenciosas de relaciones jurídicas administrativas o que de aquellas se deriven, sea rigurosamente sistemático y coherente, en beneficio de la seguridad jurídica de los administrados.

Por lo tanto, en última instancia, lo que no se justifica es el perjuicio de la unidad conceptual y de la sistematicidad de tratamiento del contencioso administrativo, tanto que no se justificaría, por las mismas razones, que las relaciones jurídicas arriba referidas fuesen tratadas fragmentaria y asistemáticamente, cuando asumiesen aspectos litigiosos.

En este orden de ideas, sería ideal, en principio, que a cada sistema de contencioso material correspondiese, en lo judicial, un sistema apropiado de contencioso formal, y, efectivamente, la evolución de los aparatos de control administrativo por el judicial, tanto en el exterior como en Brasil, está certificando el acierto de esta orientación y dictan la adhesión a esta tendencia. Para recordar un ejemplo reciente, en la década pasada ocurrió con las benéficas transformaciones experimentadas, en el tradicional sistema del contencioso administrativo francés y que terminaron por equipararlo a los sistemas de los órganos jurisdiccionales ordinarios.

El estudio del contencioso administrativo en su sentido material, que será el de ahora en adelante reconocido, se ciñe, así, a las relaciones jurídicas administrativas litigiosas y a los medios judiciales existentes para solucionarlas. En otros términos, la prosecución de este estudio ha de concentrarse en las formas y medios de control judicial, sobre las relaciones administrativas de juridicidad contestada o contestable.

a) *Antijuridicidad objetiva e antijuridicidad subjetiva.* El contencioso administrativo material atisba el control de la juridicidad en su expresión subjetiva, con las excepciones a las cuales se dedicará un ítem complementario. Esto significa que la provocación del control por los medios dispuestos para el contencioso judicial administrativo, por regla, se hará dirigido a la tutela en concreto de algún interés jurídicamente protegido, motivo por el cual MIGUEL

Seabra Fagundes mostró lapidariamente ser la "finalidad y característica del control jurisdiccional la protección del individuo en su relación con la Administración Pública", anticipando por medio siglo la actual y hoy prevaleciente visión funcionalista de los derechos fundamentales de las personas, aportada por el neoconstitucionalismo.

No se considerará, en consecuencia, como contencioso administrativo jurisdiccional, el ejercido en instancia de autocontrol, a cargo de la Administración, vertido sobre sus propios actos. Desde luego, se puede notar que es bien distinta la finalidad del autocontrol, pues no apunta primordialmente a la tutela de la juridicidad subjetiva, mas sí de la juridicidad objetiva.

No obstante, siempre que el administrado se sienta perjudicado en su derecho, podrá valerse de la provocación del autocontrol mediante la apertura de una relación procesal administrativa graciosa, no sólo por el medio constitucional de la petición (CF, art. 5º, XXXIV, a), como por los demás medios de provocación simples y recusables previstos en los distintos y extensos niveles políticos y administrativos de la normativa procesal administrativa. Obsérvese, todavía, que el objeto del examen, sobre el que la Administración procederá, en esa relación graciosa, no será el hecho de haber lesionado derecho subjetivo individual, sino simplemente, de haber actuado objetivamente en desacuerdo con la ley.

Así, en el autocontrol, la Administración solamente reexamina la propia actuación respecto de la ley —inexistiendo, en rigor, una relación litigiosa—, porque el objeto del pronunciamiento administrativo, que en conclusión del reexamen solicitado, no estará referido a una hipotética lesión de derecho subjetivo individual y sí a la conformidad o disconformidad de su propia actuación, con la voluntad de la ley. Por lo tanto, rigurosamente, corresponde a la Administración, solamente, reconsiderar la legalidad objetiva de sus propios actos, sin avanzar en juicios sobre la relación subjetiva contenciosa subyacente, además porque, esta aún no se habría instalado formalmente.

b) *El juzgamiento de la materia contencioso administrativa.* Conforme a lo expuesto, la Administración no juzga sus actos, como tampoco se juzga a sí misma, limitándose al reexamen de su actuación a la luz del Derecho, simplemente para verificar su juridicidad objetiva, de modo que, vuelve para corregirlos, alterarlos o anularlos, pero no habrá sido porque los haya considerado violadores de intereses jurídicamente protegidos, sino porque los dio por jurídicamente viciados. Si acaso decide mantenerlos, siempre seguirá siendo el poder judicial quien definitivamente defina respecto de su juridicidad subjetiva, que no es objeto de examen *principal* —como cuestión principal— en la instancia administrativa, cabiéndole, entonces sí, proferir un juicio, en que la preliminar lógica será el examen y el pronunciamiento de la antijuridicidad objetiva, como la última palabra del derecho.

Error, por lo tanto, es afirmar que el poder judicial substituye el juzgamiento de juridicidad de un acto practicado por la autoridad administrativa por sí misma, pues la Administración, en nuestro sistema, en rigor no juzga lo contencioso de juridicidad subjetiva atinente a sus actos, y simplemente aprecia su juridicidad objetiva.

Es necesario, por lo tanto, que la expresión juzgamiento sea entendida, no en su mera acepción lógica —como un sinónimo de juicio, el producto de una apreciación de congruencia o incongruencia entre ideas— sino en su sentido jurídico propio —como la conjugación de una actividad lógica con una actividad sustitutiva de voluntad—. En efecto, realmente, tomada la jurisdicción como la función del Estado, en que se da la sustitución de la voluntad decisoria, sea la de los particulares sea la del Estado, por otra, emanada por órgano diferenciado del propio Estado, como resalta el magisterio de GIUSEPPE CHIOVENDA, se torna inconciliable e inconfundible el concepto de control por lo contencioso administrativo, que ostente esas características, con el del autocontrol ejercido por la Administración.

Se concluye, por lo tanto, que, a través del contencioso administrativo jurisdiccional, el Estado realiza una función de control de juridicidad subjetiva de su propia acción administrativa, por la sustitución de la expresión de la voluntad de la Administración, por la que será el pronunciamiento por el poder judicial, como afirmación de la primacía de la ley y del Derecho.

B) *Escala de juridicidad*

El poder del Estado es uno, ya que resulta, necesariamente, de la propia unidad política de la Nación, manifestándose en diversas funciones públicas, en las cuales la voluntad estatal es siempre la misma, no importando como se exprese, sea en la ley, en la sentencia y en acto administrativo, así como en los actos propios de los órganos constitucionalmente independientes, los que ejercen funciones esenciales a la justicia, los tribunales de cuentas, la Orden de los Abogados de Brasil y los dos Consejos Nacionales, el de Justicia y el del Ministerio Público —de modo que lo que varía— es solo la eficacia atribuida a la manifestación de cada una de ellas.

Esas polimórficas actuaciones integran un conjunto de actos portadores de voluntad estatal, que expresan, en su totalidad, la diversidad de eficacias posibles que el orden jurídico les atribuye, integrando en su totalidad un sistema armónico, articulado y jerarquizado —y necesariamente un sistema jurídico positivo— que, enriquecido de las costumbres de la sociedad y del trabajo de la doctrina, de la jurisprudencia y, en general, de los operadores del derecho, integran el fenómeno, más extenso y democráticamente abierto posible: el del ordenamiento jurídico del país.

A esta altura, como referencia para el estudio del escalonamiento jerarquizado de la juridicidad, importa enfocar una parte de ese ordenamiento jurídico, integrado por las normas positivadas por las fuentes estatales del Derecho: el sistema normativo positivo brasilero.

a) *Sistema normativo positivo brasileiro.* En el vértice de la jerarquía normativo-administrativa se asienta el ordenamiento constitucional —la Constitución, con sus respectivas enmiendas constitucionales— armonizando las esferas política y jurídica y vertebrando toda el orden jurídico del país, de modo que la disconformidad de cualquier otro acto con sus normas, caracteriza la más grave modalidad de antijuridicidad: la inconstitucionalidad.

En cuanto a las enmiendas constitucionales, se distingue la enmienda válida —que se incorpora a la Constitución y pasa a tener la misma eficacia de cualquiera de las normas originales—, de la enmienda inválida que, por vulnerar reglas formales o materiales, previstas en la Constitución, a ella no se incorpora, ni puede generar la eficacia en ella pretendida.

La inconsistencia de cualquier acto del poder público, normativo o concreto, con la Constitución, caracteriza la inconstitucionalidad, que podrá presentarse como de naturaleza formal o material. Será inconstitucionalidad formal, si el acto del poder público no fuese practicado con estricta observancia de las normas constitucionalmente prescritas para su formación, estructuración y publicidad; indistintamente, que se la trate de inconstitucionalidad material, si el contenido del acto vulnera preceptos explícita o implícitamente expresados en las normas constitucionales, originales o agregadas.

Le sigue al ordenamiento constitucional el ordenamiento normativo infra constitucional, desplegado en cuatro subórdenes: (1) el ordenamiento normativo infra constitucional federal, (2) el estadual, (3) el distrital-federal y (4) el municipal.

El ordenamiento normativo infra constitucional federal está constituido por la categoría genérica de las leyes, con las siguientes especies: las leyes complementarias, las leyes ordinarias, las leyes delegadas, las medidas provisorias, los decretos legislativos y las resoluciones, de modo que la disconformidad de cualquier otro acto del poder público federal, con alguna de esas categorías normativas, caracterizará la ilegalidad (en sentido estricto). Están incluidas en este rol las medidas provisorias (CF, art. 62), actos de competencia del presidente de la República (CF, art. 84, XXVI), que tiene validez, con fuerza de ley, por sesenta días, desde su edición, prorrogables por igual período en las condiciones previstas (CF, art. 62, §§ 3º y 7º).

Encima de cada ordenamiento normativo infra constitucional estadual se sitúa la respectiva Constitución del Estado, con sus respectivas enmiendas, de modo que la disconformidad de cualquier otro acto del poder público estadual, con los principios y preceptos en ellas contenidos, caracterizará una inconstitucionalidad estadual. Este ordenamiento normativo infra constitucional estadual se integra con las leyes complementarias, las leyes ordinarias, las leyes delegadas, las medidas provisorias, los decretos legislativos y las resoluciones estaduales, de modo que la disconformidad de cualquier otro acto del poder público estadual, confrontado con esas normas, caracterizará una ilegalidad de nivel estadual (en sentido estricto).

Por encima del ordenamiento normativo infra constitucional distrital-federal está la Ley Orgánica del Distrito Federal, con sus respectivas enmiendas, y la disconformidad de cualquier otro acto del poder público local, con los principios y preceptos en ellas contenidos, caracterizará una ilegalidad orgánica distrital-federal. Del mismo modo que en el plano estadual, el ordenamiento normativo infra constitucional distrital-federal se integra por las leyes complementarias, leyes ordinarias, leyes delegadas, medidas provisorias, decretos legislativos y resoluciones, y la disconformidad de cualquier otro acto del poder público del Distrito Federal, confrontado con esas normas, caracterizará una ilegalidad de nivel distrital federal (en sentido estricto).

Encima de cada ordenamiento normativo infra constitucional municipal se sitúa la respectiva Ley Orgánica Municipal, con sus respectivas enmiendas y la disconformidad de cualquier otro acto del poder público municipal, con los principios y preceptos en ellas contenidos, caracterizará también una ilegalidad (en sentido estricto). También, guardando la misma semejanza, el ordenamiento normativo infra constitucional municipal se integra por las respectivas leyes complementarias, leyes ordinarias, leyes delegadas, medidas provisorias, decretos legislativos y resoluciones, de modo que la disconformidad de cualquier otro acto del poder público municipal, confrontado con esas normas, caracterizará una ilegalidad de orden municipal (en sentido estricto).

De colofón, cada una de las órdenes y subórdenes jurídicas arriba descritas serán integradas, en el ámbito de las respectivas administraciones públicas, por los decretos y reglamentos expedidos por el respectivo jefe de gobierno para la fiel ejecución de las leyes (CF, art. 84, IV), que abren, a su vez, el campo del ordenamiento normativo administrativo —respectivamente, federal, estaduales, distrital-federal y municipales— de suerte que la disconformidad de cualquier otro acto de la Administración frente a esas normas reglamentarias, inclusive hasta aquel que venga a ser singularmente practicado en desacuerdo por el propio jefe de Gobierno (vicio de incoherencia anti-jurídica definido por la doctrina en la expresión *venire contra factum proprium*), caracterizará otro tipo de antijuridicidad que puede ser designado como irregularidad.

b) *La inconstitucionalidad.* La jerarquización de las leyes es formulación relativamente reciente en la evolución del Derecho público. Los conceptos de supremacía constitucional, como los de su respectivo control de constitucionalidad, surgieron como una evolución jurisprudencial en Estados Unidos de América, ya que no estaban explícitamente previstos en su Constitución, partiendo de la célebre decisión del *Chief Justice* (juez de la Suprema Corte) John Marshall, en el caso *Marbury versus Madison*, al negar validez a las leyes que no se adecuasen a sus directrices.

Aún más, con relación a la eficacia y al alcance del pronunciamiento judicial de inconstitucionalidad, se desprenden dos sistemas: el tradicional, que entiende sean nulos y sin ningún efecto jurídico los actos practicados en disconformidad con la Constitución, y el más reciente, el *kelseniano*, que entiende sean anulables, para reconocerles, en principio, ciertos efectos pretéritos; habiendo sido construidas, entre los dos sistemas, soluciones de compromiso.

En el sistema de control de constitucionalidad brasileño —en la confluencia de la doctrina constitucional norteamericana y de la continental europea— la inconstitucionalidad —como concepto de fundamental importancia en la sustentación de la sanidad y coherencia del orden jurídico— admite dos formas de control: 1º) el control difuso, realizado por cualquier juez o tribunal, en cualquier proceso de su competencia, cuando incidentalmente la constate, y 2º) el control concentrado —realizado como competencia originaria por el Supremo Tribunal Federal, mediante la acción directa de inconstitucionalidad de la ley o acto normativo federal o estadual y de la acción declaratoria de constitucionalidad de ley o acto normativo federal (CF, art. 102, I, a) y, por vía de recurso, por medio del recurso extraordinario (CF, art. 102, III, a, b y c).

c) *Niveles y soluciones de control infra constitucional.* Han de examinarse más adelante, a partir de ese nivel constitucional, los subsecuentes niveles positivados de control, teniendo como criterio clasificatorio la eficacia del pronunciamiento judicial de inconstitucionalidad en el Derecho brasileño; nótese, entretanto, que la inconstitucionalidad, en teoría, podrá tanto referirse a la Carta Federal como a las Cartas Estaduales, suscitando, por esto, otra distinción, en el campo federativo, conforme se trate de la integridad del orden jurídico nacional o de los subórdenes jurídicos estaduales, caracterizando, en este caso, una inconstitucionalidad de grado estadual.

a') *La ilegalidad.* El ordenamiento normativo infra constitucional es necesariamente instituido a partir de la observancia de los procesos legislativos, constitucionalmente establecidos (CF, art. 59), habiendo simetría obligatoria en la producción de normas —la simetría nomopoiética, referida a la edición de las leyes, en sentido amplio, en cualquiera de los sistemas normativos— el federal y los estaduales, en relación con sus respectivas Constituciones, así como el distrital-federal y los municipales, en referencia con las respectivas leyes orgánicas, de modo que las indicaciones y observaciones que se deben seguir, que son presentadas en la órbita federal se aplican, *mutatis mutandis*, a los demás niveles de la Federación.

Las leyes complementarias se caracterizan formalmente por el quórum calificado, que requieren en su aprobación por mayoría absoluta (CF, art. 69), y materialmente, por los temas, que deban ser obligatoriamente legislados bajo esa forma, conforme a las previsiones de la propia Constitución, de modo que el legislativo no podrá adoptar arbitrariamente la modalidad de legislación complementaria para otras materias, que no estén previstas en la Carta. Antes de la Constitución de 1967, esta especie legislativa complementaria, con la autonomía y la eficacia que hoy la caracterizan, no era formalmente conocida en el país, salvo de manera rudimentaria, como la introducida en la Enmienda Parlamentaria 4 a la Constitución de 1946.

Rara y excepcionalmente, entonces, como en escritos de Afonso Arinos de Mello Franco y de Miguel Reale, se encontraba algún tratamiento doctrinario disperso, lo que dificultaba la elaboración de una construcción probada y segura al respecto de ese estatuto del Derecho constitucional, de singular importancia para el Derecho Administrativo. Veinte años de experiencia y de elaboración teórica serían aún necesarios, para el desarrollo de la actual doctrina brasileña sobre leyes complementarias.

Vale reiterar, finalmente, que tanto las leyes complementarias como todas las demás modalidades normativas enlistadas en el artículo 59, excepto, claro está, las enmiendas a la Constitución, no guardan ninguna jerarquía entre sí, ya que son eficaces en sus respectivos ámbitos y la violación recíproca, referida a cualquiera de ellas, se constituye en simple ilegalidad en sentido estricto.

b') *La irreglamentariedad.* El poder reglamentar, la así inapropiadamente denominada facultad reconocida a los jefes de gobierno de generar actos normativos con eficacia inmediatamente infra legal, es una función prevista, originalmente, en la Constitución Federal (art. 84, IV), en el ámbito de la Unión, y, de modo derivado, en los dispositivos paralelos de las Constituciones Estaduales y de las Leyes Orgánicas del Distrito Federal y de los municipios, en sus respectivos ámbitos juspolíticos.

El reglamento se ubica, por su turno, en la cúpula de una nueva jerarquía de actos, que agrupa tanto los normativos como los concretos, practicados por los demás órganos subordinados de la Administración, dispuestos en escala interna propia, no importando las denominaciones específicas que reciban, ya que no hay estandarización exigida.

La doctrina reconoce dos tipos de reglamentos: el reglamento de ejecución y el reglamento autónomo.

El reglamento de ejecución, modalidad constitucionalmente prevista, que debe ser expedido por decreto, además de vincular todos los demás actos de la Administración, también puede ser objeto de argumentación de inconstitucionalidad en acción directa originaria ante el Supremo Tribunal Federal, tratándose de acto federal o estadual, frente a la Constitución Federal, y, tratándose de actos normativos de los respectivos poderes legislativos y ejecutivos y de los poderes de los municipios, frente a las Constituciones Estaduales o a la Ley Orgánica del Distrito Federal, ante los tribunales de justicia de los Estados y del Distrito Federal.

En cuanto a la otra modalidad —el reglamento autónomo— la Constitución de 1988, que había puesto fin a las dudas doctrinarias existentes sobre su sobrevivencia en el orden constitucional brasileño, gracias a sus artículos 5º, II y 84, III, que soportaban una interpretación restrictiva en la línea del principio de la reserva legal, la reintrodujo con la edición de la Enmienda Constitucional 32, de 11 de septiembre de 2001, al atribuir competencia al presidente de la República para disponer, mediante decreto, sobre la organización y funcionamiento de la administración federal, cuando no implique aumento de gasto ni creación o extinción de órganos públicos y la extinción de cargos públicos, cuando estén vacantes (CF, art. 84, VI, a y b).

C) *Soluciones correctivas del control judicial*

El control judicial, ya estudiado, se enfoca en imponer la primacía de la juridicidad, por medio de funciones correctivas impuestas sobre cualesquiera manifestaciones de voluntad que contraríen el orden jurídico, quienquiera que sea su autor, aunque no siempre sea posible eliminar de hecho, todos los efectos del acto corregido.

El poder judicial, en cualquier caso, reconocida una antijuridicidad, en cualquier grado, emite una declaración de nulidad, variando, sin embargo, la eficacia del argumento, conforme el acto anulado se trate de acto normativo o de acto concreto.

Para establecer adecuadamente esa diferencia, recuérdese que el pronunciamiento de nulidad equivale a la declaración de que un acto no es apto para producir efectos, o sea, que el acto es ineficaz. Así, para alcanzar esta conclusión, el poder judicial debe llegar a un convencimiento motivado de que el acto en la causa o es jurídicamente inexistente o es inválido (ya que la eficacia siempre resultará de la existencia válida de todos sus elementos constitutivos).

Pues bien, tratándose de acto concreto, en que los efectos jurídicos fuesen casuísticamente determinados y materializados, decretada su nulidad, él perderá la razón de existir, desapareciendo del mundo jurídico. Así, en cuanto acto normativo, en que los efectos jurídicos son indeterminados y abstractos en teoría, además que pronunciada casuísticamente su nulidad, la eficacia de la declaración se restringirá al caso apreciado, no comprometiendo la existencia de la norma, aunque reconocida como nula, permaneciendo, así, en el mundo jurídico y aún aplicable a otras hipótesis. Es que la sentencia, en lo contencioso judicial administrativo, como en cualquier otro proceso judicial, con excepción de los previstos en los artículos 102, I, a, y 125, § 2º, de la Constitución, tienen su eficacia y autoridad restringidas a los límites subjetivos y objetivos de la relación jurídica litigiosa concreta puesta bajo su decisión.

En otros términos: la declaración de nulidad de un acto concreto retira toda la eficacia regular de él esperada, sustentándose, en consecuencia, la ejecución, en cuanto que la declaración de nulidad del acto normativo le retira la eficacia solo en cuanto a la hipótesis decidida, sin perjudicar la aplicación de la norma a las hipótesis no decididas. Resulta clara esa diferencia entre las dos soluciones correctivas del control judicial: la anulación simple, de carácter ablativo o, simplemente, anulación, incidente sobre el acto concreto, que, en consecuencia queda deshecho, y la anulación desaplicatoria, o desaplicativa o, simplemente, desaplicación, incidente sobre el acto normativo, que, en consecuencia, pierde su eficacia *in casu*.

Finalmente, el control judicial es característicamente provisto bajo provocación, por vía de acción o por vía de excepción, por regla, por quien tenga derecho subjetivo violado o bajo amenaza de violación y, excepcionalmente, por personas que la ley legitime, como representantes, sucesores o sustitutos procesales.

6. Los medios de control judicial

A) *Generalidades sobre el control judicial*

Para que el poder judicial pueda ejercer su misión de control de juridicidad sobre las relaciones jurídicas administrativas, tal como lo hace en cuanto a las demás relaciones jurídicas públicas o privadas, hay dos requisitos: la provocación adecuada y el uso de medios jurídicamente apropiados.

Hay, entonces, una técnica judicial destinada a la obtención de los efectos preventivos y represivos, tanto los de fiscalización como los de corrección, propios del campo del Derecho procesal, sometida a los principios de la Teoría general del proceso, abarcando los conceptos esenciales, como los de jurisdicción y competencia de los órganos judiciales, naturaleza y tipología de las acciones, la relación procesal, el procedimiento, la prueba judicial, la decisión, los recursos, la definición de cosa juzgada y la ejecución.

A partir de esa base institucional común, que es de la Teoría general del proceso, se subdividen las disciplinas didácticas autónomas específicas para cada especialidad de jurisdicción, así desgajándose: el Derecho procesal civil, el Derecho procesal penal, el Derecho procesal laboral, el Derecho procesal electoral, el Derecho procesal penal militar y el Derecho procesal parlamentario, esta rama, aplicable a las hipótesis en que las cámaras legislativas actúen excepcionalmente como órganos jurisdiccionales.

El contencioso administrativo, como ya fue expuesto, no dispone de un sistema procesal que le sea propio y exclusivo, puesto que una interpretación equivocada del proverbio *una lex, una jurisdictio* (un solo derecho, una sola jurisdicción) responde por la dispersión de la materia contencioso administrativa, predominando, sin embargo, los medios procesales civiles.

Realmente, el concepto de *una jurisdictio* no implica alejamiento de la especialización, así como el de justicia especial tampoco se confunde con el de justicia de excepción. La justicia especial es una imposición de la buena técnica judicial, recomendable siempre que determinada materia, por sus peculiaridades, reclame tratamiento judicial especializado, sea orgánico (órganos judiciales especializados) o funcional (proceso judicial especializado).

El contencioso del poder público en Brasil, bajo este aspecto, visiblemente desde el restablecimiento de la justicia federal de primera instancia, es un sistema híbrido, tanto en términos orgánicos como en términos funcionales, siguiendo, aunque más lentamente, la tendencia universalmente observada en dirección a la especialización del control judicial de las actividades del poder público, que es un concepto más amplio que el del control judicial de la relación jurídica administrativa, que en él se inserte y es el tema con el cual prosigue esta sección.

En efecto, la justicia federal —con excepción del Supremo Tribunal Federal, que se aproxima al perfil de una corte constitucional, y, del mismo modo, el Tribunal Superior de Justicia—, cuando actúa en el desempeño de funciones de instancias ordinarias, lo hace predominantemente como una justicia especializada en lo contencioso administrativo material de la Unión; en contraste, en los estados y en los municipios, las respectivas materias contenciosas son sometidas a la justicia común no especializada, de modo que predominantemente, son sometidas a jueces preparados y experimentados en gran parte, cuando no en casi toda su carrera, en materias de lo contencioso civil y criminal.

También con relación a la provocación judicial, caben aún algunas observaciones, como la que está abierta a los particulares y las que se reservan al Estado: 1) la provocación por los particulares, en principio privativa de abogados constituidos por las partes o los activos no ofrece problemas, tratándose de agentes que desempeñan la función esencial a la justicia genérica de la abogacía privada (CF, arts. 133 y 134); 2) la provocación por el Estado es privativa de la abogacía de Estado, a través de los órganos que la desempeñan privativamente, y la provocación por el ministerio público (CF. art. 127 y ss.).

B) *Clasificación de las acciones contencioso administrativas*

Finalmente, considerando los medios técnicos de postulación judicial, se pueden distinguir dos clases de acciones: las acciones específicas del contencioso administrativo, creadas por la legislación solo para hacer efectivo el ejercicio del control judicial sobre la relación jurídica administrativa, y las acciones inespecíficas del contencioso administrativo, que son todas las demás previstas en la legislación constitucional y procesal civil, penal, laboral, electoral y penal militar, de las cuales pueda resultar, directa o indirectamente, *principal* o *incidentalmente*, el control judicial de la acción administrativa del Estado.

Todos los medios específicos del contencioso administrativo son especiales; en cuanto a los medios inespecíficos del contencioso administrativo, podrán ser ordinarios y especiales.

Los medios específicos del contencioso administrativo admiten, a su vez, una subdivisión, conforme la provocación incumba exclusivamente al Estado (entidades, órganos o sus delegados) o al administrado, habiendo, aun, una tercera categoría, la provocación que les sea común.

Para mejor visión de conjunto, seguidamente se esquematiza, un catálogo didáctico de los medios de control judicial del contencioso administrativo brasileño:

I. Medios inespecíficos

    A. Ordinarios

        1. acción ordinaria;

        2. acción penal;

    B. Especiales

        3. interdictos posesorios;

        4. acción de anunciación de obra nueva, y

        5. acción de consignación en pago.

II. Medios específicos

    C. De provocación del Estado

        1. ejecución judicial de la deuda activa de la Hacienda Pública;

        2. acción de desapropiación;

        3. acción de intervención de defensa económica;

        4. acción discriminatoria de tierras públicas;

        5. acción de disolución de sociedades ilícitas o con subvención, y

        6. acción de renta e indemnización por trabajos de exploración mineral.

D. De provocación del administrado

    1. habeas corpus;

    2. mandado de seguridad;

    3. mandado de seguridad colectivo;

    4. acción popular;

    5. habeas data;

    6. mandado de imposición, y

    7. acción penal privada subsidiaria en los crímenes de acción pública.

E. De provocación común

    1. acción directa de inconstitucionalidad;

    2. acción declaratoria de constitucionalidad;

    3. conflicto de atribuciones;

    4. acción civil pública;

    5. reclamación para preservación de competencia y garantía de la autoridad de decisiones del Supremo Tribunal Federal y del Tribunal Superior de Justicia;

    6. argumentación de incumplimiento de precepto fundamental;

    7. reclamación contra acto administrativo o decisión judicial que contraríe régimen aplicable o que se aplique indebidamente, y

    8. acción de improbidad administrativa.

He aquí, en breves trazos, algunos aspectos importantes del sistema brasileño de control de las actividades administrativas públicas.

Teresópolis, RJ, verano de 2017.

CHILE

EL CONTROL JURÍDICO DE LA ACTIVIDAD ADMINISTRATIVA EN CHILE. EVOLUCIÓN Y PANORÁMICA ACTUAL

Alejandro Vergara Blanco*

El control jurídico de la Administración puede ser analizado desde diversas perspectivas y profundidades; por ejemplo, revisar la discusión sobre las técnicas legítimas y usuales en tal control, como la tendencia a realizarlo mediante el ejercicio hermenéutico de la juridicidad formal o por medio de principios jurídicos; o revisar la jurisprudencia y conductas de los jueces en tal control (y si son más bien activistas o deferentes con la Administración) y la profundidad y habilidad con que revisan la discrecionalidad. En esta ocasión, por solicitud del editor, me concentro en ofrecer una descripción de la evolución de tal control en Chile, y una panorámica actual. Ello, con el objetivo de proporcionar una base de comparación con otras regulaciones nacionales.

1. Introducción

A) *Promoción del bien común y principio de juridicidad*

La Constitución de 1980 destaca como principio jurídico y como fin de la acción administrativa la necesidad de mejorar la calidad de vida de los habitantes de la República, por medio de políticas, planes, programas y acciones de desarrollo social, cultural y económico, en el ámbito nacional, regional y local; ello en un marco de acción estatal al servicio de la persona humana, con el fin de promover el bien común.

Las consecuencias prácticas de esta constitucionalización se traducen en los siguientes principios de la actuación administrativa:

i) Enmarcar la acción de toda la administración nacional en función del servicio de la persona humana, funcionalidad que implica sancionar como ilícita no solo la actividad ilegal, sino también aquella que sea arbitraria o voluntarista de un ente público, y que no persiga tales fines;

* Profesor Titular [Catedrático] de Derecho Administrativo (Pontificia Universidad Católica de Chile). Reúno y sintetizo en este trabajo diversos desarrollos ofrecidos antes en diversas sedes. Agradezco la dedicada colaboración de Daniel Bartlett Burguera, investigador del *Programa de Derecho Administrativo Económico*, de la Facultad de Derecho de la Pontificia Universidad Católica de Chile, quien realizó la labor de sistematización.

ii) Propender la promoción del bien común, lo cual habilita al particular para tener acceso a la información administrativa, otrora reservada a los funcionarios públicos, y

iii) Exigir a todos los órganos del Estado el respeto a la legalidad en los términos establecidos en los artículos 6º y 7º de la Constitución Política de la República (CPR), en que se consagra el principio de juridicidad.

El principio de juridicidad es instaurado como un estándar previo al control. En el contexto del control a la Administración, mención especial cabe realizar sobre el principio constitucional de juridicidad, que se manifiesta tanto en el plano de la organización administrativa, como en la actividad, en la actuación. Así:

a) *En el ámbito de la organización administrativa.* Se establecen las siguientes reglas:

i) Todo servicio público, cualquiera que sea su naturaleza, requiere ser creado por ley;

ii) Las funciones de estos servicios deben ser determinadas por ley;

iii) Su dotación de cargos permanentes, la planta de servicio, debe ser fijada por ley;

iv) Las atribuciones de estos cargos, deben igualmente establecerse por ley, y

v) Las remuneraciones de los cargos públicos también han de ser fijadas por ley.

b) *En el ámbito de la actuación administrativa.* Su validez se ve condicionada a la concurrencia de tres requisitos:

i) La existencia de una previa investidura regular de sus integrantes, es decir, que accedan a sus cargos por medio de elección o nombramiento;

ii) A la competencia, esto es, que la actuación de que se trate se encuadre dentro de las atribuciones asignadas por ley, y

iii) Que se ejerza en la forma prescrita por la ley, es decir, debe ajustarse tanto a las exigencias de formación del acto, como a las de carácter externo o solemnidades.

B) *El control clásico de la Administración por los tribunales*

El control de los actos de la Administración nace con la idea de la separación de los poderes públicos, la cual propugna la necesidad de que las distintas funciones que desarrolla el Estado, mediante el ejercicio de determinadas potestades, sean atribuidas a órganos diferentes y autónomos entre sí. La autonomía lleva aparejada el control por los demás poderes que forman parte de la estructura estatal, por constituir este control una de las bases y garantías del Estado de derecho.

Los estados democráticos tradicionalmente han visto en la revisión judicial de la actuación administrativa el paradigma del control de dicha actividad, como parte de una de las bases del sistema de Derecho administrativo, en cuanto asegura legitimidad de la Administración (poder ejecutivo) en el Estado de derecho, sujetando a esta al control judicial.

A partir del reconocimiento de este principio de sujeción total de la Administración al control ejercido por los tribunales, nace la posibilidad de justiciabilidad de los actos de la Administración por parte de otro poder de la estructura estatal: el poder judicial. Esto genera, a su vez, el surgimiento del contencioso administrativo y la posibilidad de que los particulares puedan accionar para el reconocimiento y constitución de sus derechos.

La vigencia efectiva del principio de juridicidad impone la necesidad de la existencia de un conjunto de mecanismos de control, por medio de los cuales puede asegurarse eficazmente el sometimiento de la Administración al sistema normativo. En el sistema jurídico chileno —como, en general, en los sistemas jurídicos occidentales— la pieza fundamental dentro del conjunto de garantías del principio de legalidad está (o debiera estar) constituida por el control judicial.

C) *Los controles internos y externos de la actividad administrativa*

Por otro lado, la sujeción de la autoridad a la ley es el complemento indisoluble de esta regla, entendida naturalmente, en su concepto amplio, comprensivo de la Ley Fundamental, de modo que si de ella se aparta y realiza una acción ilegal, operarán los resguardos previstos por la ley.

En este sentido, junto al control de la actividad administrativa mediante la revisión judicial o constitucional, aparecen también otros mecanismos internos y externos, que, operando *ex ante* (de forma preventiva) o *ex post* (represiva), y pudiendo encontrarse a su vez dentro y fuera de la Administración pública, operarían como filtros de adecuación de la actuación administrativa conforme a derecho. Así, el artículo 3º inciso 2º de la Ley Orgánica Constitucional de Bases Generales de la Administración del Estado (ley 18.575, de 1986 = LOCB-GAE), se refiere al control como uno de los principios que integra las bases de la Administración Pública chilena, el cual señala: "[...] La Administración del Estado deberá observar los principios de [...] control".

a) *Los controles internos.* Son realizados por una unidad integrante del propio órgano administrativo. Su finalidad consiste en contrastar la actuación administrativa con las normas del propio ordenamiento y las necesidades de la gestión pública, verificando su plena concordancia con aquellas y las políticas e instrucciones impartidas por las autoridades superiores de la organización[1].

b) *Los controles externos.* Los controles *ad extra* o externos son de diversa naturaleza y obedecen a objetivos diferentes; los organismos que los llevan

---

[1] Véase Bordalí y Ferrada, 2008, 19.

a cabo se hallan fuera de la dependencia del poder ejecutivo (al menos desde el punto de vista del control), si bien su intensidad en el control y grado de especialidad difiere.

Puede establecerse una distinción tripartita de estos: i) el control parlamentario, ii) el efectuado por los tribunales y iii) el de Contraloría General de la República (CGR). Cabría la posibilidad inclusive de hablar de un control ciudadano (que ejercerían los mecanismos de transparencia activa), al que no obstante no me refiero en este trabajo.

Tras estas explicaciones previas necesarias, a continuación ofrezco una descripción general de los distintos tipos de controles internos y externos a aquella, que están previstos por el ordenamiento jurídico chileno. Especialmente me detengo en los dos controles externos que más peso han tenido en Chile: el realizado por la Contraloría General de la República, y el que llevan a cabo los órganos jurisdiccionales.

D) *Los controles internos de la actividad administrativa*

El primer tamiz que encuentra la actividad administrativa se halla dentro de la propia Administración pública: son controles efectuados, bien por departamentos específicos, bien por los superiores jerárquicos al interior de la estructura de cada órgano.

En este trabajo únicamente hago una muy breve descripción de estos, debido a que la gran mayoría de controles de la actividad administrativa son externos, cuyo análisis más detallado se hace *infra*.

a) *Controles realizados por fiscalías o asesores jurídicos en su planta de personal*. Con la finalidad de prevenir una actuación irrespetuosa de la juridicidad, en las plantas de personal de los órganos de la Administración, usualmente, las propias leyes que crean los órganos establecen la necesidad de contemplar profesionales abogados, cuyo objeto es precisamente instar por el cumplimiento de la ley y de los principios jurídicos que deben guiar el accionar de cada órgano de la Administración.

b) *Control de la actividad por los superiores jerárquicos de cada órgano*. La estructura jerarquizada y disciplinaria de todo órgano administrativo, hace que los funcionarios sometidos a esta deban en todo momento, tal como indica el artículo 7 LOCBGAE, "cumplir fiel y esmeradamente sus obligaciones para con el servicio y obedecer las órdenes que imparta el superior jerárquico".

A estos compete, siguiendo el artículo 11 LOCBGAE, ejercer un control jerárquico permanente del funcionamiento de los organismos y de la actuación del personal de su dependencia, y en cuanto a su alcance "este control se extenderá tanto a la eficiencia como la eficacia en el cumplimiento de los fines y objetivos establecidas, como a la legalidad y oportunidad de las actuaciones".

E) *Un control externo no jurídico de la actividad administrativa: el control político*

Cabe una referencia breve y general al control político que se ejerce sobre la Administración por el poder político.

a) *Previsión constitucional y legal.* El artículo 52 de la CPR, prevé la posibilidad de fiscalizar los actos de gobierno *a posteriori* (art. 52.1), así como de formular acusación respecto de determinados cargos públicos, en su artículo 52.2 (son dos instancias independientes). La Ley Orgánica Constitucional del Congreso Nacional (LOCCN)[2], establece las previsiones legales y de desarrollo respecto de ambos.

b) *Elementos más destacables de este doble control.* Son los siguientes:

1º) *Legitimación activa para la fiscalización.* Compete exclusivamente a la Cámara de Diputados, no así al Senado. Esta podrá:

i) Adoptar acuerdos o sugerir observaciones, para que el presidente de la República pueda dar respuesta, por medio del ministro de Estado que corresponda.

ii) Citación de ministros de Estado, para formularles preguntas relacionadas con su cargo.

iii) Crear comisiones investigadoras, para reunir informaciones relativas a determinados actos del gobierno.

2º) *Detalles procedimentales de la fiscalización.* Para llevar a cabo cada uno de los anteriores controles, el propio texto constitucional realiza una previsión de estos, así como el establecimiento de ciertas limitaciones. La LOCCN regula con mayor profundidad los detalles de este procedimiento[3].

3º) *Procedimiento para la acusación constitucional y sujetos acusables.* La Cámara de Diputados, con la colaboración del Senado en el procedimiento, también puede declarar si pudiera haber lugar o no, a la acusación constitucional de destacados funcionarios públicos, con no menos de diez ni más de veinte de sus miembros.

La CPR se remite, a efectos procedimentales, a la LOCCN[4], sin perjuicio de algunas especificidades contenidas en el artículo 52, 2 de la CPR.

Pueden ser objeto de este procedimiento: el presidente de la República, ministros de Estado, magistrados de tribunales superiores, así como el contralor

---

[2] Ley 18.918, Orgánica Constitucional del Congreso Nacional, *Diario Oficial,* 5 febrero 1990.

[3] Véase arts. 8 y 9º y Título v (respecto la fiscalización y las comisiones especiales investigadoras).

[4] Título iv, respecto de la tramitación de las acusaciones constitucionales, arts. 37 y ss.

general de la República; generales y almirantes de las Fuerzas de la Defensa Nacional, y los delegados presidenciales regionales, más los delegados presidenciales provinciales.

El resultado de la acusación, será comunicada al presidente de la República, a la Corte Suprema o al contralor general de la República, y sin perjuicio de ello, se remitirán todos los antecedentes al tribunal ordinario competente para los efectos del proceso a que hubiere lugar.

Una vez desarrollado el esquema general anterior, analizo los dos tipos de control jurídico más efectivos: el realizado por la Contraloría General de la República (CGR) y por los dos órdenes jurisdiccionales: el Tribunal Constitucional y los tribunales judiciales.

2. CONTROL AUTÓNOMO O INDEPENDIENTE EJERCIDO POR LA CONTRALORÍA GENERAL DE LA REPÚBLICA

A) *Historia del órgano de control*

La Contraloría General de la República, que encuentra sus orígenes en el siglo XVI, pasó por varios estadios evolutivos hasta que con la Independencia, las funciones contables, fiscalizadoras, consultivas y normativas se radican en la llamada Contaduría Mayor y el Tribunal de Cuentas. En 1839, este concentraría todas las funciones concernientes a la acción de los actos de la Administración del Estado que comprometen la Hacienda Pública, además de representar al presidente de la República la inconstitucionalidad o ilegalidad de determinadas medidas, por medio del trámite de toma de razón.

En 1925, la llamada Misión Kemmerer, contratada por el gobierno de Chile, propone la creación de la CGR. Tras algunas indicaciones, nace finalmente la CGR, por el decreto con fuerza de ley 400 bis de 26 de marzo de 1927. En 1943 se otorga rango constitucional a este órgano contralor y en 1953 se dicta su ley orgánica[5], que en 1964 se sistematiza en un texto refundido y coordinado[6].

B) *Su función de control de la Administración*

La ley 10.336, de 1964 (LOCGR), establece en el artículo 1º: "La Contraloría General de la República, independiente de todos los ministerios, autoridades y oficinas del Estado, tendrá por objeto fiscalizar el debido ingreso

---

[5] Ley 10.336 Orgánica Constitucional de la Contraloría General de la República.

[6] Decreto 2421, que fija el texto "Coordinado, sistematizado y refundido de la Ley de Organización y Atribuciones de la Contraloría General de la República", 1964.

e inversión de los fondos del fisco, de las municipalidades, de la beneficencia pública y de los otros servicios que determinen las leyes; verificar el examen y juzgamiento de las cuentas que deben rendir las personas o entidades que tengan a su cargo fondos o bienes de esas instituciones y de los demás servicios o entidades sometidos por ley a su fiscalización, y de la inspección de las oficinas correspondientes; llevar la contabilidad general de la Nación; pronunciarse sobre la constitucionalidad y legalidad de los decretos supremos y de las resoluciones de los jefes de servicio, que deban tramitarse por la Contraloría General; vigilar el cumplimiento de las disposiciones del Estatuto Administrativo y desempeñar, finalmente, todas las otras funciones que le encomiende esta ley y los demás preceptos vigentes o que se dicten en el futuro, que le den intervención".

En la documentación oficial de este organismo, se señala que "La Contraloría General de la República es un organismo superior de control de la Administración y que, sobre la base del principio de juridicidad, está destinado a garantizar el cumplimiento del ordenamiento jurídico, la preservación y fortalecimiento de la probidad administrativa y fidelidad y transparencia de la información financiera"[7].

El control es la función y razón de ser de la CGR, la cual, si bien no es el único órgano administrativo encargado de ejercer esta función, sí es el más preponderante, con la característica de estar acotada a la Administración Pública. Dado el crecimiento en las potestades de esta, día a día se impone a este órgano contralor el desafío de ejercer un control efectivo y no meramente nominal, es decir, un control que incluya tanto los aspectos formales como materiales del acto administrativo, que excluyen —según señala el art. 21 B LOCGR— los aspectos de mérito o de conveniencia de las decisiones administrativas.

Sobre el tipo de control que debe realizar la Contraloría —ya sea formal o material— ha habido un amplio debate en la jurisprudencia y en la doctrina que reseño brevemente a continuación.

Varios fallos de la Corte de Apelaciones de Santiago y de la Corte Suprema argumentaron que "[...] el control de legalidad de los actos de la administración que la Contraloría realiza en uso de sus facultades constitucionales y legales, debe ser exclusivamente formal, sin que sea procedente que, ejerciendo dicho control, pueda entrar a hacer un nuevo estudio técnico sobre la materia"[8].

---

[7] CONTRALORÍA GENERAL DE LA REPÚBLICA, *Doctrina institucional* (documento aprobado por resolución exenta 1556, de 25 de octubre de 2000).

[8] Sagrados Corazones con Contralor General de la República, Rol 811-2006/Corte de Apelaciones de Santiago, confirmada por la Corte Suprema. También ver Inmobiliaria Altair, S. A. con contralor general de la República/Rol.3137/2006 (confirmada por la Corte Suprema).

Este criterio fue aceptado por algunos autores, mientras que por otros criticado. Las posiciones extremas partían del mismo punto de análisis: cuál era la naturaleza de la CGR y ¿cuál el contenido de la función de control de legalidad que por ley le ha sido atribuida a este órgano de la Administración del Estado?

En sentencia de 6 de noviembre de 2008, la Corte Suprema modificó el criterio, en un caso similar, y señaló: "[...] las personas jurídicas administrativas vulneran el principio de legalidad cada vez que transgreden cualquiera de los elementos reseñados, y no solo en el supuesto de contravenirse el signado c) de la relación precedente. Interpretarlo de otra manera, como lo hace el fallo en alzada, significaría reducir el control de legalidad al examen de uno solo de sus componentes —el formal— introduciendo un distingo que la norma constitucional no contempla, violentándose con ello el principio hermenéutico de que donde el legislador no distingue, no es lícito al intérprete hacerlo; que la única restricción impuesta al control de legalidad que corresponde a la Contraloría General de la República, en general, es la de que, con motivo de dicho control de legalidad, no podrá evaluar los aspectos de mérito o de conveniencia de las decisiones políticas o administrativas".

a) *Otras funciones de control.* Cabe destacar que a la Contraloría, además de su función contralora, le compete resguardar la probidad, la corrección y moralidad que los servicios y funcionarios públicos deben emplear normalmente en el desempeño de sus funciones, objetivo para el cual prima como criterio rector dar primacía al interés público por sobre el interés privado.

b) *Potestades de interpretación.* Esencial resulta destacar que la Contraloría es el único organismo del Estado-Administración que puede interpretar las disposiciones de derecho público que rigen la conducta de los agentes de gobierno y afectan a los particulares, así como también el único que puede fiscalizar su cumplimiento con fuerza obligatoria. En la práctica, este monopolio contralor para interpretar disposiciones de esta naturaleza, ha sido impuesto y ratificado a lo largo del tiempo por la actuación de la Contraloría respecto de los servicios públicos, mediante la llamada "jurisprudencia administrativa", caracterizada precisamente por ser vinculante y obligatoria para estos servicios.

C) *Toma de razón, emisión de dictámenes y auditorías*

La Contraloría ejerce hoy las siguientes funciones, bien determinadas, que corresponden a la toma de razón, la emisión de dictámenes, y llevar a cabo auditorías.

a) *La toma de razón.* Es el control previo de legalidad de los actos de la Administración, que lleva a cabo la CGR dentro de la potestad de controlador de la legalidad que le reconoce la LOCGR, y que consiste en contrastar o realizar un examen de legalidad del acto administrativo verificando que esté acorde con el ordenamiento jurídico[9].

A pesar de ser la toma de razón la regla general, según se desprende del artículo 98 CPR, están exentos de este trámite los actos administrativos que se señalan en la resolución 1600, de 2008, del organismo contralor. La justificación de que ciertos actos estén exentos de la toma de razón, tiene que ver con la necesidad de agilizar la función administrativa, y que solo estén sometidos a este trámite los actos de relevada importancia y que comprometan considerablemente los recursos públicos; todo ello con el propósito de favorecer la oportunidad y eficacia de los actos de la Administración[10].

La toma de razón constituye un acto trámite dentro del procedimiento administrativo de dictación de ciertos actos administrativos, y persigue corregir los vicios de ilegalidad de que puedan adolecer estos antes de que produzcan efectos jurídicos; por ello es un control *a priori* de legalidad de los actos administrativos. Se dice, por alguna jurisprudencia, que es un requisito esencial del acto administrativo para el cual se exige, en cuanto el acto que no lo cumple carece de eficacia jurídica. Por tanto, tal acto no produciría efectos en la vida jurídica, aun cuando se haya notificado o publicado, requisitos que establece la ley 19.880, de Bases de Procedimientos Administrativos[11] para tales efectos.

Este criterio introduce una extrañeza en el procedimiento administrativo chileno, en cuanto dota a un elemento (de control) esencialmente ajeno al contenido del acto administrativo —y esto lo demuestra el hecho de que para ciertos actos no se exige y sin embargo ellos producen igualmente efectos jurídicos— de una importancia tal que puede provocar, no solo la ilegalidad del acto administrativo, sino también su falta de eficacia jurídica.

Es un trámite que, a mi juicio, no forma parte o no contribuye —por lo menos directamente— en la formación de la voluntad de la Administración contenida en el acto administrativo, pero aun así, es considerado un requisito esencial del mismo, y no como lo que realmente es: un requisito de la legalidad del acto administrativo, que no puede provocar por sí mismo la falta de validez y eficacia del acto, pues su falta o ausencia en la tramitación de un acto que

[9] La toma de razón se ha definido como "un trámite de control de la juricidad de la declaración orgánica unilateral de un ente dotado de potestades administrativas, declaración que formalizada en decretos o resoluciones según disponga la ley, no es sino un proyecto de acto administrativo", *vid.* Soto Kloss, 1977, 175.

[10] Esta resolución fue modificada recientemente por la resolución 10 de febrero de 2017, de la CGR, que prevé la necesidad de someter al trámite de toma de razón, determinadas materias de personal, así como exime de ese trámite ciertas materias de la misma índole cuya consideración se reputaría menos esencial; todo con el objetivo de hacer un mejor uso de los recursos humanos y materiales de la CGR.

[11] La ley 19.880, establece las Bases de los Procedimientos Administrativos que rigen los actos de órganos de la Administración del Estado. *Diario Oficial*, 29 mayo 2003.

lo requiera, solo produce un vicio de ilegalidad del acto, lo que no produce directamente la falta de eficacia o validez del acto jurídico.

El trámite consiste en darle curso al acto administrativo una vez que se ha verificado que está acorde con el ordenamiento jurídico, sin que la Contraloría esté obligada a exponer las razones por las que considera que tal acto está acorde al ordenamiento jurídico. En el caso de que se aprecien vicios en el acto administrativo, se procede a devolver el decreto o resolución por medio de un dictamen que señala las causas que motivan la interrupción del procedimiento administrativo, y por tanto, la suspensión de la tramitación final del acto.

i) *Actos afectos a la toma de razón.* ¿Cuáles son los actos afectos a la toma de razón? Sin perjuicio de lo expuesto en la resolución 1600 de 2008, son:

1º. Conforme a los artículos 64 inciso 6º y 99 inciso 2º CPR, los decretos con fuerza de ley.

2º. Conforme la LOCCGR (art. 10), los decretos supremos y las resoluciones de los jefes de servicios, sin perjuicio que el contralor pueda eximir de la toma de razón, conforme a su inciso 5º, a uno o más ministerios o servicios de dicho trámite, de los decretos supremos[12] o resoluciones que concedan licencias, feriados y permisos con goce de sueldos, o que se refieran a otras materias que no considere esenciales. En este caso, estarán sujetos a un control de constitucionalidad y legalidad (art. 1º LOCCGR).

ii) *Acciones de la Contraloría ante la toma de razón.* Cuando un acto queda sometido a toma de razón, el organismo contralor dispone de quince días para emitir su pronunciamiento, el cual resulta prorrogable por un plazo equivalente. Las acciones o medidas que se pueden adoptar son:

1º. *Toma de razón simple.* Implicará que el acto, a juicio del órgano contralor, ha pasado el "test" de control jurídico.

2º *Toma de razón con alcance.* A la toma de razón, se le añade una observación o enmienda al contenido, que consiste en complementarlo o rectificarlo. Esta medida será de necesaria observación.

3º. *Representación del acto.* Ante casos de ilegalidad o inconstitucionalidad, será esta la medida oportuna: negarse a tomar razón del acto en cuestión[13].

4º. *Observación del acto.* Ante esta situación, se avisará al organismo cuyo acto se haya sometido a este trámite, que la Contraloría muestra reparos acerca de la constitucionalidad y legalidad, ante lo cual se ofrecerá la oportunidad a la Administración para que puedan discutir con el órgano contralor

---

[12] En este caso, la exención solo podrá referirse a decretos firmados "por orden del presidente de la República".

[13] Existe un mecanismo por el cual el presidente de la República, puede forzar la toma de razón (art. 99 CPR), por medio del llamado "decreto de insistencia", aunque en ocasiones no podrá ejercer tal facultad, no teniendo otra alternativa que recurrir al Tribunal Constitucional.

sobre ello. En este diálogo, es posible que aquella acabe modificando el acto para adaptarse a la observación, o que aquel se acabe convenciendo de la pertinencia en la toma de razón.

b) *Toma de razón electrónica.* La ley 20.766[14] modificó la LOCGR, incorporando el nuevo procedimiento de toma de razón y registros electrónicos. Con ello se persigue modernizar la Administración del Estado, con miras a optimizar, desde múltiples perspectivas, el cumplimiento de las tareas propias de los servicios públicos y de la Contraloría General de la República por medio de modalidades que ajustan su proceder utilizando tecnologías de la información y generando procedimientos que redundan en beneficios significativos para dichas instituciones y los ciudadanos. Con ello se consigue la tramitación de documentos, afectos y exentos de toma de razón; de manera rápida, estandarizada y clara por medio de plataformas electrónicas, permitiendo que distintos servicios públicos tramiten sus actos administrativos relativos a su personal, lo cual se lleva a efecto por medio de la plataforma *web* de la Contraloría General, que permite efectuar el respectivo control de juridicidad en línea.

Uno de los grandes objetivos de la toma de razón en línea, consiste en la reducción drástica de los tiempos de tramitación anteriores al sistema, pasando de días a minutos; disminuyéndose notablemente el número de documentos que ingresan a diario a la Contraloría General para su estudio y tramitación, permitiendo, en teoría, la focalización de los esfuerzos del órgano contralor, en otras funciones.

En cuanto a las formalidades que se deben observar, la toma de razón y el registro electrónico deben ajustarse a la normativa técnica establecida en virtud de lo dispuesto en el artículo 10 de la ley 19.799, sobre documentos electrónicos, firma electrónica y servicios de certificación de dicha firma.

c) *Emisión de dictámenes.* Por medio de los dictámenes que emite la Contraloría se ha logrado no solo conocer el lenguaje del derecho administrativo, sino uniformar la interpretación y aplicación de las normas de índole administrativa, de donde emana un notable aporte de este organismo a la cultura jurídico-administrativa.

No obstante, esta potestad de extender dictámenes encuentra su límite en el artículo 6º, inciso 3º LOCGR[15]. Esta norma excluye la posibilidad de que la Contraloría intervenga emitiendo un pronunciamiento en el caso que el objeto de lo pedido sea una cuestión litigiosa, pues es competencia de la jurisdicción declarar la certeza del derecho, o el derecho mismo. Igualmente, no cabe un

[14] De Procedimiento de toma de razón y registro electrónicos, *Diario Oficial*, 23 julio 2014.

[15] "La Contraloría no intervendrá ni informará los asuntos que por su naturaleza sean propiamente de carácter litigioso, o que están sometidos al conocimiento de los tribunales de justicia, que son de la competencia del Consejo de Defensa del Estado, sin perjuicio de las atribuciones que, con respecto a materias judiciales, reconoce esta ley al contralor".

pronunciamiento de la Contraloría en el caso que penda un contencioso o recurso específico para el reclamo[16].

d) *Auditorías*. Este órgano realiza habitualmente auditorías a los órganos que fiscaliza, esto es, revisiones completas de toda su actuación. Si bien la ley no lo dice expresamente ni usa esta expresión, ello se justifica por la vía de la interpretación de la expresión "examen de cuentas", empleada por la Contraloría y la ley, y también por la vía interpretativa, principalmente de expresiones usadas en la LOCBGAE.

Mediante resolución 30 de 2015, de la Contraloría, se fijaron normas que regulan las auditorías efectuadas por esta. Dicho reglamento regula la forma, el plazo y las modalidades de las auditorías que adelanta la Contraloría, incorporando las normas técnicas ISSAI y NAGAS. Llama la atención su artículo 15, a cuyo tenor "Las normas que establezcan el secreto o reserva sobre determinados asuntos no obstarán a que se proporcione a la Contraloría General la información o antecedentes que ella requiera para el desarrollo de sus auditorías, relativa a los servicios, personas o entidades sujetos a su fiscalización [...]". Tres son las modalidades de auditoría:

i) *De cumplimiento*. Destinada a verificar que las actuaciones, operaciones, sistemas y programas y los aspectos de probidad cumplan con el marco jurídico que rige al auditado.

ii) *Financiera*. Tiene por objeto determinar la exactitud o razonabilidad de la información financiera de un auditado con el marco de referencia de emisión y regulatorio aplicable.

iii) *General*. En general efectuará auditorías con el objeto de velar por el cumplimiento de las normas jurídicas.

D) *Análisis de la función de la Contraloría General de la República*

Cabe, en fin, señalar algunas consideraciones sobre la función general de la Contraloría, y referirnos a aspectos específicos.

a) *La probidad y transparencia administrativa en el accionar de la Contraloría*. Al respecto, cabe precisar que la Contraloría es en esencia competente para la fiscalización del debido ingreso e inversión de los fondos públicos, y

[16] Además, por medio de la circular 24.841, de 10 de abril de 1974, se fijaron los criterios para la admisión de los asuntos sometidos a revisión por la Contraloría. Señala aquella: "La Contraloría solo conocerá y se pronunciará sobre las presentaciones deducidas por funcionarios públicos o particulares que se refieren a asuntos en que se haya producido una resolución denegatoria o se haya omitido o dilatado dicha resolución, por parte de la autoridad administrativa, habiéndola requerido el interesado". Con este argumento, la Contraloría se abstiene de conocer no solo los asuntos litigiosos, sino también aquellos en los que los particulares no tienen un interés legítimo.

para realizar el control preventivo de juridicidad de los decretos supremos, resoluciones y otros actos y, *a posteriori*, de la actuación de la Administración, mediante fiscalizaciones de sus procedimientos. Además, debe vigilar el cumplimiento del Estatuto Administrativo. Para todo ello, la Contraloría está dotada de una prestancia institucional necesaria: su autonomía reconocida constitucionalmente[17], sin la cual se impediría su principal función y razón de ser. Sin ella, sería un dependiente del presidente de la República, que no es el caso.

El eje central de la función que realiza tiene que ver directamente con el control, cumplimiento y efectividad de la juridicidad administrativa, esto es, con reglas y principios que informan la actividad administrativa. Las reglas y principios de probidad y transparencia, que informan la actividad administrativa, están reconocidos constitucional y legalmente; deben informar toda la actividad administrativa, en especial las actividades que por ley le compete fiscalizar a la Contraloría.

Los aspectos más demostrativos de la actualidad tienen que ver con toda la información que puede extraerse del sitio web de la Contraloría, en cuanto a la publicación de informes de fiscalizaciones y auditorías, la publicación de todos los dictámenes y demás informaciones que se publican relacionadas con las audiencias e, incluso, reuniones del contralor. En suma: avanzar cada vez más desde la opacidad antigua a la traslucidez máxima posible.

b) *El impacto de la fiscalización de la Contraloría en la ciudadanía.* Desde la perspectiva del Derecho, es posible decir que la sensación de fiscalización pudiera tener efectos en el ámbito del reconocimiento y fortalecimiento de los derechos de los ciudadanos respecto de la gestión pública; que se traduzca en una nueva mirada de la función de las administraciones públicas a las que se les podrá exigir como derechos un actuar más transparente, probo, eficiente y oportuno. También, la fiscalización produce un efecto disuasivo innegable en los burócratas amigos del desorden y de las faltas de probidad.

c) *La relación de la Contraloría y los tribunales.* Los tribunales ejercen, de manera irrenunciable, el control de toda la actuación administrativa, y dentro de esta la actividad administrativa autónoma, como es la de la Contraloría. Esa autonomía de que goza la Contraloría en relación con todo órgano de la Administración no alcanza a ser una excepción a este control judicial. Sobre ese supuesto fundamental cabe enmarcar cualquier respuesta de la relación entre la Contraloría y los tribunales. Por esto, es necesario enfatizar que los actos de la Contraloría no escapan a la regla general y están, por tanto, sujetos al control ejercido por los órganos jurisdiccionales.

Por otra parte, los tribunales de justicia no pueden excusarse de revisar o controlar los actos administrativos de los que haya tomado razón la Contraloría,

---

[17] Art. 98 CPR.

no pudiendo ser la autonomía constitucional de este un argumento válido. En el principio de control judicial, se sustenta y apoya la seguridad jurídica y protección de los particulares en relación con todas las actuaciones administrativas, en sentido amplio.

La toma de razón le imprime al acto administrativo una presunción de legalidad, en cuanto a su ejecutoriedad, pero no implica inmunidad jurisdiccional o que el acto o dictamen asociado esté exento de interpretaciones discutibles de la legalidad. Como estas decisiones pueden incidir en los derechos subjetivos públicos de los ciudadanos, siempre puedan ser recurridos por el destinatario del acto ante los tribunales.

d) *La Contraloría y estándares de calidad de la actividad administrativa.* El desafío global, no solo de la actuación de la Contraloría, sino del ordenamiento administrativo, es la buena administración. Es, entonces, asunto de suma importancia para la ciudadanía el de la relación entre el control de la legalidad y los estándares de calidad de la actividad administrativa.

Los aspectos que debieran ser potenciados hacia el futuro dicen relación con las formas de controlar y hacer cumplir los estándares de buena administración, los que un sistema jurídico de avanzada debe garantizar e incorporar como objetivos que se deben cumplir, de modo claro y concreto.

Pues, en defensa de los derechos subjetivos públicos, no basta que los particulares solo puedan pedir la anulación de determinados actos administrativos y la responsabilidad derivada, en caso de acciones u omisiones dañosas. Entonces, la meta futura es diseñar, por vía de la jurisprudencia o de la doctrina, como un auténtico derecho público subjetivo, el derecho a la buena administración, amparado sobre la base de ciertos estándares en la ejecución de la actividad administrativa. Estos estándares debieran permitir a los particulares pedir que la Administración actúe eficaz o eficientemente, o que actúe como la ciudadanía espera que lo haga.

Si eso se pudiese controlar, sería un gran avance. En todo caso, esto es distinto al mérito u oportunidad de la actividad administrativa, que es el argumento actual para no entrar en el control de la buena administración. Ése es el desafío.

3. Los controles por órganos jurisdiccionales: de su inexistencia
    a la dispersión

A) *Órdenes de jurisdicción vigentes y justicia contenciosa
   administrativa en Chile*

¿Cómo está determinada la competencia jurisdiccional en materia contencioso administrativa en Chile? Si usualmente es difícil identificar al juez habilitado para resolver un conflicto, en nuestro país ello tiene dificultades irritantes, pues en el caso de la jurisdicción administrativa, esta no existe orgánicamente, y cabe recabarla en todos los órdenes de jurisdicción existentes, utilizando para ello tanto el procedimiento ordinario como ciertos procedimientos especiales.

Funcionalmente, la justicia chilena comprende diversos órdenes de jurisdicción y conoce de las causas administrativas en alguna de las siguientes situaciones:

1º) *Primer orden jurisdiccional: la justicia constitucional, que anula u ordena la inaplicación de las leyes de naturaleza administrativa.* Le corresponde al Tribunal Constitucional (TC), que realiza un control concentrado de constitucionalidad la declaración de inconstitucionalidad de los proyectos de ley, ya sea por la vía de una cuestión de constitucionalidad o por la vía del control preventivo de las leyes orgánicas constitucionales y las leyes de quórum calificado.

2º) *Segundo orden jurisdiccional: la justicia propiamente administrativa que anula los actos de la Administración.* Los (dispersos) procedimientos especiales contenciosos administrativos están entregados tanto a los tribunales ordinarios (que integran el poder judicial), como a tribunales hiperespecializados.

No hay organicidad alguna; más bien una gran dispersión. Le corresponde conocer estas acciones especiales tanto a los tribunales ordinarios de justicia que integran el poder judicial, como también a otros órganos independientes (tribunales especiales que no forman parte del poder judicial ni de la Administración), como el Tribunal Constitucional. A veces también la ley, con una dudosa legitimidad constitucional, le asigna el papel de juez a un órgano de la Administración.

3º) *Tercer orden jurisdiccional: justicia de responsabilidad por daños (tribunales ordinarios).* Los tribunales ordinarios que integran el poder judicial ejercen la plenitud de la jurisdicción contenciosa administrativa, de modo supletorio y general, ante la inexistencia de tribunales especiales de lo contencioso administrativo con competencia general. El conocimiento de toda otra acción administrativa, y que no tenga asignado un procedimiento o un tribunal especial (como es el caso de la responsabilidad por daños, y de la llamada "nulidad de derecho público), está confiado a los tribunales que integran el poder judicial (por medio del procedimiento general u ordinario, supletorio), y no a otros órganos jurisdiccionales de fuera de este, como se verá más adelante.

Para el estudio de la materia expongo, primero, una evolución y caracterización general del actual contencioso; luego, una descripción de las diferentes acciones y procedimientos contencioso administrativos generales y especiales, más los principales órganos.

B) *Evolución de la justicia administrativa. Crónica de la ausencia de un contencioso especializado de general aplicación*[18]

A continuación me referiré brevemente a los hitos fundamentales de la ausencia de contencioso-administrativo especializado en Chile.

a) *Primer período (siglos XIX y XX): la denegación de justicia administrativa*. Veamos:

i) *Siglo XIX*. En la Constitución de 1833, en un principio, se reconoció competencia en materias de esta naturaleza al Consejo de Estado, creyendo algunos autores de la época que con esto se tendía a adoptar el sistema imperante en Francia, vale decir, la tendencia a encargar el conocimiento de contiendas de naturaleza administrativa a una jurisdicción especial. Esto, sin embargo, a poco andar fue modificado por una reforma constitucional que suprimió las competencias que el Consejo de Estado tenía en materias contencioso-administrativas.

ii) *Siglo XX*. Posteriormente, la Constitución de 1925 consagró la separación e independencia de los poderes públicos, excluyendo la revisión del poder judicial sobre los actos de la Administración[19]. Luego, su jurisdicción está limitada a las causas civiles y criminales. A raíz de aquello, la doctrina y la jurisprudencia judicial de la época mayoritariamente entendieron que, en virtud del principio de la separación de poderes, tales tribunales no tenían la competencia para conocer causas de la materia contenciosa administrativa.

A partir de su artículo 87, que se refería a los "tribunales administrativos", la Constitución de 1925 planificó que la plenitud de la jurisdicción contencioso administrativa en Chile fuese radicada en ellos, formados por miembros permanentes, facultados para resolver las reclamaciones que se interpongan contra los actos o disposiciones arbitrarias de las autoridades administrativas y cuyo conocimiento no esté entregado a otros tribunales por la Constitución o las leyes. Señaló la Constitución: "su organización y atribuciones son materia de ley". Sin embargo, esta ley nunca se dictó, y en consecuencia:

---

[18] Véase nuestro trabajo: "El nuevo paradigma de jurisdicción administrativa pluriforme e hiperespecializada: crónica de una espera, como la de Godot", en *Anuario de Derecho Público*, Universidad Diego Portales, 2014, págs. 269-292.

[19] Arts. 4º y 80 de la Constitución de 1925 y art. 4º del Código Orgánico de Tribunales de la época. Dice el artículo 80 que "la facultad de juzgar las causas civiles y criminales pertenece exclusivamente a los tribunales establecidos por la ley. Ni el presidente de la República, ni el Congreso, pueden, en caso alguno, ejercer funciones judiciales, avocarse causas pendientes o hacer revivir procesos fenecidos". El art. 4º del Código Orgánico de Tribunales indica que "es prohibido al poder judicial mezclarse en las atribuciones de los otros poderes públicos y en general ejercer otras funciones que las determinadas en los artículos precedentes", esto era conocer las causas civiles y criminales, juzgarlas y hacer ejecutar lo juzgado, intervenir en los actos no contenciosos en que una ley expresa requiera su intervención y ejercer las facultades conservadoras, disciplinarias y económicas que le confiere la ley. La consecuencia de la violación de estas normas es la nulidad del acto.

1º. No existía ningún tribunal con plenitud de jurisdicción contencioso administrativa[20].

2º. La Constitución y otras leyes otorgaron competencia para conocer determinados asuntos contencioso-administrativos al poder judicial o a otros tribunales, cuya jurisdicción administrativa, entonces, devino en especial y restringida a casos determinados.

3º. El poder judicial carecería, en general, de competencia contencioso-administrativa, salvo la especial que, para ciertas materias, le otorgara expresamente la ley.

En virtud de lo expuesto, se entendía que se trataba de un vacío legal, y que mientras el legislador no actuara, los tribunales ordinarios debían abstenerse de llevar a juicio a la Administración. Esto produjo una gran indefensión de los particulares en sus pretensiones de frente a la Administración, en aquellos casos en que esta lesionaba sus derechos.

Y esta indefensión o denegación de justicia abarcaba, por parejo, a los dos tipos de contencioso administrativo: tanto la responsabilidad por daños (contencioso reparatorio) como la nulidad de los actos administrativos (contencioso anulatorio). Aunque, desde los años sesenta del siglo xx algunas esporádicas sentencias comenzaron a acoger acciones de responsabilidad administrativa[21], tales acciones reparatorias se afincaron en los tribunales ordinarios, por medio del procedimiento ordinario, y se mantienen hasta hoy en esa posición procesal[22].

b) *Segundo período (de 1980 a 1990): el recurso de protección como sustituto imperfecto del contencioso-administrativo.* Cabe distinguir:

i) *Ausencia de un sistema contencioso-administrativo general.* En el texto original de la Constitución de 1980 se recogió el parecer de buena parte de la doctrina nacional sobre esta materia, pero las normas constitucionales no fijaron explícitamente las bases de un sistema general de contencioso-administrativo ni de la organización de una magistratura especial, llamada a pronunciarse sobre controversias de carácter administrativo, ni tampoco encargaron directamente a la ley que dicte normas sobre ambos aspectos.

---

[20] Si bien no existían tribunales contenciosos con competencia general, sí en cambio existían tribunales administrativos especiales con jurisdicción limitada a ciertas materias contencioso-administrativas, como, por ejemplo: a) Contraloría General de la República, en cuanto Tribunal de Cuentas Fiscales; b) los tribunales aduaneros; c) los tribunales de avalúo de bienes raíces; d) los tribunales de reclamos de patentes municipales; e) tribunales de reclamaciones, y otros similares.

[21] Ver un franco y sintético relato histórico en Pedro Pierry Arrau, "Transformaciones del derecho administrativo en el siglo xx", en *La Contraloría General de la República y el Estado de Derecho. Conmemoración por su 75° Aniversario de vida institucional*, Santiago, 2002.

[22] Véase un recuento de la jurisprudencia en Ricardo Sanhueza Acosta, *Teoría general de la responsabilidad patrimonial extracontractual del Estado administrador*, Santiago, Lexis Nexis, 2005.

En efecto, persistió el Constituyente en la idea de la creación especializada de estos tribunales de lo contencioso-administrativo. Así, en su artículo 38 inciso 2º, reiteró la necesad de creación de los "tribunales contencioso-administrativos que determine la ley"; y, en seguida, en el artículo 79 restringió la potestad del poder judicial solo a los "negocios de su competencia", fórmula que excluía, entonces, a la materia contencioso administrativa. Todo parecía indicar que esta vez los tribunales especiales administrativos no quedarían en el texto desnudo de la Constitución, sino que serían creados. Pero ello no ocurrió así.

ii) *Recurso de protección.* Para el caso de las garantías fundamentales de contenido patrimonial, se introdujo en la Constitución de 1980 esta acción especial y extraordinaria, en virtud de la cual "el que por causa de actos u omisiones arbitrarios o ilegales sufra privación, perturbación o amenaza en el legítimo ejercicio de los derechos y garantías" constitucionales (propiedad, libre empresa, igualdad y otras), puede concurrir a la Corte de Apelaciones respectiva, la que según la Carta Fundamental, "adoptará de inmediato las providencias que juzgue necesarias para restablecer el imperio del derecho y asegurar la debida protección del afectado, sin perjuicio de los demás derechos que pueda hacer valer ante la autoridad o los tribunales correspondientes" (art. 20 CPR).

Sin embargo, no es posible considerar al recurso de protección *per se* en el orden jurisdiccional del contencioso-administrativo especial, pues claramente tiene un origen y una función constitucional. No obstante, el recurso de protección ha devenido, en la práctica, en un sustituto del orden jurisdiccional administrativo, ante la ausencia de una adecuada reglamentación del orden administrativo especializado.

Así, si bien mantiene el objetivo primigenio que le fuera asignado en la CPR (como amparo de garantías constitucionales de contenido patrimonial), la fuerte presión de los justiciables, y la laxa interpretación que las Cortes han dado a algunas garantías constitucionales (por medio de la llamada *propietarización* de los derechos), ha permitido que el recurso de protección sea también utilizado por los justiciables que se enfrentan a lesiones en sus derechos provenientes de actos de la Administración, quienes han convertido, con algún éxito, esta acción en un contencioso no solo cautelar sino con sentencias claramente anulatorias.

c) *Tercer período (1990-2000): creación de múltiples recursos contencioso-administrativos.* Debe hacerse mención de:

i) *La reforma constitucional de 1989 y el cambio de la realidad del contencioso administrativo nacional.* Mediante plebiscito, la Constitución de 1980 fue modificada en variados aspectos que implicaron de forma definitiva la no creación de los tribunales contencioso administrativos, y que toda acción administrativa debiera ser conocida por los tribunales ordinarios[23], mediante un conjunto de acciones especiales administrativas y recursos extraordinarios, como se verá a continuación.

ii) *Multiplicidad de recursos especiales contencioso-administrativos.* En este período, el legislador fue prolífico en la creación de decenas de acciones especiales de reclamación, de ilegalidad, con diferentes denominaciones y procedimientos (todos de anulación)[24]. A consecuencia de ello, el control de los actos de la Administración se comenzó a realizar principalmente mediante un conjunto heterogéneo de acciones ("recursos") especiales administrativos y recursos extraordinarios relativos a las garantías fundamentales, de conocimiento de los tribunales ordinarios que integran el Poder Judicial (en la mayoría de los casos estos recursos se crean para ser conocidos por las Cortes de Apelaciones, siguiendo muy de cerca el modelo del recurso de protección: esto es, inexistencia de primera instancia a cargo de un juez del fondo; y, derivativamente, un proceso muy breve, sin período probatorio, y sin recurso de casación: solo apelación ante la Corte Suprema).

d) *Cuarto período (a partir del 2000): creación de tribunales hiperespecializados.* Es la época en que se consagra el modelo mixto, pluriforme o fraccionado de justicia administrativa y la marcada tendencia hacia una "justicia administrativa especialísima". Opera un cambio de paradigma; y, en buena medida, Chile se separa de los modelos de justicia más conocidos del derecho comparado, y comienza a gestarse en el país un *modelo propio* de jurisdicción administrativa.

C) *La ley administrativa ante el Tribunal Constitucional*

En el modelo constitucional chileno, el Tribunal Constitucional cumple la función de ser el principal garante de la supremacía constitucional. Se trata, por tanto, de un órgano que opera muchas veces al mismo nivel que los entes colegisladores (Congreso Nacional y presidente de la República), pues cumple un papel fundamental en el quehacer legislativo del país. En efecto, en tanto el Tribunal Constitucional puede enjuiciar a la ley, resulta forzoso referirse brevemente a algunas de las atribuciones de este órgano.

El Tribunal Constitucional reviste importancia no menor en el contexto de la organización (fragmentaria) del contencioso administrativo chileno

---

[23] En particular, este último principio, también conocido como *principio de la unidad de la jurisdicción*, consagra el sometimiento a la revisión judicial, que lleva así a término el derecho a la acción. Luego, gracias a esta plenitud es posible obtener la justiciabilidad de las acciones administrativas.

[24] *Vid.* Carlos Carmona Santander, "El contencioso administrativo entre 1990 y 2003", en *La justicia administrativa* [=*Actas I Jornadas de Derecho Administrativo*] (coord. Juan Carlos Ferrada Bórquez), Santiago, LexisNexis, 2005, págs.183-240, que ofrece una completa relación de esta prolífica creación de acciones especiales por el legislador chileno.

pues, como se ha dicho, ciertos actos del legislador (y también actos de la Administración del Estado) pueden ser impugnados ante este órgano jurisdiccional. A continuación se pasa revista a las atribuciones de la Magistratura Constitucional que resultan relevantes.

a) *Control de constitucionalidad de las leyes (art. 93 nums. 1, 3, 6 y 7 CPR)*. En un primer conjunto de atribuciones del Tribunal Constitucional cabe agrupar aquellas competencias que ejerce este órgano y que, si bien están en cierta medida emparentadas con el Derecho administrativo, no son propiamente atribuciones de justicia contencioso administrativa. Están vinculadas, de todas formas, con la actividad propia de la Administración toda vez que se trata de pronunciamientos del Tribunal Constitucional que configuran o reconfiguran el marco de la juridicidad (las leyes) que define todo el actuar de los órganos administrativos. En efecto, en este primer grupo de atribuciones ubicamos aquellas relativas al control de constitucionalidad de las leyes.

Desde el punto de vista teórico, los modelos de control de constitucionalidad admiten algunas clasificaciones que es posible emplear aquí. Se distingue, por un lado, un control preventivo (anterior a la entrada en vigencia de la ley) de un control represivo (posterior a su entrada en vigencia). Y también, se habla de un control obligatorio (que debe hacerse —de oficio— en todo caso) en oposición a un control facultativo (que se realiza solo a petición de algún interesado o legitimado activo).

El Tribunal Constitucional chileno ejerce un control preventivo en los casos de las atribuciones consagradas en los numerales 1 y 3 del artículo 93 CPR; mientras que, en los casos de los numerales 6 y 7 del mismo artículo, se trata de un control represivo.

i) En el caso del numeral 1, el control preventivo es, además, de naturaleza obligatoria pues el Tribunal debe "ejercer el control de constitucionalidad de las leyes que interpreten algún precepto de la Constitución, de las leyes orgánicas constitucionales y de las normas de un tratado que versen sobre materias propias de estas últimas, antes de su promulgación". Es decir, de oficio y en cualquier evento[25], el Tribunal revisa la constitucionalidad de las leyes interpretativas de la Constitución, de las leyes orgánicas constitucionales y de las disposiciones de un tratado internacional que versen sobre materias de ley orgánica constitucional. Este control, en virtud de su naturaleza preventiva, se lleva a cabo antes de que la ley sea promulgada y por tanto, de constatarse una inconstitucionalidad, impide que la disposición viciada llegue a entrar en vigencia (art. 94 inc.2º CPR).

---

[25] Para efectos de asegurar el carácter obligatorio de este control, el art. 93 inc. II del CPR dispone: "En el caso del número 1º, la Cámara de origen enviará al Tribunal Constitucional el proyecto respectivo dentro de los cinco días siguientes a aquel en que quede totalmente tramitado por el Congreso".

ii) En cambio, el control preventivo tiene naturaleza facultativa en el caso del numeral 3 del artículo 93 CPR. En su virtud, cabe al Tribunal Constitucional "resolver las cuestiones sobre constitucionalidad que se susciten durante la tramitación de los proyectos de ley o de reforma constitucional y de los tratados sometidos a la aprobación del Congreso". Los rasgos distintivos de este control quedan claros si se consulta lo dispuesto por el inciso IV del artículo en comento, que establece que "el Tribunal solo podrá conocer de la materia a requerimiento del presidente de la República, de cualquiera de las cámaras o de una cuarta parte de sus miembros en ejercicio, siempre que sea formulado antes de la promulgación de la ley o de la remisión de la comunicación que informa la aprobación del tratado por el Congreso Nacional y, en caso alguno, después del quinto día del despacho del proyecto o de la señalada comunicación".

iii) Tratándose del control represivo, se contempla en primer lugar la llamada acción de inaplicabilidad por inconstitucionalidad[26]. Esta acción se halla consagrada en el numeral 6 del artículo 93 CPR, que otorga al Tribunal la facultad para "resolver, por la mayoría de sus miembros en ejercicio, la inaplicabilidad de un precepto legal cuya aplicación en cualquier gestión que se siga ante un tribunal ordinario o especial, resulte contraria a la Constitución". Complementando lo señalado, el inciso XI dispone que "la cuestión podrá ser planteada por cualquiera de las partes o por el juez que conoce del asunto". Es decir, habiendo una gestión pendiente ante un tribunal ordinario o especial, si a la vez resulta aplicable en ella un precepto legal de dudosa constitucionalidad, tanto las partes como el propio juez de la causa están habilitados constitucionalmente para solicitar un pronunciamiento al Tribunal Constitucional que dirima dicho conflicto (control facultativo). Con todo, los rasgos verdaderamente distintivos de este control son su naturaleza concreta (no se analiza si la ley —en abstracto— es inconstitucional o no, sino si su aplicación lo es o no) y, sobre todo, sus efectos relativos y no absolutos (el precepto se declara inaplicable solamente en determinada causa en concreto, conservando así su vigencia *erga omnes*).

iv) Finalmente, el artículo 93 numeral 7 consagra la denominada acción de inconstitucionalidad con efecto *erga omnes* (o efecto derogatorio). Se trata también de un control de tipo represivo y facultativo pero, a diferencia de la inaplicabilidad, sus rasgos definitorios son su carácter abstracto (se evalúa si la ley —en abstracto— es inconstitucional o no) y su efecto *erga omnes* o derogatorio. Al respecto, la disposición establece que compete al Tribunal Constitucional "resolver por la mayoría de los cuatro quintos de sus integrantes en ejercicio, la inconstitucionalidad de un precepto legal declarado inaplicable

---

[26] Hasta antes de la reforma constitucional introducida por la ley 20.050, el conocimiento de esta acción correspondía a la Corte Suprema, y su diseño distaba del actual en diversos aspectos.

en conformidad a lo dispuesto en el numeral anterior". Es decir, existe un requisito de entrada para la declaración de inconstitucionalidad *erga omnes*, consistente en que haya existido un pronunciamiento previo de inaplicabilidad respecto del mismo precepto. Si tal condición se cumple, "habrá acción pública para requerir al Tribunal la declaración de inconstitucionalidad, sin perjuicio de la facultad de este para declararla de oficio" (inc. xii). El artículo 94 contempla expresamente el efecto derogatorio de la sentencia, desde la publicación de ella en el *Diario Oficial* (dentro de los tres días siguientes a su dictación), y prohíbe su efecto retroactivo[27].

b) *Impugnación de ciertos actos administrativos (art. 93 nums. 4, 8, 9 y 16 CPR).* En este segundo conjunto de atribuciones, nos encontramos con competencias del Tribunal Constitucional que sí están emparentadas más íntimamente con la justicia contencioso administrativa pues se refieren a la posibilidad de impugnar ante dicho órgano jurisdiccional ciertas actuaciones del Poder Ejecutivo; si bien, muchas veces con reglas acotadas en cuanto a la legitimación activa. Nos referiremos, entonces, a las atribuciones de control consagradas en el artículo 93 numerales 4, 8, 9 y 16, si bien no en ese mismo orden por razones de conveniencia expositiva.

i) *Control de los decretos o resoluciones del presidente de la República que han sido representados por la Contraloría en razón de su inconstitucionalidad (art. 93 num. 9 CPR).* Esta atribución atañe a una situación bastante específica, por lo que cabe referirse brevemente al trámite de toma de razón. Como es sabido, la Contraloría ejerce un control de juridicidad de gran parte de la actuación del poder ejecutivo, mediante el denominado "trámite de toma de razón". Los resultados posibles de dicho trámite son fundamentalmente la efectiva toma de razón (con alcances o sin ellos), y la representación. Esta última consiste en el rechazo del acto sujeto al trámite, en razón de su antijuridicidad, ya sea inconstitucionalidad o ilegalidad.

Ante la representación, el presidente de la República podrá plegarse al criterio de la Contraloría, ya retirando el acto rechazado, ya modificándolo en lo necesario para que pase el trámite. O también, el presidente podría no conformarse con el pronunciamiento adverso de la Contraloría, ante lo cual su alternativa natural sería dictar un decreto de insistencia (firmado por todos los ministros), en cuyo caso la Contraloría debe tomar razón del acto representado y remitir los antecedentes a la Cámara de Diputados para que ella ejerza sus facultades fiscalizadoras si lo estima procedente.

---

[27] Por ejemplo, han sido declarados inconstitucionales con efecto *erga omnes* los siguientes preceptos: art. 116 del Código Tributario (rol 681-2006), art. 171 del Código Sanitario (rol 1172-2006), art. 595 del Código Orgánico de Tribunales —específicamente la palabra "gratuitamente"— (rol 1254-2008), y el art. 38 ter, inc. III, nums. 1-4 de la ley 18.933 sobre facultades de la Superintendencia de Salud (rol 1710-2010).

Sin embargo, existen casos en que la CPR no permite que se dicte un decreto de insistencia frente a una representación de la Contraloría. Dichos casos están previstos en el artículo 99 inciso III CPR[28]. De ahí entonces que, el artículo 93 numeral 9, consagre como atribución del Tribunal la de "resolver sobre la constitucionalidad de un decreto o resolución del presidente de la República que la Contraloría General de la República haya representado por estimarlo inconstitucional, cuando sea requerido por el presidente en conformidad al artículo 99". Lógicamente el legitimado activo es solo el presidente de la República que impugna la decisión de la Contraloría.

ii) *Control de los decretos con fuerza de ley (art. 93 num. 4 CPR).* Se trata aquí de una atribución relacionada directamente con la recién descrita, pues refiere a un caso en que no cabe la insistencia del presidente de la República ante la representación de la CGR. En este contexto, corresponde al Tribunal Constitucional resolver las cuestiones que se susciten sobre la constitucionalidad de un decreto con fuerza de ley. Cabe recordar que, en virtud de una ley delegatoria que lo autorice al efecto, el poder ejecutivo puede regular materias de ley a través de un decreto con fuerza de ley sujetándose estrictamente a los márgenes definidos por dicha ley delegatoria y por la CPR (art. 64). Sin embargo, atendido lo sensible de esta situación, se ha confiado al Tribunal Constitucional una facultad de control en este ámbito, la cual cubre dos supuestos diferenciados:

1º. En primer lugar, aquella situación en que la Contraloría ha representado un decreto con fuerza de ley arguyendo su inconstitucionalidad, en cuyo caso el presidente de la República puede presentar un requerimiento al Tribunal Constitucional, solicitando se declare la constitucionalidad de dicho decreto con fuerza de ley.

2º. Y en segundo lugar, además, se comprende el supuesto en que la Contraloría ha tomado razón de un decreto con fuerza de ley, pero cualquier Cámara del Congreso o una cuarta parte de sus miembros en ejercicio presentan un requerimiento al Tribunal Constitucional, solicitando la declaración de inconstitucionalidad de ese decreto con fuerza de ley, aun cuando ya hubiese sido publicado (dentro de los treinta días desde su publicación).

iii) *Control de los decretos promulgatorios (art. 93 num. 8 CPR).* Corresponde al Tribunal Constitucional resolver los reclamos en caso de que el presidente de la República no promulgue una ley cuando deba hacerlo o promulgue un texto diverso del que constitucionalmente corresponda. Es decir, en estos casos lo que se impugna es la inacción injustificada del presidente

[28] Dispone: "Si la representación tuviere lugar con respecto a un decreto con fuerza de ley, a un decreto promulgatorio de una ley o de una reforma constitucional por apartarse del texto aprobado, o a un decreto o resolución por ser contrario a la Constitución, el presidente de la República no tendrá la facultad de insistir, y en caso de no conformarse con la representación de la Contraloría deberá remitir los antecedentes al Tribunal Constitucional dentro del plazo de diez días, a fin de que este resuelva la controversia".

al no promulgar una ley, o bien, un decreto promulgatorio antijurídico que aprueba un texto de ley diverso al aprobado.

En estos casos, la cuestión podrá promoverse por cualquiera de las Cámaras o por una cuarta parte de sus miembros en ejercicio, dentro de los treinta días siguientes a la publicación del texto impugnado o dentro de los sesenta días siguientes a la fecha en que el presidente de la República debió efectuar la promulgación de la ley. Si el Tribunal acogiera el reclamo, promulgará en su fallo la ley que no lo haya sido o rectificará la promulgación incorrecta[29].

iv) *Control de los decretos supremos (art. 93 num. 16 CPR)*. En este caso, si bien también existen restricciones en materia de legitimación activa, nos encontramos ante la atribución del Tribunal Constitucional probablemente más vinculada a la justicia administrativa, pues en su virtud es posible dejar sin efecto un sinnúmero de actuaciones del poder ejecutivo que se contienen en decretos supremos (simples y reglamentarios). Esta atribución se erige, así, como un importante mecanismo de control (parlamentario) sobre la actividad administrativa y gubernamental.

En efecto, corresponde al Tribunal "resolver sobre la constitucionalidad de los decretos supremos, cualquiera sea el vicio invocado, incluyendo aquellos que fueren dictados en el ejercicio de la potestad reglamentaria autónoma del presidente de la República cuando se refieran a materias que pudieran estar reservadas a la ley por mandato del artículo 63".

Con todo, el Tribunal solo podrá conocer de la materia a requerimiento de cualquiera de las Cámaras efectuado dentro de los treinta días siguientes a la publicación o notificación del texto impugnado. En el caso de vicios que no se refieran a decretos que excedan la potestad reglamentaria autónoma del presidente de la República también podrá una cuarta parte de los miembros en ejercicio deducir dicho requerimiento. Finalmente, en cuanto a los efectos de la sentencia, la Constitución señala que el decreto supremo impugnado quedará sin efecto de pleno derecho, con el solo mérito de la sentencia del Tribunal que acoja el reclamo.

D) *Contencioso administrativo ante los tribunales ordinarios. Generalidades y procedimiento*

Según sea la finalidad de la acción y el proceso, existen dos tipos de justicia administrativa: de responsabilidad (indemnizatoria) y de nulidad. La justicia de responsabilidad ha quedado toda afincada en los tribunales ordinarios; y la justicia administrativa anulatoria ha sido fraccionada: una parte en los tribunales ordinarios (que aquí se analizan). y otra en los nuevos tribunales especializados (que se estudian en el acápite siguiente). Así:

---

[29] El art. 108 inc. final de la LOCTC, aclara: "Esta nueva publicación, en su caso, no afectará la vigencia de la parte no rectificada por la sentencia del Tribunal".

(i) El contencioso de responsabilidad patrimonial de la administración, en que un particular reclama una indemnización derivada de la responsabilidad de la administración del Estado, es conocido por los jueces tradicionales u ordinarios (de la jurisdicción "civil"), quienes han desarrollado un relevante *corpus* jurisprudencial, cuyo procedimiento está sujeto a las reglas del proceso ordinario, con un largo y dedicado juicio: una primera instancia (con todos los estadios procesales: discusión, prueba y etapa de sentencia), apelación en una corte de apelación y eventual casación ante la Corte Suprema.

(ii) El contencioso anulatorio, en que un particular persigue que se deje sin efecto un acto administrativo (su nulidad), es conocido por medio de una mixta y pluriforme organización judicial, dividida entre la judicatura ordinaria y los tribunales contencioso administrativos especiales (que se abordan *infra*).

Hoy pareciera imponerse la idea de que el contencioso anulatorio de carácter general es, más bien, aquel construido a partir de las disposiciones del artículo 7º de la Constitución (la mal llamada nulidad de derecho público, más precisamente, nulidad de los actos administrativos). Dicho contencioso anulatorio de alcance general (art. 7º CPR) se tramita, ante la ausencia de regulación especial, según las reglas del juicio ordinario de mayor cuantía (Libro II del Código de Procedimiento Civil).

Otro tanto sucede con el contencioso de responsabilidad o plena jurisdicción, el cual, siempre que no haya una regulación especial para ese contencioso determinado, debe tramitarse como un juicio ordinario de mayor cuantía. Eso sí, con el agregado no menor de que, junto con dichas reglas, han de regir aquellas contenidas en el Título XVI sobre los juicios de hacienda, del Libro III del Código de Procedimiento Civil. En general, dichas reglas declaran vigentes las propias del juicio ordinario, salvo un par de modificaciones parciales.

En razón de lo dicho, a continuación se revisan muy sucintamente las reglas relativas, primero, al juicio ordinario; aplicables, por tanto, al contencioso de anulación y al de responsabilidad. Y luego, las reglas específicas sobre el juicio de hacienda, aplicables —en principio— al contencioso de responsabilidad; incluidas las reglas sobre ejecución de las sentencias que condenan pecuniariamente al Fisco.

a) *El juicio ordinario de mayor cuantía.* Existe consenso en la jurisprudencia y en la doctrina nacional[30] en orden a considerar que este procedimiento judicial, regulado en el Libro II del Código de Procedimiento Civil, resulta aplicable a la tramitación de la nulidad de los actos administrativos *ex* artículo 7º CPR. Dicha afirmación alcanza a las tres etapas que tradicionalmente se distinguen en este proceso: discusión (y llamado a conciliación), prueba y sentencia. La razón viene dada por la falta de regulación procedimental en materia de nu-

---

[30] *Vid.* Soto Kloss, 1996, 191-193; Jara Schnettler, 2004, 215-217; Marín Vallejo, 2004, 152; Ferrada Bórquez, 2011, 270.

lidad administrativa, y el carácter supletorio del juicio ordinario consagrado en el artículo 3º del Código de Procedimiento Civil[31]. Ello sin perjuicio de que algunos propongan que es procedente la aplicación de las reglas del juicio sumario (arts. 680 y ss. CPC) en ciertos supuestos[32].

Con todo, se debe ser cauteloso con lo dicho en el párrafo anterior, puesto que ello será efectivo siempre y cuando no exista, en virtud de una ley, un procedimiento judicial de naturaleza especial aplicable a la anulación de un cierto acto administrativo. Si bien, durante algún tiempo la doctrina estuvo en condiciones de señalar que la existencia de un contencioso especial de anulación no obstaba la interposición de la "nulidad de derecho público" *ex* artículo 7º CPR[33], en la actualidad la jurisprudencia de la Corte Suprema se ha pronunciado en sentido contrario[34].

b) *El juicio de hacienda.* El artículo 748 del Código de Procedimiento Civil dispone que las reglas sobre juicio de hacienda rigen para aquellos asuntos en los cuales tiene interés el Fisco, cuyo conocimiento le corresponde a los tribunales ordinarios de justicia. De ahí que, entonces, le sean aplicables al contencioso de responsabilidad.

Sin embargo, debe anotarse que la jurisprudencia ha hecho extensiva la regulación del juicio de hacienda a aquellos casos en los cuales se solicita la declaración de nulidad de un acto administrativo (contencioso anulatorio), visiblemente asociada a una pretensión pecuniaria. En rigor, en estos casos, el contencioso varía su naturaleza desde uno de exceso de poder a uno de plena jurisdicción; razón por la cual el asunto pasa a ser uno de aquellos en los cuales tiene interés patrimonial el Fisco, justificándose entonces la aplicación de las reglas del juicio de hacienda[35].

---

[31] Jara Schnettler, 2004, 217.

[32] Lizama Allende, 2012.

[33] Jara Schnettler, 2004, 216.

[34] En efecto, en la sentencia recaída en la causa rol 8742-2014 (Inmobiliaria Las Delicias S. A. con Báez Subiabre, de fecha 3 de julio de 2014), la Corte fue enfática al afirmar que: "La acción de nulidad de derecho público debe ser entendida e interpretada armónicamente dentro del ordenamiento jurídico, de modo que su aplicación ha de ser reconocida no solo en virtud de la Carta Fundamental, sino también a la luz de los diversos medios que la legislación otorga a quien se vea agraviado por un acto de la Administración que ha nacido al margen del derecho. Por ello, al existir vías específicas de reclamación contra el acto impugnado, deben prevalecer dichos procedimientos antes que el ejercicio de la acción genérica de nulidad de derecho público. De esta manera, la acción de nulidad por la ilegalidad del acto debía ejercerse de acuerdo al procedimiento que la ley contempló para este tipo de situaciones y no interponerse una acción genérica de impugnación como la intentada" (considerandos 7º y 8º).

[35] *Vid.* Soto Kloss, 1996, 191-193.

E) *Tribunales ordinarios más destacables. Cortes de Apelaciones
   y Corte Suprema*

a) *Materias que conocen.* Aquí encontramos dos tipos de acciones: en primer lugar, las acciones y reclamaciones especiales establecidas en leyes especiales para algunos sectores determinados, y en segundo lugar dos acciones constitucionales extraordinarias, que corresponden al recurso de amparo y el de protección.

i) *Acciones y reclamaciones especiales.* Es el caso, por ejemplo, de las reclamaciones en contra de superintendencias y servicios, contenidas en leyes especiales. Son estas acciones especiales de reclamación contencioso administrativas, y dan origen a un proceso de la misma naturaleza, el que es conocido por un tribunal ordinario, usualmente colegiado (alguna corte de apelaciones en primera instancia, y Corte Suprema en segunda).

ii) *Acciones constitucionales.* Se trata de los casos de las acciones, de ordinario denominadas imprecisamente como "recursos", de protección y de amparo.

1º. *Recurso de protección.* Ya se revisó más arriba.

2º. *Recurso de amparo.* Es el tradicional *habeas corpus*. En su virtud "todo individuo que se halle arrestado, detenido o preso con infracción de lo dispuesto en la Constitución o en las leyes" puede ocurrir ante los tribunales en busca de protección de su libertad (art. 21 CPR).

Si bien la infracción puede provenir de la acción de algún agente de la Administración (militar, policial o de investigación), dada su especificidad, usualmente no se estudia ni trata como parte del derecho administrativo. Aunque cabe señalar que puede tener consecuencias en la responsabilidad del agente respectivo, y consiguientemente, por vía solidaria, de la Administración, y *a posteriori* dar lugar a un juicio de responsabilidad patrimonial de la Administración.

b) *Especialización de las Salas.* Al respecto debe precisarse:

i) *Cortes de apelaciones.* Respecto de las Cortes de apelaciones, la ley no contempla ninguna regla relativa a la especialización de sus salas por materia, salvo una excepción. En efecto, dicha única excepción viene dada por lo dispuesto en el artículo 66 incisos 7º al 9º del Código Orgánico de Tribunales; preceptos introducidos como consecuencia de la creación de los tribunales tributarios y aduaneros a partir de 2009. En su virtud, la Corte de Apelaciones de Santiago designará una de sus salas para que conozca exclusivamente de los asuntos tributarios y aduaneros; a la vez que, en las demás Cortes de Apelaciones del país, su presidente designará una sala que conocerá en forma preferente de estas materias en uno o más días a la semana. El relator de estas salas debe acreditar especialización en materias tributarias y aduaneras.

ii) *Corte Suprema.* La situación es sustancialmente diversa en el caso de la Corte Suprema, respecto de la cual el artículo 95 del Código Orgánico de Tribunales dispone que funcionará en pleno o en *salas especializadas.* Su funcionamiento en Sala puede ser tanto ordinario (tres salas), o extraordinario cuando existe retraso en la tramitación de las causas (cuatro salas); siendo esta última situación la regla general en la práctica. Esta puede conocer en apelación de causas que provengan de las Cortes de Apelaciones, o en casación.

Más adelante, el mismo Código en su artículo 99 inciso ı dispone: "Corresponderá a la Corte Suprema, mediante auto acordado, establecer cada dos años las materias de que conocerá cada una de las salas en que esta se divida, tanto en funcionamiento ordinario como extraordinario. Al efecto, especificará la o las salas que conocerán de materias civiles, penales, constitucionales, contencioso administrativas, laborales, de menores, tributarias u otras que el propio tribunal determine". Asimismo, el inciso ıı establece que "corresponderá al presidente de la Corte Suprema, sin ulterior recurso, asignar los asuntos a cada una de las salas, según la materia en que incidan, en conformidad a lo dispuesto en el inciso anterior"[36].

F) *Contencioso administrativo ante tribunales especiales*

En los últimos años se observa un cambio de paradigma en la justicia administrativa chilena, pues se ha ido gestando un *modelo propio pluriforme e hiperespecializado,* diverso a los que ofrece el derecho comparado en esta materia. Son notas características comunes de esta jurisdicción las siguientes:

(i) Son tribunales independientes frente a órganos de la Administración del Estado y a los particulares.

(ii) Competencias acotadas y definidas, plazos de resolución de controversias cortos. En general, solo caben pretensiones de nulidad, no de responsabilidad.

(iii) Sujeción a la superintendencia de la Corte Suprema, pese a no formar parte del poder judicial.

(iv) Integración por profesionales especializados en el área, con estrictos requisitos estrictos, incompatibilidades e inhabilidades.

a) *La justicia administrativa hiperespecializada.* Existe una novísima tendencia de crear tribunales con competencia administrativa, pero respecto de

---

[36] En cumplimiento del mandato legal transcrito, con fecha 26 de diciembre de 2014 la Corte Suprema dictó el auto acordado vigente en esta materia desde el 1º de enero de 2015, el cual distribuye las materias de que conocen las salas especializadas de la Corte Suprema durante el funcionamiento ordinario y extraordinario. El artículo 2º del auto acordado organiza las salas, durante el funcionamiento extraordinario, del siguiente modo: Primera Sala o Sala Civil, Segunda Sala o Sala Penal, Tercera Sala o Sala Constitucional y Contencioso Administrativa , y Cuarta Sala o Sala Laboral y Previsional.

materias muy concretas, relativas a sectores económicos o materias específicas; podríamos también llamarlos *tribunales administrativos especializadísimos*. Señalo brevemente algunos de los ejemplos más importantes de este contencioso-administrativo "hiperespecial" o "especializadísimo":

i) *En materia de contratación pública.* El Tribunal de la Contratación Pública, creado mediante la ley 19.886 de 2003, de Bases sobre Contratos Administrativos de Suministro y Prestación de Servicios, cuenta con competencia para conocer de la acción de impugnación, ejercida mediante una demanda, contra actos u omisiones, ilegales o arbitrarios, ocurridos en los procedimientos administrativos de contratación con organismos públicos. La parte vencida podrá apelar en segunda instancia ante la Corte de Apelaciones de Santiago.

ii) *En materia eléctrica.* En este ámbito se encuentra el denominado "Panel de Expertos", creado mediante ley 19.940 de 2004, órgano que ejerce jurisdicción al resolver controversias que se suscitan entre las empresas eléctricas y la Administración. En este sentido, funcionalmente, ejerce una jurisdicción contencioso administrativa, como un verdadero tribunal especial, y ante el cual los interesados que crean lesionados sus derechos podrán hacer sus reclamos. Además, resuelve controversias entre empresas eléctricas, constituyéndose en un verdadero tribunal arbitral.

iii) *En materia de transparencia.* En este ámbito se encuentra el Consejo para la Transparencia, órgano encargado de velar por la observancia del principio de publicidad consagrado en el artículo 8º de la Carta Fundamental[37], así como garantizar el derecho de acceso a la información pública recogido en la ley 20.285 de 2008, sobre acceso a la información pública. Se trata de una corporación autónoma de Derecho público, con personalidad jurídica y patrimonio propio, que tiene la facultad de conocer las reclamaciones (amparos) que realicen los particulares ante denegaciones injustificadas de acceso a la información pública por autoridades administrativas. Constituye una verdadera jurisdicción.

iv) *En materia tributaria.* Los tribunales tributarios y aduaneros creados mediante la ley 20.322 de 2009, que fortalece y perfecciona la jurisdicción tributaria y aduanera competente; que tienen a su cargo tanto un procedimiento general de reclamaciones tributarias como numerosos procedimientos de reclamaciones especiales, y cuyas resoluciones son recurribles también ante la Corte de Apelaciones respectiva.

---

[37] Dicha norma señala que "son públicos los actos y resoluciones de los órganos del Estado, así como sus fundamentos y los procedimientos que utilicen. Sin embargo, solo una ley de quórum calificado podrá establecer la reserva o secreto de aquellos o de estos, cuando la publicidad afectare el debido cumplimiento de las funciones de dichos órganos, los derechos de las personas, la seguridad de la Nación o el interés nacional".

v) *En materia ambiental.* Mediante la ley 20.600 de 2012, se dispuso la creación de los tribunales ambientales, como órganos jurisdiccionales especializados, sujetos a la superintendencia directiva, correccional y económica de la Corte Suprema, cuya función es resolver las controversias medioambientales en los casos indicados en dicha ley. La reforma ambiental es, en verdad, la consolidación del nuevo modelo regulatorio administrativo chileno: trae consigo no solo nuevas definiciones de fondo del sector regulado, sino que también trae consigo un tribunal hiperespecializado, para asegurar así *una buena justicia.*

b) *Clara tendencia legislativa actual: tribunales hiperespecializados.* Todos estos tribunales especiales son el reflejo del cambio de paradigma en la justicia administrativa chilena desarrollado en los últimos años, el cual se puede apreciar claramente a continuación:

Figura núm. 1:

Evolución de la tendencia hacia una jurisdicción hiperespecializada

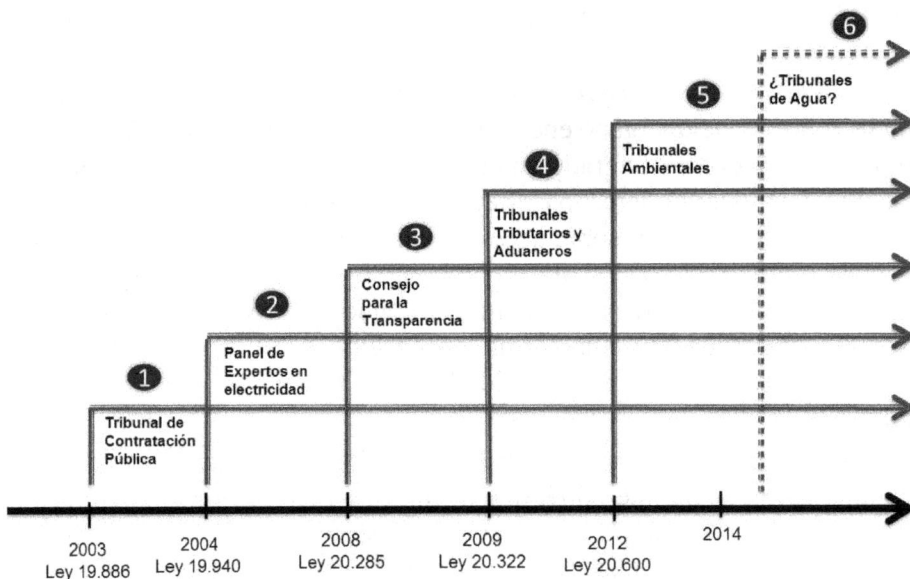

Esta evolución pone en clara evidencia la actual tendencia hacia una jurisdicción hiperespecializada; el legislador, en la formación de los modelos de solución de controversias, especialmente en las actividades económicas relevantes, caracterizadas por su especificidad técnica y económica (como son los servicios públicos y los recursos naturales), habría optado por la creación de tribunales hiperespecializados en lugar de la tan ansiada justicia administrativa especializada dentro de la judicatura ordinaria. Lo que sí parece evidente, es que las grandes reformas regulatorias realizadas en Chile en materia de servicios públicos y recursos naturales, han incorporado como elemento esencial la resolución especializada de conflictos, a fin de dotar de una verdadera eficacia a los cambios regulatorios que se han incorporado y los objetivos perseguidos por estos.

4. Conclusiones

1. El Derecho Administrativo chileno, de base constitucional, y pese a su escaso desarrollo legal, viene a garantizar, tal como acontece en otros ordenamientos jurídicos democráticos occidentales, el correcto desempeño de la actividad administrativa, la que siempre debe enfocarse en el bienestar general de la población.

2. El ordenamiento jurídico prevé una serie de controles de carácter interno y externo en referencia a su vinculación con el poder ejecutivo, los cuales presentan distinto nivel de especialidad, imparcialidad respecto a la Administración pública, características y extensión o profundidad de su ámbito de fiscalización del actuar administrativo.

3. En el caso de los controles externos no jurisdiccionales, resalta la existencia de un organismo sin parangón en otros países —debido a la amplitud de competencias fiscalizadoras reunidas en un solo ente, poco usual en otros ordenamientos—, cuya función se extiende a la fiscalización de la legalidad de los actos de la Administración pública, el ingreso y la inversión de los fondos fiscales, municipales (entre otros organismos), examinar y juzgar las cuentas de las personas que tengan a cargo bienes fiscales y municipales y la llevanza de la contabilidad general de la Nación.

4. En lo que respecta a los controles externos jurisdiccionales, se manifiesta una clara dispersión en el conocimiento de contiendas contencioso-administrativas, así como distinto nivel de especialización dentro de los órganos que forman parte o no del poder judicial, lo que hace que actualmente la resolución de este tipo de conflictos se enjuicie de manera diversa, y se someta a procedimientos de distinta duración (juicios de lato conocimiento, ante tribunales ordinarios, y juicios sumarios en caso de los tribunales especializados); a lo que se añade el problema de que no todos los órganos jurisdiccionales cuentan con competencias anulatorias y para la imputación de responsabilidad patrimonial a los órganos administrativos que causen perjuicios por sus actuaciones.

5. Bibliografía

A) *Doctrina*

Bordalí Salamanca, Andrés y Ferrada Bórquez, Juan Carlos (2008): *Estudios de justicia administrativa,* Santiago, Chile, Lexis-Nexis.

CARMONA SANTANDER, CARLOS (2005): "El contencioso administrativo entre 1990 y 2003", en FERRADA, JUAN CARLOS [coord..], *La justicia administrativa* [*Actas I Jornadas de Derecho Administrativo*], Santiago, LexisNexis.

FERRADA BÓRQUEZ, JUAN CARLOS (2011): "Los procesos administrativos en el derecho chileno", en *Revista de Derecho de la Pontificia Universidad Católica de Valparaíso* 36.

JARA SCHNETTLER, JAIME (2004): *La nulidad de derecho público ante la doctrina y la jurisprudencia*, Santiago, Editorial Libromar.

LIZAMA ALLENDE, FELIPE (2012): "¿Puede tramitarse la nulidad de derecho público con las reglas del juicio sumario? Una propuesta garantista", en *Revista de Derecho Público*, núm. 76, Universidad de Chile.

MARÍN VALLEJO, Urbano (2004): "Algunos aspectos de la nulidad de derecho público. Aproximación práctica al tema", en A. ONFRAY [editor], *Seminarios de derecho procesal*, Cuadernos de Análisis Jurídico 17, Universidad Diego Portales.

PIERRY ARRAU, PEDRO (2002): "Transformaciones del derecho administrativo en el siglo XX", en *La Contraloría General de la República y el Estado de Derecho. Conmemoración por su 75° aniversario de vida institucional*, Santiago, Contraloría General de la República.

SANHUEZA ACOSTA, RICARDO (2005): *Teoría general de la responsabilidad patrimonial extracontractual del Estado administrador*, Santiago, LexisNexis.

SOTO KLOSS, EDUARDO (1996): *Derecho administrativo. Bases fundamentales*, Santiago, Editorial Jurídica.

VERGARA BLANCO, ALEJANDRO (2005): "El recurso de protección como sustituto de una jurisdicción contencioso administrativa especializada. Elementos para el análisis" en *Amparo, medidas cautelares y otros procesos urgentes en la justicia administrativa*, Buenos Aires, LexisNexis-Abeledo Perrot.

___ (2011): "Esquema del contencioso administrativo: su tendencia hacia un modelo mixto y situación actual del recurso de protección" en *Litigación Pública, colección de Estudios de Derecho Público. Primer Seminario de Litigación Pública*, Santiago, Abeledo Perrot-Thomson Reuters, Universidad de los Andes.

___ (2012a): "El rol de la Contraloría General de la República: desde el control de legalidad a los nuevos estándares de buena administración" en *La Contraloría General de la República. Conmemoración por su 85° Aniversario*, Santiago, Contraloría General de la República.

___ (2012b): "Panorama general del derecho administrativo chileno" en *El derecho administrativo en Iberoamérica*, Madrid, Instituto Nacional de Administración Pública.

___ (2014a): "La tendence actuelle du droit chilien pour une juridiction administrative hyper-spécialisée" en *Mélanges en l'honneur de Pierre Bon*, Paris, Éditions Dalloz.

__ (2014b): "El nuevo paradigma de jurisdicción administrativa pluriforme e hiperespecializada: crónica de una espera, como la de Godot", en *Anuario de Derecho Público 2014*, Santiago, Universidad Diego Portales.

B) *Normativa*

Constitución Política de la República de Chile de 1980. *Diario Oficial*, 22 septiembre 2005 (CPR).

Ley 10.336, de Organización y Atribuciones de la Contraloría General de la República. *Diario Oficial*, 29 mayo 1952 (LOCGR).

Ley 17.997, Orgánica Constitucional del Tribunal Constitucional. *Diario Oficial*, 19 mayo 1981.

Ley 18.575, Orgánica Constitucional de Bases Generales de la Administración del Estado. *Diario Oficial*, 5 de diciembre 1986 (LOCBGAE).

Ley 18.918, Orgánica Constitucional del Congreso Nacional. *Diario Oficial*, 5 de febrero 1990 (LOCCN).

Ley 19.799, sobre documentos electrónicos, firma electrónica y servicios de certificación de dicha firma. *Diario Oficial* 12 abril 2002.

Ley 19.880, establece Bases de los Procedimientos Administrativos que rigen los actos de los órganos de la Administración del Estado. *Diario Oficial* 29 mayo 2003.

Ley 19.886, Ley de Bases sobre Contratos Administrativos de Suministro y Prestación de Servicios. *Diario Oficial* 30 julio 2003.

Ley 19.940, regula sistemas de transporte de energía eléctrica, establece un nuevo régimen de tarifas para sistemas eléctricos medianos e introduce las adecuaciones que indica la Ley General de Servicios Eléctricos. *Diario Oficial* 13 marzo 2004.

Ley 20.050, Reforma constitucional que introduce diversas modificaciones a la Constitución Política de la República. *Diario Oficial, 26 agosto 2005*.

Ley 20.285, sobre Acceso a la Información Pública. *Diario Oficial* 20 agosto 2008.

Ley 20.322, fortalece y perfecciona la Jurisdicción Tributaria y Aduanera. *Diario Oficial* 27 enero 2009.

Ley 20.600, crea los Tribunales Ambientales. *Diario Oficial* 28 junio 2012.

Ley 20.766, Procedimiento de Toma de Razón y Registro Electrónicos. *Diario Oficial* 23 julio 2014.

Decreto con fuerza de ley 400, Creación de la Contraloría General de la República. *Diario Oficial* 12 mayo 1927.

Decreto 2421, Fija Texto Refundido de la Ley de Organización y Atribuciones de la Contraloría General de la República. *Diario Oficial*, 10 julio 1964.

Resolución exenta 1556, Doctrina Institucional de la Contraloría General de la República. Promulgación por la CGR el 25 octubre 2000.

Resolución exenta 1600, Fija normas sobre exención del trámite de toma de razón. *Diario Oficial*, 6 noviembre 2008.

Resolución 30, Fija normas de procedimiento sobre rendición de cuentas. *Diario Oficial*, 28 marzo 2015.

Resolución 10, Fija normas sobre exención del trámite de toma de razón de las materias de personal que se indican. *Diario Oficial*, 13 marzo 2017.

Acta 233-2014, Auto acordado que distribuye las materias de que conocen las salas especializadas de la Corte Suprema durante el funcionamiento ordinario y extraordinario. *Diario Oficial* 16 enero 2015.

C) *Jurisprudencia*

a) *Constitucional*

Sent. TC Rol núm. 681 (2006): Tribunal Constitucional, 26 de marzo 2007.

Sent. TC Rol núm. 1172 (2006): Tribunal Constitucional, 7 de octubre 2008.

Sent. TC Rol núm. 1254 (2008): Tribunal Constitucional, 29 de julio2009.

Sent. TC Rol núm. 1710 (2010): Tribunal Constitucional, 6 de agosto 2010.

b) *Judicial*

Congregación de los Sagrados Corazones de Jesús y María con *Contraloría General de la República* (2006): Corte de Apelaciones de Santiago, 8 de agosto 2006. Rol 811-2006.

Inmobiliaria Altair, S.A con *Contraloría General de la República* (2006): Corte Suprema, 25 de agosto 2006. Rol 3137-2006.

Congregación de los Sagrados Corazones de Jesús y María con *Contraloría General de la República* (2006): Corte Suprema, 2 de octubre 2006. Rol 4617-2006.

C.G.E. Transmisión S. A. con *Contraloría General de la República* (2008): Corte Suprema, 6 noviembre 2008. Rol 4880-2008.

Inmobiliaria Las Delicias, S. A. con *Báez Subiabre* (2014): Corte Suprema, 3 de julio 2014. Rol 8742-2014.

c) *Administrativa*

Dictamen 24.841 (1974): Contraloría General de la República, 10 abril 1974.

COLOMBIA

LOS MEDIOS DE CONTROL DE LA ADMINISTRACIÓN EN COLOMBIA

GUSTAVO QUINTERO NAVAS[*]
JORGE ENRIQUE SANTOS RODRÍGUEZ[**]

1. INTRODUCCIÓN

Como parte de las garantías ciudadanas contemporáneas y las exigencias de los modelos constitucionales y de los instrumentos internacionales recientes, la actividad de la administración pública, así como la de los servidores públicos por medio de los cuales ella se desarrolla y la de los particulares que ejercen función administrativa o que de alguna forma colaboran con ella, debe ser objeto de control. Esto, además de ser una consecuencia lógica del Estado de derecho que sujeta las actuaciones de todos al marco normativo, se deriva de una concepción particular sobre la distribución de poder al interior de un ordenamiento jurídico. Así, los distintos medios de control, especialmente cuando son públicos, constituyen una poderosa herramienta para que los ciudadanos y los administrados en general se aseguren que la actuación que se desarrolla en su nombre no solo se encuentra amparada por la normativa vigente, sino que se produjo dentro de los límites que ella misma fija.

En el trabajo se describirán y analizarán los medios de control previstos por el derecho colombiano. Lo anterior, con dos fines: en primer lugar, permitir el desarrollo de un ejercicio comparado en relación con instituciones similares en otros países y, en segundo lugar, avanzar algunos elementos para la reflexión sobre la eficacia de cada uno de los medios de control y verificar cómo circunstancias exógenas o endógenas a ellos influyen en la aplicación práctica.

Es así como, en términos generales, puede afirmarse que la legislación colombiana ha consagrado una amplia gama de medios de control pero que, por razones derivadas de la práctica jurídico-política, parecen ser insuficientes o

[*] Abogado de la Universidad Santo Tomás. Especialista en Derecho Administrativo de la Universidad Externado de Colombia. Magíster (D.E.A.) y Doctor en Derecho Público Interno de la Universidad de Nantes (Francia). Profesor Asociado de la Universidad de Los Andes (Bogotá).

[**] Abogado y Magister en Derecho Administrativo de la Universidad Externado de Colombia. Docente investigador de la Universidad Externado de Colombia (Bogotá).

ineficaces. Por consiguiente, como es apenas lógico, la percepción de impunidad de la administración pública y de los servidores públicos que tiene la ciudadanía se perpetúa y fomenta la exigencia de más controles o de sanciones más gravosas. No obstante, no se puede desconocer que los medios de control, por dificultades que en su ejercicio se presenten, son necesarios puesto que actúan como contrapeso a la tentación de arbitrariedad que pudiese tener la administración.

En este marco, para efectos metodológicos, el trabajo parte de una simple clasificación binaria: de una parte, los mecanismos más tradicionales de control de la administración como lo son la sede administrativa, el control jurisdiccional, el control político y el control ciudadano (I) y, de otra, los mecanismos de desarrollo más reciente que, en el contexto colombiano, han tomado fuerza inusitada, por sus implicaciones preponderantemente sancionatorias, como los controles de tipo penal, fiscal y disciplinario (II).

2. Los medios tradicionales de control: desafío a las garantías de los ciudadanos frente a la administración

Las máximas básicas del Estado de derecho se encuentran en la base de la creación de los medios tradicionales de control de la administración. Dichas máximas fundamentaron la creación de mecanismos e instancias jurisdiccionales, políticas y ciudadanas para limitar la acción indebida de los servidores públicos. De esta manera, los administrados ejercen frecuentemente acciones tendientes a ejercer controles en el momento de la construcción de las decisiones administrativas: sede administrativa (A); igualmente, están autorizados para acudir ante el juez administrativo con el fin de examinar la legalidad de las decisiones administrativas y proteger los derechos de los administrados: sede jurisdiccional (B). Además, el Congreso, las asambleas y concejos ejercen un relativo control político (C), el cual contrasta con el ascenso progresivo del control ciudadano (D).

A) *La sede administrativa: un avance permanente hacia las garantías de los ciudadanos*

La primera y más tradicional forma de control de la actuación de la administración pública se concreta en el autocontrol, esto es, en los mecanismos dispuestos para ser resueltos al interior de la misma organización administrativa. En ese sentido, una vez existe la decisión administrativa, aparecen de manera preponderante dos mecanismos para el ejercicio del control: los recursos administrativos b) y la revocación de los actos administrativos c). No obstante, para entender adecuadamente estos dos mecanismos, conviene hacer primero una aproximación inicial básica a la adopción de decisiones en sede administrativa a).

a) *Las reglas básicas de adopción de decisiones en sede administrativa.* Como se expresó, la primera herramienta de que dispone el ciudadano para controlar la actuación de la administración se presenta en el momento mismo que interactúa con ella. Al respecto, la ley 1437 de 2011, Código de Procedimiento Administrativo y de lo Contencioso Administrativo (en adelante "CPACA") continuó la tradición colombiana que ha consagrado este medio de control de manera ininterrumpida desde el decreto-ley 2733 de 1959, aunque incorporó novedades importantes frente al régimen consagrado en el Código Contencioso Administrativo de 1984 (decr.-ley 1 de 1984) que redundan en un fortalecimiento del control.

Concretamente, la legislación vigente establece unas normas generales del procedimiento administrativo y, como una de sus novedades, regula de manera expresa las manifestaciones, cada vez más corrientes, del derecho administrativo sancionador. Frente a las primeras, a partir del artículo 13, el CPACA desarrolla el derecho fundamental de petición y desde el artículo 34 establece las normas que gobiernan el procedimiento general administrativo al señalar, por ejemplo, las formas de iniciarse (art. 35), la publicidad de la actuación y la vinculación de terceros (arts. 37 y 38), la práctica de pruebas (art. 40), el saneamiento de nulidades procedimentales (art. 41) y el contenido de la decisión que, en todo caso, debe ser motivada y respetar los límites propios de la discrecionalidad administrativa (arts. 42 y 44)[1].

En lo que respecta al derecho administrativo sancionador, que muy poca atención mereció en anteriores legislaciones, además de unos trámites específicos que buscan brindar mayores garantías a los derechos de los particulares que son sujetos de investigación (arts. 47 y 48), el CPACA establece reglas sobre el contenido de la decisión que ponga fin al procedimiento (art. 49) y los criterios de graduación de las sanciones que se deben imponer (art. 50), así como algunas reglas especiales relacionadas con los tiempos en la imposición de las sanciones y la resolución de los recursos (art. 52) que buscan fortalecer la seguridad jurídica.

Por lo demás, el cuerpo normativo nacional conserva, con pequeños ajustes, las instituciones clásicas del derecho administrativo, Así, por ejemplo, el CPACA contempla las distintas formas de publicidad de las decisiones administrativas (arts. 65 y ss.), los recursos que se pueden interponer contra ellas y

---

[1] El deber de motivación es un aspecto central del control de legalidad de la actuación administrativa ya que se encuentra como una de las causales de nulidad de los actos de la administración (CPACA, art. 137). Adicionalmente, el deber de motivación de los actos administrativos, garantiza en Colombia, en la jurisprudencia constitucional, que los ciudadanos tengan el convencimiento de que la decisión no corresponde a una actuación arbitraria y está apegada al ordenamiento jurídico vigente, y además de que es posible ejercer recursos para controvertirla, si así lo considera el interesado. Al respecto, cfr. Corte Constitucional, sent. SU-250 de 1998. Igualmente, HUGO MARÍN HERNÁNDEZ, "La motivación del acto administrativo en el Estado Constitucional", en *La constitucionalización del derecho administrativo*, Bogotá, Universidad Externado de Colombia, 2014, págs. 451 y ss.

su trámite (art. 74 y ss. las formas en las que concluye el proceso administrativo, que comprende el silencio administrativo bien sea positivo o negativo (arts. 83 y ss.) y la revocación directa de los actos administrativos (arts. 93 y ss.).

En ese orden de ideas, puede afirmarse que el CPACA no produjo una profunda revolución del procedimiento administrativo general colombiano, como en algún momento de su trámite se llegó a insinuar. Sin embargo, además de la mencionada consagración del procedimiento administrativo sancionatorio, en él sí se desarrollaron algunos ajustes que merecen especial atención.

En primer lugar, es preciso señalar que, fruto de los avances contemporáneos, la nueva legislación colombiana incorporó importantes reglas en relación con los medios electrónicos y su utilización en el procedimiento administrativo y en el proceso contencioso-administrativo[2]. Estas disposiciones no solo profundizan el reconocimiento de los documentos electrónicos que se utilizan en los distintos trámites, sino que también reconocieron figuras, como la notificación electrónica, como uno de los medios de publicidad de los actos, admitió la existencia del "acto administrativo electrónico" (art. 57) y promovió la creación del expediente electrónico (art. 59). Estas disposiciones, tal vez por ser recientes, aún están por consolidarse; sin embargo, su aplicación, por lenta que haya sido, permite augurar grandes avances prácticos, en términos de eficiencia.

En segundo lugar, con la intención de reducir los altos niveles de congestión judicial y extender la figura del precedente judicial de manera formal a la jurisdicción de lo contencioso administrativo[3], el CPACA introdujo, en el artículo 102, la noción de "extensión de jurisprudencia del Consejo de Estado". Esta figura es, brevemente, un procedimiento administrativo especial mediante el cual quienes se encuentren en supuestos fácticos y jurídicos idénticos a los que provocaron una sentencia de unificación del Consejo de Estado, solicitan a una entidad pública reconocer los mismos efectos, esto es, dar idéntica solución a su caso particular. Este novedoso procedimiento regula el contenido de la solicitud, su respuesta y el plazo en el que la administración debe proporcionarla. Adicionalmente, establece normas sobre el control jurisdiccional de las decisiones que se produzcan en este contexto y reglas particulares de caducidad de la acción. En caso de negativa o silencio por parte de la autoridad administrativa, el interesado podrá acudir directamente al Consejo de Estado (art. 269 CPACA) para que determine si se deben extender los efectos de su jurisprudencia al caso en cuestión.

---

[2] Para más detalle, cfr. GUSTAVO QUINTERO NAVAS, "Contencioso administrativo y medios electrónicos: un gran paso hacia la modernización del ejercicio de la justicia administrativa", en *Revista de Derecho, Comunicaciones y Nuevas Tecnologías,* núm. 6, Bogotá, Universidad de los Andes, diciembre de 2011, págs. 2-27.

[3] Al respecto, cfr., en términos generales, JOSÉ LUIS BENAVIDES (comp.), *Contribuciones para el sistema de precedentes jurisprudencial y administrativo*, Bogotá, Universidad Externado de Colombia, 2014.

Este mecanismo, en teoría, fortalece el precedente judicial puesto que obliga a las entidades a justificar las razones por las que no accede a la petición del interesado y, además, reivindica al Consejo de Estado como principal garante de su propia jurisprudencia. Una vez avance la consolidación, por parte del Consejo de Estado, de las sentencias de unificación, es probable que la elevada tasa de litigiosidad tienda a descender en razón a la seguridad jurídica que presupone[4].

b) *Los recursos en sede administrativa.* Además de esas reglas generales relacionadas con el procedimiento administrativo, concretamente en cuanto al control de las decisiones administrativas en la misma sede administrativa, el CPACA consagra todo un sistema de recursos, que corresponden a lo que tradicionalmente se denominó en Colombia, como la vía gubernativa. Este sistema corresponde al mecanismo de impugnación de las decisiones administrativas, que estrictamente corresponde a uno de los objetos particulares del ejercicio del derecho fundamental de petición, como lo reconoce el artículo 13 del CPACA y lo ha señalado ampliamente la jurisprudencia constitucional[5], en virtud del cual su destinatario expresa las razones de su inconformidad con la decisión adoptada con la finalidad de que la autoridad que la adoptó, o su superior, la revoque o la modifique.

Como se puede ver, los recursos administrativos, además de ser un medio de impugnación frente a las decisiones administrativas de que disponen sus destinatarios —lo cual busca fortalecer el respeto a los derechos ciudadanos—, en el derecho colombiano continúan siendo una expresión o un mecanismo de autocontrol de la administración, en tanto que ella misma es quien decide si mantiene el acto administrativo. lo revoca o modifica, como lo han sido en el sistema tradicional del derecho administrativo[6], de tal manera que continúan siendo una especie de privilegio para la administración, especialmente si se tiene en cuenta que la interposición del de apelación continúa siendo un requisito previo al enjuiciamiento de la actuación administrativa (arts. 76 y 164 del CPACA)[7].

---

[4] De acuerdo con datos de la Corporación Excelencia en la Justicia, la jurisdicción de lo contencioso-administrativo recibe al año más del doble de los procesos que efectivamente resuelve. Esto, evidentemente, implica congestión en la jurisdicción y mora en la administración de justicia. Los datos pueden ser consultados en la página web: *http://www.cej.org.co/index. php/efectividad/jurisdiccion-administrativa-procesos* (última consulta: 12 de junio de 2017).

[5] Cfr. Corte Const., sent. C-007 de 2017, en la cual se hace un recuento de la reiterada jurisprudencia constitucional sobre la naturaleza de petición de los recursos administrativos.

[6] Cfr. ENRIQUE GIL BOTERO, "Recursos, silencio administrativo y revocatoria directa", en *Memorias del Seminario Internacional de Presentación del nuevo Código de Procedimiento Administrativo y de lo Contencioso Administrativo*, Bogotá, Consejo de Estado e Imprenta Nacional de Colombia, 2011, págs. 222-225. Así también, LIBARDO ORLANDO RIASCOS GÓMEZ, *El acto administrativo*, 3ª ed., Bogotá, Ibáñez, 2016, págs. 656-657.

[7] Cfr. FABIÁN MARÍN CORTÉS, *Derecho de petición y procedimiento administrativo*, Medellín, Librería Jurídica Sánchez R. y Centro de Estudios de Derecho Administrativo, 2017, págs. 643-644.

El sistema de recursos administrativos parte de la base que los mismos proceden, en principio, únicamente contra los denominados "actos definitivos", esto es, según el artículo 43 del CPACA, tanto los que deciden directa o indirectamente el fondo del asunto discutido en sede administrativa, como aquellos que impiden o hacen imposible continuar con la actuación administrativa, siempre que se trate de decisiones individuales. Lo anterior implica que, salvo norma especial expresa y como bien lo señala el artículo 75 del CPACA, no resulta procedente la interposición de recursos administrativos contra los actos administrativos preparatorios, de trámite o de ejecución, actos todos los cuales serán objeto de control por el medio judicial pertinente contra el acto definitivo que se adopte en el correspondiente procedimiento administrativo. De la misma manera, en virtud de la citada norma y de la definición de acto definitivo ya citada, en Colombia los recursos administrativos como regla básica tampoco son procedentes contra los actos administrativos de carácter general, de tal suerte que su control será exclusivamente judicial.

Ahora bien, dependiendo de la autoridad que adopte la decisión administrativa, contra el acto administrativo procederán los recursos de reposición y de apelación, o exclusivamente el recurso de reposición (CPACA, art. 74). Es así como, en principio, contra todo acto administrativo proceden los dos recursos mencionados, pero, eventualmente, cuando el acto es dictado por el jefe superior del correspondiente organismo administrativo (ministro, director de departamento administrativo, superintendente, gerente, director o presidente de la entidad descentralizada, gobernador, alcalde, etc.), solo será procedente el recurso de reposición, lo cual no supone violación alguna de garantías constitucionales, como lo ha reconocido la jurisprudencia constitucional[8]. Además de los mencionados recursos de reposición y apelación, el citado artículo 74 prevé que es posible hacer uso del recurso de queja ante el superior de quien adoptó la decisión, cuando quiera que dicha autoridad que emitió la decisión se abstenga de darle trámite al recurso de apelación interpuesto.

El mismo Código establece las reglas básicas del trámite que debe seguirse para la interposición y resolución de los recursos administrativos. En ese sentido, señala el CPACA reglas para el inicio, el trámite y la decisión de los recursos[9]:

En cuanto al inicio, se prevé que los recursos de reposición y apelación deben ser interpuestos ante el funcionario que dictó el acto administrativo impugnado dentro de los diez días siguientes a su notificación (art. 76). Igualmente, señala el Código que, además de ser presentados en el plazo señalado,

---

[8] Cfr. Corte Const., sent. C-248 de 2013.

[9] Cfr. Luis Enrique Berrocal Guerrero, *Manual del acto administrativo*, 7ª ed., Bogotá, Ediciones Librería del Profesional, 2016, págs. 452 y ss.

so pena de rechazo, los recursos deben ser interpuestos por escrito con la debida sustentación y la solicitud de las pruebas que se aportan o cuya práctica que se solicita (arts. 77 y 78).

En relación con su trámite, prevé el CPACA que los recursos se tramitan en el efecto suspensivo y que la autoridad administrativa se encuentra en la obligación de abrir un período probatorio, de oficio o a petición del recurrente, lo cual constituye un fortalecimiento de las garantías ciudadanas respecto de la situación existente en la legislación anterior (art. 79).

Finalmente, respecto de la decisión de los recursos, el CPACA prevé la posibilidad de que su trámite se agote por desistimiento (art. 81), por decisión administrativa expresa, la cual debe ser motivada y resolver todas las cuestiones oportunamente planteadas (art. 80) o por decisión ficta producto del silencio administrativo que, como regla general, será negativo (art. 86).

c) *La revocación directa de los actos administrativos.* El segundo mecanismo específico de control de las decisiones administrativas dentro de la propia sede administrativa corresponde a lo que el CPACA denomina la "revocación directa de los actos administrativos"[10], la cual, al igual que el caso de los recursos administrativos, corresponde tanto a un mecanismo de autocontrol como a un medio de impugnación de los actos administrativos por sus destinatarios.

Sin embargo, a diferencia de los recursos, se trata de un mecanismo que marcadamente refleja las prerrogativas de protección que el ordenamiento jurídico otorga a la administración, pues de acuerdo con las reglas vigentes consagradas en el CPACA, la eliminación del acto dispuesta por la propia autoridad administrativa no solo puede tener origen en la impugnación del destinatario del acto administrativo o de un tercero, sino que puede basarse en la utilización de una facultad oficiosa reconocida a la autoridad emisora o a su superior jerárquico o funcional (art. 93). Pero, además, ese poder de la administración se refleja en la amplitud que tiene la revocación dispuesta de oficio por la autoridad administrativa, respecto de las especiales limitaciones legalmente consagradas para el caso de las solicitudes de revocación de los actos administrativos presentadas por los destinatarios de los mismos, quienes, cuando solicitan la revocación por motivos de legalidad, no deben haber interpuesto los recursos administrativos ni puede haber transcurrido el plazo para acudir a la jurisdicción administrativa a demandar la nulidad del correspondiente acto administrativo (art. 94).

Ahora bien, en el derecho colombiano, a diferencia de lo que ocurre en otros ordenamientos jurídicos, la revocación de los actos administrativos no

---

[10] Sobre el régimen vigente en materia de revocación de actos administrativos, cfr. LIBARDO RODRÍGUEZ RODRÍGUEZ, "La revocación de los actos en la ley de procedimientos administrativos", en *Congreso Internacional de Derecho Administrativo*, San Salvador, Publicaciones de la Corte Suprema de Justicia, 2011, págs. 193 y ss.

se circunscribe exclusivamente a motivos o razones de conveniencia, sino que de acuerdo con el artículo 93 del CPACA —y así también lo disponía el art. 69 del anterior C. C. A.—, procede cuando el acto administrativo se oponga la Constitución Política o a la ley, cuando no se encuentre con el interés público o social o atente contra él y cuando el acto cause agravio injustificado a una persona. Es decir, que como lo ha explicado la doctrina, en el derecho colombiano la revocación de los actos administrativos procede por motivos de legalidad, por razones de conveniencia y aun por motivos de equidad, con lo cual se evidencia que se trata de una figura muy amplia en el ordenamiento jurídico colombiano[11].

La siguiente nota característica de la revocación de los actos administrativos en Colombia consiste en que respecto a la necesidad de equilibrar el interés público propio de conservar la legalidad y la conveniencia en las decisiones administrativas, frente a la protección de la seguridad jurídica y los derechos adquiridos, propia de la figura, el CPACA ha preferido dar prevalencia a los derechos adquiridos de los destinatarios de los actos administrativos, limitando con ello sensiblemente el poder administrativo que se explicó antes. Así, como regla general y salvo norma especial de categoría legal que lo autorice, para que resulte procedente la revocación de un acto administrativo creador de derechos, un acto favorable a su destinatario, esto es, que haya creado o modificado favorablemente una situación jurídica de carácter subjetivo, es necesario obtener el consentimiento previo, expreso y por escrito del titular del derecho o de la situación favorable, de tal manera que si no se obtiene dicho consentimiento, la autoridad no tendrá más remedio que demandar su propio acto administrativo ante la jurisdicción administrativa (art. 97). Al respecto, debe hacerse notar que el CPACA, a diferencia de lo que ocurría en la legislación anterior, no permite actuaciones unilaterales ni aun respecto de actos obtenidos por medios fraudulentos o delictuosos, pues según su texto llano, en esos casos también debe acudirse ante la jurisdicción, frente a lo cual se han alzado diversas voces que proponen una interpretación diferente de la norma en el sentido de entender que solo se protegen los derechos adquiridos conforme a la ley, de tal manera que si existe evidente violación a la ley en la adquisición del derecho, este no es digno de protección y debería poder ser revocado directamente por la administración, sin necesidad de obtener el consentimiento previo de su destinatario.

Finalmente, el CPACA no establece propiamente un procedimiento especial para la revocación de los actos administrativos, sino que dispone algunas reglas particulares respecto del procedimiento común consagrado en el mismo Código.

---

[11] Cfr. JORGE ENRIQUE SANTOS RODRÍGUEZ, *Construcción doctrinaria de la revocación de los actos administrativos ilegales*, Bogotá, Universidad Externado de Colombia, 2005, págs. 69 y ss.

Es así como, según el CPACA, cuando se trata de solicitudes de revocación por los destinatarios de los actos administrativos, la autoridad tiene dos meses para resolverlas, sin que ello implique que puede haber lugar a la aplicación del silencio administrativo negativo o positivo (arts. 95 y 96); contra la decisión que resuelve una solicitud de revocación no procede recurso administrativo alguno (art. 95); la petición de revocación no revive la oportunidad para demandar los actos administrativos objeto de solicitud, a menos que en la decisión de la petición se incluyan hechos nuevos o decisiones que de alguna manera modifiquen la situación anterior (art. 96)[12], y la autoridad administrativa pierde la competencia para revocar los actos administrativos cuando se le ha notificado el auto admisorio de la demanda de nulidad contra el correspondiente acto administrativo (art. 95).

En suma, la revocación de los actos administrativos es otro de los instrumentos legalmente previstos para el control en sede administrativa de las actuaciones formalizadas, de las decisiones administrativas, el cual tiene como características fundamentales, de una parte, su carácter residual y limitado cuando se trata de peticiones de revocación a instancia de los particulares y, de otra, la muy amplia protección de los derechos adquiridos derivados de los actos administrativos.

B) *Sede jurisdiccional: el juez administrativo, guardián de las garantías de los ciudadanos*

El ejercicio del control de la administración en su propia sede, no excluye que los interesados puedan acudir a otros medios de control, dentro de los cuales se destaca, especialmente, el control jurisdiccional, esto es, el que es ejercido por los jueces. En términos generales, la jurisdicción se presenta como el medio por excelencia para controlar la actuación de la administración. Este control se basa en normas abstractas, y no implica *per se* una limitación de la autonomía de la Administración. Lo que en realidad subyace al control jurisdiccional es la garantía del respeto de fronteras ya impuestas por el principio de legalidad, la separación de funciones y de los derechos subjetivos de los administrados[13].

Por lo anterior, el CPACA reguló las distintas manifestaciones de los medios jurisdiccionales de control. El Código confirma la larga tradición colombiana, que se remonta al Código Contencioso Administrativo de 1913, de la

---

[12] Cfr. Consejo de Estado, Sala de lo Contencioso Administrativo, Sección Cuarta, sent. de 29 junio 2006, exp. 14.162.

[13] MANUEL ARAGÓN, "El control como elemento inseparable del concepto de Constitución", en *Revista Española de Derecho Constitucional,* núm. 19, Madrid, Centro de Estudios Constitucionales, enero-abril de 1987, págs. 15-52.

dualidad de jurisdicciones[14]. En términos generales, con la expedición de las sucesivas normativas, se puede afirmar que el control judicial se ha fortalecido de manera constante[15]. Para ello, se adoptaron normas articuladoras de las competencias en los distintos niveles de decisión y se incorporaron avances tecnológicos permitiendo celeridad a los trámites y procedimientos[16]. Existe ahora unidad para el derecho de *accionar,* lo que permite incorporar diferentes pretensiones (ligadas estas sí a los medios de control) en una sola acción, superponiendo lo sustancial sobre lo formal para evitar fallos inhibitorios por la indebida escogencia de acceso a la jurisdicción administrativa[17].

Para comprender adecuadamente el control jurisdiccional de la administración pública en Colombia, conviene, en primer lugar, hacer una breve presentación de la organización de la jurisdicción administrativa a), para luego precisar el objeto de la jurisdicción b) y, a continuación, describir los diversos medios de control de la actuación de la administración c), para, por último, presentar esquemáticamente el proceso contencioso administrativo d).

a) *La organización de la jurisdicción administrativa en Colombia.* Como se expresó, en Colombia existe una tradición de más de un siglo sobre la existencia de una doble jurisdicción: ordinaria y contencioso administrativa, de tal manera que desde hace más de un siglo existe en Colombia una jurisdicción propia para la administración pública y, en algunas épocas, para asuntos de derecho administrativo. En efecto, desde la ley 130 de 1913 existe en Colombia una jurisdicción de lo contencioso administrativo perteneciente a la rama legislativa —y no al ejecutivo como ocurre en el derecho francés—, la cual ha venido a ser ratificada por los sucesivos Códigos de 1941, 1984 y 2011, a la que se le han venido atribuyendo cada vez más competencias respecto de actuaciones y decisiones de la administración pública.

Esta jurisdicción se encuentra organizada en tres niveles. El primero de ellos integrado por el Consejo de Estado, que de acuerdo con el artículo 237 de la Constitución Política, además de ser el máximo juez de lo contencioso administrativo, cumple funciones consultivas para el gobierno nacional, así

---

[14] Sobre esta evolución, cfr. Libardo Rodríguez Rodríguez y Jorge Enrique Santos Rodríguez, *Un siglo de jurisdicción administrativa y de derecho administrativo en Colombia,* Bogotá, Temis, 2013, págs. 47 y ss.

[15] Cfr. Miguel Malagón Pinzón, *Los modelos de control administrativo en Colombia (1811-2011),* Bogotá, Temis y Universidad de los Andes, 2012.

[16] Cfr. Rafael Enrique Ostau de Lafont Pianeta, "Presentación", en José Luis Benavides (coord.), *Código de Procedimiento Administrativo y de lo Contencioso Administrativo. Comentado y concordado,* Bogotá, 2ª ed., Universidad Externado de Colombia, 2016, pág. 38.

[17] *Ibidem,* pág. 40.

como de colaboración en el ejercicio de las funciones normativa y en la elección de diversos funcionarios del Estado. En cuanto al carácter de órgano superior de la jurisdicción, el Consejo de Estado, en ocasiones, funge como juez de única instancia de decisiones administrativas, mientras que en otros casos opera como tribunal de segunda instancia respecto de las decisiones dictadas por los tribunales administrativos.

Por debajo del Consejo de Estado se encuentran los tribunales administrativos, existentes desde la creación de la jurisdicción administrativa en 1913, los cuales se encuentran organizados territorialmente de manera que tengan competencias respecto de distritos judiciales administrativos que, normalmente, están asociados a los territorios de los departamentos. En la actualidad existen veintiséis tribunales administrativos, con diferente cantidad de miembros y con diversas formas de organización interna, los cuales, en ocasiones y dependiendo de la cuantía de las pretensiones, son jueces de primera o segunda instancia, e incluso, de única instancia.

Finalmente, el tercer nivel de la jurisdicción administrativa está compuesto por los jueces administrativos, creados en 1996 y que, a diferencia de los anteriores niveles, no son cuerpos colegiados sino jueces unipersonales. Estos jueces tienen competencia sobre circuitos judiciales administrativos y suelen ser jueces de primera instancia de diversos asuntos contencioso administrativo, pero igualmente tienen competencia como jueces de única instancia para algunas controversias. En la actualidad, existen un total de 257 juzgados administrativos.

b) *El objeto de la jurisdicción administrativa en Colombia*. Después de diversas evoluciones sobre el alcance de las competencias de la jurisdicción administrativa, las cuales reflejan estrictamente su aumento progresivo, pues pasó de ser un juez de ciertos actos administrativos, a ser la jurisdicción encargada de conocer sobre la legalidad de actos administrativos, sobre controversias contractuales, sobre la responsabilidad extracontractual del Estado e, incluso, sobre diversos litigios sometidos al derecho privado[18].

Es así como, en la actualidad, el artículo 104 del CPACA dispone que la jurisdicción de lo contencioso administrativo es competente para conocer, "además de lo dispuesto en la Constitución Política y en leyes especiales, de las controversias y litigios originados en actos, contratos, hechos, omisiones y operaciones, sujetos al derecho administrativo, en los que estén involucradas las entidades públicas, o los particulares cuando ejerzan función administrativa".

---

[18] En relación con la evolución de las competencias de la jurisdicción, cfr. LIBARDO RODRÍGUEZ RODRÍGUEZ y JORGE ENRIQUE SANTOS RODRÍGUEZ, *Un siglo de jurisdicción administrativa y de derecho administrativo en Colombia*, cit., págs. 213 y ss.

La consagración de ese objeto de la jurisdicción administrativa implica que la función básica de la misma es la de ser un juez de derecho administrativo, esto es, que se trata de un juez cuya existencia se justifica, en principio, más que en el sujeto, en la especialidad de las materias que conoce.

Sin embargo, es preciso hacer notar que el mismo artículo 140 atribuye competencias a la jurisdicción administrativa en otros asuntos que no son propiamente de derecho administrativo. Es así como, según la mencionada norma, la jurisdicción conoce, entre otros, de litigios sobre contratos celebrados por entidades estatales y sobre responsabilidad del Estado sin importar el régimen jurídico aplicable a la controversia, así como algunos en los cuales se discuten aspectos de seguridad social de trabajadores del Estado, lo cual la convierte también en un juez de derecho privado y no simplemente de derecho administrativo, lo cual ha generado no pocos inconvenientes respecto de la igualdad de condiciones en el acceso a la jurisdicción al existir contradicciones sobre la aplicación de unas mismas normas a problemas jurídicos semejantes, dependiendo de si la controversia la resuelve la jurisdicción ordinaria o la contencioso administrativa.

En todo caso, el CPACA expresa que existen diversos litigios que, a pesar de tener como sujeto a una entidad pública o a una autoridad administrativa, su conocimiento no corresponde a la jurisdicción de lo contencioso administrativo sino a la justicia ordinaria, de tal manera que dicha justicia también resulta ser juez de la administración en muchos casos, especialmente en aquellos casos en los cuales la controversia sea similar a las que ocurren entre particulares, para las que no se justifica la intervención de la jurisdicción especializada.

c) *Los medios de control jurisdiccional de la actividad de la administración pública*. El CPACA se caracteriza por haber condensado en su cuerpo la multiplicidad de acciones, pretensiones o medios de control mediante los cuales es posible enjuiciar las actuaciones de la administración pública. En la tabla siguiente se condensan algunos de los aspectos más relevantes de cada medio de control jurisdiccional previsto en el CPACA.

El ordenamiento jurídico colombiano, aparte de lo mencionado en el siguiente cuadro, introdujo otras figuras procesales. De esta manera, cabe señalar dos mecanismos, que si bien no forman parte nominalmente de los medios jurisdiccionales de control, se han convertido en herramientas con gran alcance práctico en la resolución de conflictos de índole administrativo. Se trata del recurso extraordinario de unificación de jurisprudencia, regulado en los artículos 256 y siguientes del CPACA, y las medidas cautelares, desarrolladas en los artículos 229 a 241 del mismo cuerpo normativo.

Medio de control	Legitimación / caducidad	Finalidad	Efectos jurídicos	Instancias
Nulidad por inconstitucionalidad[19]	Acción pública No tiene caducidad	Decretos de carácter general proferidos por el gobierno (que no correspondan a la Corte Constitucional) o por otras autoridades nacionales	Anulación del decreto y de otras que tengan unidad normativa.	Única instancia (Sala Plena del Consejo de Estado)
Control inmediato de legalidad[20]	Control automático en Estados de excepción No tiene caducidad	Decretos que desarrollen decretos legislativos propios del Estado de excepción	Anulación total o parcial del acto administrativo. Cosa juzgada relativa[21]	Única instancia Sala Plena del Consejo de Estado (para actos nacionales); tribunales administrativos (actos locales).
Nulidad[22]	Acción pública No tiene caducidad[23]	Control básico de legalidad de los actos administrativos por causales como la incompetencia, desviación de poder, falsa motivación, etc.	Nulidad *erga omnes* y retroactiva[24] del acto administrativo demandado.	Doble instancia: juzgados administrativos Tribunales administrativos

[19] CPACA, art. 135.

[20] CPACA, art. 136.

[2] Consejo de Estado, Sala Plena de lo Contencioso Administrativo, sent. de 5 marzo 2012, exp. 2008-0859.

[22] Art. 137 del CPACA.

[23] CPACA, art. 164.

[24] Consejo de Estado, Sala de lo Contencioso Administrativo, Sección Tercera, sent. de 5 julio 2006, exp. 21.051.

Medio de control	Legitimación / Caducidad	Finalidad	Efectos jurídicos	Instancias
Nulidad y restablecimiento del derecho[25]	Ciudadano afectado por la expedición de un acto administrativo general o particular. Caducidad de cuatro meses[26]	Requisito de procedibilidad: conciliación prejudicial y recursos obligatorios en sede administrativa[27]	Nulidad *erga omnes* del acto administrativo y restablecimiento del derecho vulnerado[28].	Doble o única instancia juzgados administrativos tribunales administrativos
Nulidad electoral[29]	Acción pública La caducidad es de 30 días[30].	Los actos administrativos en elecciones populares o en elecciones efectuadas en corporaciones públicas y los nombramientos efectuados por cualquier autoridad.	Nulidad del acto administrativo. Los efectos del fallo varían en función de la causal invocada.	Dependiendo de la elección Doble o única Instancia. Juzgados administrativos Tribunales administrativos Consejo de Estado

[25] CPACA, art. 138.

[26] CPACA, art. 164.

[27] CPACA, art. 161.

[28] Consejo de Estado, Sala de lo Contencioso Administrativo, Sección Cuarta, sent. 19 mayo 2016, exp. 22.220.

[29] CPACA, art. 139.

[30] CPACA, art. 164.2.a.

Medio de control	Legitimación / Caducidad	Finalidad	Efectos jurídicos	Instancias
		Además de las causales genéricas de nulidad, el artículo 257 del CPACA establece causales específicas de nulidad de estos actos administrativos.		
Reparación directa[31]	Perjudicado[32] o entidades públicas perjudicadas por actuaciones de otra entidad o un particular promuevan este mismo medio de control. Caducidad de dos años para impetrar la demanda[33].	Responsabilidad del Estado por hechos[34], omisiones, operaciones administrativas o la ocupación de un inmueble.	Declaración de responsabilidad administrativa y patrimonial de la administración y la consecuente condena al pago de los perjuicios causados a la persona o personas interesadas. Efectos *inter partes*[35].	Doble instancia: Juzgados administrativos Tribunales administrativos

[31] Const. Pol., art. 90 y CPACA, art. 140.

[32] Se establece por la jurisprudencia contenciosa administrativa que la legitimación material por activa está en cabeza de quien tenga un vínculo con los hechos en calidad de perjudicado con el daño producido por el Estado, explicando la expresión normativa de "persona interesada" del artículo 140 del CPACA. Véase en: Consejo de Estado, Sala de lo Contencioso Administrativo, Sección Tercera, sent. de 10 febrero 2016, exp. 36.326.

[33] CPACA, art. 64.2.i.

[34] Para la responsabilidad del Estado por el defectuoso funcionamiento de la administración de justicia, véase, ley 270 de 1996.

[35] Corte Const., sent. C-644 de 31 agosto 2011.

Medio de control	Legitimación / Caducidad	Finalidad	Efectos jurídicos	Instancias
Controversias contractuales[36]	Partes de un contrato estatal, ministerio público o un tercero con interés directo en el proceso contractual Regla general de caducidad de la acción: 2 años[37].	Conflicto originado en un contrato estatal Los actos precontractuales pueden ser demandados, tanto por este medio de control como por la pretensión de nulidad o nulidad y restablecimiento del derecho, incluso, acumulándose con la impugnación contractual.	Entre las posibilidades que prevé el ordenamiento jurídico, se resaltan la declaratoria de existencia, incumplimiento o nulidad del contrato. El ministerio público o el tercero que acredite un interés directo[38], solo podrán solicitar la nulidad absoluta del contrato.	Doble instancia (en función de la cuantía) Juzgados administrativos Tribunales administrativos Consejo de Estado
Pérdida de investidura[39]	Acción pública. Mesas directivas de la Corporación pública respectiva No tiene caducidad	Las causales de pérdida de investidura se encuentran consagradas en la Constitución (art. 183) Las leyes 136 de 1994 y 617 de 2000 establecen las causales de pérdida de investidura de diputados, concejales y ediles	La prosperidad de este medio de control implica la separación inmediata del condenado de sus funciones y la inhabilidad permanente para pertenecer a la corporación en un futuro[40]..	Única instancia (Consejo de Estado) para congresistas. Doble instancia para diputados, concejales y ediles posee doble instancia·

[36] Const. Pol., art. 90 y CPACA, art. 141.

[37] CPACA, art. 64.j.

[38] Algunos de los terceros con interés directo reconocidos en la jurisprudencia del Máximo Tribunal Administrativo son los proponentes que intervinieron en el procedimiento de contratación y los otorgantes de garantías contractuales. Consejo de Estado, Sala de lo Contencioso Administrativo, Sección Tercera, sent. de 1° octubre 2014, exp. 35.998.

[39] CPACA, art. 143; leyes 144, 136 de 1994 y 617 de 2000.

[40] Corte Const., sent. C-254 de 29 marzo 2012.

Medio de control	Legitimación / Caducidad	Finalidad	Efectos jurídicos	Instancias
Acción popular[41]	Acción pública Entidades de control. organizaciones de la sociedad civil[42] No tiene caducidad	Protección de los derechos e intereses colectivos de la ley 472 de 1998. Como requisito de procedibilidad se debe realizar una petición previa a las autoridades competentes. Solo con la negativa o el silencio a dicha petición se podría interponer la demanda.	El juez popular cuenta con amplio margen decisorio al poder decretar cualquier medida tendiente a evitar el daño, "hacer cesar el peligro, la amenaza, la vulneración o el agravio sobre los mismos", salvo declarar la nulidad de contratos[43].	Doble instancia (en función de la entidad responsable) juzgados administrativos tribunales administrativos y Consejo de Estado.
Acción de grupo[44]	Perjudicados (deben ser, tener vocación de ser, más de 20).	Responsabilidad del Estado por hechos, omisiones, operaciones administrativas o la ocupación de un inmueble.	Declaración de responsabilidad patrimonial de la administración y la consecuente condena	En primera instancia conocerán jueces administrativos cuando la demanda sea en contra de agentes estatales de

[41] Const. Pol., art. 89; CPACA, art. 144 y ley 472 de 1998.

[42] Ley 472 de 1998, art. 12.

[43] Esta misma posición la soportó la Corte Constitucional, cuando dijo que "la acción popular no fue diseñada por el legislador como mecanismo a través del cual el juez competente pueda decretar la anulación de un acto administrativo o un contrato, por esta razón, la limitación expresa de adoptar estas decisiones, no contraviene el derecho fundamental de acceso a la administración de justicia". Corte Const., sent. C-644 de 31 agosto 2011.

[44] Const. Pol., art. 88; CPACA, art. 145 y ley 472 de 1998.

Medio de control	Legitimación / Caducidad	Finalidad	Efectos jurídicos	Instancias
	El defensor del pueblo y los personeros, a petición de alguno de los afectados, pueden interponer en nombre del mismo la petición grupal. Caducidad de la acción: dos años.		al pago de los perjuicios causados a la persona o personas interesadas.	orden regional o local; cuando se dirija contra autoridades nacionales, conocerán en primera instancia los tribunales administrativos.
Acción de cumplimiento[45]	Acción pública[46]. No tiene caducidad	Pretende el asegurar la efectividad de normas con fuerza material de ley o actos administrativos. Previo a la presentación de la demanda es necesario 'constituir la renuencia' del reprochado, reclamando en un derecho de petición[47] el cumplimiento del deber legal o administrativo.	El objetivo es la determinación del deber incumplido, de la identificación de la autoridad renuente y la orden de cumplimiento de la ley o acto administrativo.	Este mecanismo se dirime en doble instancia. La primera instancia estaría a cargo de los jueces o de los tribunales administrativos, para ser revisados en segunda instancia por los mismos tribunales (cuando hay decisión de juez) y por el Consejo de Estado.

[45] Const. Pol., art. 87; CPACA, art. 146 y ley 393 de 1997.

[46] Ley 393 de 1997, art. 4º.

[47] Consejo de Estado, Sección Primera, sent. de 11 julio 2002, exp. ACU núm. 1464.

Medio de control	Legitimación / Caducidad	Finalidad	Efectos jurídicos	Instancias
Nulidad de las cartas de naturaleza y de las resoluciones de autorización de inscripción[48].	Acción pública. El término de caducidad es de diez días.	La falsedad de los documentos que fundamentaron la expedición de las cartas o resoluciones, así como la comisión de un delito (con pena de extradición) en otro país antes de radicarse en Colombia, son las únicas causales para el ejercicio de este medio de control[49].	Nulidad del acto administrativo	Se conoce en única instancia por la Sala Plena del Consejo de Estado.

[48] CPACA, art. 147.

[49] Ley 43 de 1993, art. 20.

El derecho colombiano tiene larga tradición respecto de la unificación de los criterios interpretativos que al interior de la administración de justicia se puedan producir[50]. La Corte Constitucional ha sido una activa defensora de la fuerza vinculante que tienen los precedentes de los órganos judiciales de cierre, denominación usual de las altas Cortes, sobre los análisis que jueces de menor jerarquía realizan en los casos concretos[51]. El principal argumento para llegar a esta conclusión tiene que ver con el deber unificador de jurisprudencia, dotando, por tanto, de obligatoriedad las sentencias que por medio de tal función expidan[52].

En este contexto, el CPACA consagró el recurso extraordinario de unificación de jurisprudencia que tiene por finalidad asegurar la unidad de la interpretación del derecho administrativo y su aplicación uniforme, garantizando los derechos de las personas que hayan sido perjudicadas debido al desacato de la jurisprudencia aplicable (art. 256). Para ello, los fallos de los tribunales administrativos que hayan sido dictados en única o segunda instancia, de acuerdo con determinados patrones de cuantía si fueren de contenido patrimonial, pueden ser demandados extraordinariamente cuando contraríen o se oponen a una sentencia de unificación del Consejo de Estado (arts. 257 y 258 del CPACA). El hecho de proceder solo contra providencias de los tribunales administrativos fue objeto de debate. En su momento, algunos consideraron que tal disposición no encontraba ningún asidero constitucional porque se negaba el acceso a la administración de justicia a los ciudadanos que interpusieron las acciones originales en otro nivel jurisdiccional[53].

La Corte Constitucional, al resolver una demanda de constitucionalidad al respecto, declaró la exequibilidad de la norma acusada al concluir que tal y como estaba previsto el recurso no afectaba el derecho a la igualdad, la administración de justicia ni a la seguridad jurídica pues existe un mecanismo de unificación jurisprudencial que puede ser aplicado a las decisiones que se gestan en las secciones y subsecciones al interior del Consejo de Estado, y que atiende a la obligatoriedad del precedente horizontal, no al vertical como

---

[50] Desde 1896 la Corte Suprema de Justicia ejerció funciones de "uniformar la jurisprudencia", por medio del art. 1º de la ley 169 de ese mismo año. En materia administrativa, la ley 11 de 1975 creó el recurso extraordinario de súplica, por medio del cual se podían impugnar autos interlocutorios o sentencias que contradijeran fallos de la Sala Plena del Consejo de Estado.

[51] Para mayor detalle sobre el papel de la Corte Constitucional en esta materia y la manera como han reaccionado las demás altas cortes, cfr. DIEGO LÓPEZ MEDINA, *El derecho de los jueces*, 2ª ed., Bogotá, Legis, 2006.

[52] Cfr. Corte Const., sent. C-816 de 2011.

[53] JUAN CARLOS GARZÓN MARTÍNEZ, *El nuevo proceso contencioso administrativo*, cit., pág. 660.

es de la esencia del recurso extraordinario de unificación[54]. Sin embargo, es necesario acotar que en razón a la precisión de los cargos de la demanda, en el sentido de reprochar la idea de que el recurso de unificación no procediera contra decisiones del Consejo de Estado, la Corte Constitucional no se pronunció acerca de su improcedencia frente a decisiones de los jueces administrativos en única instancia. Si bien se refirió a las decisiones de los jueces administrativos en cuanto estarían amparadas porque se trataba de las mismas sentencias que llegarían a los tribunales en segunda instancia, omitió completamente aquellos asuntos que se tramitan en los juzgados administrativos sin posibilidad de ser apelados ante aquellas corporaciones.

Con la convicción de que este problema jurídico aún resulta de vital importancia para un efectivo ejercicio del acceso a la administración de justicia de todos los ciudadanos, no se puede negar, en todo caso, que el recurso aquí estudiado entregó a los asociados una nueva posibilidad de obtener decisiones fundadas en altos estándares de coherencia doctrinal, seguridad jurídica y justicia material, cuando los medios jurisdiccionales de control antes vistos no funcionen óptimamente. A pesar de lo anterior, que indicaría un fortalecimiento del precedente jurisprudencial en materia contencioso-administrativa[55] y una consecuente consolidación de la interpretación de las normas, la jurisdicción sigue presentando síntomas de congestión y atraso en relación con la demanda de justicia que se genera en Colombia.

Por otro lado, las medidas cautelares son mecanismos provisionales que pretenden proteger y garantizar el objeto procesal y la efectividad de la sentencia que pueda resultar del correcto desarrollo de los contenciosos que se originen con el ejercicio de alguno de los medios de control ya estudiados. Pese a que ellas ya existían, en el decreto 1 de 1984 tenían un carácter taxativo y en extremo limitado. En cambio, en el CPACA se abrió la posibilidad no solo de pedir la tradicional suspensión provisional de los efectos de los actos administrativo —incluso con exigencias y régimen más flexible frente a

[54] Cfr. Corte Const., sent. C-179 de 2016. El mecanismo referido es el de "Decisiones por importancia jurídica, trascendencia económica o social o necesidad de sentar jurisprudencia", regulado en el art. 271 del CPACA. Por medio de esta herramienta procesal, la Sala Plena del Consejo de Estado, o sus secciones, pueden avocarse el conocimiento de asuntos que por su importancia jurídica, trascendencia económica o social o necesidad de sentar jurisprudencia, requieran de unificación jurisprudencial.

[55] Debe señalarse, sin embargo, que desde la entrada en vigencia del CPACA, el Consejo de Estado solo profirió, hasta finales de 2016, 46 sentencias de unificación de jurisprudencia. Estas sentencias versan sobre distintos temas, entre los que se resaltan: la fijación de un tope indemnizatorio a los perjuicios morales en el marco de la responsabilidad patrimonial del Estado, la procedencia de la acción de tutela en contra de sentencias proferidas por el Consejo de Estado y la aplicabilidad del principio de favorabilidad en el marco del derecho administrativo sancionatorio.

lo previsto en la legislación anterior—, sino otra clase de medidas cautelares preventivas, conservativas, anticipativas y suspensivas, incluso de carácter innominado, acogiendo los requisitos generales del derecho comparado del *periculum in mora* y de *fomus bonis iuris*.

Además, se destacan en el CPACA las medidas cautelares con *carácter urgente*[56], consagradas en el artículo 234 del CPACA, que constituyen uno de los cambios más importantes frente al anterior régimen. Por medio de esta herramienta, el demandante puede solicitar las medidas cautelares en cualquier estado del proceso, y ya no únicamente en la demanda o en escrito separado como se exigía la normativa anterior, siendo una característica definitoria el hecho de que por su premura no se requiere traslado a la contraparte.

Dada esta particularidad, el máximo Tribunal Constitucional ha venido declarando la improcedencia de la acción de tutela en los asuntos que son de competencia de la jurisdicción contencioso administrativa, toda vez que en aplicación del principio de subsidiariedad, los accionantes cuentan con variedad de medidas cautelares pudiendo hacer efectiva la protección de sus derechos[57]. Entre ellas están las preventivas, las conservativas, las anticipativas y las suspensivas. Se entendería que las medidas cautelares se vislumbraron como mecanismos de defensa idóneos para la protección de derechos legales y constitucionales, que hacen inocua la acción de tutela frente a la protección de derechos subjetivos que la misma jurisdicción administrativa puede proteger. De esta manera, es innegable la importancia y utilidad de las medidas cautelares de urgencia para la resolución sustancial de los objetos procesales de los mecanismos jurisdiccionales ya vistos, cuidando, así mismo, la efectividad de los principios constitucionales que buscaban volver operativos con la reforma del año 2011.

De todo lo anterior se puede concluir que el medio por excelencia de la administración, el control jurisdiccional, es bastante utilizado. Como consecuencia de su utilización, la administración de justicia evidencia elevados niveles de congestión. Para ello, mediante mecanismos como la unificación de jurisprudencia, el CPACA pretendió reducir la mora judicial. Si bien aún está por verse los resultados definitivos, es preciso admitir que los avances en la materia son incuestionables.

d) *Esquema general del proceso contencioso administrativo.* Como se evidencia de la anterior descripción, en Colombia existe cerca de una docena de medios jurisdiccionales de control. Cada uno de ellos cuenta con una regulación particular en cuanto a lo que se refiere a sus fines, iniciativa, efec-

---

[56] Se debe probar la "de la inaplazable urgencia de la medida, que a su ponderado criterio justifique la omisión del traslado a la otra parte": Consejo de Estado, Sala de lo Contencioso Administrativo, Sección Segunda, sent. de 10 abril 2014, exp. 1131-2014.

[57] Cfr. Corte Const., sent. T-733 de 2014.

tos y competencias. La tendencia actual privilegia la oralidad[58]. El CPACA contempla en los artículos 159 y siguientes las reglas que se deben seguir en la mayoría de las pretensiones procesales.

La presentación de la demanda, por regla general debe realizarse por intermedio de un abogado (art. 160), luego de haber agotado los distintos requisitos de procedibilidad que en la mayoría de los casos suponen un trámite de conciliación prejudicial[59]. Una vez radicado el escrito, se pueden presentar cuatro situaciones: la inadmisión, que permite la corrección; el rechazo, que concluye inmediatamente el proceso; la remisión al juez competente; o la admisión, que automáticamente introduce el proceso a la siguiente etapa.

Ya surtidos los traslados correspondientes y agotado el término para contestar la demanda, se abre paso a la audiencia inicial donde el juez subsana vicios de procedimiento, decide sobre las excepciones previas presentadas, fija los puntos en litigio, invita a conciliar, resuelve solicitudes de medidas cautelares. Inmediatamente, procede a abrir la fase probatoria; así, decreta pruebas y fija fecha y hora para la audiencia siguiente. En esta audiencia se practicarán todas las pruebas decretadas, y no debe ser suspendida a menos que se adelanten todos los medios de convicción, o por razones expresamente consignadas en la ley. Por último, se adelantará la audiencia de alegaciones y juzgamiento, donde se escucharán las declaraciones finales de las partes y se dictará el sentido del fallo.

En el siguiente gráfico se presentan los rasgos principales del procedimiento judicial descrito:

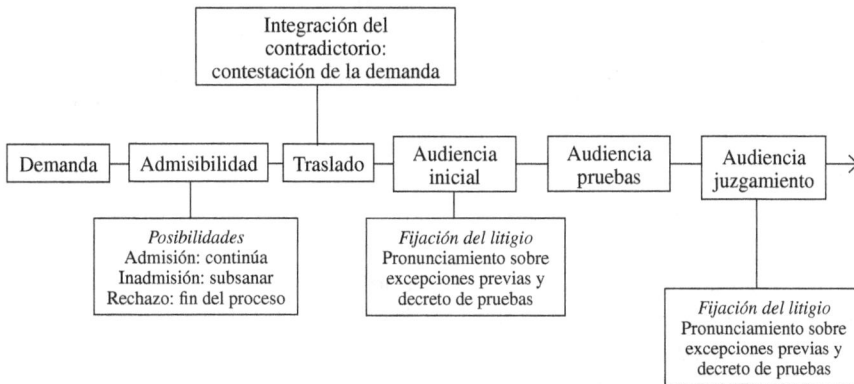

---

[58] Aunque la esencia de su tramitación es oral, no se puede desconocer que la pervivencia de procedimientos escritos le imprimen un carácter mixto. Cfr. JUAN CARLOS GARZÓN MARTÍNEZ, *El nuevo proceso contencioso administrativo*, Bogotá, Ediciones Doctrina y Ley, pág. 390.

[59] Para más detalles sobre la conciliación en el derecho administrativo colombiano y sobre su uso como requisito de procedibilidad, cfr. VERÓNICA PELÁEZ GUTIÉRREZ, *La conciliación en el derecho administrativo colombiano*, Bogotá, Universidad Externado de Colombia, 2016.

Además, el CPACA ha establecido, de manera taxativa, cuáles son los procesos que se surten en única instancia por los jueces administrativos (art. 154), los tribunales administrativos (art. 151) y el Consejo de Estado (art. 149). Los demás procesos, siguiendo los factores de competencia como el territorial y la cuantía, aseguran la doble instancia.

C) *El control político: más lo político que el control*

Otra de las manifestaciones de los medios tradicionales de control de la administración, sus integrantes y sus colaboradores, es la que se desarrolla en el contexto político. Para ello, la Constitución colombiana confía al Congreso de la República el desarrollo de este tipo de control (art. 141.), el cual igualmente se encuentra confiado a las asambleas departamentales y a los concejos municipales (arts. 300 nums. 13, 14; 313 nums. 11, 12).

A continuación, se expondrán las principales formas en las que el Senado de la República y la Cámara de Representantes despliegan este tipo de control, para posteriormente analizar la situación en las instancias territoriales. Esos mecanismos son de dos tipos: la actuación jurisdiccional por parte del Congreso y la actuación política propiamente dicha.

Como se deriva de la separación de poderes, uno de los medios de control del legislativo al ejecutivo se pone de presente mediante la función judicial. En el constitucionalismo colombiano reciente, dicho medio de control se encontraba en los artículos 96, 97 y 102 de la Constitución de 1886. Esta función permaneció, en términos generales, sin grandes modificaciones en la Constitución de 1991, como lo muestran los artículos 174 y 175. En ellos, el texto constitucional concede la competencia de juzgamiento al Senado, respecto a las acusaciones que formule la Cámara de Representantes contra el presidente de la República, los magistrados de la Corte Suprema de Justicia, del Consejo de Estado y de la Corte Constitucional, los miembros del Consejo Superior de la Judicatura y del fiscal general de la Nación. El procedimiento que se debe seguir en estos casos se encuentra establecido de los artículos 327 al 366 de la ley 5ª de 1992[60].

En la historia colombiana contemporánea, pocos han sido los casos en los que se ha recurrido a este mecanismo de control. En primer lugar, durante el gobierno del presidente Ernesto Samper Pizano (1994-1998) se investigaron los posibles nexos entre su campaña presidencial y la financiación ilegal proveniente del Cartel de Cali, pero el presidente de la República finalmente no fue acusado. Actualmente, el Congreso de la República se encuentra investigando a un magistrado de la Corte Constitucional a quien se acusa de colusión en la revisión de una acción de tutela, pero el proceso aún se encuentra en trámite. Estos dos ejemplos muestran los límites del control político. De una parte, el

---

[60] Cfr. Corte Const., sent. C-245 de 1996.

ente competente, en este caso la Comisión de Acusaciones de la Cámara de Representantes, parece no contar con la capacidad institucional suficiente que requiere la trascendental labor que se le ha encomendado y, de otra, también se debe señalar que, al parecer, el mismo ente no tiene la voluntad política necesaria para adelantar este tipo de investigaciones. Por ello, como es apenas obvio, no han sido pocos los llamados para modificar este mecanismo de control, los cuales estuvieron a punto de materializarse con la promulgación del acto legislativo 2 de 2015. Con él se pretendió la creación de una Comisión de Aforados para que asumiera la labor de la Comisión de Acusaciones; sin embargo, la Corte Constitucional declaró inconstitucional dicha reforma por considerar que existía una sustitución del texto constitucional[61].

La segunda, y en principio más eficaz, manera que tiene el Congreso de la República para ejercer el control sobre la administración, está inspirada en los sistemas parlamentarios. Este mecanismo, que ha sido parte del constitucionalismo colombiano desde 1886[62], se conservó en la Constitución de 1991. En la actualidad, la norma fundamental colombiana establece que ambas cámaras del Congreso ejercen control político por medio de dos mecanismos específicos: de un lado, las citaciones y requerimientos a los ministros, superintendentes y directores de departamentos administrativos y, de otro, por medio de la moción de censura. A través de estos mecanismos, los congresistas pueden desarrollar debates de control político a algunos representantes de la administración y, en ciertos casos puntuales, promover la remoción de su cargo. Igualmente, la jurisprudencia ha considerado como parte del control político, el llamado control presupuestal en virtud del cual no solo se aprueban los ingresos y gastos anuales del Estado, sino que permite ejercer un control constante sobre el comportamiento del ejecutivo en materia de gasto público e inversión social[63]. Por consiguiente, en el papel, los medios de control a disposición del Congreso de la República son amplios.

En lo que respecta al procedimiento de estos mecanismos de control, se debe empezar por señalar que se encuentran estrechamente ligados. Así, el numeral 8 del artículo 135 de la Constitución y el artículo 30 de la ley 5ª de 1992 establecen que el incumplimiento a las citaciones y requerimientos pueden convertirse en causal de moción de censura. A esta causal se le debe sumar aquella que autónomamente promueva la décima parte de los integrantes de

---

[61] Cfr. Corte Const., sent. C-373 de 2016.

[62] El art. 103 de la Constitución, modificado mediante la reforma constitucional de 1968, establecía que cada Cámara podía citar a los ministros frente a las Comisiones permanentes y en la citación que les hacía la Cámara los miembros del gobierno tenían que responder las preguntas que les hicieran sobre sus actuaciones y debía hacerse con anticipación no menor a 48 horas.

[63] Cfr. Corte Const., sent. C-198 de 1994.

la Cámara de Representantes o del Senado y que se encuentra vinculada, ya no al incumplimiento de citaciones o requerimientos, sino a los "asuntos relacionados con el cargo", que implica una amplia gama de situaciones. Es necesario resaltar que los proponentes de la moción de censura deben señalar con precisión los argumentos que fundamentan su iniciativa ya que ellos constituyen, en la práctica, la acusación que debe enfrentar el respectivo funcionario.

El trámite de la moción de censura, en los términos de la Constitución, implica un debate, que permite al citado dirigirse a la Cámara de Representantes para manifestar las razones para no ser separado de su cargo, y una votación sobre el apoyo o la oposición a la moción, que debe celebrarse entre tres y diez días después del debate. En dicha votación, para que prospere la moción de censura, se requiere del voto afirmativo de la mayoría de los integrantes de la respectiva Cámara. Esto, es necesario señalarlo, implica una modificación a la manera como este medio de control se encontraba estipulado en la Constitución de 1991 ya que esta originalmente establecía que la decisión sobre la moción de censura debía ser tomada en una sesión del Congreso en pleno. Esta situación, es evidente, reducía las posibilidades de éxito puesto que exigía la obtención de una cifra elevada de votos favorables a la destitución del funcionario citado. Sin embargo, a partir de una modificación a la Constitución, por medio del acto legislativo 1 de 2007, en la actualidad la moción de censura puede ser promovida y decidida al interior de una de las cámaras.

Ahora bien, es preciso señalar que, en la práctica, el control político que hace el Congreso sobre la Administración no es particularmente exigente. Esto se debe a que la mayor parte de congresistas tiende a ser usualmente miembro de una amplia coalición de gobierno, lo que reduce significativamente sus incentivos para efectuar un control político riguroso de la actuación de la Administración o a promover la moción de censura de uno de sus integrantes. De otra parte, debido al poco tiempo de sesiones del Congreso. En efecto, las sesiones ordinarias se extienden en el año a 32 semanas de actividad. De esas semanas, la actividad del Congreso, por razones prácticas, se suele concentrar en dos días de la semana. Teniendo en cuenta que, además del control político, el Congreso debe legislar, informalmente se ha establecido que uno de los días se destina a los debates de control político y otro a la actividad legislativa. Esto significa que, en el año, solo hay 32 oportunidades disponibles para ejercer debates de control político. Si a lo anterior se le suma que, a pesar de lo señalado más arriba, algunos miembros de la coalición de gobierno de turno recurren a este tipo de debates, se tiene que la efectividad de este tipo de control es altamente limitada. Tal vez por ello, en el tiempo que lleva la Constitución de 1991, no se ha promovido una moción de censura con éxito.

Por otra parte, no se puede dejar de señalar que estos medios de control político, en el sistema colombiano, no se limitan al ámbito nacional. Por medio del acto legislativo 1 de 2007, citado arriba, se amplió la competencia de hacer citaciones y requerimientos a los secretarios de despacho, así como de promover la moción de censura a las corporaciones públicas de las entidades territoriales: asambleas departamentales y concejos municipales y distritales. Esta competencia se sumó a la prevista originalmente referida a los debates de control político. Como consecuencia de lo anterior, dichas entidades tienen la potestad de ejercer un control político sobre la administración departamental, municipal y distrital, como bien lo ha reconocido la jurisprudencia[64]. Sin embargo, no se puede dejar de señalar que, igual al caso nacional, la efectividad de estas medidas es todavía insuficiente. Parte de ello se puede explicar por el procedimiento mismo establecido en la Constitución para este tipo específico de control político. En efecto, en los casos departamental y municipal, la norma fundamental colombiana requiere unas mayorías superiores a las exigidas en el Congreso de la República para promover y decidir sobre una moción de censura: para convocar la moción se requiere, en el nivel departamental, el voto de la tercera parte de los miembros, y en el nivel municipal, de la mayoría de los integrantes del concejo y para su aprobación se requiere, en ambos casos, del voto afirmativo de las dos terceras partes de sus integrantes (Const. Pol., arts. 300, nums. 13 y 14 y 313 nums. 11 y 12).

Así las cosas, resulta indudable que, en teoría, las corporaciones públicas de los distintos niveles territoriales —nacional, departamental y municipal/distrital— cuentan con la facultad de ejercer control político sobre la Administración. Sin embargo, la práctica indica que la efectividad de dicho mecanismo de control es problemática.

D) *El control ciudadano: grandes esfuerzos y resultados todavía por mejorar*

Finalmente, el último mecanismo tradicional de control de la administración lo compone el control ciudadano. Es importante resaltar que, en el contexto colombiano, este medio de control es relativamente reciente y, por ende, se encuentra en plena consolidación. Las figuras de control ciudadano se derivan, en la actualidad, de la adopción constitucional del modelo de la democracia participativa. Fruto de ello, la normativa nacional incorporó una amplia gama de mecanismos de participación ciudadana que permite al ciudadano el desarrollo de un control a la gestión de sus representantes y servidores públicos en general. Como consecuencia de ello se regularon figuras de democracia directa como el referendo, la consulta popular, la revocatoria del mandato y el plebiscito[65] y, lo que será el centro del análisis de este acápite,

---

[64] Cfr. Consejo de Estado, Sala de lo Contencioso Administrativo, Sección Quinta, sent. de 18 julio 2013, exp. 2012-01514-01(AC).

[65] Misión de Observación Electoral (MOE), *Mecanismos de participación ciudadana en Colombia, 20 años de ilusiones*, Bogotá, Torreblanca, 2012.

se establecieron múltiples escenarios e instancias participativas en las que la ciudadanía, usualmente articulada en organizaciones y movimientos sociales, podría interactuar directamente en la toma de decisiones.

Estos mecanismos se presentaron como consecuencia lógica de la apertura democrática que se dan a partir de los procesos de negociación de los acuerdos de paz con las guerrillas, particularmente el M-19 a finales de la década de los ochenta del siglo xx. En efecto, en su momento se manifestó que la importancia de esta apertura radicaba en la posibilidad de reducir la violencia política en el país[66]. En un primer momento, la ley 134 de 1994 pretendió la regulación del derecho a la participación ciudadana, haciendo énfasis particular en los mecanismos de democracia directa[67]. Como consecuencia de ello, para suplir la deficiencia en lo que respecta a las demás manifestaciones del derecho a la participación, se produjo una avalancha legislativa[68], creando espacios e instancias sectoriales y territoriales. Recientemente, el Congreso expidió la ley 1757 de 2015, una nueva ley de participación ciudadana, la cual, aunque retoma partes esenciales de la ley 134 de 1994, su aporte principal se encuentra en la intención de articular las distintas instancias de participación ciudadana.

Hoy existen en Colombia al menos 125 espacios e instancias de participación ciudadana que permiten materializar el control de la gestión pública, por medio de colectivos agrupados en razón a su pertenencia poblacional, sectorial o territorial[69]. Por razones de espacio, resulta imposible referirnos a todos ellos; no obstante, un ejemplo puede evidenciar la trascendencia de estos medios de control ciudadano: los consejos de planeación.

Estas instancias —creadas por el art. 340 de la Constitución, desarrolladas por la ley 152 de 1994 y reguladas por el decreto 2284 de 1994— permiten a los distintos sectores (organizados) de la sociedad civil, en los diversos órdenes territoriales, discutir, con las autoridades los proyectos anuales del plan de desarrollo respectivo. Se componen usualmente de dos partes, una general en la que se fijan primordialmente objetivos nacionales y sectoriales de mediano y largo plazo y otra de inversiones en donde se hace una proyección de los recursos disponibles para lograr los objetivos señalados. Allí, la participación ciudadana en la formación del plan de desarrollo, se hace importante pues

---

[66] FABIO VELÁSQUEZ C. y ESPERANZA GONZÁLEZ R., *¿Qué ha pasado con la participación ciudadana en Colombia?*, Bogotá, Fundación Corona, 2003, pág. 14.

[67] GUILLERMO REYES GONZÁLEZ, *Los mecanismos de participación ciudadana y las consultas populares en Colombia*, Bogotá, Ibáñez, 2016, pág. 26.

[68] *Ibidem*, pág. 21.

[69] Para un conocimiento detallado de cada uno de los mecanismos de control de la ley 1757 de 2015, cfr. *Hacia una sociedad democrática, justa e incluyente*, Bogotá, Ministerio del Interior, 2016, págs. 8-18.

se constituye en el medio de control que permite incidir en las decisiones de política más importantes en el largo plazo.

La panoplia de espacios y las instancias de participación que, como los consejos de planeación, existen en Colombia, no son la única manifestación del control ciudadano sobre la actividad de la administración. En efecto, la legislación nacional también permite las veedurías ciudadanas, reglamentadas en la ley 850 de 2003. Estas entidades, integradas por grupos de ciudadanos que mediante su vigilancia ejercen control sobre la gestión pública (art. 5º) y sus resultados, a lo largo del territorio nacional, vigilan el manejo y asignación de recursos públicos, el cumplimiento de sus fines, su cobertura, la calidad y la adecuada contratación pública, entre otras (art. 4º). Las veedurías, según la jurisprudencia administrativa, tienen como objetivo el fortalecimiento de mecanismos de control contra la corrupción, consolidar procesos de participación ciudadana, propender los principios constitucionales presentes en la función pública, democratizar la administración pública y promocionar el liderazgo ciudadano[70]. Para ello, la ley 820 de 2016 les ha concedido una serie de 'instrumentos de acción' que permiten llevar a cabo su función principal, como las peticiones, acciones jurisdiccionales, intervención en audiencias públicas, denuncia ante diversos entes de control administrativo y judicial y, en general, todas las medidas previstas por la ley (art. 16). Como se aprecia, si bien son manifestaciones del mismo derecho a participar en el ejercicio y en el control del poder público, las veedurías ciudadanas abordan el ejercicio del control ciudadano desde una perspectiva distinta a la de los espacios e instancias de participación ciudadana.

De otra parte, en el ordenamiento jurídico colombiano se han creado diversas instancias de participación ciudadana obligatoria o imperativa en la adopción de decisiones administrativas en materias sectoriales, como la consulta a comunidades étnicas y la participación en procedimientos administrativos de carácter ambiental, urbanísticos, contractuales y de regulación económica. Sin embargo, aun no existen instancias generales de participación ciudadana previa a la adopción de decisiones administrativas, pero comienzan a configurarse como ocurre, por ejemplo, con la publicidad previa de los proyectos específicos de regulación, que busca la participación y el control ciudadano previo a la adopción de una decisión, con lo cual se pretende fortalecer la aplicación del principio constitucional de la democracia participativa a la acción de la administración pública[71].

---

[70] Cfr. Consejo de Estado, Sala de Consulta y Servicio Civil, concepto de 21 junio 2011, exp. 2.052.

[71] Cfr. Jorge Enrique Santos Rodríguez, "Democratización de la administración pública y fortalecimiento de la participación ciudadana: instrumentos para la paz desde el derecho administrativo", en *La constitucionalización del derecho administrativo. El derecho administrativo para la paz*, Bogotá, Universidad Externado de Colombia, 2016, págs. 483 y ss.

Finalmente, no se puede dejar de señalar que el control ciudadano, articulado o institucionalizado, requiere de herramientas que favorezcan su desarrollo. En la normativa colombiana la herramienta por excelencia es la rendición de cuentas. Con ella se busca brindar al ciudadano, de manera anticipada, la información que servirá de insumo para una correcta supervisión de la administración. La finalidad primordial es garantizar el acceso a la información y a las explicaciones de la gestión pública de los ciudadanos, de la sociedad civil y de los organismos de control, permitiendo una adecuada evaluación del cumplimiento del mandato y misión de las entidades públicas. Así, se pretende acercar las entidades a los ciudadanos con lenguaje sencillo, garantizando el cumplimiento del principio democrático y de transparencia[72]. Por lo anterior, este ejercicio es obligatorio para toda autoridad administrativa pública nacional y territorial y se puede dar en varios escenarios, entre ellos, menciona la ley 1757 de 2015, las audiencias públicas participativas y los espacios de diálogo para la rendición de cuentas.

Las distintas manifestaciones del control ciudadano que se han reseñado no están exentas de críticas. En primer lugar, a los espacios e instancias de participación ciudadana, manifestaciones usualmente desconocidas, se les critica por su falta de representatividad y por el hecho de que sus representantes suelen estar involucrados, a la vez, en más de un espacio de participación. En segundo lugar, porque en la práctica su nivel de incidencia es mínimo pues en la inmensa mayoría de los casos, los conceptos o propuestas que se debaten en dichos escenarios no son vinculantes para la autoridad. Finalmente, la concepción política que subyace a la rendición de cuentas, propia de las culturas anglosajonas, aún no ha tenido arraigo en la cultura política colombiana. En efecto, la normativa colombiana asegura la abrumadora producción de información por parte de las autoridades, pero aún no hay suficientes avances en lo que respecta al acceso a dicha información por la ciudadanía.

A lo anterior se suma que estos medios de control enfrentan retos en su aplicación, que dificultan el cumplimiento de sus fines y el objetivo común de combatir la corrupción. Algunos retos que se deben superar son: la falta de recursos financieros permanentes, la insuficiencia de personas vinculadas, la dificultad para que la ciudadanía realice investigaciones sin correr riesgos y la falta de disposición de las entidades públicas para ser escrutadas por la sociedad[73].

---

[72] Consejo de Estado, Sala de lo Contencioso Administrativo, Sección Tercera, sent. de 28 agosto 2012, exp. 24.097.

[73] Procuraduría General de la Nación, *Red Institucional de Apoyo a las Veedurías Ciudadanas*, Bogotá, Pro-offset Editorial, 2010.

A pesar de las críticas y los retos, la democracia participativa sigue siendo un pilar fundamental del ordenamiento jurídico colombiano[74]. Esto se ha visto reforzado con el reciente Acuerdo de Paz con las FARC. Al revisar el Acuerdo es posible percatarse de la profunda influencia participativa que informa su esencia. Basta con advertir las garantías que intenta otorgar a los movimientos sociales y ciudadanos para su participación activa y la supervisión del proceso requerido y de la gestión de importantes recursos públicos.

Con este panorama, la aplicación de los mecanismos de participación ciudadana previstos en el Acuerdo de Paz constituye un gran desafío, no solo por los factores descritos, sino, y especialmente, por el contexto de violencia que padece el país. Se espera, sin embargo, que estas mismas herramientas participativas sean en buena parte las responsables de establecer vías efectivas de comunicación con la administración, y que, por su conducto, la corrupción y la violencia dejen de ser los vehículos preferidos de la gestión pública en el país.

3. Los medios contemporáneos de control: la represión como mecanismo eficaz

En la sección anterior se describieron los medios tradicionales de control de la actividad de la administración, sus integrantes y colaboradores. Allí se mostraron los antecedentes históricos, las características principales y los retos contemporáneos más relevantes tanto del control en sede administrativa y en sede judicial como del control político y ciudadano. Es el momento de abordar los medios contemporáneos de control de la actividad de la administración, los cuales, como se verá a continuación, no se centran estrictamente en el control de la actividad de la administración, sino en el control de la actividad de los servidores públicos.

Para el caso colombiano, debe señalarse que estos medios de control sean muy importantes, primordialmente por los desbordados índices de de corrupción, y por la percepción de la misma, que han motivado el progresivo endurecimiento de las sanciones, en lo que se refiere a los ámbitos penal (A) y disciplinario (B), y al interés en el desarrollo y la consolidación del derecho de la responsabilidad fiscal (C).

A) *El control penal: la dudosa eficacia de la "ultima ratio"*

El control penal, como forma de control administrativo, es una potestad del Estado para sancionar las conductas más dañosas y peligrosas en relación con

---

[74] Cfr. Corte Const., sent. C-577 de 2014. Igualmente, cfr. Marco Gerardo Monroy Cabra, "La democracia representativa y participativa", en Rocío Araújo Oñate y María Lucía Torres Villarreal (eds.), *Retos de la democracia y de la participación ciudadana*, Bogotá, Universidad del Rosario, 2011, págs. 14 y ss.

la administración pública. En ese sentido, la perspectiva de control administrativo que se ejerce mediante el derecho penal se encuentra enfocada fundamentalmente en la lucha contra la corrupción. En Colombia, el título XV de la ley 599 de 2000, que contiene el Código Penal, se ocupa en los delitos contra la administración pública, reiterando en buena medida la normativa ya delineada en el Código Penal de 1980, aunque se trata de normas que han sido adicionadas paulatinamente, especialmente con ocasión de los estatutos anticorrupción de 1995 y 2011.

Para el legislador, once conductas revisten suficiente gravedad como para haber sido tipificadas como delitos y se constituyen en verdadero control del actuar de la administración a partir de la disuasión que se supone ejercen las penas (prevención general negativa) y la reafirmación del buen comportamiento de los ciudadanos apegados a la ley (prevención general positiva). Las precitadas conductas penales son: peculado, concusión, cohecho, celebración indebida de contratos, tráfico de influencias, enriquecimiento ilícito, prevaricato, abuso de autoridad, usurpación/abuso de funciones, delitos contra servidores y utilización indebida de información e influencias derivadas del ejercicio de la función pública.

El ejercicio de la acción penal, por virtud del artículo 250 de la Constitución Política, corresponde a la Fiscalía General de la Nación, que investiga los hechos que revisten relevancia penal y, en dado caso, acusa ante un juez a los posibles responsables. Allí, el procedimiento se caracteriza, a partir de la reforma incorporada por la ley 906 de 2004, por la oralidad. El procedimiento se adelanta integralmente en cuatro audiencias: imputación, acusación, preparatoria y de juicio oral. En la audiencia de imputación la Fiscalía le expone al imputado el marco fáctico de su investigación y le comunica que en su contra cursa un proceso penal. En la audiencia de acusación se califica jurídicamente el marco fáctico expuesto en la audiencia de imputación, es decir se califica típicamente la conducta y se le comunica al investigado dicha calificación. En la audiencia preparatoria se solicitan pruebas y el juez decide sobre su mérito. En la etapa de juicio oral se practican y controvierten las pruebas; las partes tienen la oportunidad de presentar sus alegatos de conclusión y, finalmente, el juez dicta sentencia. Por disposición del artículo 29 de la Constitución Política, la doble instancia es una garantía que impregna el procedimiento penal *in genere*. A pesar de la consagración del mencionado principio, en la normativa nacional, los congresistas, por virtud de su fuero especial, no gozan de dicha garantía, ya que los juicios penales que se adelantan contra dichos funcionarios son de única instancia y se adelantan ante la Corte Suprema de Justicia. La Corte Constitucional ha argumentado de manera uniforme que dicho procedimiento de única instancia no es inconstitucional y se adapta a los estándares internacionales[75]. El asunto se encuentra lejos de estar zanja-

---

[75] Cfr. Corte Const., sent. SU-198 de 2013.

do, ya que actualmente cursan en el Congreso varios proyectos que buscan modificar el procedimiento penal de única instancia de los aforados, por un procedimiento de doble instancia[76].

A pesar de su coherente estructura dogmático-jurídica, la aplicación del control penal ha resultado insuficiente a la hora de combatir la corrupción en donde esta se presente, pues si bien hay resultados interesantes, ellos ciertamente son aislados y lo cierto es que no han logrado el propósito de combatir la corrupción y de disuadir la práctica de conductas contrarias a los deberes propios de los servidores públicos. Quizá no sea el control más apropiado.

B) *El control disciplinario: ¿una visión excesiva del control?*

En materia de control disciplinario, la Constitución de 1991 marcó un punto de inflexión en la forma en que se concibe. La función sancionatoria se caracterizaba por estar regulada normativamente de manera difusa, de tal suerte que existían "numerosos procedimientos especiales para distintos sec tores de la administración [...] esta multiplicidad de regímenes disciplinarios condujo al ejercicio ineficiente e inequitativo del juzgamiento de servidores públicos, anarquizó la función de control"[77]. De esta forma, con la expedición de la Constitución Política de 1991 se erigieron los cimientos fundacionales que darían lugar a la creación de un Código Disciplinario Único. Así, por ejemplo, los artículos 277 y 278 constitucionales delegaron en la Procuraduría General de la Nación, la "vigilancia superior de la conducta oficial de quienes desempeñen funciones públicas, inclusive las de elección popular; ejercer preferentemente el poder disciplinario; adelantar las investigaciones correspondientes, e imponer las respectivas sanciones conforme a la ley" y la potestad de "desvincular del cargo, previa audiencia y mediante decisión motivada, al funcionario público que incurra [en faltas disciplinarias]".

En virtud de este marco constitucional se aprobó la ley 200 de 1995. En ella ya se avizora un ejercicio de armonización jurídica al configurarse un catálogo omnicomprensivo de faltas aplicables a todos los funcionarios públicos, y la creación de un proceso disciplinario. Dicho proyecto de sistematización prosiguió con la ley 734 de 2002, que modificó la precitada ley 200 de 1995, y que en la actualidad constituye el Código Disciplinario Único (en adelante CDU) vigente. Según la exposición de motivos de la ley 734 de 2002, el rápido cambio entre legislaciones, solo siete años transcurrieron entre la ex-

---

[76] *El Espectador*, "Consejo de Estado también le apunta a la doble instancia para congresistas", en *http://www.elespectador.com/jscroll_view_entity/node/685905/full/p440041shown* (última consulta: 12 de junio de 2017).

[77] CARLOS MARIO ISAZA SERRANO, *Teoría general del derecho disciplinario*, Bogotá, Temis, 2009, pág. 31.

pedición de ambos códigos, debido en gran medida a la ineficiencia de la ley 200 de 1995 para castigar con severidad *conductas que afectan gravemente el funcionamiento de la administración pública*. De esta forma, la ley 734 de 2002 fue concebida como una legislación punitivamente más estricta. En cualquier caso, es menester mencionar que en la actualidad se surte el trámite legislativo del nuevo Código General Disciplinario[78]. Así, quince años después de la expedición del actual CDU, el legislador busca afrontar los nuevos retos que presenta la corrupción transnacional y el ejercicio de la función pública.

Esta nueva legislación dio lugar a que, desde el punto de vista dogmático, el control disciplinario de los servidores públicos pretendiera dar lugar a la creación de un nuevo subsistema normativo como legislación intermedia entre el derecho penal y el derecho administrativo, bajo la idea de que se trataba de una subespecie del *ius puniendi*, hasta el punto de que con frecuencia se sostiene que al derecho disciplinario se le aplican los principios básicos del derecho penal. Sin embargo, poco a poco la jurisprudencia ha venido alejando el derecho disciplinario del derecho penal y acercándolo más al derecho administrativo sancionador, con lo cual se advierte que actualmente es una expresión específica y sectorial del derecho administrativo, aunque con una muy importante influencia de los principios penales.

Es necesario precisar que, en el derecho colombiano, el control disciplinario busca "regular la actuación de los servidores públicos con miras a asegurar los principios de igualdad, moralidad, eficacia, economía, celeridad, imparcialidad y publicidad que rigen la función pública, y que para tal cometido, describe mediante ley una serie de conductas que estima contrarias a ese cometido, sancionándolas proporcionalmente a la afectación de tales intereses que ellas producen"[79]. Por consiguiente, como ya se dijo, el control disciplinario es una modalidad de derecho administrativo sancionador y un verdadero control administrativo, mediante el cual la administración pretende velar por el correcto actuar de los funcionarios públicos[80].

El artículo 25 del CDU define los sujetos de la acción disciplinaria: los servidores públicos, actuales y anteriores, y ciertos particulares. Al respecto, es necesario precisar, de una parte, que, para efectos disciplinarios debe entenderse que son servidores públicos los miembros de las corporaciones públicas, los empleados y trabajadores del Estado y de sus entidades descentralizadas territorialmente y por servicios y, de otra, que el artículo 53, *ibidem*, define

---

[78] El proyecto de ley 195/2014C (Cámara) /055/2014S (Senado) se encuentra a la espera de sanción presidencial y constituiría el nuevo Código General Disciplinario.

[79] Corte Const., sent. C-125 de 2003.

[80] Cfr. Corte Const., sent. C-1061 de 2003.

los particulares que podrían ser sujetos de este Código, al disponer que son aquellos que "cumplan labores de interventoría en los contratos estatales; que ejerzan funciones públicas, en lo que tiene que ver con estas; presten servicios públicos a cargo del Estado, de los contemplados en el artículo 366 de la Constitución Política, administren recursos de este, salvo las empresas de economía mixta que se rijan por el régimen privado".

Aquí se hace manifiesto que el control disciplinario se predica de la función pública, tanto así que incluso son sujetos de la acción disciplinaria los particulares en ejercicio de funciones públicas. En esta materia, la Corte Constitucional afirma que el particular estará sometido al régimen disciplinario "[...] solamente en el caso en que la prestación del servicio público haga necesario el ejercicio de funciones públicas, entendidas como exteriorización de las potestades inherentes al Estado —que se traducen generalmente en señalamiento de conductas, expedición de actos unilaterales y ejercicio de coerción—"[81].

Estas sanciones, como ya se mencionó, pueden ser impuestas por la Procuraduría General de la Nación, las personerías distritales y municipales y las oficinas de control interno disciplinario de las entidades públicas.

Las faltas disciplinarias se predican del incumplimiento de los deberes, contemplados en los artículos 34 al 41 del CDU, así como en los artículos 36 al 41, que se refieren a las inhabilidades, impedimentos, incompatibilidades y conflictos de interés.

La ley disciplinaria prevé la existencia de tres clases de faltas: gravísimas, graves y leves. Las faltas gravísimas se encuentran taxativamente señaladas en el artículo 48 del CDU. Las faltas serán graves o leves cuando se esté en presencia de incumplimiento de deberes, el abuso de derechos, la extralimitación de funciones, o la violación del régimen de prohibiciones, impedimentos, inhabilidades, incompatibilidades o conflicto de intereses consagrados en la Constitución o en la ley (art. 50 del CDU).

La teleología que inspira el baremo de graduación de las faltas no es otra que un asunto de punibilidad, ya que el artículo 44 del CDU ordena la destitución e inhabilidad general, para las faltas gravísimas dolosas o realizadas con culpa gravísima; la suspensión en el ejercicio del cargo e inhabilidad especial para las faltas graves dolosas o gravísimas culposas; la suspensión, para las faltas graves culposas; la multa, para las faltas leves dolosas, y la amonestación escrita, para las faltas leves culposas.

En su aspecto procesal, en la actualidad, son dos, esencialmente, los procedimientos que gobiernan el control disciplinario colombiano: el procedimiento ordinario (arts. 150-170 del CDU) y el procedimiento verbal (arts. 175-181,

---

[81] Corte Const., sent. C-037 de 2003.

ibidem)[82]. *In genere*, los procesos disciplinarios pueden iniciarse por múltiples vías, ya sea de oficio, o por información o reporte de una autoridad pública, mediante compulsa de copias e incluso mediante queja formulada por cualquier persona (art. 69). Iniciado el proceso, el CDU dispone un rito procesal por etapas que deben surtirse con el propósito de determinar la verdad material. Es pertinente aclarar que el proceso disciplinario es de naturaleza inquisitiva: es el mismo investigador quien toma la decisión de fondo.

Concluido el proceso disciplinario, el fallo sancionatorio es un acto administrativo particular que puede ser controvertido ante la jurisdicción de lo contencioso administrativo por medio del control de nulidad y restablecimiento del derecho, ya explicado en detalle.

En Colombia, el control disciplinario sobre los servidores públicos de elección popular ha resultado muy cuestionado, de tal manera que tanto alcaldes, gobernadores y congresistas son sujetos de control disciplinario, pudiendo ser destituidos e inhabilitados hasta por veinte años para ejercer cargos públicos. Evidentemente, el riesgo de dicha prerrogativa recae sobre la posibilidad del ejercicio torticero que se le puede dar al control disciplinario como una herramienta de persecución política.

El asunto no solo ha suscitado debates teóricos. Más allá del evidente problema político que implica el control disciplinario sobre los servidores públicos elegidos democráticamente, el asunto adquiere un cariz jurídico cuando la norma disciplinaria que prevé dicho control se contrasta con el artículo 23 de la Convención Americana sobre Derechos Humanos y con la jurisprudencia de la Corte Interamericana sobre Derechos Humanos[83]. En ella se condenó al Estado venezolano por incumplir sus obligaciones internacionales al haber sancionado administrativamente a una persona, un político de oposición, inhabilitándolo para ejercer cargos públicos por seis años.

En Colombia, el Consejo de Estado, órgano encargado del control jurisdiccional de los actos administrativos, no ha acogido el argumento de la jurisdicción internacional en derechos humanos. Al reiterar jurisprudencia de

---

[82] Por razones de extensión, se excluye de este estudio el procedimiento disciplinario especial ante el procurador general de la Nación, por ser este un procedimiento especialísimo (arts. 182-191).

[83] Corte Interamericana de Derechos Humanos, caso López Mendoza vs. Venezuela, sent. de 1º septiembre 2011. En el fallo se sostiene "en el presente caso, que se refiere a una restricción impuesta por vía de sanción, debería tratarse de una «condena, por juez competente, en proceso penal»". Ninguno de esos requisitos se ha cumplido, pues el órgano que impuso dichas sanciones no era un «juez competente», no hubo «condena» y las sanciones no se aplicaron como resultado de un «proceso penal»".

la Corte Constitucional[84], el Consejo de Estado considera que "la aplicación de la Convención Americana debe tener en cuenta la arquitectura institucional de cada Estado, esto es, del contexto en el que se inserta, como lo reconoce la Convención al indicar que corresponde a la ley reglamentar el ejercicio de los derechos políticos y el mecanismo de sanción"[85], de tal manera que "el procurador general de la Nación de conformidad con los artículos 93 de la Constitución Política y 23.2 de la Convención Americana de Derechos Humanos son competentes para imponer a los servidores públicos sanciones disciplinarias que impliquen restricción del derecho al acceso a cargos y funciones públicas tales como la destitución e inhabilidad general"[86]. Para la precitada corporación, las facultades sancionatorias de los órganos de control disciplinario no son contrarias a la Convención Americana y se encuentran debidamente armonizadas.

De esta manera, observamos que la aplicación del derecho disciplinario puede despertar ciertos interrogantes producto de una importancia que no existe en ningún otro país. También porque algunas decisiones han sido descalificadas por la justicia administrativa, admitiendo claros desvíos de poder y sesgo político.

C) *El control fiscal: entre la responsabilidad patrimonial*
   y la responsabilidad sancionatoria

Uno de los medios de control más importante en la lucha contra la corrupción es el control fiscal. Si bien este mecanismo de control tiene una larga historia en el ordenamiento jurídico nacional, remontándose a la Misión Kemmerer de las décadas del veinte y treinta del siglo xx[87], su preponderancia se ha hecho sentir hasta hace poco con la expedición de las leyes 42 de 1993 y 610 de 2000. Para ello, la Constitución de 1991, y la normativa que la desarrolla, ha confiado principalmente en la Contraloría General de la República y en las contralorías departamentales y municipales. Estas entidades ejercen un control posterior y selectivo de la ejecución presupuestal de los entes bajo su jurisdicción, para evitar una coadministración que podría darse con el ejercicio

---

[84] Cfr. Corte Const., sents. C-028 de 2008, SU-712 de 2013, C-500 de 2014 y SU-355 de 2015, entre otras.

[85] Consejo de Estado, Sala de lo Contencioso Administrativo, Sección Segunda, Subsección B, exp. 11001-03-25-000-2012-00681-00 (2362-2012).

[86] *Ibid.*

[87] Los cuerpos normativos que son relevantes en la historia del control fiscal en Colombia son: la ley 42 de 1923, el acto legislativo 1 de 1945, el decr. 294 de 1973, y las leyes 20 de 1975 y 38 de 1989.

del control previo que caracterizaba el régimen del control fiscal en vigencia de la Constitución Política de 1886[88].

El artículo 5º de la ley 610 de 2000 establece los elementos para configurar la responsabilidad fiscal, de la siguiente manera: una conducta dolosa o culposa atribuible a una persona que realiza gestión fiscal, un daño patrimonial causado al Estado y un nexo causal entre los dos elementos anteriores.

En relación con el primero de los elementos es indispensable resaltar dos de sus componentes. En primer lugar, es necesario identificar quiénes son los sujetos pasivos de este medio de control. Originalmente, la ley 610 de 2000 previó que lo sería quien fuera "gestor fiscal"[89] de las entidades. Esta noción, que en principio resultaba suficientemente amplia como para vincular a servidores públicos y a algunos particulares, fue ampliada con la promulgación de la ley 1474 de 2011 (art. 119) conocido como estatuto anticorrupción, que previó la responsabilidad solidaria en el marco de la responsabilidad fiscal[90]. Con ello, el legislador colombiano, en su afán por brindar más garantías de reparación, amplió la responsabilidad fiscal a todas aquellas personas que "concurran al hecho"[91].

En cuanto al daño patrimonial, segundo elemento esencial de la responsabilidad fiscal, se debe precisar que la legislación nacional lo define como "la lesión del patrimonio público, representada en el menoscabo, disminución, perjuicio, detrimento, pérdida o deterioro de los bienes o recursos públicos, o a los intereses patrimoniales del Estado, producida por una gestión fiscal

[88] Corte Const., sent. C-648 de 2002.

[89] El art. 3º de la ley 610 definió la gestión fiscal en estos términos: "Para los efectos de la presente ley, se entiende por gestión fiscal el conjunto de actividades económicas, jurídicas y tecnológicas, que realizan los servidores públicos y las personas de derecho privado que manejen o administren recursos o fondos públicos, tendientes a la adecuada y correcta adquisición, planeación, conservación, administración, custodia, explotación, enajenación, consumo, adjudicación, gasto, inversión y disposición de los bienes públicos, así como a la recaudación, manejo e inversión de sus rentas en orden a cumplir los fines esenciales del Estado, con sujeción a los principios de legalidad, eficiencia, economía, eficacia, equidad, imparcialidad, moralidad, transparencia, publicidad y valoración de los costos ambientales".

[90] La norma citada establece: "En los procesos de responsabilidad fiscal, acciones populares y acciones de repetición en los cuales se demuestre la existencia de daño patrimonial para el Estado proveniente de sobrecostos en la contratación u otros hechos irregulares, responderán solidariamente el ordenador del gasto del respectivo organismo o entidad contratante con el contratista, y con las demás personas que concurran al hecho, hasta la recuperación del detrimento patrimonial".

[91] Consejo de Estado, Sala de lo Contencioso Administrativo, Sección Tercera, sent. de 11 abril 1994, en URIEL ALBERTO AMAYA OLAYA, *Teoría de la responsabilidad fiscal. Aspectos sustanciales y procesales*, Bogotá, Universidad Externado de Colombia, 2002, pág. 307.

antieconómica, ineficaz, ineficiente e inoportuna, que en términos generales, no se aplique al cumplimiento de los cometidos y de los fines esenciales del Estado, particularizados por el objetivo funcional y organizacional, programa o proyecto de los sujetos de vigilancia y control de las contralorías" (ley 610 de 2000, art. 6º).

En su concepción original, la ley 610 de 2000 estableció lo que en la actualidad se denomina proceso ordinario de responsabilidad fiscal. En este proceso administrativo, de carácter puramente inquisitivo, el ente de control fiscal competente adelanta una serie de etapas tendientes a confirmar si lo ocurrido puede comprometer la responsabilidad fiscal. El proceso termina, en caso de existir certeza sobre los componentes de la responsabilidad fiscal, con una decisión de responsabilidad fiscal, que tiene la naturaleza de acto administrativo y, por lo mismo, es susceptible de control jurisdiccional ante el juez administrativo, mediante la acción de nulidad y restablecimiento del derecho. Como se ve, las actuaciones en materia de control fiscal constituyen el ejercicio de una función administrativa y no de una función judicial como ocurre en otros Estados, hasta el punto que las decisiones, a pesar de denominarse formalmente como fallos, materialmente constituyen actos administrativos.

Por distintas circunstancias, vinculadas a escándalos de corrupción, en el Estatuto Anticorrupción se estableció una importante novedad sobre este medio de control: el proceso verbal de responsabilidad fiscal (ley 1474 de 2011, arts. 97 y ss.). Mediante este procedimiento, que también es inquisitivo, se pretendió darle más agilidad a este medio de control al establecer que será primordialmente oral. En teoría, el proceso verbal se adelanta en dos audiencias, una de descargos y otra de decisión. En la práctica, la diferencia entre uno y otro procedimiento es mínima, pues en ambos casos se parte de una imputación de responsabilidad —conocida como auto de apertura, imputación y citación en los procesos verbales— y se concede la oportunidad para que el citado ejerza su derecho de contradicción.

En caso de condena, se ordena reparar el daño causado, indexando su valor en el tiempo. También, y esto resulta muy extraño, se ordena la inclusión en el "Boletín de responsables fiscales" hasta tanto no se haya reparado el daño sufrido por el Estado. La inclusión en este boletín acarrea una inhabilidad sobreviniente para el ejercicio de cargos públicos y para contratar con el Estado, en los términos del artículo 38 de la ley 734 de 2002. Estos tres elementos reunidos permiten, cuando menos, afirmar que el único objetivo de la responsabilidad fiscal no es la reparación de daño. En ella, cada vez más, se encuentran elementos propios de un régimen que, además de la reparación pretende una sanción, mínima o transitoria, de los responsables del detrimento patrimonial.

Bogotá, D. C., julio de 2017

COSTA RICA

CONTROL DE LA FUNCIÓN ADMINISTRATIVA EN COSTA RICA

Ernesto Jinesta L.[*]

1. Introducción

El control de la función administrativa o, en general, de toda conducta administrativa, sea activa u omisiva, es una noción esencial del Estado constitucional de derecho. La eficacia jurídica plena y directa de la Constitución y del bloque de legalidad, dependen de la existencia de controles, también reales y efectivos. La noción de control jurídico es, entonces, consustancial a los conceptos de bloque de constitucionalidad y de legalidad, de modo que no resulta posible admitir una Constitución y el principio de legalidad, sin controles. Los principios de la supremacía de la Constitución y de la ley, cada uno en su ámbito, dependen de la existencia de controles accesibles y efectivos.

Mediante los controles se actúan los límites al poder, en este caso, de las administraciones públicas y, desde luego, se tutelan las situaciones jurídicas sustanciales de los administrados.

El control es consustancial al poder ejercido por las administraciones públicas, puesto que, estas no existen sin aquel. El control se impone para encauzar la conducta administrativa dentro de los márgenes permitidos por el ordenamiento jurídico y lograr la consecución de los fines públicos; también es garante de la probidad, buena fe y moralidad administrativas, dado que la finalidad de los diversos sistemas y procedimientos de control es verificar la adecuación sustancial de la actuación administrativa con el ordenamiento jurídico y los principios de la buena administración[1].

---

[*] Doctor en Derecho Administrativo por la Universidad Complutense de Madrid; Especialista en Derecho Constitucional y Ciencia Política, del Centro de Estudios Constitucionales de Madrid; Profesor del Doctorado en Derecho Administrativo Iberoamericano coordinado por la Universidad de la Coruña (España) con diez universidades de Iberoamérica; Profesor de la Diplomatura en Derecho Administrativo Iberoamericano del Centro Latinoamericano de Derechos Humanos (CLADH); *www.ernestojinesta.com*

[1] V. Ernesto Jinesta Lobo, "El control jurisdiccional de la administración pública: su diseño constitucional", en *Revista Judicial*, núm. 63, año XX, 1997, págs. 97-114; Ernesto Jinesta Lobo, *La dimensión constitucional de la jurisdicción contencioso-administrativa*, San José, Editorial Guayacán, 1999, págs. 19-21.

En este documento hemos escogido todos aquellos controles de la conducta administrativa que se encuentran formalizados e institucionalizados; se trata de controles objetivados, por cuanto se encuentran pautados por la Constitución o por la legislación costarricense. Dado que, se inserta en una obra colectiva que pretende ser insumo para estudios de derecho comparado o derecho extranjero, nos hemos esforzado por brindar un análisis lo más neutro y aséptico posible de los diversos institutos jurídicos que forman parte del engranaje total del control de las administraciones públicas en Costa Rica, por lo que se ha procurado suprimir cualquier apreciación subjetiva que pueda contaminar su regulación objetiva.

2. CONTROL DE LEGALIDAD Y DE OPORTUNIDAD EN VÍA ADMINISTRATIVA

Cuando nos referimos al control de legalidad y de oportunidad en sede administrativa, hacemos referencia al procedimiento administrativo que es una forma de auto-control ejercido por las propias administraciones públicas sobre sí mismas. El procedimiento administrativo surge como una manifestación de la auto-tutela administrativa, pues tiene un doble fin garantizar el respeto de las situaciones jurídicas sustanciales de los administrados y lograr el mayor acierto o el mejor cumplimiento de los fines por las administraciones públicas[2].

En Costa Rica, se cuenta con la Ley General de la Administración Pública (LGAP) de 1978, que constituye uno de los primeros intentos de codificación del derecho administrativo en Iberoamérica[3]. El Libro segundo de esta ley, se ocupa de los procedimientos administrativos comunes y generales, y deja abierta la posibilidad de regular legislativamente los procedimientos administrativos especiales por razón de la materia (v. gr. en sectores como función pública, contratación administrativa, tributaria, aduanera, etc.). El Libro primero está dedicado a normar los actos administrativos, tanto su validez como su eficacia.

A) *Control de legalidad*

El artículo 11.1 LGAP estatuye que la administración pública debe actuar sometida al "ordenamiento jurídico y solo podrá realizar aquellos actos o prestar aquellos servicios públicos que autorice dicho ordenamiento, según la

---

[2] V. ERNESTO JINESTA LOBO, *Tratado de derecho administrativo*, tomo III, Procedimiento administrativo, San José, Editorial Jurídica Continental, 2007, págs. 31-51.

[3] V. ERNESTO JINESTA LOBO, "Reforma del derecho administrativo codificado frente a la globalización y la sociedad del conocimiento: a 30 años de la promulgación de la LGAP", en *Revista de Derecho Público*, núms. 7-8, Asociación Costarricense de Derecho Administrativo, enero-diciembre 2008, págs. 9 y ss.

escala jerárquica de sus fuentes"[4]. En igual sentido, al establecerse el principio de la inderogabilidad singular de las normas por la administración pública, para evitar la infracción del principio y derecho a la igualdad, el artículo 13.1 LGAP estatuye que "estará sujeta, en general, a todas las normas escritas y no escritas del ordenamiento administrativo, y al derecho privado supletorio del mismo, sin poder derogarlos ni desaplicarlos para casos concretos".

En lo relativo a la actividad formal, esto es, los actos administrativos manifestados por escrito, el artículo 128 LGAP estatuye, de modo general: "Será válido el acto administrativo que se conforme sustancialmente con el ordenamiento jurídico, incluso en cuanto al móvil del funcionario que lo dicta". Los artículos 129 a 133, regulan los elementos sustanciales y formales del acto administrativo para garantizar su validez: competencia, regularidad en la investidura, legitimación, motivo, contenido, fin, forma de manifestación, motivación y procedimiento[5].

El artículo 158.1 LGAP al regular, de manera general, la invalidez del acto administrativo dispone que esta se produce por la falta o defecto de un requisito "expresa o implícitamente exigido por el ordenamiento jurídico". El párrafo 2º de ese numeral preceptúa: "Será inválido el acto sustancialmente disconforme con el ordenamiento jurídico", y el párrafo 3º agrega que "Las causas de invalidez podrán ser cualesquiera infracciones sustanciales del ordenamiento, incluso las de normas no escritas". Por su parte, el artículo 162 LGAP dispone que "El recurso administrativo bien fundado por un motivo existente de legalidad, hará obligatoria la anulación del acto".

La LGAP estima que la nulidad absoluta del acto administrativo se presenta cuando "falten totalmente uno o varios de sus elementos constitutivos, real o jurídicamente" (art. 166), en tanto que la relativa se da cuando "sea imperfecto uno de sus elementos constitutivos, salvo que la imperfección impida la realización del fin, en cuyo caso la nulidad será absoluta".

[4] De acuerdo con el art. 6º LGAP, integran el ordenamiento jurídico administrativo escrito, normas usuales como la Constitución, los tratados internacionales y regionales, leyes y demás actos con valor de ley, reglamentos, etc. Por su parte, el art. 7º LGAP establece que integran el ordenamiento jurídico administrativo normas escritas y no escritas, tales como los principios generales, la jurisprudencia y la costumbre. Siendo que las normas no escritas sirven para interpretar, integrar y delimitar el campo de aplicación del ordenamiento escrito, tienen el rango de la norma que interpretan, integran o delimitan. En caso de ausencia y no de insuficiencia, tales normas no escritas tendrán, por expresa disposición, rango de ley. Consecuentemente, el bloque de legitimidad de las conductas administrativas en el caso costarricense es muy amplio, con lo que aumentan las posibilidades de su anulación.

[5] Sobre los elementos constitutivos y la invalidez del acto administrativo en Costa Rica, puede verse V. Ernesto Jinesta Lobo, *Tratado de derecho administrativo*, 2ª ed., tomo I, Parte general, San José, Editorial Jurídica Continental, 2009, págs. 441-552.

En lo relativo a los recursos administrativos el artículo 342 LGAP establece que las partes podrán recurrir contra resoluciones de mero trámite o incidentales o finales, "por motivos de legalidad".

B) *Control de la discrecionalidad*

El control de la discrecionalidad en sede administrativa en Costa Rica, desde la LGAP de 1978 es muy fuerte e intenso. Lo anterior obedece a que la LGAP positivizó los límites de la discrecionalidad, siendo que, tanto el órgano administrativo de control en vía administrativa como el juez contencioso-administrativo, deben ejercer un contol efectivo de los mismos.

Tres artículos son clave en la LGAP para el control pleno y efectivo de la discrecionalidad, y los reproducimos por cuanto estimamos que son normas de avanzada en el derecho comparado y, particularmente, en el terreno del control plenario y universal de las administraciones públicas, incluso de su discrecionalidad administrativa o técnica.

El artículo 15 dispone lo siguiente:

"1. La discrecionalidad podrá darse incluso por ausencia de ley en el caso concreto, pero estará sometida en todo caso a los límites que le impone el ordenamiento expresa o implícitamente, para lograr que su ejercicio sea eficiente y razonable.

"2. El juez ejercerá contralor de legalidad sobre los aspectos reglados del acto discrecional y sobre la observancia de sus límites".

El artículo 16 dispone:

"1. En ningún caso podrán dictarse actos contrarios a las reglas unívocas de la ciencia o de la técnica, o a principios elementales de justicia, lógica o conveniencia.

"2. El juez podrá controlar la conformidad con estas reglas no jurídicas de los elementos discrecionales del acto, como si ejerciera contralor de legalidad".

Finalmente, el artículo 17 se refiere a los derechos fundamentales y humanos como límite franco de la discrecionalidad administrativa, al preceptuar lo siguiente:

"La discrecionalidad estará limitada por los derechos del particular frente a ella, salvo texto legal en contrario".

Como complemento de estas relevantes disposiciones legislativas que establecen los límites de la discrecionalidad, otras normas de la LGAP dejan claramente establecido que cuando se trata del control en sede administrativa del acto deben verificarse tales alcances. Así, el artículo 158.3 LGAP al indicar que un acto administrativo será nulo cuando sea sustancialmente disconforme con el ordenamiento jurídico, establece: "Se entenderán incorporadas al ordenamiento, para este efecto, las reglas técnicas y científicas de sentido unívoco y aplicación exacta, en las circunstancias del caso". Por su parte, el artículo 160 LGAP, estatuye que "El acto discrecional será inválido, además, cuando viole reglas elementales de lógica, de justicia o de conveniencia, según lo indiquen las circunstancias de cada caso". El artículo 216.1, del Libro segundo sobre procedimiento administrativo, indica que la administración pública debe adoptar sus determinaciones con "estricto apego al ordenamiento" y tratándose de "actuaciones discrecionales, a los límites de racionalidad y razonabilidad implícitos en aquel".

En lo relativo a la figura de la revocación del acto administrativo, el artículo 152 la admite "por razones de oportunidad, conveniencia o mérito cuando haya divergencia grave entre los efectos [...] y el interés público, pese al tiempo transcurrido, a los derechos creados o a la naturaleza y demás circunstancias de la relación jurídica a que se intenta poner fin".

El artículo 342 LGAP establece que las partes interesadas en el procedimiento administrativo podrán recurrir las resoluciones de trámite o finales por motivos "de oportunidad".

3. Control de la legalidad y discrecionalidad en la jurisdicción contencioso-administrativa

La jurisdicción contencioso-administrativa en Costa Rica tiene raigambre, asidero y rango constitucional, por cuanto la Constitución Política de 1949, le dedica un artículo a sus fines y propósitos[6]. En efecto, el artículo 49 de la Constitución, dispone lo siguiente:

"Establécese la jurisdicción contencioso-administrativa como atribución del poder judicial, con el objeto de garantizar la legalidad de la función administrativa del Estado, de sus instituciones y de toda otra entidad de derecho público.

"La desviación de poder será motivo de impugnación de los actos administrativos.

"La ley protegerá, al menos, los derechos subjetivos y los intereses legítimos de los administrados".

Como lo señalamos en el acápite anterior, relativo a la sede administrativa, un componente esencial del bloque de legalidad para juzgar las conductas administrativas lo constituye la LGAP de 1978, siendo que todas las disposiciones citadas, se aplican en ámbito jurisdiccional para el control plenario y efectivo de las administraciones públicas, de modo que no las vamos a reiterar y únicamente nos ocuparemos ahora de las disposiciones del Código Procesal Conten-

---

[6] V. Ernesto Jinesta Lobo, "Reserva constitucional de la competencia material de la jurisdicción contencioso-administrativa", en *Revista de Derecho Público*, núms. 11-12, Asociación Costarricense de Derecho Administrativo, enero-diciembre 2010, págs. 91 y ss.

cioso-Administrativo (CPCA) de 2006, entrado en vigencia en 2008[7], que refuerzan el control tanto de la legalidad como de la discrecionalidad administrativa.

Así el artículo 1º numeral 1 del CPCA es una norma que hace eco del artículo 49 constitucional ya citado, pues utiliza términos un poco más omnicomprensivos al indicar que la jurisdicción contencioso-administrativa "tiene por objeto tutelar las situaciones jurídicas de toda persona, garantizar o restablecer la legalidad de cualquier conducta de la administración pública sujeta al derecho administrativo, así como conocer y resolver los diversos aspectos de la relación jurídico-administrativa".

El párrafo 2º del artículo 1º, indica que "Los motivos de ilegalidad comprenden cualquier infracción, por acción u omisión, al ordenamiento jurídico, incluso la desviación de poder".

El artículo 36 del CPCA establece que la pretensión administrativa será admisible respecto de lo siguiente:

"a) Las relaciones sujetas al ordenamiento jurídico-administrativo, así como a su existencia, inexistencia o contenido.

"b) El control del ejercicio de la potestad administrativa.

"c) Los actos administrativos, ya sean finales, definitivos o de trámite con efecto propio.

"d) Las actuaciones materiales de la administración pública.

"e) Las conductas omisivas de la administración pública.

"f) Cualquier otra conducta sujeta al derecho administrativo".

La jurisdicción contencioso-administrativa, concebida y diseñada mediante el CPCA de 2006, obedece al principio de la plena justiciabilidad de la función administrativa y de las relaciones jurídico-administrativas[8], por lo que se esfuerza por no dejar ámbitos exentos de control. Al respecto cabe citar el artículo 42 CPCA que establece un elenco *numerus apertus* de pretensiones deducibles ante el juez contencioso-administrativo, al indicar lo siguiente:

"1) El demandante podrá formular cuantas pretensiones sean necesarias, conforme al objeto del proceso.

"2) Entre otras pretensiones, podrá solicitar:

"a) La declaración de disconformidad de la conducta administrativa con el ordenamiento jurídico y de todos los actos o las actuaciones conexas.

---

[7] Sobre el Código Procesal Contencioso Administrativo, ERNESTO JINESTA LOBO, *Manual de derecho procesal administrativo*, San José, Editorial Jurídica Continental-IUSconsultec S. A., reimp. de la 1ª ed., 2009, *in totum*.

[8] V. ERNESTO JINESTA LOBO, "Principio general de la justiciabilidad plenaria y universal de la conducta administrativa", en *La protección de los derechos frente al poder de la administración*, Libro homenaje al profesor Eduardo García de Enterría, Bogotá - Valencia - Caracas, Editoriales Temis, Tirant lo Blanch y Jurídica Venezolana, 2014, págs. 607-634.

"b) La anulación total o parcial de la conducta administrativa.

"c) La modificación o, en su caso, la adaptación de la conducta administrativa.

"d) El reconocimiento, el restablecimiento o la declaración de alguna situación jurídica, así como la adopción de cuantas medidas resulten necesarias y apropiadas para ello.

"e) La declaración de la existencia, la inexistencia o el contenido de una relación sujeta al ordenamiento jurídico-administrativo.

"f) La fijación de los límites y las reglas impuestos por el ordenamiento jurídico y los hechos, para el ejercicio de la potestad administrativa.

"g) Que se condene a la administración a realizar cualquier conducta administrativa específica impuesta por el ordenamiento jurídico.

"h) La declaración de disconformidad con el ordenamiento jurídico de una actuación material, constitutiva de una vía de hecho, su cesación, así como la adopción, en su caso, de las demás medidas previstas en el inciso d) de este artículo.

"i) Que se ordene, a la administración pública, abstenerse de adoptar y ejecutar cualquier conducta que pueda lesionar el interés público o las situaciones jurídicas actuales o potenciales de la persona.

"j) La condena al pago de daños y perjuicios".

De la norma transcrita se infiere con claridad un control, tanto de la legalidad como de la discrecionalidad, particularmente intenso que debe ser complementado con los artículos de la LGAP de 1978, citados en el apartado relativo al control en sede administrativa.

El sistema de medidas cautelares adoptado por el CPCA de 2006 es también, *numerus apertus*, reforzando, entonces, el principio de la plena justiciabilidad de la función administrativa. Así, el artículo 19.1 CPCA dispuso que durante el transcurso del proceso o en la fase de ejecución podrán adoptarse, de oficio o a instancia de parte "las medidas cautelares adecuadas y necesarias para proteger y garantizar, provisionalmente, el objeto del proceso y la efectividad de la sentencia". De su parte, el ordinal 20.1 CPCA establece que "podrán contener la conservación del estado de cosas, o bien, efectos anticipatorios o innovativos, mediante la regulación o satisfacción provisional de una situación fáctica o jurídica sustancial. Por su medio, el tribunal o el juez respectivo podrá imponerle, provisionalmente, a cualquiera de las partes del proceso, obligaciones de hacer, de no hacer o de dar".

Para formarse una idea cabal del alcance e intensidad del control ejercido por la jurisdicción contencioso-administrativa, es menester transcribir la norma que se refiere a la tipología y contenido de las sentencias que pueden ser vertidas por la jurisdicción contencioso-administrativa y que viene a complementar la acertada comprensión de los artículos 1º y 42 del CPCA.

El artículo 122 del CPCA establece lo siguiente:

"Cuando la sentencia declare procedente la pretensión, total o parcialmente, deberá hacer, según corresponda, entre otros, los siguientes pronunciamientos:

"a) Declarar la disconformidad de la conducta administrativa con el ordenamiento jurídico y de todos los actos o actuaciones conexos.

"b) Anular, total o parcialmente, la conducta administrativa.

"c) Modificar o adaptar, según corresponda, la conducta administrativa a las reglas establecidas por el ordenamiento jurídico, de acuerdo con los hechos probados en el proceso.

"d) Reconocer, restablecer o declarar cualquier situación jurídica tutelable, adoptando cuantas medidas resulten necesarias y apropiadas para ello.

"e) Declarar la existencia, la inexistencia o el contenido de una relación sujeta al ordenamiento jurídico-administrativo.

"f) Fijar los límites y las reglas impuestos por el ordenamiento jurídico y los hechos, para el ejercicio de la potestad administrativa, sin perjuicio del margen de discrecionalidad que conserve la administración pública.

"g) Condenar a la administración a realizar cualquier conducta administrativa específica impuesta por el ordenamiento jurídico.

"h) En los casos excepcionales en los que la administración sea parte actora, se podrá imponer a un sujeto de derecho privado, público o mixto, una condena de hacer, de no hacer o de dar.

"i) Declarar la disconformidad con el ordenamiento jurídico y hacer cesar la actuación material constitutiva de la vía de hecho, sin perjuicio de la adopción de cualquiera de las medidas previstas en el inciso d) de este artículo.

"j) Ordenar a la administración pública que se abstenga de adoptar o ejecutar cualquier conducta administrativa, que pueda lesionar el interés público o las situaciones jurídicas actuales o potenciales de la persona.

"k) Suprimir, aun de oficio, toda conducta administrativa directamente relacionada con la sometida a proceso, cuando sea disconforme con el ordenamiento jurídico.

"l) Hacer cesar la ejecución en curso y los efectos remanentes de la conducta administrativa ilegítima.

"m) Condenar al pago de los daños y perjuicios, en los siguientes términos:

"vi) Pronunciamiento sobre su existencia y cuantía, siempre que consten probados en autos al dictarse la sentencia.

"ii) Pronunciamiento en abstracto, cuando conste su existencia, pero no su cuantía.

"iii) Pronunciamiento en abstracto, cuando no conste su existencia y cuantía, siempre que sean consecuencia de la conducta administrativa o relación jurídico-administrativa objeto de la demanda".

Una norma muy relevante del CPCA de 2006, en lo relativo al control de la discrecionalidad lo constituye el artículo 128 que dispone lo siguiente:

"Cuando la sentencia estimatoria verse sobre potestades administrativas con elementos discrecionales, sea por omisión o por su ejercicio indebido, condenará al ejercicio de tales potestades, dentro del plazo que al efecto se disponga, conforme a los límites y mandatos impuestos por el ordenamiento jurídico y por los hechos del caso, previa declaración de la existencia, el contenido y el alcance de los límites y mandatos, si así lo permite el expediente. En caso contrario, ello se podrá hacer en ejecución del fallo, siempre dentro de los límites que impongan el ordenamiento jurídico y el contenido de la sentencia y de acuerdo con los hechos complementarios que resulten probados en la fase de ejecución".

Cabe advertir que el artículo 20, párrafo 2º, relativo a las medidas cautelares, dispone que si la que adopta el órgano jurisdiccional involucra conductas administrativas, activas u omisivas, con elementos discrecionales o vicios en el ejercicio de su discrecionalidad, se estará a lo establecido en el ordinal 128 CPCA recién transcrito.

Uno de los elementos clave para ampliar las posibilidades de control de las administraciones públicas lo son las reglas en materia de legitimación para acceder a la jurisdicción contencioso-administrativa. En efecto, el artículo 10 CPCA establece la clásica legitimación personal por la "afectación de intereses legítimos o derechos subjetivos", pero también la defensa de intereses corporativos, difusos y colectivos, así como la acción popular cuando se encuentre prevista por ley.

4. Control de la infracción de los derechos fundamentales y humanos por las administraciones públicas en el proceso de amparo[9]

El proceso de amparo en Costa Rica, ha sido previsto en el artículo 48 de la Constitución Política de 1949, al indicar que cabe para "mantener o restablecer el goce" de todos los derechos contemplados en la Constitución y en los instrumentos internacionales de derechos humanos, con excepción de la libertad de movimiento o personal que se tutela por medio del *habeas corpus*. El proceso de amparo es desarrollado por la Ley de la Jurisdicción Constitucional (LJC) de 1989.

Cabe advertir que tales instrumentos internacionales, de acuerdo con la jurisprudencia de la Sala Constitucional, pueden haber pasado el *iter* de internación al ordenamiento jurídico (suscripción por el poder ejecutivo, aprobación

---

[9] Sobre la regulación del proceso de amparo contra sujetos de derecho público en Costa Rica, Ernesto Jinesta Lobo, *Derecho procesal constitucional*, México, Editorial Porrúa, 2014, págs. 111-253.

por el legislativo y promulgación por el primero, art. 7º de la Constitución Política) e, igualmente, por jurisprudencia garantista de ese Tribunal Constitucional, pueden ser tanto del *hard law* o del *softw law*.

Desde sus inicios, la Sala Constitucional ha dispuesto, en aplicación del principio de la cláusula más favorable (*in dubio pro homine*), que tales instrumentos pueden tener rango supra constitucional si otorgan un umbral de protección superior al concedido por el texto constitucional. Asimismo, señaló que las sentencias y opiniones consultivas de la Corte Interamericana de Derechos Humanos son vinculantes en el ordenamiento costarricense, y tienen rango supra constitucional si ofrecen un margen de tutela mayor, adelantándose a la noción del control de convencionalidad acuñada por esa Corte regional a partir de 2006[10].

Con esto queremos poner en evidencia que el criterio de constitucionalidad y convencionalidad (convenciones y declaraciones internacionales o regionales en materia de derechos humanos) para juzgar las conductas administrativas es muy amplio e intenso en el caso costarricense, con lo que crecen las posibilidades de declararlas ilegítimas. Lo anterior significa que las administraciones públicas deben ser cuidadosas de no infringir los derechos fundamentales o humanos de los ciudadanos, por cuanto sus actuaciones son fácilmente controlables en el proceso de amparo.

El proceso de amparo en Costa Rica presenta características específicas que ha amplificado su connotación de herramienta principal en el control de la función administrativa. Destacan, por ejemplo, su carácter principal y no residual, de modo que puede interponerse un proceso de amparo sin necesidad de agotar la vía administrativa o la jurisdiccional o sin existir ninguna de estas (art. 31 LJC), la legitimación vicaria de acuerdo con la cual cualquier tercero puede interponerlo en favor de otro (art. 33 LJC) y la legitimación para la defensa por intereses difusos en materias sensibles, reconocida jurisprudencialmente (v. gr. salud, ambiente, protección consumidor, etc.), la sumariedad, la defensa material y su gratuidad. Tales circunstancias le otorgan un protagonismo al proceso de amparo en el control de las administraciones públicas, a tal punto que muchas veces las personas para evitar los tiempos consumidos en la vía administrativa o jurisdiccional contencioso-administrativa y sus costos económicos, prefieren acudir al proceso de amparo que se resuelve céleremente; puede afirmarse que el proceso de amparo, en ocasiones, ha sustituido a la jurisdicción ordinaria que no comparte las mismas ventajas. A lo anterior, debe agregarse que ha sido un instrumento de primer orden en

---

[10] V. ERNESTO JINESTA LOBO, "Control de convencionalidad ejercido por los Tribunales y Salas Constitucionales", en *El control difuso de convencionalidad*, Ferrer Mac-Gregor (coord.), México, Fundap, 2012, págs. 269-288; ÍD., "Control de convencionalidad difuso ejercido por las jurisdicciones constitucional y contencioso-administrativa", en *Estudios sobre el control de convencionalidad*, Caracas, Editorial Jurídica Venezolana, 2015, págs. 113-139.

materia de derechos prestacionales o sociales, dada su plena justiciabilidad o efectividad en Costa Rica, para impugnar las múltiples y comunes omisiones administrativas en esa materia.

Debe anotarse, también, dentro de las bondades del proceso de amparo en Costa Rica, que la sentencia estimatoria puede disponer una reparación *in natura*, mediante el pleno restablecimiento o restitución, cuando es posible, o por equivalente en numerario mediante la indemnización de los daños y perjuicios (arts. 49 y 50 LJC).

El artículo 29 de la Ley de la Jurisdicción Constitucional de 1989, establece el objeto de proceso de amparo contra sujetos de derecho público de una manera muy amplia al indicar lo siguiente:

"[...]

"Procede el recurso contra toda disposición, acuerdo o resolución y, en general, contra toda acción, omisión o simple actuación material no fundada en un acto administrativo eficaz, de los servidores y órganos públicos, que haya violado, viole o amenace violar cualquiera de aquellos derechos.

"El amparo procederá no solo contra los actos arbitrarios, sino también contra las actuaciones u omisiones fundadas en normas erróneamente interpretadas o indebidamente aplicadas."

De modo complementario al objeto y tipo de pretensiones deducibles en el proceso de amparo, el artículo 49 LJC, referido al contenido de la eventual sentencia estimatoria, termina de delinear el amplio alcance del proceso de amparo respecto de las conductas administrativas. En efecto, en su párrafo 1º dicha norma indica que si el "acto impugnado" es de "carácter positivo" la sentencia "tendrá por objeto restituir y garantizar al agraviado en el pleno goce de su derecho, y restablecer las cosas al estado que guardaban antes de la violación, cuando fuere posible". El párrafo 2º del artículo 49 LJC dispone que cuando el amparo se interponga para que "una autoridad reglamente [...] tendrá dos meses para cumplir la prevención", se trata del supuesto en que una ley dispone que se emitirá un reglamento ejecutivo por el poder ejecutivo y se incumple tal mandato, esto es, se produce una omisión en el ejercicio debido de la potestad reglamentaria por las administraciones públicas. El párrafo 3º, por último, indica que cuando lo impugnado sea la "denegatoria de un acto o una omisión, la sentencia ordenará realizarlo" y si se "hubiere tratado de una mera conducta o actuación material, o de una amenaza, se ordenará su inmediata cesación, así como evitar toda nueva violación o amenaza, perturbación o restricción semejante".

En definitiva, en el proceso de amparo cabe impugnar cualquier conducta administrativa, activa u omisiva, que amenace infringir, infrinja o haya infringido un derecho fundamental o humano, con lo que cabe impugnar su actividad formal, actuaciones materiales, omisiones formales y materiales, etc.

5. Control de constitucionalidad de cualquier norma administrativa y acto sujeto al derecho público[11]

El artículo 10 de la Constitución Política menciona el control de constitucionalidad, indicando que la inconstitucionalidad cabe respecto "de las normas de cualquier naturaleza y de los actos sujetos al derecho público". Esta norma constitucional le da al control de constitucionalidad un amplísimo espectro, por cuanto cabe respecto no solo de leyes sino también de reglamentos dictados por las administraciones públicas en el ejercicio de su potestad reglamentaria, pero también, contra simples decretos, cuando tienen eficacia general, directrices e incluso circulares e instrucciones en los supuestos que tengan eficacia jurídica general y abstracta, más aún si tienen efectos jurídicos externos o para los administrados. De otra parte, la posibilidad de hacer pasible del control de constitucionalidad cualquier acto sujeto al derecho público, también le imprime un alcance muy intenso tratándose de la función administrativa. Consecuentemente, en Costa Rica, el control sobre las normas administrativas y actos administrativos es muy fuerte.

El artículo 73 LJC hace un elenco de los actos sujetos al derecho público que pueden ser objeto de la acción de inconstitucionalidad. El literal a) hace referencia a "*leyes y otras disposiciones generales*". Por su parte, el inciso b) indica que cabe "Contra los actos subjetivos de las autoridades públicas [...] si no fueren susceptibles de los recursos de habeas corpus o de amparo", este supuesto es particularmente significativo en el control de las administraciones públicas, por cuanto si un acto administrativo de efectos jurídicos concretos y particulares no infringe un derecho fundamental o humano de manera directa, pero sí otro componente del criterio de constitucionalidad, como, por ejemplo, una norma o principio de la parte orgánica de la Constitución, puede atacarse. El literal f) hace referencia a la posibilidad de impugnar por acción de inconstitucionalidad "la inercia, las omisiones y las abstenciones de las autoridades públicas".

Por si fuera poco, la LJC contempla una "consulta judicial de constitucionalidad" por los órganos jurisdiccionales a la Sala Constitucional de la Corte Suprema de Justicia, "cuando tuviere dudas fundadas sobre la constitucionalidad de una norma o acto que deba aplicar, o de un acto, conducta u omisión que deba juzgar en un caso sometido a su conocimiento" (art. 102 LJC).

Un aspecto esencial en el volumen o intensidad del control de las conductas administrativas apuntadas lo constituye la amplia legitimación en la acción de inconstitucionalidad, ya que, de acuerdo con el artículo 75 LJC procede cuando existe un asunto previo, control concreto (procedimiento administra-

---

[11] Sobre la acción de inconstitucionalidad en Costa Rica, Ernesto Jinesta Lobo, *Derecho procesal constitucional*, cit., págs. 363-492.

tivo, proceso jurisdiccional de cualquier tipo, incluso un proceso de habeas corpus o de amparo) y existe una "lesión individual o directa", como cuando se defienden intereses colectivos, sean corporativos o difusos.

6. CONTROL PRESUPUESTARIO, DE LA HACIENDA PÚBLICA
    Y DE LA CONTRATACIÓN PÚBLICA

En Costa Rica, el control presupuestario, de la hacienda pública y de lacontratación pública, le corresponde a una entidad de fiscalización superior denominada Contraloría General de la República, que tiene asidero en la Constitución Política de 1949. En efecto, el artículo 183 de la Constitución dispone que ese órgano "es una institución auxiliar de la Asamblea Legislativa en la vigilancia de la Hacienda Pública" con "absoluta independencia y administración en el desempeño de sus labores".

Dentro de sus atribuciones constitucionales esenciales destacan las siguientes (art. 184, incs. 1º y 2º): a) fiscalizar la ejecución y liquidación de los presupuestos ordinarios y extraordinarios del Estado o de la administración pública central y b) examinar, aprobar o improbar y fiscalizar la ejecución de los presupuestos de la administración pública descentralizada (territorial, institucional, funcional o por servicios). La Ley de la Administración Financiera de la República y Presupuestos Públicos de 2001 regula los detalles de este control.

La Contraloría General de la República tiene atribuciones legales de gran relevancia antes, durante y después de los procedimientos de contratación administrativa establecidos en la Ley de la Contratación Administrativa (LCA) de 1995. Así, por ejemplo, autoriza el levantamiento de incompatibilidades en la contratación (art. 23 LCA), los supuestos en que no deben observarse los procedimientos de contratación pautados por la ley (art. 2º bis LCA), la degradación de procedimientos de contratación (art. 30 *ibid.*) y los procedimientos de urgencia (art. 80 LCA); conoce y resuelve las impugnaciones durante el procedimiento de contratación administrativa como el denominado de "objeción al cartel" en el caso de la licitación pública (art. 81 LCA) y el recurso de apelación contra el acto de adjudicación (art. 84 LCA); también otorga aprobación (refrendo) al acto de adjudicación (art. 32 LCA) y a la resolución unilateral del contrato administrativo (art. 11 LCA).

7. CONTROL INTERNO

La Ley General de Control Interno (LGCI) de 2002, introdujo los denominados "sistemas de control interno" para el desarrollo en las administraciones públicas de un "ambiente de control", entendido como la actitud positiva y de apoyo para una administración escrupulosa y conforme con relevantes principios generales del derecho público, tales como los de legalidad, eficacia, eficiencia, economía, razonabilidad y proporcionalidad. Para lo que es necesario la "valoración de los riesgos" internos o externos que pueda enfrentar determinado órgano o ente administrativo en la consecución de sus objetivos o fines (art. 2º LGCI).

El artículo 8º LGCI aclara la noción de sistema de control interno, al indicar lo siguiente:

"[...] se entenderá por sistema de control interno la serie de acciones ejecutadas por la administración activa, diseñadas para proporcionar seguridad en la consecución de los siguientes objetivos:

"a) Proteger y conservar el patrimonio público contra cualquier pérdida, despilfarro, uso indebido, irregularidad o acto ilegal.

"b) Exigir confiabilidad y oportunidad de la información.

"c) Garantizar eficiencia y eficacia de las operaciones.

"d) Cumplir con el ordenamiento jurídico y técnico".

El artículo 9º LGCI establece que el sistema de control interno lo integran orgánicamente la administración activa y la auditoría interna de cada órgano o entidad. De acuerdo con el artículo 10 LGCI es responsabilidad del jerarca y del titular subordinado establecer, mantener, perfeccionar y evaluar el respectivo sistema; la administración activa, por su parte, es responsable de "realizar las acciones necesarias para garantizar su efectivo funcionamiento".

Dentro de los deberes del jerarca y los titulares subordinados en el sistema de control interno destacan los siguientes (art. 12 LGCI): a) "Velar por el adecuado desarrollo de la actividad del ente o del órgano a su cargo"; b) "tomar de inmediato las medidas correctivas, ante cualquier evidencia de desviaciones o irregularidades", y c) "analizar e implantar, de inmediato" las observaciones, recomendaciones o disposiciones formuladas por la Contraloría General de la República, la auditoría interna y externa.

En lo que se refiere al ambiente de control, son deberes del jerarca y titulares subordinados los siguientes (art. 13 LGCI): a) "Mantener y demostrar integridad y valores éticos en el ejercicio de sus deberes y obligaciones, así como contribuir con su liderazgo y sus acciones a promoverlos en el resto de la organización, para el cumplimiento efectivo por parte de los demás funcionarios"; b) "desarrollar y mantener una filosofía y un estilo de gestión que permitan administrar un nivel de riesgo determinado, orientados al logro de resultados y a la medición del desempeño [...]"; c) "Evaluar el funcionamiento de la estructura organizativa de la institución y tomar medidas pertinentes para garantizar el cumplimiento de los fines institucionales [...]"; d) "Establecer claramente las relaciones de jerarquía, asignar la autoridad y responsabilidad de los funcionarios y proporcionar los canales adecuados de comunicación [...]" y e) "Establecer políticas y prácticas de gestión de recursos humanos apropiadas, principalmente en cuanto a contratación, vinculación, entrenamiento, evaluación, promoción y acciones disciplinarias [...]".

La LGCI también establece deberes del jerarca y titulares subordinados en lo relativo a las actividades de control (art. 15), respecto de los sistemas de información y comunicación (art. 16) y el seguimiento del sistema de control (art. 17).

8. CONTROL CONTRA LA CORRUPCIÓN ADMINISTRATIVA

La Ley contra la Corrupción y el Enriquecimiento Ilícito en la función pública (LCCEI) de 2004, tiene por fines prevenir, detectar y sancionar la corrupción en el ejercicio de la función pública (art. 1º).

En cuanto al concepto de funcionario público la LCCEI contiene una definición amplía que incluye a los funcionarios de hecho, de las empresas públicas, entes cuya gestión esté sometida al derecho privado e, incluso, a los apoderados, representantes o administradores de personas del derecho privado que custodien, administren o exploten fondos, bienes y servicios públicos (art. 2º).

Para tal efecto, el artículo 3º LCCEI establece el deber de probidad de todo funcionario o servidor público, al indicar lo siguiente:

"El funcionario público estará obligado a orientar su gestión a la satisfacción del interés público. Este deber se manifestará, fundamentalmente, al identificar y atender las necesidades colectivas prioritarias, de manera planificada, regular, eficiente, continua y en condiciones de igualdad para los habitantes de la República; asimismo, al demostrar rectitud y buena fe en el ejercicio de las potestades que le confiere la ley; asegurarse de que [*sic*] las decisiones que adopte en cumplimiento de sus atribuciones se ajustan a la imparcialidad y a los objetivos propios de la institución en la que se desempeña y, finalmente, al administrar los recursos públicos con apego a los principios de legalidad, eficacia, economía y eficiencia, rindiendo cuentas satisfactoriamente".

El artículo 4º LCCEI dispone que la infracción del deber de probidad, aparte de la responsabilidad civil y penal, será causal para la destitución del funcionario sin responsabilidad patronal.

El artículo 5 tipifica el fraude de ley en esta materia al preceptuar lo siguiente:

"La función administrativa ejercida por el Estado y los demás entes públicos, así como la conducta de sujetos de derecho privado en las relaciones con estos que se realicen al amparo del texto de una norma jurídica y persigan un resultado que no se conforme a la satisfacción de los fines públicos y el ordenamiento jurídico, se considerarán ejecutadas en fraude de ley y no impedirán la debida aplicación de la norma jurídica que se haya tratado de eludir".

Particularmente significativo es el artículo 6º LCCEI al disponer que el fraude de ley provocará la nulidad del respectivo acto o contrato administrativo, así como la indemnización a la Administración Pública o a terceros.

9. Control por la Defensoría de los Habitantes

De acuerdo con la Ley de la Defensoría de los Habitantes de la República (LDHR) de 1992, este es un órgano adscrito a la Asamblea Legislativa, con plena independencia funcional, administrativa y de criterio para la protección y defensa de los derechos de los habitantes, debiendo velar, específicamente, porque "*el funcionamiento del sector público*" se ajuste al ordenamiento jurídico (arts. 1º y 2º de la LDHR).

Entre sus competencias, el artículo 12, inciso 1º, LDHR dispone que "Sin perjuicio de las potestades constitucionales y legales de los órganos jurisdiccionales del Poder Judicial, la Defensoría de los Habitantes de la República puede iniciar, de oficio o a petición de parte, cualquier investigación que conduzca al esclarecimiento de las actuaciones materiales, de los actos u omisiones de la actividad administrativa del sector público [...]". Para el logro de ese fin, se le concede a la Defensoría ciertas potestades intensas de inspección y visita de oficinas públicas sin previo aviso, de acceso privilegiado a la información y documentación administrativa, de hacer comparecer a cualquier funcionario público, incluso en contra de su voluntad y con la colaboración de la policía (art. 12, incs. 2º y 3º, LDHR). El artículo 13 de su ley le concede legitimación procesal para interponer, de oficio o a instancia de parte, cualquier acción administrativa o jurisdiccional prevista en el ordenamiento jurídico.

El artículo 14 LDHR delimita la naturaleza y alcance del control ejercido por la Defensoría de los Habitantes, al indicar lo siguiente:

"1. La intervención de la Defensoría de los Habitantes de la República no sustituye los actos, las actuaciones materiales ni las omisiones de la actividad administrativa del sector público, sino que sus competencias son, para todos los efectos, de control de legalidad.

"2. Si en el ejercicio de sus funciones, la Defensoría de los Habitantes de la República llega a tener conocimiento de la ilegalidad o arbitrariedad de una acción, debe recomendar y prevenir al órgano respectivo, la rectificación correspondiente, bajo los apercibimientos de ley. Pero si considera que el hecho puede constituir delito, debe denunciarlo ante el ministerio público.

"3. El no acatamiento injustificado de las recomendaciones de la Defensoría de los Habitantes de la República, puede ser objeto de una amonestación para el funcionario que las incumpla o, en caso de incumplimiento reiterado, de una recomendación de suspensión o despido, sin perjuicio de lo señalado en el párrafo segundo de este artículo".

Las recomendaciones de la Defensoría de los Habitantes carecen de un efecto jurídico coactivo, con lo que no deja de ser la clásica "magistratura de opinión o de influencia". Lo que no obsta para que sea una pieza clave del engranaje del control de las conductas administrativas.

El mecanismo utilizado por los habitantes de la República para acceder a la Defensoría lo constituye la queja o reclamación que tiene un trámite debidamente pautado (arts. 16 a 22 LDHR).

10. CONTROL POLÍTICO POR LA ASAMBLEA LEGISLATIVA

El control político de las administraciones públicas se encuentra esbozado en la Constitución Política de 1949. En particular, destaca la figura de la "interpelación y censura de los ministros de gobierno", que establece el artículo 121, inciso 24, de la Constitución.

De acuerdo con esta norma, es atribución exclusiva de la Asamblea Legislativa: "Formular interpelaciones a los ministros de gobierno, y además, por dos tercios de los votos presentes, censurar a los mismos funcionarios, cuando a juicio de la Asamblea fueren culpables de actos inconstitucionales o ilegales, o de errores graves que hayan causado o puedan causar perjuicio evidente a los intereses públicos.

"Se exceptúan de ambos casos, los asuntos en tramitación de carácter diplomático o que se refieran a operaciones militares pendientes".

Del tenor de esta norma conviene clarificar varios puntos relevantes que son los siguientes:

a) Los ministros de gobierno tienen a su cargo una cartera o secretaría ministerial, en un sector de actividad administrativa materialmente homogénea (v. gr. educación, salud, seguridad, vivienda, obras públicas y transportes, etc.). En esencia, son los jerarcas administrativos sectoriales de las diversas ramas de las que se ocupa el Estado o la Administración Pública Central. Al respecto, el artículo 141 de la Constitución establece que "Para el despacho de los negocios que corresponden al poder ejecutivo habrá los ministros de gobierno que determine la ley. Se podrán encargar a un solo ministro dos o más carteras".

b) La interpelación se entiende como el llamado que hace la Asamblea Legislativa, por una mayoría simple, a un ministro de gobierno para que comparezca ante ese órgano a dar explicaciones o informe sobre asuntos políticos-administrativos a cargo del respectivo funcionario. Las explicaciones que pueda dar el ministro de gobierno pueden persuadir al órgano legislativo acerca de la regularidad, acierto o corrección de la conducta que se le cuestiona, con lo que no necesariamente se desemboca en una censura.

c) La censura del ministro de gobierno requiere de una mayoría califica-da, dos tercios de los votos presentes para que proceda. Como se desprende del precepto constitucional transcrito, para imponer tal sanción política se precisa que el ministro de gobierno sea culpable, esto es, se le pueda imputar por infracción del deber de cuidado, una conducta inconstitucional o ilegal, a juicio de la asamblea legislativa, o de errores graves en su gestión siempre que puedan causar un perjuicio evidente, esto es manifiesto y palpable, del interés público. Como se desprende del precepto constitucional, el juicio sobre la cons-titucionalidad, legalidad o incorrección evidente de la conducta del ministro, lo emite el órgano legislativo, sin necesidad de un pronunciamiento judicial previo. Se trata de un juicio emitido en el ejercicio de la función de control político[12]. Es de esperarse que cuando una moción legislativa de censura no prospera, previa interpelación, no puede hacerse volver a comparecer por la misma conducta a este ministro. En el sistema constitucional costarricense la censura de un ministro no supone su cese en el cargo, de modo que la san-ción política tiene un efecto relativamente tenue.

d) Sendas figuras no caben cuando se trata de asuntos diplomáticos en trá-mite o de operaciones militares pendientes.

e) Ambas figuras (interpelación y censura) responden a la necesidad de los frenos y contrapesos (*checks and balances*) y el principio de colaboración de los poderes propios de un Estado constitucional de derecho, tomando en consideración que el sistema costarricense es, predominantemente, semi-presidencialista[13].

---

[12] V. Rubén Hernández Valle, *Derecho parlamentario costarricense*, 2ª ed., San José, Investigaciones Jurídicas S. A., 2000, págs. 438-441.

[13] Afirma Gutemberg Maríínez Ocamica que las interpelaciones se presentan tanto en los regímenes presidencialistas, semipresidencialistas y parlamentarios. Véase *Fiscalización par-lamentaria y comisiones investigadoras*, Santiago, Editorial Jurídica de Chile, 1998, pág. 20.

ECUADOR

LA ACTIVIDAD ESTATAL DE CONTROL EN ECUADOR

Efraín Pérez

1. Introducción

El control de actividades de la Administración Pública se efectúa: 1) al interior del ejecutivo; 2) mediante la función de transparencia y control social, y 3) las potestades que desempeña la función legislativa. Cabe también señalar los controles electoral, constitucional y ciudadano.

A) *Las instituciones del ejecutivo*

Se describen la forma como diferentes instituciones del ejecutivo ejercen actividades de control. Las "agencias de control" del ejecutivo comprenden el Ministerio de Economía y Finanzas[1].

B) *La cuarta función del Estado*

La "cuarta función" del Estado: la función de transparencia y control social, integrada por el "Consejo de Participación Ciudadana y Control Social", las superintendencias y la Procuraduría General del Estado.

C) *El poder legislativo*

El poder legislativo —la Asamblea Nacional— ejerce control político y también económico mediante la aprobación del Presupuesto General del Estado y de los presupuestos institucionales.

2. Antecedentes

Las unidades administrativas se han sucedido con variados nombres en Ecuador, incluso en instituciones que conservan sus competencias originales. Esto es especialmente cierto en los ministerios y sus asignaciones, que en Ecuador pueden ser creados, suprimidos o modificados por el ejecutivo, sin necesidad de la intervención del legislativo. Así, en los diez años que duró la Administración anterior creció grandemente el número de ministerios y secretarías, y se cambiaron sus competencias.

---

[1] Recientemente se denominaba *Ministerio de Finanzas y Crédito Público*, en la actualidad, *Ministerio de Economía y Finanzas* http://www.finanzas.gob.ec/

La tendencia general ha sido la de menguar la descentralización del Estado en beneficio de centralizar, que se justifica con una alegada desconcentración.

El actual gobierno, que marca el inicio de una nueva administración, no se visualiza que vaya a modificar esa directriz, aunque no es seguro que acentuará la tendencia centralizadora.

A) *La historia del control en Ecuador*

a) *La hacienda pública y lo contencioso tributario.* La Hacienda pública, en su competencia de recaudación de rentas públicas, desempeña un papel superlativo desde tiempos de la administración española. La administración fiscal estaba inicialmente compuesta por una Contaduría, que después se transforma en un Tribunal de Cuentas, al estilo español. Desde 1929, la Contraloría General asume en Ecuador el papel que hasta entonces desempeñaba el Tribunal de Cuentas. Su competencia es de índole administrativa, de modo que se puede recurrir de sus decisiones en sede judicial, ante el tribunal respectivo. Originalmente el Tribunal de Cuentas fue básicamente una jurisdicción de la función ejecutiva, con el apoyo de funcionarios "revisores". Más adelante, con el nombramiento de sus magistrados a cargo del Congreso, se integran en la función judicial. En 1959 se instituye en Ecuador el Tribunal Fiscal[2], reconocido por la Constitución de 1967 para la resolución de las cuestiones contencioso-tributarias.

La Ley Orgánica de Hacienda de 1927 "suprime los tribunales de cuentas e instituye en su lugar un órgano que se caracteriza por reunir la doble calidad de juez de Hacienda Pública y de vigilante de la regularidad de las normas que deben aplicar el presupuesto: ese órgano es el contralor general del Estado, titular de la Contraloría General del Estado". Esta ley "conceptúa a la Contraloría como 'Oficina de Contabilidad e Intervención Fiscal', y le asigna la calidad de independiente de cualquier ministerio, departamento u oficina del poder ejecutivo"[3]. En los juicios de cuentas, "[e]l contralor general tiene jurisdicción privativa para conocer de las cuentas de los funcionarios, empleados y agentes de Hacienda, de las municipalidades y demás instituciones de derecho público, obligadas a rendir cuenta" (art. 219); y "[l]as decisiones del contralor general, en todo lo concerniente a contabilidad, fiscalización y juzgamiento de cuentas, dentro de las facultades de la Contraloría, serán definitivas". La Ley Orgánica de Hacienda expedida el año siguiente, en 1928, ratifica sin mayores cambios las funciones atribuidas a la Contraloría. La Constitución de 1929 "dispone que el contralor sea designado por el Congreso sobre la base de terna enviada por el presidente de la República",

---

[2] DLE 10. RO 847 de 19 de junio de 1959.

[3] BORJA Y BORJA, "Informe sobre la Codificación de la Ley Orgánica de Hacienda", en *Boletín Jurídico, Órgano de la Comisión Legislativa,* t. II, Quito, Editorial Santo Domingo, 1960, págs. 323 y 327.

mientras que con anterioridad, la Ley Orgánica de Hacienda determinaba el nombramiento del contralor a cargo del ejecutivo por un período de seis años[4]. En 1935 se regresa la Contraloría, por decreto supremo, a la "dependencia del Ministerio de Hacienda [...] a cargo de un director, [...] nombrado por el ministro de Hacienda"[5]. Las Constituciones de 1945, 1946 y 1967 califican a la Contraloría General como "autónoma en sus funciones administrativas" (arts. 138, 154 y 226, respectivamente). Sus actuales competencias constan en el Código Orgánico de Planificación y Finanzas Públicas (COPFP) y en la Ley Orgánica de la Contraloría General del Estado (LOCGE).

La Constitución vigente, de 2008, define la Contraloría General del Estado como "organismo técnico encargado del control de la utilización de los recursos estatales, y la consecución de los objetivos de las instituciones del Estado y de las personas jurídicas de derecho privado que dispongan de recursos públicos"[6] y la integra en la Función de Transparencia y Control Social.

b) *La legislación hacendística y los antecedentes de normativa legal presupuestaria, de contratación y de función pública.* La normativa hacendística ecuatoriana constó desde 1830 (en que Ecuador se separó de Colombia) en las sucesivas versiones de la Ley de Hacienda. La Ley Orgánica de Hacienda, de 1869, con sus reformas sucesivas rigió durante el primer tercio del siglo xx, hasta 1927, en que se expide una nueva ley con el mismo nombre, a lo que se hace referencia líneas arriba. Además, su contenido incluyó provisiones sobre presupuestos públicos, funcionarios públicos y contratación pública. Esta ley es sustituida el año siguiente, de 1928, por otra del mismo nombre y con similar contenido. Su última codificación, de 1975, fue reemplazada por la Ley Orgánica de Administración Financiera y Control (LOAFYC), de 1977, sustituida a su vez por el vigente Código Orgánico de Planificación y Finanzas Públicas y la Ley Orgánica de la Contraloría General del Estado. El empleo público, tuvo su ley específica, aunque inaplicada, desde 1952, con la Ley de Carrera Administrativa, hoy Ley Orgánica de Servicio Público (LOSEP).

La contratación pública adquiere su cuerpo legal propio a partir de la Ley de Licitación de 1964, en la actualidad Ley Orgánica del Sistema Nacional de Contratación Pública (LOSNCP) y Ley Orgánica para la Eficiencia en la Contratación Pública. Además de los procedimientos normados por esta ley, existen variadas leyes que regulan diferentes contrataciones, que se han tratado de recoger en el reglamento de la LOSNCP. Finalmente, la Ley de Presupuestos del Sector Público, de 1993, contempla la materia presupuestaria, que hasta esa fecha se reguló conforme las normas contenidas en la Ley Orgánica de Hacienda y después en la LOAFYC y en múltiples normas reglamentarias y administrativas. Posteriormente, también sobre temas financieros y especialmente

---

[4] *Ibidem*, pág. 337.

[5] DS 431. RO 11 de 10 de octubre de 1935, art. 1º.

[6] Art. 211, CRE.

de endeudamiento público se expidió la Ley Orgánica de Responsabilidad, Estabilización y Transparencia Fiscal, en 2002. El vigente Código Orgánico de Planificación y Finanzas Públicas cubre ahora estas materias.

B) *La tutela*

a) *Antecedentes de la tutela administrativa.* El origen de la denominación de "tutela" viene del derecho francés: en el siglo XIX se afirmó que "es necesario que los contratistas y empresarios que traten con los municipios sepan que lo hacen con incapaces"; asimilando así la figura de la tutela de los incapaces del Código Civil a las entidades del Estado[7]. Esta concepción, aplicada a todas las personas jurídicas, es recogida por ANDRÉS BELLO y por el Código Civil ecuatoriano, que en su artículo 1463, sobre la incapacidad relativa dice: "Son también incapaces los menores adultos, los que se hallan en interdicción de administrar sus bienes, y las personas jurídicas".

La definición clásica de tutela proviene de MASPETIOL y LAROQUE, para-quienes la tutela "es el conjunto de poderes limitados concedidos por la ley a una autoridad superior sobre los agentes descentralizados y sobre sus actos con el fin de proteger el interés general"[8].

Como se explica más adelante, para VEDEL la delicada diferencia entre el poder jerárquico y la tutela es importante.

La contraparte de la relativa "independencia" de las entidades públicas y de las empresas públicas son los controles que sobre ella ejercen las tres funciones del Estado por medio de la tutela. El control es consustancial con la existencia de la entidad pública y de la empresa pública. Así, para GARRIDO FALLA "[b] astará el examen de la naturaleza de las relaciones o vínculos que le ligan a la Administración pública de que se trate: si estos son de naturaleza jerárquica o de los que la doctrina conoce con el nombre de tutela, estamos en presencia de un ente encuadrado en la organización estatal"[9]. En el mismo sentido, MARTÍN MATEO dice: "es solo esta idea del control la única que nos puede poner sobre la pista de la existencia de una empresa pública"[10].

Las empresas públicas estructuradas como dependencias públicas y no como personas jurídicas de derecho público o de derecho privado están sometidas al poder jerárquico y no a la tutela estatal. Empezando por los controles que ejerce la administración pública, de nuevo hay que distinguir entre la empresa pública que es una dependencia de la administración, de aquella que es una

---

[7] ÁLVARO TAFUR, *Las entidades descentralizadas*, Bogotá, Edit. Temis, 1977, pág. 224.

[8] *Ibidem.*

[9] FERNANDO GARRIDO FALLA, ALBERTO PALOMAR OLMEDA, HERMINIO LOSADA GONZÁLEZ, *Tratado de derecho administrativo*, Madrid, Tecnos, 2005, V. I, pág. 394.

[10] RAMÓN MARTÍN MATEO y FRANCISCO SOSA WAGNER, *Derecho administrativo económico*, Madrid, Ediciones Pirámide, 1977, pág. 111.

entidad, es decir que tiene personalidad jurídica de derecho público. La empresa pública en dependencia —sin personalidad jurídica— se asimila para sus controles a las demás oficinas del Estado, en donde el jefe o autoridad máxima respectivos ejercen su poder jerárquico. Algo diferente ocurre en las empresas públicas que son entidades, con personalidad jurídica propia, puesto que en estas el control de la administración asume un procedimiento diferente: la tutela administrativa.

La Constitución caracteriza los aspectos de la tutela de la empresa pública en Ecuador: las empresas públicas estarán bajo la regulación y el control específico de los organismos pertinentes, de acuerdo con la ley; funcionarán como sociedades de derecho público, con personalidad jurídica de derecho público, autonomía financiera, económica, administrativa y de gestión, con elevados índices de calidad y criterios empresariales, económicos, sociales y ambientales[11].

b) *La tutela en Ecuador*. La contraparte de la relativa autonomía de las entidades y empresas públicas son los controles que sobre ellas ejercen el ejecutivo y las otras funciones del Estado. El control es consustancial con la existencia de la descentralización administrativa y de su instrumentación que son las entidades y las empresas públicas.

Por otra parte, cobra importancia creciente la noción *regulatoria*. Para el caso de actividades de fundamental importancia en el cumplimiento de la finalidad del Estado, especialmente los servicios públicos, en la doctrina se impone el requerimiento de un control autónomo sobre el desempeño de las prestaciones. En Europa se considera que esta regulación debe provenir de entidades de derecho público que no dependan del ejecutivo en forma directa. Así, se menciona la regulación eléctrica, la regulación de las telecomunicaciones y otros servicios públicos, muchos de ellos prestados por el Estado mediante empresas públicas (arts. 313 y 314, CRE), a lo que se hace referencia al final de este ensayo, pero que en Ecuador son reguladas por el ejecutivo.

La justificación de estructura autónoma del control y de la regulación se acentúa en caso de prestaciones de empresas y de instituciones públicas.

La tutela sobre la "adscripción" se manifiesta por el control por medio de:

• La integración de los directorios (que aprueban los presupuestos y los reglamentos, nombran a los directivos, autorizan gastos que exceden de cierta cantidad);

• El control de personal que pueda organizar en la actualidad el Ministerio de Trabajo;

• La planificación de Senplades y el Ministerio de Economía (que aprueban y priorizan los proyectos de inversión y califican la estructuración presupuestaria);

---

[11] Art. 315, Constitución.

• La Contraloría General del Estado (en el examen del uso de los fondos públicos);

• La Procuraduría General del Estado (en la obligación de remitirle los contratos celebrados y someterse al examen posterior).

Pero dentro de estas limitaciones, las entidades tienen más amplia discrecionalidad en la gestión de su cometido y capacidad para dictar sus propias disposiciones administrativas.

Debe añadirse que en las entidades adscritas que funcionan como empresas públicas se nota en la actualidad una regresión de una tendencia que en un momento incluyó la integración de los directorios con miembros del sector privado, principalmente de corporaciones profesionales, laborales o del sector productivo.

Los autores clasifican los instrumentos de control desde diferentes puntos de vista. Una de las más detalladas clasificaciones es la de DROMI, que manifiesta:

Intentando tipificar las modalidades de control de la función administrativa, desde los más diversos ángulos y criterios, podríamos formular los siguientes:

a) Por la actividad: 1) control administrativo; 2) jurisdiccional, y 3) político-legislativo.

b) Por la oportunidad: 1) control preventivo; 2) concomitante, y 3) represivo.

c) Por el objeto: 1) de personas y 2) de actividades.

d) Por la localización orgánica: 1) controles horizontales (intraorgánicos y extraorgánicos), y 2) verticales[12].

c) *Instrumentos de la tutela.* Los instrumentos de control y regulación de la administración pública se encuentran repartidos entre los cinco poderes del Estado, que se establecen en Ecuador en la Constitución 2008: legislativo, ejecutivo, judicial y justicia indígena, transparencia y control social y electoral; además del control que corresponde a la Corte Constitucional. También, en repetidas ocasiones el texto constitucional alude en general al control de las "organizaciones sociales".

El establecimiento de la función de transparencia y control social se origina en una tendencia reciente que atribuye diferentes representantes de la sociedad civil o de la ciudadanía determinadas facultades para intervenir en ciertos aspectos de la actuación del Estado.

Asimismo, existen órganos de control y regulación con una relativa autonomía que se integran dentro de la función de transparencia y control social, además del control electoral que atañe a la función electoral.

"Los organismos de control y regulación" de la función de transparencia y control social son: la Contraloría General del Estado, la Procuraduría Ge-

---

[12] ROBERTO DROMI, *Derecho administrativo económico*, t. 2, Buenos Aires, Astrea, 1979, pág. 556.

neral del Estado, el Consejo de Participación Ciudadana y Control Social, las Superintendencias y el Banco Central del Ecuador. Estas entidades tienen competencia para expedir normas generales obligatorias, en las áreas de su competencia, previa regulación por la asamblea legislativa[13].

Sin referencia específica a una entidad u órgano del ejecutivo, se le atribuye a este y a la vigilancia de las organizaciones sociales, competencia y responsabilidad en el control de la provisión de servicios públicos, así como de la prestación de servicios de salud[14] y educación, sobre las empresas públicas.

Entre los órganos de control interior del ejecutivo, además de las agencias específicas, se encuentran: los ministerios de Trabajo y de Economía y los directorios institucionales, así como los delegados del ejecutivo al interior de los cuerpos colegiados existentes.

La participación de la ciudadanía consta en la normativa constitucional en el derecho de petición, la defensa del consumidor, la conservación de la biodiversidad y del medio ambiente y la Constitución se refiere al control ciudadano de variados otros aspectos de la actuación de los órganos públicos. El sustento legal de tales participaciones se encuentra principalmente en la Constitución, en el Estatuto Jurídico y Administrativo de la Función Ejecutiva (Erjafe), en la Ley Orgánica de Transparencia y Acceso a la Información (Lotaip), y en el Código Orgánico del Ambiente[15].

C) *El sistema de control en las constituciones ecuatorianas*

En el texto constitucional vigente consta una definición clara del que podríamos denominar sistema de control, que abarca varias instituciones y dos grandes espacios de ejercicio.

---

[13] CRE: Art. 132. "La Asamblea Nacional aprobará como leyes las normas generales de interés común. Las atribuciones de la Asamblea Nacional que no requieran de la expedición de una ley se ejercerán a través de acuerdos o resoluciones. Se requerirá de ley en los siguientes casos: [...]. 6. Otorgar a los organismos públicos de control y regulación la facultad de expedir normas de carácter general en las materias propias de su competencia, sin que puedan alterar o innovar las disposiciones legales".

[14] Art. 359. "El sistema nacional de salud comprenderá las instituciones, programas, políticas, recursos, acciones y actores en salud; abarcará todas las dimensiones del derecho a la salud; garantizará la promoción, prevención, recuperación y rehabilitación en todos los niveles; y propiciará la participación ciudadana y el control social".

Art. 364. "Las adicciones son un problema de salud pública. Al Estado le corresponderá desarrollar programas coordinados de información, prevención y control del consumo de alcohol, tabaco y sustancias estupefacientes y psicotrópicas; así como ofrecer tratamiento y rehabilitación a los consumidores ocasionales, habituales y problemáticos. En ningún caso se permitirá su criminalización ni se vulnerarán sus derechos constitucionales.

El Estado controlará y regulará la publicidad de alcohol y tabaco".

[15] Se encuentra aprobado por la Asamblea un Código Administrativo, y se encuentra promulgado el Código Orgánico Ambiental, que entrará en vigencia doce meses después de su publicación en SRO 983 12 de abril de 2017.

Son estos espacios el control de las instituciones públicas y el control de actividades que se considera esenciales para la sociedad, que la Constitución encarga a la función de transparencia y control social. En lo que se relaciona con el control, dice el segundo inciso del artículo 204:

"La función de transparencia y control social promoverá e impulsará el control de las entidades y organismos del sector público, y de las personas naturales o jurídicas del sector privado que presten servicios o desarrollen actividades de interés público, para que los realicen con responsabilidad, transparencia y equidad".

No nos interesa en este subtítulo el control de las actividades de interés público, que la Constitución asigna a las *superintendencias*, sino el que se ejerce sobre las entidades y organismos del *sector público*.

Este control sobre la actividad estatal se fundamenta en la necesidad de preservar el principio de legalidad, principio básico del derecho público que nuestra Constitución recoge en el primer inciso de su artículo 226[16], pero se expresa de múltiples maneras, desde el control de constitucionalidad que corresponde a la Corte Constitucional[17], hasta los controles que los superiores jerárquicos ejercen sobre la actividad de sus subordinados[18], pasando por el control político a cargo de la Asamblea Nacional[19] o el control de la observancia de los derechos fundamentales que la Constitución asigna al defensor del pueblo[20].

En el lenguaje común existe, sin embargo, cierto acuerdo en considerar que la referencia a control, o a organismos de control, tiene que ver con la corrección en el manejo de los recursos públicos o con lo que podríamos denominar fiscalización administrativa, entendida en el viejo sentido de actividad de promoción de los intereses del fisco o, ya que recurrimos a la terminología clásica, del tesoro público[21].

Se trata, entonces, de un sentido implícito que nos ha llevado a usar un término genérico (organismos de control), cuando nos referimos a una clase específica del control: el que podemos llamar control gubernamental o control hacendario.

---

[16] CRE, art. 228. "Las instituciones del Estado, sus organismos, dependencias, las servidoras o servidores públicos y las personas que actúen en virtud de una potestad estatal ejercerán solamente las competencias y facultades que les sean atribuidas en la Constitución y la ley".

[17] CRE, art. 429.

[18] Ley Orgánica de la Contraloría General del Estado, art. 77.

[19] CRE, art. 129.

[20] CRE, art. 215.

[21] Es bueno tomar en cuenta que autores como Dromi incluyen en la *fiscalización administrativa*, todas las actividades de control del Estado. Ver Roberto Dromi, *Derecho administrativo*, Buenos Aires, Ciudad Argentina, 2009, págs. 997-1019.

Tradicionalmente, este control ha sido asignado por las constituciones ecuatorianas a la Contraloría General del Estado, a la que se incluyó siempre en un grupo general de instituciones públicas con competencias específicas y que el texto constitucional de 1998 calificó como instituciones de control.

Esta calificación fue el resultado de la forma en que ha ido evolucionando la regulación de esta materia desde la aparición del ministerio público, la Contraloría General y la Superintendencia de Bancos en la Constitución de 1929.

La Constitución de 1929 es la primera que menciona a estas instituciones. En ella se hace referencia expresa, en título aparte, al ministerio público, cuyo ejercicio se encarga al procurador general de la Nación (art. 134) y, si bien no se habla de la Contraloría General ni de la Superintendencia de Bancos, sí se regulan, en varios artículos, el nombramiento y las funciones del contralor y del superintendente (arts. 30, 50 num. 5, 105, 115 y 117 num. 11).

La Constitución de 1945 dedica un título al ministerio público, también a cargo del procurador general de la nación (tít. xi, arts. 134-136), y añade uno más en el que agrupa a la Contraloría General de la Nación y a la Superintendencia de Bancos (tít. xii, arts. 137-140).

Es la Constitución de 1946 la que incluye a todas estas instituciones en un solo título, el x ("Organizaciones varias") e incluye una sección dedicada al Consejo de Estado, otra al ministerio público a cargo del procurador (arts. 147-148) y una tercera a la Contraloría y a la Superintendencia de Bancos (arts. 148-152).

También la Constitución de 1967 agrupa a todas las instituciones a las que nos referimos en un título único, el x, que se denomina "Otros organismos del Estado", pero trata a la Contraloría y a la Superintendencia de Bancos en dos capítulos distintos e incluye una nueva superintendencia: la de Compañías.

La Constitución de 1978, impropiamente denomina el título iv como "Organismos del Estado", en el que se incluyen tres secciones, una que se refiere al Tribunal Supremo Electoral (art. 109); otra sobre la Procuraduría General del Estado, a la que se encarga del ejercicio del ministerio público (arts. 110-112); y una tercera que se denomina "organismos de control" y que incluye a la Contraloría General del Estado y a las superintendencias de bancos y de compañías (arts. 113-116).

Las reformas constitucionales, codificadas en 1996, mantienen idéntico tratamiento (tít. v, arts. 137-147), pero crean una sección especial destinada al ministerio público, de cuyo ejercicio se encarga al ministro fiscal general (arts. 141-142). Una reforma constitucional de julio de 1997 agrega un nuevo organismo de control: la Superintendencia de Telecomunicaciones (ley sin número, registro oficial 120, 31 de julio de 1997, hoy suprimida).

El texto constitucional de 1998 reitera la agrupación de todas las instituciones que se ha señalado en un mismo título, pero excluye el Tribunal

Supremo Electoral (actualmente Consejo Nacional Electoral) e incluye a la Comisión de Control Cívico de la Corrupción (suprimida), se refiere a las superintendencias de manera general y utiliza, para referirse a todas estas instituciones, la denominación organismos de control.

En resumen, las nuevas instituciones que surgieron a partir de la década de 1920 (el ministerio público a cargo de la Procuraduría General, la Contraloría y la Superintendencia de Bancos) fueron incluidas en un grupo único para su tratamiento constitucional, grupo que la Constitución de 1946 denomina, con mucha propiedad, "organizaciones varias" y la de 1967 pasa a llamar, también apropiadamente, "otros organismos del Estado". Igual cosa se hizo con las instituciones que surgieron posteriormente (las nuevas superintendencias, el ministerio público separado de la Procuraduría General del Estado y la Comisión de Control Cívico de la Corrupción).

La Constitución de 1978 habla únicamente de "organismos del Estado", como si no hubiera otros que deban recibir la misma denominación, pero se refiere ya a la Contraloría y a las superintendencias como organismos de control.

La Constitución de 1978, por último, transforma todas estas organizaciones varias de la Constitución de 1946 u otros organismos del Estado de la de 1967, en organismos de control.

En la Constitución vigente, se establece la función de transparencia y control social y, como parte de ella, se incluyen varios entes que ejercen determinados tipos de control. Son estos el Consejo de Participación Ciudadana y Control Social, la Contraloría General, las superintendencias y la Defensoría del Pueblo[22].

La Contraloría General del Estado se creó al promulgarse la Ley Orgánica de Hacienda en el Registro Oficial 488, de 16 de noviembre de 1927. La creación del órgano de control significó la sustitución del sistema hasta entonces vigente, basado en el Tribunal de Cuentas.

Dos grandes momentos pueden establecerse en el desarrollo de la legislación reguladora de la Contraloría General: la época de las leyes de hacienda y la que siguió a la promulgación de la Ley Orgánica de Administración Financiera y Control.

Durante la primera época, el sistema se basó, primero, en la Ley Orgánica de Hacienda de 1927, que fue sustituida al poco tiempo por la promulgada al año siguiente[23].

Esta ley, continuamente reformada, estuvo vigente hasta la promulgación de la Ley Orgánica de Administración Financiera y Control en 1977[24].

---

[22] Constitución de la República, arts. 204 y ss.

[23] Registro Oficial 753, de 27 septiembre 1928.

[24] La Ley Orgánica de Hacienda de 1928 sufrió múltiples reformas y fue codificada en tres oportunidades: registro oficial 261 de 31 julio 1948, suplemento del registro oficial 1202 de 20 agosto 1969, registro oficial 855 de 29 julio 1975.

La ley de 1928 encargó a la Contraloría General el control externo, sin que se hubiera concebido todavía la noción de control interno, aunque algunos de sus componentes estaban de algún modo presentes (la necesidad de rendir caución para el ejercicio de determinadas funciones, por ejemplo). El control comprendía, por una parte, control previo y concurrente (se exigía, para una serie de actividades, el pronunciamiento previo o la actuación concurrente de la contraloría) ,y por otra, el examen de las cuentas de las instituciones públicas.

Sobre este segundo ámbito, el control giraba alrededor de la noción de finiquito: la Contraloría debía revisar todas las cuentas de las instituciones del Estado y, como consecuencia de ello, declaraba que su manejo había sido correcto o formulaba las correspondientes glosas.

Luego de un proceso que incluyó una primera reforma integral a la Ley Orgánica de Hacienda[25], esta fue sustituida por la Ley Orgánica de Administración Financiera y Control[26] que, en el ámbito que nos ocupa, produjo un cambio radical en el concepto de control. Este dejó de basarse en la revisión de cuentas y el finiquito a partir de la presunción de corrección de las actuaciones de los servidores públicos.

El control se mantuvo, para el caso de la Contraloría, como control externo, pero se reguló adecuadamente el sistema de control interno. El control externo, por otra parte, pasó a ser fundamentalmente control posterior, quedando reducidos al mínimo los casos de control concurrente y posterior. La Contraloría actúa por medio de auditorías y exámenes especiales y, a partir de ellos, determina responsabilidades.

Este es el esquema que, en esencia, se mantiene vigente. En efecto, si la Ley Orgánica de Administración Financiera y Control fue reemplazada en 2002 por la Ley Orgánica de la Contraloría General del Estado[27], las diferencias entre una y otra tienen que ver más con detalles y precisiones, que con un nuevo enfoque del sistema de control; la nueva ley, por ejemplo, se refiere a la auditoría de gestión e introduce temas relacionados con la protección del ambiente.

D) *Sector público, servicio público y administración pública en la Constitución*

El control y la regulación se establecen como forma de control en las diferentes clases de mercados: mercado laboral, mercado financiero y concentración de capitales: la regulación del poder del mercado. El tema de las áreas estratégicas en la Constitución está vinculado con la cuestión del mercado y de la prestación de los servicios público por las empresas públicas[28]. Se contempla en forma excepcional la participación de la empresa privada.

[25] Decreto Supremo 1065, registro oficial 668 de 28 octubre 1974.

[26] Registro oficial 337 de 16 mayo 1977.

[27] Suplemento del registro oficial 595, de 12 junio 2002.

[28] CRE, art. 315. "Las empresas públicas estarán bajo la regulación y el control específico de los organismos pertinentes, de acuerdo con la ley".

E) *Atribuciones constitucionales a organismos que ejercen
la potestad de control*

La Constitución vigente es mucho más precisa que las que le antecedieron,
a la hora de definir las entidades que pueden considerarse como de control.
Como ya se dijo, todas se agrupan como parte de la función de transparencia
y control social (la quinta función del Estado) y son las siguientes:

a) Consejo de Participación Ciudadana y Control Social.

b) Contraloría General del Estado.

c) Superintendencias.

La Defensoría Pública y la Fiscalía General del Estado son órganos autónomos de la función judicial[29].

Si bien todas estas entidades tienen competencias de control, las que nos
interesan en este acápite son aquellas que intervienen en el control hacendario[30]. El ámbito de control de las superintendencias es el de las actividades
de interés social, y la Defensoría del Pueblo se relaciona con el control del
respeto a los derechos de las personas.

En el esquema actual, los únicos órganos de control propiamente tales,
esto es, que tienen competencias relacionadas con el control hacendario, son el
Consejo de Participación Ciudadana y Control Social y la Contraloría General
del Estado, así como el Ministerio de Economía.

Ya nos referimos a las funciones de la Contraloría General y se definió
que estas abarcaban cuatro temas:

a) Control por medio de "auditoría interna, auditoría externa y ... control
interno".

b) Determinación de responsabilidades administrativas y civiles culposas
e indicios de responsabilidad penal.

c) Expedición de reglamentos en el ámbito de su competencia.

d) Asesoría a los órganos y entidades del Estado.

Vale la pena resaltar cómo se relacionan estas competencias con las del
otro ente de control hacendario: el Consejo de Participación Ciudadana y
Control Social.

Este tiene tres grandes grupos de competencias:

a) Realiza actividades de control.

b) Sirve como instrumento para la elección de ciertas autoridades.

c) Promociona e impulsa la participación social.

---

[29] CRE, art. 178.

[30] Sin perjuicio de otras entidades y dependencias en diferentes áreas, como las instituciones encargadas del control de las áreas estratégicas: CRE, art. 291. "Los órganos competentes
que la Constitución y la ley determinen realizarán análisis financieros, sociales y ambientales
previos del impacto de los proyectos que impliquen endeudamiento público, para determinar
su posible financiación. Dichos órganos realizarán el control y la auditoría financiera, social
y ambiental en todas las fases del endeudamiento público interno y externo, tanto en la contratación como en el manejo y la renegociación.

Para los fines de este artículo, nos concentraremos en el primer grupo de competencias: el control.

Por mandato del artículo 208 de la Constitución de la República, los deberes y atribuciones de control del Consejo de Participación Ciudadana y Control Social son las siguientes:

a) Establecer mecanismos de rendición de cuentas de las instituciones y entidades del sector público, y coadyuvar procesos de veeduría ciudadana y control social (art. 208, 2, CRE). Esta competencia se relaciona con las asignadas en el ámbito de la participación ciudadana, pero permite establecer un esquema de control ciudadano, sobre la base de procesos de información y rendición de cuentas.

b) Investigar denuncias sobre actos u omisiones que afecten la participación ciudadana o generen corrupción (art. 208,4, CRE). Esta competencia es equivalente a la asignada a la Contraloría en materia de auditorías y exámenes especiales.

c) Emitir informes que determinen la existencia de indicios de responsabilidad, formular las recomendaciones necesarias e impulsar las acciones legales que correspondan (art. 208,5, CRE). Esta competencia es paralela a la determinadora de responsabilidades que se asigna a la Contraloría General. Sin embargo, es sin duda de menor entidad, pues se trata solamente de establecer indicios de responsabilidad, y no la responsabilidad como tal, como consecuencias de los informes que emita.

d) Actuar como parte procesal en las causas que se instauren como consecuencia de sus investigaciones (art. 208, 6, CRE). Se trata, en este caso, tan solo de una competencia de seguimiento, para asegurar la efectividad de las medidas adoptadas como consecuencia de sus investigaciones, como lo es la de protección a los denunciantes de actos de corrupción que consta en el número 7 del artículo 208 de CRE.

Para ejercer sus competencias, el Consejo puede "solicitar a cualquier entidad o funcionario de las instituciones del Estado la información que considere necesaria para sus investigaciones o procesos" (art. 209, 8, CRE).

E) *Los organismos de transparencia y control social*

La función de transparencia y control social establecida en la Constitución 2008 tiene como órgano principal el Consejo de Participación Ciudadana y Control Social[31] y cuenta además con la Contraloría General del Estado y las Superintendencias[32].

---

[31] CRE, art. 207.

[32] CRE, art. 213. "Las superintendencias son organismos técnicos de vigilancia, auditoría, intervención y control de las actividades económicas, sociales y ambientales, y de los servicios que prestan las entidades públicas y privadas, con el propósito de que estas actividades y servicios se sujeten al ordenamiento jurídico y atiendan al interés general".

Mientras que la Función de Transparencia y Control Social y su órgano, el Consejo de Participación Ciudadana y Control Social resultan instituciones nuevas en Ecuador, se encuentran antecedentes para las superintendencias en la legislación ecuatoriana de comienzos del siglo xx.

La Ley Orgánica de Hacienda de 1927 establece que "el departamento bancario, establecido por la Ley General de Bancos de 1927, funcione como dependencia del Ministerio de Hacienda. [...] Según aquella ley, el departamento bancario estará dirigido por el Superintendente de Bancos, y encargado de la ejecución de las leyes relativas a estos"[33]. Lo mismo se ordena en la Ley Orgánica de Hacienda de 1928. Todas las constituciones, desde la de 1945, determinan que el nombramiento del superintendente de Bancos es función asignada al Congreso. Las Constituciones de 1946 y 1967 califican a la Superintendencia de Bancos como un "organismo" técnico y autónomo. La Superintendencia de Bancos controló determinado tipo de sociedades, hasta la creación de la Superintendencia de Compañías, que asume competencias para el control de todas las compañías, inclusive las de economía mixta.

La Superintendencia de Telecomunicaciones se crea en 1992[34]. En 1995 se añaden los extinguidos Consejo Nacional de Telecomunicaciones (Conatel) y la Secretaría Nacional de Telecomunicaciones (Senatel), así como el Conartel; organismos todos ellos con sus propios regímenes administrativos, de personal, de remuneraciones y de contratación[35], aunque estas contrataciones especiales fueron suprimidas en 2008 con la unificación que estableció en la Ley Orgánica del Sistema Nacional de Contratación Pública. En 1996 se crea el Consejo Nacional de Electricidad (Conelec)[36] y se suprimen tales entidades.

Por otra parte el control que ejercían las entidades mencionadas se transfiere a una dependencia del Ministerio de las Telecomunicaciones y de la Sociedad de la Información. En la actualidad, "[e]l control y administración de las empresas públicas nacionales" se incluye entre las competencias exclusivas del "Estado central"[37].

3. El control en Ecuador

A) *El control de la administración pública sobre las entidades públicas*

a) *El directorio.* Las entidades públicas ecuatorianas con personalidad jurídica de derecho público se encuentran adscritas a un ministerio, con la

---

[33] Borja, *op. cit.*, pág. 324.

[34] Ley 184. Ley Especial de Telecomunicaciones (derogada), RO 996 de 10 agosto 1992, Art. 34. Superintendencia de Telecomunicaciones: suprimida por la Ley Orgánica de Telecomunicaciones, Disposición Final primera, SRO 439 de 18 febrero 2015.

[35] Ley 94. Ley Reformatoria a la Ley Especial de Telecomunicaciones, RO 770 de 30 agosto 1995 (derogada).

[36] Ley de Régimen del Sector Eléctrico, SRO 43 de 10 octubre 1996 (derogada).

[37] CRE, art. 261. 12.

excepción de ciertas entidades autónomas y financieras y, por supuesto, de los organismos de control, que pertenecen a otra función del Estado: la función de transparencia y control social.

Pero en todas las entidades de la administración pública institucional existe un directorio que ejerce un importante control en fundamentales elementos de su gestión, que incluyen nombramiento del director ejecutivo o gerente y, en general, de máximas autoridades y altos directivos, como, por ejemplo, el director financiero, además de: aprobación de programas de actividades, de sus presupuestos anuales y conocimiento del informe anual de labores. Corresponde a la máxima autoridad institucional remitir al ente rector del Sistema Nacional de Finanzas Públicas (Sinfip) la proforma institucional[38].

En las entidades públicas ecuatorianas, los miembros de los directorios son generalmente ministros de áreas relacionadas con la actividad de la entidad a la que se encuentra adscrita. Hay pocos casos en que se incluyeron en los directorios a representantes de los profesionales de la rama afín a la actividad de la empresa o a gremios especializados o interesados en la actividad, aunque tal no fue una tendencia generalizada[39] que, en la actualidad se ha suprimido. Tampoco los interesados en alguna actividad podrán integrar los organismos de regulación y control correspondientes[40].

[38] COPFP, art. 102.

[39] DS 07. Dispónese que representantes de organizaciones laborales integren los directorios de las instituciones del sector público registro oficial 3, de 14 enero 1976; DS 385. Reglamento para la aplicación del decreto 7 del 5 enero 1976, relativo a la integración de los directorios de las instituciones del sector público, con representaciones de organizaciones laborales. registro oficial 37 de 4 marzo 1976. Estas normas disponían que las organizaciones de obreros que se hallaren legalmente constituidas, designarán, anualmente a uno de sus afiliados, para que integre la directiva de las instituciones del sector público a que pertenecen. Según el indicado decreto supremo esto aplicaba a las siguientes empresas públicas, hoy extinguidas: Enprovit, Ietel, convertido en sociedades anónimas Emetel, Andinatel y Pacifictel, hoy refundidos en la empresa pública Corporación Nacional de Telecomunicaciones EP (CNT), IEOS (suprimido, se traslada como dependencia del Ministerio de Desarrollo Urbano y Vivienda), Ferrocarriles del Estado, Autoridades Portuarias y Empresas Municipales de Agua Potable y de la desaparecida Superintendencia de Precios. En cambio, representantes de los campesinos tenían que incorporarse en los directorios de: Banco Nacional de Fomento, INERHI (con posterioridad, Consejo Nacional de Recursos Hídricos, en la actualidad Secretaría Nacional del Agua (Senagua), los suprimidos Centro de Reconversión Económica del Azuay, Cañar y Morona Santiago (CREA), Centro de Rehabilitación de Manabí (CRM), y Comisión de Estudios de la Cuenca del Guayas (Cedegé). La derogada Ley de creación del INGALA disponía que uno de los miembros del Directorio será "un profesional delegado de las Escuelas de Ciencias Naturales de las Universidades del País, nombrado por los rectores. RO 131: 21 de febrero de 1980. Todas estas normas se encuentran derogadas.

[40] CRE, art. 232. "No podrán ser funcionarias ni funcionarios ni miembros de organismos directivos de entidades que ejerzan la potestad estatal de control y regulación, quienes tengan

El extinguido Consejo Nacional de Electrificación (Conelec), tenía entre sus integrantes un representante de los trabajadores del sector eléctrico y uno de las cámaras de la producción[41]. En la actualidad, un "profesional delegado permanente del presidente de la República" integra el directorio de Arconel[42].

Finalmente, en contadas entidades públicas se incluyó a diputados del Congreso Nacional en el directorio de la entidad. Esta práctica se encuentra prohibida expresamente por la Constitución vigente[43]. Resulta también negativa la intromisión del Congreso en forma indirecta en las entidades de la administración pública, lo que está igualmente prohibido por la Constitución.

Sin excepción, en todas las empresas públicas ecuatorianas, el máximo directivo, administrador o gerente es nombrado por el directorio[44]. La práctica es que sea el ministro a cuyo cargo está adscrita la empresa quien escoja al candidato —de manera informal de acuerdo con el presidente de la República— y que si no hay objeciones el directorio confirme la designación y nombre al gerente designado.

b) *Nombramiento de altos directivos.* En general, no consta en las leyes respectivas que los nombramientos de otros altos directivos, principalmente subdirector o subgerente y director financiero de la entidad también los haga el directorio[45]. Pero la designación de altos directivos se realiza sobre nombres que pueden o no ser propuestos por el gerente, según lo que dispone la respectiva norma legal. En este caso igualmente, la práctica informal es que esos nombres sean escogidos por el gerente y el ministro de la adscripción respectiva, conjuntamente.

Con anterioridad, en todas las entidades y empresas públicas, el director o gerente, como representante legal, estuvo autorizado para suscribir contratos

---

intereses en las áreas que vayan a ser controladas o reguladas o representen a terceros que los tengan.

"Las servidoras y servidores públicos se abstendrán de actuar en los casos en que sus intereses entren en conflicto con los del organismo o entidad en los que presten sus servicios".

[41] Art. 14, *Ley de Régimen del Sector Eléctrico* (derogada).

[42] Art. 14, *Ley Orgánica del Servicio Público de Energía Eléctrica*: El Arconel es un "organismo técnico administrativo encargado del ejercicio de la potestad estatal de regular y controlar las actividades relacionadas con el servicio público de energía eléctrica y el servicio de alumbrado público general, precautelando los intereses del consumidor o usuario final".

[43] CRE, art. 127. "Las asambleístas y los asambleístas no podrán: [...] 3. Integrar directorios de otros cuerpos colegiados de instituciones o empresas en las que tenga participación el Estado".

[44] LOEP, art. 9, 13, para las empresas públicas.

[45] P. ej., Junta de Política y Regulación Monetaria y Financiera (para todos los efectos, un directorio). Art. 14. "*Funciones.* La Junta tiene las siguientes funciones: ... 43. Nombrar al Gerente General del Banco Central del Ecuador".

adjudicados por un comité hasta por un monto especificado en la ley constitutiva de la entidad o autorizado para toda clase de contrataciones dentro de rubros determinados. En la actualidad la Ley Orgánica del Sistema Nacional de Contratación Pública, delega en la máxima autoridad la adjudicación de los contratos respectivos, sin límite ni requerimiento de autorización alguna.

c) *El nombramiento de personal.* La selección, nombramiento, promoción y en general administración de recursos humanos de las instituciones públicas es de la competencia de las respectivas unidades de cada dependencia o entidad pública (UATH, en la LOSEP).

Para el nombramiento de personal es indispensable que exista la descripción del puesto en el Reglamento Funcional respectivo, la partida presupuestaria correspondiente y que la misma tenga financiamiento, conforme el presupuesto institucional aprobado, en coordinación con el Ministerio de Finanzas, conforme el COPFP.

En los cargos públicos que requieren de cauciones para su ejercicio, ejerce el control la Contraloría General del Estado.

B) *La responsabilidad patrimonial del servidor público*

El artículo 11 de la Constitución vigente, en concordancia con Cartas anteriores, dispone la repetición contra los servidores por cuyos actos se haya condenado al Estado a reparar a los particulares[46]. También determina la responsabilidad de los servidores públicos encargados del control ambiental por los daños ambientales ocasionados por los operadores privados[47]. Su texto es el siguiente:

"El ejercicio de los derechos se regirá por los siguientes principios:

"[...] El Estado, sus delegatarios, concesionarios y toda persona que actúe en ejercicio de una potestad pública, estarán obligados a reparar las violaciones a los derechos de los particulares por la falta o deficiencia en la prestación de los servicios públicos, o por las acciones u omisiones de sus funcionarias y funcionarios, y empleadas y empleados públicos en el desempeño de sus cargos.

"El Estado ejercerá de forma inmediata el derecho de repetición en contra de las personas responsables del daño producido, sin perjuicio de las responsabilidades civiles, penales y administrativas.

"El Estado será responsable por detención arbitraria, error judicial, retardo injustificado o inadecuada administración de justicia, violación del derecho a la tutela judicial efectiva, y por las violaciones de los principios y reglas del debido proceso.

"Cuando una sentencia condenatoria sea reformada o revocada, el Estado reparará a la persona que haya sufrido pena como resultado de tal sentencia y,

---

[46] CRE, art. 11, cuatro últimos incisos.
[47] CRE, art. 397.

declarada la responsabilidad por tales actos de servidoras o servidores públicos, administrativos o judiciales, se repetirá en contra de ellos"[48].

[48] "[...] 3.1. El primer inciso del artículo 67 de la Ley Orgánica de Garantías Jurisdiccionales y Control Constitucional establece que «[l]a repetición tiene por objeto declarar y hacer efectiva la responsabilidad patrimonial por dolo o culpa grave de las servidoras y servidores públicos en el ejercicio de sus funciones, cuando el Estado ha sido condenado a reparar materialmente mediante sentencia o auto definitivo en un proceso de garantías jurisdiccionales o en una sentencia o resolución definitiva de un organismo internacional de protección de derechos». Para el trámite de esta acción, el artículo 68 de la referida ley, de manera expresa, dispone que el órgano ante quien se debe presentar la demanda es la Sala de lo Contencioso Administrativo de la Corte Provincial respectiva; y, el 71 señala el trámite que esta deberá sustanciar. No queda, por tanto, duda alguna [de] que la jurisdicción competente para conocer y resolver acciones de repetición en el contexto de la Ley Orgánica de Garantías Jurisdiccionales y Control Constitucional es la contencioso administrativa; y, si el demandante invocó esa ley como fundamento a su demanda, debió ser observada por el tribunal de instancia, que tiene un mayor alcance que la Ley de la Jurisdicción Contencioso Administrativa. Por tanto, es impertinente el fundamento que asume el tribunal *a quo* para su inhibición en el literal b) del artículo 6 de la Ley de la Jurisdicción Contencioso Administrativa. 3.2. La disposición transitoria cuarta del Código Orgánico de la Función Judicial dispone que «[l]os actuales tribunales distritales de lo contencioso administrativo y fiscal, funcionarán con el régimen y competencias establecidos antes de la vigencia de este Código hasta que el nuevo Consejo de la Judicatura integre las respectivas salas de las cortes provinciales previo concurso público y con las condiciones de estabilidad establecidas en este Código. La interpretación lógica de esta norma es que los actuales tribunales distritales de lo contencioso administrativo también tienen la competencia señalada en la citada Ley Orgánica de Garantías Jurisdiccionales y Control Constitucional; pero, además, la competencia general que el art. 38 de la Ley de Modernización del Estado contiene incluso desde antes de la vigencia de la ley orgánica referida. En efecto, esta disposición establece que «[l]os tribunales distritales de lo contencioso administrativo y de lo fiscal, dentro de la esfera de su competencia, conocerán y resolverán de todas las demandas y recursos derivados de actos, contratos, hechos administrativos y reglamentos expedidos, suscritos o producidos por las entidades del sector público. El administrado afectado presentará su demanda, o recurso ante el tribunal que ejerce jurisdicción en el lugar de su domicilio. El procedimiento será el previsto en la Ley de la Jurisdicción Contencioso Administrativa o el Código Tributario, en su caso. No se exigirá como requisito previo para iniciar cualquier acción judicial contra las entidades del sector público la proposición del reclamo y agotamiento en la vía administrativa. Empero, de iniciarse cualquier acción judicial contra alguna institución del sector público, quedará insubsistente todo el reclamo que sobre el mismo asunto se haya propuesto por la vía administrativa». Es pertinente concluir, entonces, que el tribunal de instancia con su tesis se apartó de una correcta apreciación de las normas jurídicas aplicables al caso" (recurso de casación 100-2010, resolución 18-2013, Juez Ponente: Dr. José Suing Nagua, MMT, Corte Nacional de Justicia, Sala de lo Contencioso Administrativo) en el juicio No. 21018-LE, contra el auto expedido el 19 de enero de 2010 por la Primera Sala del Tribunal Distrital No. 1 de lo Contencioso Administrativo, que resolvió inhibirse del conocimiento de la acción de repetición iniciada en contra JERP y EGMG Edgar Geovani Moncayo Gallegos en sus calidades de ex presidentes del Consejo Nacional de Evaluación y Acreditación de la Educación Superior Conca).

El Código Orgánico de la Función Judicial norma la "repetición de lo pagado por el Estado" más los intereses y costas —en forma solidaria cuando existen varios responsables— corresponde a los tribunales de lo contencioso administrativo a competencia para la reclamación de los particulares por falta o deficiencia de los servicios públicos o por "acción u omisión" de servidoras públicas en el desempeño de sus cargos.[49] El recurso de casación de estos fallos es conocido por la Sala de lo Contencioso Administrativo de la Corte Nacional de Justicia.[50]

Corresponde a las servidoras demostrar en el respectivo proceso "que los actos que originaron los perjuicios no se debieron a dolo o negligencia suya, sino a un caso fortuito o a fuerza mayor. No se admitirá como causa de justificación el error inexcusable ni la existencia de orden superior jerárquica". Si el servidor acusado no justifica su conducta, el Consejo de la Judicatura dispone la iniciación del procedimiento coactivo para recabar que la servidora reembolse los valores que corresponda desembolsar al Estado.[51]

Estas causas de indemnización para efectos de la repetición que instaure la Administración contra servidos públicos son conocidas por los tribunales de lo contencioso administrativo[52].

Las disposiciones sobre "responsabilidad de las administraciones públicas" son de cumplimiento facultativo para los ciudadanos, que dispone un procedimiento administrativo previo para las reclamaciones y determina que "[s]erán indemnizables los daños causados a las personas cuando estas no tengan la obligación jurídica de soportarlos"[53] no son de obligatorio cumplimiento previo para proceder por la vía judicial, a pesar de lo ahí dispuesto (si "niegan la indemnización reclamada en forma total o parcial o se abstienen de pronunciar la resolución en el plazo de tres meses"), puesto que no es obligación del ciudadano agotar la vía administrativa, según lo dispuesto en la Ley de Modernización[54].

Las normas constitucionales y legales citadas establecen la *responsabilidad objetiva del Estado* también denominada *responsabilidad sin falta* o *responsabilidad estricta*, es decir que basta que el daño se haya realizado, aunque sea ocasionado por el *riesgo* incurrido o simplemente haya sido accidental, siempre, por supuesto, que se establezca el vínculo causal. En cambio, para que el Estado reclame la repetición contra los servidores se requiere el *dolo*

---

[49] Código Orgánico de la Función Judicial (COFJ), art. 217, 6.

[50] COFJ, art. 185, 6.

[51] COFJ, art. 33.

[52] COFJ, art. 217, 14.

[53] Estatuto del Régimen Jurídico y Administrativo de la Función Ejecutiva Erjafe, art. 211.

[54] Ley de modernización, art. 38.

o la *negligencia*, cuya prueba de descargo corresponde al servidor respectivo (inversión de la carga de la prueba), en el proceso contencioso administrativo, según lo dispuesto por la Ley Orgánica de Garantías Jurisdiccionales y Control Constitucional[55].

a) *Fijación de remuneraciones y celebración de contratos colectivos de trabajo.* En la actualidad le corresponde al Ministerio de Trabajo el ejercicio de determinadas potestades que antes ostentaba la extinguida SENRES en la determinación de normativas sobre selección, nombramiento y remuneración de servidores de la administración pública, sin perjuicio de que, como se expresó líneas arriba el ejecutivo retenga la competencia para la selección, nombramiento y promoción de los funcionarios de la administración pública.

Estas potestades las ejerce el Ministerio de Trabajo en coordinación con las unidades de administración de talento humano de cada institución pública.

Las entidades y organismos del sector público, entre los que se incluyen las entidades y empresas públicas, que tienen necesidad de celebrar contratos colectivos de trabajo, suscribir actas transaccionales o aplicar salarios mínimos, requieren en forma previa del informe favorable del ministro de Finanzas[56], respecto de la finalidad real de financiar los egresos que demanden tales instrumentos, conforme a lo determinado en el Código Orgánico de Planificación y Finanzas Públicas (COPFP).

Los gobiernos autónomos descentralizados (GAD) no están sometidos a las normativas y supervisión del Ministerio de Trabajo, sino a sus propias normas, sin perjuicio del control que ejerce la Contraloría General del Estado (LOSEP).

b) *Aprobación de las proformas presupuestarias.* Las medidas de control en esta materia se encuentran en el Código Orgánico de Planificación y Finanzas Públicas (COPFP).

El ejecutivo presenta a la Asamblea Nacional la proforma presupuestaria sesenta días antes del inicio del año fiscal respectivo[57].

[55] Ley Orgánica de Garantías Jurisdiccionales y Control Constitucional, art. 68.

[56] COPFP, art. 74. "*Deberes y atribuciones del ente rector del SINFIP.* El ente rector del SINFIP, como ente estratégico para el país y su desarrollo, tiene las siguientes atribuciones y deberes, que serán cumplidos por el ministro(a) a cargo de las finanzas públicas: ... 17. Dictaminar obligatoriamente y de manera vinculante sobre la disponibilidad de recursos financieros suficientes para cubrir los incrementos salariales y los demás beneficios económicos y sociales que signifiquen egresos, que se pacten en los contratos colectivos de trabajo y actas transaccionales".

[57] CRE, art. 295. "[...] sesenta días antes del inicio del año fiscal respectivo"; COPFP, art. 103, el presidente de la República presenta a la Asamblea Nacional la "proforma del Presupuesto General del Estado y la Programación Presupuestaria Cuatrianual".

El directorio aprueba el presupuesto del Instituto Ecuatoriano de Seguridad Social (IESS), que debe ser previamente autorizado por el Ministro de Economía[58].

El presupuesto de las empresas de los gobiernos autónomos descentralizados corresponde aprobarlo a su propio directorio y al concejo municipal (COOTAD).

Las empresas financieras del Estado someten su presupuesto, aprobado por su directorio, al directorio del Banco Central[59].

El presupuesto de la Superintendencia de Bancos forma parte del Presupuesto General del Estado.[60].

Corresponde a la Asamblea Nacional la aprobación de los presupuestos de los siguientes organismos del Estado: Contraloría General del Estado[61] y Procuraduría General del Estado[62]

El presidente de la República aprueba el presupuesto de la Superintendencia de Compañías[63], previa la resolución favorable de la máxima autoridad de estos organismos.

c) *Instituciones que ejercen control en el interior del ejecutivo.* Como se manifestó, las entidades relativamente autónomas de regulación y control de las telecomunicaciones y en general utilización del espectro radioeléctrico, se refunden en el Ministerio de Telecomunicaciones y de la Sociedad de la Información[64]. El control sobre las relaciones laborales de los sectores público y privado de las extinguidas instituciones denominadas Senres y Conades se fusiona en el Ministerio de Trabajo.

[58] Ley de seguridad social, art. 27. "*Atribuciones*. El Consejo Directivo tendrá a su cargo:

i. La aprobación del presupuesto general de operaciones del IESS, preparado por el director general y sometido a informe previo del ministro de Economía y Finanzas [hoy ministro de Finanzas], hasta el 31 de diciembre de cada año". Art. 55. "*Aprobación del presupuesto*. La proforma presupuestaria será elaborada en el mes de septiembre de cada año por el director general del Instituto, quien la remitirá al Ministro de Economía y Finanzas [hoy ministro de Finanzas]. Con el informe de dicha autoridad, pasará a conocimiento y aprobación del consejo directivo".

[59] Código Orgánico Monetario y Financiero, art. 14. "*Funciones. La junta tiene las siguientes funciones*: [...] 45. Aprobar anualmente el presupuesto del Banco Central del Ecuador y de las entidades del sector financiero público, de seguros y valores públicos, sus reformas, así como regular su ejecución".

[60] Código Orgánico Monetario y Financiero, art. 61.

[61] LOCGE, art. 30.

[62] Ley Orgánica de la Procuraduría General del Estado, art. 14.

[63] Ley de Compañías, art. 438, b).

[64] Ley Orgánica de Telecomunicaciones, SRO 439, 18 febrero 2015, disposición final primera.

En la actualidad integran las instituciones de regulación y control al interior del ejecutivo:

1. Agencia de Regulación y Control Hidrocarburífero, ARCH;

2. Secretaría Nacional de Contratación Pública, SERCOP;

3. Agencia de Control de las telecomunicaciones, ARCOTEL;

4. Agencia de Regulación y Control de Electricidad, ARCONEL;

5. Empresa Coordinadora de Empresas Públicas, EMCO;

6. Agencia Nacional de Regulación, Control y Vigilancia Sanitaria, y

7 Ministerio de Economía[65].

C) *Control que ejercen los órganos de control y regulación del Estado*

a) *Antecedentes de los órganos de control en Ecuador*. La Constitución denomina genéricamente como "entidades" que forman parte de la función de transparencia y control social a determinadas entidades autónomas de control y regulación.

El Consejo de Participación Ciudadana y Control Social designa al procurador general del Estado y a los superintendentes de ternas presentadas por el presidente de la República. Como resultado de un proceso de selección el Consejo elige los siguientes funcionarios: defensor del pueblo, defensor público, fiscal general del Estado, contralor general del Estado y a los integrantes del Consejo Nacional Electoral, Tribunal Contencioso Electoral y Consejo de la Judicatura. Estos cuerpos colegiados se integran en el orden de calificación de sus postulantes. Todos ellos se posesionan ante la Asamblea Nacional[66].

Las comisiones de selección se integran en partes iguales por representantes de las funciones del Estado y "de las organizaciones sociales y la ciudadanía, escogidos en sorteo público de entre quienes se postulen y cumplan con los requisitos que determinen el Consejo y la ley. Las candidatas y candidatos se someten a escrutinio público"[67].

La principal actividad sujeta a control en la Constitución de 2008 es la prestación de servicios públicos, tanto de entidades públicas cuanto de personas jurídicas de derecho privado y particulares, principalmente desde la perspectiva de los derechos de los consumidores[68]. El control sobre esta

---

[65] *Ministerio de Finanzas y Crédito Público*, en la actualidad *Ministerio de Economía y Finanzas http://www.finanzas.gob.ec/*

[66] CRE, arts. 120 num. 11 y 210.

[67] CRE, art. 209.

[68] CRE, arts. 11, 52, 53, 215 num. 1.

actividad lo ejerce no solo el defensor del pueblo sino también el "control social"[69], que también se ejerce sobre los funcionarios judiciales[70], los notarios[71] y los servicios de salud[72].

Las superintendencias previstas en la Constitución y la normativa jurídica son: Superintendencia de Ordenamiento Territorial y Uso y Gestión del Suelo, Superintendencia de Bancos, Superintendencia de Compañías, Valores y Seguros, Superintendencia de Economía Popular y Solidaria, Superintendencia de la Información y Comunicación y Superintendencia de Control de Poder de Mercado.

b) *Regulación. Elementos económicos y políticos. Ejecución legal y técnica jurídica. El fundamento de la regulación de las áreas estratégicas.*

---

[69] CRE, art. 95. "Las ciudadanas y ciudadanos, en forma individual y colectiva, participarán de manera protagónica en la toma de decisiones, planificación y gestión de los asuntos públicos, y en el control popular de las instituciones del Estado y la sociedad, y de sus representantes, en un proceso permanente de construcción del poder ciudadano. La participación se orientará por los principios de igualdad, autonomía, deliberación pública, respeto a la diferencia, control popular, solidaridad e interculturalidad.

"La participación de la ciudadanía en todos los asuntos de interés público es un derecho, que se ejercerá a través de los mecanismos de la democracia representativa, directa y comunitaria".

Art. 96. "Se reconocen todas las formas de organización de la sociedad, como expresión de la soberanía popular para desarrollar procesos de autodeterminación e incidir en las decisiones y políticas públicas y en el control social de todos los niveles de gobierno, así como de las entidades públicas y de las privadas que presten servicios públicos.

"Las organizaciones podrán articularse en diferentes niveles para fortalecer el poder ciudadano y sus formas de expresión; deberán garantizar la democracia interna, la alternabilidad de sus dirigentes y la rendición de cuentas".

[70] CRE, art. 176 sin perjuicio del control que ejerce el Consejo de la Judicatura. Art. 187. "Las servidoras y servidores judiciales tienen derecho a permanecer en el desempeño de sus cargos mientras no exista una causa legal para separarlos; estarán sometidos a una evaluación individual y periódica de su rendimiento, de acuerdo a parámetros [*sic*] técnicos que elabore el Consejo de la Judicatura y con presencia de control social. Aquellos que no alcancen los mínimos requeridos, serán removidos". Art. 200. "Las notarias y notarios son depositarios de la fe pública; serán nombrados por el Consejo de la Judicatura previo concurso público de oposición y méritos, sometido a impugnación y control social. Para ser notaria o notario se requerirá tener título de tercer nivel en derecho legalmente reconocido en el país, y haber ejercido con probidad notoria la profesión de abogada o abogado por un lapso no menor de tres años. Las notarías y notarios permanecerán en sus funciones seis años y podrán ser reelegidos por una sola vez. La ley establecerá los estándares de rendimiento y las causales para su destitución".

[71] CRE, art. 200.

[72] CRE, art. 359.

La regulación y el control son esquemas de encuadramiento de los mercados, principalmente el financiero, el laboral, de concentración de capitales y prestación de servicios públicos.

Por supuesto que la regulación y el control también aplican al Estado cuando sus empresas y entidades desarrollan sus actividades en los mercados, como es el caso de los servicios telefónicos o de los negocios típicamente particulares como la venta de gasolina para automotores.

En este caso la regulación tiene que ver con el *precio* de la provisión del servicio a los usuarios[73] y adicionalmente con la calidad del servicio a los usuarios, la cantidad de bienes ofrecidos, y su distribución geográfica .

En todo caso, son atribuciones reconocidas a los entes reguladores en el derecho comparado, las siguientes: expedición de normativas generalmente obligatorias, el control de tarifas, la fijación de estándares, el requerimiento de audiencias previas para las concesiones y autorizaciones, el cumplimiento de la normativa ambiental y la aplicación de sanciones.

El *control,* en este contexto, consiste en la verificación del cumplimiento de las medidas regulatorias. Como técnica de administración pública se discute sobre las ventajas y las desventajas de que sea la entidad competente para dictar la *regulación* la que tenga potestad para supervisar su cumplimiento y, en su caso, imponer la sanción correspondiente.

Por ejemplo, en el sistema de telecomunicaciones se estableció una neta distinción entre la entidad encargada de *regular* las telecomunicaciones, Conatel y la entidad competente para verificar el cumplimiento de la normativa y la imposición de sanciones: la Superintendencia de Telecomunicaciones (Supertel). Ambas fueron suprimidas en la Ley Orgánica de Telecomunicaciones[74] y sus funciones encargadas a una oficina del ejecutivo[75].

c) *Métodos de fijación del precio.* Se han diseñado metodologías diferentes de sistemas tarifarios y estudios voluminosos se han realizado sobre la materia en diferentes países. El método más común es el de "costo del servicio" (sumatoria del precio de los componentes) para determinar el reembolso del

---

[73] Art. 52. "La ley establecerá los mecanismos de control de calidad y los procedimientos de defensa de las consumidoras y consumidores; y las sanciones por vulneración de estos derechos, la reparación e indemnización por deficiencias, daños o mala calidad de bienes y servicios, y por la interrupción de los servicios públicos que no fuera ocasionada por caso fortuito o fuerza mayor".

[74] Ley Orgánica de Telecomunicaciones, SRO 439, 18 febrero 2015, disposición final.

Se discuten las políticas de fijación de precios, que comprenden la "tasa de retorno", escala móvil (*slinding-scale*), fijación de precios de Ramsey, propuesta al Primera.

[75] Ministerio de las Telecomunicaciones y de la Sociedad de la Información.

operador[76], así sea el Estado. Cuando hay diferentes tasas por clases de usuarios también debe fijarse la estructura de las tarifas. Otra opción es la de fijar una tarifa por debajo del precio de mercado y subsidiar el servicio.

En Estados Unidos la desregulación de las tarifas en mercados competitivos produjo importantes reducciones en los precios, pero también incertidumbres en las industrias respectivas y no pocas bancarrotas, como sucedió en el caso de los pasajes aéreos. En los últimos tiempos se intentó aplicar este sistema en las industrias de redes, con resultados mixtos: gas natural, electricidad y telecomunicaciones[77].

La regulación y control de las empresas públicas y, por extensión, de los servicios públicos, corresponde a las denominadas "superintendencias"[78], que integran la "Función de Transparencia y Control Social", creada en la Constitución de 2008, con "personalidad jurídica y autonomía administrativa, financiera, presupuestaria y organizativa". Su principal función es vigilar que los servicios beneficien "el interés general". Les compete el control de órganos públicos y de personas naturales y jurídicas "que presten servicios o desarrollen actividades de interés público"[79].

Las superintendencias se consideran "organismos técnicos de vigilancia, auditoría, intervención y control de las actividades económicas, sociales y ambientales, y de los servicios que prestan las entidades públicas y privadas".

En Ecuador se puede mencionar, entre las principales instituciones relacionadas con la regulación y el control de los servicios públicos la Superintendencia de Control del Poder de Mercado.

[76] Se discuten las políticas de fijación de precios, incluyendo "tasa de retorno", escala móvil (*slinding-scale*), fijación de precios de Ramsey, propuesta Loeb-Magat, precios tope y estándares de *performance,* etc., en: J. LUIS GUASCH y PABLO SPILLER, *Managing the Regulatory Process: Design, Concepts, Issues, and the Latin America and Caribbean Story*, World Bank, Washington, D. C., 1999, págs. 69 y ss.; v. también, para la fijación de precios en empresas públicas: Introducción y selección por R. TURVEY, *Empresas públicas*, Madrid, Tecnos, 1972: "Principios de determinación de los precios óptimos y criterios de inversión", varios autores. En general sobre los problemas de la fijación del precio: PIERCE JR. y GELLHORN, *op. cit.*

[77] PIERCE JR. y GELLHORN, *op. cit.*, pág. 17.

[78] CRE, art. 213. " [...] El Estado dispondrá que los precios y tarifas de los servicios públicos sean equitativos, y establecerá su control y regulación".

[79] CRE, art. 314. "El Estado será responsable de la provisión de los servicios públicos de agua potable y de riego, saneamiento, energía eléctrica, telecomunicaciones, vialidad, infraestructuras portuarias y aeroportuarias, y los demás que determine la ley.

"El Estado garantizará que los servicios públicos y su provisión respondan a los principios de obligatoriedad, generalidad, uniformidad, eficiencia, responsabilidad, universalidad, accesibilidad, regularidad, continuidad y calidad. El Estado dispondrá que los precios y tarifas de los servicios públicos sean equitativos, y establecerá su control y regulación".

Entre las funciones atribuidas a las superintendencias se encuentra controlar que los servicios prestados se "realicen con responsabilidad, transparencia y equidad" y, fomentar e incentivar la participación ciudadana y el ejercicio y cumplimiento de los derechos. También les corresponde prevenir y combatir la corrupción.

La principal actividad sujeta a control en la Constitución de 2008 es la prestación de servicios públicos, tanto de entidades públicas cuanto de personas jurídicas de derecho privado y particulares, principalmente desde el ángulo de los derechos de los consumidores. Ejerce control sobre esta actividad el defensor del pueblo[80] y también el "control social".

D) *Control de la función legislativa*

a) *Aprobación presupuestaria.* La formulación de las proformas presupuestarias corresponde al Estado y a las respectivas entidades y organismos. Las proformas de las "empresas públicas" son aprobadas por el directorio institucional[81] y se someten a los lineamientos del COPFP[82].

A diferencia de la esfera ampliada del control político y económico a cargo de entidades autónomas englobadas en la función del Estado, en el área económica, el ejecutivo refuerza la dirección y control de entidades de regulación que funcionaban con relativa autonomía. La más importante de estas absorciones es la del Banco Central, mediante el establecimiento de un directorio que excluye la participación del sector privado y concede mayor discrecionalidad al ejecutivo en las inversiones del sector público financiero y no financiero.

El control de la contratación pública se encontraba a cargo, hasta 2008, de la Procuraduría General del Estado y de la Contraloría General del Estado, que revisaba los contratos. En la actualidad el control de la contratación pública se encuentran a cargo del ejecutivo: el Sercop.

---

[80] CRE, art. 52. "La ley establecerá los mecanismos de control de calidad y los procedimientos de defensa de las consumidoras y consumidores; y las sanciones por vulneración de estos derechos, la reparación e indemnización por deficiencias, daños o mala calidad de bienes y servicios, y por la interrupción de los servicios públicos que no fuera ocasionada por caso fortuito o fuerza mayor".

[81] LOEP, art. 9, 5.

[82] COPFP, art. 34. "Plan Nacional de Desarrollo. Se sujetan al Plan Nacional de Desarrollo [...] los presupuestos de [...] las empresas públicas de nivel nacional". Sus presupuestos no se consideran parte del Presupuesto General del Estado (art. 77, COPFP). Aprobación de las proformas presupuestarias de las empresas públicas, con obligación de informar al órgano superior del SINFIP y a la Asamblea Nacional (art. 112, COPFP).

b) *Control político*. La Asamblea Nacional tiene potestades para enjuiciar al presidente y vicepresidente de la República, por determinados delitos[83]. Asimismo, la Asamblea puede juzgar políticamente a determinadas autoridades enumeradas en la Constitución por incumplimiento de las funciones que les asigna la Constitución y la ley: ministros de Estado, o la máxima autoridad de la Procuraduría General del Estado, la Contraloría General del Estado, la Fiscalía General del Estado, la Defensoría del Pueblo[84], la Defensoría Pública General, las Superintendencias y los miembros del Consejo Nacional Electoral, Tribunal Contencioso Electoral, Consejo de la Judicatura y Consejo de Participación Ciudadana y Control Social, y demás autoridades que la Constitución determine, durante el ejercicio de su cargo y hasta un año después. El efecto de la censura es la destitución de la autoridad y si "se derivan indicios de responsabilidad penal, se dispondrá que el asunto pase a conocimiento de la autoridad competente"[85].

En general, corresponde a la Asamblea Nacional "[f]iscalizar los actos de las funciones ejecutiva, electoral y de transparencia y control social, y los otros órganos del poder público, y requerir a las servidoras y servidores públicos las informaciones que considere necesarias"[86].

En la enumeración de las autoridades sujetas a juzgamiento, que es taxativa, no constan los directores y gerentes de entidades y empresas públicas. Ellas son, sin embargo, responsables de sus actuaciones al frente de las referidas entidades, pero está claro que no responden ante la Asamblea directamente, sino en último término ante su respectivo directorio o cuerpo colegiado, donde, como se ha visto, es generalmente presidente el titular del ministerio al que se encuentra adscrita la entidad o empresa pública. Es decir, el ministro res-

---

[83] CRE, art. 120 num. 10 y 129.

[84] Art. 231. "Las servidoras y servidores públicos sin excepción presentarán, al iniciar y al finalizar su gestión y con la periodicidad que determine la ley, una declaración patrimonial jurada que incluirá activos y pasivos, así como la autorización para que, de ser necesario, se levante el sigilo de sus cuentas bancarias; quienes incumplan este deber no podrán posesionarse en sus cargos. Los miembros de las Fuerzas Armadas y Policía Nacional harán una declaración patrimonial adicional, de forma previa a la obtención de ascensos y a su retiro.

"La Contraloría General del Estado examinará y confrontará las declaraciones e investigará los casos en que se presuma enriquecimiento ilícito. La falta de presentación de la declaración al término de las funciones o la inconsistencia no justificada entre las declaraciones hará presumir enriquecimiento ilícito".

[85] CRE, art. 131.

[86] CRE, art. 120. "La Asamblea Nacional tendrá las siguientes atribuciones y deberes: [...] 9. Fiscalizar los actos de las funciones ejecutiva, electoral y de transparencia y control social, y los otros órganos del poder público, y requerir a las servidoras y servidores públicos las informaciones que considere necesarias".

pectivo eventualmente tendrá que responder por irregularidades cometidas en la entidad o empresa correspondiente. Pero la Asamblea Nacional les podría solicitar en cualquier momento "las informaciones que considere necesarias", como se ha visto.

Cabe analizar si los ministros de Estado responden políticamente ante el Congreso por las actividades de las entidades y empresas adscritas a su despacho, o incluso si cabe responsabilidad política a los ministros de Estado miembros del directorio de una entidad o empresa pública que no está adscrita a su ministerio. El texto de la Constitución que se refiere al "enjuiciamiento político", dispone que la causal para el enjuiciamiento consiste en el "incumplimiento de las funciones que les asignan la Constitución y la ley", entre las cuales se cuenta la de supervigilar las actividades de los funcionarios que dependen jerárquicamente de ellos o sobre los cuales ejerce tutela.

Cuando se trata de infracciones de índole penal, se debe acudir al Código Integral Penal vigente (COIP), según el cual las acciones por las que un ministro puede ser interpelado deben ser personales y no de sus subordinados. Estas acciones deben infringir leyes, pero sí procede enjuiciar políticamente a un ministro de Estado por su omisión en denunciar y sancionar las infracciones de sus subordinados.

El ministro también puede infringir las normas, como se vio *supra*, al no sancionar o solicitar la sanción de funcionarios bajo su dependencia jerárquica, que hubieren incurrido en irregularidades legales. No es atribución del ministro, en cambio, sancionar a los otros miembros del directorio ni a los administradores de una entidad o empresa pública.

Consecuentemente, los administradores de las entidades y empresas públicas no están sujetos directamente al control político de la Asamblea Nacional. Los miembros del directorio, en cambio, responden ante la Asamblea Nacional en caso de ser ministros, por infracciones directas y personales, cometidas en el desempeño de sus cargos, lo que comprende sus actividades de directores en los directorios de entidades y empresas públicas.

E) *Los controles electoral, constitucional, ciudadano y judicial*

Además de los controles descritos, la Constitución de 2008 dispone otros controles, con nuevo énfasis y renovada estructura institucional, como son: en materia electoral, el Consejo Nacional Electoral y el Tribunal Contencioso Electoral[87], y el control de la constitucionalidad, a cargo de la Corte Constitucional.

---

[87] El extinguido Tribunal Supremo Electoral se escinde en la Constitución de 2008 en el Consejo Nacional Electoral y en el Tribunal Contencioso Electoral (art. 217, CRE). El Consejo Nacional Electoral asume renovadas competencias relativas a la "democracia directa" (arts.

4. Conclusiones

Del diagnóstico del régimen normativo aplicable, puede apreciarse que los instrumentos de control y regulación de la administración pública se encuentran distribuidos entre los cinco poderes del Estado y en determinados casos, en las organizaciones sociales,

Ejercen control sobre la administración pública en Ecuador:

1. El ejecutivo ostenta instituciones de control: 1) dependientes (Banco Central, Ministerio de Trabajo, Instituto de Contratación Pública y directorios institucionales), y 2) adscritas Arconel, Arcotel y otras agencias.

2. Las "superintendencias" y órganos de control (Procuraduría General del Estado, Contraloría General del Estado, superintendencias de Compañías, de Bancos, de Control de Poder de Mercado, de Economía Popular y Solidaria y de Ordenamiento Territorial y Uso y Gestión del Suelo. Estas entidades tienen competencia para expedir normas generales obligatorias, en las áreas de su competencia, previa legislación de la Asamblea Legislativa.

Todas estas superintendencias englobadas en el "quinto poder del Estado": el Consejo de Participación Ciudadana y Control Social.

3. La Asamblea Nacional: aprueba presupuestos públicos e inviste a órganos de control previamente designados por el Consejo de Participación Ciudadana y Control Social.

4. La Corte constitucional ejerce el control de constitucionalidad y el sistema judicial juzga el cumplimiento de las leyes. En los casos contra el Estado y sus instituciones actúa la jurisdicción contencioso administrativa.

Debe resaltarse que la Constitución vigente introdujo dos cambios respecto de la de 1998: uno formal y otro de fondo. El cambio formal tiene que ver al énfasis que utilizaba la Constitución anterior para referirse a la función de control propiamente dicha, sin que los mandatos de la Carta Magna vigente se opongan a ninguno de los aspectos incluidos en el texto de la que le precedió; la modificación de fondo se relaciona con la exclusividad reconocida a la Contraloría General del Estado para determinar responsabilidades. Si bien la Constitución vigente se refiere simplemente a la competencia de dicho organismo de control para determinarlas, el texto anterior era muy claro al establecer que esa competencia era exclusiva, esto es, que no podría ser ejercida por ninguna otra institución pública. A la luz de la

_____

103-105, CRE), especialmente referidas al control popular, pero también en lo relacionado con la estructura de la autonomía regional (art. 245, CRE). En punto al control de los procesos de la descentralización y la autonomía, cumple destacado papel la Corte Constitucional (art. 245, CRE).

Constitución de 2008, bien podría asignarse legalmente la competencia de determinación de responsabilidades a otra u otras instituciones, además de la Contraloría General del Estado[88]. En efecto, la Constitución suprime la referencia a "potestad exclusiva" que constaba en la de 1998 y le atribuye a la Contraloría "determinar responsabilidades [...]" (sin el apelativo de "exclusividad"). La Ley Orgánica de Regulación y Control de Poder del Mercado otorga al superintendente de Poder de Mercado esta competencia de determinar "indicios de responsabilidad penal".

Por otra parte, antes se otorgaba a la Contraloría la potestad de dictar "regulaciones de carácter general" (equivalente a la prescripción de reglamentos autónomos), y ahora la Constitución alude solo a "normativa", que se puede entender puramente reglamentaria interna. Esta modificación daría pábulo para especular que la Contraloría carece de sustento para expedir y reformar el Reglamento de Bienes y que tal facultad ahora correspondería al Sercop.

Conviene indicar que pese a la ausencia de una referencia específica a una entidad u órgano del ejecutivo que ejerza dicha competencia, se reconoce a esta función la vigilancia de las organizaciones sociales, y competencia y responsabilidad en el control de la provisión de servicios públicos, así como la prestación de servicios de salud y educación. En este contexto es ilustrativo resaltar que son órganos de control del interior del ejecutivo el Ministerio de Relaciones Laborales, el Ministerio de Finanzas y los directorios institucionales, así como los delegados del ejecutivo en los cuerpos colegiados existentes.

La principal actividad sujeta a control en la Constitución de 2008 es la prestación de servicios públicos, tanto de entidades públicas cuanto de personas jurídicas de derecho privado y particulares, principalmente desde el ángulo de los derechos de los consumidores. Ejercen control sobre esta actividad el defensor del pueblo y también el "control social".

Respecto a la normativa que rige la Contraloría General del Estado (Ley Orgánica de la Contraloría General del Estado), su ley orgánica contiene básicamente las mismas disposiciones de la derogada Ley Orgánica de Administración

---

[88] Constitución Política de 1998, art. 211. "La Contraloría dictará regulaciones de carácter general para el cumplimiento de sus funciones [...]"; art. 212. "La Contraloría General del Estado tendrá potestad exclusiva para determinar responsabilidades administrativas y civiles culposas e indicios de responsabilidad penal, y hará el seguimiento permanente y oportuno para asegurar el cumplimiento de sus disposiciones y controles.

"Serán funciones de la Contraloría General del Estado, además de las que determine la ley: [...]

"2. Determinar responsabilidades administrativas y civiles culposas e indicios de responsabilidad penal, relacionadas con los aspectos y gestiones sujetas a su control, sin perjuicio de las funciones que en esta materia sean propias de la Fiscalía General del Estado.

"3. Expedir la normativa para el cumplimiento de sus funciones".

Financiera y Control (LOAFYC), pese a su escisión mediante el desglose de provisiones presupuestarias y de administración financiera, hoy incorporadas al Código Orgánico de Planificación y Finanzas Públicas (COPFP).

La Contraloría General del Estado comparte competencias con el Ministerio de Trabajo en la auditoría de gestión en lo relativo al manejo del talento humano, por medio del Instituto de Meritocracia. Por su parte, la Secretaría General de la Administración tiene competencias relacionadas con la efectividad de la gestión, mediante la Subsecretaría de Administración por Resultados. En los aspectos de gestión financiera y de los estudios de impacto ambiental y de construcción de obras públicas, comparte atribuciones con los ministerios de Finanzas, del Ambiente, de Transporte y Obras Públicas y Servicios de Compras Públicas.

Del mismo modo, la regulación y control de las empresas públicas y, por extensión, de los servicios públicos, corresponde a las denominadas "superintendencias", que integran la "Función de Transparencia y Control Social".

Por lo anotado, es claro que el ejercicio de tutela administrativa así como sus instrumentos se encuentran distribuidos en todas las funciones del Estado, siendo competencia de la Contraloría General del Estado, la determinación de responsabilidades administrativas y civiles culposas, así como indicios de responsabilidad penal, pese a que, como se ha reiterado, su ejercicio no ha sido consagrado como exclusivo.

ESPAÑA

EL CONTROL DE LA ACTIVIDAD ADMINISTRATIVA EN EL DERECHO ESPAÑOL

Luciano Parejo Alfonso[*]

ABREVIATURAS UTILIZADAS

AGE	Administración General del Estado.
AL	Administración local.
AP	Administración pública.
AAPP	Administraciones públicas.
ATS	Auto del Tribunal Supremo.
CE	Constitución española de 1978.
LJCA	Ley 29 de 13 de julio de 1998, reguladora de la jurisdicción contencioso-administrativa.
LoCE	Ley Orgánica 3 de 22 de abril de 1980, del Consejo de Estado.
LoCJ	Ley Orgánica 2 de 18 de mayo de 1987, de Conflictos Jurisdiccionales.
LoDP	Ley Orgánica 3 de 6 de abril de 1981, del Defensor del Pueblo.
LOFAGE	Ley 6 de 14 de abril de 1997, de Organización y Funcionamiento de la Administración General del Estado.
LoPJ	Ley Orgánica 6 de 1º de julio de 1985, del Poder Judicial.
LoTC	Ley Orgánica 2 de 3 de octubre de 1979, del Tribunal Constitucional.
LoTCu	Ley Orgánica 2 de 12 de mayo de 1982, del Tribunal de Cuentas.
LPAC	Ley 39/2015, de 1º de octubre, de Procedimiento Administrativo Común de las Administraciones Públicas.
LRJPAC	Ley 30 de 26 de noviembre de 1992, de Régimen Jurídico de las Administraciones Públicas y del Procedimiento Administrativo Común.
LRJSP	Ley 40 de 1º de octubre de 2015, de Régimen Jurídico del Sector Público.
STC	Sentencia del Tribunal Constitucional.
STJUE	Sentencia del Tribunal de Justicia de la Unión Europea.
STS	Sentencia del Tribunal Supremo.
TC	Tribunal Constitucional.

[*] Catedrático de Derecho administrativo, Universidad Carlos III de Madrid.

1. Precisiones previas sobre el control

A) *La función de control*

Con carácter general, el control es una función que se traduce en: i) una actividad de confrontación o comprobación, con emisión de un juicio con arreglo a un criterio; ii) que realiza un ente u órgano respecto de la actividad de otro; iii) y conlleva, sobre la base del juicio emitido, la adopción de una medida de contenido y alcance diversos, y iv) con producción de los consecuentes efectos, positivos o negativos, en aquella actividad; efectos también diversos, dependiendo del carácter de la medida adoptada.

Dada la inexistencia, cuando menos en derecho español, de una teoría general bien aceptada de la función de control en el campo jurídico-público, procede, con carácter previo, analizar muy brevemente su pertinencia y legitimidad, para lo cual resulta ineludible volver la vista al texto constitucional (Constitución de 1978; en adelante CE).

B) *El control en la Constitución*

Del simple repaso del contenido dispositivo de la CE resulta:

1º. El empleo consciente y frecuente del término y, por tanto, la consagración del control como una categoría jurídica específica. De esta manera, el control es un estricto concepto jurídico-constitucional. Así resulta del contexto sistemático de la regulación de las Cortes Generales y de la elaboración de las leyes (arts. 66.2, 82.6, 106.1, 150.1 y 2, y 153 CE).

2º. De las regulaciones constitucionales se deduce que el control se refiere a una función o actividad que tiene por objeto primario:

a) La acción, actividad, gestión o cometido o, en su caso, las decisiones, los actos o las actuaciones de un tercero (una entidad o un órgano públicos).

b) Las entidades o los órganos públicos en cuanto tales.

El control supone, por tanto, la existencia de dos sujetos diferenciados, el controlado y el controlante, así como de dos actividades distintas, la controlada y la controlante, siendo estas necesariamente sucesivas en su desarrollo puesto que la de control presupone lógicamente la existencia de la controlada. Consiste, por ello, en un examen y una valoración, conforme a cierto criterio, de la actividad controlada, implicando —en consecuencia— una relación jurídico-pública específica trabada por razón de, y basada justamente en, la competencia de control atribuida a un sujeto público —entidad u órgano— sobre (en su caso, la actividad de) otro sujeto —entidad u órgano—.

3º. La actividad objeto de control puede pertenecer:

• Al mismo poder-función constitucional en que se integra el controlado, dentro de un mismo ordenamiento territorial. Es el caso de la forma de control consistente en el asesoramiento del gobierno atribuido al Consejo de Estado en los términos del artículo 107 CE.

• A distinto poder-función constitucional que el controlado, pero inscribiéndose ambos aún en el mismo ordenamiento territorial. Es el supuesto de los controles del Parlamento, es decir, las Cortes Generales sobre el complejo orgánico-funcional ejecutivo, o el del poder judicial sobre dicho complejo, contemplados en los artículos 54, 76.1, 77.2, 86.2, 94, 106.1, 111, 112, 113.1, 116.2 y 3, 136, y 150.3 CE.

• Al mismo o distinto poder-función constitucional que el controlado, inscritos ambos, sin embargo, en distintos ordenamientos territoriales. Se trata de los supuestos previstos en los artículos 153 y 155 CE.

• Y a una función peculiar que, por sus características, es capaz de desplegarse respecto de cualesquiera otras funciones constitucionales, con independencia del ordenamiento territorial en el que estas se inscriban. Es el caso, obviamente, de la función del Tribunal Constitucional por medio de los recursos y cuestiones a cuyo conocimiento se extiende su competencia (arts. 161 y 163 CE).

Por lo tanto, la actividad de control atraviesa la estructura y el funcionamiento del Estado en su conjunto o globalmente considerado; lo que vale decir que está dispersa o distribuida, de forma desigual, por los tres poderes o funciones clásicos a lo largo de todos los niveles territoriales básicos, cuando no aparece asignada a una institución peculiar como lo es el Tribunal Constitucional.

4º. El control carece de un contenido y alcance homogéneos, concretándose de manera diferente según los órganos/entes y las actividades que integren en cada caso la relación jurídico-pública de control y en distintas técnicas, dando lugar así a toda una tipología jurídico-positiva de figuras de control. Como quiera que el propio alcance, y no solo el contenido del control, es diverso, este va desde la simple información o comprobación hasta llegar a la adopción de medidas de diversa textura y eficacia. La multiplicidad de las configuraciones constitucionales es aquí evidente, siendo reconducible únicamente por la vía de la clasificación tipológica en dos grandes grupos: el control político y el jurídico, cuyos prototipos o modelos son el parlamentario y el judicial, respectivamente.

En todo caso, el elemento común es siempre la valoración, es decir, el juicio, toda vez que el control implica siempre y cuando menos una actividad de comprobación y examen desde un determinado criterio de medida o referencia.

5º. El conjunto de los tipos y mecanismos de control tiene su centro de gravedad, por lo que hace a su objeto, en el ejecutivo, esto es, el complejo integrado por el gobierno y la Administración pública (en adelante AP) de él dependiente. De esta manera, la función de asesoramiento propia del Consejo de Estado representa un control intrafuncional del ejecutivo, por la vía de la consulta preceptiva y, en su caso, también vinculante; la suma de técnicas de control político puestas en manos de las Cortes Generales está orientada hacia dicho ejecutivo; el control judicial relevante constitucionalmente está referido a la potestad reglamentaria del gobierno y la actuación de la AP; y las instituciones del defensor del Pueblo y el Tribunal de Cuentas tienen por objeto principal la supervisión de la actividad administrativa sustantiva y de gestión económico-financiera.

De todo lo dicho parece poder inferirse de forma clara que, con independencia de la heterogeneidad orgánica y funcional, así como del distinto alcance de las técnicas de control, en la CE se regula y, por tanto, define una función o actividad de control que tiene una funcionalidad específica en el Estado. En el orden constitucional es discernible, en efecto, un verdadero esquema o sistema de control, que guarda relación con y está al servicio del orden constituido para los poderes públicos. En ese esquema de control existen desde luego elementos comunes, que le otorgan autonomía y perfil propios:

• La diferenciación orgánica y funcional y con ella de dos voluntades, la del sujeto controlante y la del controlado, dando lugar a una relación jurídico-pública específica.

• La existencia de una actividad, que es objeto de control, susceptible de ser confrontada con un criterio o medida de valoración.

• El desarrollo de una actividad de control y, como tal, comprensiva de los momentos o fases ideales de información (investigación, supervisión, vigilancia), examen y comprobación (juicio) y adopción de la medida o las medidas procedentes.

C) *El control como categoría jurídico-pública*

Del análisis precedente de las normas constitucionales en materia de control de los poderes públicos se infiere una serie de datos esenciales:

a) Acotamiento en la función ejecutiva, en concreto, la actividad del complejo integrado por el gobierno y la AP.

b) Predominio del tipo de control interfuncional e interordinamental.

c) Diversidad de las técnicas y heterogeneidad del contenido y alcance de la actividad desarrollada por medio de estas.

d) Diseminación desde el punto de vista orgánico.

e) Articulación de los tipos y de los mecanismos y técnicas de control en un verdadero entramado, esquema o sistema con economía y sentido propios.

Sobre la base de los precedentes datos cabe sostener:

1. El carácter histórico del control y su evolución al compás de la propia del Estado pudiendo inducirse tres líneas de desarrollo recíprocamente relacionadas entre sí:

• El aseguramiento de la funcionalidad del aparato estatal en cuanto tal.

• La coherencia del Estado desde el punto de vista de su organización territorial, como cuestión de primer orden en la estructuración de aquél.

• La limitación y la sujeción a Derecho del poder público y, especialmente, del complejo constituido por el gobierno y la AP.

2. La evolución del control ha abocado en su generalización y la diversificación de sus técnicas al compás de la del propio Estado. Esta circunstancia explica la compatibilidad de la formación de una verdadera función de control, esquema o sistema de control, con independencia de las técnicas en que esta se concreta. Un buen ejemplo reciente es el control del gasto público: el artículo 20 de la ley orgánica 2 de 27 de abril de 2012, estabilidad presupuestaria y sostenibilidad financiera, exige, en efecto y a modo de control, la autorización del Estado de las operaciones de endeudamiento de otras administraciones territoriales cuando se haya constatado un incumplimiento por ellas del objetivo de estabilidad presupuestaria o de deuda pública.

2. El control, en concreto, de la administración pública

A) *El control jurídico interno: los recursos administrativos*

a) *Consideraciones generales.* Los recursos administrativos representan un eficaz mecanismo de control interno administrativo y suponen, al mismo tiempo, una garantía de la regularidad de la acción administrativa para los ciudadanos, ya que —por más que un sector mayoritario de la doctrina científica los haya sometido tradicionalmente a crítica, calificándolos peyorativamente de carga a levantar para poder impetrar la tutela judicial— proporcionan a la AP una nueva ocasión de reconsiderar el asunto a la luz de los argumentos aducidos por el recurrente. El Tribunal Supremo ha recordado recientemente esta doble función que, en efecto, cumplen los recursos administrativos ordinarios [STS de 30 de marzo de 2012 (Tol 2514184)].

El ejercicio de la acción impugnatoria mediante recurso administrativo determina la incoación de un específico procedimiento, diferenciado respecto al originario iniciado de oficio o a instancia de interesado, dirigido a su resolución.

Por ello, el recurso administrativo:

• Tiene como presupuesto la existencia de un previo acto administrativo.

• Tiene por objeto actos impugnables, es decir:

i) Una resolución, o un acto consensual sustitutivo de la misma, en tanto que actos en sentido estricto, pues los normativos, es decir, los reglamentos y normas equiparadas a estos no son en ningún caso susceptibles de recurso administrativo directo (arts. 112.1 y 3 de la ley 39 de 2015, del procedimiento administrativo común; en adelante LPAC)[1].

ii) Un acto de trámite que decida directa o indirectamente el fondo del asunto, determine la imposibilidad de continuar el procedimiento, produzca indefensión o perjuicio irreparable a derechos o intereses legítimos (art. 112.1 LPAC)[2].

Siempre desde luego que la resolución o el acto no sean firmes en vía administrativa, ni sean reproducción de otros previos consentidos y firmes, salvo en el caso del recurso extraordinario, que lo es contra actos firmes en los que concurran determinadas circunstancias previstas en el artículo 125.1 LPAC (art.113 LPAC).

• Su formalización requiere la legitimación otorgada por el interesamiento en el asunto, en los términos resultantes de lo dispuesto en el artículo 4.1 LPAC[3], el cual se presupone cuando la ley otorga acción pública.

• Se deduce ante la misma AP autora del acto impugnado y el órgano de esta jerárquicamente superior al que lo dictó o, en su caso, el mismo órgano productor del acto, salvo otorgamiento por ley de la competencia a órgano funcionalmente independiente (cual sucede, por influjo del derecho de la Unión Europea [en adelante UE], en el ámbito de la contratación del sector público, en el que se produce ante un órgano funcionalmente independiente, el Tribunal Administrativo de Recursos Contractuales, central o autonómico).

• Permiten plantear, para su resolución, todas las cuestiones, tanto las de forma como las de fondo y sean suscitadas por los interesados como si no, siempre en este último caso que se oiga previamente a las partes (art. 119.3 LPAC). La jurisprudencia confirma la amplitud del control cumplido[4].

• Su finalidad es la anulación total o parcial del acto impugnado y, en su caso, la sustitución, asimismo total o parcial, de este por otro de contenido distinto, basadas ambas pretensiones en alguno de los vicios de legalidad —nulidad o anulabilidad— que pueden padecer los actos administrativos conforme a los artículos 47.1 y 48 LPAC.

• Su resolución pone fin a la vía administrativa, es decir, determina el agotamiento de esta a los efectos del acceso a la judicial, lo que sucede igualmente en el caso de los procedimientos alternativos a los recursos (art. 109 LRJPAC; art. 114 LPAC).

b) *Los distintos tipos de recursos administrativos.* Los recursos administrativos se pueden clasificar en:

---

[1] Sentencias del Tribunal Supremo (en adelante SsTS) de 18 febrero y 8 marzo 2011 y 31 marzo 2014.

[2] STS de 28 junio 2012.

[3] SsTS de 21 marzo 2006 y 26 enero 2012.

[4] SsTS de 30 marzo 2012 y 11 de octubre 2013.

1. Ordinarios:

    1.1. Generales.

        1.1.1. Preceptivo: recurso de alzada.

        1.1.2. Facultativo: recurso de reposición.

    1.2. Especiales.

2. Extraordinario: recurso de revisión.

a') *Recurso ordinario de alzada.* Los actos susceptibles de impugnación que no pongan fin a la vía administrativa (como tiene señalado el Tribunal Constitucional, en adelante TC), ponen fin a esta aquéllos en que así se disponga por disposición legal o reglamentaria y los emanados de un órgano que carezca de superior jerárquico[5] dictados por órgano que posea superior jerárquico pueden ser recurridos en alzada ante este último. Es dicho órgano superior el competente para su resolución aunque la interposición material puede hacerse ante cualquiera de los dos, quedando obligado, en su caso, el inferior jerárquico a remitir al superior el recurso, las actuaciones y su informe dentro de los diez días siguientes (art. 121 LPAC).

Supuesto excepcional lo constituye el llamado recurso indirecto contra reglamentos, en el que con motivo de la impugnación ordinaria de un acto concreto se pone en cuestión la legalidad de una norma reglamentaria. Cuando tales recursos se fundamenten exclusivamente en la nulidad de la norma correspondiente, el artículo 112.3, párrafo 2º LPAC permite, con toda lógica, la interposición del recurso directamente ante el órgano que dictó la disposición[6].

El recurso de alzada debe (art. 122 LPAC):

1) Deducirse en el plazo de:

i) Un mes, si el acto es expreso.

ii) En cualquier momento a partir del día siguiente a aquel en que se produzcan los efectos del silencio.

El transcurso del plazo pertinente sin que se interponga el recurso produce la firmeza en sede administrativa del acto, lo que lo convierte en inimpugnable, a salvo el recurso extraordinario de revisión.

2) Resolverse expresamente y notificarse dentro de los tres meses siguientes a la incoación del procedimiento impugnatorio. Transcurrido este plazo sin efecto, el recurso:

i) Se entiende estimado *ex lege* como efecto del juego del silencio positivo, cuando el acto impugnado en alzada sea presunto y desestimatorio de la solicitud iniciadora del procedimiento originario.

ii) Se entiende desestimado por efecto del silencio negativo, en todos los restantes casos.

---

[5] Auto del Tribunal Constitucional (ATC) 163 de 13 septiembre 2012.

[6] STS de 28 mayo 2010.

Contra la resolución, expresa o presunta, de un recurso de alzada no cabe efectuar ya impugnación alguna en vía administrativa, salvo el recurso de revisión (art. 122.3 LPAC)[7]: no cabe formular recurso de reposición contra la resolución de recurso de alzada. Ello es lógico, pues dicha resolución pone siempre fin a la vía administrativa [art. 114.1, a) LPAC].

b') *Recurso ordinario potestativo de reposición.* Frente a los actos dictados por órgano carente de superior jerárquico que sean susceptibles de impugnación cabe la opción, aún poniendo los mismos fin a la vía administrativa en los términos previstos por el artículo 114, c) LPAC, de deducir directamente recurso contencioso-administrativo, impetrando la tutela judicial, o recurrirlos potestativamente en reposición ante aquel mismo órgano. La opción por el recurso de reposición cierra el acceso a la tutela judicial hasta la resolución expresa o presunta de este (art. 123.2 LPAC).

El recurso de reposición, caso de deducirse, debe (art. 124.1 LPAC):

1) Interponerse en el plazo de:

i) Un mes, si el acto impugnado es expreso.

ii) En cualquier momento a partir del día siguiente a aquel en que se produzca el acto presunto.

2) Resolverse expresamente y notificarse dentro del mes siguiente a la incoación del procedimiento impugnatorio[8].

Contra la resolución expresa o presunta del recurso de reposición no cabe ya deducir nuevamente tal recurso, de modo que, frente a su desestimación expresa o presunta, únicamente puede interponerse, si procede, recurso administrativo extraordinario de revisión y, en todo caso, recurso contencioso-administrativo (art. 124.1 LPAC).

c') *Recurso extraordinario de revisión.* El recurso extraordinario de revisión previsto en el artículo 125 LPAC es, como indica su propia denominación y resulta de las circunstancias que según la Ley lo justifican, una muy especial vía de impugnación destinada a hacer valer aquellos motivos de invalidez que el interesado no pudo utilizar a través de los medios ordinarios de impugnación. Esto significa que: i) solamente procede cuando se dan las circunstancias tasadas para las que legalmente está previsto y ii) no puede ser utilizado para intentar revisiones fácticas o jurídicas que pudieron ser planteadas en la impugnación que con carácter ordinario esté legalmente establecida para la actuación administrativa que pretenda combatirse[9].

Este recurso cabe solo contra los actos susceptibles de impugnación que, además, sean ya firmes y se deduce ante el órgano que los haya dictado, que es

---

[7] STS de 25 febrero 2011.

[8] Sentencia del Tribunal Constitucional (STC) 40 de 26 febrero 2007.

[9] STS de 31 mayo 2012.

además el competente para su resolución. Y solo procede cuando concurran en el acto impugnado alguna de las siguientes circunstancias (art. 125.1 LPAC):

1ª. Que al dictarlo se haya incurrido en error de hecho y este resulte de los propios documentos incorporados al expediente[10].

2ª. Que aparezcan documentos de valor esencial para la resolución del asunto, posteriores a esta y evidenciadores del error de la misma[11].

3ª. Que en la resolución hayan influido de modo esencial documentos o testimonios declarados falsos por sentencia judicial firme, anterior o posterior a la resolución.

4ª. Que la resolución se haya dictado como consecuencia de prevaricación, cohecho, violencia, maquinación fraudulenta u otra conducta punible y así se haya declarado en sentencia judicial firme.

Este recurso debe (arts. 125.2 y 126 LPAC):

1) Interponerse dentro del plazo de:

i) Los cuatro años siguientes a la fecha de la notificación de la resolución impugnada, tratándose de la causa primera del artículo 125.1 LPAC que lo justifica (error de hecho).

ii) Los tres meses a contar desde el conocimiento de los documentos o desde la firmeza de la sentencia judicial, en todos los restantes casos.

2) Resolverse y notificarse dentro de los tres meses siguientes a la iniciación del procedimiento impugnatorio, de modo que a su transcurso sin dictado de resolución se entenderá desestimado a los efectos del acceso a la vía judicial.

El órgano competente debe pronunciarse no solo sobre la procedencia del recurso, sino también, en su caso, sobre el fondo de la cuestión resuelta por el acto recurrido. Dicho órgano también puede decidir motivadamente la inadmisión del recurso, sin necesidad de recabar dictamen del Consejo de Estado (u órgano autonómico equivalente), cuando no se funde en alguna de las causas legales o de haberse desestimado con anterioridad y en cuanto al fondo otros recursos sustancialmente iguales (art. 126 LPAC).

Finalmente, el recurso de revisión es independiente y, por tanto, ni perjudica la formulación por los interesados de las solicitudes de ejercicio de las potestades de revisión de oficio por nulidad (art. 125.3 LPAC) y de rectificación de meros errores (art.125.3 LPAC), ni consecuentemente impide u obstaculiza dicho ejercicio por la AP competente.

c) *La suspensión de la ejecución del acto recurrido y otras medidas cautelares conexas.* Por sí misma, la interposición de cualquier recurso administrativo no enerva la ejecución del acto impugnado, salvo que así lo disponga

[10] STS de 21 abril 2008.
[11] STS de 22 mayo 2009.

expresamente una ley[12]. El órgano competente para resolver el recurso de que se trate puede, no obstante, suspender dicho acto, bien de oficio, bien a solicitud del recurrente (art. 117.2 LPAC)[13]. Al tratarse de una medida cautelar es obvio que el órgano competente puede modificarla o dejarla sin efecto en cualquier momento ulterior y que se extingue en todo caso al producirse la resolución expresa o presunta del recurso[14]. No obstante, el artículo 117.4, párrafo 3º LPAC permite prolongar su duración cuando haya sido acompañada de alguna otra medida cautelar y los efectos de alguna de estas se extiendan a la vía contencioso-administrativa, disponiendo su mantenimiento hasta el pronunciamiento judicial sobre la tutela cautelar en el caso de que el recurso contencioso-administrativo efectivamente se interponga.

Con motivo de la suspensión, cabe tomar aquellas medidas cautelares que sean necesarias para asegurar la protección del interés público o de terceros y la eficacia de la resolución o el acto impugnado[15]. En todo caso, existiendo riesgo de producción de perjuicio de cualquier naturaleza, la eficacia de la suspensión queda supeditada a la prestación de caución o garantía suficiente para responder de ellos (art. 117.4, párr. 2º LPAC).

La medida suspensiva, y también las demás cautelares anexas, solo puede adoptarse cuando concurra una de las dos circunstancias siguientes (art. 117.2 LPAC):

1ª. Riesgo de producción, por la ejecución, de perjuicios de imposible o difícil reparación.

2ª. Fundamento de la impugnación en alguna de las causas de nulidad de pleno derecho del artículo 47.1 LPAC, causas que deben ser ostensibles y evidentes[16].

En todo caso, la suspensión debe sustentarse en una previa ponderación, suficientemente razonada, entre los perjuicios de posible causación por la propia suspensión al interés público o a terceros, de un lado, y la eficacia inmediata del acto impugnado al recurrente[17].

La medida suspensiva no depende enteramente, sin embargo, de un acto expreso del órgano competente. El artículo 117.3 LPAC establece que, deducida por el recurrente solicitud de suspensión, el mero transcurso de treinta días sin notificación de resolución alguna determina *ex lege* la suspensión del acto.

d) *El procedimiento para la resolución de los recursos administrativos.* Veamos sus diferentes estapas:

[12] STS de 14 de abril de 2009.

[13] STS de 21 de abril de 2008.

[14] STS de 20 de abril de 1999.

[15] STS de 13 de marzo de 2000.

[16] STS de 28 septiembre 1998.

[17] STS de 31 octubre 2000.

a') *Interposición.* Los recursos administrativos deben interponerse mediante escrito que contenga todos los elementos enumerados en el artículo 115 LPAC[18] y, en particular: i) la manifestación de la interposición del recurso y ii) la exposición de las alegaciones en que se funde[19].

Interesa tener presente que, conforme dispone el apartado 2º del propio artículo 115.2 LPAC, el error del recurrente en la calificación del recurso no puede significar un obstáculo para su ulterior tramitación, siempre y cuando del escrito presentado se pueda deducir el verdadero carácter del recurso[20].

b') *Audiencia.* El trámite esencial del procedimiento es la audiencia a los interesados, respecto del cual los artículos 118 y 119.3 LPAC disponen su procedencia en los siguientes supuestos:

• Siempre que hayan de tenerse en cuenta nuevos hechos o documentos no recogidos en el expediente del procedimiento originario. No tienen tal carácter: el propio recurso, los informes, las propuestas y los escritos y documentos aportados por los propios interesados antes del dictado del acto impugnado. En este supuesto las actuaciones han de ponerse de manifiesto a los interesados por plazo no inferior a diez días ni superior a quince para que puedan deducir alegaciones y presentar documentos.

• Siempre que haya otros interesados distintos del recurrente o recurrentes. En este supuesto, ha de dárseles traslado del recurso o recursos para que, en el mismo plazo antes indicado, puedan deducir alegaciones y presentar documentos.

• Siempre que en la resolución vaya a haber pronunciamiento sobre cuestión o cuestiones no alegadas por los interesados. En este supuesto ha de darse ocasión, por idéntico plazo, a la formulación de alegaciones sobre las nuevas cuestiones así planteadas.

Debe tenerse en cuenta que, según la jurisprudencia[21], los efectos invalidantes de la omisión de este trámite no son siempre los mismos, pues dependen del tipo de potestad ejercida por la AP y de la situación en la que dicha omisión coloque al recurrente: tratándose de la potestad sancionadora produce siempre la nulidad, pero en todos los restantes casos solo si conduce a una situación de real indefensión.

c') *Resolución.* La resolución debe decidir cuantas cuestiones, sea de forma sea de fondo, plantee el objeto del procedimiento impugnatorio, hayan sido o no alegadas por las partes, sin incurrir en incongruencia con las peticiones del recurrente o recurrentes, ni agravar la situación inicial de uno u otros.

[18] SsTS de 24 junio y 6 julio 2009.

[19] SsTS de 23 octubre 2012 y 28 octubre 2012.

[20] SsTS de 16 noviembre 1998 y de 25 mayo 2009.

[21] SsTS de 12 diciembre 2008 y 8 enero 2012.

En concreto la resolución puede (art. 119 LPAC):

1. Declarar, si procede, la inadmisión del recurso.

2. Apreciar, aún siendo admisible el recurso, la concurrencia de vicio de forma que hace improcedente todo pronunciamiento sobre el fondo, ordenando la retroacción del procedimiento originario al momento en el que el vicio fue cometido, salvo que proceda la convalidación del vicio por el propio órgano competente para resolver el recurso conforme al artículo 52 LPAC.

3. Pronunciarse, no siendo pertinente ninguna de las decisiones anteriores, sobre la estimación o desestimación del mismo, en ambos casos en todo o en parte.

B) *Los procedimientos impugnatorios alternativos*

a) *Introducción.* Hoy reina una extensa insatisfacción respecto de los mecanismos tradicionales de solución de los contenciosos derivados de las relaciones jurídico-administrativas. La pérdida de credibilidad de los recursos administrativos deriva de su contraposición con la tutela judicial y la consecuente exigencia del más expedito y pronto acceso a ella. Paradójicamente, sin embargo, el incremento cuantitativo de la apelación al juez contencioso-administrativo ha determinado una situación de desbordamiento de difícil superación y conducente a una sensible pérdida de la eficacia social de la tutela judicial.

Por este y otros motivos —y entre los que destaca el creciente recurso a la actividad consensual por la AP—, es cada vez más importante la tendencia al establecimiento de fórmulas y mecanismos nuevos de arreglo de los contenciosos administrativos, en términos de revitalización de las vías impugnatorias administrativas o de auto o heterocomposición. Los objetivos que se deben cubrir son, en efecto, primero y ante todo evitar el nacimiento de conflictos, en segundo término buscar soluciones alternativas a las judiciales y, finalmente, poner fin a los litigios ya entablados o, cuando menos, evitar su excesiva o innecesaria prolongación.

b) *Las fórmulas alternativas no arbitrales: alcance y finalidades.* Las técnicas a las que cabe recurrir para conseguir tales objetivos pueden consistir bien en la revitalización de la autotutela en vía impugnatoria, esto es: del sistema de recursos y procedimientos complementarios en sede administrativa —como instrumentos de conciliación, mediación, autocomposición y similares—, bien en el empleo de medios ajenos a la actividad administrativa, y particularmente el arbitraje, que no excluye necesariamente la tutela judicial plena.

La actualización y mejora de los mecanismos de impugnación en vía administrativa, particularmente mediante la creación de órganos especializados dotados de específica autonomía, es un fenómeno no del todo novedoso, como acredita la institución del tradicional jurado provincial de expropiación. Pero sí es novedoso el recurso a fórmulas alternativas en sede impugnatoria, como la establecida en el artículo 29 de la ley orgánica 7/2006, de 21 de noviembre, de protección de la salud y de lucha contra el dopaje en el deporte para la revisión, en vía administrativa y por órgano de tipo arbitral, de las resoluciones dictadas por los órganos disciplinarios de las federaciones deportivas españolas o por la Comisión de Control y Seguimiento de la Salud y el Dopaje. Y también, en el ámbito de la AL, el Consejo Tributario del Municipio de Barcelona (art. 47 de la ley 1ª de 2006, de 13 de marzo, por la que se regula el régimen especial de dicho municipio) y el Tribunal Económico-Administrativo Municipal de Madrid (art. 25 de la ley 22 de 2006, de 4 de julio, de capitalidad y régimen especial de Madrid), órganos ambos dotados de autonomía e integrados por personas de reconocida competencia técnica en materia tributaria.

Precisamente el artículo 112.2 LPAC apunta a la generalización de fórmulas de este tipo al autorizar la sustitución del recurso de alzada y también el potestativo de reposición por procedimientos de reclamación ante órganos colegiados o comisiones específicas no sometidas a instrucciones jerárquicas. Dentro de esta categoría encaja el recurso especial en materia de contratación (pública), inducido por el derecho de la UE y transpuesto por la ley 34 de 2010, de 5 de agosto, atribuido a órganos administrativos denominados formalmente tribunales y dotados de independencia funcional completa.

Por lo que respecta a los mecanismos públicos de prevención de conflictos puede ser destacada la virtualidad práctica y las potencialidades en este sentido de la figura del defensor del pueblo y las equivalentes autonómicas. Igualmente, cabe destacar el papel desempeñado en materia laboral por las inspecciones de trabajo, así como, desde luego los sistemas de solución extrajudicial de conflictos integrados por procedimientos de mediación o, incluso de arbitraje (por un tercero) que habilita el artículo 45 TREBEP, para el supuesto en que no resulte posible alcanzar un acuerdo en el curso de las negociaciones de las condiciones de trabajo o cuando surjan conflictos en el cumplimiento de los acuerdos o pactos ya suscritos.

Por lo que hace a la conciliación, aunque el artículo 112.2 LPAC abre con carácter general la posibilidad de su instauración en la vía administrativa (con sustitución de los recursos administrativos), está aún prácticamente inédita).

3. El control judicial de la administración pública

A) *Introducción*

El Estado de derecho es la cifra misma de la historia, siempre inacabada, de la reducción del ejercicio del poder al derecho. Se comprende así la importancia que la CE otorga al control del poder público y, en particular, al control jurídico, pleno y externo, cumplido precisamente por el poder judicial, del ejercicio de la potestad reglamentaria y de la actuación de la AP (art. 106.1 CE). Este control es realizado desde la independencia de jueces y tribunales, que es tal por consistir en una total y, por tanto, exclusiva dependencia o vinculación de estos al derecho (art. 117 CE). No obstante, la adecuada comprensión de su diseño actual solo es factible desde la perspectiva que ofrece la historia.

No habiendo existido en el Antiguo Régimen división de poderes (la jurisdicción gubernativa y la contenciosa se ejercían simultáneamente, con la consecuencia de una pluralidad caótica de jurisdicciones), así como la Constitución de Bayona (solo aplicada en el territorio ocupado por Francia) importa el sistema francés (incluido el Consejo de Estado), la Constitución de Cádiz de 1812 suprime las jurisdicciones privilegiadas (a favor de la ordinaria) e impone una estricta separación de poderes (que olvida el control de la AP). Inicialmente, pues, la cuestión no es otra que la de a quién debe corresponder decidir: si al propio poder ejecutivo (atribuido al Rey) o, por el contrario, al poder judicial. El constitucionalismo de Cádiz parece inclinarse por una solución plenamente judicialista, de signo contrario al modelo francés de corte bonapartista que estaba empezando a perfilarse con arreglo a un modelo de jurisdicción retenida, esto es, de realización del control de legalidad por la propia AP, solo que mediante órganos especializados no necesariamente decisorios ni funcionalmente independientes. Sabido es, sin embargo, que el orden constitucional gaditano tuvo una azarosa e intermitente vida, interrumpida por las recuperaciones fernandinas del sistema absolutista.

Ha de esperarse, pues, hasta casi la mitad del siglo XIX, para que la emergencia de una burguesía precisada de un Estado operativo y eficaz haga fraguar una solución, que va a persistir prácticamente sin alteraciones hasta la Revolución de 1868. Inspirada ahora ya en el modelo francés y establecida por sendas leyes de 2 de abril y 6 de julio de 1845, consiste en un mecanismo de doble escalón —los Consejos Provinciales y el Consejo Real—, que presupone una actividad gubernativa previa, cuya conversión en contenciosa (litigiosa) desencadena su puesta en marcha, y que es prácticamente aún de jurisdicción retenida, puesto que limitado en su escalón superior a meras propuestas no vinculantes, tomando las decisiones en definitiva el gobierno (reales decretos y sentencias), y de competencia muy limitada. Este sistema, que se suprime en el período revolucionario de 1854-1856, es restablecido en 1856 (reorganizándose el Consejo Real, que pasa a denominarse Consejo de Estado).

Tras el corto e inestable paréntesis que representó el triunfo de la Revolución de 1868, durante el cual se volvió al sistema judicialista puro, con la Restauración se plantea la necesidad de una solución adecuada, con debate entre los defensores del sistema judicialista y los del sistema de "jurisdicción administrativa". La solución llega, por la vía transaccional, con la ley de 13 de septiembre de 1888 (denominada de Santamaría de Paredes), que implanta un sistema por ello denominado "armónico", el cual va a durar prácticamente hasta la ley reguladora de la jurisdicción contencioso-administrativa de 1956 (en el período 1894-1904 se crea la Sala de lo Contencioso-Administrativo del Tribunal Supremo).

Bajo la Dictadura de Primo de Rivera y la Primera República se introducen algunas mejoras para el ámbito del régimen local. Tras la Guerra Civil, el día 26 de diciembre de 1956 se dicta la Ley reguladora de la jurisdicción contencioso-administrativa, antecedente inmediato de la vigente y que, por tanto, va a estar en vigor durante un dilatado (más de cuarenta años) y decisivo período histórico en la evolución del control judicial de la AP. Tras algunas reformas concretas, se ha producido su completa renovación mediante la vigente ley 29 de 1998, que lleva la misma denominación: reguladora de la jurisdicción contencioso-administrativa (en adelante LJCA).

En su exposición de motivos, la ley —que ha sufrido ya algunas modificaciones, la última de las cuales es de 2015— se autocalifica como a la vez continuista y profundamente renovadora. Continuista, por un triple motivo: mantenimiento de la naturaleza estrictamente judicial de la jurisdicción contencioso-administrativa, conservación del carácter de juicio entre partes del proceso contencioso-administrativo y de su doble finalidad de garantía individual y control del sometimiento de la AP al derecho y respeto de todos y cada uno de los elementos del sistema anterior que habían acreditado su bondad y buen funcionamiento. Y renovadora también, porque, además, como es obvio, de adecuar plenamente el sistema de control judicial a los valores y principios del orden constitucional, adopta decisiones e introduce innovaciones de notable importancia.

B) *La naturaleza, extensión y límites de la jurisdicción contencioso-administrativa*

a) *De la naturaleza inicialmente revisora al pleno control jurisdiccional de la administración pública.* Desde la evolución histórica sumariamente descrita de esta jurisdicción se comprende la importancia de su integración, conforme a los artículos 3º y 24 de la ley orgánica 6 de 1985, del poder judicial (en adelante LoPJ), en el poder judicial ordinario articulado conforme al principio de la jurisdicción única, aunque organizada internamente en órdenes especializados, uno de los cuales es precisamente el contencioso-administrativo.

La peculiaridad que justifica su diferenciación no es otra que la de su objeto, a cuyas características debe adecuarse; objeto, que es primariamente el control jurídico externo de la acción del gobierno y de la AP, en su doble manifestación funcional de regulaciones de rango y eficacia reglamentarias y actuación concreta administrativa.

Inmediatamente ha de precisarse que la especialidad del recurso contencioso-administrativo, aunque no alcanza a justificar hoy una construcción diversa de la establecida con carácter general para el ejercicio ordinario de la potestad jurisdiccional en todo tipo de procesos, no por ello deja de seguir siendo vehículo de un control estrictamente jurídico cuyo juego no puede desvirtuar el servicio al interés general (propio del poder controlado), de modo que dicho tal finalidad está presente igualmente en él. Con superación clara del modelo francés que le ha servido hasta hace bien poco de referencia:

1. Es siempre un proceso de plena jurisdicción, en el que pueden ejercitarse, en la misma medida de la legitimación activa que se posea, hasta la totalidad de las pretensiones que autorizan los artículos 31 y 32 LJCA.

2 El objeto del proceso no es tanto la actuación administrativa (los actos administrativos, expresos o presuntos; la inactividad y la actividad material constitutiva de vía de hecho), cuanto —como dice expresamente el art. 1.1 LJCA y es imperativo en cualquier caso desde el art. 24.1 CE (y así lo precisa el art. 9.4 LoPJ)— las pretensiones que, sobre la base de derechos e intereses legítimos, es decir, de situaciones reconocidas y amparadas por el derecho, se deduzcan por los titulares de estas "en relación con" aquella, es decir, con la "actuación de las AAPP".

3. La jurisdicción ejercida en el seno del proceso contencioso-administrativo comprende, pues, no solo —cuando así proceda— la anulación de la decisión objeto de control, sino también el pronunciamiento de fondo sobre la estimación o no de las pretensiones deducidas (art. 71 LJCA).

4. Su construcción, en su caso, "impugnatoria", es decir, como recurso frente a y con ocasión de una decisión (expresa o presunta) o actuación públicas previas, tiene exclusivamente el alcance de modulación necesaria por razón del objeto de la intervención judicial. Esto significa que el requisito de la existencia de la decisión o actuación previas y, por tanto de su impugnación, es exclusivamente presupuesto de admisibilidad de la acción contencioso-administrativa, como resulta de los artículos 25 a 29 LJCA.

En relación con la superación del carácter revisor con simultánea conservación de la exigencia de un acto o actuación previos de la AP se ha pronunciado con distinto alcance la jurisprudencia[22].

En suma, pues, hoy el proceso contencioso-administrativo es un proceso que no presenta otras peculiaridades que las requeridas por la especificidad de su objeto; peculiaridades, derivadas, en definitiva, de la especialidad de la función primaria propia del orden jurisdiccional contencioso-administrativo: el control del poder público ejecutivo (gobiernos y AAPP).

b) *La extensión y los límites de la jurisdicción contencioso-administrativa.* La extensión de la jurisdicción contencioso-administrativa, así como la concreción última de sus límites, se delimita legalmente mediante el juego

---

[22] SsTS 15 julio 2008, 22 noviembre 2010 y 16 abril 2012.

concurrente de sendas cláusulas: i) general, de positiva definición (completada con otra de precisión del alcance de aquella extensión); ii) de deslinde con otros órdenes jurisdiccionales; iii) concretas de atribución y de exclusión impropia de asuntos, y iv) una regla complementaria (relativa a las cuestiones prejudiciales e incidentales).

a') *Cláusula general de delimitación positiva.* Conforme a los artículos 1 LJCA y 9.4 y 24 LoPJ le corresponde el conocimiento de las pretensiones que se deduzcan en relación con la actuación de las AAPP sujetas al derecho administrativo, con las disposiciones generales de rango inferior a la ley y con los decretos legislativos cuando excedan los límites de la delegación.

Tres son los elementos que —de forma plenamente congruente con el art. 106.1 CE los dos primeros— emplea esta cláusula general para acotar el ámbito de la jurisdicción ejercida por este orden de órganos judiciales: 1) la actuación de las AAPP, 2) las disposiciones de rango reglamentario y 3) los decretos legislativos.

El segundo de ellos no plantea especiales problemas: comprende, en efecto, todas las disposiciones, es decir, decisiones de carácter normativo de los poderes públicos administrativos que tengan rango inferior al de ley formal. No sucede lo mismo con los restantes.

El primero suscita nada desdeñables cuestiones. Por de pronto, y dejando por ahora de lado la nota de sujeción al derecho administrativo, es claro —poniendo en conexión el artículo 1º con el artículo 25 LJCA, a la luz de la exposición de motivos— que comprende tanto los actos administrativos expresos y presuntos, como la inactividad administrativa y la actuación material asimismo administrativa que constituya vía de hecho, pero en todo caso siempre solo decisiones, actos, actuaciones u omisiones singulares, por referidos a un supuesto concreto y agotar su vida y efectos en él, es decir, todos los que no tengan naturaleza normativa. Pero lo decisivo aquí no es tanto el qué, sino el quién, es decir, el sujeto o los sujetos autores de las decisiones, los actos, las actuaciones o las omisiones. Porque el concepto de Administración (es) pública (s) no tiene un contenido evidente. De ahí que el artículo 1.2 LJCA precise qué debe entenderse por AP "a estos efectos", es decir, a los del control judicial, comprendiendo en ella:

1. Administraciones públicas territoriales:

    1.1. Toda la AGE (central y periférica, en sus diversos grados).

    1.2. Toda la AP de todas y cada una de las comunidades autónomas (central y periférica, en sus diversos grados).

    1.3. Todas las entidades integrantes de la AL (para cuya precisión ha de acudirse a la ley 7ª de 1985, reguladora de las bases del régimen local; en adelante LrBRL).

2. Otras administraciones públicas:

Todas las entidades de derecho público dependientes de o vinculadas a cualquiera de las AAPP territoriales anteriores (incluyendo las llamadas administraciones independientes).

La doble determinación del qué y el quién no ultima el cierre del campo de la cláusula, por cuanto esta refiere al conocimiento de la jurisdicción únicamente aquellos actos, actuaciones u omisiones de las AAPP así precisadas que estén sujetos al Derecho Administrativo, lo que supone la exclusión de los de naturaleza jurídico-privada que también, y con toda normalidad, realizan las AAPP.

Esta última exigencia no suscita, en principio, ninguna dificultad desde el punto de vista subjetivo, porque siendo el origen del acto siempre una AP, este deja por si mismo fuera los actos emanados por el gobierno de la Nación (en cualquiera de sus manifestaciones orgánicas) y por los gobiernos o consejos de gobierno de las comunidades autónomas (en cualquiera de sus manifestaciones orgánicas) en condición no tanto de cúspide de las correspondientes AAPP (ejerciente de competencias administrativas), como de instancias constitucionales o estatutarias y realizando actos específicamente constitucionales o estatutarios, es decir, de naturaleza distinta a la jurídico-administrativa.

No obstante, la dificultad aparece, en el seno de la AP, en virtud del amplísimo margen reconocido, prácticamente sin discusión, a la potestad de organización para la opción entre derecho administrativo o derecho privado a la hora, tanto de la creación de entidades instrumentales (en forma jurídico-pública o jurídico-privada), como de la determinación del derecho —público o privado— al que estas han de ajustarse en su actividad (interna y externa).

Finalmente, el tercer elemento —los decretos legislativos— trae causa de una interpretación del artículo 82.6 CE desde planteamientos formulados con anterioridad al texto constitucional que, al no venir avalada realmente por una contemplación sistemática del texto fundamental, plantea hoy la dificultad de la extensión del conocimiento de la jurisdicción contencioso-administrativa al ejercicio de función legislativa formal, pues no otra cosa hace el gobierno al actuar una delegación de su potestad principal otorgada por las Cortes Generales.

El artículo 2º LJCA completa la fórmula empleada por el artículo 1.1, precisando que el orden jurisdiccional contencioso-administrativo conoce desde luego de las cuestiones que se susciten en relación con:

1º. La protección de los derechos fundamentales, los elementos reglados y la determinación de las indemnizaciones procedentes; todo ello en relación con los actos del gobierno o de los consejos de gobierno de las comunidades autónomas (en adelante CCAA), cualquiera que sea la naturaleza de tales actos [art. 2º, a) LJCA].

2º. Los contratos administrativos y los actos de preparación y adjudicación de los demás contratos sujetos a la legislación de contratación del sector público [art. 2º, b) LJCA].

3º. Los actos y las disposiciones de las corporaciones de derecho público, adoptados en el ejercicio de funciones públicas [art. 2º, c) LJCA].

4º. Los actos administrativos de control o fiscalización dictados por la AP concedente, respecto de los dictados por los concesionarios de los servicios públicos que impliquen el ejercicio de potestades administrativas conferidas a los mismos, así como los actos de los propios concesionarios cuando puedan ser recurridos directamente ante este orden jurisdiccional de conformidad con la legislación sectorial correspondiente [art. 2º, d) LJCA].

5º. La responsabilidad patrimonial de las AAPP, cualquiera que sea la naturaleza de la actividad o el tipo de relación de que derive, no pudiendo ser demandadas aquellas por este motivo ante los órdenes jurisdiccionales civil o social [art. 2º, e) LJCA].

6º. Las restantes materias que le atribuya expresamente una Ley [art. 2º, f) LJCA].

Este supuesto legal deja abierto el ámbito jurisdiccional para operaciones legales sucesivas de ampliación por razones concretas. Continúan siendo subsumibles en este supuesto legal las atribuciones legales siguientes:

• La impugnación de las resoluciones de los tribunales económico-administrativos, a tenor del artículo 40 del texto articulado de la ley de procedimiento económico-administrativo, aprobado por real decreto legislativo 2795 de 1980, de 12 de diciembre (y modificado por la disposición adicional 6ª LJCA).

• Las cuestiones relacionadas con el otorgamiento o la denegación de la nacionalidad por residencia, conforme al artículo 22.5 del Código Civil.

b') *Cláusula concreta de atribución.* A pesar de la previsión residual contenida en el artículo 2º, f) LJCA y permisiva de la ampliación del ámbito de la jurisdicción contencioso-administrativa justamente mediante operaciones de expresa atribución del conocimiento de materias por normas de rango legal formal, el artículo 1.3 LJCA consolida —a título de una suerte de ampliación "ordinaria" de la extensión de la jurisdicción que nos ocupa— las más relevantes de entre las atribuciones legales que habían venido produciéndose hasta dicho texto legal en desarrollo de la CE, dejando así claro el tendencial carácter de "jurisdicción ordinaria de control interno del ejercicio de poder público no legislativo, ni judicial" de la ejercida por el orden contencioso-administrativo.

Se dispone así el conocimiento también por dicho orden de las pretensiones que se deduzcan en relación con:

1º. Los actos y las disposiciones en materia de personal, administración y gestión patrimonial sujetos al Derecho público adoptados por los órganos competentes del Congreso de los Diputados, del Senado, del Tribunal Constitucional, del Tribunal de Cuentas y del defensor del Pueblo, así como de las asambleas legislativas de las CCAA y de las instituciones autonómicas análogas al Tribunal de Cuentas y al defensor del Pueblo.

2º. Los actos y las disposiciones del CGPJ y la actividad administrativa de los órganos de gobierno de los juzgados y tribunales, en los términos de la LoPJ.

3º. La actuación de la AP electoral, en los términos previstos en la LEG.

c') *Cláusula general de delimitación negativa.* Como quiera que el campo acotado positivamente por las cláusulas anteriores no tiene, por su propia naturaleza y según acabamos de comprobar, unos confines nítidos, el artículo 3º LJCA complementa la acción delimitadora de dichas cláusulas desde la perspectiva negativa de lo que en ningún caso es propio del orden contencioso-administrativo.

No corresponde, en efecto, a la jurisdicción que estudiamos:

1º. Las cuestiones expresamente atribuidas a los órdenes jurisdiccionales civil, penal y social, aunque estén relacionadas con la actividad de la AP.

2º. El recurso contencioso-disciplinario militar.

3º. Los conflictos de jurisdicción entre los juzgados y tribunales y la AP y los conflictos de atribuciones entre órganos de una misma AP.

4º. Los recursos directos o indirectos que se interpongan contra las normas forales fiscales de las Juntas Generales de los Territorios Históricos de Álava, Guipúzcoa y Vizcaya, que corresponden, en exclusiva, al TC en los términos establecidos por la disposición adicional quinta de la LoTC.

d') *Cláusula concreta de exclusión impropia.* En lugar sistemáticamente distinto al de la delimitación de la jurisdicción contencioso-administrativa y, concretamente, al regular la actividad administrativa impugnable, el artículo 28 LJCA contiene una prescripción de inadmisibilidad tradicional en nuestro derecho, ya prevista en el artículo 40 de la ley de 1956.

Esta exclusión se refiere a los actos administrativos que presentan todas las características para ser impugnables ante este orden jurisdiccional, pero que, al constituir mera reproducción de otros anteriores definitivos y ya firmes o simple confirmación de otros consentidos por no haber sido recurridos en tiempo y forma, su impugnación se declara inadmisible. Se trata de un supuesto, que —en tanto limitador del control judicial y de la tutela judicial efectiva— debe ser objeto de una interpretación restrictiva[23]. En este mismo sentido, la doctrina entiende no solo que, para que se cumpla, ha de darse, entre acto originario y acto reproductor o confirmatorio, la triple identidad —en los sujetos, en el objeto y en la causa de pedir— requerida por el artículo 1252 del Código Civil, sino también que no es aplicable en absoluto cuando el acto que se

---

[23] Así, por ejemplo, la STS de 19 julio 2006 afirma que a la desestimación por silencio administrativo no cabe aplicarle la teoría del acto consentido y firme.

quiere impugnar padezca un vicio de nulidad radical —que, por su naturaleza, es insubsanable, ni aun por la conducta o la inactividad de los afectados—.

e') *Regla complementaria para asuntos prejudiciales e incidentales.* No es inusual que en cuestiones que pertenecen claramente a un orden jurisdiccional —aquí el contencioso-administrativo— aparezcan inextricablemente mezcladas otras que se reclaman de uno distinto. El ejemplo académico de tal supuesto es el de concurrencia del vicio de nulidad radical tipificado en el artículo 47.1, d) LPAC —acto administrativo cuyo contenido sea constitutivo de ilícito penal o se dicte como consecuencia de este—: el conocimiento del asunto y, por tanto, la declaración de la nulidad del acto corresponden sin duda al orden jurisdiccional contencioso-administrativo, pero este —para poder formarse un juicio sobre la cuestión jurídico-administrativa— precisa despejar previamente —lo que constituye una cuestión prejudicial o incidental, según se construya— la relativa a la existencia de delito o falta penales, la cual corresponde desde luego al orden jurisdiccional penal.

Para despejar esta dificultad, el artículo 4º LJCA extiende la competencia del orden contencioso-administrativo al conocimiento y la decisión de las cuestiones prejudiciales e incidentales no pertenecientes al mismo, que estén directamente relacionadas con un recurso contencioso-administrativo. Excepción a esta extensión la constituyen las cuestiones de carácter constitucional y penal, así como lo dispuesto en tratados internacionales.

La primera excepción referida a las cuestiones de orden constitucional trae causa de la reserva del enjuiciamiento de la validez de las normas de rango legal al TC, único en su orden, al que no puede plantearse cuestión alguna de jurisdicción o competencia e intérprete supremo de la norma fundamental, cuya doctrina vincula a la jurisprudencia (arts. 1º y 4º de la ley orgánica 2 de 1979, del Tribunal Constitucional —en adelante LoTC— y 5.1 LoPJ).

La segunda excepción deriva naturalmente del reconocimiento al orden jurisdiccional penal de preferencia en los términos actualmente dispuestos por el artículo 10.1 LoPJ.

Y la tercera y última excepción encuentra su fundamento tanto en la específica consistencia de los tratados internacionales en cuanto ley interna —una vez ratificados—, conforme resulta de lo dispuesto en el artículo 96.1 CE, como en la responsabilidad internacional del Estado en cuanto a su cumplimiento.

De todas formas, la decisión prejudicial o incidental que en materia ajena produzca el órgano judicial contencioso-administrativo no produce efectos fuera del proceso en que se dicte y no vincula al orden jurisdiccional correspondiente.

C) *Las partes de la relación jurídico-procesal*

Las clases de partes en el actual proceso contencioso-administrativo han perdido toda peculiaridad respecto del resto de los procesos. Así pues, las partes son la demandante y la demandada.

El carácter controlador de la jurisdicción contencioso-administrativa, unida —en su caso— a la condición ejecutiva de los actos administrativos, determinan —en la hipótesis normal u ordinaria— la colocación del particular o, mejor y con carácter más general, de la persona física o jurídica (cualquiera que sea su forma) o, incluso, grupo, unión o patrimonio con capacidad procesal reconocida, que ha resultado afectado en su esfera específica por la actuación (o su falta) del poder público administrativo, en la posición procesal de demandante, ejerciendo las pretensiones que procedan con relación a la disposición, el acto, la actuación o la inactividad que le perjudique (arts. 19.1 y 25 LJCA). Evidentemente, en un Estado como el autonómico es claro también que las AAPP pueden quedar abocadas a la misma posición de demandante en el curso de las relaciones jurídicas entabladas entre ellas.

Una posición peculiar está reservada al Ministerio Fiscal, que cuenta con legitimación procesal, pero para intervenir en los procesos cuando así lo determine la ley [art. 19.1, f) LJCA].

De ello se sigue que la condición de parte demandada corresponda (art. 21 LJCA) a la AP contra cuya actividad (inactividad, vía de hecho) se dirija el recurso. A su vez, son asimismo parte demandada las personas o entidades cuyos derechos o intereses legítimos puedan quedar afectados por la estimación de las pretensiones del demandante. En este supuesto es subsumible la posición del concesionario de un servicio público, cuando sus actos —fiscalizados o no por la AP titular o concedente— sean objeto de impugnación conforme al artículo 2º, d) LJCA. Y, de otra parte, hay que decir que en los recursos contra las decisiones adoptadas por los órganos administrativos a los que corresponde resolver los recursos especiales y las reclamaciones en materia de contratación, los citados órganos no tienen la consideración de parte demandada, siéndolo las personas o AAPP favorecidas por el acto objeto del recurso, o que se personen en tal concepto, conforme a lo dispuesto en el artículo 49 LJCA.

Parte demandada puede ser también, por tanto, una persona privada, física o jurídica y no solo en el caso anterior. No es infrecuente en absoluto que las relaciones jurídico-administrativas impliquen a terceros (además de los destinatarios directos de la actuación administrativa o asimilada), es decir, no sean exclusivamente bilaterales o trabadas exclusivamente entre la AP o el poder correspondientes y un único destinatario de la actividad de una u otro, por lo que cualquier persona a cuyo favor deriven derechos o intereses legítimos y protegibles de aquella actuación o, en todo caso, pueda verse afectada en sus derechos o intereses legítimos por la decisión judicial, puede comparecer ante el órgano judicial, asumiendo justamente la defensa de aquella actuación y, por tanto, la posición de parte demandada, junto con la AP o el poder público de que se trate, pero, como dice la sentencia del Tribunal Supremo de 22 de febrero de 2006, sin que exista la posibilidad de poder cambiar durante el proceso la posición procesal para convertirse en parte recurrente.

Evidentemente, por tanto, la posición procesal correspondiente puede ser desempeñada por una o por varias personas o AAPP (codemandantes y codemandados).

La posición procesal de parte demandante (o recurrente) se adquiere en todo caso con la interposición del recurso contencioso-administrativo, que implica la comparecencia ante el correspondiente órgano judicial (arts. 45.3 y 47 LJCA). La de parte demandada, con el emplazamiento y la personación.

Las posiciones ordinarias de demandante y demandado experimentan una total inversión en el supuesto en que la propia AP autora del acto sea la que, conforme a la potestad de revisión de oficio regulada en el artículo 107 LPAC, pretenda su anulación. Pues en tal hipótesis, dicha AP debe, previa declaración de la lesividad del acto para el interés público (lesividad de carácter económico o de otra naturaleza) dentro de los cuatro años siguientes a su dictado, proceder a su impugnación ante el orden jurisdiccional contencioso-administrativo en el plazo de los dos meses siguientes al día siguiente a la fecha de la aludida declaración, demandando ante este su anulación (arts. 43, 45.4 y 46.5 LJCA).

En consecuencia, aquí la AP adopta la posición de parte demandante y, por consecuencia, los particulares para los que deriven del acto derechos o situaciones de interés legítimo la de parte demandada. Estas personas han de ser emplazadas de modo personal.

A este respecto, importa notar que, en temas de contratación del sector público, el artículo 19.4 LJCA establece que las AAPP y los particulares pueden interponer recurso contencioso-administrativo contra las decisiones adoptadas por los órganos administrativos a los que corresponde resolver los recursos especiales y las reclamaciones en dicha materia sin necesidad, en el primer caso, de la previa declaración de lesividad.

Como antes se ha dicho, la pluralidad de AAPP, articuladas entre sí básicamente por el principio de autonomía, propio del Estado autonómico, determina la normalidad de las relaciones jurídicas entre aquellas y, por tanto, las situaciones de conflicto. Tales conflictos han de despejarse, pues y en último término, en sede contencioso-administrativa. A semejante hipótesis se refiere específicamente la regulación contenida en los artículos 65 y 66 LrBRL.

Así pues, en las relaciones interadministrativas, las posiciones de demandante y de demandado corresponden a sendas AAPP, sin perjuicio de que los particulares afectados (favorable o negativamente) en sus derechos e intereses puedan asumir la condición de partes codemandantes o codemandadas, según los casos.

A este respecto, la LJCA establece las reglas específicas siguientes: i) el acceso a la vía judicial para resolución definitiva no requiere en modo alguno el agotamiento previo de la vía administrativa (arts. 44.1 y 46.6, en ambos casos en el inciso inicial, así como en el segundo párrafo del primer apartado para los recursos y reclamaciones en materia de contratos LJCA); ii) no obstante, cuando una AP decida interponer recurso contencioso-administrativo contra otra, puede, si así lo decide, formular previamente a esta requerimiento para que derogue la disposición, anule o revoque el acto, haga cesar o modifique la actuación material o inicie la actividad a la que esté obligada (art. 44.1 y 2), y iii) cuando el conflicto se trabe con una entidad de la AL, es íntegramente aplicable el régimen establecido al efecto por los artículos 65 y 66 LrBRL (art. 44.4 LJCA); régimen este que claramente ha inspirado el general antes descrito.

D) La capacidad

Conforme al artículo 18 LJCA tienen capacidad procesal ante este orden jurisdiccional:

1º. Todas las personas que la tengan a tenor del artículo 2º de la LEC (que requiere estar en el pleno ejercicio de los derechos civiles), y además

2º. Los menores de edad para la defensa de aquellos derechos e intereses legítimos cuyo ejercicio esté permitido por el ordenamiento jurídico-administrativo sin la asistencia de la persona que ejerza la patria potestad, la tutela o la curatela.

3º. Los grupos de afectados, uniones sin personalidad o patrimonios independientes o autónomos, que tengan aptitud para ser titulares de derechos y obligaciones al margen de su integración en las estructuras formales de las personas jurídicas, cuando la ley así lo declare expresamente.

E) La legitimación

La capacidad procesal supone solo una aptitud abstracta para poner en marcha la acción de los órganos judiciales mediante la actuación de estos, es decir, del cauce procesal, o, sencillamente, tener derecho a dicha acción. Pero a esa aptitud es preciso añadir otra: la de la concreción de aquella puesta en marcha o este derecho a la acción del órgano judicial precisamente en relación con una disposición, un acto, una actuación material o una inactividad determinados de entre los susceptibles de impugnación y que va a constituir el objeto del control y la tutela judiciales reclamados.

Esta segunda aptitud, que recibe la denominación técnica procesal de legitimación, consiste en una determinada relación sustantiva con la disposición, el acto, la actuación o la inactividad objeto del proceso concreto, la comprobación de cuya concurrencia efectiva y, por tanto, de la correcta constitución de la relación jurídico-procesal en función de un específico objeto puede ser realizada con independencia del examen de fondo de las pretensiones ejercitadas.

El otorgamiento que la normativa hace en algunos casos de la llamada acción pública para exigir el cumplimiento de la legalidad, exime de la acreditación de este requisito de la legitimación (aunque no de una específica relación con la actuación administrativa: STS de 26 de enero de 2012), pues justamente la acción pública representa el reconocimiento legal *ex ante*, a todos y para todos los supuestos, cuando menos de la presunción de la exigible relación material con el objeto del proceso.

La legitimación se predica, por lo dicho, de todas las partes procesales. De ahí, que se distinga entre legitimación activa o para impugnar y demandar, de un lado, y la legitimación pasiva, de otro.

En la medida en que la legitimación no es otra cosa que una determinada relación con las situaciones jurídicas materiales en torno a las que se decanta el contencioso a propósito de una disposición o un acto jurídico-públicos o, en su caso, una actuación o inactividad de un poder público sometido a este tipo de control, es claro que la índole misma de aquella relación incide sobre ella, determinando la extensión y el alcance de las pretensiones que pueden deducirse ante el órgano judicial.

Justamente esta es la razón por la que los artículos 31 y 32 LJCA distinguen, en función de la legitimación y de la actuación impugnada, el contenido de las pretensiones deducibles ante el órgano judicial. La legitimación para deducir ciertas pretensiones aparece ligada a la titularidad de una "situación jurídica individualizada".

Cobra así importancia la noción de interés legítimo, que puede ser tanto directo o indirecto, como individual o colectivo (actuable este por corporaciones, asociaciones, sindicatos o simplemente grupos o entidades habilitados legalmente para ello). Lo esencial es la suficiencia de la legitimidad del interés, lo que no significa que cualquier aspiración o expectativa de beneficio (o de ausencia de perjuicio) en la esfera jurídica propia pueda ser conceptuada como interés legítimo.

La doctrina constitucional sostiene que el interés legítimo se caracteriza como una relación material unívoca entre el sujeto y el objeto de la pretensión (acto o disposición impugnados), de tal forma que la anulación de uno u otra produzca automáticamente un efecto positivo (beneficio) o negativo (perjuicio) actual o futuro pero cierto, en la esfera del referido sujeto, debiendo entenderse tal relación referida a un interés en sentido propio, cualificado y específico, actual y real (no potencial o hipotético); tratándose, en definitiva, de la titularidad potencial de una ventaja o utilidad jurídica, no necesariamente de contenido patrimonial, por parte de quien ejercita la pretensión, es decir, de cualquier ventaja o utilidad jurídica derivada de la reparación pretendida[24]. Y la jurisprudencia contencioso-administrativa: i) lo define como el que se tiene por razón de la situación objetiva en que se está, sea por una circunstancia de carácter personal, sea por ser destinatario de una regulación sectorial (interesamiento

---

[24] SsTC 282, de 30 octubre 2000; 173 de 18 octubre 2004; 73 de 13 marzo 2006; 52 de 12 marzo 2007 y 67 de 18 octubre 2010.

específico en que el poder público actúe de acuerdo con dicha regulación y, en general, el ordenamiento, aunque de la correspondiente actuación no haya de derivarse beneficio o servicio inmediatos), es decir, como "toda situación jurídica individualizada, caracterizada, por un lado, por singularizar la esfera jurídica de una persona respecto de las de la generalidad de los ciudadanos o administrados en sus relaciones con la Administración pública, y dotada, por otro, de consistencia y lógica jurídico-administrativas propias, independientes de su conexión o derivación con verdaderos derechos subjetivos", tratándose de una situación reaccional para la defensa de lo que se denomina propio círculo jurídico vital, y ii) precisa que, para su existencia, basta con que el éxito de la acción represente para el recurrente un beneficio material o jurídico o, por el contrario, que el mantenimiento de la situación creada o que pudiera crear el acto combatido le origine un perjuicio, incluso aunque tales beneficio o perjuicio se produzcan vía indirecta o refleja, e incluyendo en el concepto el interés moral, el colectivo y el difuso (pero excluyendo el mero interés por la legalidad y el basado en motivos extrajurídicos[25]). El concepto debe entenderse acotado por dos notas: de un lado, la de actualidad y no mero riesgo o simple potencialidad de lesión o afección de la esfera jurídica específica individual o compartida con un grupo o la entera colectividad correspondiente, no bastando su mera invocación abstracta y general por deber ser cierto y concreto[26]; y, de otro lado, la de la efectiva protección por el derecho de la situación lesionada, afectada o no reconocida, lo que no admite una respuesta única y general, sino que esta ha de producirse caso a caso en función de la normativa de pertinente aplicación[27] considera legitimado a un recurrente que no había participado en el previo concurso impugnado.

De modo consecuente con lo dicho, y de conformidad, en todo caso, con el artículo 7.3 LoPJ, en la LJCA no hay restricción alguna a la legitimación activa, incluso para la impugnación de disposiciones de carácter general: esta la poseen los que ostenten derechos o intereses legítimos[28].

[25] SsTS 1º julio 1985, 14 julio 1988, 12 abril 1991, 17 diciembre 2001, 8 febrero 2011, 26 enero 2012 y 15 marzo 2013.

[26] SsTS de 4 febrero 1991, 17 marzo y 30 junio 1995, 12 febrero 1996, 9 junio 1997, 8 febrero 1999 y 16 noviembre 2011.

[27] SsTS de 14 marzo 2011 y 12 noviembre 2012; desde esta perspectiva, la STS de 29 junio 2006.

[28] Así, por ejemplo, la STS de 20 marzo 2003 reconoce legitimación a la Federación de Asociaciones Pro Inmigrantes para impugnar un real decreto; la STS de 10 noviembre 2006 afirma que las asociaciones de derechos humanos tienen legitimación para impugnar disposiciones relacionadas con esta materia; la STS de 4 diciembre 2006 declara que los sindicatos la tienen para recurrir contra una relación de puestos de trabajo, y la STS de 14 febrero 2011 reconoce la legitimación de la Federación de Familias Numerosas para impugnar una orden ministerial de revisión de tarifas eléctricas, dada la relación entre las pretensiones y los inte-

En el proceso de lesividad, la AP autora de algún acto que no pueda anular o revocar legalmente por sí misma, cuenta con legitimación para impugnarlo y, por ello, para deducir todas las pretensiones precisas al efecto (art. 19.2 LJCA). Ello no obstante, en materia de contratación la AP puede interponer recurso contencioso-administrativo contra las decisiones adoptadas por los órganos administrativos a los que corresponde resolver los recursos especiales y las reclamaciones sin necesidad de declaración de lesividad.

Para finalizar este apartado, no puede dejarse de lado una triple precisión.

En primer lugar, que en virtud de la doctrina de los actos propios y también del principio *pro actione* que inspira la LJCA, el reconocimiento previo, en vía administrativa, de la legitimación activa para recurrir debe justificar en la judicial, cuando menos, la presunción de su concurrencia y el deber de proceder interpretativamente de forma proclive a la confirmación de esta, por ser quizás excesiva la solución de imposibilidad de su negativa, cual ha llegado a postular una cierta jurisprudencia contencioso-administrativa [SsTS de 8 de noviembre de 1995 y 18 de enero de 1996).

En segundo lugar, que, por un principio de orden inexcusable en los círculos de derechos e intereses, es decir, de las situaciones jurídicas soportes de la legitimación, no es posible reconocer independencia suficiente a tal efecto a determinados derechos e intereses. El artículo 20 LJCA niega efectivamente legitimación para interponer recurso contencioso-administrativo contra la actividad de una AP o poder público sujeto a este control a: i) los órganos de dicha AP y los miembros de sus órganos colegiados, salvo que una ley lo autorice expresamente; ii) los particulares, cuando obren por delegación o como meros agentes o mandatarios de la AP, y iii) las entidades de derecho público que sean dependientes o estén vinculadas al Estado, las CCAA o las entidades locales, respecto de la actividad de la AP de la que dependan.

Y, en tercer lugar, que si la legitimación de las partes deriva de alguna relación jurídica transmisible, el causahabiente puede suceder en cualquier estado del proceso a la persona que inicialmente haya actuado como parte (art. 22 LJCA).

F) *El objeto del recurso contencioso-administrativo*

El objeto del recurso contencioso-administrativo (justamente por ello recibe esta singular denominación) es una específica combinación de pretensiones articuladas sobre la base de una determinada situación jurídica en la que se encuentran el actor o demandante y uno o varios actos o disposiciones, una

---

reses que defiende la indicada Federación (art. 19.1 LJCA). La STS de 3 marzo 2014 recuerda —en relación con la legitimación de un partido político— la necesidad de la existencia de una percusión directa o indirecta, pero efectiva, en la esfera de quien ejerce la pretensión.

inactividad o una o varias actuaciones materiales constitutivas de vía de hecho del poder público. Dicho de otra forma, las pretensiones deben deducirse justamente en relación con o contra estos (art. 25 LJCA).

Los actos, las disposiciones, la inactividad o la actuación material impugnados son, pues, el presupuesto indispensable para la válida constitución de la relación jurídico-procesal. Por ello mismo, el proceso es impugnatorio y la jurisdicción revisora. La previa existencia de una decisión jurídico-pública (normativa o concreta, expresa o presunta), una inactividad o una actuación material es condición inexcusable. Se entiende así la importancia de la regulación, con ocasión de la del objeto del proceso, de la actividad impugnable.

Dando por conocida la delimitación previa del ámbito propio de este orden jurisdiccional, la cuestión que se debe tratar aquí no se refiere tanto a su inclusión en aquel ámbito, cuanto a las características que debe revestir para su control por razón de la lógica de desenvolvimiento de la actuación previa del poder público. El cumplimiento del presupuesto procesal de la impugnabilidad depende, así, de los términos de ese desenvolvimiento previo de la actuación administrativa o equiparada. Cabe, pues, distinguir los siguientes supuestos.

a) *Las disposiciones de carácter general.* Las disposiciones de carácter general son directamente recurribles desde su publicación como tales, cabiendo también, no obstante, su impugnación indirecta o mediante la de los actos que se produzcan en aplicación de las mismas, fundada en que tales disposiciones no son conformes a derecho (art. 26.1 LJCA). Precisamente por razón de esta última posibilidad, la falta de recurso directo frente a una disposición de carácter general o la desestimación del que se haya deducido efectivamente contra ella no impiden la impugnación que hemos denominado indirecta (art. 26.2 LJCA).

La jurisprudencia ha establecido el alcance del control judicial de la actividad reglamentaria, el cual es de legalidad, comprendiendo facultad de anulación del contenido prescriptivo de la norma por infracción del ordenamiento, pero no así la sustitución del mismo en función de valoraciones del propio Tribunal[29].

Con la finalidad de superar, de un lado, la relativa confusión que se había venido produciendo sobre los recursos indirectos contra disposiciones de carácter general, y, de otro lado, las situaciones de inseguridad jurídica y desigualdad que producía el carácter difuso de este tipo de control (al carecer su resultado de efectos *erga omnes*), la LJCA opta por unificar la decisión judicial sobre la legalidad de las referidas disposiciones, concentrándola concretamente en el órgano judicial competente para conocer del recurso directo contra las mismas y dotando a dicha decisión siempre de efectos *erga omnes*.

---

[29] SsTS de 26 febrero y 17 mayo 1999, y 13 noviembre, 29 mayo y 9 julio 2001.

Conforme a este planteamiento introduce la llamada cuestión de ilegalidad, cuya regulación es la siguiente (art. 27 LJCA):

• El planteamiento de la cuestión de ilegalidad procede cuando un juez o tribunal de lo contencioso-administrativo haya dictado una sentencia firme estimatoria por considerar ilegal el contenido de la disposición general aplicable al caso, salvo si el órgano autor de la sentencia es el Tribunal Supremo, pues en este último supuesto, dicho tribunal es competente para proceder a la anulación de cualquier disposición general, cuando, en cualquier grado, conozca cabalmente de un recurso contra un acto fundado en la ilegalidad de dicha norma.

• La cuestión ha de suscitarse ante el tribunal competente para conocer del recurso directo contra la disposición de que se trate, salvo cuando el juez o tribunal autor de la sentencia lo sea también para conocer del recurso directo contra la disposición de carácter general cuestionada, pues en tal caso el órgano judicial ha de pronunciarse también en aquella sentencia sobre la validez o nulidad de dicha disposición.

• La sustanciación de la cuestión se produce por el pertinente procedimiento especial ordenado en los artículos 123 a 126 LJCA.

b) *Los actos expresos y los presuntos*. Por lo que hace a los actos expresos, la distinción en ellos de los definitivos y de trámite lleva a que —para ser impugnables— los segundos han de decidir directa o indirectamente el fondo del asunto, hacer imposible la continuación del procedimiento o producir indefensión o perjuicio irreparable a derechos o intereses legítimos (art. 25.1 LJCA). No obstante esta inicial restricción sobre la impugnación de los actos de trámite, la jurisprudencia contencioso-administrativa tiene dicho, por ejemplo, que son recurribles los siguientes actos de trámite (considerados cualificados):

a) El que estima no necesaria la evaluación de impacto ambiental de un proyecto[30].

b) El que, en el contexto del procedimiento especial para la protección de los derechos fundamentales de la persona (regulado en los arts. 114 y ss. LJCA y que estudiaremos después), vulnere por si mismo el contenido de algún derecho fundamental[31].

c) El que incurra en un vicio de nulidad radical independiente del resultado final del procedimiento, es decir, no referida a la cuestión de fondo por alusiva a requisitos de forma enjuiciables de forma independiente[32].

Siendo la decisión previa, en su caso, verdadero presupuesto procesal, bastaría con que el poder público sujeto a este control judicial omitiera todo

---

[30] SsTS de 13 y 27 marzo 2007.

[31] STS de 29 marzo 2006.

[32] SsTS de 16 diciembre 1999, 24 junio 2008 y 28 junio 2012.

pronunciamiento expreso para impedir la verificación de dicho control. Y en todo caso, quedaría fuera de este, en principio, toda la amplísima extensión de la actividad material, real o técnica del poder público, fundamentalmente el administrativo, que no está derechamente dirigida a producir actos jurídicos, según ya nos consta.

De ahí que la actividad material, real o técnica de la AP deba ser reconvertida en actividad jurídica mediante la formulación de la pertinente petición formal ante ella, de un lado, y que el eventual incumplimiento del deber de resolver expresamente sobre esa solicitud o cualquiera otra sea susceptible de superación por la vía del mecanismo del silencio administrativo o, mejor, la técnica de la ficción del acto o del acto presunto; arbitrio establecido justamente a este efecto y que ya nos es conocido. Por medio de la ficción que genera el juego del silencio negativo [art. 24.3, b) LPAC] se da por supuesta la existencia del acto (desestimatorio) preciso para acceder al orden jurisdiccional contencioso-administrativo. Y gracias a la previsión del carácter estimatorio en principio —y desestimatorio como regla excepcional— de la omisión de toda resolución expresa por la AP, cualquiera que sea la forma de iniciación del procedimiento (arts. 24 y 25 LPAC) y del surgimiento, por tanto, del correspondiente acto presunto, se hace posible en tal hipótesis el acceso a la vía judicial como si se hubiera producido en la administrativa previa una resolución expresa.

c) *La inactividad de la administración.* La inactividad susceptible de impugnación es una muy específica, que tiene las dos siguientes manifestaciones (arts. 25.2 y 29 LJCA):

• La resultante del incumplimiento por la AP o el poder público sujeto a este control de la obligación de realizar una concreta prestación en favor de una o varias personas determinadas, impuesta bien por una disposición general que no precise de actos de aplicación (perteneciente a la categoría de las llamadas autoaplicativas), bien por un acto, contrato o convenio administrativo. La STS de 26 de marzo de 2012 realiza una interpretación amplia de la expresión "prestación concreta" en relación con las disposiciones generales, pues resulta difícil imaginar una actividad que no necesite de actos de aplicación.

Para ser impugnable se requiere: la formulación de reclamación del cumplimiento de la obligación por las personas legitimadas y el transcurso de tres meses desde la fecha de dicha reclamación sin que se haya producido el cumplimiento instado, ni se haya alcanzado acuerdo con los interesados.

• La consistente en la no ejecución por la AP o poder público correspondiente de sus propios actos firmes.

La impugnabilidad de esta inactividad surge desde que, solicitada por los afectados la ejecución, transcurra un mes sin que esta se haya producido. En este supuesto, el recurso contencioso-administrativo se tramita por el procedimiento abreviado regulado en el artículo 78 LJCA, que más adelante estudiaremos.

La finalidad de la técnica considerada es la de otorgar al ciudadano un instrumento jurídico eficaz para combatir la pasividad y las dilaciones de la AP o el poder público sujeto a este control. Debe advertirse que su límite está, empero, en que ni permite, lógicamente, la sustitución judicial de aquellos en aspectos de su actividad no prefigurados por el Derecho, ni faculta tampoco a los órganos judiciales para traducir en mandatos precisos las genéricas e indeterminadas habilitaciones u obligaciones legales de creación de servicios o realización de actividades, pues en tal caso estarían invadiendo las funciones propias de los mismos.

d) *La vía de hecho.* Según nos consta, la AP y los restantes poderes públicos sujetos a control contencioso-administrativo, son, como regla general, autosuficientes (en virtud de la llamada autotutela declarativa y ejecutiva) y su actividad está, por ello, exenta en principio de toda interferencia del poder judicial. El artículo 105 LPAC prohíbe así, ciertamente, la admisión a trámite de interdictos (acciones posesorias) contra las actuaciones de los órganos administrativos, pero precisa que, para que opere tal prohibición, ha de tratarse de actuaciones "realizadas en materia de su competencia y de acuerdo con el procedimiento legalmente establecido", es decir, excluye de la misma a contrario la que se conoce como "vía de hecho" de la AP. La ausencia de aquellos dos requisitos básicos, coincidentes además con los supuestos determinantes —por motivo de incompetencia y falta de procedimiento— de la nulidad de los actos administrativos a tenor del artículo 47.1 LPAC deben, abrir, pues, la posibilidad de dirigir contra la AP las acciones correspondientes.

La LJCA reacciona, efectivamente, contra tal situación mediante el establecimiento de la posibilidad de la impugnación en sede contencioso-administrativa de las actuaciones materiales en vía de hecho, es decir y como dice en su exposición de motivos, de las que "carecen de la necesaria cobertura jurídica y lesionan derechos e intereses legítimos de cualquier clase".

El texto legal no contiene una definición propia del supuesto de vía de hecho. Pero indica que ha de tratarse de una "actuación material" (art. 25.2 LJCA); expresión claramente alusiva a un desarrollo al margen de los requerimientos jurídicos más elementales definitorios de la actividad administrativa y en términos que la hagan irreconocible *prima facie* como tal. La jurisprudencia define la vía de hecho como aquélla en la que la AP usa potestades que no le han sido conferidas por el legislador o excediéndose de las atribuidas o actúa totalmente al margen del procedimiento[33]. Vale entonces, perfectamente, la acotación de la vía de hecho que, por relación a cualquiera de los criterios de falta manifiesta de competencia y ausencia del procedimiento legalmente previsto, hace el artículo 105 LPAC, antes citado. Así pues, se está ante una actuación material constitutiva de vía de hecho cuando sea imputable a un

---

[33] SsTS de 9 octubre 2007, 20 abril 2009 y 21 noviembre 2012.

órgano manifiestamente incompetente por razón de la materia o del territorio o se verifique prescindiendo total y absolutamente del procedimiento ordenado al efecto. Así resulta, en todo caso, de lo dispuesto en el artículo 51.3 LJCA.

Concurriendo el supuesto, el afectado por la actuación puede formular requerimiento a la AP a la que sea imputable, intimando su cesación, y acudir, una vez transcurridos diez días y caso de no ser atendido el requerimiento, a la jurisdicción contencioso-administrativa. Aunque puede optar también por no formular intimación alguna y proceder directamente a la oportuna impugnación en sede judicial (art. 30 LJCA).

También aquí, al igual que en el caso de la inactividad e, incluso, más claramente aún que en este (pues el requerimiento previo es potestativo), el recurso contencioso-administrativo está dirigido derechamente contra la actuación material, cuyas circunstancias son las que delimitan su objeto: la posibilidad del referido requerimiento no lo relaciona con la tradicional característica revisora, ni lo transforma en proceso contra la desestimación —expresa o presunta— de aquel, de suerte que la desestimación, sea total o parcial, en ningún caso tiene carácter de acto administrativo previo y agotador de una supuesta vía administrativa. El requerimiento potestativo previo tiene por finalidad exclusivamente la de proporcionar a la AP la ocasión de resolver el conflicto y evitar la intervención judicial. Así se deja aclarado en la exposición de motivos.

G) *Las pretensiones de las partes en el contencioso-administrativo*

En el proceso contencioso-administrativo rige, como paradigmáticamente en los del orden civil, el principio dispositivo. Corresponde a las partes acotar el objeto del proceso mediante la formulación de las correspondientes pretensiones, que deben moverse dentro de los límites precisados por los artículos 31 y 32 LJCA, es decir y en su caso, entre el mínimo indispensable de la petición de declaración de la disconformidad a derecho y, en su caso, la anulación del acto o la disposición impugnados, hasta el máximo representado por la de reconocimiento de una concreta situación jurídica individualizada y la adopción de todas las medidas adecuadas para el pleno restablecimiento de esta.

Quiere decirse, por tanto, que en nuestro ordenamiento existe un único proceso contencioso-administrativo, que es siempre, por ello, de plena jurisdicción, en cuanto que el menor o mayor alcance de su objeto no depende *a priori* de límites legales, sino de las pretensiones efectivamente deducidas en cada caso.

Por ello mismo, los poderes del juez contencioso-administrativo son los ordinarios, extendiéndose a las declaraciones de ilegalidad y también a las condenas, es decir, a las que la LJCA llama disposición de que "cese o se modifique la actuación impugnada", "cuantas medidas sean necesarias para el pleno restablecimiento", incluidos el señalamiento de plazos para el cumplimiento del fallo y la fijación de la cuantía de la indemnización que debe satisfacerce (art. 71.1. LJCA). La única limitación que padecen esos poderes es la derivada del contenido general de la propia función judicial de juzgar (art. 117.3 CE) en relación con la modulación que experimenta en este caso por traducirse en un control (art. 106.1 CE) de otro poder público.

El juez contencioso-administrativo puede ciertamente producir pronunciamientos de condena, pero solo y estrictamente los que autorice el derecho aplicable al caso, consistan en la determinación de lo que sea derecho en este y estén derecha y exclusivamente dirigidos a su efectividad real. Quiere esto decir que a dicho juez le está vedado, en particular y dejando a salvo la fiscalización del respeto de los límites externos o elementos reglados, inmiscuirse en invadir el campo en el que el ordenamiento ha entregado a la estricta discreción del poder controlado la toma de la decisión, es decir, definir positivamente (aún existiendo varias soluciones igualmente legítimas) lo que sea el derecho del caso. Pues en tal supuesto, excedería su función constitucional y se sustituiría ilegítimamente en la del poder controlado. En este sentido, el artículo 71.2 LJCA define dos límites claros a la potestad jurisdiccional: los órganos jurisdiccionales no pueden determinar ni: i) la forma en que han de quedar redactados los preceptos de una disposición general en sustitución de los que ellos mismos anulen, ni ii) el contenido discrecional de los actos anulados.

4. Bibliografía

Sobre el control y los recursos administrativos:

AA. VV.: Comentarios a la Ley de la Jurisdicción Contencioso-Administrativa de 1998, *REDA* (monográfico), núm. 100 (1998).

Alarcón Sotomayor, L. y Cano Campos, T.: "Los recursos administrativos" en *Lecciones y materiales para el estudio del derecho administrativo*, vol. 4, Madrid, 2009.

Bustillo Bolado, R.: *Convenios y contratos administrativos: transacción, arbitraje y terminación convencional del procedimiento*, Cizur Menor, 2010.

Castillo Blanco, F.: "El sistema de recursos administrativos y la revisión de sus actos por la propia Administración", en *Estudios Jurídicos*, núm. 3, 2002.

Checa González, C.: *Revisión en vía administrativa: recurso de reposición y reclamaciones económico-administrativas*, Cizur Menor, 2005.

De Asís Roig, A.: "Los recursos administrativos", en *La administración pública española*, Madrid, 2002.

Escuín Palop, V.: *Los recursos administrativos*, Cizur Menor, 2011.

Fernández Ajenjo, J. A.: *El control de las Administraciones Públicas y la lucha contra la corrupción: especial referencia al Tribunal de Cuentas y a la Intervención General de la Administración del Estado*, Cizur Menor, 2011.

García Pérez, M.: *Arbitraje y Derecho administrativo*, Cizur Menor, 2011.

García-Trevijano Garnica, E.: *La impugnación de los actos administrativos de trámite*, Madrid, 1993.

Gil Ibáñez, A. J.: *El control y la ejecución del derecho comunitario: el papel de las administraciones nacionales y europeas,* Madrid, 1998.

Gómez-Ferrer Morant, R.: "Vía administrativa y jurisdicción contenciosa no revisora", en la obra colectiva *Régimen jurídico básico de las administraciones públicas. Libro Homenaje al profesor Luis Cosculluela*, Madrid, 2015.

Gómez Puente, M.: "El control de la inactividad de la administración pública española a la luz de la normativa europea", en *Noticias de la UE*, núm. 205, 2002.

Gómez-Reino y Carnota, E.: "El arbitraje administrativo en el derecho de la competencia", en *RAP*, núm. 162, 2003.

González Cueto, T.: "El arbitraje como medio en la solución de controversias cuando son parte las administraciones públicas, convenios de colaboración y otras fórmulas", en *La asistencia jurídica al Estado e instituciones públicas: estudios en homenaje a José Antonio Piqueras Bautista*, Pamplona, 1999.

Huergo Lora, A.: "El arbitraje en el derecho administrativo", en *Arbitraje y justicia en el siglo XXI*, Cizur Menor, 2007.

López Menudo. F.: "Arbitraje y derecho público", en *Justicia Administrativa*, núm. 2, 1999.

Masucci, A.: "El procedimiento de mediación como medio alternativo de resolución de litigios en el derecho administrativo", en *RAP*, núm. 178, 2009.

Moreno Molina, A.: *La ejecución administrativa del derecho comunitario: régimen europeo y español*, Madrid, 1998.

Parada Vázquez, R.: "Arbitraje y derecho administrativo. La actividad arbitral de la administración", en *Revista Galega de Administración Pública*, núm. 23, 1999.

Parejo Alfonso, L.: "Algunas reflexiones sobre el arbitraje administrativo, a propósito de la adecuación al nuevo procedimiento administrativo común del ordenamiento de la Comunidad de Madrid", en *Revista Parlamentaria de la Asamblea de Madrid*, núm. 1, 1999.

Rivero Ortega, R.: "Repensando el Estado de derecho: el arbitraje administrativo como alternativa al colapso jurisdiccional en el control de la administración", en *El derecho administrativo en el umbral del siglo XXI. Homenaje al profesor Ramón Martín Mateo*, Valencia, 2000.

Trayter, J. M.: "El arbitraje de derecho administrativo", en *RAP*, núm. 143, 1997.

Vera Jurado, D.: "La reclamación administrativa previa al ejercicio de las acciones civiles y laborales", en *RAP*, núm. 134, 1994.

Sobre el control judicial de la administración pública:

FERNÁNDEZ TORRES, J. R.: *Historia legal de la jurisdicción contencioso-administrativa (1845-1998)*, Madrid, 2007.

GARCÍA DE ENTERRÍA, E.: *Las transformaciones de la justicia administrativa: de excepción singular a la plenitud jurisdiccional. ¿Un cambio de paradigma?*, Madrid, 2007.

GONZÁLEZ PÉREZ, J.: *Comentarios a la Ley de la Jurisdicción Contencioso-Administrativa: (Ley 29/1998, de 13 de julio)*, Madrid, 2011.

LEGUINA VILLA, J. y SÁNCHEZ MORÓN, M. (dir.): *Comentarios a la Ley de la Jurisdicción Contencioso-administrativa*, Valladolid, 2001.

PALOMAR OLMEDA, A. y DESCALZO GONZÁLEZ, A.: *Tratado de la jurisdicción contencioso-administrativa. Parte general*, tomo I, Cizur Menor, 2017.

PAREJO ALFONSO, L.: *Juzgar y administrar: dos funciones constitucionales distintas y complementarias,* Madrid, 1993.

SANTAMARÍA PASTOR, J. A.: *Sobre la génesis del derecho administrativo español en el siglo XIX: (1812-1845)*, Madrid, 2006.

— *Ley Reguladora de la Jurisdicción Contencioso-Administrativa. Comentario,* Madrid, 2010.

FRANCIA

LE CONTRÔLE DE L'ADMINISTRATION EN FRANCE

Jacqueline Morand-Deviller[*]

Le contrôle de l'administration en France connaît des modalités très diversifiées qui n'ont cessé de le renforcer tant il apparaît nécessaire non seulement de contrôler la légalité des actes, leur effectivité mais aussi l'efficacité de la gestion administrative, celle de la conduite des politiques publiques ainsi que la probité des autorités et des agents chargés de leur mise en œuvre.

Sera présenté ici, dans une approche synthétique, l'essentiel des différents moyens et structures mis en place pour exercer ce contrôle ainsi qu'une brève appréciation sur leur effectivité, en distinguant le contrôle non juridictionnel qui fait une large place au contrôle de l'opportunité et le contrôle juridictionnel qui ne s'attache qu'à la légalité.

La place de l'équité dans le contrôle est faible à cause de la forte dose d'objectivisme du droit administratif français mais n'existe-t-il pas aussi une équité "objectivisée"?

1. Contrôle non juridictionnel

La distinction peut être faite entre un contrôle politique, un contrôle administratif interne et semi externe et un contrôle financier.

A) *Le contrôle politique*

a) *Les limites du contrôle parlementaire.* Le contrôle politique peut se fonder sur l'article 15 de la Déclaration des droits de l'homme et du citoyen (DDHC) de 1789 selon lequel: "*La société a le droit de demander compte à tout agent public de son administration*".

Dans le régime français de démocratie représentative, il se présente comme la mission donnée au Parlement de contrôler l'action du Gouvernement et du Gouvernement seul c'est-à-dire qu'il ne s'exerce pas directement à l'égard de l'administration mais seulement à l'égard des ministres du fait du principe de la subordination de l'administration au Gouvernement. Par ailleurs, le régime

---

[*] Professeur émérite à l'Université Paris I Panthéon-Sorbonne.

de la Vème République qui fait le plus souvent coïncider majorité parlementaire et gouvernement laisse peu de place à un affrontement direct Parlement-gouvernement.

Il est donc rare qu'un dysfonctionnement dans l'action administrative entraîne une responsabilité politique sanctionnée directement par le Parlement. Ce dysfonctionnement sera pris en compte par l'exécutif qui prendra des mesures à l'encontre des membres de l'administration tenus pour responsables. Au plus haut niveau de l'administration, la démission d'un ministre sera décidée par le président de la République. Lorsque le dysfonctionnement administratif est particulièrement grave, le ministre et même le premier ministre pourra être conduit devant le juge pénal (cf. affaire du sang contaminé) ce qui reste exceptionnel .

b) *Renouveau du contrôle parlementaire.* En réalité, la France n'a cessé de multiplier les modalités du contrôle parlementaire et si le Parlement ne peut adresser d'injonctions à l'administration, il dispose de nombreux moyens d'investigation et de contrôle. Il en est ainsi des questions écrites ou orales, avec ou sans débat, posées au gouvernement, des résolutions qui peuvent porter sur le fonctionnement de l'administration, des missions d'information, des délégations parlementaires à des organismes spécialisés de contrôle, tel l'Office parlementaire d'évaluation des choix scientifiques et technologiques ou la Commission d'évaluation et de contrôle des politiques publiques.

Le mode de contrôle le plus efficace est sans doute celui des *commissions d'enquête* (art. 51-2 Constitution) soit spéciales dont les travaux sont souvent médiatisées, soit permanentes comme celles des finances chargées du contrôle de l'exécution des lois de finances. Ces commissions se voient attribuer des pouvoirs forts d'investigation.

La loi constitutionnelle du 23 juillet 2008 de modernisation des institutions de la République marque une volonté de renforcer le contrôle parlementaire de l'administration en ne le réservant plus seulement au gouvernement dans un souci d'évaluation des politiques publiques. C'est ce que prévoit l'article 24 de la Constitution selon lequel: "*Le Parlement vote la loi. Il contrôle l'action du gouvernement. Il évalue les politiques publiques*". La formule peut paraître incantatoire mais quelques mesures concrètes ont été prévues comme celle d'augmenter de six à huit le nombre des commissions permanentes et celle réservant une semaine de séance sur quatre à l'évaluation des politiques publiques (art. 48). La création auprès du président de chaque assemblée d'un "Comité d'audit parlementaire" à l'image du National Audit Office britannique n'a pas été retenue.

B) *Le contrôle de l'administration par elle-même*

a) *Le contrôle hiérarchique et le contrôle de tutelle.* La conception traditionnelle du contrôle hiérarchique selon lequel le subordonné est tenu à un devoir d'obéissance qui paralyserait sa liberté d'action s'efface aujourd'hui devant un système d'échange et de relations pour répondre à la démarche de "projets de service" selon la logique d'une administration en "réseaux" horizontale plus que verticale.

Quant au pouvoir de tutelle, s'il a disparu des relations entre l'Etat et les collectivités territoriales pour être remplacé par un contrôle *a priori* de légalité (de nature juridictionnelle cf. *infra*), mais il demeure à l'égard des établissements publics, des entreprises publiques et des organismes privés exerçant des missions de service public.

Ce pouvoir ne peut exister sans avoir été formellement prévu par un texte, selon l'adage: *"Pas de tutelle sans texte, ni au-delà des textes"*.

b) *Le contrôle d'inspection et d'évaluation.* Les *Inspections générales* ministérielles ou interministérielles sont des organismes qui relèvent directement des ministres et qui sont chargées de contrôler les services de leur ministère. C'est une tradition très ancienne, ainsi le Contrôle général des Armées remonterait au XIIIème siècle ct l'Inspection générale des Finances au XVIIème siècle.

Elles se sont beaucoup développées. Après la Seconde guerre mondiale et on cherche actuellement à en diminuer le nombre d'autant que leur hétérogénéité est forte quant au nombre et à l'âge de leurs membres ce qui pose le problème de garantir leur qualification et leur indépendance.

Leur fonction est de fournir au ministre une information critique objective sans se transformer en supérieurs hiérarchiques s'immisçant dans l'action dont les services du ministres ont la responsabilité. Les inspections sont concurrencées désormais par les nouvelles procédures d'évaluation confiées à des organismes spécialisés et par des méthodes fondées sur une "culture du chiffre" qui ne leur était pas familière. Le problème se pose de la confidentialité de leurs rapports qui se limitent à la seule information de leur ministre alors que les organismes d'évaluation voient leurs rapports rendus publics.

Une autre question est soulevée, celle de renforcer les pouvoirs d'investigation des inspections leur permettant d'intervenir de manière pérenne et sans attendre une crise. Seule la puissante Inspection des finances possède de tels moyens, ses inspecteurs interviennent régulièrement, à l'improviste, dans les services pour saisir et vérifier les documents mis sous scellés et les autres inspections pourraient faire de même ce qui n'est pas dans leur tradition.

c) *Les réclamations devant de Défenseur des droits.* Les précédents contrôles étaient d'ordre interne. Ici il s'agit, comme pour les autorités indépendantes d'un contrôle que l'on pourrait qualifier de semi externe, le contrôleur étant extérieur et indépendant.

Prenant la suite du Médiateur de la République créé en 1973, un *Défenseur des droits* a été mis en place par deux lois organiques de 2011 et prévu à l'article 71-1 de la Constitution. Il est qualifié *d'autorité constitutionnelle* (et non pas administrative pour le distinguer des autres AAI) *indépendante*.

Nommé pour un mandat de 6 ans par décret du président de la République, il est chargé de "*défendre les droits et libertés dans le cadre des relations avec les administrations de l'Etat, les collectivités territoriales, les établissements publics et les organismes investis d'une mission de service public*". Il est saisi par voie de réclamation ou se saisit d'office. Les réclamations sont faites par "toute personne physique ou morale" mais elles doivent être transmises par l'intermédiaire d'un parlementaire qui peut aussi le saisir directement. Il présente chaque année un Rapport au président de la République et au Parlement qui sera rendu public.

Sa mission est triple: faire des *recommandations* sur les réclamations qui lui sont adressées afin de trouver une solution en équité; faire des *propositions* à l'autorité compétente lorsqu'un organisme a failli à sa mission de service public; suggérer les *modifications* qui seraient souhaitables

Son activité n'a cessé de progresser. Il reçoit chaque année près de 100 000 demandes d'intervention ou de conseil. Un règlement amiable intervient dans 80% des cas, ce qui atteste de l'efficacité de son intervention et de l'utilité de recourir au "bon sens et à l'équité", selon la règle de conduite qu'il s'est donnée.

d) *Le contrôle par les autorités administratives indépendantes*. Il s'agit, sans aucun doute, d'un nouveau mode de contrôle de l'administration dont l'efficacité s'est révélée remarquable. Le nombre des AAI n'a cessé de croître créant un certain désordre et la dernière réforme, celle de la loi du 20 janvier 2017, retient des dispositions propres à leur donner un statut, des garanties nouvelles d'indépendance et une identification plus claire.

L'expression a été utilisée pour la première fois en 1978 à propos de la Commission nationale de l'informatique et des libertés (CNIL) et, par la suite, les créations n'ont cessé de proliférer sans que leur nombre puisse être déterminé avec précision à cause de l'ambiguïté de statut de certaines d'entre elles, ainsi qu'une instabilité dans les créations et suppression

• Leurs deux domaines d'intervention sont la régulation économique (cf. Autorité de la concurrence, Commission de régulation de l'énergie, Autorité des marchés financiers...) et les libertés publiques (cf. Commission d'accès aux documents administratifs, Conseil supérieur de l'audiovisuel, Haute Autorité pour la transparence de la vie publique...).

Elles ont pour caractère commun d'être des autorités administratives et non juridictionnelles (même si les règles du "procès équitables" de l'article 6 §1 de la Convention européenne des droits de l'homme leur sont applicables) et d'être indépendantes du gouvernement qui ne peut leur donner ni ordre, ni instruction ni contrôler leurs actes.

Elles ont, par ailleurs une grande *diversité*: certaines ont la personnalité morale, d'autres ne l'ont pas, certaines disposent d'un pouvoir réglementaire d'autres n'en disposent pas; certaines (rares) disposent d'un pouvoir de sanction comme l'Autorité de la concurrence et l'Autorité des marchés financiers; certaines (la plupart) voient leurs décisions soumises en appel au juge administratif, d'autres au juge judiciaire (la Cour d'appel de Paris) : Autorité de la concurrence, Autorité des marchés financiers, Commission de régulation de l'énergie...

Le succès de ce mode de contrôle, étroitement lié à la tendance contemporaine d'une administration par la *régulation* et à la volonté de renforcer la protection des citoyens, a eu pour conséquence leur multiplication, un éparpillement et une hétérogénéité facteur de désordre sinon d'insécurité juridique. La *loi du 20 janvier 2017* a cherché à mettre de l'ordre en regroupant certaines Autorités, en dressant la liste de celles qui peuvent revendiquer cette qualification, en leur donnant un statut législatif d'ensemble et en renforçant les règles de déontologie qui s'imposent à leurs membres afin d'éviter les conflits d'intérêts.

Ces réformes sont une réponse à la critique qui leur était faite d'une absence de clarté quant à leur composition et à leurs fonctions. Les AAI ne sont pas une brèche dans la tradition française de séparation des pouvoirs car c'est le Parlement qui les créé, pouvant les supprimer et les modifier et le dernier mot est donné au juge puisque les décisions des AAI lui sont soumises en appel.

Cette confiance accordée à des organismes, composés de membres de l'administration auxquels on associe des personnalités qualifiées et des représentants des intérêts concernés afin de traiter de questions spécifiques dans des secteurs sensibles est partagée par de nombreux pays et cette modalité de contrôle de l'administration est bien adaptée aux besoins des sociétés contemporaines.

C) *Le contrôle financier*

Outre le contrôle exercé par le Parlement et les prestigieuses *Commission des finances d*es deux assemblées, assistées par la Cour des comptes, le contrôle financier non juridictionnel de l'administration est assuré par des organismes spécialisés aux compétences spécifiques. Ce contrôle tant budgétaire que comptable consistait à l'origine à vérifier que l'administration dépensait régulièrement l'argent public. A l'heure actuelle, il s'agit aussi de vérifier qu'elle dépense moins et mieux.

Le droit public financier français repose sur le principe de *séparation des ordonnateurs et des comptables,* ces derniers étant les seuls fonctionnaires à être responsables personnellement et sur leurs propres deniers des erreurs commises cf. déficit de caisse, non recouvrement de recettes... ayant causé un préjudice à l'administration.

Le besoin de prévisibilité pluriannuelle, de transparence et de performance, la réduction des déficits publics, les contraintes européennes sont à l'origine d'une mini révolution apportée par la célèbre *loi organique du 1ᵉʳ août 2001 relative aux lois de finances,* dite LOLF, qui, abrogeant et réformant le règlement général sur la comptabilité publique repose sur des évaluations, des programmes annuels de performance, des budgets opérationnels et une répartition des crédits en fonction des politiques publiques à financer.

Chaque ministère, chaque établissement public, chaque organisme privé recevant des fonds publics est obligé de mettre en place une *vérification interne budgétaire, un contrôle interne comptable et un audit interne.*

Par ailleurs, le puissant Ministère de l'Economie, des Finances et du Budget exerce une véritable tutelle financière sur l'ensemble des administrations de l'Etat qui ne consiste plus seulement à apposer un visa a priori sur les engagements de dépenses en vérifiant leur régularité mais à apposer aussi un *visa global* au regard du respect des objectifs et des orientations des budgets opérationnels de programme. Des super contrôleurs budgétaires et comptables interviennent au nom du ministère des Finances dans chaque ministère et au niveau local ce contrôle s'exerce sous l'autorité du directeur régional des Finances publiques. Des rapports annuels sont envoyés au ministre des Finances sur la situation des organismes et des entreprises contrôlées.

Il existe aussi un contrôle budgétaire exercé sur l'activité des collectivités territoriales décentralisées, contrôle *a priori* prévu dans des cas très précis car la tutelle ayant disparu l'intervention de l'Etat ne peut porter atteinte à la libre administration de la collectivité. Il s'agit des hypothèses de blocage dans le vote du budget: refus d'inscrire une dépense obligatoire, impossibilité de voter le budget en équilibre ou dans les délais. Dans ce cas, le *préfet*, représentant de l'Etat, sur proposition des Chambres régionales des comptes agissant alors non comme des juridictions mais comme des autorités administratives, peut prendre les mesures nécessaires.

On doit aussi signaler la singularité d'un contrôle semi externe *post ante* celui exercé par la *Cour des comptes* qui n'intervient pas alors comme une juridiction. Elle s'est vue attribuer une mission générale *d'assistance au gouvernement* (article 47-2 de la Constitution) s'agissant du contrôle financier et de sa fonction d'évaluation des politiques publiques avec des méthodes de contrôle étendues: investigations sur pièces et sur place, convocations, auditions, levée du secret professionnel, compensées par une procédure contradictoire et un droit de réponse. Les *recommandations et les rapports* adressés à l'organisme concerné sont, en principe confidentiels, mais leur contenu est souvent repris dans le rapport public annuel de la Cour.

Au niveau local, ce même type de contrôle est exercé par les Chambres régionales des comptes.

2. CONTRÔLE JURIDICTIONNEL

A) *Le contrôle avant l'instance contentieuse*

Il s'agit de permettre à l'administration, dans un délai bref, de revenir sur sa décision afin d'éviter des suites contentieuses.

Rappel: Le principe posé par une loi de 1900 selon lequel le silence de l'administration à la demande d'un citoyen équivalait, à l'expiration d'un délai de deux mois, à une décision implicite de rejet a été inversé par une loi du 12 novembre 2013. Désormais un silence de deux mois équivaut à une *décision implicite d'acceptation*. Les exceptions conduisant à une décision implicite de rejet restent nombreuses.

Le recours est adressé soit à l'auteur de la décision (*recours gracieux*), soit à son supérieur hiérarchique (*recours hiérarchique*).Ce recours est normalement facultatif. Exercé dans le délai du recours contentieux, il le proroge et l'intéressé dispose d'un nouveau délai de 2 mois à partir de la décision de l'administration rejetant ou admettant la demande.

Une question reste posée, celle de rendre ce recours administratif préalable *obligatoire* (*RAPO*) avant la saisine du juge comme cela existe déjà en matière fiscale, depuis 1928 avec succès: 3 millions de réclamations sont enregistrées chaque année par les administrations fiscales, 150.000 réclamations sont rejetées mais traitées ensuite de manière précontentieuse et il ne reste que 15.000 affaires environ qui seront portées devant les tribunaux administratifs.

D'autres RAPO existent, comme la saisine obligatoire de la Commission d'accès aux documents administratifs (CADA) contre un refus par l'administration de communiquer un document ainsi que plus d'une centaine de cas hétérogènes. Mais les tentatives faites pour élargir les RAPO se heurtent à la résistance de l'administration contre cette surcharge de travail et pour l'instant une seule expérimentation est en cours qui concerne la situation personnelle des fonctionnaires.

On peut souhaiter la simplification des RAPO et leur élargissement à de grands secteurs de l'action administrative ainsi qu'une meilleure compréhension par l'administration de l'intérêt de ce dialogue critique avec les citoyens afin d'éviter le recours au juge.

B) *Les modes alternatifs de règlement des conflits*

Ce souci d'éviter les recours contentieux explique la volonté de développer ce que l'on qualifie de *modes alternatifs de règlement des conflits*. Il ne s'agit pas d'un contrôle direct de l'administration mais de la recherche d'un consensus par un accord volontaire plus que par la sanction d'une annulation ou d'une réparation, c'est pourquoi ces modalités, appelées à se développer, comme le suggéraient deux Rapports du Conseil d'Etat en 1993 et 2007, seront évoquées ici.

La *médiation,* par laquelle des parties recherchent par voie convention-nelle un accord en s'adressant à un tiers indépendant, a été encouragée par une Directive européenne de 2008, transposée en 2012. Si les parties le souhaitent, l'accord de médiation peut être homologuée par un juge et avoir force exécutoire.

La *transaction* qui repose aussi sur un accord entre parties a un objet ex-clusivement pécuniaire. Elle peut aussi faire l'objet d'une homologation par le juge administratif qui vérifie qu'il ne s'agit pas d'une libéralité. La décision d'homologation a autorité relative de chose jugée.

L'*arbitrage*, mode proprement juridictionnel (justice conventionnelle) à la différence des deux autres, est longtemps resté exceptionnel en matière administrative à la différence du droit privé. Il est, en principe interdit aux personnes publiques de passer des clauses compromissoires (avant que le litige soit né).

Les choses évoluent, lentement, ces dernières années mais les exceptions requièrent l'intervention du législateur (comme ce fut le cas, sous la pression anglo-saxonne, des litiges concernant Eurodysneyland et le tunnel Trans-Manche qui sont soumis à arbitrage). Et, pour la première fois l'arbitrage a été prévu pour toute une catégorie de contrats publics: les contrats de partenariat (ordonnance du 17 juin 2004).

La *loi de modernisation de la justice du XXIème siècle*, du 18 novembre 2016 tend à favoriser les modes alternatifs de règlement des conflits mais les réformes d'une texte, une fois de plus "fourre-tout", restent discrètes.

C) *Le contrôle de légalité*

La France connaît depuis plus de deux siècles une séparation des juridictions administratives et judiciaires et le contrôle de la légalité des actes administratifs est confié au seul juge administratif: tribunaux administratifs (créés en 1953) cours administratives d'appel (créées en 1987) et Conseil d'Etat.

Créé par Napoléon en 1799, le Conseil d'Etat exerce à la fois des fonctions consultatives (au sein de six sections dites administratives) et des fonctions con-tentieuses. Les premières peuvent être assimilées à un contrôle de la bonne rédaction en légalité et en opportunité des textes présentés par le gouvernement. Le Conseil d'Etat est obligatoirement consulté sur les projets de loi et sur les décrets les plus importants. Il peut aussi être consulté de manière facultative et, depuis 2009, le Parlement peut le consulter sur ses propositions de loi, ce qu'il fait rarement: de toutes façons, l'ordre du jour des assemblées retient en priorité les projets du gouvernement. Ce travail d'orfèvre destiné à donner aux textes une cohérence et une qualité de rédaction exemplaire est, par la suite, mis à mal par les amendements bavards et désordonnés des parlementaires qui conduit à une non intelligibilité de la loi partagée par de nombreux pays[1].

Le contrôle de la légalité des actes de l'administration est à l'origine d'une jurisprudence attestant de la neutralité et de l'indépendance du juge administratif. Le Conseil d'Etat a connu des "crises" durant sa longue histoire, alors que le pouvoir politique en place s'irritait contre ses prises de position et alors qu'une simple loi pouvait le supprimer ou l'affaiblir car seules ses fonctions consultatives étaient constitutionnalisées. Sa légendaire prudence, ses compétences et sa neutralité lui permirent de résister à ses menaces et en 1980 et 1987 ses fonctions de juge ont été reconnues par le Conseil constitutionnel.

Pour tenter de dégager les traits essentiels d'un sujet aussi vaste on insistera sur la faculté du juge administratif à adapter sa jurisprudence aux évolutions de la société, à rendre ses décisions plus efficaces au regard des droits subjectifs des administrés et à participer "*dialogue des juges*".

L'autorité de la chose jugée était mise à mal par des déficiences en aval et en amont de la décision de justice. En amont, l'absence de mesures d'urgence avait pour conséquence que lorsque la décision de l'administration était annulée, elle avait déjà été exécutée et il était difficile de revenir sur cette exécution (cf. construction achevée alors que le permis a été annulé). En 2000, la mise en place du référé-suspension et du référé-liberté (décision prise dans les 48 heures s'il y a atteinte grave à une liberté fondamentale) ordonnés par un juge unique a mis fin à cette anomalie permettant au juge administratif d'être pleinement, comme le juge judiciaire, un juge des libertés et d'éviter que le fait accompli ne méconnaisse l'autorité de chose jugée . En aval, l'exécution par l'administration de la décision de justice ne pourra plus être paralysée par la mauvaise volonté de l'administration car le juge peut adresser des injonctions à l'administration et la condamner, sous astreinte, à exécuter. Le juge peut aussi pour éviter les effets de la rétroactivité sur la situation des requérants moduler dans le temps des effets de sa décision.

Le respect de l'article 6§1 de la Convention européenne des droits de l'homme qui fait obligation au juge d'organiser un "*procès équitable*" a été à l'origine de belles avancées de la jurisprudence quant au caractère contradictoire de la procédure et au *délai raisonnable* pour instruire et rendre les jugements. Ces dernières années un effort remarquable a été fait pour réduire le stock des affaires en instance et la durée moyenne des délais de jugement est autour de 18 mois.

---

[1] Une des 6 sections administrative du Conseil d'Etat est chargée de faire des Rapports et des Etudes qui appellent l'attention des pouvoirs publics sur les réformes qui lui paraissent conformes à l'intérêt général. Parmi les thèmes retenus récemment dans les Rapports annuels on citera: *"Consulter autrement, participer efficacement"*, *"Le droit souple"*, *"Le numérique et les droits fondamentaux"*, *"L'action économique des pouvoirs publics"*.

Ces révolutions tranquilles du contentieux français de la légalité ont été impulsées par les normes et les jurisprudences européennes. Le Conseil d'Etat est désormais contraint de *"dialoguer"* avec quatre autres juridictions suprêmes —mais pas souveraines—: la Cour de cassation, le Conseil constitutionnel, la Cour de justice de l'Union européenne et la Cour européenne des droits de l'homme. Chacun garde sa liberté d'interprétation et avec le temps les divergences s'apaisent.

Le contrôle de conventionalité prend une place de plus en plus importante au sein du contrôle de légalité, ainsi que le contrôle de constitutionnalité renforcé depuis l'introduction, en 2008, de la question prioritaire de constitutionnalité, modalité "à la française" de l'exception d'inconstitutionnalité. Ce "chœur à plusieurs voix" est un enrichissement remarquable des modalités du contrôle juridictionnel de l'administration mis au service des garanties des citoyens.

D) *Le contrôle des juridictions financières*

Ce contrôle est confié au niveau national à la Cour des comptes et à la Cour de discipline budgétaire et financière, au niveau local aux Chambres régionales des comptes.

a) *Cour des comptes.* Créée par Napoléon et institution prestigieuse au sein de l'Etat, la *Cour des comptes*, composée de hauts fonctionnaires ayant la qualité magistrats, "juge les comptes des comptables publics". On la considère comme une juridiction administrative spécialisée dont les jugements sont portés en cassation devant le Conseil d'Etat.

Elle a pour mission de s'assurer que les comptables ont correctement recouvré les recettes dont le recouvrement leur incombe et que le paiement des dépenses qu'ils ont exécutées a été effectué Lorsque le compte est régulier, la Cour donne *quitus* au comptable de sa gestion et lui accorde la décharge. Les comptables sont personnellement responsables des opérations qui leur incombent. Si la juridiction financière constate un manquant en deniers (soit parce qu'une recette n'a pas été recouvrée alors qu'elle aurait dû l'être, soit parce qu'une dépense a été payée alors qu'elle n'aurait pas dû l'être, soit encore parce qu'il manque des deniers dans la caisse du comptable), elle déclare le comptable en débet: celui-ci doit alors rembourser sur ses deniers personnels la somme manquante.

Si la Cour des Comptes n'a pas compétence pour juger des ordonnateurs, elle est amenée à connaître leur gestion au travers des pièces justificatives fournies par les comptables. Ce contrôle est non-juridictionnel et ne débouche pas sur une décision à l'encontre de l'ordonnateur, mais peut aboutir à des observations adressées aux administrateurs ou à une saisine de la *Cour de discipline budgétaire et financière.*

Une fois par an, la Cour rédige un *Rapport public* d'ensemble destiné au Parlement et au président de la République, publié au Journal officiel. Ce rapport général est souvent complété par des rapports spécialisés sur un seul sujet. Depuis la loi constitutionnelle du 23 juillet 2008 (cf. *supra*), la Cour assiste le Parlement dans le contrôle de l'action du gouvernement et l'évaluation des politiques publiques et publie. Afin de concourir à l'exercice de cette mission, la Cour des comptes produit des rapports d'étude et un *"rapport préliminaire"* préalable au débat d'orientation budgétaire. Pour assumer ces nouvelles missions, la Cour s'est adjoint les compétences d'une trentaine d'experts d'une méthodologie spécifique s'inspirant des normes internationales d'audit (ISA).

b) *La Cour de discipline budgétaire et financière* a été créée en 1948, afin de sanctionner les actes des agents publics constituant des fautes lourdes ou des irrégularités dans la gestion des finances publiques. C'est une juridiction administrative spécialisée ayant pour objet de sanctionner les atteintes aux règles régissant les finances publiques commises par toute personne intervenant dans la gestion des affaires publiques.

À l'inverse de la Cour des comptes, qui juge les comptes, et non les comptables, cette juridiction financière est dotée d'une *compétence répressive* qui se rapproche des juridictions pénales. Les sanctions infligées par la Cour sont des amendes dont le montant maximal ne peut être supérieur à deux fois le salaire brut annuel alloué à la personne condamnée à la date à laquelle les faits ont été commis.

Elle est composée à parité de magistrats de la Cour des comptes et de membres du Conseil d'État. Le nombre de saisines demeure limité et une part importante d'entre elles ne donne pas lieu à une décision juridictionnelle. Elle rend de quatre à sept décisions par an en moyenne. Ses décisions peuvent faire l'objet d'un pourvoi en cassation devant le Conseil d'État. Les poursuites devant la Cour ne font pas obstacle à l'exercice de l'action pénale et de l'action disciplinaire.

c) *Les chambres régionales des comptes* sont nées de la décentralisation mise en place par la loi du 2 mars 1982. Auparavant, le contrôle de légalité exercé sur les actes des collectivité locales par le préfet, représentant de l'Etat était un contrôle à priori et en opportunité. Depuis 1982, la tutelle ayant disparu il a été remplacé par un contrôle a *posteriori* et seulement en légalité.

Dans le domaine administratif, le préfet a la possibilité de *défére*r au tribunal administratif, soit de sa propre initiative (déféré spontané ou direct), soit à la demande d'un tiers lésé (déféré provoqué ou indirect) un acte estimé irrégulier dans les 2 mois de la transmission de l'acte. Le *déféré préfectoral* est assimilé à un recours pour excès de pouvoir.

Dans le domaine financier, le contrôle a posteriori est confié aux *Chambres régionales des comptes*. Leur nombre qui était, à l'origine de 22 est actuellement de 13 en France métropolitaine .

Elles jugent en première instance la régularité des comptes des collectivités locales et des établissements publics de leur ressort. Les comptables peuvent voir leur responsabilité personnelle et pécuniaire mise en jeu par le juge des comptes. Leur jugement sera porté en appel devant les Cours administratives d'appel.

Les chambres examinent aussi la qualité de la gestion des collectivités publiques de leur ressort et peuvent ainsi être conduites à procéder à une évaluation des politiques publiques locales en comparant les moyens accordés avec les résultats obtenus. Les observations résultant de cet examen font l'objet de rapports d'observation (plus de 800 en moyenne annuelle) qui sont portés à la connaissance des assemblées délibérantes et rendus publiques.

Elles collaborent avec le *préfet* en lui en proposant des solutions à mettre en œuvre dans les cas suivants: budget non voté dans les délais légaux, budget voté en déséquilibre, compte fortement déficitaire, insuffisance des crédits nécessaires au règlement d'une dépense obligatoire, ou encore rejet du compte administratif .Le préfet ne peut régler le budget de la collectivité ou de l'établissement qu'après avoir pris l'avis de la chambre régionale.

E) *La lutte contre la corruption*

Le phénomène de corruption est ancien: éternel et fatal, diront les pessimistes sur la nature humaine. Les progrès de la communication et de la transparence sont à l'origine d'une demande de réglementation et de répression et, en France, certaines affaires médiatisées, sont à l'origine d'une dizaine de lois sur cette question entre 2013 et 2016. Ces textes ont apporté des réformes utiles mais des points d'ombre subsistent. *"Ce désir de privilèges et ce goût de l'égalité, passions dominantes et contradictoires des Français"*, disait le général de Gaulle.

Suite à un Rapport du Vice Président du Conseil d'Etat *"Pour une nouvelle déontologie de la vie publique"*, la loi du 11 octobre 2013 relative à la transparence dans la vie publique crée une *Haute Autorité pour la transparence de la vie publique*, autorité administrative indépendante. Elle est chargée de recevoir, contrôler et publier les déclarations de situation patrimoniale et les déclarations d'intérêts de nombreux élus nationaux et locaux, des membres du gouvernement, de certains collaborateurs et dirigeants d'organismes publics. Elle peut également être consultée par les élus sur des questions de déontologie et de conflit d'intérêts relatifs à l'exercice de leur fonction et émettre des recommandations à la demande du Premier ministre ou de sa propre initiative.

Les conflits d'intérêts devraient s'atténuer avec l'obligation de déclaration de patrimoine étendue à de nombreux responsables politiques et administratifs. Les poursuites devraient être facilitées par la protection (confidentialité, absence de poursuites pénales) accordée aux lanceurs d'alerte de bonne foi, la possibilité pour les associations anti corruption de se porter partie civile et le renversement de la charge de la preuve qui, dans les affaires de corruption, incombe au défendeur.

La création, en 2013, à Paris d'un *Procureur de la République financier*, permet de spécialiser les poursuites anti corruption au sein des juridictions de droit commun. Il travaillera aux côtés du *Service central de prévention de la corruption* qui traite des affaires à haut niveau national et international et dont les pouvoirs d'enquête ont été renforcés.

La conclusion des marchés publics et des délégations de service public est un terrain privilégié pour l'accomplissement d'actes de corruption. A cet égard, les réformes intervenues sous la pression de l'Union européenne pour mettre au point des règles strictes *de publicité et mise en concurrence* ont permis de limiter les anciennes pratiques de favoritisme au profit de certains candidats. Le droit de la concurrence a pris une importance capitale tant au niveau national avec son " gendarme", l'Autorité de la concurrence, qu'au niveau local et même si un grand nombre de marchés dont le montant est inférieur aux seuils fixés échappe à ces règles, un minimum de transparence est exigé.

3. En guise de conclusion: "le contrôle par la société civile"

L'administration française a longtemps cultivé le goût du secret. Depuis les années 1980, sous l'influence du droit européen, elle s'est engagée dans un processus tendant à garantir le droit à l'information, à développer la concertation et à engager un processus de participation des administrés à l'élaboration de la décision. Même si l'enracinement dans la démocratie représentative demeure intact, la démocratie participative avance irrésistiblement et les nouveaux moyens de communication permettent une relation directe et rapide entre l'administration et les citoyens, considérés désormais comme des sujets plus que comme des objets .La participation citoyenne ne peut remplacer les modalités traditionnelles de la réglementation et de la régulation, mais elle peut leur donner une dynamique dont ils ont souvent besoin.

EL CONTROL DE LA ADMINISTRACIÓN EN FRANCIA[*]

JACQUELINE MORAND-DEVILLER[**]

El control de la administración en Francia conoce dos modalidades muy diversificadas que no han cesado de reforzarlo. Ello en razón a que es necesario no solamente controlar la legalidad de los actos, su efectividad, sino también la eficacia de la gestión administrativa, la de la dirección de las políticas públicas, así como la probidad de las autoridades y de los agentes encargados de su implementación.

Aquí se presentará, con una aproximación sintética, lo esencial de los diferentes medios y estructuras implementados para ejercer ese control así como una breve apreciación acerca de su efectividad, distinguiendo el control no jurisdiccional que otorga un amplio lugar al control de oportunidad y el control jurisdiccional que se centra en la legalidad.

En el control el lugar de la equidad es pequeño a causa de la fuerte dosis de objetivismo del derecho administrativo francés pero ¿no existe también una equidad objetivizada?

1. CONTROL NO JURISDICCIONAL

Se puede hacer una distinción entre un control político, un control administrativo interno y semiexterno y un control financiero.

A) *El control político*

a) *Los límites del control parlamentario.* El control político se fundamenta en el artículo 15 de la Declaración de los Derechos del Hombre y del Ciudadano (DDHC) de 1789 según el cual: "La sociedad tiene derecho a pedir cuentas de su gestión a cualquier agente público".

En el régimen francés de democracia representativa, él se presenta como la misión dada al Parlamento de controlar la acción del Gobierno y solo del Gobierno, es decir, no se ejerce directamente respecto a la administración sino

---

[*] La traducción de este escrito fue hecha por Juan Carlos Peláez Gutiérrez, Profesor Titular de la Universidad Externado de Colombia, Doctor en Derecho de la *Université Paul Cézanne Aix-Marseille 3*.

[**] Profesora emérita de la Universidad de París, Panthéon-Sorbonne.

solamente respecto a los ministros, de conformidad con el principio de la subordinación de la administración al Gobierno. Por otro lado, el régimen de la V República que frecuentemente hace coincidir mayoría parlamentaria y gobierno deja poco espacio a un enfrentamiento directo parlamento-gobierno.

Es entonces raro que un disfuncionamiento en la acción administrativa genere una responsabilidad política sancionada directamente por el Parlamento. Este disfuncionamiento es tenido en cuenta por el ejecutivo que toma medidas en contra de los miembros de la administración considerados responsables. En el más alto nivel de la administración, la demisión de un ministro es decidida por el Presidente de la República. Cuando el disfuncionamiento administrativo es particularmente grave, el ministro e incluso el Primer Ministro puede ser llevado ante el juez penal (cf. El caso de la sangre contaminada), lo cual es excepcional.

b) *Renovación del control parlamentario.* En realidad Francia no ha cesado de multiplicar las modalidades del control parlamentario y si bien el Parlamento no puede hacer conminaciones a la administración, él dispone de numerosos medios de investigación y de control. Es el caso de las preguntas escritas u orales, con o sin debate, planteadas al gobierno, de las resoluciones que pueden versar sobre le funcionamiento de la administración, de las misiones de información, de las delegaciones parlamentarias a organismos especializados de control, tales como la Oficina parlamentaria de evaluación de las decisiones científicas y tecnológicas o la Comisión de evaluación y de control de las políticas públicas.

El modo de control más eficaz es sin duda el de las *comisiones de investigación* (art. 51-2 de la Constitución), las cuales pueden ser especiales cuyos trabajos son a menudo mediatizados o permanentes como las de las finanzas encargadas del control de la ejecución de las leyes de finanzas.

La Ley Constitucional (Acto Legislativo) del 23 de julio de 2008 de modernización de las instituciones de la República muestra la voluntad de reforzar el control parlamentario de la administración al reservarlo en adelante no solamente al gobierno, como una cuestión de evaluación de políticas públicas. Es lo que prevé el artículo 24 de la Constitución según el cual: "*El Parlamento votará la ley. Controlará la acción del Gobierno. Evaluará las políticas públicas.*" La fórmula puede parecer mágica pero se han previsto algunas medidas concretas como la de aumentar de seis a dieciocho el número de comisiones permanentes y la de reservar de cuatro semanas de sesión una a la evaluación de las políticas públicas (art. 48). La creación junto al presidente de cada asamblea de un "Comité de auditoría parlamentaria" como la "*National Audit Office*" británica no fue adoptada.

B) *El control de la administración por ella misma*

a) *El control jerárquico y el control de tutela.* La concepción tradicional del control jerárquico según la cual el subordinado está obligado a un deber de obediencia que paralizaría su libertad de acción hoy en día desaparece ante un sistema de intercambio y de relaciones para responder a los procesos de "proyectos de servicio" según la lógica de una administración en "red" horizontal más que vertical.

En cuanto al poder de tutela, si bien él ha desaparecido de las relaciones entre el Estado y las colectividades territoriales al ser remplazado por un control *a priori* de legalidad (de naturaleza jurisdiccional cf. *Infra*), él se mantiene respecto a los establecimientos públicos, las empresas públicas y los organismos privados que ejercen misiones de servicio público.

Este poder no puede existir sin haber sido formalmente previsto por un texto, según el adagio: *"No hay tutela sin texto, ni más allá de los textos".*

b) *El control de inspección y de evaluación.* Las *inspecciones generales* ministeriales o interministeriales son organismos que dependen directamente de los ministros y que están encargadas de controlar los servicios de su ministerio. Se trata de una tradición muy antigua, así el Control General de las Armadas remontaría al siglo xiii y la Inspección General de las Finanzas al siglo xviii.

Ellas se han desarrollado mucho después de la segunda guerra mundial. Actualmente se busca disminuir su número sobre todo porque su heterogeneidad es importante en cuanto al número y a la edad de sus miembros, lo cual plantea el problema de garantizar su calificación e independencia.

Su función es suministrar al ministro una información crítica objetiva sin transformarse en superiores jerárquicos que se inmiscuyan en la acción respecto de la cual los servicios del ministro tienen la responsabilidad. Las inspecciones compiten actualmente con los nuevos procedimientos de evaluación confiados a organismos especializados y con métodos fundados en una "cultura de las cifras" que no les era familiar. El problema que se presenta es el de la confidencialidad de sus informes que se limitan solo a la información de su ministro cuando en realidad los organismos de evaluación ven sus informes volverse públicos.

Se plantea otra cuestión, la de reforzar los poderes de investigación de las inspecciones que les permitan intervenir de forma permanente y sin tener que esperar una crisis. La potente Inspección de Finanzas es la única que posee tales medios, sus inspectores intervienen regularmente, de improviso, en los servicios para incautar y verificar los documentos sellados. Las otras inspecciones podrían hacer lo mismo, lo cual no hace parte de sus tradiciones.

c) *Las reclamaciones ante el Defensor de los derechos.* Los precedentes controles eran de orden interno. Aquí se trata, como para las autoridades independientes, de un control que se podría calificar de semiexterno en la medida en que quien controla es exterior e independiente.

Siguiendo los pasos del Mediador de la República creado en 1973, un *Defensor de los derechos* fue instaurado por dos leyes orgánicas de 2011 y consagrado en el artículo 71-1 de la Constitución. Es calificado de *autoridad constitucional* (y no administrativa para distinguirlo de las otras autoridades administrativas independientes (AAI).

Nombrado para un mandato de seis años por decreto del Presidente de la República, el *Defensor de los derechos* está encargado de *"defender los derechos y libertades en el marco de las relaciones con las administraciones del Estado, las colectividades territoriales, los establecimientos públicos y los organismos encargados de una misión de servicio público"*. Él es requerido por medio de reclamación o puede actuar de oficio. Las reclamaciones pueden ser hechas por *"cualquier persona física o moral"* pero deben ser entregadas por intermedio de un parlamentario quien puede también requerirlo directamente. Presenta cada año un Informe al Presidente de la República y al Parlamento, el cual será hecho público.

Tiene una triple misión: hacer *recomendaciones* acerca de las reclamaciones que le son dirigidas con el fin de encontrar una solución en equidad; hacer *proposiciones* a la autoridad competente cuando un organismo ha fallado en su misión de servicio público; sugerir las *modificaciones* que serían deseadas.

Su actividad no cesa de progresar. Recibe cada año cerca de cien mil solicitudes de intervención o de consejo. Un solución amigable tiene lugar en el 80 por ciento de los casos lo que demuestra la eficacia de su intervención y la utilidad de recurrir al "sentido común y a la equidad", según la regla de conducta que él se haya dado.

d) *El control por las autoridades administrativas independientes.* Sin ninguna duda se trata de un nuevo modo de control de la administración cuya eficacia ha sido extraordinaria. El número de autoridades administrativas independientes no cesa de aumentar y crea un cierto desorden. La última reforma de la Ley del 20 de enero de 2017 contiene unas disposiciones tendientes a darle un estatus, unas garantías nuevas de independencia y una identificación más clara.

La expresión fue utilizada por primera vez en 1978 a propósito de la Comisión Nacional de la Informática y de las Libertades (CNIL) y, posteriormente, las creaciones no han cesado de proliferar sin que su número pueda ser determinado con precisión debido a la ambigüedad del estatus de algunas de ellas y a la inestabilidad en las creaciones y supresiones.

Sus dos campos de intervención son la regulación económica (cf. Autoridad de la Competencia, Comisión de Regulación de la Energía, Autoridad de los Mercados Financieros...) y las libertades públicas (cf. Comisión de Acceso a los Documentos Administrativos, Consejo Superior del Audiovisual, Alta Autoridad para la Transparencia de la Vida Pública...).

Tienen en común ser autoridades administrativas y no jurisdiccionales (incluso si las reglas del "proceso justo" del artículo 6 §1 de la Convención Europea de los Derechos del Hombre les son aplicables) y ser independientes del gobierno que no puede darles órdenes ni instrucciones, ni controlar sus actos.

Por otro lado, tienen una gran *diversidad*: algunas tienen personería jurídica, otras no; algunas disponen de un poder reglamentario, otras no; algunas (muy escasas) disponen de un poder de sanción como la Autoridad de la Competencia y la Autoridad de los Mercados Financieros; algunas (la mayoría) ven sus decisiones sometidas en apelación al juez administrativo, otras al juez ordinario (la Corte de Apelación de París): Autoridad de la Competencia, Autoridad de los Mercados Financieros, Comisión de Regulación de la Energía...).

El éxito de este tipo de control, estrechamente ligado a la tendencia contemporánea de una administración por la *regulación* y la voluntad de reforzar la protección de los ciudadanos, ha tenido como consecuencia su multiplicación, una dispersión y una heterogeneidad, fuente de desorden si no de inseguridad jurídica. La *Ley del 20 de enero de 2017* ha buscado poner orden reagrupando ciertas Autoridades, estableciendo la lista de las que pueden reivindicar esta calificación, dándose un estatus legislativo de conjunto y reforzando las reglas de deontología que se imponen a sus miembros con el fin de evitar los conflictos de interés.

Esas reformas son una respuesta a la crítica que les era hecha de una ausencia de claridad en cuanto a su composición y a sus funciones. Las AAI no son una brecha en la tradición francesa de separación de poderes ya que es el Parlamento quien las crea, pudiendo suprimirlas o modificarlas, y la última palabra es dada al juez puesto que las decisiones de las AAI le son sometidas en apelación.

Esta confianza dada a organismos integrados por miembros de la administración a los cuales se asocian personalidades calificadas y representantes de los intereses concernidos con el fin de tratar cuestiones específicas en sectores delicados es compartida por numerosos países y esta modalidad de control de la administración se adapta bien a las necesidades de las sociedades contemporáneas.

C) *El control financiero*

Además del control ejercido por el Parlamento y las prestigiosas *Comisión de Finanzas* de las dos asambleas, asistidas por la Corte de Cuentas, el control financiero no jurisdiccional de la administración se garantiza con organismos especializados con competencias específicas. En un principio ese control tanto presupuestal como contable consistía en verificar que la administración gastara legalmente el dinero público. Actualmente, se trata también de verificar que ella gaste menos y mejor.

El derecho público financiero francés se basa en el principio de *separación de los ordenadores y de los contables*, estos últimos son los únicos funcionarios que pueden ser responsables personalmente y responder con su propio patrimonio por los errores cometidos como déficit de caja, no recaudo de ingresos..., que hayan causado un perjuicio a la administración.

La necesidad de previsibilidad plurianual, de transparencia y de rendimiento, la reducción de los déficits públicos, las presiones europeas, están detrás de una mini revolución traída por la célebre *Ley Orgánica del 1º de agosto de 2001 relativa a las leyes de finanzas*, llamada LOLF, que abroga y reforma el reglamento general sobre la contabilidad pública y se basa en evaluaciones, programas anuales de rendimiento, presupuestos operacionales y una repartición de los créditos en función de las políticas públicas a financiar.

Cada ministerio, cada establecimiento público, cada organismo privado que reciba fondos públicos está obligado a implementar una *verificación interna presupuestal, un control interno contable y una auditoría interna*.

Por otro lado, el poderoso Ministerio de la Economía, de las Finanzas y del Presupuesto ejerce una verdadera tutela financiera sobre el conjunto de las administraciones del Estado. Consiste, no solamente en colocar un visto bueno *a priori* sobre los compromisos de gastos verificando su regularidad, sino también en dar un *visto bueno global* respecto al respeto de los objetivos y de las orientaciones de los presupuestos operacionales de programa. Unos súper controladores presupuestales y contables intervienen en nombre del Ministerio de Finanzas en cada ministerio. A nivel local ese control se ejerce bajo la autoridad del director regional de las Finanzas públicas. Informes anuales se envían al ministro de Finanzas sobre la situación de los organismos y de las empresas controladas.

También existe un control presupuestal ejercido sobre la actividad de las colectividades territoriales descentralizadas, control *a priori* previsto en casos muy precisos ya que al haber desaparecido la tutela, la intervención del Estado no puede vulnerar la libre administración de la colectividad. Se trata de hipótesis de bloqueo en el voto del presupuesto: negativa de inscribir un gasto obligatorio, imposibilidad de votar el presupuesto en equilibrio o en los plazos establecidos. En ese caso, el *prefecto*, representante del Estado, previa proposición de las Cámaras regionales de cuentas actuando en este caso no como jurisdicciones sino como autoridades administrativas, puede tomar las medidas necesarias.

También se debe señalar la singularidad de un control semiexterno *post ante* ejercido por la *Corte de Cuentas* que no interviene entonces como una jurisdicción. Se le atribuye una misión general de *asistencia al gobierno* (art. 47-2 de la Constitución). Se trata del control financiero y de su función de evaluación de las políticas públicas con amplios métodos de control: investigaciones sobre documentos e *in situ*, citaciones, audiciones, audiencias, levantamiento del secreto profesional. Esto se compensa con un procedimiento que respeta el principio de contradicción y con un derecho de respuesta. Las *recomendaciones y los informes* dirigidos al organismo concernido son, en principio, confidenciales, pero su contenido es a menudo retomado en el informe público anual de la Corte.

A nivel local las Cámaras regionales de cuentas ejercen ese mismo tipo de control.

2. CONTROL JURISDICCIONAL

A) *El control ante la instancia contenciosa*

Se trata de permitir a la administración, en un plazo breve, reconsiderar su decisión con el fin de evitar futuros contenciosos.

Recordar: El principio establecido por una ley de 1900 según el cual el silencio de la administración frente a la solicitud de un ciudadano equivale, una vez expirado el plazo de dos meses, a una decisión implícita de rechazo fue invertido por una ley de 12 de noviembre de 2013. En adelante un silencio de dos meses equivale a una *decisión implícita de aceptación*. Las excepciones que conducen a una decisión implícita de rechazo son numerosas.

El recurso se dirige al autor de la decisión (recurso de reposición) o a su superior jerárquico (recurso de apelación). Normalmente ese recurso es facultativo. Ejercido en el plazo del recurso contencioso, él lo protege y el interesado dispone de un nuevo plazo de dos meses contados a partir de la decisión de la administración que rechaza o admite la solicitud.

Una cuestión permanece planteada, la de hacer obligatorio ese recurso administrativo previo [*recours administratif préalable obligatoire -RAPO-*] antes de recurrir al juez, como ya existe con éxito en materia tributaria desde 1928: tres millones de reclamaciones son registradas cada año por las administraciones tributarias, ciento cincuenta mil reclamaciones son rechazadas pero tratadas enseguida de manera precontenciosa y solamente quince mil casos aproximadamente son llevados ante los tribunales administrativos.

Existen otros RAPO, como el requerimiento obligatorio de la Comisión de Acceso a los Documentos Administrativos [CADA] contra la negativa de la administración de proporcionar un documento al igual que más de una centena de casos heterogéneos. Pero las tentativas hechas para ampliar los RAPO se enfrentan a la resistencia de la administración contra esta sobrecarga de trabajo y por el momento solo una prueba está curso y concierne la situación personal de los funcionarios.

Es deseable la simplificación de los RAPO y su ampliación a grandes sectores de la acción administrativa así como una mejor comprensión por parte de la administración del interés de ese diálogo crítico con los ciudadanos con el fin de evitar que se recurra al juez.

B) *Los modos alternativos de solución de conflictos*

La preocupación de evitar los litigios contenciosos explica la voluntad de desarrollar lo que se califica de *modos alternativos de solución de conflictos.*

No se trata de un control directo de la administración sino de la búsqueda de un consenso por medio de un acuerdo voluntario y no de la sanción de una anulación o de una reparación. Es por ello que esas modalidades, llamadas a desarrollarse, como lo sugieren dos Informes del Consejo de Estado en 1993 y 2007, serán evocadas aquí.

La *mediación*, por la cual dos partes buscan por vía convencional un acuerdo dirigiéndose a un tercero independiente, ha sido exhortada por una Directiva europea de 2008, incorporada en 2012. Si las partes lo desean, el acuerdo de mediación puede ser homologado por un juez y tener fuerza ejecutoria.

La *transacción* que se apoya también en un acuerdo de voluntades entre partes tiene un objetivo exclusivamente pecuniario. Ella también puede ser objeto de una homologación por el juez administrativo que verifica que no se trate de una liberalidad. La decisión de homologación tiene autoridad relativa de cosa juzgada.

El *arbitraje*, mecanismo propiamente jurisdiccional (justicia convencional) a diferencia de las dos anteriores, ha permanecido durante largo tiempo como excepcional en materia administrativa a diferencia del derecho privado. En principio está prohibido para las personas públicas establecer cláusulas compromisorias (antes de que el litigio haya nacido).

Las cosas evolucionan lentamente estos últimos años pero las excepciones requieren la intervención del legislador (como fue el caso, bajo la presión anglosajona, de los litigios relativos a Eurodisneylandia y al Túnel bajo el Canal de La Mancha que están sometidos al arbitraje). Y, por primera vez, el arbitraje ha sido previsto para toda una categoría de contratos públicos: los contratos de cooperación (ordenanza del 17 de junio de 2004).

La *Ley de modernización de la justicia del siglo XXI*, del 18 de noviembre de 2016 tiende a favorecer los modos alternativos de solución de conflictos pero las reformas de un texto, una vez más, "cajón de sastre", son discretas.

C) *El control de legalidad*

Francia conoce desde hace más de dos siglos una separación de las jurisdicciones administrativas y ordinarias y el control de la legalidad de los actos administrativos se confía solo al juez administrativo: tribunales administrativos (creados en 1953), cortes administrativas de apelación (creadas en 1987) y Consejo de Estado.

El Consejo de Estado, creado por Napoleón en 1799, ejerce funciones tanto consultivas (en el seno de seis secciones llamadas administrativas) y funciones contenciosas. Las primeras pueden ser asimiladas a un control de la buena redacción en legalidad y en oportunidad de los textos presentados por el gobierno. El Consejo de Estado es obligatoriamente consultado sobre los proyectos de ley y los decretos más importantes. Puede también ser consultado de manera facultativa y, desde 2009, el Parlamento puede consultarlo acerca de sus proposiciones de ley, lo cual hace raramente: de todas maneras, el orden del día de las asambleas le da prioridad a los proyectos del gobierno. Este trabajo de orfebre destinado a dar a los textos una coherencia y una calidad de redacción ejemplar es, posteriormente, maltratado con las enmiendas poco serias y desordenadas de los parlamentarios que conducen a una non inteligibilidad de la ley compartida por numerosos países[1].

El control de la legalidad de los actos administrativos ha generado una jurisprudencia que da fe de la neutralidad y de la independencia del juez administrativo. El Consejo de Estado tuvo "crisis" durante su larga historia cuando el poder político se irritaba por sus posturas y siendo que una simple ley podía suprimirlas o debilitarlas pues solo sus funciones consultivas estaban constitucionalizadas. Su legendaria prudencia, sus competencias y su neutralidad le permitieron resistir a esas amenazas y en 1980 y 1987 sus funciones de juez fueron reconocidas por el Consejo Constitucional.

Para tratar de deducir los aspectos esenciales de un tema tan vasto se insiste en la facultad del juez administrativo de adaptar su jurisprudencia a las evoluciones de la sociedad, a hacer sus decisiones más eficaces con respecto a los derechos subjetivos de los administrados y a participar en el *diálogo de los jueces*.

La autoridad de la cosa juzgada era afectada por deficiencias anteriores y posteriores a la decisión de justicia. Anteriores, la ausencia de medidas de urgencia tenía como consecuencia que cuando la decisión de la administración era anulada ya había sido ejecutada y era difícil volver sobre esa ejecución (cf. Construcción terminada cuando la licencia de construcción fue anulada). En el año 2000, la implementación del *référé-suspension* y del *référé-liberté* (decisión tomada en un término de cuarenta y ocho horas si hay una vulneración grave de una libertad fundamental) ordenados por un juez único puso punto final a esa anomalía y permitió al juez administrativo ser plenamente, como el juez ordinario, un juez de las libertades y evitar que el hecho cumplido desconozca la autoridad de la cosa juzgada. Posteriores, la ejecución por la administración de la decisión de justicia no podrá seguir siendo paralizada por la mala fe de la administración pues el juez puede hacer conminaciones a la administración y condenarla, so pena de astricción, a ejecutarla. Para evitar los efectos de la retroactividad sobre la situación de los requirentes, el juez puede también modular en el tiempo los efectos de su decisión.

[1] Una de las seis secciones administrativas del Consejo de Estado está encargada de hacer Informes y Estudios que llaman la atención de los poderes públicos sobre las reformas que le parecen conformes al interés general. Entre los temas seleccionados recientemente en los Informes anuales se citan: "Consultar diferentemente, participar efectivamente" (*"Consulter autrement, participer effectivement"*), "El derecho blando" (*"Le droit souple"*), "Lo digital y los derechos fundamentales" (*"Le numérique et les droits fondamentaux"*), "La acción económica de los poderes públicos" (*"L'action économique des pouvoirs publics"*).

El respeto del artículo 6 §1 de la Convención Europea de los Derechos del Hombre que obliga al juez a organizar un *"proceso justo"* ha generado bellos avances de la jurisprudencia en cuanto al carácter contradictorio del procedimiento y al *plazo razonable* para instruir y proferir los fallos. En estos últimos años se ha hecho un esfuerzo notable para reducir el stock de los procesos en instancia y la duración media de los plazos para proferir fallo es de dieciocho meses.

Esas revoluciones tranquilas del contencioso francés de la legalidad han sido impulsadas por las normas y por las jurisprudencias europeas. El Consejo de Estado en adelante está obligado a *"dialogar"* con otras cuatro jurisdicciones supremas —pero no soberanas—: la Corte de Casación, el Consejo Constitucional, la Corte de Justicia de la Unión Europea y la Corte Europea de los Derechos del Hombre. Cada uno guarda su libertad de interpretación y con el tiempo las divergencias se apaciguan.

El control de convencionalidad ocupa un lugar cada vez más importante en el seno del control de legalidad, así como el control de constitucionalidad reforzado desde la introducción en 2008 de la Cuestión Prioritaria de Constitucionalidad, modalidad "a la francesa" de la excepción de inconstitucionalidad. Ese "coro a varias voces" es un enriquecimiento extraordinario de las modalidades del control jurisdiccional de la administración puesto al servicio de las garantías de los ciudadanos.

D) *El control de las jurisdicciones financieras*

A nivel nacional ese control se confía a la Corte de Cuentas y a la Corte de Disciplina Presupuestal y Financiera. A nivel local, a las Cámaras regionales de cuentas.

a) *Corte de Cuentas.* La *Corte de Cuentas* es una institución prestigiosa del Estado creada por Napoleón. Está integrada por altos funcionarios que tienen la calidad de magistrados y "juzga las cuentas de los contables públicos". Se le considera como una jurisdicción administrativa especializada cuyos fallos son llevados en casación ante el Consejo de Estado.

Tiene por misión garantizar que los contables públicos hayan correctamente recaudado los ingresos cuyo recaudo les incumbe y que el pago de los gastos ejecutados haya sido efectuado. Cuando la cuenta es regular, la Corte da al contable la aprobación de su gestión (*quitus*) y le concede la descarga. Los contables son personalmente responsables de las operaciones que les incumben. Si la jurisdicción financiera constata un faltante en dinero (porque un ingreso no fue recaudado siendo que debería haberlo sido, porque un gasto fue pagado aun cuando no se debería haber hecho, o porque faltan dineros en la caja del contable), declara al contable fiscalmente responsable y este debe entonces reembolsar con su dinero personal la suma que falta.

Si bien la Corte de Cuentas no tiene competencia para juzgar a los ordenadores, ella conoce su gestión por medio de los documentos justificativos suministrados por los contables. Ese control es no-jurisdiccional y no conduce a una decisión en contra del ordenador pero puede dar lugar a observaciones dirigidas a los administradores o a un requerimiento de la *Corte de Disciplina Presupuestal y Financiera*.

Una vez por año la Corte redacta un *Informe Público* de conjunto destinado al Parlamento y al Presidente de la República publicado en el Diario Oficial. Ese informe general es a menudo completado con informes especializados sobre un solo tema. Desde la Ley Constitucional del 23 de julio de 2008 (cf. *supra*), la Corte ayuda al Parlamento en el control de la acción del gobierno y la evaluación de las políticas públicas y publica. Con el fin de contribuir al ejercicio de esa misión, la Corte de Cuentas elabora informes de estudio y un *"informe preliminar"* previo al debate de orientación presupuestal. Para asumir esas nuevas misiones, la Corte incorpora las competencias de una treintena de expertos de una metodología específica que se inspira en normas internacionales de auditoría (ISA).

b) La *Corte de Disciplina Presupuestal y Financiera* fue creada en 1948 con el fin de sancionar los actos de los agentes públicos constitutivos de fallas graves o de irregularidades en la gestión de las finanzas públicas. Es una jurisdicción administrativa especializada que tiene por objeto sancionar las violaciones de las reglas que rigen las finanzas públicas cometidas por cualquier persona que intervenga en la gestión de los asuntos públicos.

A diferencia de la Corte de Cuentas que juzga las cuentas y no a los contables, esta jurisdicción financiera está dotada de una *competencia represiva* que se acerca a las jurisdicciones penales. Las sanciones infligidas por la Corte son multas cuyo monto máximo no puede ser superior a dos veces el salario bruto anual asignado a la persona condenada en la fecha en la cual se cometieron los hechos.

Está integrada en forma paritaria por magistrados de la Corte de Cuentas y por miembros del Consejo de Estado. El número de requerimientos es limitado y una parte importante de estos no da lugar a una decisión jurisdiccional. En promedio profiere de cuatro a siete decisiones por año. Sus decisiones pueden ser objeto de un recurso de casación ante el Consejo de Estado. El procedimiento ante la Corte no impide el ejercicio de la acción penal y de la acción disciplinaria.

c) *Las Cámaras regionales de cuentas* nacieron de la descentralización instaurada por la Ley de 2 de marzo de 1982. Anteriormente, el control de legalidad ejercido sobre los actos de las colectividades locales por el prefecto, re-pre-sentante del Estado, era un control *a priori* y de oportunidad. Desde 1982 y al haber desaparecido la tutela, fue remplazado por un control *a posteriori* y solamente de legalidad.

En el ámbito administrativo, el prefecto tiene la posibilidad de *deferir* al tribunal administrativo, ya sea por su propia iniciativa (*déféré* espontáneo o directo) o a solicitud de un tercero perjudicado (*déféré* provocado o indirecto), un acto considerado irregular, dentro de los dos meses siguientes a la transmisión del acto. El *déféré préfectoral* es asimilado a un recurso por exceso de poder (acción o medio de control de nulidad simple).

En el campo financiero el control *a posteriori* se atribuye a las *Cámaras regionales de cuentas*. Su número que en un comienzo era de veintidós, actualmente es de 13 en Francia metropolitana.

Ellas juzgan en primera instancia la regularidad de las cuentas de las colectividades locales y de los establecimientos públicos de su competencia. Los contables pueden ver comprometida su responsabilidad personal y pecuniaria por el juez de cuentas. Su decisión puede ser objeto de un recurso de apelación ante las Cortes administrativas de apelación.

Las Cámaras examinan también la calidad de la gestión de las colectividades públicas de su competencia y pueden ser llevadas a proceder a una evaluación de las políticas públicas locales que compare los medios otorgados con los resultados obtenidos. Las observaciones que resultan de ese examen son objeto de informes de observación (más de ochocientos en promedio anual) que son dados a conocer a las asambleas deliberantes y hechos públicos.

Ellas colaboran con el *prefecto* y le proponen soluciones para implementar en los siguientes casos: presupuesto no votado en los plazos legales, presupuesto votado en desequilibrio, cuenta fuertemente deficitaria, insuficiencia de los créditos necesarios para el pago de un gasto obligatorio, y rechazo de la cuenta administrativa. El prefecto no puede ajustar el presupuesto de la colectividad o del establecimiento sino después de haber tomado el concepto de la cámara regional.

E) *La lucha contra la corrupción*

El fenómeno de la corrupción es antiguo: eterno y fatal, dirán los pesimistas sobre la naturaleza humana. Los progresos de la comunicación y de la transparencia han generado una demanda de reglamentación y de represión y, en Francia, ciertos casos mediatizados están detrás de una decena de leyes sobre esta cuestión entre 2013 y 2016. Esos textos han aportado reformas útiles pero subsisten puntos oscuros. "*Ese deseo de privilegios y ese gusto por la igualdad, pasiones dominantes y contradictorias de los franceses*", decía el General de Gaulle.

En respuesta a un Informe del Vicepresidente del Consejo de Estado "Para una nueva deontología de la vida pública", la Ley del 11 de octubre de 2013 relativa a la transparencia en la vida pública crea una *Alta Autoridad para la Transparencia de la Vida Pública*. Autoridad Administrativa Independiente encargada de recibir, controlar y publicar las declaraciones de situación patrimonial y las declaraciones de intereses de numerosos elegidos nacionales y locales, de miembros del gobierno, de ciertos colaboradores y dirigentes de organismos públicos. Puede igualmente ser consultada por los elegidos acerca de cuestiones de deontología y de conflicto de intereses relativos al ejercicio de su función y emitir recomendaciones a petición del Primer Ministro o por su propia iniciativa.

Los conflictos de intereses deberían atenuarse con la obligación de declaración de patrimonio extendida a numerosos responsables políticos y administrativos. Los procedimientos deberían facilitarse con la protección (confidencialidad, ausencia de acciones penales) acordada a los denunciantes de buena fe, la posibilidad para las asociaciones anticorrupción de hacerse parte civil y la inversión de la carga de la prueba que, en los casos de corrupción, incumbe al demandado.

La creación en París en 2013 de un *Procurador de la República Financiero* permite especializar los procedimientos anticorrupción en el seno de las jurisdicciones de derecho común. Él trabaja con el *Servicio Central de Prevención de la Corrupción* que conoce de los asuntos de alto nivel nacional e internacional y cuyos poderes de investigación fueron reforzados.

La celebración de mercados públicos y de delegaciones de servicio público es un terreno privilegiado para la realización de actos de corrupción. Al respecto, las reformas que han tenido lugar bajo la presión de la Unión Europea para poner a punto reglas estrictas de *publicidad y de selección de contratistas por procedimiento de licitación* han permitido limitar las antiguas prácticas de favoritismo en provecho de ciertos proponentes. El derecho de la competencia ha tomado una importancia capital tanto a nivel nacional con su "gendarme", la Autoridad de la competencia, como a nivel local, e incluso si un gran número de contratos cuyo monto es inferior a los límites fijados escapa a esas reglas, se exige un mínimo de transparencia.

3. A MODO DE CONCLUSIÓN: "EL CONTROL POR LA SOCIEDAD"

La administración francesa durante largo tiempo ha cultivado el gusto del secreto. Desde los años ochenta, bajo la influencia del derecho europeo, se ha comprometido con un proceso tendiente a garantizar el derecho a la información, a desarrollar la concertación y a adelantar un proceso de participación de los administrados en la elaboración de la decisión. Aunque el arraigo a la democracia representativa se mantiene intacto, la democracia participativa avanza irresistiblemente y los nuevos medios de comunicación permiten una relación directa y rápida entre la administración y los ciudadanos, considerados en adelante como sujetos y no como objetos. La participación ciudadana no puede reemplazar las modalidades tradicionales de la reglamentación y de la regulación, pero puede darles un dinamismo del cual tienen necesidad.

ITALIA

IL CONTROLLO DELL'ATTIVITÀ AMMINISTRATIVA NEL DIRITTO COMPARATO

Aldo Travi[*]

Premessa. Il controllo sull'attività amministrativa per la cultura giuridica italiana è innanzi tutto il controllo svolto dall'autorità giurisdizionale sulla legittimità degli atti amministrativi (c.d. sindacato giurisdizionale sull'amministrazione). Esso è esercitato essenzialmente dai giudici civili (giudici ordinari) e dai giudici amministrativi. E' la forma di controllo più importante dal punto di vista pratico ed è quella alla quale la dottrina e la giurisprudenza italiane hanno dedicato maggiore attenzione[1].

In Italia sono previste anche alcune forme di controllo attuate attraverso ricorsi in via amministrativa (ricorso gerarchico, ecc.). La loro importanza pratica è diminuita rispetto al passato, anche se negli ultimi anni ne è stata proposta una valorizzazione, nella prospettiva anche di ridurre il carico di lavoro sugli organi giurisdizionali.

Negli ultimi anni, soprattutto per la suggestione di modelli nordamericani, il legislatore italiano ha cercato di introdurre modelli di controllo 'civico', fondati sulla possibilità per i cittadini di conoscere gli atti dell'amministrazione e pertanto di segnalare eventuali difetti. L'importanza pratica di questo istituto è però limitata e ancora oggi varie amministrazioni non si sono adeguate alla nuova normativa.

Di ordine e rilevanza differente sono i controlli riconosciuti alla magistratura penale, nell'ambito di procedimenti per reati contro la pubblica amministrazione, o i poteri assegnati alla Corte dei conti, per il risarcimento dei danni causati dagli amministratori o dai dipendenti pubblici alla pubblica amministrazione, o i poteri riconosciuti agli organi competenti per i procedimenti disciplinari, che in Italia hanno in genere carattere di procedimenti amministrativi. In tutti questi casi, infatti, la verifica dell'autorità competente può riguardare anche la

---

[*] Professore di diritto amministrativo dell'Università Cattolica di Milano.

[1] In proposito cfr. E. Guicciardi, *Giustizia amministrativa*, 3ª ediz., ed. Padova, Cedam, 1954; A. M. Sandulli, *Il giudizio davanti al Consiglio di Stato e ai giudici sottoordinati*, Napoli, Morano, 1963; M. S. Giannini, *La giustizia amministrativa*, Roma, Jandi Sapi, 1964; M. Nigro, *Giustizia amministrativa*, 3ª ediz., Bologna, Il Mulino, 1983 (6ª ediz., a cura di E. Cardi e A. Nigro, Bologna, 2002); AA. VV., *Il processo amministrativo*, 5º tomo del *Trattato di diritto amministrativo* a cura di Cassese, 2ª ediz., Milano, Giuffrè, 2003; AA. VV., *Giustizia amministrativa, a cura di Scoca*, 4ª ediz., Torino, Giappichelli, 2011; Villata, *Scritti di giustizia amministrativa*, Milano, Giuffrè, 2015.

correttezza dell'operato della pubblica amministrazione, ma questo aspetto è secondario, perché innanzi tutto si tratta di valutare la liceità di una condotta, dal punto di vista penale, civile o disciplinare.

Infine anche in Italia è previsto un potere di intervento del Parlamento, attraverso interpellanze o mozioni, per verificare l'andamento dell'attività dell'amministrazione. Si tratta di modalità che storicamente erano ricondotte alla responsabilità politica del Ministro, confermata anche dalla Costituzione (art. 95 della Costituzione). L'incidenza pratica di questi interventi è però complessivamente più limitata.

Per illustrare il sistema italiano, è opportuno prendere le mosse dal controllo giurisdizionale. Le sue caratteristiche condizionano ampiamente anche le altre forme di controllo ed orientano oggi l'apparato amministrativo nel suo complesso. Infatti le pronunce giurisdizionali, soprattutto quelle del giudice amministrativo, rappresentano di fatto un punto fermo per tutte le amministrazioni.

1. IL CONTROLLO GIURISDIZIONALE

A) *I caratteri generali*

Il controllo giurisdizionale ('sindacato') sull'attività amministrativa in Italia si svolge sulla base di una disciplina molto complessa, che ha alle origini essenzialmente ragioni di ordine storico. La dottrina e la giurisprudenza hanno cercato di elaborare modelli generali, dando rilievo soprattutto alla distinzione capitale fra 'diritto soggettivo' e 'interesse legittimo', e su questa base hanno proposto spesso di dare al modello del sindacato sull'attività amministrativa un fondamento più intenso, che avrebbe radici nella teoria generale del diritto. In realtà solo le ragioni di ordine storico possono spiegare pienamente il modello italiano e la debolezza dei riferimenti a categorie di teoria generale emerge con evidenza ogni qual volta l'ordinamento italiano si confronta con quello di altri Paesi. Il confronto oggi è ineludibile soprattutto con l'ordinamento dell'Unione europea e con l'assetto della Convenzione europea dei diritti dell'uomo: entrambi non conoscono la figura dell'interesse legittimo e ciò nonostante assicurano una tutela piena nei confronti dell'attività amministrativa.

Il modello italiano di sindacato sull'attività amministrativa trova un riscontro anche in alcune disposizioni costituzionali: soprattutto negli artt. 24, 103 e 113 della Costituzione[2]. Queste disposizioni sono state il risultato di un dibattito molto vivace nell'Assemblea costituente, nel corso del quale erano

---

[2] In argomento, per lo studio dei principi costituzionali sono fondamentali: V. BACHELET, *La giustizia amministrativa nella Costituzione italiana*, Milano, Giuffrè, 1966 (ora anche in *Scritti giuridici*, vol. II, Milano, Giuffrè, 1981, págs. 451 y ss.; ORSI BATTAGLINI, *Alla ricerca dello Stato di diritto – Per una giustizia "non amministrativa"*, Milano, Giuffrè, 2005.

state espresse in modo autorevole anche proposte per modificare profondamente il sistema precedente e per riservare ogni forma di sindacato giurisdizionale al giudice ordinario (Tribunali civili)[3]. Si affermò però un indirizzo più conservatore, col risultato che fu codificato nella Costituzione il criterio di riparto di giurisdizione che era stato elaborato nelle leggi precedenti. Da questo punto di vista il sistema italiano, nelle linee essenziali, risulta ancorato alla tradizione; anzi, gli spazi per una sua modifica con leggi ordinarie risultano limitati, perché è materia disciplinata dalla Costituzione. Nello stesso tempo le disposizioni costituzionali hanno sollecitato la dottrina e la giurisprudenza a riflessioni più ampie, per ricercare una ragione attuale del modello adottato.

Per illustrare, anche molto sinteticamente, il sindacato sull'attività amministrativa in Italia è perciò necessario richiamare il suo sviluppo storico. Alla luce di questo sviluppo è utile dar conto delle caratteristiche basilari del sistema italiano e dei problemi più importanti che sono affrontati oggi in Italia.

B) *Le origini*

Le origini del modello italiano di sindacato giurisdizionale sull'amministrazione[4] vengono ricondotte ad una legge emanata nel 1865, pochi anni dopo la proclamazione del Regno d'Italia (avvenuta nel 1861), e inserita in una legge più ampia dedicata, significativamente, all'unificazione amministrativa del Regno. Si tratta della legge 20 marzo 1865, n. 2248, intitolata "legge sul contenzioso amministrativo".

La legge del 1865 faceva seguito alle leggi degli Stati preunitari, che in vario modo avevano inteso assicurare una tutela contro atti amministrativi illegittimi. Queste leggi erano state influenzate, molto spesso, dall'esperienza francese, che in Italia aveva trovato nell'epoca napoleonica un preciso riscontro nell'istituzione di un Consiglio di Stato al quale erano state attribuite funzioni consultive e giurisdizionali, sul modello del Conseil d'Etat, con alcune particolarità interessanti (per esempio, il Consiglio di Stato italiano, quando decideva i ricorsi contro gli atti illegittimi, esercitava funzioni di giustizia delegata, e non di giustizia ritenuta). Le istituzioni di derivazione francese erano state soppresse, con la caduta del regime napoleonico, ma, dopo alcuni anni, avevano indirizzato varie leggi degli Stati preunitari, che avevano finito con l'introdurre organi di giustizia amministrativa analoghi a quelli francesi.

---

[3] Per una sintesi di questo dibattito cfr. A. TRAVI, "Per l'unità della giurisdizione", in *Diritto pubblico,* 1998, págs. 371 y ss.

[4] Cfr. F. BENVENUTI, "Giustizia amministrativa", in *Enciclopedia del diritto*, vol. XIX, Milano, Giuffrè, 1970, págs. 589 y ss.; M. S. GIANNINI e A. PIRAS, "Giurisdizione amministrativa e giurisdizione ordinaria nei confronti della Pubblica amministrazione", in *Enciclopedia del diritto*, vol. XIX, Milano, Giuffrè, 1970, págs. 229 y ss.; G. MIELE, "La giustizia amministrativa", *in Atti del Congresso celebrativo del centenario delle leggi amministrative di unificazione*, Vicenza, Neri Pozza, 1968, págs. 11 y ss.

In particolare, nel Regno di Sardegna, su cui nel 1861 si sarebbe innestato il Regno d'Italia, organi del genere furono regolati da alcune leggi del 1859.

Con l'istituzione del Regno d'Italia si avviò un dibattito, che trovò ampio eco nelle aule parlamentari, sul modello di giustizia amministrativa per il nuovo Stato unitario. Si scontrarono due posizioni, in cui furono rispecchiati tutti gli argomenti fondamentali del dibattito che ancora oggi viene talvolta riproposto[5].

Alcuni sostenevano l'opportunità di adottare un sistema del contenzioso amministrativo fondato su un giudice speciale (il giudice amministrativo), diverso perciò dai Tribunali civili, e perciò simile al modello francese. Sembrava che in questo modo venisse assicurata meglio la tutela dell'interesse pubblico, che la decisione sulle vertenze con la pubblica amministrazione richiedesse collegi giudicanti dotati di una esperienza nella pubblica amministrazione, che comunque le controversie con la pubblica amministrazione avessero caratteri diversi da quelle del diritto civile e non potessero essere assegnate al giudice ordinario. Altri, invece, sostenevano che solo un giudice estraneo all'amministrazione e dotato di tutte le garanzie previste per i giudici ordinari avrebbe potuto assicurare l'imparzialità necessaria per una decisione del genere: l'imparzialità appariva ancora più necessaria proprio perché una parte in causa era l'amministrazione. Il giudice ordinario era il giudice della libertà dei cittadini; in ogni giurisdizione speciale sembrava annidarsi invece il privilegio per l'amministrazione.

Nel dibattito si inserirono riferimenti a modelli stranieri. Mentre i sostenitori del modello del contenzioso amministrativo consideravano particolarmente l'esperienza francese, gli oppositori richiamavano soprattutto le novità introdotte pochi decenni prima in Belgio. Certo è che il dibattito si svolgeva all'interno della concezione dello Stato liberale e coinvolgeva una serie di ragioni fondamentali: il rapporto fra l'interesse pubblico e la garanzia del cittadino; il rapporto fra la divisione dei poteri e il principio dell'indipendenza del giudice; il rapporto fra giurisdizione e amministrazione; ecc[6].

---

[5] Cfr. G. Pastori, "Per l'unità e l'effettività della giustizia amministrativa", in *Riv. dir. proc.*, 1996, págs. 919 y ss.

[6] Cfr. F. Cammeo, *Commentario alle leggi sulla giustizia amministrativa*, Milano, Vallardi, s.d., págs. 418 y ss.; L. Mortara, *Commentario del Codice e delle leggi di procedura civile*, vol. i, Milano, Vallardi, senza data [ma 1898-1899], págs. 139 y ss.; V. E. Orlando, "La giustizia amministrativa", in *Primo trattato completo di diritto amministrativo*, vol. iii, Milano, S.E.L., 1901, págs. 633 y ss. (specialmente págs. 671 y ss.); Vacchelli, "La difesa giurisdizionale dei diritti dei cittadini verso l'autorità amministrativa", in *Trattato Orlando*, vol. iii, Milano, S.E.L., 1901, págs. 223 y ss.; V. Salandra, *La giustizia amministrativa nei governi liberi*, Torino, UTET, 1904, págs. 312 y ss.; F. Merusi, "Consiglio di Stato (all. D) e abolizione del contenzioso (all. E)", in *Annale ISAP*, 2015, págs. 225 y ss.

A conclusione del dibattito, fu approvata la legge 20 marzo 1865, n. 2248. Questa legge assegnò ai Tribunali civili tutte le controversie con la pubblica amministrazione che avessero avuto come oggetto "diritti civili e politici" (art.2); le controversie che non avessero avuto tale oggetto sarebbero rimaste riservate all'amministrazione, dove sarebbero state decise con ricorsi in via amministrativa (art. 3) di tipo gerarchico; nelle controversie demandate ai Tribunali civili il giudice avrebbe dovuto prescindere per la decisione dagli atti amministrativi di cui avesse riconosciuto l'illegittimità (c.d. disapplicazione degli atti illegittimi, art. 5), ma senza però poterli annullare (art. 4); l'amministrazione avrebbe dovuto eseguire le sentenze dei Tribunali civili (ancora art. 4). In seguito all'attribuzione delle controversie ai Tribunali civili, quasi tutti i giudici amministrativi che operavano allora in Italia furono soppressi (art.15).

La legge del 1865 è ancora oggi in vigore in Italia, per quanto concerne i rapporti fra Tribunali civili e pubblica amministrazione, e la sua importanza è notevole. Su di essa si innestò subito una interpretazione sostanzialmente restrittiva che ne condizionò ampiamente la portata e che determinò a sua volta l'esigenza di ulteriori riforme[7]. In particolare questa legge fu interpretata nel senso che i "diritti civili e politici" demandati ai Tribunali civili fossero tutti i "diritti soggettivi", ma che, per definizione, non si potessero configurare diritti soggettivi in presenza di provvedimenti amministrativi. Il provvedimento amministrativo era concepito come espressione di un potere dell'amministrazione che non ammetteva, nei suoi confronti, un 'diritto' del cittadino: di fronte al potere di espropriazione per pubblica utilità, il diritto di proprietà del cittadino recede e viene estinto; di fronte al potere di rilasciare un'autorizzazione o una concessione amministrativa, non si può ammettere un 'diritto' del cittadino, perché tutto dipende da una decisione unilaterale dell'amministrazione; ecc. La conclusione è molto netta: se la legge ammette un potere dell'amministrazione, il cittadino non può invocare un suo diritto (= diritto soggettivo); è soltanto titolare di un interesse (= interesse legittimo) all'esercizio corretto del potere da parte della stessa amministrazione.

La conclusione immediata di questa elaborazione giurisprudenziale comportava che le possibilità di tutela del cittadino davanti a un giudice fossero molto limitate, quando la controversia derivava da un provvedimento amministrativo, perché tendenzialmente i Tribunali civili non potevano intervenire, dato che mancava il presupposto per la loro giurisdizione, rappresentato dalla configurabilità di un diritto soggettivo. Questo inconveniente grave fu all'origine delle successive proposte di riforma. Va però segnalato (anche se questo aspetto spesso viene trascurato dalla dottrina italiana) che in tal modo veniva

---

[7] AA. VV., *Le riforme crispine*, vol. II, *Giustizia amministrativa*, Milano, Giuffrè, 1990: *ivi* particolarmente A. CORPACI, *La giurisprudenza del Consiglio di Stato*; M. GIGANTE, *I conflitti di attribuzione nella giurisprudenza del Consiglio di Stato*; P. GOTTI, *La legge 20 marzo 1865, n. 2248, allegato E, nella giurisprudenza del giudice ordinario*.

segnato un carattere fondamentale del modello italiano. Infatti il sindacato sull'attività amministrativa finiva con l'avere al centro la situazione soggettiva (diritto) del cittadino. Il sindacato giurisdizionale sull'attività amministrativa, in Italia, è marcatamente di tipo 'soggettivo': la sua ragione non è un controllo sulla legittimità degli atti amministrativi, ma è la tutela della posizione giuridica del cittadino. Tutta l'evoluzione successiva si svolgerà lungo questo binario, quasi come se fosse un dato pacifico, ed anche la Costituzione italiana ha recepito questa impostazione (artt. 24, 103 e 113).

In Italia, in sintesi, il controllo giurisdizionale sugli atti amministrativi trova fondamento nella tutela delle situazioni soggettive dei cittadini[8]. Ciò significa, fra l'altro, che se non è configurabile una situazione giuridica soggettiva del cittadino, che sia lesa da un provvedimento illegittimo, non si può neppure pretendere un controllo giurisdizionale.

C) *La giurisdizione amministrativa*

La legge del 1865, condizionata dall'interpretazione restrittiva della nozione di 'diritto', condusse a una riforma importante nel 1889. Su iniziativa del Governo, il Parlamento approvò una legge che assegnava a una nuova sezione del Consiglio di Stato (la 'quarta sezione') il compito di decidere i ricorsi proposti per l'annullamento di provvedimenti amministrativi (legge 31 marzo 1889, n. 5992). La competenza fu assegnata al Consiglio di Stato, perché il Parlamento non intendeva modificare la disciplina dei poteri dei Tribunali civili stabilita nella legge del 1865; fu scelto il Consiglio di Stato, forse per l'influenza francese, ma più probabilmente perché esso era già allora un organo essenzialmente consultivo del Governo e godeva di un certo prestigio. La competenza fu comunque assegnata la competenza a una nuova 'sezione', la quarta, che si aggiungeva alle prime tre sezioni, che avrebbero continuato a svolgere funzioni consultive e che finiva con l'essere ben distinta dalle altre. Quasi subito fu riconosciuto alle pronunce della quarta sezione del Consiglio di Stato il valore di sentenze giurisdizionali: ciò significava anche che la quarta sezione non era un normale organo amministrativo, ma doveva essere considerata come un giudice speciale. Di conseguenza con la legge del 1889 fu istituito in Italia un giudice amministrativo, rappresentato da una sezione specifica del Consiglio di Stato[9].

---

[8] I casi in cui è ammessa un'azione del cittadino contro la pubblica amministrazione a garanzia dell'interesse della legalità sono molto rari, in Italia. Il caso più importante è rappresentato dalle azioni elettorali, promosse a tutela dei diritti elettorali (davanti al giudice civile) o per contestare l'esito di procedure elettorali (davanti al giudice amministrativo). L'importanza straordinaria che assumono i diritti elettorali in un ordinamento democratico sottolinea, in qualche modo, anche l'eccezionalità di questa disciplina.

[9] AA. VV., *Le riforme crispine*, vol. II, Giustizia amministrativa, Milano, Giuffrè, 1990: ivi particolarmente A. DI GIOVANNI, *L'iter parlamentare della legge istitutiva della IV sezione*

Naturalmente si pose subito l'esigenza di distinguere con rigore l'ambito delle controversie di competenza della quarta sezione del Consiglio di Stato da quello delle controversie riservate ai Tribunali civili in base alla legge del 1865. La decisione spettava alla Corte di cassazione, alla quale una legge del 1877 aveva attribuito anche il ruolo di giudice delle giurisdizioni e la competenza di decidere a quale organo (amministrativo o giudiziario) fossero devolute le singole vertenze. La Corte di cassazione sostenne che la distinzione non doveva essere ricercata sulla base della domanda proposta da chi ricorreva al giudice (c.d. 'petitum'), ma sulla base della situazione giuridica soggettiva di cui fosse titolare la parte. In altri termini, se il cittadino era titolare di un diritto soggettivo avrebbe dovuto rivolgersi al Tribunale civile; se invece era titolare di un 'interesse legittimo' avrebbe dovuto rivolgersi alla quarta sezione del Consiglio di Stato, ossia al giudice amministrativo.

In questo modo il sistema italiano di controllo giurisdizionale sull'attività amministrativa si fonda sulla distinzione fra 'diritto soggettivo' e 'interesse legittimo'[10]. A questa distinzione va ricondotta la competenza dei Tribunali civili (= diritto soggettivo) e dei giudici amministrativi (= interesse legittimo). Questo criterio è richiamato anche nell'art. 103 della Costituzione.

Si tenga presente che questo sistema ha subito alcune modifiche nel tempo. In particolare, a partire dal 1923 e soprattutto a partire dal 1990, in molti casi disposizioni particolari di legge hanno assegnato al giudice amministrativo la competenza a pronunciarsi, in vertenze con la pubblica amministrazione, anche per controversie in tema di diritti soggettivi[11]. In queste materie il giudice amministrativo è competente per tutte le vertenze fra il cittadino e l'amministrazione (c.d. giurisdizione esclusiva). Si tratta però sempre di disposizioni particolari (lo ha ribadito la Corte costituzionale italiana in varie occasioni: cfr. in particolare Corte cost. 6 luglio 2004, n. 204), che non possono essere interpretate in via estensiva. Viceversa si ritiene che il legislatore non possa assegnare ai Tribunali civili la competenza a decidere controversie concernenti interessi legittimi.

D) *La distinzione fra diritti soggettivi e interessi legittimi*

Il sistema italiano, sulla base delle leggi del 1865 e del 1889, si fonda pertanto sulla distinzione fra 'diritti soggettivi' e 'interessi legittimi'. Questa

---

del Consiglio di Stato; E. FOLLIERI, La legge 31 marzo 1889, n. 5992, nella giurisprudenza del Consiglio di Stato; L. MANNORI, *L'influenza francese*; B. SORDI, L'influenza tedesca. Cfr. anche CHIODI, *La giustizia amministrativa nel pensiero di Silvio Spaventa*, Bari, 1969.

[10] B. SORDI, Giustizia e amministrazione nell'Italia liberale (la formazione della nozione di interesse legittimo), Milano, Giuffrè, 1985, págs. 215 y ss.

[11] E. CANNADA BARTOLI, "Giustizia amministrativa", in *Digesto disciplina pubblicistiche*, vol. VII, Torino, UTET, 1991, págs. 508 y ss.

distinzione è fondamentale, perché determina l'individuazione del giudice competente per la controversia fra il cittadino e l'amministrazione. La sua importanza è accentuata dal fatto che, come si è già scritto, il modello italiano si basa su un sistema giurisdizionale di tipo soggettivo, che consente l'accesso al giudice solo per chi sia in grado di dimostrare di aver subito, dall'amministrazione, una lesione di una sua situazione giuridica. Di conseguenza capire che cosa sia un 'interesse legittimo' è decisivo, non solo per stabilire se il cittadino debba rivolgersi ai Tribunali civili (giudice ordinario) o al giudice amministrativo (in origine, quarta sezione del Consiglio di Stato), ma anche per stabilire se egli possa rivolgersi comunque a un giudice e perciò se rispetto a quell'atto amministrativo illegittimo sia ammesso il controllo di un giudice.

La distinzione fra diritto soggettivo e interesse legittimo, però, non è per nulla facile[12]. La difficoltà di questa distinzione rappresenta uno degli handicap più gravi del sistema italiano ed è richiamata frequentemente dai sostenitori della necessità di una riforma, che rimetta in discussione globalmente il modello di tutela[13]. Sul piano pratico, le difficoltà dovrebbero essere superate dagli interventi della Corte di cassazione, cui spetta decidere sui conflitti fra Tribunali civili e giudice amministrativo e che può annullare le sentenze del Consiglio di Stato che esorbitino dalla competenza del giudice amministrativo (cfr. art. 111 della Costituzione). In realtà i casi di incertezza sono ancora numerosi e la stessa Corte di cassazione, in molti casi, non riesce a elaborare criteri appropriati.

La distinzione sul piano teorico può sembrare facile: l'interesse legittimo è la posizione giuridica che corrisponde a una relazione di potere dell'amministrazione[14], e rispecchia la distinzione fra il potere (amministrativo) e le posizioni di diritto civile (i diritti). In effetti in alcuni casi la distinzione risulta abbastanza agevole anche sul piano pratico. Si pensi al caso del cittadino che sia coinvolto da un potere discrezionale dell'amministrazione e al caso del cittadino che sia creditore di un'obbligazione pecuniaria nei confronti della stessa amministrazione. Nel primo caso si ritiene pacificamente che possa essere identificato solo un interesse legittimo: al cittadino l'ordinamento non garantisce neppure la pretesa a un risultato utile, perché l'esito finale del procedimento dipende da una scelta discrezionale dell'autorità amministrativa; di conseguenza, sul piano del diritto sostanziale, la garanzia della posizione

[12] Per un quadro complessivo, cfr. AA. VV., *Colloquio sull'interesse legittimo* (Atti del Convegno, Milano 19 aprile 2013), Napoli, Jovene, 2014 (ivi gli interventi di C. BROYELLE, A. NICOLUSSI, A. ROMANO, A. TRAVI); F. G. SCOCA, *Contributo sulla figura dell'interesse legittimo*, Milano, Giuffrè, 1990.

[13] Fra essi, in particolare, A. PROTO PISANI, "Appunti sul giudice delle controversie fra privati e pubblica amministrazione", in *Foro it.*, 2009, V, págs. 369 y ss.

[14] Cfr. A. TRAVI, *Lezioni di giustizia amministrativa*, XII edizione, Torino, Giappichelli, 2016, págs. 53 y ss.

del cittadino viene concepita solo in correlazione con le modalità di esercizio del potere dell'amministrazione. La relazione col potere dell'amministrazione è determinante, e quando la posizione giuridica del cittadino dipenda dal potere dell'amministrazione essa non può che essere di interesse legittimo. Nel secondo caso, invece, l'ordinamento riconosce e garantisce la pretesa a un risultato utile predeterminato (l'adempimento della obbligazione pecuniaria) e appresta tutta una serie di strumenti per assicurare una piena realizzazione di questa pretesa.

La distinzione, però, risulta più difficile in altre ipotesi. Si pensi al caso, molto discusso, di un'attività vincolata dell'amministrazione: in questo caso la giurisprudenza e la dottrina prevalenti ammettono la configurabilità di posizioni di interesse legittimo, ma se l'attività è vincolata si deve riconoscere che la legge prevede e quindi garantisce direttamente al cittadino un determinato risultato e in questo modo, almeno sul piano del diritto sostanziale, la distinzione rispetto alle obbligazioni dovrebbe scomparire[15]. E ancora, di fronte ad alcune illegittimità molto gravi dell'atto amministrativo si dubita che si possa configurare un provvedimento efficace: si pensi al caso di un'amministrazione che adotti provvedimenti che la Costituzione riserva alla magistratura, o che la legge subordini tassativamente a certe condizioni che in realtà risultano del tutto inconfigurabili (c.d. carenza di potere). In casi del genere non si può identificare un vero potere amministrativo; di conseguenza si fatica ad ammettere che il cittadino sia titolare soltanto di un interesse legittimo.

La Cassazione segue criteri contingenti e, come si è ricordato, non riesce ad elaborare indirizzi univoci. In alcuni casi dà rilievo alla circostanza che l'amministrazione perseguirebbe per legge interessi pubblici e sostiene che in casi del genere dovrebbe ammettersi soltanto un interesse legittimo (così a proposito dell'attività vincolata dell'amministrazione); in altri casi distingue fra l'ipotesi ordinaria di illegittimità amministrativa (c.d. cattivo esercizio del potere) e l'ipotesi di vizi assolutamente più gravi (c.d. carenza di potere), concludendo che nella seconda ipotesi il cittadino sarebbe titolare sempre di un diritto soggettivo. Si tratta, evidentemente, di soluzioni la cui autorevolezza dipende soltanto dalla circostanza che sono accolte dal giudice collocato al vertice del sistema.

Come si è già ricordato, il valore della distinzione capitale fra diritti soggettivi e interessi legittimi viene spesso messo in discussione dal confronto con altri ordinamenti, con i quali molto spesso, ormai, i giudici italiani si devono misurare (in particolare, con l'ordinamento dell'Unione europea, e perciò con la giurisprudenza della Corte di giustizia di Lussemburgo, che presiede all'interpretazione e all'applicazione del diritto comunitario). Gli altri ordinamenti

---

[15] Così A. ORSI BATTAGLINI, "Attività vincolata e situazioni soggettive", in *Riv. trim. dir. proc. civ.*, 1988, págs. 3 y ss.

non conoscono la distinzione in esame, o se la conoscono non attribuiscono ad essa il valore fondamentale che essa ha in Italia.

Nel complesso la distinzione fra le due situazioni giuridiche sembra sempre meno evidente. In particolare, fino al 1999, in Italia la giurisprudenza sosteneva che non spettasse il risarcimento dei danni al cittadino nel caso in cui il provvedimento amministrativo avesse leso un suo interesse legittimo: il risarcimento dei danni sembrava infati un corollario degli strumenti di tutela dei soli diritti soggettivi. Per l'influenza del diritto comunitario, che aveva imposto agli Stati dell'Unione europea di riconoscere il risarcimento dei danni anche nel caso di lesione di alcune situazioni che in Italia erano considerate come interesse legittimo, la Cassazione del 1999 riconobbe finalmente che anche in caso di lesione di un interesse legittimo, a certe condizioni, il cittadino ha diritto al risarcimento dei danni[16]. Gli spazi di tutela delle due situazioni giuridiche sono dunque sempre più simili. In questo modo, però, viene meno anche la ragione fondamentale per la loro separazione.

E) *L'oggetto del controllo giurisdizionale*

Il sindacato del giudice amministrativo e quello del giudice ordinario (quest'ultimo ben più modesto, come si è visto) sugli atti dell'amministrazione concerne tipicamente i c.d. vizi di legittimità del provvedimento amministrativo. Il giudice può conoscere solo di essi; non può accogliere la domanda, se siano fatti valere vizi di altro genere.

I vizi di legittimità sono articolati tradizionalmente nei tre vizi enunciati nella legge del 1889 istitutiva della quarta sezione del Consiglio di Stato e richiamati anche in alcune disposizioni recenti (cfr. art. 21-*octies* legge 7 agosto 1990, n. 241): il loro accertamento da parte del giudice amministrativo determina l'annullamento dell'atto impugnato. I tre vizi sono: incompetenza, violazione di legge, eccesso di potere.

L'incompetenza concerne la violazione delle regole legali che identificano quale organo dell'amministrazione possa provvedere su un certo oggetto. La violazione di legge concerne la violazione di qualsiasi altra disposizione di diritto positivo (sia contenuta in una legge, che contenuta in regolamenti, ecc.): in particolare assumono rilievo tutte le ipotesi di violazione del diritto del cittadino alla partecipazione nel procedimento, oggi regolato dalla legge 7 agosto 1990, n. 241. L'eccesso di potere è una figura composita, che attiene ai vizi della discrezionalità amministrativa (come lo sviamento di potere, che è modellato sulla figura francese del detournement de pouvoir), ai vizi del

---

[16] Cay ss., sez. un., 22 luglio 1999, n. 500. Su questa sentenza la dottrina è amplissima; si segnala in particolare A. ORSI BATTAGLINI e C. MARZUOLI, "La Cassazione sul risarcimento del danno arrecato dalla Pubblica amministrazione: trasfigurazione e morte dell'interesse legittimo", in *Diritto pubblico*, 1999, págs. 487 y ss.

processo decisionale dell'amministrazione (carenza di istruttoria, travisamento dei fatti, ecc.), alla violazione di regole generali di imparzialità (disparità di trattamento) e di ragionevolezza (contraddittorietà, illogicità), ecc. La distinzione fra eccesso di potere e violazione di legge in passato veniva spesso ricondotta alla tipologia dell'atto amministrativo impugnato: la violazione di legge veniva accostata al potere vincolato (o alle modalità vincolate del procedimento) mentre l'eccesso di potere veniva accostato soprattutto al potere discrezionale. Oggi una distinzione è più difficile, anche perché alcune regole che in origine erano riferite particolarmente al potere discrezionale sono state sancite dalla legge per ogni ordine di provvedimento: è il caso, in particolare, del dovere di motivazione, stabilito in via generale dall'art. 3 della legge n. 241/1990.

L'accertamento di uno di questi vizi da parte del giudice amministrativo conduce all'annullamento dell'atto impugnato. Rispetto a questa regola generale, però, è stata introdotta nel 2005, con una modifica alla legge sul procedimento amministrativo, una deroga importante e tuttora molto discussa (art. 21-octies, comma 2, della legge n. 241/1990). E' stato stabilito, infatti, che *"Non è annullabile il provvedimento adottato in violazione di norme sul procedimento o sulla forma degli atti qualora, per la natura vincolata del provvedimento, sia palese che il suo contenuto dispositivo non avrebbe potuto essere diverso da quello in concreto adottato. Il provvedimento amministrativo non è comunque annullabile per mancata comunicazione dell'avvio del procedimento qualora l'amministrazione dimostri in giudizio che il contenuto del provvedimento non avrebbe potuto essere diverso da quello in concreto adottato"*. Sulla base di questa disposizione è stata sviluppata ulteriormente la distinzione fra vizi formali, che consentono l'annullamento solo se il vizio abbia avuto riflessi sul contenuto dell'atto amministrativo, e vizi sostanziali, che comportano sempre l'annullamento.

Invece, di regola, non sono rilevanti i c.d. vizi di merito. Essi concernono l'inadeguatezza del criterio accolto dall'amministrazione nell'esercizio di un potere discrezionale, l'incongruità del criterio tecnico seguito nell'effettuazione di una valutazione tecnica opinabile (c.d. discrezionalità tecnica), ecc. Il giudice amministrativo, salvo casi eccezionali (di cui si farà cenno più avanti), non può conoscere dei vizi di merito: il divieto viene giustificato con l'esigenza di evitare una piena sovrapposizione fra l'attività dell'amministrazione e l'attività del giudice amministrativo: infatti, se si ammettesse un sindacato esteso ai vizi di merito, non sarebbero più configurabili margini di valutazione riservati alla sola amministrazione e anche la discrezionalità amministrativa, che corrisponde all'ambito più strettamente riservato all'amministrazione, avrebbe potuto essere oggetto di un sindacato diretto del giudice amministrativo. Si tratta dunque di una emersione del principio generale della separazione dei poteri, o, come oggi si tende a sostenere, della garanzia all'amministrazione di compiere anche valutazioni politiche e, corrispondentemente, del dovere per il giudice di attenersi soltanto all'applicazione della legge.

F) *L'esecuzione delle sentenze di annullamento*

Come si è appena rilevato, il giudice amministrativo che ritenga fondato un vizio di legittimità fatto valere in giudizio da un cittadino procede all'annullamento dell'atto impugnato. L'amministrazione, a questo punto, dovrebbe considerare che quell'atto, proprio perché annullato, è stato eliminato dalla realtà giuridica fin dalle origini (l'annullamento ha efficacia 'ex tunc'): dovrebbe perciò ripristinare la situazione giuridica e materiale che era stata modificata dall'atto illegittimo e, se sussistono le condizioni, dovrebbe riprendere il procedimento, attenendosi però a quanto statuito dal giudice nella sentenza. A quest'ultimo proposito va segnalato che l'annullamento dell'atto amministrativo non preclude di per sé in Italia un nuovo avvio del procedimento amministrativo: di regola il potere amministrativo è 'inesauribile' e pertanto può essere esercitato nuovamente, anche dopo l'annullamento: l'amministrazione, però, non può riprodurre nuovamente il vizio di legittimità accertato dal giudice nella sentenza[17].

Talvolta, però, l'amministrazione non esegue le sentenze: si comporta ancora come se l'atto non fosse stato annullato, o cerca comunque di salvaguardarne gli effetti pratici, o si rifiuta di attuare la sentenza di annullamento nel caso di riesercizio del potere.

L'esecuzione della sentenza del giudice amministrativo rappresenta un dovere per l'amministrazione[18]. Se la sentenza non viene eseguita spontaneamente, è previsto un giudizio di esecuzione, che si svolge davanti al giudice amministrativo: si tratta del c.d. giudizio di ottemperanza, che rappresenta uno degli istituti tipici della giustizia amministrativa in Italia.

Il cittadino che abbia conseguito una sentenza di annullamento, se essa non viene esguita, può proporre il ricorso per l'ottemperanza davanti al giudice amministrativo[19]. questo giudizio, che è assoggettato a una disciplina più celere di quella ordinaria, si caratterizza per il fatto che il giudice amministrativo, nel giudizio di ottemperanza, esercita una 'giurisdizione estesa al merito'. Ciò significa che il giudice amministrativo può sostituirsi, direttamente o attraverso un commissario da esso eventualmente nominato, all'amministrazione inadempiente. La possibilità di sostituzione identifica anche l'ambito dei poteri del giudice dell'ottemperanza e comporta che in questo caso non può opporsi

---

[17] In generale, sull'esecuzione della sentenza amministrativa, cfr. A. TRAVI, "L'esecuzione della sentenza", in *Trattato di diritto amministrativo a cura di S. Cassese*, 2ª ediz., tomo V, Milano, 2003, págs. 4605 y ss.; R. VILLATA, *L'esecuzione delle decisioni del Consiglio di Stato*, Milano, Giuffrè, 1971.

[18] Questo principio è oggi sancito dall'art. 88 del codice del processo amministrativo, ma trovava fondamento già nell'art. 4 della legge 20 marzo 1865, n. 2248.

[19] Il giudizio di ottemperanza è regolato oggi dall'art. 112 y ss. del codice del processo amministrativo.

al giudice alcuna riserva di potere all'amministrazione. La necessità di dare esecuzione alla sentenza prevale pertanto anche su ogni esigenza di garantire la separazione dei poteri.

G) *L'assetto della giurisdizione amministrativa*

Oggi la giurisdizione amministrativa in Italia è esercitata su due gradi. Giudici di primo grado sono i Tribunali amministrativi regionali, istituiti dalla legge n. 1034/1971 e con sede in ciascun capoluogo regionale. Giudice d'appello è il Consiglio di Stato, che è unico e ha sede a Roma[20]. Questo assetto trova riscontro nella Costituzione italiana (artt. 103 e 125)[21].

La giurisdizione in Italia è una funzione riservata allo Stato: di conseguenza anche i Tribunali amministrativi regionali sono organi statali, e non regionali. Il loro nome (Tribunali amministrativi *regionali*) sta solo a indicare che esercitano la giurisdizione su una circoscrizione corrispondente al territorio di una Regione.

Di conseguenza, a livello istituzionale, nulla collega i Tribunali amministrativi regionali alle Regioni. Anzi, l'istituzione dei Tribunali amministrativi regionali fu prevista, nella Costituzione italiana del 1948, proprio per controbilanciare l'autonomia concessa alle Regioni. La circostanza che fosse istituito un Tribunale amministrativo in ciascun capoluogo di Regione avrebbe dovuto rappresentare un elemento di controllo più incisivo (perché più 'vicino') sull'attività amministrativa delle Regioni. L'istituzione delle Regioni fu molto dibattuta, nell'elaborazione del testo costituzionale: in questo testo, la previsione di un giudice amministrativo a livello regionale fu considerata uno strumento di garanzia per evitare che, sul piano amministrativo, le Regioni potessero abusare dei loro poteri.

Il processo amministrativo, fino al 2010, era regolato in Italia da varie leggi, in modo confuso e frammentario, col risultato che molto spazio veniva riconosciuto di fatto all'elaborazione del Consiglio di Stato. Nel 2010 la situazione è cambiata, perché è entrato in vigore un codice del processo amministrativo[22].

---

[20] Il Consiglio di Stato ha sede a Roma e oggi si articola ancora in sezioni consultive e in sezioni giurisdizionali. Le sezioni giurisdizionali attualmente sono quattro. Ad esse viene spesso accostato un organo particolare di giustizia amministrativa che opera in Sicilia, in base allo Statuto speciale previsto per tale regione: il Consiglio di giustizia amministrativa della Regione siciliana, che è giudice d'appello nei confronti delle pronunce del Tribunale amministrativo regionale per la Sicilia.

[21] Per l'assetto della giurisdizione amministrativa in Italia, cfr. M. NIGRO, *Giustizia amministrativa*, 3ª ediz., Bologna 1983.

[22] Il codice del processo amministrativo è stato approvato con il decreto legislativo 2 luglio 2010, n. 104.

2. I CONTROLLI IN VIA AMMINISTRATIVA

A) *I caratteri generali*

Anche in Italia il sindacato giurisdizionale non esaurisce le modalità di controllo sull'attività amministrativa. In particolare sono previsti strumenti all'interno della stessa amministrazione, per verificare la correttezza del suo operato e per intervenire, qualora emergano dei vizi. A questo proposito assumono rilievo particolare due ordini di istituti: i controlli sugli atti e i ricorsi in via amministrativa.

a) I controlli sugli atti amministrativi sono previsti per assicurare la regolarità e la correttezza dell'azione amministrativa e in genere riguardano un'attività amministrativa già conclusa. Si incentrano, in genere, sulla verifica della legittimità dell'atto amministrativo; più raramente sulla verifica della sua opportunità (c.d. controlli di merito). La riforma del titolo quinto della Costituzione attuata nel 2001[23] ha soppresso il controllo statale sugli atti delle Regioni e il controllo regionale sugli atti degli enti territoriali, che rappresentavano in precedenza le forme più importanti di controllo. La loro soppressione (che oggi molti sottopongono a critica) era stata giustificata con l'esigenza di evitare uno spreco di tempi e di risorse e soprattutto dall'esigenza di evitare che, attraverso i controlli, lo Stato potesse interferire con l'autonomia e l'indirizzo politico delle Regioni e degli enti locali.

In altri ambiti invece i controlli sugli atti sono rimasti: così è per quelli esercitati dalla Corte dei conti sugli atti amministrativi più importanti dell'amministrazione statale[24]. Anche i controlli possono portare all'annullamento dell'atto amministrativo illegittimo, proprio come si può verificare in seguito a un giudizio amministrativo; nel caso della Corte dei conti, invece, il controllo si svolge in genere su un atto amministrativo non ancora efficace e se si conclude negativamente (c.d. rifiuto di registrazione), l'atto non acquisterà mai efficacia. In alcuni casi, però, il Governo, con una decisione adottata collegialmente dal Consiglio dei ministri, può ordinare alla Corte dei conti di procedere ugualmente alla registrazione dell'atto; in questi casi la Corte dei conti, se mantiene ferma la sua posizione critica, deve comunque procedere alla registrazione (e pertanto l'atto amministrativo diventa efficace e produce tutti i suoi effetti), ma ne dà notizia al Parlamento per le valutazioni di ordine politico sull'operato del Governo (c.d. registrazione con riserva).

Un criterio fondamentale di distinzione fra i controlli e il sindacato giurisdizionale sarebbe identificabile, secondo una parte della dottrina, nel fatto che i controlli attuerebbero un interesse oggettivo (ossia l'interesse alla conformità

---

[23] La riforma è stata approvata con la legge costituzionale 18 ottobre 2001, n. 3.

[24] Essi sono disciplinati dall'art. 3 legge 14 gennaio 1994, n. 20.

dell'operato dell'amministrazione al diritto, o a regole tecniche, o a criteri di efficienza), mentre gli istituti di giustizia amministrativa assicurerebbero in modo specifico l'interesse del cittadino[25]. In effetti, nell'ordinamento italiano, come si è già rilevato, i ricorsi al giudice amministrativo tutelano un interesse giuridico del cittadino leso dall'operato dell'amministrazione. Invece i controlli richiederebbero solo una verifica di tipo oggettivo, sull'osservanza della regola che l'amministrazione avrebbe dovuto rispettare nel caso concreto.

b) I ricorsi in via amministrativa presentano, in Italia, molte affinità con i ricorsi al giudice amministrativo. Sono rimedi giuridici, diretti a un'autorità amministrativa per ottenere da essa l'annullamento di un provvedimento amministrativo, o la sua riforma, nel caso del ricorso gerarchico e del ricorso in opposizione. Non sono strumenti di tutela giurisdizionale. Anche se alcuni profili della loro disciplina rispecchiano il loro carattere 'giustiziale' (o 'paragiurisdizionale') e presentano perciò un'affinità con istituti di diritto processuale, i ricorsi amministrativi non comportano l'esercizio di un potere giurisdizionale. L'atto con cui l'organo competente provvede su un ricorso amministrativo non è un atto giurisdizionale, ma è un provvedimento amministrativo: tradizionalmente, viene ricompreso in una particolare categoria di provvedimenti amministrativi, quella delle 'decisioni amministrative', ma i caratteri, la forma e l'efficacia sono quelli propri dell'atto amministrativo e non quelli delle sentenze.

La collocazione dei ricorsi amministrativi nell'ambito della funzione amministrativa, e non della funzione giurisdizionale, non toglie nulla però al fatto che anche i ricorsi amministrativi sono strumenti di tutela di interessi giuridici e, quindi, di interessi legittimi o diritti soggettivi. Pertanto, a differenza dei controlli, non sono strumenti di garanzia della legalità obiettiva, ma sono strumenti per la tutela di situazioni soggettive. Essi vengono pertanto ricondotti al tema della giustizia amministrativa: ciò significa, in particolare, che la loro disciplina sia riservata allo Stato, e non possa essere modificata dalle Regioni.

Nell'ordinamento italiano sono previste varie tipologie di ricorsi amministrativi: la loro disciplina generale è contenuta in un decreto del 1971[26]. In questo decreto sono contemplate quattro tipologie di ricorsi: il ricorso gerarchico, il ricorso gerarchico improprio, il ricorso di opposizione e il ricorso straordinario. Fra essi hanno carattere di rimedi generali (e quindi la loro esperibilità non richiede una disposizione specifica che li ammetta) il ricorso gerarchico (che si ritiene sempre ammesso in presenza di una rela-

---

[25] Cfr. E. GUICCIARDI, *La giustizia amministrativa*, 3ª ediz., Padova, Cedam, 1954, págs. 79 y ss.; F. BENVENUTI, "Autotutela (dir. amm.)", in *Enc. dir.*, vol. IV, Milano, Giuffrè, 1959, págs. 537 y ss.; E. CAPACCIOLI, *Brevi note in tema di controllo e di giurisdizione*, ora in Scritti vari di diritto pubblico, Padova, Cedam, 1978, págs. 324 y ss.; in termini critici F. TRIMARCHI BANFI, *Il controllo di legittimità*, Padova, Cedam, 1984.

[26] Decreto del presidente della Repubblica 24 novembre 1971, n. 1199.

zione gerarchica fra organi) e il ricorso straordinario (che è sempre ammesso nei confronti di provvedimenti definitivi). Gli altri, invece, hanno carattere di rimedi tassativi, perché sono esperibili solo quando siano espressamente previsti da una specifica disposizione.

Dal punto di vista pratico, i ricorsi amministrativi più importanti in Italia sono il ricorso gerarchico e il ricorso straordinario[27].

B) *I ricorsi gerarchici*

Il ricorso gerarchico trova fondamento in un carattere presente nell'assetto dell'amministrazione già prima dello Stato liberale: si fonda infatti sulla sussistenza di una relazione gerarchica fra due organi dell'amministrazione. Il modello gerarchico era il modello tipico dell'amministrazione anche nello Stato assoluto. Col ricorso gerarchico, originariamente, veniva sollecitato l'intervento dell'organo sovraordinato perché verificasse l'operato dell'organo sottoordinato ed eventualmente, ove riscontrasse l'illegittimità del suo operato, esercitasse i propri poteri di supremazia gerarchica sostituendosi a tale organo. In questo modo, fra l'altro, il ricorso gerarchico diventava uno strumento che consentiva al superiore di venire a conoscenza delle manchevolezze degli organi subordinati; dato che poi al vertice di ogni apparato statale vi era il Ministro, in ultima analisi il Ministro, grazie al ricorso gerarchico, poteva intervenire rispetto ad ogni livello dell'apparato.

Oggi il modello gerarchico classico è in via di superamento nell'organizzazione amministrativa in Italia. Nell'ultimo quarto di secolo le leggi sull'amministrazione pubblica hanno proposto invece del modello gerarchico la distinzione fra compiti di indirizzo politico-amministrativo e compiti di gestione, e all'interno delle diverse strutture amministrative hanno valorizzato l'assegnazione di compiti specifici ad ogni organo, evitando le duplicazioni troppo onerose che sono proprie dei sistemi gerarchici. Lo spazio del ricorso gerarchico risulta pertanto ridimensionato. Innanzi tutto oggi non è ammesso rispetto agli atti degli organi di un ente locale (Comune o Provincia), o di una Regione. Inoltre la legge esclude espressamente una relazione di gerarchia esterna fra Ministri e dirigenti statali, con la conseguenza che gli atti di questi ultimi, in genere, non sono più suscettibili di ricorso gerarchico al Ministro[28].

Caratteristica del ricorso gerarchico è l'ampiezza dei vizi che possono essere prospettati dal cittadino. Infatti l'utilità del ricorso non è circoscritta ai soli vizi di legittimità, perché l'organo adito col ricorso è il superiore gerarchico

---

[27] Il ricorso in opposizione, che è un ricorso amministrativo diretto alla stessa autorità che ha emanato l'atto impugnato, è previsto in pochi casi, di limitato interesse pratico. Il ricorso gerarchico improprio, previsto solo nei casi stabiliti dalla legge, ha maggiore importanza; la sua disciplina, però, è tutta modellata su quella del ricorso gerarchico.

[28] Così dispone l'art. 16, 4º comma, del decreto legislativo 20 marzo 2001, n. 165.

e perciò, in virtù del rapporto gerarchico che lo collega con l'organo che ha emanato l'atto di primo grado, dispone di una capacità di provvedere che si estende a qualsiasi profilo dell'atto impugnato[29]. Col ricorso gerarchico possono essere dedotti anche i vizi di merito: in particolare può essere contestata anche l'opportunità della scelta discrezionale operata dall'organo sotto-ordinato[30].

Si tratta pertanto di un rimedio attraverso il quale viene richiesto un nuovo esercizio del potere amministrativo all'organo gerarchicamente sovraordinato, per qualsiasi ordine di censure prospettate da un cittadino. Questa caratte-rizzazione permane ancora oggi, anche se, come si è accennato, la riforma dell'organizzazione amministrativa ha indebolito i vincoli del rapporto ge-rarchico e ha valorizzato piuttosto le competenze esclusive di ciascun organo dell'amministrazione. In questo contesto il ricorso gerarchico finisce con l'assumere un rilievo nuovo nell'organizzazione amministrativa: non è più un riflesso dei poteri riconosciuti al superiore gerarchico, ma è esso stesso strumento per introdurre un potere di ingerenza dell'organo superiore rispetto all'operato dell'organo di primo grado.

Ad ogni modo, col ricorso gerarchico l'intera pratica è devoluta all'or-gano competente a decidere il ricorso: tale organo, se così viene richiesto dal cittadino, non solo può annullare l'atto impugnato, ma può anche modi-ficarlo o sostituirlo con un altro. Nella decisione del ricorso, in questo caso, non solo sono ammesse verifiche circa la legittimità o l'opportunità dell'atto impugnato[31], ma anche è assunta una determinazione concreta sulla pratica. La decisione assorbe in sé, oltre alle valutazioni sull'atto impugnato, anche il riesame della pratica, cosicché in questo caso non vi è distinzione materiale fra l'eliminazione dell'atto impugnato e la rinnovazione del relativo procedimen-to: col ricorso si avvia un procedimento che comporta, oltre all'eliminazione dell'atto impugnato, anche la sua sostituzione con un altro atto (c.d. 'riforma').

I ricorsi gerarchici sono utilizzati in Italia soprattutto in alcuni ambiti dell'amministrazione statale: in materia di impiego nelle scuole pubbliche e nell'ordinamento militare. Negli altri settori sono strumenti poco utilizzati. Il loro insuccesso viene ricondotto tradizionalmente alla scarsa capacità delle amministrazioni pubbliche italiane di decidere i ricorsi gerarchici con spirito di effettiva imparzialità: prevale lo spirito di corpo ed è difficile che il superiore gerarchico dia torto all'inferiore. Ciò spiega perché le proposte di dare nuovo vigore all'istituto dei ricorsi amministrativi configurandoli come strumenti di A.D.R. ("Alternative Dispute Resolution") fino ad oggi siano fallite. Fra

---

[29] A. AMORTH, *La nozione di gerarchia*, Milano, Giuffrè, 1936, págs. 69 y ss.

[30] A. DE ROBERTO e M. P. TONINI, *I ricorsi amministrativi*, Milano, Giuffrè, 1984; E. FER-RARI, "I ricorsi amministrativi", in *Trattato di diritto amministrativo*, a cura di S. CASSESE, 2ª ediz., tomo V, Milano, Giuffrè, 2003, págs. 4147 y ss.

[31] L'opportunità dell'atto impugnato concerne i c.d. vizi di merito, di cui si è già scritto.

l'altro, dal 1971, per effetto dell'istituzione in Italia dei Tribunali amministrativi regionali, la presentazione del ricorso gerarchico non rappresenta più una
condizione per ricorrere al giudice amministrativo: anche questa circostanza
ha determinato un diffuso disinteresse per i ricorsi gerarchici.

C) *Ricorso straordinario*

Il ricorso straordinario al presidente della Repubblica rappresenta l'ultimo
relitto della giurisdizione 'ritenuta' del sovrano assoluto e poi, nello Stato liberale, del sovrano costituzionale: trova riscontro infatti nel ricorso al Re, previsto
in Italia dalle leggi sulla giustizia amministrativa prima della Costituzione[32].
E' stato tuttavia conservato anche dopo la Costituzione repubblicana[33] ed è
regolato anch'esso dal decreto del 1971[34] che disciplina i ricorsi amministrativi. E' ammesso solo contro provvedimenti per i quali siano stati già proposti
i ricorsi gerarchici: col ricorso straordinario possono essere dedotti soltanto
vizi di legittimità e può chiedersi soltanto l'annullamento dell'atto impugnato (art. 8 d.p.r. n. 1199/1971). È ammesso per tutte le vertenze che risultino
devolute al giudice amministrativo, fermo restando che la legge stabilisce la
sua 'alternatività' rispetto a un ricorso giurisdizionale: il cittadino che abbia
proposto ricorso giurisdizionale non può impugnare lo stesso provvedimento
amministrativo con un ricorso straordinario, e viceversa.

Rispetto agli altri ricorsi amministrativi il ricorso straordinario si caratterizza inoltre per un formalismo più accentuato[35] e, soprattutto, per l'introdu-
zione di uno strumento specifico di garanzia, rappresentato dall'intervento del
Consiglio di Stato. La decisione del ricorso, infatti, deve essere preceduta dal
parere del Consiglio di Stato: nel 2009 una riforma legislativa ne ha accresciuto
il rilievo, assegnando al parere carattere vincolante[36].

L'intervento del Consiglio di Stato e la previsione di un termine per la
presentazione del ricorso (120 giorni) più ampio di quello (60 giorni) previsto
per il ricorso giurisdizionale avrebbero potuto attribuire al ricorso straordinario
un rilievo significativo per la tutela del cittadino nei confronti dell'amministrazione. Invece questo rimedio ha avuto un ruolo pratico marginale, soprattutto

---

[32] F. CAMMEO, "Il ricorso straordinario al Re", in *Questioni di diritto amministrativo*,
Firenze 1900, págs. 3 y ss.

[33] BACHELET, "Ricorso straordinario al capo dello Stato e garanzie costituzionali", in *Riv.
trim. dir. pubbl.*, 1959-1964 (ora in *Scritti giuridici*, vol. II, Milano 1981, págs. 57 y ss.).

[34] Decreto 24 novembre 1971, n. 1199, cit.

[35] Le modalità prescritte dal d.P.R. 1199/1971 per proporre il ricorso straordinario sono
molto simili a quelle stabilite per proporre un ricorso al giudice amministrativo.

[36] Art. 69 della legge 18 giugno 2009, n. 69. Si tratta della stessa legge che ha conferito
al Governo la delega in base alla quale è stato emanato nel 2010 il codice del processo amministrativo.

a causa dei ritardi dei Ministeri nell'istruzione dei ricorsi; solo di recente il Consiglio di Stato ha cercato di restituire vitalità all'istituto, verificando l'osservanza dei tempi prescritti e censurando l'operato dei Ministeri inadempienti.

Il ricorso straordinario va diretto (anche se sia proposto contro atti delle Regioni o degli enti locali) al Ministero competente per materia. Questi deve procedere all'istruzione del ricorso, raccogliendo tutti gli elementi utili per la sua valutazione. Una volta conclusa l'istruttoria, il ricorso, con tutti gli atti relativi, è trasmesso dal ministro al Consiglio di Stato per il prescritto parere, che viene emesso da una sezione consultiva[37]. Sulla base del parere del Consiglio di Stato, il ministro formula la proposta di decreto al presidente della Repubblica. La decisione del ricorso straordinario è assunta con decreto del presidente della Repubblica[38].

Come si è già accennato, una riforma recente ha stabilito che il parere del Consiglio di Stato è vincolante: l'esito concreto del ricorso è pertanto rimesso al Consiglio di Stato. Di conseguenza il Ministro non ha più un effettivo potere decisorio e la sua proposta al Presidente della Repubblica si riduce a un adempimento formale.

Il ricorso straordinario è il ricorso amministrativo più vicino a quelli giurisdizionali: il ruolo decisivo riconosciuto oggi al Consiglio di Stato ha accentuato le analogie. Dopo il codice del processo amministrativo del 2010, la Cassazione e il Consiglio di Stato hanno cominciato a sostenere che ormai anche il ricorso straordinario avrebbe assunto natura di rimedio giurisdizionale e di conseguenza, per esempio, hanno sostenuto che anche per l'esecuzione della decisione del ricorso straordinario sarebbe esperibile il ricorso per l'ottemperanza[39]. La Cassazione parla in proposito di atto 'sostanzialmente' giurisdizionale[40]. La Corte costituzionale, chiamata a pronunciarsi perché in base alla Costituzione italiana i rimedi giurisdizionali sono 'un numero chiuso', ha parlato più prudentemente di «rimedio giustiziale», con caratteristiche però «in parte assimilabili a quelle tipiche del processo amministrativo»[41].

L'assimilazione agli atti giurisdizionali sarebbe ormai così stretta da comportare che anche sulla decisione del ricorso straordinario si formi la cosa giudicata[42].

---

[37] Artt. 12 e 13 del decreto n. 1199/1971, cit.

[38] Art. 14 del decreto n. 1199/1971; art. 1, lett. *dd*, legge 12 gennaio 1991, n. 13.

[39] Cay ss., sez. un., 28 gennaio 2011, n. 2065; Cons. Stato, ad. plen., 6 maggio 2013, n. 9 e n. 10

[40] Cay ss., sez. un., 6 settembre 2013, n. 20569

[41] Corte cost. 2 aprile 2014, n. 73

[42] Cay ss., sez. un., 6 settembre 2013, n. 20569; Cay ss., sez. III, 2 settembre 2013, n. 20054; cfr. anche Cons. Stato, ad. plen., 14 luglio 2015, n.7

Questo orientamento ha suscitato però alcune perplessità[43]. E' stato obiettato che il ricorso straordinario rappresenta tipicamente un rimedio amministrativo e che la sua decisione, nonostante le innovazioni recenti, non costituisce una pronuncia giurisdizionale. L'intervento del Consiglio di Stato, benché sia divenuto vincolante ai fini dell'esito del ricorso, è pur sempre un «parere», e il decreto del Presidente della Repubblica che lo recepisce non è un atto giurisdizionale[44].

3. LE ALTRE TIPOLOGIE DI CONTROLLI SULL'ATTIVITÀ AMMINISTRATIVA

A) *Il quadro generale*

Come si è segnalato all'inizio, il controllo giurisdizionale sugli atti amministrativi esercitato dal giudice amministrativo ha una grande importanza in Italia, anche perché sulla base di esso sono state elaborate le nozioni fondamentali che vengono considerate e applicate in generale per valutare gli atti amministrativi: in particolare la stessa nozione di legittimità degli atti amministrativi (o, meglio, di vizio di legittimità dell'atto amministrativo) è il risultato della giurisprudenza amministrativa, e in misura minore di quella civile. Una analisi rigorosa della legittimità amministrativa va condotta, pertanto, utilizzando le categorie elaborate da questi giudici. Ciò vale —o, dovrebbe valere— anche in contesti del tutto diversi.

Un controllo sull'attività amministrativa si realizza, infatti, anche con modalità differenti, che hanno ad oggetto la verifica della correttezza della condotta di determinati soggetti. In questi casi non si tratta quindi di attività indirizzate specificamente a verificare la regolarità di atti amministrativi, ma si tratta di valutare l'operato di singole persone che operano per la pubblica amministrazione. La valutazione della condotta di queste persone si traduce però spesso in una verifica della legittimità degli atti da essi emanati.

B) *I procedimenti disciplinari*

Lta situazione appena descritta si riscontra talvolta in sede disciplinare. I procedimenti disciplinari contro dipendenti della pubblica amministrazione hanno carattere di procedimenti amministrativi, anche se in essi sono assicu-

---

[43] G. D'ANGELO, "Consiglio di Stato e «giurisdizionalizzazione» del ricorso straordinario", in *Foro it.* 2012, III, 532; F. G. SCOCA, "Osservazioni sulla natura del ricorso straordinario al Capo dello Stato", in *Giur. it.,* 2013, págs. 2374 y ss.

[44] D'altra parte la Costituzione non consente l'estensione della categoria degli atti giurisdizionali fino a ricomprendere atti che provengano da organi non giurisdizionali: la distinzione fra atti giurisdizionali e atti amministrativi non ammette compromessi. Infine non si può dimenticare che il parere sul ricorso straordinario è reso pur sempre da una sezione 'consultiva' del Consiglio di Stato, mentre le funzioni giurisdizionali sono esercitate da sezioni distinte.

rare garanzie modellate su quelle proprie dei procedimenti giurisdizionali[45]. Rispetto ai dipendenti delle pubbliche amministrazioni, compresi i magistrati o il personale militare, non sono previsti procedimenti disciplinari demandati ad organi giurisdizionali[46]. Gli organi competenti in sede disciplinare applicano puntualmente le nozioni di legittimità amministrativa elaborate dalla giurisprudenza amministrativa e condivise dalla giurisprudenza civile: in qualche modo si tratta di una soluzione obbligata, perché i provvedimenti disciplinari sono impugnabili davanti a questi giudici e se gli organi disciplinari si discostassero i loro provvedimenti verrebbero annullati.

C) *La Corte dei conti*

In Italia la Corte dei conti, oltre ad essere organo di controllo, è giudice speciale per il risarcimento dei danni cagionati dai dipendenti e dagli amministratori pubblici all'erario[47]; questa competenza è stata contemplata anche dalla Costituzione (art. 103). Davanti alla Corte dei conti opera un Pubblico Ministero, modellato su quello penale, che decide se promuovere l'azione di responsabilità contro il dipendente o l'amministratore, per ottenere la sua condanna al risarcimento dei danni. Le azioni di responsabilità davanti alla Corte dei conti sono importanti anche per i loro riflessi politici, perché spesso colpiscono amministratori pubblici anche di una certa notorietà.

La verifica dell'attività amministrativa compiuta dal dipendente o dall'amministratore pubblico viene condotta secondo parametri particolari. Infatti la legge stabilisce che la Corte dei conti possa condannare al risarcimento del danno, soltanto se la condotta del dipendente o dell'amministratore sia stata dolosa o gravemente colposa (non è invece rilevante la colpa lieve). In questo modo il legislatore italiano ha voluto che un dipendente pubblico o un amministratore incorressero in responsabilità soltanto per condotte oggettivamente riprovevoli[48]. Inoltre è prevista "l'insindacabilità nel merito delle scelte discrezionali"[49].

---

[45] I procedimenti disciplinari per i dipendenti pubblici sono attualmente sottoposti a revisione della disciplina legislativa. Per il loro assetto cfr. decreto legislativo 30 marzo 2001 n. 165, come modificato da ultimo dalla legge 27 ottobre 2009, n. 150.

[46] Una soluzione diversa vale per i procedimenti disciplinari nei confronti di alcune categorie professionali, come i notai, che sono invece di competenza di organi giurisdizionali.

[47] B. SORDI, "Modello amministrativo e modello costituzionale nell'istituzione della Corte dei Conti del Regno d'Italia (convegno per il 150º anniversario dell'istituzione della Corte dei Conti)", in *Riv. Corte Conti*, 2013, págs. 771 y ss.

Oggi questo processo è disciplinato dal decreto legislativo 26 agosto 2016, n. 174. Su questa disciplina cfr. M. CLARICH, F. LUISO, A. TRAVI, "Prime osservazioni sul recente Codice del processo avanti alla Corte dei conti", in *Diritto processuale amministrativo*, 2016, págs. 1271 y ss.

[48] C. PAGLIARIN, *Colpa grave ed equità. Nel giudizio di responsabilità innanzi alla Corte dei Conti*, Padova, Cedam, 2002.

[49] Art. 1, comma 1, della legge 14 gennaio 1994, n. 20.

Questa disposizione viene intesa nel senso che anche rispetto alla Corte dei conti la discrezionalità amministrativa viene garantita da interferenze del giudice. Tuttavia ciò non significa che la Corte dei conti debba arrestarsi rispetto alle attività dell'amministrazione connotate da discrezionalità: la Corte dei conti ritiene infatti che qualsiasi attività amministrativa che comporti lo spreco di risorse pubbliche sia essa stessa fonte di responsabilità (ferma restando la necessità di accertare anche il dolo e la colpa grave), perché lo spreco di risorse pubbliche non può mai essere giustificato dall'esercizio di un potere amministrativo[50].

In questo modo il controllo che la Corte dei conti esercita sull'attività amministrativa attraverso i giudizi di responsabilità risulta talvolta più incisivo del sindacato giurisdizionale dello stesso giudice amministrativo. La circostanza che il giudizio demandato alla Corte dei conti abbia ad oggetto la responsabilità di persone fisiche e possa tradursi nella loro condanna comporta che spesso la giurisprudenza della Corte dei conti rappresenti il criterio più seguito dalle amministrazioni pubbliche nel loro operato.

Si tenga presente che la Corte dei conti è costituita da sezioni giurisdizionali (la cui competenza principale è rappresentata dai giudizi di responsabilità) e da sezioni di controllo: anche le sezioni di controllo svolgono un'attività diretta in modo particolare a salvaguardare gli interessi economici e finanziari dell'amministrazione[51]. In questo modo la Corte dei conti ha finito col qualificarsi in Italia, nei suoi termini complessivi, come organo deputato ad assicurare l'integrità del patrimonio pubblico e il buon uso delle risorse finanziarie da parte dell'amministrazione, compito che ha assunto una importanza straordinaria negli ultimi anni, alla luce della grave crisi economica che ha colpito l'Italia e dell'esigenza per il Paese di ridurre il suo deficit strutturale del bilancio pubblico.

In controllo sull'attività amministrativa esercitato dalla Corte dei conti finisce, così, col distinguersi da quello esercitato tipicamente dal giudice amministrativo. la Corte dei conti verifica l'efficienza e l'economicità dell'operato dell'amministrazione: il suo controllo si estende pertanto all'attività amministrativa nel suo complesso, più che al singolo provvedimento. Ciò non significa che i profili riguardanti l'illegittimità di singoli provvedimenti risultino irrilevanti: la Corte dei conti, come si è già segnalato, esercita anche

---

[50] L. GIAMPAOLINO, "Sui limiti della giurisdizione della corte dei conti in tema di responsabilità amministrativa nei confronti della c.d. «riserva di amministrazione»", in *Giust. civ.* 2007, I, págs. 980 y ss.; C. CUDIA, "La responsabilità amministrativa tra (il)liceità del comportamento e (il)legittimità dell'atto: limiti della giurisdizione della Corte dei Conti e discrezionalità amministrativa", in *Foro amm.-* Cons. Stato, 2003, págs. 2880 y ss.

[51] Cfr. G. D'AURIA, "Dai controlli «ausiliari» ai controlli «imperativi» e «cogenti» della Corte dei conti nei confronti delle autonomie locali e degli enti sanitari", in *Foro it.*, 2015, I, págs. 2674 y ss.

il controllo sulla legittimità degli atti più importanti dell'amministrazione statale. Significa invece che il controllo della Corte dei conti si estende anche all'esame dei risultati conseguiti dall'amministrazione, per verificarne l'adeguatezza e la coerenza con le spese sostenute.

In questo modo si profila negli ultimi decenni in Italia una forma di controllo che ha per oggetto l'attività amministrativa complessiva, dal punto di vista dei risultati. Un controllo di questo genere richiederebbe di essere svolto utilizzando soprattutto nozioni tratte dalla scienza economica e dalle scienze sociali, più ancora che dal diritto amministrativo: la Corte dei conti, in Italia, è invece formata da magistrati speciali che hanno una formazione giuridica. Certo è che, accanto alla riduzione dello spazio dei controlli sui singoli atti dell'amministrazione (si rinvia a quanto esposto sopra, sub (a)), si riscontra una accentuazione dei controlli sui risultati conseguiti dall'amministrazione, e ciò induce a configurare un mutamento strutturale nella tipologia dei controlli e nell'obiettivo fondamentale perseguito con i controlli[52].

D) *Il giudice penale*

In Italia, un ruolo particolare, per il controllo sull'attività amministrativa, viene svolto di fatto, da circa venticinque anni, dai giudici penali. Alcune indagini della Procura della Repubblica di Milano su vicende di corruzione, avviate all'inizio degli anni '90, avevano portato alla caduta di Governi e a misure molto pesanti nei confronti di amministratori pubblici: periodicamente nuove indagini penali colpiscono la pubblica amministrazione, spesso mettendo in luce episodi di malcostume amministrativo.

Le iniziative della magistratura penale non assumono una rilevanza generale, ai fini che qui interessano. Interessa invece la circostanza che molto spesso i giudici penali dimostrano di utilizzare con una certa autonomia le nozioni di legittimità amministrativa elaborate dalla giurisprudenza amministrativa e condivise dalla giurisprudenza civile[53]. Innanzi tutto rispetto al giudice penale non opera la barriera del c.d. merito amministrativo: l'attività amministrativa è sempre valutabile in ogni suo aspetto e per ogni sua motivazione. Di conseguenza viene superata anche la distinzione fra legittimità amministrativa e merito amministrativo, anche se talvolta la stessa legge penale ne imporrebbe l'osservanza. Inoltre emerge talvolta una preoccupazione di tipo etico, che conduce a colpire anche situazioni che la giurisprudenza amministrativa ri-

---

[52] Su questa evoluzione la letteratura giuridica in Italia è molto ampia: si arriva a contrapporre a una 'amministrazione per atti' una 'amministrazione di risultato'. Per un quadro generale, cfr. R. URSI, *Le stagioni dell'efficienza. I paradigmi giuridici della buona amministrazione*, Rimini, Maggioli, 2016.

[53] P. TANDA, *Attività amministrativa e sindacato del giudice civile e penale*, Torino, Giappichelli, 1999.

terrebbe del tutto legittime. Infine molte volte i parametri di valutazione sono differenti: per esempio, in passato spesso i giudici penali hanno incriminato amministratori pubblici che avevano avviato accordi con singoli privati in materia amministrativa e hanno sostenuto che questi accordi fossero illeciti, perché il potere amministrativo sarebbe indisponibile, quando invece era la legge stessa che li ammetteva[54].

Rispetto alla giurisprudenza penale emerge un circuito di elaborazione delle nozioni basilari per definire la legittimità amministrativa che è parallelo rispetto a quello della giurisprudenza amministrativa e che pertanto conduce a risultati non sempre coincidenti. Si tratta di un problema grave, perché mette in discussione la certezza del diritto applicabile all'amministrazione: in Italia, però, questo problema non sembra ancora avviato a una soluzione.

4. LE FORME DI CONTROLLO CIVICO

La legge sul procedimento amministrativo[55], ha riconosciuto in Italia nel 1990 il diritto dei cittadini a conoscere i documenti amministrativi che li riguardino (c.d. diritto d'accesso) e gli ha assegnato un rilievo particolare anche come strumento per affermare un nuovo modello di attività amministrativa (più aperta e trasparente) e un nuovo modello nei rapporti fra l'amministrazione e i cittadini. Il diritto a conoscere i documenti amministrativi, però, è stato riconosciuto da questa legge soltanto ai cittadini che fossero titolari di un interesse giuridico, per la cui realizzazione o tutela fosse utile la conoscenza di quel documento amministrativo. A garanzia di tale diritto è stata prevista un'azione speciale, molto snella, devoluta al giudice amministrativo[56].

La conoscenza dei documenti amministrativi può essere utile al cittadino per tutelarsi davanti al giudice civile o davanti al giudice amministrativo nei confronti dell'amministrazione: in questo senso è stato subito osservato che il diritto di conoscere documenti amministrativi aveva nella legge sul procedimento amministrativo lo stesso fondamento soggettivo (rappresentato dall'esigenza di garantire un interesse giuridico) che è previsto in Italia anche per le azioni giurisdizionali. Tuttavia la conoscenza dei documenti amministrativi può essere utilizzata dal cittadino anche ad altri fini: per esempio, nel procedimento amministrativo, per intervenire in modo da prevenire pregiudizi ai propri interessi, oppure per ottenere dall'amministrazione una modifica dei suoi atti, una correzione dei suoi errori, ecc. Innanzi tutto, però, la conoscenza dei documenti amministrativi è essa stessa uno strumento per controllare la

---

[54] Questi accordi, infatti, sono espressamente previsti dalla legge sul procedimento amministrativo: art. 11 della legge 7 agosto 1990, n. 241, e successive modifiche.

[55] Si tratta della legge 7 agosto 1990, n. 241, più volte richiamata.

[56] Oggi regolata dall'art. 116 y ss. del codice del processo amministrativo.

correttezza dell'attività amministrativa: consente una verifica rimessa direttamente al cittadino, ma non priva di importanza anche pratica. Per esempio, da essa può scaturire una denuncia al Pubblico Ministero presso la Corte dei conti, se siano evidenziati danni all'erario, oppure una denuncia penale, se siano evidenziati elementi di reato, oppure una segnalazione a componenti del Parlamento, che possono chiedere chiarimenti o proporre interpellanze.

Questa disciplina ha assunto connotazioni più spiccatamente di controllo dell'attività amministrativa, in base ad alcune riforme molto recenti.

Nel 2013 un decreto legislativo[57] ha imposto la pubblicazione sul sito internet di ciascuna amministrazione pubblica di una apposita sezione[58] su cui devono essere pubblicati tutti gli atti più importanti dell'ente. Se questi atti non sono pubblicati, qualsiasi cittadino può ricorrere al giudice amministrativo per ottenerli, senza necessità di dimostrare di essere titolare di un interesse giuridico (c.d. diritto di accesso civico[59]). Inoltre con un decreto legislativo del 2016[60] è stato introdotto il principio generale della pubblicità degli atti amministrativi: ciascun cittadino può ottenerne copia, senza la necessità di dover dimostrare alcun interesse giuridico, semplicemente come cittadino interessato a conoscere l'operato dell'amministrazione (c.d. diritto di accesso diffuso)[61]. Solo gli atti che contengono informazioni particolari che riguardino altri soggetti sono esclusi da queste forme di pubblicità[62].

E' evidente che in questo modo viene potenziata la possibilità di un controllo generalizzato dei cittadini sull'attività amministrativa. Fra l'altro la trasparenza dovrebbe rendere più rari i casi di cattiva amministrazione, perché la cattiva amministrazione si alimenta nella riservatezza dell'azione amministrativa. L'amministrazione che opera alla luce del sole, sotto il controllo costante dei cittadini, ha un incentivo in più a rispettare la legge.

5. CONSIDERAZIONI COMPLESSIVE

E' opinione comune in Italia che gli strumenti di controllo sulla attività amministrativa non siano sufficientemente efficaci: gli spazi della illegalità

---

[57] Decreto legislativo 14 marzo 2013, n. 33.

[58] Questa sezione è denominata ufficialmente "amministrazione trasparente".

[59] Cfr. M. R. SPASIANO, "Riflessioni in tema di trasparenza anche alla luce del diritto di accesso civico", in *Nuove autonomie*, 2015, págs. 63 y ss.

[60] Decreto legislativo 25 maggio 2016, n. 97.

[61] Anche in questi casi, se l'amministrazione non concede la copia del documento, la tutela è devoluta al giudice amministrativo (art. 116 y ss. del codice del processo amministrativo).

[62] In questi casi può essere esperito il diritto di accesso in base alla legge 7 agosto 1990, n. 241, che però richiede la dimostrazione di un idoneo interesse giuridico alla conoscenza del documento.

sono ancora molto ampi e purtroppo, anche se questo elemento viene spesso dimenticato, lo Stato non ha l'effettivo controllo dell'intero territorio nazionale. Soprattutto nelle zone del Sud Italia controllate dalle organizzazioni criminali, lo stesso sistema delle autonomie regionali e locali, che è di per sé essenziale per uno sviluppo democratico, finisce col rappresentare un ostacolo per la diffusione della legalità. In queste zone anche le iniziative della magistratura penale sono più difficili e gli interventi della Corte dei conti sembrano più timidi.

L'Italia nell'ultimo quindicennio ha cambiato il suo modello amministrativo. Sono tramontati i sistemi di controllo amministrativo sugli atti, che erano previsti nella stessa Costituzione del 1948, e in questo modo si è aperta una lacuna grave, che si vorrebbe oggi superare con altri sistemi, come il controllo civico attuato attraverso il diritto d'accesso generalizzato. La possibilità che in questo modo siano realizzati livelli adeguati di legalità amministrativa sembra però ancora molto problematica.

Anche gli istituti di controllo sull'attività amministrativa, d'altra parte, risultano parziali e poco efficaci: manca infatti una cultura della legalità. Cultura della legalità significa che vi deve essere una percezione comune che qualsiasi violazione delle regole da parte della pubblica amministrazione è un'offesa al cittadino e pone in pericolo il modello democratico, che si regge infatti sull'osservanza delle regole da parte di tutte le istituzioni. Da questo punto di vista le ragioni dello Stato liberale sono ancora tutte attuali e non possono in alcun modo ritenersi superate neppure dall'evoluzione più recente.

EL CONTROL DE LA ACTIVIDAD ADMINISTRATIVA EN EL DERECHO COMPARADO[*]

Aldo Travi

Premisa. El control de la actividad administrativa, para la cultura jurídica italiana, consiste principalmente en el control desarrollado por la autoridad jurisdiccional sobre la legitimidad de los actos administrativos (la denominada revisión judicial de la Administración). Es ejercido principalmente por los jueces civiles (jueces ordinarios) y los jueces administrativos. Es la forma de control más importante desde el punto de vista práctico, y a ella la doctrina y la jurisprudencia italiana le han dedicado especial atención[1].

En Italia, también se encuentran previstas algunas formas de control mediante los recursos en sede administrativa (recurso jerárquico, etc.). Su importancia práctica ha disminuido en comparación con el pasado, aunque en los últimos años se ha promovido una valorización con el propósito de reducir la carga de trabajo en los tribunales.

En los últimos años, en especial a raíz de la influencia de los modelos de América del Norte, el legislador italiano ha tratado de introducir modelos de control 'cívico', basados en la posibilidad de que los ciudadanos conozcan los actos de la Administración y, de este modo, reporten eventuales defectos. La importancia práctica de este instituto es, sin embargo, limitada, e inclus hoy en día muchas administraciones no se han adaptado a las nuevas normas.

---

[*] Traducción a cargo de Claudia Caputi, Especialista en Derecho Administrativo Económico por la Pontificia Universidad Católica Argentina, Vocal de la Sala II de la Cámara Nacional de Apelaciones en lo Contencioso Administrativo Federal (de la República Argentina), y Mariela Pezza, Especialista en Derecho Administrativo Económico por la Pontificia Universidad Católica Argentina, Jefa de Despacho de la Sala I de la Cámara Nacional de Apelaciones en lo Contencioso Administrativo Federal (de la República Argentina).

[1] En este sentido, cfr. E. Guicciardi, *Giustizia amministrativa*, 3ª ed., Padua, Cedam, 1954; A. M. Sandulli, *Il giudizio davanti al Consiglio di Stato e ai giudici sottoordinati*, Nápoles, Morano, 1963; M. S. Giannini, *La giustizia amministrativa*, Roma, Jandi Sapi, 1964; M. Nigro, *Giustizia amministrativa*, 3ª ed., Bolonia, Il Mulino, 1983 (6ª edic., editado por E. Cardi y A. Nigro, Bolonia 2002); AA. VV., *Il processo amministrativo*, 5º tomo del *Trattato di diritto amministrativo* editado por Cassese, 2ª ed., Milán, Giuffrè, 2003; AA. VV., *Giustizia amministrativa*, editado por Scoca, 4ª ed., Turín, Giappichelli, 2011; Villata, *Scritti di giustizia amministrativa*, Milán, Giuffrè, 2015.

De diferente orden y relevancia son los controles reconocidos a la justicia penal, en los procesos por delitos contra la administración pública, o los poderes asignados al Tribunal de Cuentas, atinentes a la reparación de los daños causados por los funcionarios o empleados públicos a la administración pública, o las facultades otorgadas a los órganos competentes para procedimientos disciplinarios, que en Italia, en general, revisten el carácter de procedimientos administrativos. En todos estos casos, en realidad, los controles de la autoridad competente también pueden versar sobre el examen de la regularidad de la actividad administrativa, pero este aspecto es secundario porque, en primer lugar, se trata de evaluar la legalidad de una conducta, desde el punto de vista penal, civil o disciplinario.

Por último, también en Italia se ha previsto un poder de intervención del Parlamento, mediante interpelaciones o mociones, con el fin de hacer constar el funcionamiento de la actividad de la administración. Se trata de modalidades que, históricamente, habían sido atribuidas a la responsabilidad política del ministro, avaladas también por la Constitución (art. 95). La incidencia práctica de estas intervenciones es, sin embargo, en términos genéricos, más limitada.

Para ilustrar el sistema italiano, es oportuno comenzar con las bases del control jurisdiccional. Sus características condicionan ampliamente también las otras formas de control, y orientan el aparato administrativo actual en su conjunto. En realidad, las decisiones judiciales, en particular las del juez administrativo, son, de hecho, un elemento básico para todas las administraciones.

1. El control jurisdiccional

A) *Los caracteres generales*

El control jurisdiccional (o examen) de la actividad administrativa se ejerce en Italia sobre la base de una regulación muy compleja, que alberga en sus orígenes esencialmente razones de orden histórico. La doctrina y la jurisprudencia han tratado de elaborar modelos generales, destacando especialmente la distinción entre el 'derecho subjetivo' y el 'interés legítimo', y sobre esta base se han propuesto a menudo dar al modelo de control de la actividad administrativa un fundamento más sólido enraizado en la teoría general del derecho. En realidad, solo las razones históricas pueden explicar plenamente el modelo italiano y la debilidad de las referencias a las categorías provenientes de la teoría general emerge con evidencia cada vez que el sistema jurídico italiano se compara con el de otros países. La comparación hoy es ineludible especialmente con el Derecho de la Unión Europea y con la estructura de la Convención Europea de los Derechos Humanos: ninguno de ellos receptan la figura del interés legítimo y, sin embargo, garantizan una tutela efectiva contra la actividad administrativa.

El modelo italiano de control de la actividad administrativa se refleja también en algunas de las disposiciones constitucionales: especialmente en los artículos 24, 103 y 113 de la Constitución[2]. Estas disposiciones han sido el resultado de un intenso debate en la Asamblea Constituyente, durante el cual se desarrollaron de manera autorizada también propuestas para modificar significativamente el sistema anterior y para reservar todas las formas de revisión judicial a los jueces ordinarios (jurisdicción civil)[3]. Se siguió, sin embargo, una dirección más conservadora, receptándose en la Constitución el criterio de reparto de jurisdicción que había sido elaborado en leyes precedentes. Desde este punto de vista, el sistema italiano, en sus líneas esenciales, se encuentra anclado a la tradición; de hecho, los espacios para una modificación de las leyes ordinarias son limitados, porque es una materia regulada por la Constitución. Al mismo tiempo, las disposiciones constitucionales han instado a la doctrina y la jurisprudencia a reflexionar más profundamente para encontrar una razón actual sobre el modelo adoptado.

Para ilustrar, aunque sea brevemente, el control sobre la actividad administrativa en Italia es, consecuentemente, necesario tomar en cuenta su desarrollo histórico. A la luz de este desarrollo es útil ponderar las características fundacionales del sistema italiano y los problemas más importantes que hoy se enfrentan en Italia.

B) *Los orígenes*

Los orígenes del modelo italiano de control jurisdiccional de la administración[4] se remontan a una ley promulgada en 1865, pocos años después de la proclamación del Reino de Italia (ocurrida en 1861), e inserta en una ley más amplia dedicada, significativamente, a la unificación administrativa del Reino. Se trata de la ley de 20 de marzo de 1865, número 2248, denominada "Ley sobre el Contencioso Administrativo".

[2] En esa orientación, para el estudio de los principios constitucionales son fundamentales: V. Bachelet, *La giustizia amministrativa nella Costituzione italiana*, Milán, Giuffrè, 1966 (ahora también en *Scritti giuridici*, vol. II, Milán, Giuffrè, 1981, págs. 451 y ss.; Orsi Battaglini, *Alla ricerca dello Stato di diritto. Per una giustizia "non amministrativa"*, Milán, Giuffrè, 2005.

[3] Para una síntesis de este debate cfr. A. Travi, "Per l'unità della giurisdizione", en *Diritto pubblico*, 1998, págs. 371 y ss.

[4] Cfr. F. Benvenuti, "Giustizia amministrativa", en *Enciclopedia del diritto*, vol. XIX, Milán, Giuffrè, 1970, págs. 589 y ss.; M. S. Giannini y A. Piras, "Giurisdizione amministrativa e giurisdizione ordinaria nei confronti della Pubblica amministrazione", en *Enciclopedia del diritto*, vol. XIX, Milán, Giuffrè, 1970, págs. 229 y ss.; G. Miele, "La giustizia amministrativa", en *Atti del Congresso celebrativo del centenario delle leggi amministrative di unificazione*, Vicenza, Neri Pozza, 1968, págs. 11 y ss.

La ley de 1865 recogió los fundamentos de las leyes de los Estados anteriores a la unificación que, de diversas maneras, habían buscado garantizar una protección contra los actos administrativos ilegítimos. Estas leyes habían sido influenciadas, mayormente, por la experiencia francesa, que en Italia durante la época napoleónica coincidió con la institución de un Consejo de Estado al cual se le asignaron funciones consultivas y jurisdiccionales, sobre el modelo del Consejo de Estado francés con algunas particularidades interesantes (por ejemplo, el Consejo de Estado italiano, cuando decidía sobre los recursos contra actos ilegítimos, ejercitaba funciones de justicia delegada, y no de justicia retenida). Las instituciones de origen francés fueron suprimidas, con la caída del régimen napoleónico, pero, después de unos años, inspiraron diversas leyes de los Estados anteriores a la unificación, que culminaron con la introducción de los órganos de justicia administrativa análogos a los franceses. En particular, en el Reino de Cerdeña, en el cual en 1861 se habría fundado el Reino de Italia, órganos de ese tipo fueron regulados por algunas leyes de 1859.

El establecimiento del Reino de Italia originó un debate que encontró amplio eco en los recintos del Parlamento, sobre el modelo de justicia administrativa para el nuevo Estado unitario. Colisionaron dos posiciones, las que reflejaban todas las cuestiones clave del debate que todavía hoy sigue vigente[5].

Algunos propugnaron la posibilidad de adoptar un sistema contencioso administrativo sobre la base de un juez especial (el juez administrativo), a diferencia de los tribunales civiles y, por tanto, similar al modelo francés. Parecía garantizarse, de esta manera, una mejor protección del interés público, que la decisión sobre las disputas con la administración pública requiriese jueces con experiencia en la administración pública, que todavía las disputas con la administración pública tuvieran características diferentes a las del derecho civil y no pudiesen ser asignadas al juez ordinario. Otros, en cambio, sostenían que solo un juez extraño a la administración y dotado de todas las garantías previstas para los jueces ordinarios podría garantizar la imparcialidad requerida para una decisión de este tipo: la imparcialidad parecía aún más necesaria porque la administración era parte en la causa. El tribunal ordinario representaba el juez de las libertades de los ciudadanos; en cada jurisdicción especial parecía anidarse, en cambio, el privilegio de la administración.

En el debate se introdujeron referencias a modelos extranjeros. Mientras que los partidarios del modelo del contencioso administrativo ponderaban particularmente la experiencia francesa, los opositores enfatizaban especialmente las innovaciones introducidas unas pocas décadas antes en Bélgica. Lo cierto es que la deliberación se llevó a cabo dentro de la concepción del Estado liberal, e implicó una serie de razones fundamentales: la relación entre

---

[5] Cfr. G. Pastori, "Per l'unità e l'effettività della giustizia amministrativa", en *Riv. dir. proc.*, 1996, págs. 919 y ss.

el interés público y la garantía de los ciudadanos; la relación entre la separación de poderes y el principio de independencia del juez; la relación entre la jurisdicción y administración, etcétera[6].

Como conclusión del debate, se aprobó la ley de 20 de marzo de 1865, número 2248. Esta ley asignó a los tribunales civiles todos los litigios con la administración pública que hubiesen tenido como objeto "derechos civiles y políticos" (art. 2); las controversias que no hubiesen tenido tal objeto habrían quedado reservadas a la administración, y decididas en sede administrativa (art. 3) con recursos de tipo jerárquico; en las disputas delegadas a los tribunales civiles el juez habría debido prescindir para su decisión de los actos administrativos de los cuales hubiese reconocido la ilegitimidad (la así llamada: inaplicabilidad de los actos ilegítimos - art. 5), pero sin poder anularlos (art. 4); la administración habría debido ejecutar las sentencias de los tribunales civiles (art. 4 cit.). Tras la concesión de los litigios a los tribunales civiles, se suprimieron casi todos los tribunales administrativos que operaban por entonces en Italia (art. 15).

La ley de 1865 se encuentra aún hoy vigente en Italia, en cuanto a las relaciones entre los tribunales civiles y la administración pública, y su importancia es notable. Respecto de ella se desarrolló una interpretación sustancialmente restrictiva, que influyó en gran medida en su ámbito de aplicación, y que determinó a su vez la necesidad de reformas ulteriores[7]. En particular, esta ley ha sido interpretada en el sentido de que los "derechos civiles y políticos" delegados a los tribunales civiles fueran todos los "derechos subjetivos" pero que, por definición, no se podrían configurar derechos subjetivos en presencia de medidas administrativas. La medida administrativa fue concebida como una expresión de un poder de la administración que no admitía un 'derecho' del ciudadano: frente al poder de expropiación por causa de utilidad pública, el derecho de propiedad del ciudadano se retrotrae y se extingue; frente al poder de otorgar una autorización o concesión administrativa, no se puede admitir un 'derecho' del ciudadano, porque todo depende de una decisión

---

[6] Cfr. F. Cammeo, *Commentario alle leggi sulla giustizia amministrativa*, Milán, Vallardi, s.d., págs. 418 y ss.; L. Mortara, *Commentario del Codice e delle leggi di procedura civile*, vol. I, Milán, Vallardi, misma fecha [pero 1898-1899], págs. 139 y ss.; V. E. Orlando, "La giustizia amministrativa", en *Primo trattato completo di diritto amministrativo*, vol. III, Milán, S.E.L., 1901, págs. 633 y ss. (esp. págs. 671 y ss.); Vacchelli, "La difesa giurisdizionale dei diritti dei cittadini verso l'autorità amministrativa", en *Trattato Orlando*, vol. III, Milán, S.E.L., 1901, págs. 223 y ss.; V. Salandra, *La giustizia amministrativa nei governi liberi*, Turín, UTET, 1904, págs. 312 y ss.; F. Merusi, "Consiglio di Stato (all. D) e abolizione del contenzioso (all. E)", en *Annale* ISAP, 2015, págs. 225 y ss.

[7] AA. VV., *Le riforme crispine*, vol. II, Giustizia amministrativa, Milán, Giuffrè, 1990: en esto particularmente A. Corpaci, *La giurisprudenza del Consiglio di Stato*; M. Gigante, *I conflitti di attribuzione nella giurisprudenza del Consiglio di Stato*; P. Gotti, *La legge del 20 de marzo di 1865*, n. 2248, allegato E, nella giurisprudenza del giudice ordinario.

unilateral de la administración, etc. La conclusión es muy clara: si la ley le otorga un poder a la administración, el ciudadano no puede invocar su derecho (equivalente a derecho subjetivo); es simplemente titular de un interés (equivalente a interés legítimo) del ejercicio adecuado del poder por parte de la misma administración.

La conclusión inmediata de este desarrollo jurisprudencial implicó que las posibilidades de protección del ciudadano ante un juez fueran muy limitadas, cuando el conflicto derivaba de una medida administrativa, ya que fundamentalmente los tribunales civiles no podían intervenir, en tanto carecían de la condición para el ejercicio de su jurisdicción, representada por la configuración de un derecho subjetivo. Este importante inconveniente constituyó la causa de las sucesivas propuestas de reforma. Sin embargo, debe ser reportado (aunque este aspecto es a menudo soslayado por la doctrina italiana), que de esta manera se contribuyó a delinear un carácter fundamental del modelo italiano. De hecho, el control de la actividad administrativa se centró en la situación subjetiva (derecho) del ciudadano. El control jurisdiccional de la actividad administrativa, en Italia, es básicamente de tipo 'subjetivo': su objetivo no consiste en un control de la legitimidad de los actos administrativos, sino en la protección de la posición jurídica del ciudadano. Toda la evolución posterior se desarrollará pacíficamente en esta orientación; la Constitución italiana ha receptado, asimismo, esta formulación (arts. 24, 103 y 113).

En Italia, en síntesis, el control jurisdiccional de los actos administrativos encuentra fundamento en la protección de las situaciones subjetivas del ciudadano[8]. Esto significa, entre otras cosas, que si no se configura una situación jurídica subjetiva del ciudadano, que se considere perjudicada por una medida ilegal, no se puede ni siquiera pretender un control jurisdiccional.

C) *La jurisdicción administrativa*

La ley de 1865, condicionada por la interpretación restrictiva de la noción de 'derecho', condujo a una reforma importante en 1889. Con iniciativa del gobierno, el Parlamento aprobó una ley que asignó a una sección nueva del Consejo de Estado (la cuarta) la tarea de decidir los recursos deducidos para obtener la nulidad de actos administrativos (ley del 31 de marzo de 1889, núm. 5992). La competencia fue atribuida al Consejo de Estado, porque el Parlamento no tenía intención de cambiar los poderes otorgados a los tribunales civiles

---

[8] Los casos en los cuales es admitida la acción del ciudadano contra la administración pública en garantía de la legalidad no son comunes, en Italia. El caso más importante es el de las acciones electorales, promovidas para tutelar los derechos electorales (frente al juez civil) o para impugnar el procedimiento electoral (frente al juez administrativo). La importancia extraordinaria que asumen los derechos electorales en un ordenamiento democrático acentúa, de alguna manera, el carácter excepcional de esta disciplina.

establecidos en la ley de 1865; fue elegido el Consejo de Estado, quizá por la influencia francesa, pero más probablemente porque era ya esencialmente un cuerpo asesor para el gobierno y gozaba de cierto prestigio. La competencia fue, sin embargo, asignada a una nueva 'Sección', la Cuarta, que se sumaba a las otras tres, que habrían seguido desarrollando funciones consultivas y que culminaba siendo bien distintas a las otras. Casi inmediatamente se reconoció a los fallos de la Cuarta Sección del Consejo de Estado el valor de resoluciones judiciales: esto significaba también que la Cuarta Sección no era un órgano administrativo común, sino que debía ser considerada un juez especial. En consecuencia, con la ley de 1889 se instituyó en Italia el juez administrativo, representado por una sección específica del Consejo de Estado[9].

Naturalmente, se plantea de inmediato la necesidad de distinguir rigurosamente el alcance de los conflictos de competencia de la Cuarta Sección del Consejo de Estado, de aquellos reservados a los tribunales civiles, bajo la ley de 1865. La decisión pertenecía a la Corte de Casación, a la cual una ley de 1877 le había atribuido también la función de juez de la jurisdicción y la competencia para decidir a qué órgano (administrativo o judicial) serían remitidos los respectivos litigios. La Corte de Casación sostuvo que la distinción no debía buscarse sobre la base de la pregunta consistente en quién recurría al juez (mediante el 'petitorio'), sino sobre la base de la situación jurídica subjetiva de la que fuese titular la parte. En otras palabras, si el ciudadano era titular de un derecho subjetivo tendría que dirigirse al Tribunal civil; si, en cambio, era el titular de un 'interés legítimo' tendría que recurrir a la Sección Cuarta del Consejo de Estado, o sea al juez administrativo.

De esta manera, el sistema italiano de control jurisdiccional de la actividad administrativa se basa en la distinción entre 'derecho subjetivo' e 'interés legítimo'[10]. Esta distinción es la que permite atribuir la competencia de los tribunales civiles (ligada al derecho subjetivo) y la de los tribunales administrativos (ligada al interés legítimo). Este criterio se encuentra plasmado también en el artículo 103 de la Constitución.

Debe tenerse presente que este sistema ha sufrido algunas modificaciones con el paso del tiempo. En particular, desde 1923 y sobre todo a partir de 1990, en muchos casos disposiciones legislativas específicas han asignado al juez administrativo la competencia para pronunciarse, en conflictos con la

---

[9] Autores Varios, *Le riforme crispine*, vol. II, *Giustizia amministrativa*, Milán, Giuffrè, 1990: en esto particularmente A. DI GIOVANNI, *L'iter parlamentare della legge istitutiva della IV sezione del Consiglio di Stato*; E. FOLLIERI, *La legge 31 marzo 1889, n. 5992, nella giurisprudenza del Consiglio di Stato*; L. MANNORI, *L'influenza francese*; B. SORDI, *L'influenza tedesca*. Cfr. también CHIODI, *La giustizia amministrativa nel pensiero di Silvio Spaventa*, Bari 1969.

[10] B. SORDI, *Giustizia e amministrazione nell'Italia liberale (la formazione della nozione di interesse legittimo)*, Milán, Giuffrè, 1985, págs. 215 y ss.

administración pública, también respecto de litigios sobre derechos subjetivos[11]. En estas materias el juez administrativo es competente para conocer en
todas las controversias entre el ciudadano y la administración (la denominada:
jurisdicción exclusiva). Se trata, sin embargo, siempre de disposiciones especiales (lo ha validado la Corte Constitucional italiana en varias ocasiones: cfr.
en particular Corte Const., de 6 de julio de 2004, núm. 204), que no pueden
ser interpretadas extensivamente. Por el contrario, se cree que el legislador
no puede asignar a los tribunales civiles la competencia para resolver los
conflictos relacionados con los intereses legítimos.

D) *La distinción entre derechos subjetivos e intereses legítimos*

El sistema italiano, sobre la base de las leyes de 1865 y 1889, se funda
por lo tanto en la distinción entre 'derechos subjetivos' e 'intereses legítimos'.
Esta distinción es fundamental, porque determina la individualización del
juez competente para la controversia entre el ciudadano y la administración.
Su importancia se acentúa por el hecho de que, como se ha dicho, el modelo
italiano se basa sobre un sistema de tipo subjetivo, que permite el acceso al
juez solo para aquellos que sean capaces de demostrar haber sufrido, por la
administración, una lesión a una situación jurídica. Por ende, comprender
qué cosa significa un 'interés legítimo' es decisivo, no solo para establecer
si el ciudadano se debe dirigir al tribunal civil (juez ordinario) o al tribunal
administrativo (originalmente, cuarta sección del Consejo de Estado), sino
también para establecer si se puede dirigir a un juez y por lo tanto si respecto
a aquel acto administrativo ilegítimo es admitido el control de un juez.

La diferenciación entre derecho subjetivo e interés legítimo no es sencilla[12].
La dificultad de esta distinción representa uno de los obstáculos más graves
del sistema italiano, y los partidarios de la necesidad de una reforma que
cuestione globalmente el modelo de tutela la plantean frecuentemente[13]. En
términos prácticos, las dificultades deberían ser superadas por la intervención
de la Corte de Casación, a quien le corresponde decidir sobre los conflictos
entre los tribunales civiles y los tribunales administrativos y puede anular las
sentencias del Consejo de Estado que traspasan la competencia del tribunal
administrativo (cfr. art. 111 de la Constitución). En realidad, los casos dudosos

[11] E. CANNADA BARTOLI, "Giustizia amministrativa", en *Digesto disciplina pubblicistiche*,
vol. VII, Turín, UTET, 1991, págs. 508 y ss.

[12] Para una visión de conjunto, cfr. Autores Varios, *Colloquio sull'interesse legittimo*
(*Atti del Convegno, Milán 19 april 2013*), Nápoles, Jovene, 2014 (en esto las intervenciones
de C. BROYELLE, A. NICOLUSSI, A. ROMANO, A. TRAVI); F. G. SCOCA, *Contributo sulla figura
dell'interesse legittimo*, Milán, Giuffrè, 1990.

[13] Entre ellos, en particular, A. PROTO PISANI, "Appunti sul giudice delle controversie fra
privati e pubblica amministrazione", en *Foro it.*, 2009, V, págs. 369 y ss.

todavía son numerosos, y la misma Corte de Casación, en muchos casos, no puede desarrollar criterios adecuados.

La distinción puede parecer sencilla en teoría: el interés legítimo es la situación jurídica que corresponde a una relación de poder de la administración[14], y refleja la diferencia entre el poder (administrativo) y las posiciones de derecho civil (los derechos). En efecto, la distinción, en algunos casos, resulta bastante ágil también en el plano práctico. Consideremos el caso del ciudadano que se encuentra involucrado respecto de un poder discrecional de la administración y el caso de un ciudadano que es acreedor de una obligación pecuniaria en relación con la Administración. En el primer caso, se cree pacíficamente que solo puede identificarse un interés legítimo: al ciudadano el ordenamiento ni siquiera le garantiza la obtención de un resultado útil porque el fruto del procedimiento depende de una elección discrecional de la autoridad administrativa; en consecuencia, en el plano del derecho sustancial, la garantía de la posición del ciudadano se concibe solo en correspondencia con la forma de ejercicio del poder de la administración. La relación con el poder de la administración es decisiva, y cuando la situación jurídica del ciudadano depende del poder de la administración solo puede tratarse de un interés legítimo. En el segundo caso, en cambio, el ordenamiento reconoce y garantiza un resultado útil predeterminado de la pretensión (el cumplimiento de la obligación monetaria) y provee toda una variedad de herramientas para asegurar su plena realización.

La distinción, sin embargo, resulta más difícil en otras hipótesis. Consideremos el caso, muy discutido, de una actividad reglada de la Administración: en este caso, la jurisprudencia y la doctrina prevalecientes admiten la configuración de situaciones de interés legítimo, pero si la actividad está reglada se debe reconocer que la ley establece y, por tanto, garantiza directamente al ciudadano un resultado determinado y, de esta manera, al menos en el plano del derecho sustancial, la distinción respecto a las obligaciones debería desaparecer[15]. Y, sin embargo, frente a algunas ilegitimidades graves del acto administrativo es dudoso que se pueda configurar un acto eficaz: consideremos el caso de una administración que adopta medidas que la Constitución reserva al poder judicial, o que la ley taxativamente subordina a ciertas condiciones que en realidad no resultan configurables (la denominada ausencia de presupuestos necesarios). En tales casos no se puede identificar un poder administrativo real; por lo tanto es difícil admitir que el ciudadano sea solo titular de un interés legítimo.

---

[14] Cfr. A. Travi, *Lezioni di giustizia amministrativa*, XII ed., Turín, Giappichelli, 2016, págs. 53 y ss.

[15] Así A. Orsi Battaglini, "Attività vincolata e situazioni soggettive", en *Riv. Trim. Dir. Proc. Civ.*, 1988, págs. 3 y ss.

La Corte de Casación tiene criterios contingentes y, como se ha recordado, no logra elaborar directrices unívocas. En algunos casos, hace hincapié en el hecho de que la Administración perseguiría por ley intereses públicos, y sostiene que en estos casos debería admitirse solamente un interés legítimo (a propósito de la actividad reglada de la Administración); en otros casos distingue entre la hipótesis común de ilegitimidad administrativa (los denominados vicios de incompetencia, violación de la ley o desviación de poder), y la hipótesis de vicios absolutamente más graves (la así llamada ausencia de presupuestos necesarios), concluyendo que en el segundo supuesto el ciudadano sería titular siempre de un derecho subjetivo. Se trata, evidentemente, de soluciones cuya autoridad depende solo del hecho de que sean aceptadas por el juez colocado en la cúspide del sistema.

Como ya se ha mencionado, el valor de la distinción fundamental entre derechos subjetivos e intereses legítimos, frecuentemente se cuestiona al examinar otros ordenamientos, con los cuales a menudo, los jueces italianos se deben confrontar (en particular, con el ordenamiento de la Unión Europea y, por lo tanto, con la jurisprudencia de la Corte de Justicia de Luxemburgo, que preside la interpretación y aplicación del Derecho Comunitario). Los otros ordenamientos no conocen la distinción en examen o, si la conocen, no le atribuyen el valor fundamental que tiene en Italia.

En general, la distinción entre las dos situaciones jurídicas siempre resulta menos evidente. En particular, hasta el año 1999, la jurisprudencia italiana sostuvo que no correspondía el resarcimiento por los daños al ciudadano en el caso en el que el acto administrativo hubiera lesionado su interés legítimo: el resarcimiento de los daños traducía en verdad un corolario de los instrumentos de tutela solo de derechos subjetivos. A raíz de la influencia del derecho comunitario, que había impuesto a los Estados de la Unión Europea el reconocimiento del resarcimiento de los daños aun en el caso de algunas situaciones que en Italia eran consideradas como interés legítimo, la Casación de 1999 reconoció finalmente que también en el caso de lesión a un interés legítimo, bajo ciertas condiciones, el ciudadano gozaba del derecho al resarcimiento de los daños[16]. Los espacios de tutela de las dos situaciones jurídicas subjetivas son consecuentemente siempre más similares. De esta manera, sin embargo, la razón fundamental de su diferenciación es también menor.

E) *El objeto del control jurisdiccional*

El control del juez administrativo y del juez ordinario (éste último bastante más reducido, como se ha visto) sobre los actos de la administración se centra

---

[16] Cas., sec. un., sent. 500 de 22 de julio de 1999. Sobre esta sentencia la doctrina es muy amplia; se señala en particular A. Orsi Battaglini y C. Marzuoli, "La Cassazione sul risarcimento del danno arrecato dalla Pubblica amministrazione: trasfigurazione e morte dell'interesse legittimo", en *Diritto pubblico*, 1999, págs. 487 y ss.

especialmente en los denominados vicios de legitimidad del acto administrativo. El juez solo puede conocer respecto de estos, no puede admitir la demanda, si se pretende hacer valer vicios de otro tipo.

Los vicios de legitimidad son descritos tradicionalmente conforme a los tres vicios enunciados en la ley de 1889 que instituyó la Cuarta Sección del Consejo de Estado, y son mencionados también en algunas disposiciones recientes (confr. art. 21-octies de la ley de 7 de agosto de 1990, núm. 241): la comprobación por el juez administrativo determina la nulidad del acto impugnado. Los vicios son tres: incompetencia, violación de la ley y exceso de poder.

La incompetencia se refiere a la violación de las reglas legales que determinan cuál órgano de la Administración puede entender sobre cierto objeto. La violación de la ley implica la violación de cualquier otra disposición de derecho positivo (contenida en una ley, o en reglamentos, etc.): en particular, asumen relevancia los casos de violación del derecho de los ciudadanos a participar en el procedimiento, ahora regulados por la ley de 7 de agosto de 1990, número 241. El exceso de poder es una figura compuesta, que se refiere a los vicios de la discrecionalidad administrativa (como la desviación de poder, plasmado sobre la figura francesa de la desviación de poder), a los vicios del proceso de toma de decisiones de la administración (falta de investigación, distorsión de los hechos, etc.), incumplimiento de las normas generales de imparcialidad (disparidad de tratamiento) y de razonabilidad (contradicción, falta de lógica), etc. La distinción entre exceso de poder y violación de la ley en el pasado se atribuía a la tipología del acto administrativo impugnado: la violación de la ley se asociaba al poder reglado (o a las modalidades regladas del procedimiento), mientras que el exceso de poder se asociaba principalmente al poder discrecional. Hoy establecer una distinción es más difícil, también porque algunas reglas que originariamente hacían referencia particularmente al poder discrecional han sido sancionadas por ley por medidas de orden: es el caso, en particular, del deber de motivación, establecido por vía general por el artículo 3º de la ley 241 de 1990.

La comprobación de uno de estos vicios por parte del juez administrativo conduce a la anulación del acto impugnado. Respecto de esta regla general, sin embargo, ha sido introducida en 2005, mediante una modificación a la Ley sobre el Procedimiento Administrativo, una derogación importante aún hoy muy discutida (art. 21-octies, inc. 2º, de la ley 241 de 1990). Ha sido establecido, en verdad, que "no es anulable la medida adoptada en violación de las normas sobre el procedimiento o la forma de los actos si, por el carácter reglado de la medida, es evidente que su contenido dispositivo no podría haber sido diferente de la adoptada en concreto. El acto administrativo no es sin embargo anulable por falta de comunicación del inicio del procedimiento si la administración demostrara en juicio que el contenido de la medida no podría haber sido diferente de la adoptada en concreto". Sobre la base de esta disposición se desarrolló ulteriormente la distinción entre vicios formales, que habilitan la anulación solo si el vicio hubiera tenido impacto sobre el contenido del acto administrativo, y vicios sustanciales, que implican siempre la nulidad.

En cambio, por regla general, no son relevantes los denominados vicios de mérito. Se refieren al inadecuado criterio adoptado por la administración en el ejercicio de un poder discrecional, la incongruencia de criterio técnico seguido en la realización de una evaluación técnica cuestionable (la llamada discrecionalidad técnica), etc.. El juez administrativo, salvo supuestos excepcionales (de los cuales se hará referencia más adelante), no puede entender en vicios de mérito: la prohibición se justifica en la exigencia de evitar una superposición entre la actividad de la administración y la actividad del juez administrativo; en realidad, si se admitiera un control extensivo de los vicios de mérito, no quedarían márgenes de valoración reservados a la sola administración y a la discrecionalidad administrativa, que constituye el ámbito reservado más estrictamente a la administración, y habría podido ser objeto de un control directo por el juez administrativo. Se trata, en consecuencia, de una derivación del principio general de la separación de poderes o, como hoy se tiende a sostener, de la garantía de la administración de efectuar valoraciones políticas y, correspondientemente, del deber del juez de atenerse solo a la aplicación de la ley.

F) *La ejecución de las sentencias anulatorias*

Como se acaba de señalar, el juez administrativo que estime que un vicio de legitimidad que haga valer un ciudadano en juicio se encuentra fundado, procede a dictar la nulidad del acto administrativo. La administración, a esta altura, debería considerar que ese acto, que ha sido anulado, ha sido eliminado de la realidad jurídica desde su origen (la nulidad tiene eficacia *ex tunc*): debería, por ende, restablecer la situación jurídica y material que había sido modificada por el acto ilegítimo y, si las condiciones subsistieran, debería reanudar el procedimiento, de acuerdo con lo decidido por el juez en su sentencia. En este último sentido, cabe señalar que la nulidad del acto administrativo no imposibilita en sí mismo en Italia una incoación del procedimiento administrativo: en principio el poder administrativo es 'inagotable' y, por lo tanto, puede ser ejercido nuevamente, incluso después de la anulación: la administración, sin embargo, no puede reproducir el vicio de legitimidad declarado por el juez en su sentencia[17].

A veces, sin embargo, la administración no ejecuta las sentencias: se comporta como si el acto no hubiese sido anulado, o trata de preservar los efectos

---

[17] En general, sobre la ejecución de la sentencia administrativa, cfr. A. Travi, "L'esecuzione della sentenza", en *Trattato di diritto amministrativo* editado por S. Cassese, 2ª ed., tomo v, Milán 2003, págs. 4605 y ss.; R. Villata, *L'esecuzione delle decisioni del Consiglio di Stato*, Milán, Giuffrè, 1971.

prácticos, o se niega a poner en práctica la decisión de anulación en el caso de volver a ejercer el poder.

La ejecución de la sentencia del juez administrativo representa un deber para la administración[18]. Si la sentencia no es ejecutada espontáneamente, se encuentra previsto un juicio de ejecución, que se lleva a cabo ante el juez administrativo: se trata del denominado proceso de *ottemperanza*, que representa uno de los institutos típicos de la justicia administrativa en Italia.

El ciudadano que haya obtenido una sentencia de nulidad, que no resulta ejecutada, puede deducir el recurso de *ottemperanza* frente al juez administrativo[19]. Este juicio, que está sujeto a un procedimiento más célere del ordinario, se caracteriza por el hecho de que el juez administrativo, en el proceso de *ottemperanza*, ejerce una 'jurisdicción comprensiva del mérito'. Esto significa que el juez administrativo puede sustituir, directamente o mediante un interventor eventualmente designado, a la administración incumplidora. La posibilidad de sustitución determina el alcance de las facultades del juez de *ottemperanza* e implica que en este caso no puede oponerse al juez reserva alguna de poder por la administración. La necesidad de dar ejecución a la sentencia prevalece por lo tanto también sobre la exigencia de garantizar la separación de poderes.

G) *La estructura de la jurisdicción administrativa*

Hoy la jurisdicción administrativa en Italia es ejercida sobre la base de dos niveles. Los jueces de primer grado son los tribunales administrativos regionales, instituidos por la ley 1034 de 1971 con sede en cada capital regional. El juez de apelación es el Consejo de Estado, que es único y tiene su sede en Roma[20]. Esta estructura se ve reflejada en la Constitución Italiana (arts. 103 a 125)[21].

[18] Este principio se encuentra contemplado en el art. 88 del Código del Proceso Administrativo, pero encontraba fundamento ya en el art. 4 de la ley de 20 de marzo de 1865, núm. 2248.

[19] El proceso de *ottemperanza* se encuentra regulado hoy en el art. 112 y ss. del Código del Proceso Administrativo. [Nota de la Traducción: se sugiere mantener su nombre original, dada la peculiaridad del instituto; en todo caso podría traducirse como "conformidad" o "aceptación"].

[20] El Consejo de Estado tiene su sede en Roma, y hoy en día todavía se divide en secciones de asesoramiento y secciones jurisdiccionales. Las salas jurisdiccionales actualmente son cuatro. A ellos se suma un órgano de justicia administrativa especial que opera en Sicilia, de acuerdo con el Estatuto Especial previsto para esa región: el Consejo de Administración de Justicia de la Región de Sicilia, que es el tribunal de apelación contra las decisiones del Tribunal Administrativo Regional de Sicilia.

[21] Sobre la estructura de la jurisdicción administrativa en Italia, cfr. M. Nigro, *Giustizia amministrativa,* 3ª ed., Bolonia, 1983.

La jurisdicción en Italia es una función reservada al Estado: consecuentemente, los tribunales administrativos regionales son órganos estatales, y no regionales. Su nombre (Tribunales administrativos *regionales*) solo indica que ejercitan la jurisdicción sobre una circunscripción correspondiente al territorio de una región.

Por ende, institucionalmente, no existe conexión entre los tribunales administrativos regionales y las regiones. De hecho, la creación de los tribunales administrativos regionales fue prevista, en la Constitución Italiana de 1948, justamente para contrarrestar la autonomía concedida a las regiones. La circunstancia de que se hubiese creado un tribunal administrativo en cada capital de región debería haber representado un elemento de control más incisivo (porque era más 'cercano') sobre la actividad administrativa de las regiones. La creación de las regiones fue muy debatida, en la elaboración del texto constitucional: en este texto, la previsión de un juez administrativo en el ámbito regional fue considerada como un instrumento de garantía, para evitar que, en el plano administrativo, las regiones pudieran abusar de sus poderes.

El proceso administrativo, hasta 2010, fue regulado en Italia por varias leyes, de manera confusa y fragmentaria, provocando que muchas lagunas resultasen llenadas por la jurisprudencia del Consejo de Estado. En 2010 la situación cambió, porque entró en vigor un Código del Proceso Administrativo[22].

2. Los controles en sede administrativa

A) *Los caracteres generales*

En Italia el control jurisdiccional no agota las modalidades de control sobre la actividad administrativa. En particular, se encuentran previstos instrumentos dentro de la propia administración, para verificar la regularidad de su gestión y para intervenir, en caso de que se configuren vicios. En este sentido, asumen relevancia particular dos tipos de institutos: los controles sobre los actos, y los recursos en sede administrativa.

a) Los controles sobre los actos administrativos se encuentran previstos para asegurar la regularidad y la uniformidad del comportamiento administrativo y, en general, se refieren a una actividad administrativa ya concluida. Se centran, en general, en la verificación de la legitimidad del acto administrativo: más raramente en la verificación de su oportunidad (los así llamados controles de mérito). La reforma del título quinto de la Constitución aprobada en 2001[23] ha suprimido el control estatal sobre los actos de las regiones y el control

---

[22] El Código del Proceso Administrativo fue aprobado mediante el decreto legislativo 104 de 2 de julio de 2010.

[23] La reforma ha sido aprobada a través de la Ley Constitucional 3 de 18 de octubre de 2001.

regional sobre los actos de los entes territoriales, que representaban anteriormente las formas más importantes de control. Su supresión (que hoy muchos someten a crítica) se justificaba en la necesidad de evitar pérdida de tiempo y de recursos y, principalmente, en la necesidad de evitar que, mediante los controles, el Estado pudiese interferir en la autonomía y la dirección política de las regiones y los entes locales.

En otros ámbitos, los controles sobre los actos han permanecido: cabe mencionar aquellos ejercidos por el Tribunal de Cuentas sobre los actos administrativos más importantes de la administración estatal[24]. Incluso los controles pueden provocar la nulidad del acto administrativo ilegítimo, del mismo modo que puede ocurrir después de un procedimiento administrativo; en el caso del Tribunal de Cuentas, en cambio, el control se desarrolla generalmente sobre un acto administrativo aún ineficaz y, si se concluye negativamente (por ej.: denegación de registro), el acto no adquirirá eficacia jamás. En algunos casos, sin embargo, el gobierno, mediante una decisión adoptada por el Consejo de Ministros, puede ordenar al Tribunal de Cuentas de todos modos el registro del acto; en estos casos el Tribunal de Cuentas, si se mantiene firme en su posición crítica, debe sin embargo proceder al mencionado registro (y por lo tanto el acto administrativo adquiere eficacia y produce todos sus efectos), pero noticia al Parlamento a los efectos de la valoración de orden político sobre el proceder del gobierno (la llamada *registración con reserva*).

Un criterio fundamental de distinción entre los controles y el control jurisdiccional se encontraría, según una parte de la doctrina, en el hecho de que los controles aplicarían un interés objetivo (o sea el interés a la conformidad del obrar administrativo a derecho, o a reglas técnicas, o a criterios de eficiencia), mientras que los institutos de justicia administrativa asegurarían de manera específica el interés del ciudadano[25]. En efecto, en el ordenamiento italiano, como se ha señalado, los recursos interpuestos frente al juez administrativo tutelan un interés jurídico del ciudadano afectado por la actividad administrativa. En cambio, los controles requerirían solo una verificación de tipo objetivo, bajo la regla de lo que la administración tendría que haber respetado en el caso concreto.

b) Los recursos en sede administrativa presentan, en Italia, mucha afinidad con los recursos frente al juez administrativo. Son remedios jurídicos dirigidos a una autoridad pública para obtener la nulidad de un acto administrativo, o su modificación, en el caso del recurso jerárquico y del recurso de oposición.

---

[24] Se rigen por el art. 3º de la ley 20 de 14 de enero de 1994.

[25] Cfr. E. Guicciardi, *La giustizia amministrativa*, 3ª ed., Padua, Cedam, 1954, págs. 79 y ss.; F. Benvenuti, "Autotutela (dir. amm.)", en *Enc. dir.*, vol. IV, Milán, Giuffrè, 1959, págs. 537 y ss.; E. Capaccioli, "Brevi note in tema di controllo e di giurisdizione", ahora en *Scritti vari di diritto pubblico*, Padua, Cedam, 1978, págs. 324 y ss.; en términos críticos F. Trimarchi Banfi, *Il controllo di legittimità*, Padua, Cedam, 1984.

No son instrumentos de tutela jurisdiccional. A pesar de que algunos de sus lineamientos reflejan su carácter 'jurisdiccional' (o 'parajurisdiccional') y presentan por lo tanto una afinidad con institutos de derecho procesal, los recursos administrativos no implican el ejercicio de un poder jurisdiccional. El acto que dicta el órgano competente cuando entiende sobre un recurso administrativo no es un acto jurisdiccional, sino una medida administrativa: tradicionalmente, se encuentran incluidos en una categoría particular de medidas administrativas, la de las 'decisiones administrativas', pero sus caracteres, forma y eficacia son propiamente las relativas al acto administrativo y no a las sentencias.

El posicionamiento de los recursos administrativos dentro de la función administrativa, y no de la función jurisdiccional, no invalida el hecho de que los recursos administrativos sean instrumentos de tutela de intereses jurídicos y, por ende, de intereses legítimos o derechos subjetivos. Consecuentemente, a diferencia de los controles, no son instrumentos de garantía de la legalidad objetiva, sino instrumentos de tutela de situaciones subjetivas. Ellos son reconducidos al tema de la justicia administrativa, lo que significa, en particular que su materia está reservada al Estado y no puede ser modificada por las regiones.

En el ordenamiento italiano se encuentran previstos varios tipos de recursos administrativos: sus principios están contenidos en un decreto de 1971[26]. Este decreto contempla cuatro tipos de recursos: el recurso jerárquico, el recurso jerárquico impropio, el recurso de oposición y el recurso extraordinario. Algunos de ellos gozan de las características de los remedios genéricos (y consecuentemente su ejecución no requiere una disposición específica que los admita): el recurso jerárquico (al cual se lo admite siempre en presencia de una relación jerárquica entre órganos) y el recurso extraordinario (que siempre se admite en el marco de medidas definitivas). Los otros, en cambio, gozan de las modalidades de los remedios taxativos, porque pueden ser ejecutados solo si se encuentran expresamente previstos en una disposición específica.

Desde el punto de vista práctico, los recursos administrativos más importantes en Italia son el recurso jerárquico y el recurso extraordinario[27].

B) *Los recursos jerárquicos*

El recurso jerárquico encuentra fundamento en una característica presente en la estructura de la administración, aun previa al Estado liberal: se basa en

[26] Decreto del presidente de la República de 24 de noviembre de 1971, núm. 1199.

[27] El recurso de oposición, que es un recurso administrativo dirigido a la misma autoridad de la que ha emanado el acto impugnado, se encuentra previsto en pocos casos, y es de limitado interés práctico. El recurso jerárquico impropio, previsto solo en los casos establecidos por ley, tiene mayor importancia; su regulación, sin embargo, ha estado totalmente diseñada sobre la base del recurso jerárquico.

la existencia de una relación jerárquica entre dos órganos administrativos. El modelo jerárquico era el típico modelo administrativo también en el Estado absolutista. Con el recurso jerárquico, originariamente, se instaba la intervención del órgano superior a fin de que verificase la actividad del órgano subordinado y, eventualmente, si descubría la ilegalidad de sus acciones, podía ejercer sus poderes de supremacía jerárquica en sustitución de ese órgano. De esta manera, entre otras cosas, el recurso jerárquico se convirtió en una herramienta que permitía que el órgano superior pudiese llegar al conocimiento de las deficiencias de los órganos subordinados; dado que en la cúspide de cada aparato estatal estaba el ministro; en última instancia, el ministro, gracias al recurso jerárquico, podía intervenir en cada nivel del ente.

Hoy, el modelo jerárquico clásico se encuentra en vía de superación en la organización administrativa italiana. En el último cuarto de siglo, las leyes sobre la administración pública han propuesto, en vez del modelo jerárquico, la distinción entre las tareas político-administrativas y de gestión, y dentro de las diferentes estructuras administrativas ha mejorado la asignación de tareas específicas para cada órgano, evitando duplicaciones demasiado costosas que son típicas de los sistemas jerárquicos. El espacio del recurso jerárquico resulta, por lo tanto, redimensionado. En primer lugar, hoy no es admitido respecto a los actos de un ente local (municipio o provincia), o de una región. Además, la ley excluye expresamente una relación de jerarquía externa entre el ministro y los funcionarios estatales, con la consecuencia, de que los actos de estos, en general, no son susceptibles de recurso jerárquico frente al ministro[28].

La característica distintiva del recurso jerárquico consiste en la amplitud de vicios que pueden ser planteados por el ciudadano. En verdad, la utilidad del recurso jerárquico no está circunscrita solo a los vicios de legitimidad, porque el órgano que ha asumido el recurso es el superior en grado y, por lo tanto, en virtud de la relación jerárquica que lo une con el órgano que ha dictado el acto de primer grado, dispone de una capacidad de resolución que se extiende a cualquier aspecto del acto impugnado[29]. Con el recurso jerárquico se pueden discutir también los vicios de mérito: en particular se puede también impugnar la oportunidad de la elección discrecional realizada por el órgano subordinado[30].

Se trata, por lo tanto, de un remedio que traduce un nuevo ejercicio del poder administrativo del órgano jerárquicamente subordinado, por cualquier

---

[28] Así lo dispone el art. 16, 4º inc., del decreto legislativo 165 de 20 de marzo de 2001.

[29] A. Amorth, *La nozione di gerarchia*, Milán, Giuffrè, 1936, págs. 69 y ss.

[30] A. De Roberto y M. P. Tonini, *I ricorsi amministrativi*, Milán, Giuffrè, 1984; E. Ferrari, "I ricorsi amministrativi", en *Trattato di diritto amministrativo*, editado por S. Cassese, 2ª ed., tomo v, Milán, Giuffrè, 2003, págs. 4147 y ss.

tipo de censura planteada por un ciudadano. Esta caracterización sigue vigente aún hoy, a pesar de que, como se ha señalado, la reforma de la organización administrativa ha debilitado los vínculos de la relación jerárquica y ha valorizado principalmente las competencias exclusivas de cada órgano de la administración. En este contexto, el recurso jerárquico termina asumiendo una nueva importancia en la organización administrativa: no es más un reflejo de los poderes reconocidos al superior jerárquico, sino que es el mismo instrumento que establece un poder de injerencia del órgano superior respecto de la actividad del órgano de primer grado.

De todos modos, mediante el recurso jerárquico el expediente es remitido al órgano competente para decidir sobre el recurso: ese órgano, si así es requerido por el ciudadano, no solo puede anular el acto impugnado, sino a su vez modificarlo o sustituirlo por otro. En lo atinente a la decisión del recurso, en este caso, no solo se admite la verificación en torno a la legitimidad o la oportunidad del acto impugnado[31], sino que también asume una determinación concreta sobre el proceso. La decisión en sí implica, además de la valoración sobre el acto impugnado, la revisión del proceso, por lo que en este caso no hay distinción material entre la eliminación del acto impugnado y la renovación del procedimiento respectivo: con el recurso se pone en marcha un procedimiento que comporta, además de la eliminación del acto impugnado, también su sustitución por otro (la denominada 'reforma').

Los recursos jerárquicos son utilizados en Italia principalmente en algunos ámbitos de la administración estatal: en materia de empleo en la escuela pública y en el ordenamiento militar. En los otros sectores son instrumentos poco utilizados. Su fracaso se atribuye tradicionalmente a la escasa capacidad de los administradores públicos italianos para decidir recursos jerárquicos con espíritu de efectiva imparcialidad: prevalece el espíritu de cuerpo y es difícil que el superior jerárquico considere equivocado al inferior. Esto explica por qué las propuestas para revitalizar el instituto de los recursos administrativos configurándolos como instrumentos de resolución alternativa de disputas (*Alternative Dispute Resolution*) hasta el día de hoy han fracasado. Además, desde 1971, a causa de la institución en Italia de los tribunales administrativos regionales, la presentación del recurso jerárquico no representa más una condición para recurrir al juez administrativo; también esta circunstancia ha determinado un amplio desinterés por los recursos jerárquicos.

C) *El recurso extraordinario*

El recurso extraordinario ante el presidente de la República representa la última reliquia de la jurisdicción 'reservada' al soberano absoluto y, en el

---

[31] La oportunidad del acto impugnado se refiere a los denominados vicios de mérito, de los que ya se ha escrito.

Estado liberal, al soberano constitucional: encuentra respuesta en realidad en el recurso ante el Rey, previsto en Italia en las leyes sobre la justicia administrativa vigentes antes de la Constitución[32]. Se ha mantenido aun después de la Constitución republicana[33], y está regulado por el decreto de 1971[34] que reglamenta los recursos administrativos. Es admitido solo contra medidas respecto de las cuales se hubiesen interpuesto recursos jerárquicos: mediante el recurso extraordinario solo pueden debatirse vicios de legitimidad, y solo se puede solicitar la nulidad del acto impugnado (art. 8º, del decreto del presidente de la República, 1199 de 1971). Se encuentra previsto para todos los litigios conferidos al tribunal administrativo, siempre que la ley establezca su 'carácter alternativo', en comparación con un recurso judicial: el ciudadano que ha deducido un recurso judicial no puede impugnar la misma medida administrativa por medio de recurso extraordinario, y viceversa.

Respecto al resto de los recursos administrativos, el recurso extraordinario se caracteriza asimismo por un formalismo más acentuado[35] y, sobre todo, por la introducción de un instrumento específico de garantía, representado por la intervención del Consejo de Estado. La decisión del recurso, en verdad, debe ser precedida por la opinión del Consejo de Estado: en 2009 una reforma legislativa ha acrecentado la importancia de dicha opinión, asignándole el carácter de vinculante[36].

La intervención del Consejo de Estado y la previsión de un plazo para la presentación del recurso (de 120 días) más amplio de aquel (de 60 días) previsto para el recurso judicial, podría haber atribuido al recurso extraordinario una importancia significativa para la tutela del ciudadano contra la administración. En cambio, este remedio ha tenido un efecto práctico marginal, sobre todo a causa del retraso del Ministerio para la instrucción de los recursos; solo recientemente el Consejo de Estado ha intentado restituir la vitalidad del instituto verificando los plazos prescritos y censurando la morosidad ministerial.

El recurso extraordinario se dirige (a pesar de que se deduzca contra actos de las regiones o de entes locales) al Ministerio competente en la materia. Debe proceder a la instrucción del recurso, recopilando todos los elementos

[32] F. CAMMEO, "Il ricorso straordinario al Re", en *Questioni di diritto amministrativo*, Florencia 1900, págs. 3 y ss.

[33] BACHELET, "Ricorso straordinario al capo dello Stato e garanzie costituzionali", en *Riv. trim. dir. pubbl.*, 1959-1964 (ahora en *Scritti giuridici*, vol. II, Milán, 1981, págs. 57 y ss.).

[34] Decreto de 24 de noviembre de 1971, núm. 1199, cit.

[35] Las modalidades prescritas por el decreto del presidente de la República 1199 de 1971 para deducir el recurso extraordinario son muy similares a aquellas establecidas para deducir un recurso frente a un juez administrativo.

[36] Art. 69 de la ley de 18 de junio de 2009, núm. 69. Se trata de la misma ley que confirió al gobierno la delegación en base a la cual fue promulgado en 2010 el Código del Proceso Administrativo.

útiles para su evaluación. Una vez concluida la etapa instructoria, el recurso con todos sus respectivos actos, es elevado desde el Ministerio al Consejo de Estado para su dictamen, que es de carácter consultivo[37]. Sobre la base de la opinión del Consejo de Estado, el Ministro formula la propuesta de decreto al presidente de la República. La decisión del recurso extraordinario es adoptada por el presidente de la República[38].

Como ya se ha señalado, una reforma reciente ha establecido que la opinión del Consejo de Estado es vinculante: el resultado concreto del recurso corresponde, por lo tanto, al Consejo de Estado. En consecuencia, el ministro no tiene más un poder decisorio efectivo, y su propuesta al presidente de la República se reduce al cumplimiento de una formalidad.

El recurso extraordinario es el recurso administrativo más cercano a los jurisdiccionales: el papel decisivo reconocido hoy al Consejo de Estado ha acentuado las analogías. A partir del Código del Proceso Administrativo de 2010, la Casación y el Consejo de Estado han comenzado a sostener que, en la actualidad, el recurso extraordinario habría asumido la naturaleza de un remedio jurisdiccional y, en consecuencia, por ejemplo, han sostenido también que para la ejecución de la decisión del recurso extraordinario se encontraría previsto el recurso de *ottempera*[39]. La Casación habla al respecto de acto 'sustancialmente jurisdiccional'[40]. La Corte Constitucional, llamada a pronunciarse dado que con fundamento en la Constitución italiana los remedios jurisdiccionales son 'un número cerrado', ha hablado más prudentemente de 'remedio justiciable', con características sin embargo "en parte asimilables a las típicas del proceso administrativo"[41].

La asimilación a los actos jurisdiccionales sería ya tan estrecha que aún respecto del recurso extraordinario se configuraría la cosa juzgada[42].

Esta tendencia ha suscitado sin embargo algunas incertidumbres[43]. Se ha objetado que el recurso extraordinario represente típicamente un recurso administrativo y que su decisión, a pesar de las recientes innovaciones, no constituye una decisión judicial. La intervención del Consejo de Estado, a

---

[37] Arts. 12 y 13 del decr. 1199 de 1971, cit.

[38] Art. 14 del decreto 1199 de 1971; art. 1º, lett. dd, ley 13 de 12 de enero de 1991.

[39] Cas., sec. un., 2065 de 28 enero 2011; Cons. Estado, plenario, de 6 de mayo de 2013, n. 9 y n. 10. [Nota de la traducción: se sugiere mantener su nombre original, dada la peculiaridad, en todo caso podría traducirse como "conformidad" o "aceptación"].

[40] Cas., sec. un., 20569 de 6 setiembre 2013.

[41] Corte Const. 73 de 2 abril 2014.

[42] Cas., sec. un., 20569 de 6 septiembre 2013; Cas., sec. III, 20054 de 2 septiembre 2013; cfr. también Cons. Estado, plenario, 7 de 14 julio 2015.

[43] G. D'Angelo, "Consiglio di Stato e «giurisdizionalizzazione» del ricorso straordinario", en *Foro it.* 2012, III, 532; F. G. Scoca, "Osservazioni sulla natura del ricorso straordinario al Capo dello Stato", en *Giur. it.*, 2013, págs. 2374 y ss.

pesar de convertirse en vinculante a los fines del resultado del recurso, es de todos modos siempre una "opinión", y el decreto del Presidente de la República que lo aplica no constituye un acto jurisdiccional[44].

3. LOS OTROS TIPOS DE CONTROLES DE LA ACTIVIDAD ADMINISTRATIVA

A) *El esquema general*

Como se ha señalado inicialmente, el control jurisdiccional sobre los actos administrativos ejercido por el juez administrativo tiene gran importancia en Italia, porque sobre esa base se han elaborado las nociones fundamentales que son consideradas y aplicadas en general para evaluar los actos administrativos: en particular la misma noción de legitimidad de los actos administrativos (o, mejor dicho, del vicio de legitimidad del acto administrativo) es el resultado de la jurisprudencia administrativa, y en menor medida de la civil. Un análisis riguroso de la legitimidad administrativa debe llevarse a cabo, por lo tanto, utilizando las categorías desarrolladas por estos jueces. Esto es —o debería hacerse valer— incluso en contextos completamente diferentes.

El control de la actividad administrativa se realiza, en verdad, incluso con modalidades diferentes, con el objeto de verificar la corrección de la conducta de ciertos individuos. En estos casos no se trata por ende de una actividad dirigida específicamente a verificar la regularidad de los actos administrativos, sino que se trata de evaluar el obrar de individuos que trabajan para la administración pública. La evaluación de la conducta de estas personas se traduce, sin embargo, frecuentemente en una verificación de la legitimidad de los actos emanados de ellos.

B) *Los procedimientos disciplinarios*

La situación que acabamos de describir se manifiesta a veces en el ámbito disciplinario. Los procedimientos disciplinarios contra los empleados públicos gozan del carácter de los procedimientos administrativos, a pesar de que en ellos se proporcionan garantías modeladas sobre las propias de los procedimientos jurisdiccionales[45]. Respecto de los empleados públicos, incluidos los jueces

---

[44] Por otra parte, la Constitución no admite que la categoría de los actos jurisdiccionales se extienda a los actos que provienen de órganos no jurisdiccionales: la distinción entre actos jurisdiccionales y actos administrativos no admite concesiones. Finalmente no se puede olvidar que la opinión sobre el recurso extraordinario proviene de una sección 'consultiva' del Consejo de Estado, mientras que las funciones jurisdiccionales son ejercidas por secciones distintas.

[45] Los procedimientos disciplinarios de los empleados públicos son actualmente sujetos a revisión de la regulación legislativa. Para su sistematización cfr. decreto legislativo de 30 de marzo de 2001, núm. 165, modificado por la ley de 27 de octubre de 2009, núm. 150.

y el personal militar, no se encuentran previstos procedimientos disciplinarios delegados a los tribunal[46]. Los órganos competentes en materia disciplinaria aplican puntualmente las nociones de legitimidad administrativa elaboradas por la jurisprudencia administrativa y compartidas por la jurisprudencia civil; de cualquier manera se trata de una solución obligada, porque las medidas disciplinarias son impugnables ante estos jueces y si los órganos disciplinarios se desviaran sus medidas resultarían anuladas.

C) *El Tribunal de Cuentas*

En Italia, el Tribunal de Cuentas, además de ser un órgano de control, es un tribunal especial a los efectos de determinar el resarcimiento de los daños causados por los empleados y funcionarios públicos al erario estatal[47]; esta competencia ha sido prevista por la Constitución (art. 103). Frente al Tribunal de Cuentas, funciona un ministerio público, diseñado sobre el modelo penal, que decide si promueve la acción de responsabilidad contra el empleado o el funcionario, para obtener su condena al resarcimiento de los daños. Las acciones de responsabilidad en el Tribunal de Cuentas son importantes, incluso por su repercusión política, porque a menudo afecta a algunos funcionarios públicos de cierta notoriedad.

La verificación de la actividad administrativa realizada por el empleado o el funcionario público se desarrolla conforme a criterios particulares. En verdad, la ley establece que el Tribunal de Cuentas puede condenar al resarcimiento del daño, solo si la conducta del empleado o funcionario público ha sido dolosa o gravemente culposa (no es relevante, en cambio, la culpa leve). De esta manera, el legislador italiano ha definido que un empleado o funcionario público incurre en responsabilidad solo por conductas objetivamente reprochables[48]. Asimismo, se encuentra prevista "la inmunidad respecto del mérito en las decisiones discrecionales"[49].

---

[46] Una solución distinta se aplica a los procedimientos disciplinarios contra algunas categorías de profesionales, como los escribanos, que en cambio son de competencia de órganos jurisdiccionales.

[47] B. Sordi, "Modello amministrativo e modello costituzionale nell'istituzione della Corte dei Conti del Regno d'Italia (Convegno per il 150º anniversario dell'istituzione della Corte dei Conti)", en *Riv. Corte Conti*, 2013, págs. 771 y ss.

Hoy este proceso se rige por el decreto legislativo 174 de 26 de agosto de 2016. Sobre esta materia cfr. M. Clarich, F. Luiso, A. Travi, "Prime osservazioni sul recente Codice del processo avanti alla Corte dei conti", en *Diritto processuale amministrativo*, 2016, págs. 1271 y ss.

[48] C. Pagliarin, *Colpa grave ed equità. Nel giudizio di responsabilità innanzi alla Corte dei Conti*, Padua, Cedam, 2002.

[49] Art. 1, inc. 1, de la ley de 14 de enero de 1994, núm. 20.

Esta disposición debe ser entendida en el sentido de que también respecto del Tribunal de Cuentas la discrecionalidad administrativa se encuentra garantizada de la interferencia del juez. Esto no significa que el Tribunal de Cuentas deba abstenerse respecto de la actividad administrativa dotada de discrecionalidad: el Tribunal de Cuentas considera, en verdad, que cualquier actividad administrativa que provoque derroche de recursos públicos constituye una fuente de responsabilidad (a pesar de la necesidad de verificar el dolo o la culpa grave), porque no puede justificarse el derroche de recursos públicos en el ejercicio de un poder administrativo[50].

De esta manera el control que el Tribunal de Cuentas ejerce sobre la actividad administrativa por medio de los juicios de responsabilidad, a veces resulta más incisivo que el control jurisdiccional del mismo juez administrativo. La circunstancia de que el juicio a cargo del Tribunal de Cuentas tenga como objeto la responsabilidad de personas físicas y pueda traducirse en su condena implica que a menudo la jurisprudencia del Tribunal de Cuentas represente el criterio más seguido por las autoridades públicas en su labor.

Debe tenerse en cuenta que el Tribunal de Cuentas está constituido por secciones jurisdiccionales (cuya competencia principal está representada por los jueces de responsabilidad) y secciones de control; que también desarrollan una actividad particularmente directa con el fin de proteger los intereses económicos y financieros de la administración[51]. De esta manera el Tribunal de Cuentas culminó calificándose en Italia, en términos generales, como un órgano destinado a asegurar la integridad del patrimonio público y el buen uso de los recursos financieros por la administración, tarea que ha asumido una importancia extraordinaria en los últimos años, a la luz de la grave crisis económica que ha golpeado a Italia y la necesidad de los países de reducir el déficit del presupuesto público.

El control de la actividad administrativa ejercido por el Tribunal de Cuentas culmina, de esta manera, distinguiéndose de aquel ejercido típicamente por el juez administrativo. El Tribunal de Cuentas verifica la eficiencia y la economicidad de la labor administrativa: su control se extiende por lo tanto a la actividad administrativa en su totalidad, más que a una medida singular. Esto no significa que los matices relativos a la ilegitimidad de medidas individuales resulten irrelevantes, punto que el Tribunal de Cuentas, como se ha señalado,

[50] L. Giampaolino, "Sui limiti della giurisdizione della corte dei conti in tema di responsabilità amministrativa nei confronti della c.d. «riserva di amministrazione»", en *Giust. civ.*, 2007, I, págs. 980 y ss.; C. Cudia, "La responsabilità amministrativa tra (il)liceità del comportamento e (il)legittimità dell'atto: limiti della giurisdizione della Corte dei Conti e discrezionalità amministrativa", en *Foro amm.- Cons. Stato*, 2003, págs. 2880 y ss.

[51] Cfr. G. D'Auria, "Dai controlli «ausiliari» ai controlli «imperativi» e «cogenti» della Corte dei conti nei confronti delle autonomie locali e degli enti sanitari", en *Foro it.*, 2015, I, págs. 2674 y ss.

ejerce incluso el control sobre la legitimidad de los actos más importantes de la administración estatal. Significa, por el contrario, que el control del Tribunal de Cuentas también cubre el examen de los resultados logrados por la administración, al verificar la pertinente adecuación y coherencia respecto de los gastos incurridos.

De esta manera, en las últimas décadas en Italia se perfila una forma de control que tiene por objeto la actividad administrativa en su conjunto, desde el punto de vista de los resultados. Un control de este tipo, tendría que ser llevado a cabo utilizando principalmente nociones derivadas de la ciencia económica y de las ciencias sociales, más que del derecho administrativo. El Tribunal de Cuentas italiano, en cambio, se encuentra constituido por jueces especiales que tienen formación jurídica. Lo cierto es que, junto a una reducción del espacio de los controles sobre los actos individuales de la administración (se remite a lo expuesto anteriormente), hay una acentuación de los controles en los resultados logrados por la administración, y esto conduce a configurar un cambio estructural en el tipo de control y en el objetivo fundamental que se persigue con los controles[52].

D) *El juez penal*

En Italia, una función especial, relativa al control de la actividad administrativa, ha sido desempeñada de hecho, desde hace unos veinticinco años, por los jueces penales. Algunas investigaciones de la Procuración de la República de Milán sobre casos de corrupción, iniciadas a principios de los años noventa, provocaron la caída de los gobiernos y medidas muy severas respecto de los funcionarios públicos: periódicamente, nuevas investigaciones penales golpearon a la administración pública, revelando, a menudo, incidentes sobre malas prácticas administrativas.

Las iniciativas de la justicia penal no asumen una relevancia general, a los efectos que aquí importan. Interesa, en cambio, el hecho de que muy a menudo los tribunales penales demuestran utilizar con cierta autonomía las nociones de legitimidad administrativa elaboradas por la jurisprudencia administrativa y compartidas por la jurisprudencia civil[53]. Ante todo, respecto del juez penal, no opera la barrera del denominado mérito administrativo: la actividad administrativa es siempre evaluable en cada uno de sus aspectos y su motivación. En consecuencia, se supera también la distinción entre legitimidad administrativa

---

[52] Sobre esta evolución la literatura jurídica en Italia es muy amplia: se llega a contraponer a una 'administración por actos', una 'administraciòn de resultado'. Para una visión general, cfr. R. Ursi, *Le stagioni dell'efficienza. I paradigmi giuridici della buona amministrazione,* Rimini, Maggioli, 2016.

[53] P. Tanda, *Attività amministrativa e sindacato del giudice civile e penale*, Turín, Giappichelli, 1999.

y mérito administrativo, a pesar de que a veces la misma ley penal impondría su observancia. Además, surge a veces una preocupación de tipo ético, que lleva a afectar situaciones que incluso la jurisprudencia administrativa consideraría legítimas. Finalmente, muchas veces los criterios de valoración son diferentes: por ejemplo, en el pasado los jueces penales han incriminado a funcionarios públicos que mantuvieron acuerdos con particulares en materia administrativa, y han sostenido que esos acuerdos eran ilícitos, porque el poder administrativo resulta indisponible, cuando en cambio era la propia ley la que los admitía[54].

Respecto de la jurisprudencia penal, surge un circuito de elaboración de las nociones básicas para definir la legitimidad administrativa, que es paralelo respecto a aquel de la jurisprudencia administrativa y que, por lo tanto, conduce a resultados no siempre coincidentes. Se trata de un problema grave, porque pone en discusión la certeza del derecho aplicable a la administración: en Italia, este problema no parece aún haber encontrado una solución.

4. LAS FORMAS DE CONTROL CÍVICO

La ley sobre el procedimiento administrativo[55] ha reconocido en Italia, en 1990, él derecho de los ciudadanos a conocer los documentos administrativos referentes a ellos (el llamado derecho de acceso), y le ha asignado una especial importancia también como un medio para establecer un nuevo modelo de actividad administrativa (más abierto y transparente), y un nuevo modelo de relación entre la administración y los ciudadanos. El derecho a conocer los documentos administrativos, sin embargo, ha sido reconocido por esta ley solo a los ciudadanos que fuesen titulares de un interés jurídico, y que para su realización o tutela, fuese útil conocer aquel documento. Para garantizar tal derecho, se previó una acción especial, muy ágil, sometida al juez administrativo[56].

El conocimiento de los documentos administrativos puede resultar útil al ciudadano para protegerse frente al juez civil o al juez administrativo contra la administración; en este sentido, se comprobó inmediatamente que el derecho de conocer los documentos administrativos tenía sobre la Ley de Procedimiento Administrativo el mismo fundamento subjetivo (representado por la exigencia de garantizar un interés jurídico) que se encuentra previsto en Italia también para las acciones jurisdiccionales. No obstante ello, el conocimiento de los

---

[54] Estos acuerdos, en verdad, se encuentran expresamente previstos en la Ley sobre el Procedimiento Administrativo: art. 11 de la ley del 7 de agosto de 1990, núm. 241, y modificaciones sucesivas.

[55] Se trata de la ley de 7 de agosto de 1990, núm. 241, varias veces mencionada.

[56] Hoy regulada por el art. 116 y ss. del Código del Proceso Administrativo.

documentos administrativos puede ser utilizado por el ciudadano para otros fines: por ejemplo, en el procedimiento administrativo, para intervenir con el fin de evitar perjuicios a sus intereses, o para obtener de la administración una modificación de sus actos, o la corrección de errores, etc.. En primer lugar, sin embargo, el conocimiento de los documentos administrativos es, en sí mismo, una herramienta para controlar la regularidad de la actividad administrativa, pues implica una verificación en manos del ciudadano, lo que no quita su importancia práctica. Por ejemplo, de ahí puede surgir una denuncia al Fiscal General del Tribunal de Cuentas, si se acreditan daños al erario, o una denuncia penal, en caso de evidenciarse indicios delictivos, o un informe a los miembros del Parlamento, que pueden solicitar o proponer una interpelación.

Esta regulación ha asumido connotaciones más distintivas respecto al control de la actividad administrativa, sobre la base de algunas reformas muy recientes.

En 2013 un decreto legislativo[57] impuso la obligación de publicar en el sitio de internet de cada organismo de la administración pública una sección especial,[58] en la que se deben publicar todos los actos importantes de la institución. Si estos actos no son publicados, cualquier ciudadano pude recurrir al juez administrativo para obtenerlos, sin necesidad de demostrar la titularidad de un interés jurídico (el llamado derecho de acceso cívico[59]). Asimismo, mediante un decreto legislativo de 2016[60] se introdujo el principio general de la publicidad de los actos administrativos: cualquier ciudadano puede obtener una copia, sin necesidad de demostrar interés jurídico, simplemente como ciudadano interesado en conocer el obrar de la administración (el llamado derecho de acceso difuso[61]). Solo los actos que contienen información particular respecto de otros individuos pueden ser excluidos de esta forma de publicidad[62].

Es evidente que, de esta manera, se potencia la posibilidad de un control generalizado de los ciudadanos sobre la actividad administrativa. Además, la transparencia debería disminuir los casos de mala administración, porque la mala administración se alimenta de la reserva de la actividad administrativa. La

---

[57] Decreto legislativo de 14 de marzo de 2013, núm. 33.

[58] Esta sección se denomina oficialmente "administración transparente".

[59] Cfr. M. R. Spasiano,"Riflessioni in tema di trasparenza anche alla luce del diritto di accesso civico", en *Nuove autonomie*, 2015, págs. 63 y ss.

[60] Decreto legislativo de 25 de mayo de 2016, núm. 97.

[61] Aún en estos, si la administración no admite la copia del documento, la tutela es devuelta al juez administrativo (art. 116 y ss. del Código del Proceso Administrativo).

[62] En estos casos puede ser ejercido el derecho de acceso con fundamento en la ley de 7 de agosto de 1990, núm. 241, que, de todos modos, requiere de la demostración de un idóneo interés jurídico para el conocimiento del documento.

administración que opera transparentemente, bajo la supervisión constante de los ciudadanos, tiene un mayor incentivo para respetar la ley.

5. CONSIDERACIONES GLOBALES

Es lugar común en Italia, afirmar que los instrumentos de control de la actividad administrativa no son suficientemente eficaces: los espacios de ilegalidad son aún muy amplios y, lamentablemente, a pesar de que este elemento es a menudo olvidado, el Estado no tiene el efectivo control de la totalidad del territorio nacional. Sobre todo en las zonas del Sur de Italia controladas por las organizaciones criminales, el mismo sistema de las autonomías regionales y locales, que es de por sí esencial para un desarrollo democrático, termina representando un obstáculo para la difusión de la legalidad. En estas zonas, incluso las iniciativas de la magistratura penal son más difíciles, y las intervenciones del Tribunal de Cuentas lucen más tímidas.

La Italia de los últimos quince años ha cambiado su modelo administrativo. Se han debilitado los sistemas de control administrativo sobre los actos, que se encontraban previstos en la Constitución de 1948 y, de esta manera, se ha producido una brecha importante, que se quisiera superar hoy con otros sistemas, como el control cívico por medio del derecho de acceso generalizado. La posibilidad de que de esta manera se logren niveles adecuados de legalidad administrativa parece, aún hoy, muy problemática.

Los estudios relativos al control de la actividad administrativa, por otra parte, resultan parciales y poco eficaces: se carece en verdad de una cultura de la legalidad. Cultura de la legalidad, significa que debe existir una percepción común respecto de que cualquier violación de las reglas por parte de la administración pública representa una ofensa al ciudadano, y pone en peligro el modelo democrático, que se rige efectivamente por el cumplimiento de las reglas por parte de todas las instituciones. Desde esta óptica, las razones sobre las que reside el Estado liberal son aún hoy vigentes y no pueden de ninguna manera considerarse superadas ni siquiera por la evolución más reciente.

MÉXICO

EL CONTROL DE LA ACTIVIDAD ADMINISTRATIVA EN MÉXICO

Luis José Béjar Rivera[*]

1. Introducción

El derecho administrativo, se ocupa del estudio del comportamiento jurídico de la Administración Pública, y en cuanto hace al aspecto operativo (de contacto directo, si se prefiere) del cumplimiento de los derechos de los ciudadanos frente a la propia Administración[1], es decir, se trata en gran medida de la concreción de los derechos de los ciudadanos y, por tanto, resulta indispensable considerar que dentro de esta disciplina también se consagra la necesidad de ejercer controles sobre la actividad administrativa, en cuanto tiene que ver con la legalidad y con el correcto uso de los recursos, formulación y ejecución de políticas públicas, etc., y que esto sea mensurable por el administrado.

Así, el objeto de estudio de este trabajo es precisamente el control de la actividad administrativa, es decir, aquello que nos permite: "[...] medir y examinar los resultados obtenidos en el período para evaluarlos y para decidir las medidas correctivas que sean necesarias [...]"[2], y hacer un recorrido sobre las distintas formas como se regulan en nuestro sistema jurídico.

[*] Licenciado en Derecho por el ITESO. Maestro en Ciencias Jurídicas y Doctor en Derecho por la Universidad Panamericana, Campus México. Miembro del Sistema Nacional de Investigadores del CONACYT. Profesor Investigador de la Universidad Panamericana, Campus México. *Visiting Research Fellow* de la Facultad de Derecho de la Universidad de Montreal.

Expreso mi agradecimiento especial al Dr. Libardo Rodríguez Rodríguez, quien ha realizado un importante esfuerzo por propiciar un nuevo espacio de encuentro para todos aquellos que nos dedicamos al Derecho Administrativo, y al Instituto Internacional de Derecho Administrativo (IIDA), y cuya bajo dirección se están generando proyectos académicos de gran importancia que permiten una mayor trasmisión del conocimiento científico sobre nuestra materia.

También, quiero agradecer al Dr. Carlos E. Delpiazzo, la coordinación de los trabajos de los cuales forma parte el presente, un esfuerzo no menor, y que sin duda representa un gran paso en la consolidación del IIDA.

[1] Sobre este particular, véase nuestro trabajo, "La vocación del derecho administrativo hacia la concreción de los derechos humanos" en *Derechos humanos. Perspectivas y retos* (Martha María del Carmen Hernández Álvarez, Coord.), México, Tirant lo Blanch, 2016, págs. 885 y ss.

[2] AA. VV., *Aspectos administrativos de la Planeación,* Organización de las Naciones Unidas (ONU), Nueva York, 1969, pág. 431.

Así, nos referimos a los controles administrativos, que en palabras del profesor MARCEL WALINE es "[...] la verificación de la conformidad de una acción (en la especie, una actividad administrativa) con una norma que se impone a esta; esta norma puede ser jurídica (control de regularidad) o una norma de correcta ejecución (control de rentabilidad o eficacia)"[3].

En el mismo tenor, el profesor mexicano DANIEL MÁRQUEZ afirma que "[...] se entiende por control la actividad de carácter registral o técnica encomendada a una función pública, un ente administrativo estatal o aun empleado público, por orden jurídico, que se dirige a revisar la adecuación y legalidad de los actos encomendados a los diversos órganos del poder público, con la obligación de pronunciarse sobre ellos"[4].

El control de la actividad administrativa en el derecho mexicano, el cual resulta un tanto complejo si se considera la multiplicidad de formas que se regulan para tal actividad en nuestro sistema jurídico: control en sede administrativa, control en sede jurisdiccional y el control en sede judicial.

En este tenor, a lo largo de este trabajo empezaremos por exponer las formas de control existentes en sede administrativa, pasando por los llamados controles internos de la administración; en concreto, nos detendremos en la reciente introducción del Sistema Nacional Anticorrupción, en vigor a partir de agosto de 2017, que constituye el nuevo rostro del derecho disciplinario en México (por supuesto que excluimos la parte del sistema anticorrupción que tiene que ver con los administrados y contratistas del Estado, pues no son objeto de estudio del presente trabajo). Además, se harán algunos comentarios sobre las implicaciones penales en relación con la Administración Pública.

Por supuesto, se hará mención de los recursos administrativos, como el control administrativo de la legalidad por excelencia, en sede de la propia Administración Pública.

Posteriormente nos referiremos al contencioso administrativo ante el Tribunal Federal de Justicia Administrativa (TFJA), entendiendo que el modelo mexicano corresponde a los llamados sistemas mixtos o de dualidad jurisdiccional, pues el TFJA no forma parte del poder judicial.

En último término, haremos algunos comentarios relativos al control judicial de la actividad administrativa, mediante la figura jurídica del amparo, como instancia extraordinaria ante la violación directa de los derechos administrados.

Sin duda resulta evidente para el lector, que son varios los aspectos que integran este trabajo, y que no sería realista agotarlos a cabalidad en estas

---

[3] Citado por JOSÉ LUIS VÁZQUEZ ALFARO, *El control de la administración pública en México*, México, Universidad Nacional Autónoma de México, 1996, pág. 11.

[4] DANIEL MÁRQUEZ GÓMEZ, *Los procedimientos administrativos materialmente jurisdiccionales como medios de control en la Administración Pública*, México, Universidad Nacional Autónoma de México, 2002.

páginas, por lo que el objetivo de nuestro trabajo es precisamente mostrar un panorama general respecto de los principales controles que se regulan en el derecho administrativo. Otra precisión adicional tiene que ver con que este trabajo estará centrado únicamente en el ámbito federal (se excluye los regímenes especiales), pues el modelo republicano que rige en México nos permite señalar que existen también sistemas de control en los distintos ámbitos locales[5], pero no resulta práctico abordarlos en este documento.

2. LOS CONTROLES EN SEDE ADMINISTRATIVA

En cuento hace a los controles en sede administrativa, nos referiremos en términos generales a aquellos que tiene que ver con el poder ejecutivo, y que en gran medida consisten en mecanismos de autocontrol. En algunos de estos casos, como en el del control del gasto público, además del control que ejerce el ejecutivo, se lo ha confiado a un agente externo, la Auditoría Superior de la Federación (ASF), la cual depende de la Cámara de Diputados. Otro caso corresponde a los controles en materia de responsabilidad administrativa, cuyo ejercicio en principio corresponde a la Secretaría de la Función Pública (SFP), pero, tratándose de la imposición de sanciones por conductas graves, corresponderá a las Salas Especializadas del Tribunal Federal de Justicia Administrativa (TFJA), en virtud de las recientes reformas constitucionales, las cuales, tal y como lo comentamos en líneas precedentes, entraron en vigor en agosto de 2017. Sin embargo, para efectos de esta exposición, aún cuando estos controles no están asignados en su totalidad al poder ejecutivo, debido a su naturaleza, los encuadramos dentro de los controles en sede administrativa.

Las características propias de los controles en sede administrativa, siguiendo a JOSÉ LUIS VÁZQUEZ ALFARO[6], son:

a) Se realizan, por regla general, por una autoridad perteneciente a la administración pública;

b) Puede ser activado por la propia autoridad administrativa, o bien, a solicitud de un particular, ya sea por queja (en relación a la conducta de un funcionario público), o bien, por la interposición de un recurso administrativo (control de legalidad);

c) El objeto de estos controles es la revisión de la legalidad o la oportunidad[7] de los actos y procedimientos sometidos al control.

---

[5] Los Estados Unidos Mexicanos son una República Federal, representativa y democrática, que se integra en una Federación, 32 Estados y un Distrito Federal, Ciudad de México, y todos cuentan con su propia Constitución y su sistema legislativo local, que en muchos de los casos presentan importantes variantes.

[6] Cfr. VÁZQUEZ ALFARO, *op. cit.*, págs. 284-292.

[7] Aunque en otras ocasiones nos hemos pronunciado al respecto, debemos insistir que el control de la oportunidad de los actos se conserva en el derecho administrativo mexicano

d) Con motivo del ejercicio del control, la Administración Pública puede declarar la nulidad o anulabilidad de los actos y procedimientos[8], siempre y cuando no sea en perjuicio del particular[9]; y,

e) El control administrativo no está sometido a las mismas reglas del control jurisdiccional (salvo el caso de la imposición de sanción por infracción grave).

A) *La Secretaría de la Función Pública*

Es importante señalar en este punto que en términos generales, el control en sede administrativa corresponde precisamente a la Secretaría de la Función Pública (en lo sucesivo SFP), y así se establece en la fracción I del artículo 37 de la Ley Orgánica de la Administración Pública Federal (LOAPF), en la cual se señala que corresponde a la SFP organizar y coordinar el sistema de control interno y la evaluación de la gestión gubernamental; asimismo, es responsable de inspeccionar el ejercicio del gasto público y su congruencia presupuestaria[10].

A su vez, la SFP forma parte del Sistema Nacional Anticorrupción (SNA)[11]; también le corresponde emitir las normas y bases generales para la realización de auditorías internas, transversales y externas[12], vigilar el cumplimiento de las disposiciones presupuestarias y el ejercicio del gasto público[13]; atender las quejas e inconformidades que presenten los particulares[14]; investigar las conductas de los funcionarios públicos que puedan constituir responsabilidades administrativas, así como substanciar los procedimientos disciplinarios correspondientes[15], entre otras funciones.

Dentro de la estructura de las dependencias (administración centralizada) y entidades (administración paraestatal), se establece la figura de los órganos internos de control (OIC), y aunque cada uno de ellos corresponde a la de-

---

más bien como un concepto doctrinal, poco utilizado, máxime que la revocación en razón de oportunidad no está autorizada en la legislación mexicana. A mayor abundamiento, Cfr. LUIS JOSÉ BÉJAR RIVERA, *El acto administrativo y su finalidad,* reimp., México, Porrúa, 2016, págs. 105-114.

[8] Cfr. Arts. 5-7 de la Ley Federal de Procedimiento Administrativo (LFPA).

[9] Para tales efectos, la autoridad administrativa está obligada a acudir al juicio contencioso administrativo, en términos de lo dispuesto por el art. 2 de la Ley Federal del Procedimiento Contencioso Administrativo (LFPCA).

[10] Cfr. Frac. I, art. 37 de la LOAPF.

[11] Cfr. Frac. III, art. 37 de la LOAPF.

[12] Cfr. Frac. IV, Art. 37 de la LOAPF.

[13] Cfr. Frac. V, art. 37 de la LOAPF.

[14] Cfr. Frac. XVII, art. 37 de la LOAPF.

[15] Cfr. Frac. XVIII, art. 37 de la LOAPF.

pendencia o entidad en la que se encuentren, jerárquicamente y para efectos del ejercicio de su función, dependen directamente de la SFP. Así pues, se convierten en el brazo ejecutor de los controles en sede administrativa, excepto tratándose de los recursos administrativos, los cuales, en términos de la LFPA deben ser resueltos siempre por el superior jerárquico de la autoridad emisora.

En pocas palabras, podemos afirmar que el ejercicio de los controles en sede administrativa en su mayoría corresponde a la SFP, por conducto de su propia estructura, con el auxilio de los Órganos Internos de Control, que forman parte de las dependencias y entidades.

B) *El Control Interno*

En cuanto al llamado control interno, en el derecho mexicano, además de lo dispuesto por la LOAPF, se ha establecido mediante el Acuerdo sobre Control Interno, así como en el Manual Administrativo de Aplicación General en Materia de Control Interno, de aplicación obligatoria para toda la administración pública, centralizada o paracstatal (en la medida en que no se oponga a lo preceptuado por su legislación especial).

El objetivo del control interno es proporcionar razonable seguridad en el logro de los objetivos y metas, especialmente en las categorías de eficacia, eficiencia, economía, confiabilidad, veracidad y oportunidad de la información financiera; cumplimiento del marco jurídico aplicable; salvaguarda y conservación de los recursos públicos en condiciones de integridad, transparencia y disponibilidad para sus fines.

Los sistemas de control interno operan en los ámbitos directivo, estratégico y operativo; que deben autoevaluarse por lo menos de forma anual. De los resultados obtenidos, así como de los informes que de tales evaluaciones se desprendan y de las áreas de oportunidad de mejoras, debe presentarse un informe anual a la SFP, así como al Órgano Iinterno de Control correspondiente, respecto del cual emitirá un informe de resultados, el cual se presenta a la SFP.

Desde una perspectiva jurídica, poco es lo que podemos comentar en relación con los llamados controles internos, pues sus aspectos de control, en general, no se refieren a cuestiones jurídicas, sino más bien a situaciones propias del actuar administrativo cotidiano. En este sentido, no debe extrañar al lector que continuamente, para efectos de control interno, se haga referencia a técnicas propias de la administración privada y se acuda a esquemas de administración pública propias de los sistemas anglosajones.

En este tenor, el control interno mexicano ha hecho su énfasis principalmente en el correcto uso y destino de los recursos materiales y financieros, buscando ante todo su ejercicio eficiente. Sobre este particular, mediante la reforma constitucional de 29 de enero de 2016, se introduce en el artículo 134 que los recursos económicos se administrarán con eficacia, economía, transparencia y honradez para satisfacer los objetivos a los que estén destinados. Asimismo, en el siguiente párrafo del numeral en comento se señala que los resultados serán evaluados por las instancias técnicas que se establezcan para tal efecto[16].

Resulta imposible, los efectos de este trabajo, hacer un estudio profundo respecto de los sistemas de control interno, máxime que, como ya lo señalamos, los principales objetos del control interno no corresponden a la ciencia jurídica *per se*[17].

C) *El control presupuestario*

Sin duda uno de los aspectos que más han preocupado a los especialistas de la materia, se refiere al correcto ejercicio de los recursos públicos; en concreto, a la verificación de que la administración pública ingrese y gaste correctamente los recursos que percibe, cuyo origen principal en nuestro país deviene de las contribuciones.

Así, el control presupuestario tiene por objeto la verificación de que el ejercicio del gasto público asignado a una entidad pública, se haya realizado con estricto apego al presupuesto de egresos y a los programas que le apliquen en su ramo del despacho público. En pocas palabras, podemos decir que el control presupuestario es la medición de resultados de la actuación administrativa en relación con los recursos públicos asignados para el cumplimiento de sus finalidades y cometidos.

En México, la materia del control presupuestario es de las más preocupantes actualmente, no solo para el propio Estado, sino también para la sociedad en general, dado que el fantasma de la corrupción está constantemente presente y afecta la gestión pública. Es por ello por lo que se puede afirmar que desde hace varios años[18] el control del ejercicio de los recursos públicos se ha ido incrementando y se han estado buscando diversas formas de mejorar los con-

---

[16] Constitución Política de los Estados Unidos Mexicanos (CPEUM), art. 134 pars. 1 y 2.

[17] A mayor abundamiento sobre este punto, nos hemos pronunciado en otras ocasiones. Cfr. LUIS JOSÉ BÉJAR RIVERA & ALEJANDRO ORRICO GALVEZ, "El control administrativo en México. Apuntes desde una perspectiva jurídica sobre el control interno en la Administración Pública Federal", en *Revista de la Facultad de Derecho. Universidad de Montevideo,* año XII, núm. 22, Montevideo, 2013.

[18] Podemos afirmar que aún cuando históricamente siempre ha existido el control presupuestario, desde las primeras constituciones en el siglo XIX hasta la actual, que ha cumplido un centenar de años, solo hasta los años ochenta del siglo pasado a partir de la llamada renovación moral de la administración, impulsada por el Presidente Miguel de la Madrid Hurtado, el control presupuestario cobra verdadera fuerza, teniendo un cambio importante durante el período presidencial de Vicente Fox Quesada y finalmente, con las reformas impulsadas por el Presidente Peña Nieto.

troles, responsabilidad que recae, no solo en la administración, sino también en el poder legislativo.

Ahora bien, en el ámbito constitucional se advierten diversas menciones (explicitas e indirectas), respecto del control presupuestario y sobre los otros sistemas de control, a los cuales nos habremos de referir más adelante.

En primer lugar, identificamos la fracción XXIV del artículo 73 de la CPEUM, que establece la atribución del Congreso para legislar en materia de organización y facultades de la Auditoría Superior de la Federación (ASF), así como las normas relativas a la gestión, control y evaluación de los poderes de la Unión y los entes públicos federales[19]; la coordinación y evaluación de las funciones de la ASF[20], así como la revisión de la cuenta pública por conducto de esta institución[21], que es competencia de la Cámara de Diputados del Congreso de la Unión.

La ASF de la Cámara de Diputados cuenta con autonomía técnica y de gestión para ejercer sus atribuciones y realiza su función conforme a los principios de legalidad, definitividad, imparcialidad y confiabilidad[22].

Le corresponde a la ASF fiscalizar en forma posterior los ingresos, egresos y deuda, así como los de las entidades federativas, cuya procedencia sean recursos federales, sobre los cuales podrá fiscalizar de forma directa; de igual forma, podrá fiscalizar a cualquier persona, física o moral, pública o privada, que haya administrado fondos federales, en términos de su ley reglamentaria[23].

Asimismo, debe presentar los informes correspondientes de las auditorías practicadas el día 20 de febrero del año siguiente al de la presentación de la cuenta pública a la propia Cámara de Diputados, así como un informe general de resultados. Dichos informes también deben ser remitidos a los sujetos auditados, con las recomendaciones y acciones correspondientes, otorgándoles un plazo de treinta días hábiles para que presenten la información y hagan las manifestaciones correspondientes[24].

La ASF se debe apoyar en el Sistema Nacional de Fiscalización (SNF), el cual se considera que es el conjunto de mecanismos interinstitucionales de coordinación entre los órganos responsables de las tareas de auditoría gubernamental en los distintos órdenes de gobierno, con el objetivo de ampliar la cobertura y el impacto de la fiscalización en todo el país[25].

---

[19] Cfr. art. 73, frac. XXIV de la CPEUM.

[20] Cfr. art. 74, frac. II de la CPEUM.

[21] Cfr. art. 74, frac. VI de la CPEUM.

[22] Cfr. CPEUM, art. 79 págs. 1º y 2º

[23] Cfr. art. 79, frac. I de la CPEUM.

[24] Cfr. art. 79, frac. II de la CPEUM.

[25] Cfr. art. 3, frac. XII de la Ley General del Sistema Nacional Anticorrupción (LGSNA).

Es responsabilidad constitucional de la ASF investigar los actos u omisiones que impliquen alguna irregularidad o conducta ilícita en relación con el ingreso, egreso, manejo, custodia y aplicación de fondos y recursos federal, es así como practicar visitas domiciliarias con el fin de solicitar la documentación correspondiente al objeto de su visita, cumpliendo las formalidades establecidas para los cateos[26].

Como consecuencia de su facultad investigadora, la ASF tiene la atribución de promover las responsabilidades que sean procedentes ante el TFJA y la Fiscalía Especializada en Combate a la Corrupción, para que se impongan las sanciones correspondientes, a servidores públicos federales, locales y municipales[27].

La ley reglamentaria sobre el control presupuestario es la Ley de Fiscalización y Rendición de Cuentas de la Federación (LFRCF)[28]. Por ahora, nos ocuparemos en el procedimiento correspondiente de revisión de la cuenta pública: *a grosso modo* puede decirse que la ASF ejerce un control que se considera externo, con carácter superior, posterior a la gestión financiera, y en virtud de mandato constitucional, que goza de autonomía técnica y de gestión para un mejor cumplimiento de sus funciones. Contará con las unidades administrativas necesarias para el desempeño de sus funciones, y será la responsable de informar a la Cámara de Diputados, mediante un dictamen, si la cuenta pública se ajusta , a la gestión del presupuesto de egresos.

Para efectos de este trabajo, nos parece adecuado explicar de forma simplificada el procedimiento, pero que de ninguna forma resulta sencillo en su ejecución, pues se debe tomar en consideración que en México existen 18 Secretarías de Estado, 299 entidades públicas, 33 entidades federativas y 146 oficinas diplomáticas, con más de un millón y medio de empleados públicos, tan solo en el gobierno federal.

Para comenzar el procedimiento en comento, la instancia revisada elabora la cuenta pública, cuidando de acompañar dicho documento de todos los justificatorios y comprobantes, mismos que son recibidos y analizados por la ASF, que en caso de encontrar alguna diferencia o inexactitud requerirá a la instancia revisada más documentos justificatorios, por los informes y aclaraciones pertinentes; en caso de aprobarlo, lo remitirá a la Comisión de Vigilancia de la Cámara de Diputados, la cual lo analizará y, en caso de aprobarlo, lo presentará al pleno de la Cámara Baja, para su discusión y aprobación, o bien para la determinación de responsabilidades, en caso de incumplimiento. De aprobarse la cuenta pública, se expedirá el decreto respectivo; en caso con-

---

[26] Cfr. art. 79, frac. III de la CPEUM.

[27] Cfr. art. 79, frac. IV de la CPEUM.

[28] Publicada en el Diario Oficial de la Federación (DOF) el 18 de julio de 2016.

trario, la propia ASF presentará las denuncias correspondientes o ejercerá las acciones respectivas ante el TFJA o ante la Fiscalía Especializada en Combate a la Corrupción.

Tal y como se señaló en líneas precedentes, en este trabajo resultaría imposible realmente hacer el desarrollo completo de esta cuestión en tan pocas páginas, por lo que nos limitamos a plantear una descripción general del tema.

D) *El control en materia de combate a la corrupción*

Según información de Transparencia Internacional, el índice de percepción de la corrupción en México coloca a nuestro país en el lugar 123 entre 176 países[29]. Sin duda se trata de una cifra escandalosa, bien porque México ocupe tal lugar en el índice de corrupción, o bien, porque esa sea la percepción que se tiene en la sociedad. Tal y como lo hemos señalado, no se trata de algo que nos debe desalentar, sino, por el contrario, debemos ver como un punto de partida para mejorar y corregir[30].

Ya señalamos en líneas precedentes que un primer antecedente sobre el combate a la corrupción la constituye la *Renovación Moral* del Estado, que introduce normas en materia de responsabilida de que los servidores públicos, principalmente en el artículo 108 constitucional. A partir de ahí, se han hecho una serie de reformas en la materia, entre las que destaca la promulgación de la Ley Federal de Responsabilidades Administrativas de los Servidores Públicos (LFRASP) por el Presidente Fox, y más recientemente, la reforma constitucional de 27 de mayo de 2015, con la reforma al artículo 109 de la CPEUM, mediante la cual se crea el Sistema Nacional Anticorrupción (SNA), consagrado en el artículo 113, que tienen varios efectos, entre ellos, la reforma al TFJA, antes Tribunal Federal de Justicia Fiscal y Administrativa, la creación constitucional de una Fiscalía Especializada en materia de Combate a la Corrupción, que si bien pertenece a la Fiscalía General, actuará de forma autónoma para el cumplimiento de sus fines; así mismo, se crea un Comité coordinador para la gestión del SNA, integrado por el Titular de la ASF, el Presidente del TFJA, el Presidente del Instituto Nacional de Transparencia, Acceso a la Información y Protección de Datos Personales (INAI), un representante del Consejo de la Judicatura Federal (CJF) del Poder Judicial de la

---

[29] Cfr. ALBERTO MORALES, "México, lugar 123 de 176 países en índice de corrupción", en el diario *El Universal*, visible en *www.eluniversal.com.mx/articulo/nacion/politica/2017/01/24/mexico-lugar-123-de-176-paises-en-indice-de-corrupcion*, consultada el día 1 de junio de 2017.

[30] Sobre este particular, algo hemos comentado con anterioridad, Cfr. LUIS JOSÉ BÉJAR RIVERA, "El combate a la corrupción en materia de contrataciones públicas. Comentarios sobre la legislación mexicana federal" en *Práctica Contratación Administrativa*, núm. 145, septiembre-octubre 2016, Madrid, Ed. Wolters Kluwer.

Federación (PFJ), un representante del Comité de Participación Ciudadana y el titular de la SFP, como responsable del control interno[31].

Otra de las consecuencias de esta reforma es la promulgación de la Ley General del Sistema Nacional Anticorrupción (LGSNA)[32], así como la abrogación de la LFRASP, que dispone la Ley General de Responsabilidades Administrativas (LGRA)[33].

El SNA funcionará de forma coordinada en los tres niveles de gobierno, es decir, federación, entidades Federativas y sus municipios y la Ciudad de México, y sus alcaldías, para que el combate a la corrupción, sea concurrente.

El SNA tiene por objeto establecer principios, bases generales, políticas públicas y procedimientos para la coordinación entre autoridades de todos los órdenes de gobierno en la prevención, detección y sanción de las faltas administrativas y hechos de corrupción, así como en la fiscalización y control de recursos públicos[34]. Es importante destacar que, por lo menos en su diseño constitucional y legal, el SNA está pensado precisamente para permitir una alta participación ciudadana, de tal forma que el control de responsabilidades administrativas y el combate a la corrupción se entienda como una tarea compartida entre el Estado y la sociedad. Adicionalmente, este modelo debe ser aplicado en el ámbito local, en las respectivas entidades federativas y en la Ciudad de México.

Un aporte interesante, que de algún modo forma parte de la evolución del combate a la corrupción[35], es el establecimiento de la Plataforma Digital Nacional, la cual debe contener como mínimo la siguiente información: a) sistema de evolución patrimonial, declaración de intereses y constancia de presentación de la declaración fiscal, b) sistema de los servidores públicos que intervengan en procedimientos de contrataciones públicas; c) sistema nacional de servidores públicos y particulares sancionados; d) sistema de información y comunicación del SNA y del SNF, e) sistema de denuncias públicas de faltas administrativas y hechos de corrupción, y f) sistema de información pública de contrataciones.

---

[31] Cfr. art. 113, frac I de la CPEUM.

[32] Publicada en el DOF el 16 de julio de 2016.

[33] Publicada en el DOF el 18 de julio de 2016, pero cuya vigencia comenzó a partir de 19 de agosto de 2017.

[34] Cfr. art. 6 de la LGSNA.

[35] A lo largo de los años se han ido estableciendo los estándares para la transparencia en la información pública gubernamental, de hecho, desde hace varios años, ya se estableció que en las páginas de internet de las diferentes dependencias y entidades se debe publicar la información relativa a salarios de los funcionarios públicos, ejercicio del gasto público, contrataciones y contratistas, entre otra información.

Ahora bien, entrando en materia, el combate a la corrupción en términos de la LGRA está centrado en la detección, investigación y sanción de las conductas ilícitas, tanto de los funcionarios públicos como de los particulares que de forma directa o indirecta, administren recursos públicos. Para efectos de este trabajo no nos referiremos a las infracciones y sanciones contravencionales, y nos centraremos en las conductas de los servidores públicos.

En primer lugar, es importante señalar que la propia LGRA establece que existen dos tipos de faltas: graves y no graves.

La investigación de las faltas, en todos los casos, corresponde a las secretarías de Estado, a los órganos internos de control, a la ASF y sus correlativos en el ámbito local, así como a las unidades de responsabilidad en las empresas productivas del Estado (EPE)[36]; a estas mismas autoridades corresponderá fungir como autoridades substanciadoras de los procedimientos sancionadores[37] y la resolución del procedimiento corresponderá, tratándose de faltas no graves, a la unidad de responsabilidades administrativas o al servidor público asignado por el órgano interno de control; para las faltas graves, le corresponderá imponer la sanción a las salas especializadas o a la Sección de la Sala Superior del TFJA[38].

Tratándose de responsabilidades administrativas de los servidores públicos de los poderes judiciales, son competentes la Suprema Corte de Justicia de la Nación (SCJN) y el CJF, así como sus homólogos en el ámbito local.

De manera general, se establecen como faltas no graves de los servidores públicos el incumplimiento o trasgresión de las siguientes obligaciones:

a) Cumplir con las funciones, atribuciones y comisiones encomendadas;

b) Denunciar actos u omisiones que en ejercicio de sus funciones llegare a advertir como constitutivas de faltas administrativas;

c) Atender las instrucciones de sus superiores, siempre y cuando sean acordes con las disposiciones relacionadas con su servicio;

d) Presentar en tiempo y forma las declaraciones de situación patrimonial y de intereses;

e) Registrar, integrar, custodiar y cuidar de la documentación e información que por razón de su empleo, cargo o comisión tenga bajo su responsabilidad, así como su tratamiento adecuado;

f) Supervisar que los funcionarios a su cargo cumplan con estas obligaciones;

g) Rendir cuentas sobre el ejercicio de sus funciones;

[36] Cfr. art. 3, frac. II de la LGRA.

[37] Cfr. art. 3, frac. III de la LGRA.

[38] Cfr. art. 3, frac. IV de la LGRA.

h) Colaborar en los procedimientos judiciales y administrativos en los que sea parte;

i) Cerciorarse de que en cualquier contrato no se actualice un conflicto de interés[39];

j) También se considera falta no grave, daños y perjuicios que, de manera culposa o negligente y sin incurrir en alguna falta grave se cause al erario.[40]

En otro orden de ideas, se consideran faltas graves y, por tanto, los servidores públicos deben de abstenerse de incurrir en ellas, mediante cualquier acto u omisión: a) cohecho[41], b) peculado[42], c) desvío de recursos[43], d) utilización indebida de información[44], e) abuso de funciones[45], f) actuación bajo conflicto de interés[46], g) contratación indebida[47], h) enriquecimiento oculto u ocultamiento de conflicto de interés[48], i) tráfico de influencias[49], j) encubrimiento[50], k) desacato[51] y l) obstrucción a la justicia[52].

Las faltas no graves prescribirán a los tres años, y las graves a los siete; si se deja de actuar en un procedimiento sancionador por un tiempo mayor a los seis meses, a petición de parte, se podrá decretar la caducidad de la instancia[53].

Ahora bien, para la imposición de sanciones, se debe tomar en consideración el nivel jerárquico y los antecedentes del infractor, así como la antigüedad en el servicio; las condiciones exteriores y medios de ejecución y la reincidencia[54].

Cuando la imposición de sanciones sea en sede administrativa, estas podrán ser: a) amonestación pública o privada, b) suspensión del empleo, cargo o comisión, de uno a treinta días naturales, c) destitución del empleo, cargo o comisión y d) inhabilitación temporal, no menor a tres meses ni mayor de

---

[39] Cfr. art. 49 de la LGRA.

[40] Cfr. art. 50 de la LGRA.

[41] Cfr. art. 52 de la LGRA.

[42] Cfr. art. 53 de la LGRA.

[43] Cfr. art. 54 de la LGRA.

[44] Cfr. art. 55 de la LGRA.

[45] Cfr. art. 57 de la LGRA.

[46] Cfr. art. 58 de la LGRA.

[47] Cfr. art. 59 de la LGRA.

[48] Cfr. art. 60 de la LGRA.

[49] Cfr. art. 61 de la LGRA.

[50] Cfr. art. 62 de la LGRA.

[51] Cfr. art. 63 de la LGRA.

[52] Cfr. art. 64 de la LGRA.

[53] Cfr. art. 74 de la LGRA.

[54] Cfr. art. 76 de la LGRA.

un año[55]. En contraposición, el TFJA, tratándose de faltas graves, impondrá como sanción: a) suspensión del empleo, cargo o comisión, por un plazo de treinta a noventa días naturales, b) destitución, c) sanción económica[56] y d) inhabilitación temporal, la cual podrá ser de tres meses a un año si no existe beneficio económico, de uno a diez años o , de diez a veinte años, dependiendo de los montos de la afectación o beneficio indebido[57].

El procedimiento sancionador se encuentra regulado por el Título Segundo, de los artículos 111 a 209 de la LGRA.

Ante la calificación de las conductas como faltas graves o no graves, procederá el recurso de inconformidad regulado por el Capítulo IV de la LGRA; y ante la resolución que imponga la sanción, procede el de revocación dentro de los siguientes quince días hábiles[58]. Si la resolución proviene del TFJA, en contra de ella procederá el recurso de apelación en términos de su legislación orgánica[59].

Como última precisión es importante señalar que las responsabilidades administrativas se aplican con total independencia de las responsabilidades penales que puedan presentarse, así si se trate de la misma conducta, pues son vías y acciones totalmente independientes[60].

[55] Cfr. art. 75 de la LGRA.

[56] La sanción económica podrá ser de hasta dos tantos el monto del beneficio obtenido, sin que en ningún caso puede ser igual o menor al monto del beneficio, con independencia de que al infractor se le puedan imponer otras sanciones. Al respecto, Art. 79 de la LGRA.

[57] Cfr. art. 78 de la LGRA.

[58] Cfr. art. 210 de la LGRA.

[59] Cfr. art. 215 de la LGRA.

[60] Al respecto, el Primer Tribunal Colegiado de Circuito en Materias Administrativa y del Trabajo, mediante la Tesis Aislada IV.1o.A.T.16 A, Novena Época, visible en el Semanario Judicial de la Federación y su Gaceta (SJFyG), tomo x, agosto de 1999, pág. 799, ha señalado: "*La responsabilidad del servidor público, tiene diversos ámbitos legales de aplicación (administrativa, laboral, política, penal, civil).* El vínculo existente entre el servidor público y el Estado, acorde al sistema constitucional y legal que lo rige, involucra una diversidad de aspectos jurídicos en sus relaciones, entre los que destacan ámbitos legales de naturaleza distinta, como son el laboral, en su carácter de trabajador, dado que efectúa una especial prestación de servicios de forma subordinada, el administrativo, en cuanto a que el desarrollo de su labor implica el de una función pública, ocasionalmente el político cuando así está previsto acorde a la investidura, y además el penal y el civil, pues como ente (persona), sujeto de derechos y obligaciones debe responder de las conductas que le son atribuibles, de manera que al servidor público le puede resultar responsabilidad desde el punto de vista administrativo, penal, civil e inclusive político en los supuestos que establece la Constitución Política de los Estados Unidos Mexicanos, o la Constitución local correspondiente y así mismo la laboral, y por lo tanto, no se incurre en la imposición de una doble sanción cuando Estas aunque tienen su origen en una misma conducta, sin embargo tienen su fundamento y sustento en legislación de distinta materia (administrativa, laboral, penal, etc.).".

Sin duda, quedan muchos temas pendientes en el tintero en relación a las responsabilidades administrativas y combate a la corrupción, y se pueden dedicar trabajos enteros a su análisis, desafortunadamente, por una razón de espacios, en relación con el objetivo buscado en este trabajo, no nos resulta posible continuar.

3. El control político

En otro orden de ideas, el control político es una de las figuras más antiguas en el derecho mexicano. Corresponde a este la posibilidad de que los titulares de los poderes de la Unión, así como los funcionarios de la alta administración pública sean enjuiciados por conductas ilícitas.

En el derecho mexicano, los titulares de los poderes de la unión cuentan con una protección constitucional, mal llamada fuero constitucional, mediante el cual se evita que el funcionario pueda ser sometido a enjuiciamientos de carácter penal durante el ejercicio de su encargo público.

En primer lugar, es importante señalar que el Presidente de la República, durante su encargo, solamente podrá ser enjuiciado por traición a la patria o por delito grave del orden común[61] y le corresponderá exclusivamente a la Cámara de Senadores resolverlo conforme a la legislación penal aplicable.

En términos del artículo 110 de la CPEUM, el juicio político procederá en contra de los senadores y diputados, ministros de la SCJN, consejeros de la Judicatura Federal, secretarios de Estado, fiscal general de la República, magistrados y jueces federales del poder judicial, consejeros de la autoridad electoral, miembros de los órganos constitucionales autónomos, así como directores de entidades paraestatales, cuya sanción consistirá en la destitución del encargo y su inhabilitación para desempeñar funciones públicas, de cualquier naturaleza.

El procedimiento de juicio político, de forma simplificada corresponde a la Cámara de Diputados como acusadora, frente a la Cámara de Senadores, previa resolución de mayoría absoluta de los miembros presentes en la sesión de la Cámara. La Cámara de Senadores se erigirá como jurado de sentencia, aplicando la sanción correspondiente por el voto de dos tercera partes de los miembros presentes, una vez practicadas las diligencias respectivas y con audiencia al acusado. Sus resoluciones son inatacables.

Ahora bien, para proceder penalmente contra los funcionarios antes indicados se seguirá un procedimiento similar para obtener la llamada declaración de procedencia, cuya consecuencia jurídica es separarlo de su encargo y ponerlo

---

[61] Cfr. CPEUM, art. 108 pár. 2º.

a disposición de las autoridades competentes, para que estas actúen conforme a derecho. Si la resolución fuese absolutoria, la persona podrá reincorporarse a su encargo.

Si la comisión de un delito por parte del funcionario se realiza cuando se encuentre separado de su encargo, no será necesaria la declaración de procedencia.

Los procedimientos bajo los cuales se tramitarán el juicio político y la declaración de procedencia se encuentran regulados por la Ley Federal de Responsabilidades de los Servidores Públicos (LFRSP)[62].

Desde la promulgación de nuestra actual Constitución a la fecha, nunca se ha iniciado juicio político alguno en contra de un alto funcionario del Estado, ni jamás ha sido sancionado el presidente de la República. En cuanto a la declaración de procedencia, son relativamente pocos los casos que registra nuestra historia.

4. LOS CONTROLES JURISDICCIONALES

Ahora bien, estudiados someramente los controles en sede administrativa y el control político, es menester ocuparnos de los controles jurisdiccionales. Para este efecto, nos ocuparemos en los cuatro controles que existen en nuestro sistema jurídico, a saber: a) el recurso administrativo, aunque se trata de un control en sede administrativa, por su naturaleza, se entiende como control jurisdiccional; b) el juicio contencioso administrativo, el cual se tramita ante el TFJA partiendo de una peculiaridad de nuestro sistema: este Tribunal no pertenece ni al poder judicial ni al poder ejecutivo; c) el juicio ordinario administrativo, tramitado ante los jueces de distrito y d) el juicio de amparo, indirecto ante el juez de distrito, o directo, ante los tribunales colegiados de circuito.

Es importante señalar en este punto que México ha adherido una conceptualización de justicia francesa, con un sistema mixto, inclinado a la dualidad jurisdiccional y, sobre este punto, el profesor francés ANDRÉ MAURIN señala:

"La concepción francesa de la justicia administrativa reposa sobre la institución de dos órdenes —administrativo y judicial— distintos. Dicho sistema de la dualidad de tribunales se opone a la unidad jurisdiccional que conocen los países anglosajones [...]"[63].

Pero antes de desarrollar el punto, habremos de hacer los comentarios pertinentes respecto de los recursos administrativos.

---

[62] Publicada en el DOF el 31 de diciembre de 1982, recientemente reformada para adecuarla al texto constitucional vigente y a la incorporación del SNA.

[63] ANDRÉ MAURIN, *Derecho administrativo francés,* México, Porrúa, 2004, pág. 139.

A) *El recurso administrativo*

En primer lugar, entendemos que el recurso administrativo "[...] constituye un procedimiento legal de que dispone el particular, que ha sido afectado en sus derechos jurídicamente tutelados por un acto administrativo determinado, con el fin de obtener de la autoridad administrativa una revisión del propio acto que emitió, a fin de que dicha autoridad lo revoque, lo anule o lo reforme en caso de que ella encuentre demostrada la ilegalidad del mismo a partir de los agravios esgrimidos por el gobernado"[64].

Complementando lo anterior, el profesor argentino Juan Francisco Linares, afirma que estos instrumentos son "[...] los modos de control de la actividad administrativa; sólo que a iniciativa de los particulares y no de oficio. Es un tipo de control que promueven sujetos ajenos al aparato estatal"[65].

Los recursos administrativos han sido establecidos como un mecanismo de control interno de la legalidad, con la peculiaridad de ser incitado por el particular que estima ha sido afectado en sus derechos subjetivos. Se trata de una figura cuyo origen es el *recours pour excès du pouvoir* del derecho francés, y que al día de hoy persiste en nuestro país.

Siguiendo al profesor mexicano Emilio Margain Manautou,[66] el recurso administrativo presenta algunas ventajas, tales como a) *lavar la ropa sucia en casa*, es decir, si se trata de un acto arbitrario o doloso, no expone su actuación frente a un tercero b) le permite a la administración pública detectar lagunas legislativas, errores de técnica o, defectos en las prácticas de sus funcionarios; c) la resolución que quien obtener el recurso, pudiera llegar a ser más justa que una resolución derivada de los órganos jurisdiccionales; d) sirve para descargar el trabajo de los tribunales, y e) se trata de un procedimiento expedito.

En contraposición, las desventajas o defectos del recurso administrativo que expone el autor en comento son: a) que existan funcionarios públicos que siempre le den la razón a la autoridad administrativa b) hay una percepción importante en el foro profesional respecto de que el recurso terminará en resolución confirmatoria, y c) ante el defecto en la resolución, la autoridad tratará de retrasar lo más posible la solución al caso.

De cualquier forma, acorde con nuestro sistema jurídico, los recursos administrativos deben ser establecidos por ley[67]; sin embargo, tampoco resulta

---

[64] Alberto C. Sánchez Pichardo, *Los medios de impugnación en materia administrativa,* 7ª ed., México, Porrúa, 2006, pág. 126.

[65] Juan Francisco Linares, *Derecho administrativo,* reimp., Buenos Aires, Astrea, 2000, pág. 343.

[66] Cfr. Emilio Margain Manautou, *El recurso administrativo en México,* 6ª ed., México, Porrúa, 2001, págs. 18-22.

[67] Al respecto la Tesis Aislada, Octava Época, emitida por el Tercer Tribunal Colegiado en Materia Administrativa del Primer Circuito, visible en el Semanario Judicial de la Federación (SJF), tomo II, Segunda parte-w, julio-diciembre de 1988, pág. 459, señala textualmente:

descabellado pensar que el recurso pudiera establecerse mediante reglamento[68]; sin embargo, la regla general será que el recurso debe establecerse por ley, para determinar su obligatoriedad[69] o su optatividad, según corresponda.

Recursos administrativos. deben estar establecidos en las leyes. interpretación de los artículos 23, fracción vi, de la ley orgánica del tribunal fiscal de la federación y 202, fracción iv, del código fiscal de la federación. Al exigir el legislador, en la fracción IV del artículo 202 del Código Fiscal de la Federación, que el juicio de nulidad debe ser sobreseído por improcedente, en virtud de que no se promovió algún medio de defensa en los términos de las leyes o porque no se interpuso algún recurso, según la fracción VI, debe entenderse que se refiere a aquellos medios de defensa o recursos administrativos establecidos en leyes en sentido formal, es decir, la expresión «en los términos de las leyes», ha de interpretarse estrictamente: actos jurídicos generales y abstractos emitido por el Congreso de la Unión, ya que solo puede ser obligatoria la interposición de un recurso si este se encuentra previsto en una ley formal, pero no en un reglamento de ejecución, que son los que tienen como finalidad detallar y aclarar las leyes expedidas por el Congreso de la Unión y que el titular del poder ejecutivo emite con fundamento en el artículo 89 fracción I, de la Carta Magna, pues si la ley formal no previene un recurso administrativo, el reglamento que se expida para detallarla no puede establecerlo y si lo establece, debe entenderse como opcional, para el afectado, ya que de otra suerte implicaría la creación de medios de defensa no instituidos por la ley que se reglamenta, restringiéndose indebidamente, los medios de impugnación que otorgan otros ordenamientos jurídicos de mayor jerarquía, como lo es, en nuestro caso, el Código Fiscal de la Federación".

[68] El recurso de inconformidad está regulado por el Reglamento al Recurso de Inconformidad en materia de seguridad social, aunque la Ley del Instituto Mexicano del Seguro Social si señala que en contra de sus resoluciones procederá dicho recurso, aún cuando la ley no desarrolla su contenido.

[69] Por regla general, el recurso administrativo es optativo para el administrado; sin embargo existen algunas materias en las que el recurso debe ser agotado antes de tramitar el juicio contencioso administrativo. A guisa de ejemplo, el TFJA ha emitido la Tesis V-TASS-120, Quinta Época, consultable en la Revista del Tribunal Federal de Justicia Fiscal y Administrativa, Año IV, tomo II, Junio de 2004, p. 430, la cual señala textualmente:

Recurso de revisión previsto en la ley de protección y defensa al usuario de servicios financieros. su agotamiento resulta obligatorio, antes de acudir ante el tribunal federal de justicia fiscal y administrativa. "El artículo 99 de la Ley de Protección y Defensa al Usuario de Servicios Financieros, establece que en contra de las resoluciones emitidas por la Comisión Nacional para la Protección y Defensa de los Usuarios de Servicios Financieros dictadas fuera del procedimiento arbitral, se podrá interponer por escrito el recurso de revisión, sin embargo la connotación de la palabra «podrá», no debe ser interpretada como la posibilidad optativa o alternativa a cargo del afectado de las resoluciones de la citada Comisión de elegir específicamente, entre recurrir la resolución, o bien, la interposición del recurso, pues el vocablo «podrán» , conforme al diccionario de la Real Academia de la Lengua española, significa «tener expedita la facultad de potencia de hacer una cosa. Ser contingente o posible que suceda una cosa. Tener facilidad, tiempo o lugar de hacer una cosa», contrario al término «optar» y «optativo», que significa según el diccionario en cita, «escoger una cosa entre varias, acción de», coligiéndose que semánticamente, ambos términos no tienen equivalente entre sí, y mucho menos la posibilidad de sinonimia, por lo que conforme a la normatividad citada, no es

Ahora bien, conforme a nuestro sistema jurídico, el recurso administrativo más importante es el recurso de revisión, regulado por la Ley Federal de Procedimiento Administrativo (LFPA), y podrá tramitarlo el afectado por los actos y resoluciones de las autoridades que pongan fin al procedimiento administrativo, a una instancia o que resuelvan un expediente[70]. Este recurso es optativo, se cuenta con un plazo de quince días hábiles para interponerse y es aplicable a prácticamente toda materia administrativa[71]. Estos recursos podrán interponerse contra actos de la administración centralizada, y de la administración paraestatal.

Como nota característica del trámite del recurso, se puede solicitar la suspensión de la ejecución del acto impugnado[72], siempre y cuando sea: a) a petición expresa del recurrente; b) el recurso sea procedente; c) no se siga perjuicio al interés social o se contravengan disposiciones de orden público; d) no se ocasionen daños a terceros, en cuyo caso se podrá presentar garantía suficiente en términos de la legislación tributaria, y e) tratándose de multas, se garantice el crédito fiscal[73].

En cuanto a los medios de prueba, se admiten toda clase de pruebas, excepto la confesión de la autoridad mediante absolución de posiciones[74].

La resolución del recurso podrá: a) desecharlo por improcedente, b) confirmar el acto impugnado, c) declarar la inexistencia, nulidad o anulabilidad del acto impugnado, o revocarlo total o parcialmente y d) modificar u ordenar modificarlo o dictar u ordenar dictar uno nuevo que lo sustituya[75].

Si el administrado fracasa en su pretensión, con la resolución del recurso podrá interponer juicio contencioso administrativo, en términos de la Ley Federal del Procedimiento Contencioso Administrativo (LFPCA), entendiendo que se trata de una litis abierta, por lo que el recurrente puede no haber utilizado todos sus argumentos en el recurso, y que la impugnación en el contencioso, no solo tiene que ver con la resolución del recurso, sino también con el acto originalmente impugnado.

---

posible interpretar la voz «podrá» como facultad para optar o elegir entre la interposición del recurso de revisión o la posibilidad de promover el juicio de nulidad ante el Tribunal Federal de Justicia Fiscal y Administrativa, por lo que si no se agotó previamente dicho recurso antes de promover el juicio fiscal, este último debe sobreseerse".

[70] Cfr. art. 83 de la LFPA.

[71] Entre las excepciones está el recurso de revocación en materia tributaria, de responsabilidades administrativas, de servicios financieros y la inconformidad en materia de seguridad social, por citar algunos ejemplos.

[72] Cfr. art. 87 de la LFPA.

[73] De conformidad con lo establecido en el art. 141 del Código Fiscal de la Federación (CFF).

[74] Cfr. art. 50 de la LFPA.

[75] Cfr. art. 91 de la LFPA.

B) *El juicio contencioso administrativo.*

Ya señalamos que el control jurisdiccional en México es propio de los sistemas dualistas, aunque debemos advertir que se trata de un modelo un tanto distinto al francés o al utilizado en Colombia, correspondiendo a lo que el profesor uruguayo Augusto Durán denomina sistemas mixtos[76].

La historia de la justicia administrativa mexicana[77], nos enseña que a lo largo del siglo xix en varias ocasiones se intentó establecer un contencioso administrativo al estilo francés. La ley para el arreglo de lo contencioso administrativo, redactada por el jurista Teodosio Lares, tuvo una vigencia relativamente breve, pues la SCJN, por conducto del Ministro Ignacio L. Vallarta, determinó que un contencioso que dependiera del poder ejecutivo, resultaba violatorio de la división de poderes, así que gracias a esta resolución, el contencioso desapareció por el resto de ese siglo. En 1936 se promulga la Ley de Justicia Fiscal, mediante la cual se crea el Tribunal Fiscal de la Federación, cuya competencia estaba exclusivamente limitada a dicha materia. En el año 2000 se reforma el Código Fiscal de la Federación y se modifica el tribunal, para denominarlo Tribunal Federal de Justicia Fiscal y Administrativa, con atribuciones para conocer del juicio contencioso administrativo, ampliando su competencia a la mayoría de las materias que integran el derecho administrativo.

La reciente reforma, de 2015, reforma anticorrupción a laque aludimos en apartados precedentes, modifica nuevamente este tribunal, elevándolo a rango constitucional[78] cambiando su denominación, Tribunal Federal de Justicia Administrativa, que en lo sucesivo, conocerá de la materia de responsabilidades administrativas.

Aún así, el juicio contencioso administrativo es de única instancia, es decir, no admite recurso de apelación, y sus resoluciones serán revisables por el poder judicial, mediante el juicio de amparo directo, ante los tribunales colegiados de circuito y de forma excepcional por la Suprema Corte de Justicia de la Nación.

---

[76] Sobre este punto, señala el prof. Durán: "[...] existe un sistema llamado mixto o intermedio, que distribuye los distintos contenciosos de derecho público entre órganos jurisdiccionales de la llamada justicia ordinaria, dependiente del poder judicial —sistema equivalente aunque así no se llame— y órganos jurisdiccionales especializados integrantes de la Administración." Augusto Durán, Contencioso administrativo, Montevideo, Fundación Cultura Universitaria, 2007, pág. 15.

[77] Sobre este particular, cfr. Luis José Béjar Rivera, "La dualidad jurisdiccional en materia administrativa en México", en *Contenciosos administrativo en Iberoamérica* (Jaime Rodríguez-Arana, William Vázquez Irizarri & María Rodríguez Martín-Retortillo Coords.), vol. i, San Juan Universidad de Puerto Rico, 2015.

[78] Cfr. art. 73, fracc xxix, inciso h) de la CPEUM.

Ahora bien, en términos de la Ley Orgánica del Tribunal Federal de Justicia Administrativa (LOTFJA)[79], este tribunal es un órgano jurisdiccional con autonomía para emitir sus fallos y con jurisdicción plena, forma parte del Sistema Nacional Anticorrupción y sus resoluciones deben acatar a los principios de legalidad, máxima publicidad, verdad material, razonabilidad, proporcionalidad, presunción de inocencia, tipicidad y debido proceso[80], y respetar los derechos humanos.

Tendrá competencia sobre resoluciones definitivas, actos administrativos y procedimientos relacionados con determinaciones tributarias, resoluciones en materia administrativa[81], decretos y actos administrativos de carácter general, excepto reglamentos, imposición de multas, pensiones civiles y militares, fallos en materia de licitaciones públicas, así como sobre interpretación y cumplimiento de contratos; las negativas a reparar el daño patrimonial, resoluciones en materia de comercio exterior, resolución de recursos administrativos, negativa ficta e imposición de sanciones administrativas. Así mismo, conocerá de los juicios que promueva una autoridad administrativa en contra de resoluciones favorables a un particular, cuando se consideren contrarias a la ley[82].

El Tribunal Federal de Justicia Administrativa tiene una Sala Superior, dividida en tres secciones y actuará en pleno o por secciones, una Junta de Gobierno y Administración y las salas regionales, las cuales tienen competencia territorial sobre las materias antes señaladas y se integran por tres magistrados cada una[83].

Dentro del juicio contencioso administrativo podemos encontrar tres vías: a) el juicio en la vía tradicional, b) el juicio en la vía sumaria y c) el juicio en línea[84].

En principio, la única diferencia entre la vía tradicional y la vía en línea es que en el primero todas las actuaciones se integran físicamente en papel, mientras que para el juicio en línea, sin variación de plazos, se forma un expediente electrónico y todo el soporte de las actuaciones se hace mediante una plataforma de internet[85] y, en todo caso, la opción por la vía en línea siempre le corresponderá al particular. El plazo para promover el juicio contencioso administrativo es de cuarenta y cinco días a partir de aquel en que se emitió

---

[79] Publicada en el DOF el 18 de julio de 2016.

[80] Cfr. art. 1 de la LOTFJA.

[81] Salvo algunas materias que están expresamente excluidas como sería el caso de las resoluciones del Instituto Federal de Telecomunicaciones.

[82] Cfr. art. 3 de la LOTFJA.

[83] Cfr. Título Segundo de la LOTFJA.

[84] Cfr. art. 1-A de la LFPCA.

[85] Esta plataforma puede ser consultada en *https://www.juicioenlinea.gob.mx/portalexterno/faces/pages/seguridad/login2.jspx?_afrLoop=1699495364207583&_afrWindowMode=0&_adf.ctrl-state=o405ifrpj_4*

el acto que se impugna, o un plazo de cinco años para que la autoridad administrativa impugne un acto favorable al particular[86]; el plazo para contestar la demanda es de cuarenta y cinco días en todos los casos; se admiten toda clase de pruebas, excepto aquellas que no hubiesen sido ofrecidas en el procedimiento administrativo. Si se trata de una negativa ficta, con la contestación de la demanda se le dará a conocer a la parte actora la resolución impugnada y se procederá a la ampliación de la demanda por un término de veinte días.

Una vez cerrada la instrucción y practicadas todas las pruebas, se otorgará un plazo de cinco días para presentar alegatos; hecho lo anterior, la Sala que conozca del asunto contará con sesenta días hábiles para dictar la sentencia correspondiente. En contra de la sentencia, procederá el juicio de amparo directo para el particular, y el recurso de revisión para la autoridad administrativa.

Por lo que hace al juicio contencioso administrativo en la vía sumaria, este se encuentra regulado por el Capítulo XI de la LFPCA, y tiene algunas particularidades en relación con el juicio tradicional. La primera es su limitación en cuanto a los montos, pues su límite corresponde a 15 salarios mínimos el plazo para presentar la demanda es de treinta días, y el plazo para su contestación es de quince; si hubiese ampliación de demanda, su plazo será de cinco días y otros cinco para su contestación.

A diferencia de las otras vías, las sentencias recaídas en la vía sumaria serán emitidas por uno solo de los magistrados de la Sala, mientras que en los otros casos, las sentencias siempre serán emitidas de forma colegiada. El plazo para emitir la sentencia, una vez cerrada la instrucción, es de diez días hábiles.

En contra de la sentencia, para el particular procede el juicio de amparo directo, mientras que la autoridad no podrá promover recurso alguno[87].

---

[86] Históricamente esto es conocido como juicio de lesividad, aunque la legislación mexicana desde hace muchos años ha abandonado dicha denominación. También es importante señalar que en nuestro derecho no existe la declaratoria previa de lesividad.

[87] Al respecto, la Segunda Sala de la SCJN ha emitido la Jurisprudencia 2a./J.152/2012, Décima Época, visible en el SJFyG, Libro XVI, enero de 2013, tomo 2, pág. 1440, la cual señala textualmente:

"Revisión fiscal. es improcedente contra sentencias dictadas en forma unitaria por los magistrados instructores de las salas regionales del tribunal federal de justicia fiscal y administrativa, en los juicios contenciosos administrativos federales tramitados en la vía sumaria. En el artículo 63 de la Ley Federal de Procedimiento Contencioso Administrativo, el legislador federal estableció los supuestos de procedencia del recurso de revisión fiscal y dispuso que dicho medio de impugnación procede contra sentencias emitidas por el Pleno, las Secciones de la Sala Superior o por las Salas Regionales del Tribunal Federal de Justicia Fiscal y Administrativa que decreten o nieguen el sobreseimiento en los juicios de nulidad en que se controviertan resoluciones cuya cuantía exceda de 3500 veces el salario mínimo general diario del área geográfica correspondiente al Distrito Federal, vigente al momento de su emisión, que sean de importancia y trascendencia y se refieran a las materias que en

C) *El juicio ordinario administrativo*

Tal como lo señalamos en líneas precedentes, la dualidad jurisdiccional que vive de la justicia administrativa en México no es similar al modelo francés, pues no se debe perder de vista que nuestro sistema jurídico se inspira en varias fuentes: existe una fuerte influencia en nuestro constitucionalismo y diseño republicano por parte de los Estados Unidos de Norteamérica, una fuerte influencia española en cuanto a la legislación administrativa y, por supuesto, una justicia contencioso administrativa de inspiración francesa, por lo que al lector no debe extrañarle la existencia de tantas formas de control jurisdiccional en nuestro país.

Ahora bien, el caso del juicio ordinario administrativo es una peculiaridad; de hecho, diríamos que se trata de una anormalidad en el sistema, pues a nuestro juicio, depende en gran medida de la forma en que ha sido redactada una fracción en la Ley Orgánica del Poder Judicial de la Federación (LOPJF)[88].

Sabemos que por definición la competencia para resolver controversias en materia administrativa le corresponde al TFJA; sin embargo, el artículo 52 de la LOPJF dispone lo siguiente:

Los jueces de distrito en materia administrativa conocerán:

"I. De las controversias que se susciten con motivo de la aplicación de las leyes federales, cuando deba decidirse sobre la legalidad o subsistencia de un acto de autoridad o de un procedimiento seguido por una autoridad administrativa".

Debido a la forma como está redactada esta fracción, se produce una jurisdicción concurrente con un juez del poder judicial federal, el cual no está

---

ese mismo precepto legal se señalan, sin aludir a las sentencias dictadas por los magistrados instructores de dichas salas regionales en el juicio contencioso administrativo sumario previsto en los numerales 58-1 a 58-15 de la citada ley. Además, estableció que dicho juicio sumario procede contra resoluciones definitivas cuyo importe no exceda de 5 veces el salario mínimo general vigente en el Distrito Federal elevado al año al momento de su emisión, equivalentes a 1825 salarios mínimos, siempre que versen sobre cuestiones que el Ejecutivo y el legislador federales estimaron comunes, recurrentes y de resolución sencilla. De ahí que el recurso de revisión fiscal es improcedente contra sentencias pronunciadas en los juicios contenciosos administrativos tramitados en la vía sumaria, toda vez que sería un contrasentido que dicho recurso fuera improcedente contra sentencias dictadas en los juicios ordinarios cuya cuantía fuera de 3499 salarios mínimos y versara sobre materias consideradas por el legislador como de especial importancia y trascendencia, y procediera para impugnar resoluciones definitivas pronunciadas en juicios sumarios de una cuantía menor, y que se refirieran a temas comunes, recurrentes y de poca trascendencia".

[88] Sobre este particular, cfr. Luis José Béjar Rivera, "El juicio ordinario administrativo y el juicio contencioso administrativo", en *https://archivos.juridicas.unam.mx/www/bjv/libros/7/3282/32.pdf*

facultado para aplicar la LFPCA, por tanto, no se puede guiar por las reglas del contencioso administrativo y debe tramitar, como *ultima ratio,* el juicio ordinario basado en el Código Federal de Procedimientos Civiles (CFPC), el cual siempre actúa como norma supletoria de los procedimientos y procesos, con lo cual este tipo de juicios son un verdadero suplicio, no solo para los justiciables sino también para los jueces, pues se trata de un juicio carente de una norma procesal adecuada.

También debemos señalar que aunque no es muy socorrido este tipo de juicios, en gran medida por una falta de conocimiento de la existencia de esta vía, la realidad es que sí se tramitan y el juez está obligado a resolverlos.

D) *El juicio de amparo*

El sistema de control en el ámbito judicial, recae sobre los jueces federales, los magistrados de circuito, un consejo de la judicatura y la SCJN, y adicionalmente sobre el Tribunal Electoral de la Federación.

El juicio de amparo, en palabras del profesor Alfonso Noriega Cantú es: "[...] un sistema de defensa de la Constitución y de las garantías individuales, de tipo jurisdiccionales, por vía de acción, que se tramita en forma de juicio ante el Poder Judicial Federal y que tiene por materia las leyes o actos de la autoridad que violen garantías individuales, o impliquen una invasión de la soberanía de la Federación en los Estados y viceversa y que tiene como efectos la nulidad del acto reclamado y la reposición del quejoso en el goce de la garantía violada, con efectos retroactivos al momento de la violación"[89].

El juicio de amparo en México, cuyo origen se le puede atribuir a Manuel Crescencio Rejón, quien tomando como fuente de inspiración la institución del *habeas corpus* del derecho inglés, crea, para el Estado de Yucatán, una figura que le permite al poder judicial local conocer de actos que se estimen violatorios de garantías constitucionales y de derechos subjetivos de los gobernados.

A partir de esta institución, el modelo se lleva al ámbito nacional, por el jurista jalisciense Manuel Otero, y así surge la institución del amparo en lo federal.

Es importante señalar que en 2012, la CPEUM fue reformada para establecer (art. 1) que la Constitución reconoce todos los derechos contenidos en ella, así como todos los derechos humanos que se desprendan de los tratados internacionales de los que México sea parte, y a partir de este momento se considera que nuestro país abandonó su modelo garantista e incorpora como *ultima ratio* a los derechos humanos, situación que cobra especial relevancia en materia de amparo, ya que se *propio la* promulgó una nueva ley de amparo en el año 2014, que otorgó importante discrecionalidad al juzgador de amparo, permitiendo así una mejor valoración de un derecho humano lesionado.

---

[89] Alfonso Noriega Cantú, *Lecciones de amparo,* 3ª ed., México Porrúa, 1991, pág. 58.

Ahora bien, conforme al texto constitucional y a la propia ley de amparo, esta institución tiene una doble vertiente: por una parte, el juicio de amparo indirecto, tramitado ante los jueces de distrito, y cuyo objeto es la violación de un derecho fundamental, desprendido de la Constitución o de un tratado internacional, por medio de un acto de la autoridad, o bien, por una norma emanada del legislador o por un reglamento, que se estimen contrarios a los derechos humanos.

Se entiende que el juicio de amparo indirecto es un juicio extraordinario, pues ante la violación de un derecho fundamental no es necesario agotar los medios ordinarios de defensa, especialmente si estos establecen mayores requisitos para su procedencia.

El juicio de amparo directo, el cual se tramita ante los tribunales colegiados de circuito, tiene por objeto la revisión de los vicios del procedimiento que hayan trascendido a una resolución jurisdiccional.

En este caso, la revisión de las sentencias emitidas por el TFJA será mediante el juicio de amparo directo, con lo que el juicio de amparo se convierte en la instancia de control judicial de los actos administrativos por excelencia, ya que resuelve en relación directa con los derechos fundamentales.

5. Conclusiones.

Sin duda, los sistemas de control que existen en el derecho administrativo mexicano son muchos. A lo largo de estas páginas hemos tratado de ofrecer un panorama general sobre ellos, reiterando la imposibilidad, atribuible al autor, de agotarlo en pocas páginas con la profundidad que es deseable.

Así, podemos sintetizar que en sede administrativa tenemos el control interno, más bien de carácter técnico, el control presupuestario, el cual se ejerce de forma compartida por la administración y por la ASF, órgano del poder legislativo; también forman parte del sistema de control, las responsabilidades administrativas y el combate a la corrupción, cuyas sanciones actúan de forma independiente a la responsabilidad penal, cuyo estudio escapa al propósito de este trabajo.

La responsabilidad política, altamente limitada en cuanto al titular del ejecutivo federal, está reservada, vía juicio político o declaración de procedencia, según corresponda, a los altos funcionarios del Estado.

Por lo que ve a los controles jurisdiccionales, tenemos el recurso administrativo, que se tramita en sede administrativa, y el juicio contencioso administrativo ante el TFJA.

En cuanto a los controles judiciales de la actividad administrativa, tenemos el juicio ordinario administrativo y el juicio de amparo en su doble vertiente.

Consideramos que todos los sistemas de control tienen como objetivo primordial precisamente cuidar la razón del derecho administrativo, cual es proteger al administrado de la actuación arbitraria de la autoridad administrativa.

6. BIBLIOGRAFÍA

AA. VV.: *Aspectos administrativos de la planeación,* Nueva York, Organización de las Naciones Unidas (ONU), 1969.

BÉJAR RIVERA, LUIS JOSÉ y ORRICO GALVEZ, ALEJANDRO: "El control administrativo en México. Apuntes desde una perspectiva jurídica sobre el control interno en la Administración Pública Federal" en *Revista de la Facultad de Derecho. Universidad de Montevideo,* año XII, núm. 22, Montevideo, 2013.

BÉJAR RIVERA, LUIS JOSÉ: "El combate a la corrupción en materia de contrataciones públicas. Comentarios sobre la legislación mexicana federal", en *Práctica Contratación Administrativa,* núm. 145, septiembre-octubre 2016, Madrid, Ed. Wolters Kluwer.

— *El acto administrativo y su finalidad,* reimp., México, Porrúa, 2016.

DURÁN, AUGUSTO: *Contencioso administrativo,* Montevideo, Fundación Cultura Universitaria, 2007.

HERNÁNDEZ ÁLVAREZ, MARTHA MARÍA DEL CARMEN (Coord.): *Derechos humanos. Perspectivas y retos,* México, Tirant lo Blanch, 2016.

LINARES, JUAN FRANCISCO: *Derecho administrativo,* Reimp., Buenos Aires, Astrea, 2000.

MARGAIN MANAUTOU, EMILIO: *El recurso administrativo en México,* 6ª ed., México, Porrúa, 2001.

MÁRQUEZ GÓMEZ, DANIEL: *Los procedimientos administrativos materialmente jurisdiccionales como medios de control en la administración pública*, México, Universidad Nacional Autónoma de México, 2002.

NORIEGA CANTÚ, ALFONSO: *Lecciones de amparo,* 3ª ed., México, Porrúa, 1991.

RODRÍGUEZ-ARANA, JAIME, VÁZQUEZ IRIZARRI, WILLIAM y RODRÍGUEZ MARTÍN-RETORTILLO, MARÍA (Coords.): *Contenciosos administrativo en Iberoamérica,* vol. I, San Juan, Universidad de Puerto Rico, 2015.

SÁNCHEZ PICHARDO, ALBERTO C.: *Los medios de impugnación en materia administrativa,* 7ª ed., México, Porrúa, 2006.

VÁZQUEZ ALFARO, JOSÉ LUIS: *El control de la administración pública en México,* México, Universidad Nacional Autónoma de México, 1996.

PERÚ

EL CONTROL DE LA ADMINISTRACION PÚBLICA EN PERÚ

Jorge Danós Ordóñez[*]

1. Presentación

El control de las entidades estatales, en particular de las entidades que forman parte del complejo administrativo que denominamos administración pública es consustancial a todo Estado de derecho.

De manera similar al de otros países, el régimen de control de la administración pública y de su personal en el ordenamiento jurídico administrativo peruano tiene dos características fundamentales: i) lo integran multiplicidad de mecanismos de diferente naturaleza, fines y alcances (heterogéneos), y ii) tienen su origen y fundamento directamente en la Constitución Política del Estado porque se establecen con la finalidad de garantizar el correcto funcionamiento de la administración pública, ajustado a derecho.

Aunque por razones de extensión este trabajo solo está referido a los mecanismos de control jurídico, nos parece importante presentar una relación de las diferentes técnicas de control de la administración pública peruana para que se puedan ubicar en su contexto y dimensión los mecanismos de revisión de carácter jurídico:

Controles jurídicos. A) en sede administrativa y B) en sede jurisdiccional. *Controles políticos*: A) interpelaciones; B) censura, C) pedidos de información, D) invitaciones a ministros y otros funcionarios, E) comisiones de investigación, F) la acusación constitucional. *Controles a cargo de organismos especializados constitucionalmente autónomos*: a) Defensoría del Pueblo; 2) Contraloría General. *Controles mediante mecanismos de democracia directa*: S) referéndum; B) iniciativa legislativa, C) revocatoria de autoridades elegidas y D) acceso a la información. *Controles sociales*: A) opinión pública, B) consulta previa (convenio 169 OIT) y C) prensa.

[*] Profesor categoría principal de la Facultad de Derecho de la Pontificia Universidad Católica de Perú, en el curso de Derecho Administrativo. Presidente de la Asociación Peruana de Derecho Administrativo. Miembro del Foro Iberoamericano de Derecho Administrativo. Miembro de la Asociación Iberoamericana de Estudios de Regulación – ASIER. Miembro honorario del Instituto Chileno de Derecho Administrativo y del Instituto Mexicano de Derecho Administrativo. Socio del Estudio Echecopar abogados. *datitster@gmail.com*

2. CONTROLES JURÍDICOS

Los controles de la administración de tipo jurídico tienen carácter objetivado, porque sus órganos verifican que la actuación administrativa sometida a control se haya sujetado al criterio jurídico definido previamente por el marco constitucional o legal que consagra los derechos de las personas y que rige el funcionamiento de la administración pública.

Lo opuesto a los controles jurídicos son los controles políticos fundamentalmente a cargo del Congreso de la República, que desarrollaremos en una sección posterior, y que a diferencia de los primeros no tienen un criterio fijo y predeterminado de valoración, porque se realizan a partir de pautas de oportunidad o de conveniencia, que el actor que realiza el control político puede utilizar subjetivamente.

Las modalidades de controles jurídicos de la administración y de su personal pueden clasificarse en dos grupos, según la naturaleza administrativa o jurisdiccional de los órganos competentes para ejercerlo.

A) *En sede administrativa*

a) *Los recursos administrativos.* Los recursos administrativos constituyen medios de impugnación de los actos administrativos[1] que se interponen y tramitan ante la propia administración pública. Son regulados por la Ley de Procedimiento Administrativo General (en adelante, LPAG)[2] como uno de los dos grupos de modalidades de revisión de los actos en sede administrativa que solo operan a pedido de los que se consideren afectados por una decisión administrativa, a diferencia del otro grupo de mecanismos de revisión de oficio de los actos administrativos (nulidad de oficio, revocación, rectificación de errores materiales).

El artículo 216 de la LPAG establece que en sede administrativa proceden los recursos de (i) reconsideración y (ii) apelación. La modificación dispuesta por el decreto legislativo 1272[3], suprimió el recurso de revisión, salvo que alguna norma legal especial lo prevea, pues se trataba de un recurso administrativo que había perdido progresivamente su justificación a partir del proceso

---

[1] JUAN PABLO CAJARVILLE PELUFFO, *Recursos administrativos*, Montevideo, Fundación de Cultura Universitaria, 2002, pág. 61.

[2] Nos referimos a la ley 27444 (Ley de Procedimiento Administrativo General) con sus sucesivas reformas, las que conforme a la más reciente modificación dispuesta por el decreto legislativo 1272, han sido recogidas en el Texto Único Ordenado de la citada ley aprobado mediante decreto supremo 006-2017-JUS, publicado en el *Diario Oficial El Peruano* el 20 de marzo de 2017.

[3] Publicado en el *Diario Oficial El Peruano* el 21 de diciembre de 2016.

de descentralización iniciado en 2001, que ha transferido parte importante de las decisiones administrativas a los poderes territoriales, es decir, a las regiones y municipalidades que constitucionalmente gozan de autonomía jurídica, política y económica.

Los marcos legales que por excepción establecen procedimientos administrativos especiales, atendiendo la singularidad de la materia que regulan, pocas veces se apartan del sistema de recursos establecidos por la LPAG[4], ya sea porque intencionalmente omiten regular la materia o porque en forma expresa remiten a la aplicación del régimen de recursos de la LPAG. En cualquier caso, uno de los aspectos centrales de la reforma dispuesta por el decreto legislativo 1272 lo constituye que en el artículo II del Título preliminar de la LPAG se haya establecido que contiene las normas comunes "para todos los procedimientos administrativos [...] incluyendo los procedimientos especiales" y que "Las leyes que crean y regulan los procedimientos administrativos no podrán imponer condiciones menos favorables a los administrados que las previstas en la presente ley", lo que significa que la LPAG consagra el mínimo común denominador de las garantías esenciales de los administrados en todos los procedimientos administrativos que tramiten las entidades públicas, que comprende los regulados por leyes especiales o sectoriales de procedimiento administrativo, de forma que se garantiza la igualdad de trato ante las entidades de la administración pública.

Al consagrar las normas comunes para todos los procedimientos administrativos, la LPAG establece los institutos jurídicos claves, esenciales o nucleares que obligatoriamente deben acatar todas las entidades de la administración pública sin excepción, con independencia de las leyes sectoriales o especiales de procedimiento que regulen su actividad.

En nuestra opinión, las reglas básicas del régimen de los recursos administrativos como es el caso de la obligación de la administración de enmendar el error de denominación en que pueda haber incurrido el recurrente, el plazo mínimo de quince días para su interposición, el carácter voluntario del recurso de reconsideración, el régimen del silencio administrativo aplicable a los recursos, los casos en que se considera agotada la vía administrativa y otros, forman parte del mínimo común denominador de institutos jurídicos claves y garantías esenciales del procedimiento administrativo contenidas en la LPAG, como norma común de los procedimientos administrativos que todas las entidades de la administración pública, sin excepción, obligatoriamente

---

[4] Ejemplo paradigmáticos lo constituyen el Código Tributario que regula un régimen especial de recursos administrativos (reclamación y apelación ante el Tribunal Fiscal) y la ley de contrataciones estatales que establece plazos más breves para su interposición y la modalidad de silencio administrativo aplicable con el objeto de no dilatar que las entidades administrativas puedan adquirir oportunamente los bienes, servicios y obras que requieren para cumplir los cometidos públicos que tienen a su cargo.

deben respetar con independencia de las leyes sectoriales o especiales de procedimiento que regulen su actividad.

Los recursos administrativos cumplen los siguientes objetivos: (i) constituyen un instrumento de garantía de los derechos de los particulares mediante los cuales pueden reaccionar para la defensa de sus derechos e intereses, cuestionando las decisiones administrativas que los afectan; (ii) un sector de la doctrina señala que también constituyen un eficaz mecanismo que la administración utiliza para el control de sus actos, en la medida que el particular se presenta como un colaborador de la administración porque le permite volver a juzgar sobre la legalidad o el acierto de sus decisiones, y (iii) también se les conceptúa desde una perspectiva más bien crítica como meros requisitos formales que deben utilizarse para el agotamiento de la vía administrativa, es decir, constituyen un presupuesto procesal para que, de ordinario, los particulares afectados por actuaciones administrativas puedan recurrir al poder judicial en demanda de revisión de la legalidad de las decisiones administrativas y tutela de sus derechos fundamentales, mediante el proceso contencioso administrativo. El artículo 148 de la Constitución peruana, al consagrar el citado proceso contencioso administrativo, establece que procede contra las decisiones administrativas "que causan estado", razón por la cual para que el afectado por alguna actuación administrativa pueda acceder al control judicial requiere agotar previamente la vía administrativa mediante la interposición de los recursos administrativos que establece el marco legal.

Los recursos pueden fundarse en argumentos de derecho o en consideraciones de hechos y pruebas, tienen por finalidad esencial promover el control de la legalidad de los actos administrativos impugnados, es decir verificar su conformidad con el ordenamiento jurídico, pero también pueden utilizarse para promover el control, por parte de los propios órganos de la administración, de la oportunidad de la emisión de los actos administrativos cuestionados, así como su mérito o conveniencia, para comprobar su adecuación al interés público cuya atención ha sido encomendada a la administración pública.

a') *Actos impugnables.* Conforme al artículo 215.2 de la LPAG, procede interponer recursos contra los actos administrativos definitivos que ponen fin a la instancia y se pronuncian sobre el fondo del asunto y solo por excepción contra los actos administrativos de trámite, que determinen la imposibilidad de continuar el procedimiento o que produzcan indefensión.

Se entiende por actos administrativos definitivos aquellos que ponen fin a una instancia del procedimiento administrativo, sea la primera o una ulterior, al decidir sobre el fondo de la cuestión planteada[5].

---

[5] ARMANDO CANOSA, *Los recursos administrativos*, Buenos Aires, Editorial Abaco, 1996, pág. 93. Dice JUAN CARLOS MORÓN que los actos administrativos definitivos: "Son los actos que deciden el procedimiento y concluyen la instancia administrativa, cualquiera que sea su contenido", en "El nuevo régimen de los actos administrativos en la ley Nº. 27444", publicado

Solo por excepción, en la LPAG se prevén dos casos de actos de trámite o intermedios que sí pueden ser recurridos directamente, sin necesidad de esperar la emisión posterior de una resolución o acto administrativo definitivo: (i) se trata de aquellos actos que determinan la imposibilidad de continuar el procedimiento administrativo, porque en estos casos se frustra o clausura el procedimiento de tal manera que no podrá dictarse acto definitivo, adquiriendo los citados actos de trámite virtual o indirectamente un carácter equiparable al de actos definitivos, y (ii) de aquellos actos de trámite que generan indefensión para los particulares.

b') *Requisitos del recurso y error en la calificación.* El artículo 219 de la LPAG dispone que el escrito del recurso debe identificar el acto administrativo que se impugna y cumplir con los requisitos que el artículo 122 de la citada ley establece para la presentación de cualquier escrito que los particulares presenten ante las entidades administrativas: la identificación del recurrente, la concreción de lo solicitado y los fundamentos que lo avalan, la indicación de la entidad a la cual se presenta, etc. La reciente modificación dispuesta por el decreto legislativo 1272 suprimió el requisito de que los recursos administrativos sean autorizados por abogados, con la finalidad de facilitar su utilización por los administrados. Tampoco se requiere el pago de derechos de tramitación o tasas administrativas para la interposición de recursos administrativos, porque la jurisprudencia del Tribunal Constitucional peruano ha señalado que no puede cobrarse al administrado por ejercer su derecho de defensa.

El artículo 221 dispone que el error cometido por el recurrente en la calificación del recurso que interponga no debe ser obstáculo para que la administración pública lo encauce y lo trámite por la vía correcta, siempre que del escrito se deduzca su verdadero carácter. Se trata, a no dudar, de una regla claramente inspirada en el principio de informalismo consagrado por la LPAG[6] conforme al cual las reglas del procedimiento administrativo no deben constituir una carrera de obstáculos que el privado tenga que salvar y por dicha razón es deber de las entidades interpretar y aplicar las normas de procedimiento en forma favorable a la admisión de los escritos presentados por los administrados para que sea factible que las entidades administrativas adopten una decisión sobre lo solicitado. La situación más frecuente en que debe ser aplicada la regla descrita sucede cuando el administrado presenta un

---

en AA. VV., *Comentarios a la Ley de Procedimiento Administrativo General. Ley Nº 27444*, Segunda parte, Lima, Ara Editores, 2003, pág. 153.

[6] "Artículo IV. *Principios del procedimiento administrativo*, [...] 1.6 *Principio de informalismo*. Las normas de procedimiento deben ser interpretadas en forma favorable a la admisión y decisión final de las pretensiones de los administrados, de modo que sus derechos e intereses no sean afectados por la exigencia de aspectos formales que puedan ser subsanados dentro del procedimiento, siempre que dicha excusa no afecte derechos de terceros o el interés público".

escrito que denomina recurso de reconsideración contra un determinado acto administrativo, pero sin cumplir con el requisito de acompañar nueva prueba que avale su impugnación sobre los hechos; si del escrito se puede deducir que su intención ha sido cuestionar el acto administrativo impugnado, corresponde a la entidad administrativa tramitarlo como un recurso de apelación que debe ser resuelto por el superior jerárquico de quien emitió el acto administrativo que se cuestiona.

c') *Recurso de reconsideración.* Es un recurso de carácter voluntario por naturaleza. Su régimen está regulado por el artículo 217 de la LPAG que establece los siguientes caracteres:

a) Es un recurso de carácter opcional, su no utilización no impide que los legitimados puedan deducir directamente el recurso de apelación para que sea resuelto por el superior jerárquico;

b) Se interpone para que lo resuelva el mismo órgano, autoridad o instancia administrativa que dictó el acto administrativo que es objeto de la impugnación;

c) Constituye requisito indispensable de procedencia la presentación de nueva prueba que se justifica en la medida que el recurso de reconsideración está diseñado para interponerse ante la misma autoridad o instancia que ya emitió un pronunciamiento o decisión con un contenido discrepante al que motiva la impugnación y, por tanto, el legislador ha entendido que la única forma de permitir su posible reevaluación consiste en que el recurrente aporte nuevos elementos de prueba que permitan a la autoridad u órgano que conoce del recurso revisar los fundamentos de hecho de su decisión[7].

Se trata, por tanto, de un recurso administrativo que tiene por finalidad primordial cuestionar los fundamentos de hecho del acto administrativo impugnado, lo que no impide que también puedan utilizarse en el recurso argumentos adicionales o complementarios de carácter jurídico que la autoridad encargada de resolver el respectivo recurso de reconsideración debe tomar en cuenta.

d') *Recurso de apelación.* Está regulado por el artículo 218 de la LPAG y sus principales caracteres se reseñan a continuación:

i) A diferencia del recurso de reconsideración, el de apelación es un recurso necesario para agotar la vía administrativa cuando el acto que se impugna ha sido dictado por una autoridad u órgano administrativo sometido a subordinación jerárquica en el procedimiento administrativo.

ii) El recurrente debe fundar o sustentar su recurso de apelación en la diferente interpretación de las pruebas producidas o en cuestiones de carácter

---

[7] Como bien señala JUAN CARLOS MORÓN, para abrir la posibilidad de que la autoridad instructora pueda cambiar el sentido de su decisión "la ley exige que se presente a la autoridad un hecho tangible y no evaluado con anterioridad, que amerite la reconsideración". Comentarios a la Ley del Procedimiento Administrativo General, Lima, Gaceta Jurídica 2004, pág. 556.

jurídico. Esto no impide que puedan presentarse nuevas pruebas y cuestionar los fundamentos de hecho del acto administrativo que se impugna[8].

iii) Debe presentarse ante la autoridad que expidió la resolución impugnada, para que eleve lo actuado al superior jerárquico quien resolverá el respectivo recurso. Se entiende que corresponde a la autoridad de primera instancia que recibe el recurso, verificar el cumplimiento, por el impugnante, de las condiciones de procedencia de dicho recurso recogidas en el Texto Único de Procedimientos Administrativos - TUPA de la entidad, antes de proceder a la elevación del recurso al superior jerárquico competente para resolverlo.

e') *Plazos de interposición.* El plazo para la interposición de los recursos de reconsideración o de apelación, establecido por el artículo 216.2 de la LPAG, es de quince días a contar desde el día siguiente al de su notificación, más el término de la distancia.

f') *Plazos para resolver. Silencio administrativo aplicable.* La LPAG no establece un plazo máximo específico para resolver los procedimientos recursivos, por lo que es de aplicación el plazo máximo general de treinta días hábiles establecido en los artículos 38 y 151 para todos los procedimientos administrativos de evaluación previa iniciados a instancia de parte, salvo que una norma legal hubiera establecido un plazo de terminación superior.

El artículo 223 de la LPAG específicamente referido al silencio administrativo en materia de recursos administrativos dispone que si el órgano a cargo del procedimiento recursivo no lo resuelve dentro del plazo legalmente establecido, se debe aplicar lo dispuesto por el inciso 2º del párrafo 34.1 del artículo 34 de la citada ley, conforme al cual en todos los casos que el privado haya formulado una solicitud iniciándose un procedimiento administrativo a instancia de parte, si la administración no lo resolviese dentro de los plazos legales y a dicho procedimiento le fuera aplicable el silencio administrativo negativo[9], si el particular utiliza esta figura para interponer algún recurso administrativo pero la administración tampoco resuelve este procedimiento recursivo dentro de los plazos máximos establecidos legalmente, operará automáticamente, por mandato del citado dispositivo, el silencio administrativo positivo.

En este punto conviene traer a colación que en consonancia con la regla anterior el artículo 197.6 de la LPAG dispone que en los procedimientos

---

[8] En contra: CHRISTIÁN GUZMÁN NAPURI, *El procedimiento administrativo*, Lima, Ara Editores, 2007, pág. 280, para quien el recurso de apelación en la LPAG "no admite la presentación de nueva prueba".

[9] Los procedimientos en los que es de aplicación el silencio administrativo negativo son los previstos en el artículo 37 de la LPAG, los cuales deben ser recogidos en los respectivos TUPA de cada entidad.

administrativos que se inicien con motivo de los recursos administrativos que interpongan los interesados para impugnar la aplicación de una sanción (multas, etc.) dictada en ejercicio de la potestad sancionadora de la administración pública, no obstante que en los casos de los procedimientos recursivos contra sanciones administrativas es de aplicación, por regla general, el silencio administrativo negativo, por excepción se debe aplicar el silencio administrativo positivo a favor del recurrente de la sanción si el particular ha optado primeramente por la aplicación del silencio negativo en una instancia administrativa recursiva anterior. En otras palabras, para que opere esta regla se deben cumplir las siguientes premisas: una entidad aplica una sanción administrativa, la cual es recurrida por el particular que se considera afectado ante una primera instancia administrativa, la que no resuelve el citado recurso en los plazos legalmente establecidos, lo que origina que el recurrente pueda invocar el silencio administrativo negativo e interponer el correspondiente recurso para que lo resuelva una segunda instancia administrativa, la que en caso de no emitir su resolución dentro de los plazos legalmente determinados traerá como consecuencia que sea de aplicación el silencio administrativo positivo en favor del recurrente liberándolo automáticamente de la sanción impugnada.

g') *La no suspensión del acto impugnado . Principio de ejecutividad.* El artículo 216.1 de la LPAG establece que la interposición de cualquier recurso administrativo no suspenderá la ejecución del acto impugnado.

Como se sabe, la ejecutividad constituye uno de los atributos del acto administrativo por lo que la sola oposición o impugnación del administrado no impide su ejecución o suspende sus efectos, porque de lo contrario el cumplimiento de las funciones de la administración pública y principalmente la tutela de los intereses públicos que tiene encomendados, se verían afectados.

Conforme a nuestro régimen jurídico-administrativo, las decisiones de la administración pública, no obstante que el administrado se oponga a ellas, producen plenos efectos jurídicos para sus destinatarios, salvo en dos situaciones: (i) que la ley establezca que la sola impugnación del particular produce automáticamente la suspensión de la eficacia del acto impugnado, como sucede con las sanciones administrativas por mandato del artículo 256.2 de la LPAG, y (ii) que la autoridad a quien competa resolver el respectivo recurso administrativo disponga de oficio o a pedido de parte la suspensión de la ejecución del acto administrativo impugnado, siempre que se cumplan los requisitos establecidos legalmente.

En consonancia con el artículo 256.2 de la LPAG citado que establece que la impugnación oportuna mediante la interposición de los correspondientes recursos administrativos de las sanciones administrativas impide que puedan ejecutarse, el artículo artículo 9.1 de la ley 26979 de ejecución coactiva[10]

---

[10] Nos referimos a la Ley de Ejecución Coactiva conforme la versión recogida en el Texto Único Ordenado aprobado mediante decreto supremo 018-2008 JUS.

también dispone que las sanciones de multa que han sido materia de recurso administrativo dentro de los plazos de ley no constituyen obligaciones susceptibles de ejecutarse mediante el procedimiento administrativo coactivo[11]. Al respecto el inciso c) del artículo 22 de la citada Ley de Ejecución Coactiva establece que los ejecutores coactivos no pueden iniciar el procedimiento coactivo de obligaciones en favor del Estado y deben esperar que venza el plazo establecido legalmente para que el particular pueda impugnar el acto o la resolución administrativa que establece la obligación. Asimismo, conforme al inciso e) del artículo 16.1 de la citada ley, constituye causal de suspensión del procedimiento de ejecución coactiva que se encuentre en trámite un recurso administrativo presentado dentro de los plazos legales.

h') *Medida cautelar de suspensión en sede administrativa.* Para equilibrar la regla de la ejecutividad del acto administrativo, establecida por la ley con la finalidad de evitar que mediante la sola impugnación de las decisiones administrativas se trabe el accionar de la administración pública, la reciente reforma a la LPAG dispuesta por el decreto legislativo 1272 al texto del numeral 2) y siguientes del artículo 224 de la LPAG se ha querido potenciar la facultad otorgada a la autoridad administrativa encargada de resolver el recurso correspondiente para, de oficio o a petición de parte, disponer la suspensión de la ejecución del acto cuestionado siempre que concurra alguna de las siguientes circunstancias: i) que la ejecución del acto impugnado pudiera causar perjuicios de imposible o difícil reparación al que se considere afectado o ii) que se aprecie objetivamente que el acto administrativo cuestionado padece de un vicio de nulidad trascendente. En tales casos, para adoptar una decisión, la citada autoridad debe efectuar una ponderación razonada entre el perjuicio que causaría al interés público o a terceros la suspensión y el perjuicio que origina al recurrente la eficacia inmediata del acto recurrido, facultándosele para que si decide disponer la suspensión del acto impugnado pueda dictar las medidas necesarias para asegurar la protección del interés público o de los derechos de terceros y la eficacia de la resolución impugnada. Decidida la suspensión se debe mantener durante todo el trámite del procedimiento administrativo recursivo o el correspondiente proceso contencioso administrativo, salvo que las autoridades a cargo de la tramitación de los citados procesos dispongan lo contrario.

i') *Terminación del procedimiento recursivo.* La LPAG regula en su artículo 195 los dos tipos de terminación de los procedimientos administrativos reconocidos por la doctrina: la terminación normal, que se produce por la emisión de la resolución que decide las cuestiones planteadas en el procedimiento o que se derivan del mismo y las formas de terminación anormal que se producen cuando el procedimiento termina sin que se haya producido el

---

[11] Sobre el tema: Jorge Danós Ordóñez y Diego Zegarra Valdivia, *El procedimiento de ejecución coactiva*, Lima, Gaceta Jurídica, 1999, pág. 74.

acto final resolutorio de las cuestiones de fondo. En tales casos el procedimiento no llega a su fin por voluntad expresada directamente por los administrados como es el caso del desistimiento y de la renuncia, o indirectamente como es el caso del abandono y ciertos supuestos del silencio administrativo.

De conformidad con el artículo 196.2 de la LPAG, la resolución que pone fin al procedimiento no podrá vulnerar el principio de la *reformatio in peius* (prohibición de reforma en peor), en virtud del cual, con motivo de una petición formulada por un particular como es el caso de los recursos administrativos, no se puede agravar la situación inicial del administrado, sin perjuicio de que la administración pueda incoar de oficio un nuevo procedimiento administrativo, si fuera procedente.

El artículo 225 de la LPAG dispone que la resolución que pone fin al procedimiento administrativo recursivo podrá tener alguno de los siguientes sentidos: i) estimar en todo o en parte la pretensión impugnatoria formulada en el recurso (es decir, declararlo fundado); ii) desestimarla; iii) declarar inadmisible el recurso por algún vicio formal en su interposición; iv) declarar la nulidad de la resolución recurrida con motivo de algún vicio cometido durante el trámite del procedimiento administrativo en el que se expidió el acto impugnado, caso este en que la norma dispone que el órgano resolutor del recurso además de declarar la nulidad podrá decidir sobre el fondo del asunto siempre que cuente en el expediente con los elementos suficientes para ello, pero cuando no le sea posible hacerlo, por carecer de dichos elementos, debe disponer la reposición del procedimiento administrativo hasta el momento en que el vicio generador de la nulidad se produjo.

En el caso que el recurso interpuesto haya formulado como su pretensión la declaratoria de nulidad de la resolución impugnada[12], la reciente modificatoria del texto del artículo 11.2 de la LPAG dispuesta por el decreto legislativo 1272 ha querido dejar en claro que corresponde pronunciarse a la autoridad competente para resolver el correspondiente recurso de reconsideración o de apelación interpuesto, porque equivocadamente algunas entidades entendían que la nulidad sólo podía ser declarada por el superior jerárquico de quien emitió el acto que se impugna, como es la regla cuando se ejercita la potestad de nulidad de oficio de los actos administrativos regulada por el artículo 211 de la LPAG.

j')*Agotamiento de la vía administrativa.* En lo que respecta al agotamiento de la vía administrativa, el artículo 226 de la LPAG establece las reglas para precisar en qué situaciones se puede considerar cumplido dicho requisito, de modo que quede expedito el camino para que los particulares puedan impug-

---

[12] La LPAG no contempla la figura de un "recurso de nulidad", pero en virtud de lo establecido por el art. 11.1 la alegación de nulidad de una actuación administrativa si puede servir de argumento para sustentar un recurso administrativo o como pretensión.

nar judicialmente las resoluciones administrativas que consideran violan sus derechos o atentan contra sus legítimos intereses[13].

b) *Los tribunales administrativos.* En Perú, existe consenso respecto de que ha resultado positiva para el control jurídico de la administración pública la creación de un número importante de tribunales administrativos que, en ejercicio de potestades plenamente administrativas y no jurisdiccionales resuelven controversias en última instancia administrativa. Se trata de una experiencia que no es novedosa en el ordenamiento jurídico peruano porque desde la primera mitad del siglo pasado, cuando se crearon los primeros tribunales administrativos hasta la actualidad, existen cerca de cincuenta tribunales administrativos, legalmente creados, cuya principal función es resolver controversias en sede administrativa, la mayor parte de las veces entre la administración y los particulares, pero también de estos entre sí[14]. Son órganos que forman parte de la administración pública, integrados por profesionales que en el ejercicio de sus funciones son considerados funcionarios públicos que son designados en virtud de su conocimiento especializado en las materias que son objeto de su competencia, que resuelven en forma colegiada, a los cuales se les otorga autonomía e independencia para que puedan evaluar con objetividad decisiones que han sido adoptadas por otros órganos o entidades administrativas, sin perjuicio de que quien se considere afectado por la resolución del tribunal administrativo pueda cuestionarla mediante el respectivo proceso contencioso administrativo antes el poder judicial

Se trata de una manifestación de los denominados autocontroles de la administración pública[15]. Estos tribunales resuelven controversias administrativas en variados temas: tributario, registral, minero, protección administrativa de la libre competencia en el mercado, controversias entre empresas concesionarias y usuarios de servicios públicos, controversias entre servidores públicos con sus respectivas entidad públicas empleadoras, controversias sobre la aplicación

---

[13] Sobre el tema: JORGE DANÓS ORDÓÑEZ, "Las resoluciones que ponen fin al procedimiento administrativo. Las llamadas resoluciones «que causan estado»", en *Revista de la Academia de la Magistratura*, núm. 1, Lima 1998, págs. 207 y ss.

[14] He reflexionado sobre el régimen del Tribunal Fiscal peruano como tribunal administrativo en "El proceso contencioso administrativo en materia tributaria", en *Themis Revista de derecho*, núm 41, Lima, 2000, págs. 73 y ss.

[15] Para FERNANDO DE LA RUA (*Jurisdicción y administración. Relaciones, límites y controles. Recursos judiciales*, Buenos Aires, Lerner Editores, 1979, págs. 134 y 137), los tribunales administrativos constituyen "órganos administrativos de aplicación"; los caracteriza como "cuerpos administrativos que no ejercen un control de la administración sino *en* la administración: cumplen una actividad funcional *interna*. Ellos emiten la voluntad del poder administrador la cual, si el interesado no recurre a la justicia dentro de cierto tiempo, deviene firme, con el alcance de la cosa juzgada administrativa" (el énfasis es mío).

de sanciones administrativas en materia ambiental, la impugnación a las actuaciones de las entidades públicas que tramitan procedimientos de selección
bajo el régimen de compras estatales, etc.[16].

La experiencia ha demostrado que la existencia de tribunales administrativos desalienta la litigiosidad judicial en contra de las decisiones de la
administración pública, que agotan la vía administrativa.

Las estadísticas —que no es el caso citar— demuestran que los procesos
contencioso-administrativos iniciados contra resoluciones dictadas por tribunales administrativos son sustancialmente inferiores al número de demandas
que se interponen contra los actos administrativos emitidos por las demás
entidades de la administración pública.

Un aspecto que es importante tener presente es que con frecuencia los
tribunales administrativos deben resolver controversias entre dos personas
(naturales o jurídicas) privadas, principalmente en aquellos ámbitos en los
que hay intervención administrativa en la regulación o control de determinadas actividades económicas, como sucede respecto de los servicios públicos
domiciliarios de contenido económico (telecomunicaciones, electricidad,
saneamiento), las controversias sobre protección de la libre competencia en
el mercado, etc. Se trata de los procedimientos que la LPAG ha caracterizado
como "procedimientos administrativos triangulares", que son aquellos mediante
los cuales la administración pública resuelve por mandato legal controversias
entre dos o más particulares, sin perjuicio de que los descontentos puedan
impugnar la resolución que se emita ante el poder judicial por vía contencioso-
administrativa. Por tanto, puede suceder que cualquiera de los privados que
tiene la condición de parte (el usuario o la empresa operadora de un servicio
público) no esté de acuerdo con la resolución dictada por el tribunal administrativo respectivo y que interponga una demanda contencioso-administrativa
para lograr la tutela de sus pretensiones. En tales casos se observa que se
estarían ventilando en el proceso contencioso administrativo, controversias que
de no existir una vía administrativa previa obligatoria, tendrían que resolverse
mediante un proceso probablemente civil.

---

[16] La regulación del régimen de los tribunales administrativos en Perú tiende a ser dispersa
porque son creados por normas legales que regulan sectores específicos (minería, tributario,
libre competencia, contrataciones estatales, etc.), a excepción de la referencia puntual que
hace de ellos la LPAG respecto de sus resoluciones (num. 2.8 del art. V del Título Preliminar)
y del régimen especial para declarar la nulidad de oficio de sus resoluciones (art. 211.5). El
primer intento de establecer una regulación común para dichos tribunales administrativos es
el contenido en el anteproyecto de ley de bases de la administración pública, elaborado por
un grupo de trabajo designado por el Ministerio de Justicia que tuvimos el honor de integrar,
que se puede revisar en *www.minjus.gob.pe/wp-content/uploads/2014/10/Anteproyecto-de-
Ley-de-Bases-de-la-Administración-Pública1*

c) *Control de barreras burocráticas.* Otro mecanismo de control jurídico de la administración pública en Perú, que se desarrolla en sede administrativa y del cual no conocemos referencias en el derecho comparado, es el de control de barreras burocráticas encargado al Instituto de Defensa de la Competencia y de la Propiedad Intelectual —Indecopi—, cuyo objetivo declarado por el artículo 1º del decreto legislativo 1256 que aprueba la ley de Prevención y Eliminación de Barreras Burocráticas (en adelante: LPEBB) es proteger los derechos constitucionales a la iniciativa privada y a la libertad de empresa, "mediante la prevención o la eliminación de barreras burocráticas ilegales y/o [*sic*] carentes de razonabilidad que restrinjan u obstaculicen el acceso o permanencia de los agentes económicos en el mercado y/o [*sic*] que constituyan incumplimientos de las normas y/o [*sic*] principios que garantizan la simplificación administrativa con el objeto de procurar una eficiente prestación de servicios al ciudadano por parte de las entidades de la administración pública"[17].

Se trata de un importante instrumento creado para reforzar el cumplimiento de las normas sobre simplificación administrativa, contenidas fundamentalmente en la LPAG[18], además de otras leyes especiales, que tienen una especial relevancia en el ordenamiento jurídico administrativo peruano porque establecen reglas para que las entidades administrativas no afecten a los particulares y, en especial a la actividad económica, con prácticas que no responden a los cometidos de tutela de los intereses generales que la sociedad y el ordenamiento jurídico le han encomendado. Está a cargo de la Comisión de Barreras Burocráticas que es un órgano colegiado de Indecopi y en segunda y última instancia administrativa de la Sala Especializada en Defensa de la Competencia del Tribunal Administrativo de Indecopi.

El control puede realizarse a pedido de parte o de oficio contra barreras burocráticas que pueden materializarse mediante actos administrativos, disposiciones administrativas o meras actuaciones materiales de la administración.

---

[17] Puede revisarse información sobre los lineamientos y la jurisprudencia dictada sobre barreras burocráticas en: *www.indecopi.gob.pe/eliminación-de-barreras-burocraticas.*

[18] En la LPAG las reglas sobre simplificación de aplicación general para todas las entidades administrativas que se encuentran principalmente en los arts. 29 al 58 que regulan la clasificación de los procedimientos administrativos en: procedimientos de aprobación automática y de evaluación previa, estos últimos a su vez subdivididos en función del tipo de silencio administrativo aplicable (positivo o negativo), el régimen de los Textos Únicos de Procedimiento Administrativo —TUPAS— que deben compilar todos los procedimientos administrativos iniciados a pedido de parte, la posibilidad de establecer procedimientos estandarizados obligatorios, las reglas para determinar el importe de las tasas o derechos de tramitación, la documentación que las entidades administrativas están impedidas de solicitar a los administrados, los documentos sucedáneos que están obligadas a recibir de los administrados y el principio de presunción de veracidad conforme al cual la administración debe presumir que todas las declaraciones y documentos que le presenten los privados se presumen veraces, con cargo a la verificación que realice la administración.

La definición de barrera burocrática prevista legalmente comprende a "toda exigencia, requisito, limitación, prohibición y/o [*sic*] cobro que imponga cualquier entidad, dirigido a condicionar, restringir u obstaculizar el acceso y/o [*sic*] permanencia de los agentes económicos en el mercado y/o [*sic*] que puedan afectar a administrados en la tramitación de los procedimientos administrativos sujetos a las normas y/o [*sic*] principios que garantizan la simplificación administrativa [...]"[19].

El control de las barreras se lleva a cabo conforme a dos criterios: i) el análisis de legalidad, y ii) la carencia de razonabilidad de la barrera burocrática cuestionada. El análisis de legalidad de la barrera se circunscribe a tres aspectos concretos: a) verificar si la entidad cuenta con competencia legalmente conferida; b) si se han respetado los procedimientos y formalidades establecidas legalmente, y c) si se han vulnerado las normas y principios de simplificación administrativa y cualquier otra norma legal. Si la Comisión de Barreras Burocráticas de Indecopi, al analizar una medidas, determina su ilegalidad ya no debe evaluar su razonabilidad, porque este segundo criterio solo lo debe emplear cuando se desestima que la medida denunciada sea ilegal. El análisis de razonabilidad de la barrera burocrática[20] verificará que la medida no sea arbitraria o que la medida es proporcional, lo cual debe ser acreditado por la entidad emisora de la medida cuestionada.

En el artículo 23 de la LPEBB se prevé que durante la tramitación del procedimiento se pueda dictar, de oficio o a pedido de la parte que haya presentado la denuncia, una medida cautelar para que la entidad administrativa emisora de la medida cuestionada se abstenga de aplicar o imponer la barrera burocrática que se presume ilegal o carente de razonabilidad, la que se mantendrá hasta que la Sala del Tribunal administrativo de Indecopi se pronuncie, en caso de formularse una apelación.

Si el resultado del procedimiento administrativo de evaluación de barreras burocráticas es positivo, los efectos de la decisión (restringidos al caso concreto o de aplicación general) dependerán: i) de la forma como se ha materializado la barrera (si se trata de un acto administrativo o un dispositivo legal); ii) si el procedimiento se ha iniciado de oficio o por denuncia de parte, y iii) si se declara una barrera por ilegalidad o por carencia razonabilidad.

Si en un procedimiento iniciado por denuncia de parte se declara la ilegalidad o irrazonabilidad de barreras burocráticas materializadas en disposiciones administrativas, actos administrativos o actuaciones administrativas, dispone su inaplicación al caso concreto a favor del denunciante. Si la denuncia

---

[19] El art. 3º de la LPEBB a la vez que define el concepto de barrera burocrática a efectos de identificar las medidas objeto del control, también precisa cuáles actuaciones o exigencias administrativas no tienen la condición de barreras.

[20] Regulado por los arts. 15 al 18 de la LPEBB.

hubiera sido formulada por una asociación, la inaplicación solo beneficia a aquellos asociados cuya representación fue acreditada mediante poderes de representación procesal suficiente .

Respecto de barreras materializadas en disposiciones administrativas, entendiéndose como tal toda norma reglamentaria o infralegal de los ámbitos nacional, regional y local, las ordenanzas regionales y municipales[21], con excepción de las leyes u otras normas con rango de ley de alcance nacional, emitidas en ejercicio de potestades legislativas, si el procedimiento es iniciado por denuncia de parte o de oficio y se verifica exclusivamente la ilegalidad de las disposiciones administrativas denunciadas, se dispone la inaplicación, con efectos generales, de tales disposiciones que han sido consideradas barreras burocráticas, lo que significa que la entidad administrativa emisora de la disposición descalificada debe inaplicarlas en beneficio de todos los agentes económicos y administrativos afectados, real o potencialmente, a partir del día siguiente al de la publicación del extracto de la respectiva resolución en el *Diario Oficial El Peruano*. Para efectos prácticos, dicha inaplicación general de la disposición administrativa considerada burocrática es similar a dejar sin efecto (derogar) la citada barrera burocrática.

Cuando el procedimiento de control haya sido iniciado de oficio y se haya concluido que la barrera burocrática materializada en una disposición

---

[21] Los fundamentos de la potestad de los órganos de Indecopi para disponer la inaplicación de una barrera burocrática materializada en una ordenanza municipal han sido expresados por la jurisprudencia del Tribunal Constitucional peruano recaída en la sentencia expediente 00014-2009-AI/TC:

"25 [...] este Colegiado debe puntualizar [...] que la CEB, cuando «inaplica» una ordenanza, formalmente no alega su inconstitucionalidad sino su ilegalidad. Por ejemplo, cuando en un procedimiento administrativo se detecta que una ordenanza es contraria a normas como el decreto legislativo 757 (Ley Marco para el Crecimiento de la Inversión Privada), ley 27444, ley 28976 (Ley Marco de licencia de funcionamiento) e inclusive la Ley 27972 (Ley Orgánica de Municipalidades), la CEB resuelve tal antinomia en virtud del principio de competencia excluyente, "aplicable cuando un órgano con facultades legislativas regula un ámbito material de validez, el cual, por mandato expreso de la Constitución o de una ley orgánica, comprende única y exclusivamente a dicho ente legisferante" [0047-2004-AI/TC, fund. 54, e)]. Como se observa, la situación generada se resuelve a partir de determinar que se trata de una antinomia entre dos normas del mismo rango, como pueden ser las leyes formales y las ordenanzas regionales y municipales. Su resolución descansa por consiguiente en la aplicación de la norma legal aplicable al caso concreto en virtud de competencias repartidas y no en virtud a un análisis de jerarquía entre ordenanza (regional o local) y la Constitución".

26. "El ejercicio de la CEB se circunscribe al ámbito de protección de la competitividad del mercado, tarea que, en virtud de la unidad del mercado, está bajo la competencia del ejecutivo que vigilará la preservación del orden público económico. Así, no resulta argumentable que en el ejercicio de la autonomía municipal y regional se contravengan normas de alcance nacional, como por ejemplo la Ley del Procedimiento Administrativo General o la Ley Marco de Licencia de Funcionamiento, en virtud de una ordenanza municipal o regional".

administrativa no es ilegal pero carece de razonabilidad, debe publicarse el extracto de la respectiva resolución en el *Diario Oficial El Peruano*. En los otros casos en los que también se haya iniciado de oficio el procedimiento contra disposiciones administrativas y se haya concluido que constituyen barreras ilegales o carentes de razonabilidad, Indecopi podrá interponer una demanda para dar inicio al proceso constitucional de acción popular para que el poder judicial las declare ilegales con carácter general, mientras que en el caso de ordenanzas regionales y municipales podrá acudir a la Defensoría del Pueblo para solicitarle que utilice la facultad que la Constitución le confiere para iniciar un proceso de inconstitucionalidad contra cualquiera de dichas ordenanzas ante el Tribunal Constitucional cuya sentencia tendría también efectos generales.

Junto con la declaratoria de barrera burocrática, se permite que cuando se trate del caso concreto de un denunciante, pueda dictarse una medida correctiva que ordene a la entidad le devuelva los derechos de trámite cobrados ilegalmente o carentes de razonabilidad.

Para reforzar el cumplimiento de las resoluciones que declaran barreras burocráticas, la LPEBB ha previsto[22] la posibilidad que la Comisión de eliminación de Barreras Burocráticas o la sala competente del Tribunal Administrativo de Indecopi puedan sancionar a la entidad administrativa renuente a acatar la obligación de inaplicar las medidas calificadas como barreras al caso concreto o con carácter general, según corresponda, pero lo hasta cierto punto novedoso en el ordenamiento jurídico-administrativo peruano, es que también se prevé la posibilidad de que los citados órganos de Indecopi puedan sancionar con multas directamente a los funcionarios y el personal de las citadas entidades administrativas (nacionales, regionales o locales) que incumplan los mandatos de inaplicación particular o general de las barreras burocráticas, sin perjuicio de la responsabilidad disciplinaria, civil y penal que les puedan exigir. Lo usual es que el marco jurídico ordene sanciones a las entidades que incumplen las disposiciones de los órganos encargados de su control; lo singular en este caso es que la experiencia ha demostrado que sancionar a la entidad administrativa no siempre desalienta la repetición de las conductas infractoras porque finalmente "socializa" el pago de la correspondiente sanción. Por esa razón se ha considerado que cumple mejor la función de prevención si se pueden aplicar multas directamente al personal de la administración que incumpla los mandatos que ordenan inaplicar barreras burocráticas, porque afectará directamente su patrimonio, lo que hará que sean mas propensos al acatamiento de las decisiones sobre la materia.

---

[22] Arts. 33 al 42.

B) *En sede jurisdiccional*

a) *El proceso contencioso administrativo*. Veamos someramente sus principales características.

a') Régimen constitucional del proceso contencioso administrativo. En Perú, el proceso contencioso administrativo se encuentra consagrado en el artículo 148[23] de la Constitución vigente, como mecanismo de tutela jurisdiccional de los particulares para defenderse de las actuaciones administrativas arbitrarias que les afecten y como medio de control de la legalidad de la actividad administrativa[24].

El proceso contencioso administrativo ha sido configurado constitucionalmente en Perú como una garantía esencial del Estado de derecho, porque constituye un mecanismo creado para controlar que la administración pública actúe subordinada al marco jurídico que regula su actividad (la Constitución, las leyes y los reglamentos), permitiendo a los ciudadanos acudir a otro poder del Estado (el judicial), demandando que evalúe si las actuaciones de la Administración son contrarias o no a derecho.

La consagración constitucional del proceso contencioso administrativo en el ordenamiento jurídico-administrativo peruano cumple los siguientes objetivos: (i) garantiza el equilibrio entre los poderes del Estado, porque permite que lo decidido por las entidades y órganos que integran la administración pública, o que ejercen funciones administrativas, en cualquiera de sus tres niveles de gobierno territorial, es decir nacional, regional y local, pueda ser revisado a pedido de los interesados por otro poder distinto y autónomo como lo es el poder judicial; (ii) refuerza el principio de legalidad que fundamenta a la administración pública, porque conforme a la arquitectura constitucional, toda acción administrativa debe sujetarse al ordenamiento jurídico preestablecido, razón por la que se confiere al poder judicial la potestad de verificar en sede jurisdiccional la legalidad de las actuaciones administrativas impugnadas; (iii) consagra el derecho subjetivo de los particulares para poder cuestionar ante el poder judicial todas las decisiones administrativas que les afecten, demandando la satisfacción jurídica de sus pretensiones contra la administración pública, lo que constituye un verdadero derecho a la tutela judicial efectiva frente a la administración, que también está amparado por los tratados internacionales

---

[23] "Art. 148.—Las resoluciones administrativas que causan estado son susceptibles de impugnación mediante la acción contencioso-administrativa".

[24] Texto Único Ordenado de la ley 27584, que regula el proceso contencioso administrativo, modificada por el decreto legislativo 1067, aprobada mediante decreto supremo 013-2008-JUS: "Artículo 1º. La acción contencioso administrativa prevista en el artículo 148 de la Constitución Política tiene por finalidad el control jurídico por el poder judicial de las actuaciones de la administración pública sujetas al derecho administrativo y la efectiva tutela de los derechos e intereses de los administrados. Para los efectos de esta ley, la acción contencioso administrativa se denominará proceso contencioso administrativo".

que sobre derechos humanos ha refrendado nuestro país; (iv) correlativamente establece una tácita reserva constitucional para que el control jurisdiccional de la legalidad de la actividad administrativa se realice exclusivamente por medio del proceso contencioso administrativo, como el proceso ordinario destinado especialmente al control jurisdiccional de la legalidad de la actuación administrativa y no mediante otros procesos (de orden civil, etc.), a excepción de los procesos constitucionales destinados a la tutela de los derechos fundamentales que sirven también subsidiariamente para el control de las acciones administrativas (amparo, habeas data, proceso de cumplimiento, etc.)[25]; (v) al consagrarse el proceso contencioso administrativo se impide que el legislador pueda aprobar normas que excluyan determinadas actuaciones administrativas del ámbito del citado proceso declarándolas exentas o inmunes a un eventual control jurisdiccional (se proclama la universalidad del control), que se restrinja irrazonablemente el acceso de los particulares ante la justicia para iniciar el citado proceso; que se reduzcan las potestades de la magistratura en orden a ejercer sin restricciones el control jurídico de la administración o, finalmente, que se desnaturalice el cauce establecido legalmente impidiendo a los particulares acceder a la tutela jurisdiccional respecto de la administración pública.

Es importante resaltar que si bien el precepto constitucional glosado se refiere a "las resoluciones administrativas" como objeto del proceso contencioso administrativo, cabe tener presente que la consagración constitucional del citado proceso en nuestra opinión tiene dos efectos: (i) el proceso contencioso administrativo no está concebido exclusivamente como un "proceso al acto", que restrinja las potestades de los jueces a solo determinar la validez o no del acto impugnado, como si se tratase de una segunda instancia simplemente revisora del procedimiento tramitado en sede administrativa, porque en concordancia con el derecho a la tutela jurisdiccional consagrado por el numeral 3 del artículo 139 de la Constitución[26] y los tratados internacionales de los que Perú es parte, lo correcto es que el contencioso administrativo se configure como un proceso que tiene por objeto no solo la declaración judicial de invalidez de las actuaciones administrativas contrarias al ordenamiento jurídico, sino también el restablecimiento para el particular de las situaciones ilegítimamente perturbadas por la administración pública, por lo que el verdadero objeto del proceso es lo que el demandante pretende ante los tribunales ("la pretensión"), y el papel del acto administrativo impugnable (las denominadas "resoluciones") se reduce a un mero presupuesto de procedibilidad, no

---

[25] Ley del Proceso Contencioso Administrativo 27584, art. 3º. "*Exclusividad del proceso contencioso administrativo*. Las actuaciones de la administración pública sólo pueden ser impugnadas en el proceso contencioso administrativo, salvo los casos en que se puedan recurrir a los procesos constitucionales".

[26] Art. 139. "Son principios y derechos de la función jurisdiccional: [...] 3. La observancia del debido proceso y la tutela jurisdiccional.

pudiendo condicionar este último el alcance de las potestades judiciales; (ii) el control mediante el proceso contencioso administrativo implica la plena justiciabilidad del universo de las actuaciones de la administración pública, y no solo de los actos administrativos expresos, por lo cual debe incluir a la inercia o el comportamiento omisivo de la administración cuando constituya violación de un deber legal y las meras actuaciones materiales o actividades de ejecución de las entidades administrativas sin estar precedidas de un acto administrativo que le sirva de cobertura.

Conforme al artículo 148 de la Constitución peruana, la condición que deben reunir los actos administrativos para ser cuestionados ante el poder judicial es que causen estado, es decir que agoten o pongan fin a la vía administrativa porque fijan de manera definitiva la voluntad de la administración, constituyendo la manifestación final de la acción administrativa respecto de la cual no es posible interponer otro recurso administrativo, debiendo entenderse que ello ocurre cuando se ha llegado al funcionario superior con competencia para decidir en definitiva sobre el acto impugnado, por lo que únicamente su pronunciamiento podría ser objeto de cuestionamiento ante el poder judicial[27]. Las reglas sobre la forma como el particular puede cumplir dicho requisito están establecidas en el artículo 226 de la LPAG que ha regulado los recursos y los actos mediante los cuales el particular puede entender por agotada la vía administrativa, a fin de acceder a la tutela judicial mediante el proceso contencioso administrativo.

b') *El marco legal*. Las reglas de desarrollo del proceso contencioso administrativo están contenidas en la ley 27584[28], la primera norma que reguló en forma específica, en Perú, el citado proceso[29], cuyas modificaciones posteriores, entre ellas la dispuesta por el decreto legislativo 1067 de junio de 2008, han

[27] He analizado los conceptos "causar estado" y "agotar la vía administrativa" como sinónimos en "Las resoluciones que ponen fin al procedimiento administrativo. Las llamadas resoluciones «que causan estado»", en *Ius Et Veritas*, núm. 16, Lima, 1988, pág. 151 y en la *Revista de la Academia de la Magistratura*, núm. 1, Lima 1998, pág. 209. También en "El proceso contencioso administrativo en materia tributaria", en *Themis*, núm. 41, Lima, 2000.

[28] Ley cuya entrada en vigencia se dilató seis meses desde el 17 de abril de 2002 hasta junio del mismo año por mandato de un decreto de urgencia que utilizó como justificación el infundado temor del gobierno de una posible avalancha de ejecuciones de obligaciones pecuniarias en su contra, que nunca se dio.

[29] Sobre el tema: GIOVANNI F. PRIORI POSADA, *Comentarios a la Ley del proceso contencioso administrativo*, 4ª ed., Lima, Ara Editores, 2009, pág 59. También: RAMÓN HUAPAYA TAPIA, *Tratado del proceso contencioso administrativo*, Lima, Jurista Editores, 2006, pág. 377; JUAN JOSÉ DIEZ SÁNCHEZ, "Comentarios en torno a la ley del proceso contencioso administrativo del Perú", en Asociación Peruana de Derecho Administrativo, *Derecho administrativo*, que recoge las ponencias presentadas al Primer Congreso Nacional de Derecho Administrativo celebrado en la Pontificia Universidad Católica de Perú en abril de 2004, Lima, Jurista Editores, 2004, págs. 167 y ss.

sido recopiladas en el Texto Unido Ordenado de la ley 27584, ley que regula el proceso contencioso administrativo aprobado mediante decreto supremo 013-2008-JUS de 28 de agosto de 2008, al que en adelante nos referiremos como el TUO de la LPCA.

La citada ley fue aprobada por el Congreso sobre la base de un proyecto elaborado por una Comisión designada para dicho propósito por el Ministerio de Justicia, mediante resolución ministerial 174-2000-JUS, que preparó un texto que fuera difundido por el *Diario Oficial* en separata especial publicada el 5 de julio de 2001, acompañado de una prolija exposición de motivos cuya lectura recomendamos a quienes quieran profundizar en el estudio de la materia[30].

La referida ley, en concordancia con el artículo 148 de la Constitución, diseña al contencioso administrativo como un proceso de plena jurisdicción, o como la doctrina administrativa le denomina "de carácter subjetivo", de modo que el juez no se puede limitar a efectuar un mero control de la validez de los actos administrativos, sino que tiene encomendado la protección y la satisfacción de los derechos e intereses de los demandantes afectados por actuaciones administrativas[31]. Entre las pretensiones que los demandantes pueden formular en el proceso, que pueden acumularse, de forma originaria o sucesiva, se encuentran: que se declare la nulidad, total o parcial, o la ineficacia del acto administrativo cuestionado; el reconocimiento o restablecimiento del derecho o interés jurídicamente tutelado y la adopción de las medidas o actos necesarios para tales fines; la declaración de contrario a derecho y el cese de toda actuación material que no se sustente en un acto administrativo; que se ordene a la administración pública la realización de determinada actuación a la que se encuentre obligada por mandato de la ley o en virtud de acto administrativo firme y que se le condene al pago de indemnización por el daño causado por alguna actuación administrativa (art. 5º).

En lo que respecta a la pretensión indemnizatoria para exigir la responsabilidad patrimonial extracontractual de la administración, como hemos señalado en otro trabajo[32], si bien es positiva la evolución que ha experimentado

---

[30] Proyecto publicado con su exposición de motivos en una separata especial del *Diario Oficial El Peruano* el 5 de julio de 2001, que fuera elaborado por una Comisión de juristas designada con dicho propósito por el Ministerio de Justicia y que al autor de este trabajo le correspondió el honor de presidir.

[31] Sobre el punto, veáse a ELOY ESPINOSA-SALDAÑA BARRERA, "El nuevo proceso contencioso administrativo peruano: ¿principio del fin de nuestro amparo alternativo?", en *Normas legales*, tomo 319, vol. II, Lima, diciembre 2002, págs. 1 y ss. También publicado en *Jurisdicción constitucional, impartición de justicia y debido proceso*, Lima, Ara Editores, 2003, págs. 253 y ss.

[32] En "Fundamentos de la responsabilidad patrimonial extracontractual de la administración pública en el Perú", ponencia presentada al XIII Foro Iberoamericano de Derecho Administrativo, publicada en *La responsabilidad patrimonial de la administración pública*, tomo II, JAIME RODRÍGUEZ ARANA y otros (Coords.), México, Universidad Panamericana, 2014, pág 417.

el régimen legal del proceso contencioso administrativo con las reformas introducidas por el decreto legislativo 1067, a partir de 2008 se ha consignado por primera vez en la relación de pretensiones que se pueden exigir en los procesos contencioso administrativos la pretensión indemnizatoria por el daño causado por la administración, condicionándola a que opere siempre y cuando se plantee en forma acumulativa a alguna de las otras pretensiones que se exijan en la correspondiente demanda; sin embargo, la realidad ha demostrado que en la práctica dicha condicionalidad ha afectado gravemente su operatividad[33].

La citada ley, a la vez que proclama la universalidad del control jurisdiccional de toda actuación administrativa en ejercicio de potestades reguladas por el derecho administrativo, en virtud de lo establecido por el artículo 148 de la Constitución, establece con fines meramente ilustrativos (no taxativos) una relación de actuaciones impugnables que comprende obviamente en primer lugar los actos administrativos, el silencio administrativo, la inercia o cualquier otra omisión formal de la administración pública, la simple actuación material de la administración sin cobertura formal, las actividades de ejecución de actos administrativos que transgredan el marco legal (excesos en el procedimiento de cobranza coactiva), las actuaciones sobre el personal dependiente de la administración pública, bien en el régimen de la carrera administrativa o bien en el régimen laboral privado y a las controversias sobre la ejecución de los contratos suscritos por la administración pública cuando no sea obligatorio el sometimiento a la vía arbitral, como es el caso de casi todos los contratos administrativos que suscribe la administración pública peruana, razón por la cual en Perú la casi totalidad de las controversias que se generan entre los contratistas privados y el Estado durante la ejecución de un contrato con el Estado se resuelve por medio de procesos arbitrales (art. 4º).

En cuanto a los órganos jurisdiccionales encargados de resolver el proceso contencioso administrativo, la ley consagra la creación de jueces de primera instancia y de salas de la Corte Superior, especializados en lo contencioso administrativo, con el objetivo de obtener mayor efectividad en las técnicas de control jurisdiccional de la administración pública. En los distritos judiciales del país en los que no exista juez o sala especializada en lo contencioso administrativo será competente el juez en lo civil o el juez mixto o, en su caso, la Sala Civil correspondiente. Se establece que el proceso debe iniciarse por regla general ante el juez especializado en la materia y sus decisiones pueden

---

[33] Participa de la misma opinión crítica: LUIS ALBERTO HUAMÁN ORDÓÑEZ, *El proceso contencioso administrativo*, *op cit.*, págs. 164 y 165 y 287 a 289; también GIOVANNI F. PRIORI POSADA, *Comentarios a la Ley del proceso contencioso administrativa*, *op. cit.*, págs 138 a 142, quien considera que como consecuencia de dicha restricción el afectado no estaría impedido de poder derivar la pretensión indemnizatoria, quebrando el principio de especialidad que es propio del proceso contencioso administrativo.

apelarse ante la sala especializada de la respectiva Corte Superior (art. 11). La Corte Suprema funge como corte de casación (arts. 35 y 36), salvo en aquellos casos en que el objeto de la demanda verse sobre actuaciones del Banco Central de Reserva de Perú (BCR), de la Superintendencia del Mercado de Valores (SMV), de la Superintendencia de Banca, Seguros y Administradoras Privadas de Pensiones (SBS) y de la Superintendencia Nacional de Salud, en el que es competente, en primera instancia la Sala Especializada en lo Contencioso Administrativo de la Corte Superior respectiva, en segunda instancia la Sala Civil de la Corte Suprema y si se interpone recurso de casación la competencia recae en la Sala Constitucional y Social, también de la Corte Suprema[34]. En nuestra opinión no existe justificación alguna para que la Corte Suprema, si bien por medio de Salas diferentes, pueda pronunciarse dos veces en un mismo proceso.

Asimismo se establece que el contencioso administrativo es el cauce procesal para aquellos supuestos excepcionales en que las leyes administrativas (art. 202.4 de la Ley de Procedimiento Administrativo General 27444) facultan a la administración pública para demandar ante el poder judicial la declaración de nulidad de sus propios actos administrativos declarativos de derechos a favor de un particular, dentro del plazo de los dos años siguientes al vencimiento del término de un año con que cuenta la administración para declarar su nulidad de oficio en sede administrativa[35]. La ley exige que la administración pública, para hacer uso de la citada facultad de interponer demanda contencioso administrativa contra sus propios actos emita una resolución motivada en la que se identifique el vicio de legalidad en que incurre el acto administrativo en cuestión y el agravio que produce al interés público (2º pár. del art. 13). En tal caso tendrá la calidad de demandado el particular que podría ser perjudicado por la eventual declaración judicial de nulidad del acto administrativo que le reconoce derechos (num. 5 del art. 15).

La ley establece el plazo de tres meses como regla general para que los afectados por alguna actuación de la administración pública puedan interponer la correspondiente demanda contencioso administrativa, a contar desde el conocimiento o notificación de la actuación impugnada, lo que ocurra primero. En los casos en que se haya producido silencio administrativo negativo u otras

---

[34] Según el párrafo 2º del art. 11 del TUO de la LPCA, cuyo texto ha sido modificado por la primera disposición complementaria modificatoria del decreto legislativo 1158 de 2013.

[35] Sobre el tema, JUAN CARLOS MORÓN URBINA, "El proceso de lesividad: el contencioso promovido por la administración", en *Proceso & Justicia. Revista de Derecho Procesal*, editada por la asociación civil Taller de Derecho, núm. 3, Lima, págs. 30 y ss. También, RAMÓN HUAPAYA TAPIA, "Algunos temas puntuales en relación a la regulación normativa del proceso contencioso-administrativa de «agravio» o de lesividad en la ley que regula el proceso contencioso administrativo del Perú", publicado en: *Administración pública, derecho administrativo y regulación*, Lima, Ara Editores, 2011, pág. 463.

formas de inactividad formal de la administración pública no se computa plazo para que los interesados interpongan su demanda, porque se entiende que es responsabilidad de cargo de la administración pública el no emitir oportunamente su pronunciamiento. Cuando se pretenda cuestionar actuaciones materiales que no se sustenten en actos administrativos, el plazo para presentar la demanda será de tres meses, contados desde el día siguiente en que se tomó conocimiento de las referidas actuaciones. Respecto de los terceros que no hayan participado en el respectivo procedimiento administrativo que da origen a alguna actuación administrativa, pero que resulten afectados por ella, podrán interponer su correspondiente demanda contencioso administrativa dentro de los plazos reseñados, computados a partir del momento en que haya tomado conocimiento de la actuación que pretenden cuestionar (art. 19).

En cuanto al cauce procesal, el régimen legal vigente contempla dos tipos de modalidades del proceso contencioso administrativo: (i) el denominado incorrectamente "procedimiento" especial, que viene a ser propiamente el proceso específico (normal, regular) del proceso contencioso administrativo, y (ii) el denominado proceso urgente, referido únicamente a tres de las pretensiones reseñadas y siempre que se cumplan determinados requisitos especiales.

En materia de pruebas, si bien el texto inicial de la Ley del Proceso Contencioso Administrativo aprobado por el Congreso, a contracorriente de las modernas tendencias doctrinales en la materia, restringió la actividad probatoria en el contencioso administrativo exclusivamente a las actuaciones recogidas en el procedimiento administrativo, por la vía de prohibir la incorporación al proceso la probanza de hechos nuevos o no alegados en la etapa prejudicial[36], la reforma al texto del artículo 30 dispuesta en 2008 por el decreto legislativo 1067, morigeró parcialmente dicha restricción al establecer que no operaría cuando se produzcan hechos nuevos o que se trate de hechos que hayan sido conocidos con posterioridad al inicio del proceso[37].

---

[36] JUAN JOSÉ DÍEZ Calificó la referida restricción a la actividad probatoria como una quiebra sustancial a la complitud de la plena jurisdicción en el diseño del régimen legal del proceso contencioso en "Comentarios en torno a la ley del proceso contencioso administrativo del Perú", publicado en *Derecho administrativo*, libro de Ponencias del Primer Congreso Nacional de Derecho Administrativo, Lima, Jurista, 2004, pág. 191.

[37] Participa de la crítica a las restricciones que impuso el Congreso en el texto primigenio de la ley aprobada en lo referido al régimen de las pruebas ELOY ESPINOSA-SALDAÑA en "Notas sobre el anteproyecto de ley del proceso contencioso administrativo hoy en debate en el Perú", publicado en *Derecho Administrativo: innovación, cambio y eficacia*, Libro del Sexto Congreso Nacional de Derecho Administrativo, Lima, Thomson Reuters, 2014, págs 497 a 548, en el que da cuenta de las propuestas contenidas en un proyecto de ley elaborado por una Comisión designada por el Ministerio de Justicia en 2013, para proponer reformas a la ley del proceso contencioso administrativo; también es crítico de las citadas restricciones al régimen de pruebas: LUIS ALBERTO HUAMÁN ORDÓÑEZ, *El proceso contencioso administrativo, op cit.,*

Sin embargo, en nuestra opinión la tesis correcta es la que sostiene que en el contencioso-administrativo los jueces deben "enjuiciar el litigio con plenitud de jurisdicción resolviendo las pretensiones de las partes a la vista de los hechos acreditados en el momento de dictar sentencias, hayan sido probados en el proceso o fuera de él".

Las medidas cautelares son admitidas con amplitud en la ley del proceso contencioso-administrativo peruano, porque pueden solicitarse incluso antes de iniciado o dentro del proceso de conformidad con las normas del Código Procesal Civil (art. 38). Se establece que son especialmente procedentes las medidas de innovar y de no innovar (art. 40).

Respecto del régimen de las medidas cautelares en los procesos contencioso administrativos en Perú, en los últimos años se han dictado disposiciones legales para establecer requisitos y reglas que hacen más difícil y gravoso el acceso de los justiciables a dichas medidas cautelares en tres regímenes sectoriales: en las controversias en el ámbito de lo tributario cuando se cuestionen las decisiones que dicta en última instancia administrativa el Tribunal Fiscal o, en general, la administración tributaria[38]; en las controversias respecto de los derechos administrativos que otorga el Ministerio que regula la actividad de pesca en lo referido al uso, aprovechamiento, extracción o explotación de recursos naturales hidrobiológicos[39] y para cuestionar las sanciones administrativas o el ejercicio de cualquiera de sus funciones por el Organismo de Evaluación y Fiscalización Ambiental, OEFA[40]. El común denominador de los requisitos que las normas específicas de los referidos regímenes exigen es que el interesado debe presentar una contracautela consistente en una garantía, ya sea real o una carta fianza de carácter bancario o financiero, por el importe del asunto en discusión. No se acepta en ningún caso la caución juratoria como contracautela. En el caso de la actividad de pesca la única garantía que puede acreditar el solicitante es la carta fianza.

En nuestra opinión, las exigencias glosadas en los tres ámbitos descritos constituyen una limitación inconstitucional al derecho a la tutela jurisdiccional efectiva en su manifestación de acceso al otorgamiento de medidas cautelares, porque le restringen a los justiciables acceder a la tutela cautelar imponiéndole por vía legal a los jueces la obligación de exigir requisitos y ceñirse a pro-

---

y GIOVANNI F. PRIORI POSADA, *Comentarios a la Ley del proceso contencioso administrativo*, *op. cit.*, pág. 219.

[38] Decreto legislativo 1121 que reforma el artículo 159 del Código Tributario que regula las medidas cautelares judiciales en materia tributaria, modificado en forma parcial por el art. 7º de la ley 30230.

[39] Ley 29639 de diciembre de 2010.

[40] Ley 30011 de abril de 2013, que incorpora el art. 20-A titulado "Ejecutoriedad de las resoluciones de OEFA", la ley 29325, Ley del Sistema Nacional de Evaluación y Fiscalización Ambiental.

cedimientos que tienen como consecuencia que se reduzcan los medios que tienen a su disposición los justiciables para defenderse de los posibles abusos de la administración pública, debido a que la dilación del trámite del proceso judicial puede convertir en irreparable la lesión en sus derechos[41].

En lo que respecta al régimen de ejecución de las sentencias, la ley del proceso contencioso administrativo fortalece las potestades de los jueces para velar por que los funcionarios de la administración pública cumplan las sentencias recaídas en los procesos contencioso administrativos (arts. 45 y 46). En cuanto a la ejecución de sentencias que condenen al Estado a pagar sumas de dinero es importante tener presente el artículo 47 de la ley del proceso contencioso administrativo que establece las reglas que regulan el cumplimiento o ejecución de las citadas sentencias por parte de la administración pública, mediante el establecimiento de topes presupuestales y de plazos para acatarlas que deben ser interpretadas y cumplidas de conformidad con la jurisprudencia del Tribunal Constitucional peruano[42] (que entre otras reglas establece que el plazo razonable de ejecución no debería superar los cinco años[43]) para que dichas normas sean aplicadas de manera compatible con los derechos fundamentales a la tutela judicial efectiva, a la igualdad, a la cosa juzgada e incluso al propio derecho a la efectividad de las resoluciones judiciales, reconocido también por la jurisprudencia del Tribunal Constitucional peruano[44].

[41] Critican duramente las exigencias establecidas para el otorgamiento de medidas cautelares en materia tributaria: GIOVANNI PRIORI POSADA, "El inconstitucional proceso contencioso administrativo tributario: la progresiva eliminación de las garantías procesales", en *Libro Homenaje a Carlos Montoya Anguerry*, Lima PUCP, 2014, págs. 314 y ss.; SAMUEL ABAD Y. y JORGE DANÓS ORDÓÑEZ, "La inconstitucional regulación de las medidas cautelares contra la administración tributaria y el Tribunal Fiscal", en *Revista del Instituto peruano de Derecho Tributario,* núm. 56, tomo II, Lima, 2013, págs. 15 a 36.

[42] En especial con la sentencia recaída en los procesos de inconstitucionalidad tramitados con los expedientes 0015-2001-AI, 0016-2001-AI y 004-2002-AI (acumulados), de 1º de febrero de 2004, verdadero *leading case* nacional en la materia.

[43] "A juicio de este colegiado, establecer un plazo máximo de 5 años para que el Estado cubra proporcionalmente la totalidad de una obligación declarada en una resolución judicial resulta razonable y, por ende, constitucional. Pero no es razonable ni constitucional el incumplimiento de sentencias judiciales que, teniendo ya más de 5 años de dictadas, no hayan sido presupuestadas conforme a la legislación vigente al tiempo de ser expedidas dichas sentencias; en consecuencia corresponde investigar al ministerio público si los funcionarios públicos que incumplieron con presupuestar las deudas del Estado procedieron o no dolosamente", sentencia recaída en los procesos de inconstitucionalidad tramitados con los expedientes 0015-2001-AI, 0016-2001-AI y 004-2002-AI (acumulados), FFJJ 55.

[44] "El derecho a la ejecución de las sentencias judiciales no es sino una concreción específica de la exigencia de efectividad que garantiza el derecho a la tutela jurisdiccional, y que no se agota allí, ya que por su propio carácter tiene una vis expansiva que se refleja en otros derechos constitucionales (v. gr. el derecho que un proceso dure un plazo razonable, etc.). El derecho a la efectividad de las resoluciones judiciales garantiza que lo decidido en una sentencia

Lamentablemente en los últimos diez o quince años ha sido frecuente en Perú la creación, por medios legales diferentes a la ley reguladora del proceso contencioso administrativo, de graves restricciones a la posibilidad de ejecutar sentencias que establezcan obligaciones pecuniarias contra el Estado, no obstante las citadas sentencias del Tribunal Constitucional e incluso reiterados informes de la Defensoría del Pueblo sobre la materia, que llaman la atención sobre la inconstitucionalidad de las repetidas veces que por medios legislativos se ha dotado al Estado de un régimen legal que le permita resistirse al cumplimiento de sentencias judiciales condenatorias de pago de sumas de dinero[45]. Se tiene entendido que felizmente en algunos casos los jueces, invocando el segundo párrafo del artículo 138 de la Constitución[46] que les permite ejercer el control difuso de inconstitucionalidad, han procedido a ejecutar directamente sus sentencias, inaplicando al caso concreto las normas que pretenden restringir sus poderes, por considerarlas contrarias a los derechos de los justiciables consagrados en la Constitución. La jurisprudencia constitucional peruana ha sido enfática en disponer que el Estado debe cumplir con las sentencias que le condenan al pago de sumas de dinero, estableciendo incluso por vía jurisprudencial reglas que el legislador, la administración pública y los propios jueces deben tener en cuenta en la regulación, cumplimiento y ejecución de las sentencias de condena.

El numeral 41.1 de la Ley del Proceso Contencioso Administrativo establece que el personal al servicio de la administración pública, cualquiera fuera el régimen de su vinculación, tiene la obligación de cumplir la sentencia emitida en el proceso, actuando como parte sometida plenamente al control del poder judicial, en virtud de lo cual no puede calificar el contenido de la sentencia o

---

se cumpla y que la parte que obtuvo un pronunciamiento de tutela, a través de una sentencia favorable, sea repuesta en su derecho y compensada, si hubiera a ello, por el daño sufrido". Sentencia recaída en los expedientes 015-AI, 016-AI y 004-AI/Tc (acumulados) FFJJ N°11.

[45] Sobre la materia: VÍCTOR BACA ONETO, "La ejecución de sentencias condenatorias de la administración. En especial, el caso del embargo de dinero público", en *Revista de Derecho Administrativo*, núm. 2, Lima, 2006, pág. 167; JOSÉ ANTONIO TIRADO, "Las reglas aplicables a la ejecución de sentencias contra entidades públicas en la ley del proceso contencioso administrativo", en *Derecho administrativo: innovación, cambio y eficacia*. Libro de ponencias del Sexto Congreso Nacional de Derecho Administrativo, Lima, Thomson Reuters, 2014, págs. 497 a 548; SAMUEL ABAD, "Cuando el Estado no cumple: el difícil camino para ejecutar una sentencia en los procesos contencioso administrativos", en *El derecho administrativo y la modernización del Estado peruano*. Ponencias presentadas en el tercer Congreso Nacional de Derecho Administrativo (Lima, 2008), Lima, Grijley, 2008, págs. 17 a 39; FRANCISCO EGUIGUREN P., "La inejecución de las sentencias por incumplimiento de entidades estatales. Algunas propuestas de solución Lima", en *Ius et Veritas*, núm. 18, pág. 96.

[46] Constitución, art. 138, pár. 2º. "En todo proceso, de existir incompatibilidad entre una norma constitucional y una legal, los jueces prefieren la primera. Igualmente, prefieren la norma legal sobre toda otra norma de rango inferior".

sus fundamentos, restringir sus efectos o interpretar sus alcances, quedando obligados a realizar todos los actos necesarios para la completa ejecución de la resolución judicial.

b) *Los procesos constitucionales*. Esta materia la abordamos en las páginas que siguen, en tres acápites.

a') *Marco constitucional y legal del sistema de jurisdicción constitucional en Perú*. Sin lugar a dudas, formular una descripción exhaustiva del régimen de los procesos constitucionales existentes en Perú con toda seguridad rebasaría la extensión razonable de este trabajo; por dicha razón, centraremos esta parte en los aspectos que inciden en mayor medida en la efectividad del control de la actividad de la administración pública desde la perspectiva de la protección de los derechos constitucionales.

La Constitución de 1993 establece en su artículo 200 los siguientes procesos constitucionales para la protección de los derechos constitucionales y la depuración del sistema jurídico:

1) El *habeas corpus* para la protección de la libertad personal y de los derechos conexos a él;

2) El *habeas data* para la protección del derecho constitucional de acceso a la información que obra en poder de la administración pública y del derecho constitucional a la autodeterminación respecto de datos vinculados a la intimidad personal y familiar;

3) El amparo para la protección de los demás derechos constitucionales no tutelados por *el habeas corpus* ni por el *habeas data*;

4) La acción de cumplimiento, que procede contra cualquier autoridad o funcionario renuente a acatar una norma legal o un acto administrativo, sin perjuicio de las responsabilidades de ley;

5) La acción de inconstitucionalidad ante el Tribunal Constitucional para el control de la constitucionalidad de las normas con rango de ley;

6) La acción popular que se interpone ante el poder judicial para el control de la constitucionalidad o legalidad de los reglamentos y de todo dispositivo legal dictado por la administración pública, subordinado a la ley, y

7) El conflicto de competencias y atribuciones que se tramita ante el Tribunal Constitucional para resolver las controversias constitucionales entre poderes y organismos constitucionales previstos por la Constitución.

De los siete procesos constitucionales mencionados encontramos que los cuatro primeros (el *habeas corpus*, el amparo, el *habeas data* y la acción de cumplimiento) pueden plantearse contra actos de autoridades públicas o de particulares que se estimen violatorios de derechos constitucionales, mientras que las tres restantes (la acción de inconstitucionalidad contra leyes y normas que participen de ese rango, la acción popular contra reglamentos y el conflicto de competencias y atribuciones constitucionales) tienen por objeto el control de la conformidad constitucional o legal de las normas jurídicas de carácter general y la solución de controversias constitucionales competenciales.

Los procesos que sirven para la tutela de los derechos constitucionales pueden ser formulados por cualquier persona que se considere afectada en sus derechos por actuaciones u omisiones de entidades administrativas, funcionarios públicos o incluso por particulares. Señala el artículo 1º del Código Procesal Constitucional[47], que regula los mencionados procesos, que su finalidad es "proteger los derechos constitucionales, reponiendo las cosas al estado anterior a la violación o amenaza de violación de un derecho constitucional, o disponiendo el cumplimiento de un mandato legal o un acto administrativo".

En lo que respecta a las reglas de competencia, tratándose de Lima y de la Provincia Constitucional del Callao el proceso de inicia ante los jueces especializados en derecho público; en los demás distritos judiciales en que está organizado el poder judicial en Perú son competentes para conocer de los procesos de *habeas corpus* los jueces especializados en la materia penal, mientras que respecto de los demás procesos constitucionales (amparo, *habeas data* y acción de cumplimiento) la competencia corresponde a los jueces civiles o de carácter mixto. En segunda instancia, en Lima y en El Callao es competente para conocer en vía de apelación la sala superior de derecho público, mientras que en los distritos judiciales de provincias la competencia corresponde a las respectivas salas especializadas en lo civil. En caso que el fallo de segunda instancia resulte favorable al demandante, el proceso concluye y no cabe formular otro recurso para impugnar la sentencia. Conforme a la Constitución de 1993, solo en caso que el poder judicial resuelva desfavorablemente las demandas de *habeas corpus*, amparo, *habeas data* y la acción de cumplimiento, cabe que el demandante formule recurso de agravio constitucional para que su pretensión sea resuelta en última instancia por el Tribunal Constitucional, que falla sobre el fondo del asunto. Como se puede apreciar, la Corte Suprema no conoce del trámite de los procesos constitucionales citados, salvo los casos en que se adopten decisiones jurisdiccionales en aplicación del control difuso de las normas, en que se somete a consulta de la Sala Constitucional y Social de la Corte Suprema de Justicia si tales decisiones no hubieran sido impugnadas. Otro aspecto importante que se debe destacar es que al Tribunal Constitucional peruano solo pueden acceder los demandantes de los procesos constitucionales que no han encontrado acogida a sus pretensiones de tutela

---

[47] Aprobado mediante ley 28237 vigente a partir del 1º de diciembre de 2004, elaborado a partir de un proyecto preparado por un grupo de trabajo, integrado por seis profesores de Derecho Constitucional, Procesal, Administrativo y Penal en el que tuvimos el honor de participar. AA. VV., *Código Procesal Constitucional. Comentarios, exposición de motivos, dictámenes e índice analítico*, Lima, Palestra Editores, 2004.

constitucional ante el poder judicial y nunca los demandados, como sería el caso de las entidades administrativas y los funcionarios o servidores públicos.

Como se ha señalado, los procesos constitucionales que estamos comentando tutelan diferentes derechos constitucionales. El *habeas corpus*, conforme a su origen histórico, sirve exclusivamente para la protección de la libertad personal o de los derechos conexos a ella, los que por regla general solo pueden ser restringidos por mandato judicial y no por actuaciones administrativas.

En cambio el *habeas data* protege dos derechos constitucionales que tienen incidencia en el ámbito administrativo. Es el caso del derecho reconocido por el numeral 5 del artículo 2º de la Constitución y que tiene toda persona "a solicitar sin expresión de causa la información que requiera y a recibirla de cualquier entidad pública, en el plazo legal, con el costo que suponga el pedido", exceptuándose solo las informaciones que afecten la intimidad personal y las que expresamente se excluyan por ley o por razones de seguridad nacional, además de la información comprendida en el secreto bancario y la reserva tributaria. Por tanto, cualquier persona que considere no atendida por la administración pública su solicitud de acceso a la información que obra en su poder, está constitucionalmente facultada para formular demanda de *habeas data* a fin de que los jueces ordenen a los funcionarios administrativos obrar conforme al principio de transparencia. Así ha sucedido en casos que adquirieron publicidad, iniciados por organizaciones dedicadas a la protección del medio ambiente que exigieron y obtuvieron sentencias favorables que ordenaban a los ministros del sector competente entregar los estudios de impacto ambientales y otros documentos relevantes para la protección del medio ambiente. El segundo derecho susceptible de ser tutelado por el *habeas data* es el denominado por la doctrina constitucional "derecho a la autodeterminación informativa" o a la "libertad informática" que para garantizar la intimidad personal y familiar permite que toda persona tenga la potestad de conocer y acceder a las informaciones que le conciernen archivadas en bancos de datos públicos o privados, exigir la corrección o cancelación de datos inexactos o indebidamente procesados y disponer sobre su transmisión.

El proceso de cumplimiento[48] otorga a los particulares la garantía jurisdiccional de poder reaccionar contra la abstención administrativa ya sea que esta se manifieste en inactividad formal, es decir, por la omisión en la producción de un acto administrativo individual o de una disposición reglamentaria de carácter general, o por la inactividad material, consistente en la simple inejecución de un acto debido. En un anterior trabajo[49] he sostenido que la denominada

---

[48] Constitución, art. 200.—"Son garantías constitucionales: 6) la acción de cumplimiento, que procede contra cualquier autoridad o funcionario renuente a acatar una norma legal o un acto administrativo, sin perjuicio de las responsabilidades de ley".

[49] "El amparo por omisión y la acción de cumplimiento en la Constitución peruana de 1993", en *Lecturas Constitucionales Andinas,* núm. 3, Lima, Comisión Andina de Juristas, 1994, pág. 206.

"acción de cumplimiento" no configura propiamente un proceso constitucional porque no está destinada a tutelar ningún derecho constitucional en especial. En el citado trabajo opiné que "se trata en verdad de un mecanismo procesal referido esencialmente al control jurisdiccional (objetivo) de la administración, que en lugar de estar consignado en el capítulo de las garantías destinadas a la protección de los derechos constitucionales, bien pudo ser considerado como una modalidad especial de la acción contencioso-administrativa"[50]. Es importante resaltar que la incorporación de la acción de cumplimiento en la Constitución tiene por efecto otorgar protección, mediante un mecanismo expeditivo y que puede llegar en última instancia al Tribunal Constitucional, a una serie de derechos de origen legal que de ordinario no encontrarían tutela a través de un proceso constitucional que solo tutela derechos fundamentales. A diferencia del proceso de amparo, que procede incluso contra conductas omisivas de autoridades o funcionarios siempre que vulneren exclusivamente derechos constitucionales, la acción de cumplimiento otorga cobertura a derechos de origen legal concediendo a los particulares la posibilidad de obtener un pronunciamiento judicial que obligue a los órganos de la administración pública hacerlos efectivos.

El proceso de amparo[51] tutela todos los demás derechos constitucionales no protegidos por el *habeas corpus* ni por el *habeas data*. Como se puede apreciar, su ámbito de protección es considerablemente mayor que en los demás procesos constitucionales. Por esa razón la jurisprudencia publicada en el *Diario Oficial* permite comprobar que es el proceso constitucional más utilizado por quienes se consideran vulnerados en sus derechos fundamentales.

b') *Régimen legal del proceso constitucional de amparo*. Como ocurre en el caso de los demás procesos constitucionales comentados, el Código Procesal Constitucional establece un trámite de carácter sumario para el proceso de amparo aunque la realidad en muchos casos lo desmiente. La jurisprudencia unánimemente ha entendido que se trata de un proceso de carácter urgente o subsidiario a los procesos ordinarios previstos por el ordenamiento jurídico como es el caso del contencioso administrativo; por tanto, no debe operar como una "sanalotodo", que reemplace a otros procesos que permiten obtener similar satisfacción de las pretensiones de quienes se sientan afectados en sus derechos constitucionales. Un criterio frecuentemente utilizado por los jueces para determinar la procedencia de una demanda de amparo es evaluar la necesidad de actuaciones probatorias complejas, porque de ser ese el caso

---

[50] Como en efecto posteriormente ha sido contemplado por la vigente ley 27584 reguladora del proceso contencioso administrativo que entre las actuaciones impugnables señaladas por el num. 2) de su art. 4º considera a "[...] la inercia y cualquier otra omisión de la administración pública".

[51] Sobre el tema: SAMUEL ABAD Y., *El proceso constitucional de amparo*, Lima, Gaceta Jurídica Editores, 2004.

resuelven declarando improcedente la demanda por no constituir el amparo la vía idónea para actuar pruebas con la amplitud requerida normalmente. El artículo 5º del Código Procesal Constitucional establece de manera expresa que los jueces deben declarar la improcedencia de las demandas cuando comprueben que "existen vías procedimentales específicas, igualmente satisfactorias, para la protección del derecho constitucional amenazado o vulnerado, salvo cuando se trate del proceso de *habeas corpus*"[52].

Conforme al Código Procesal Constitucional, los presupuestos procesales del amparo son también exigibles para la procedencia del *habeas data* y del proceso de cumplimiento.

Para la procedencia del proceso de amparo es indispensable que los hechos y el petitorio de la demanda estén referidos a derechos que tengan sustento constitucional directo o a los aspectos constitucionalmente protegidos del derecho invocado.

Cabe recordar que, como sucede con todo proceso constitucional, el amparo procede no solo contra actuaciones violatorias directamente de derechos constitucionales, sino también cuando se amenacen a los citados derechos ya sea por acción u omisión de actos de cumplimiento obligatorios. En estos casos, cuando en la demanda se invoque la protección contra amenazas de violación de derechos, debe fundamentarse porque se considera que la amenaza respecto de la cual se solicita protección tiene carácter cierta y de inminente realización.

En cuanto a la legitimación para interponer la demanda, le corresponde al afectado quien puede comparecer por medio de representante procesal. En cambio, cuando se trate de la amenaza o violación del derecho al medio ambiente u otros derechos difusos que gocen de reconocimiento constitucional, la demanda puede ser interpuesta por cualquier persona, así como por las entidades sin fines de lucro cuyo objeto sea la defensa de los referidos derechos. Asimismo, la Defensoría del Pueblo está facultada para interponer la demanda de amparo en ejercicio de sus competencias constitucionales.

Se prevé un plazo de sesenta días a contar desde la fecha en que se produce la presunta afectación del derecho constitucional alegado, plazo que computado en días hábiles equivale prácticamente a tres meses. Se trata de un plazo semejante al que establece la ley del proceso contencioso-administrativo. Las normas reguladoras del proceso de amparo establecen que cuando los actos que constituyen la afectación tengan carácter continuado, el plazo

---

[52] La jurisprudencia del Tribunal Constitucional peruano dictada a partir de la vigencia del Código Procesal Constitucional, ha establecido los criterios para que los procesos constitucionales como el de amparo y el proceso de cumplimiento constituyan únicamente una vía subsidiaria a los procesos ordinarios para el cuestionamiento de actuaciones administrativas como es el caso del proceso contencioso administrativo.

para interponer la demanda se computa desde la fecha en que se realizó por última vez la agresión.

Conforme ya hemos comentado, en el ordenamiento administrativo peruano la regla que exige el preceptivo agotamiento de la vía previa administrativa como requisito para que los particulares puedan iniciar procesos contencioso-administrativos proviene de la propia Constitución. Sin embargo, dicho requisito ha sido flexibilizado en el régimen legal de los procesos constitucionales para la tutela de derechos fundamentales, porque se establecen importantes excepciones a dicha exigencia en atención a la posición preferente que ocupan los derechos fundamentales en el ordenamiento constitucional peruano[53]. Por tanto, en nuestra experiencia jurisprudencial es muy frecuente que los particulares puedan presentar demandas de amparo invocando que les sea aplicable alguna de las causales de exoneración del agotamiento de la vía administrativa, expresamente previstas por la ley, lo que facilita su acceso directo a la justicia, a diferencia de lo que sucede con el contencioso administrativo para cuya procedencia es indispensable acreditar el cumplimiento del mencionado requisito.

Respecto de las medidas cautelares a favor del demandante, el Código Procesal Constitucional ha establecido la plena operatividad de las citadas medidas en los procesos constitucionales de tutela de derechos constitucionales: (i) para su expedición el juez debe apreciar la existencia de apariencia de buen derecho, peligro en la demora y que el pedido cautelar sea adecuado para garantizar la eficacia de la pretensión, no se exige contracautela; (ii) el juez no requiere correr traslado de la solicitud a la parte demandada lo que en la práctica precedente dilataba el trámite; (iii) la apelación de la medida cautelar otorgada no suspende la ejecución o el deber de cumplimiento inmediato de la medida[54], de esta manera se corrige otro de los graves defectos de la regulación anterior, y (iv) se establece que el juez, al conceder la medida cautelar, debe atender al límite de su irreversibilidad y al perjuicio que con ella se pueda ocasionar en

---

[53] "Código Procesal Constitucional, art. 45º. "*Agotamiento de las vías previas*. El amparo solo procede cuando se hayan agotado las vías previas. En caso de duda sobre el agotamiento de la vía previa se preferirá dar trámite a la demanda de amparo.

"Artículo 46º. *Excepciones al agotamiento de las vías previas*. No será exigible el agotamiento de las vías previas si: 1) una resolución que no sea la última en la vía administrativa, es ejecutada antes de vencerse el plazo para que quede consentida; 2) por el agotamiento de la vía previa la agresión pudiera convertirse en irreparable; 3) la vía previa no se encuentra regulada, o si ha sido iniciada, innecesariamente por el afectado, o 4) no se resuelve la vía previa en los plazos fijados para su resolución".

[54] Salvo que se trate de resoluciones de medidas cautelares que declaren la inaplicación de normas legales autoaplicativas (es decir, en ejercicio del control difuso de constitucionalidad de las leyes en un caso concreto), en cuyo caso la apelación se otorga con efecto suspensivo, conforme a la reforma dispuesta por la ley 28946 de 2006.

armonía con el orden público, la finalidad de los procesos constitucionales y los postulados constitucionales.

El Código Procesal Constitucional establece que no existe etapa de pruebas en los procesos constitucionales como el amparo[55], lo que no impide la presentación de pruebas de carácter instrumental o la realización de las diligencias que el juez de la causa considere necesarias sin dilatar los términos, no requiriéndose notificar previamente a las partes sobre la realización de las diligencias. La reducida actividad probatoria se explica en razón del carácter extraordinario del proceso de amparo que la jurisprudencia ha establecido, que solo procede si no existen otras vías procesales igualmente idóneas para que los particulares puedan tutelar sus derechos.

Las sentencias recaídas en los procesos de amparo participan del mismo carácter de las denominadas por un sector de la doctrina administrativa como "sentencias de plena jurisdicción", porque los jueces están facultados para reconocer una situación jurídica individualizada y disponer la adopción de medidas para el pleno restablecimiento de dicha situación, de modo que pueden imponerle a la administración vencida la realización de todo tipo de prestaciones, cuando sea necesario para restablecer el actor en el goce de sus derechos constitucionales vulnerados. Como se ha comentado, el carácter pleno de la tutela susceptible de ser alcanzada por los justiciables vía los procesos constitucionales, en mi opinión, abona a favor de la obligatoria caracterización del proceso contencioso-administrativo en Perú como uno que no puede tener inferior importancia al del proceso del amparo. La diferencia principal entre ambos procesos reside en el ámbito de protección comprendido en su radio de acción, porque mientras que vía el amparo se tutelan exclusivamente derechos de rango constitucional, no protegidos por los demás procesos constitucionales, en el contencioso administrativo encuentran acogida pretensiones de tutela de derechos o intereses creados por normas legales.

El Código Procesal Constitucional establece que las sentencias recaídas en los procesos constitucionales para la tutela de derechos fundamentales tendrán carácter de jurisprudencia vinculante cuando de ellas se pueda desprender principios de interés general, lo que no impide que en nuevos casos los jueces puedan apartarse de dicho precedente, siempre que sustenten debidamente la nueva resolución.

Otra diferencia importante con el proceso contencioso-administrativo reside en que las normas sobre los procesos constitucionales disponen la obligatoria publicación de la jurisprudencia en el *Diario Oficial El Peruano*, lo

---

[55] Art. 9º. *Ausencia de etapa probatoria.* En los procesos constitucionales no existe etapa probatoria. Solo son procedentes los medios probatorios que no requieren actuación, lo que no impide la realización de las actuaciones probatorias que el juez considere indispensables, sin afectar la duración del proceso. En este último caso no se requerirá notificación previa.

que permite a los distintos operadores del derecho (magistrados, académicos, abogados, etc.) conocer el tenor de los fallos a fin de enterarse de los razonamientos de los jueces y las posibles tendencias jurisprudenciales sobre determinadas materias.

Como colofón a esta parte del trabajo que hemos dedicado a analizar los procesos constitucionales (en especial el proceso de amparo) destinados a tutelar derechos fundamentales, en los aspectos que guardan conexión con el proceso contencioso administrativo, a fin de obtener una visión más ajustada de la función y alcances de este último proceso, es necesario recordar que en el diseño del modelo de justicia constitucional consagrado por la Constitución peruana de 1993 existe un proceso constitucional denominado acción popular que tiene por objetivo específico el control de la constitucionalidad o legalidad de los reglamentos y toda otra norma de carácter general subordinada a la ley, que se tramita ante el poder judicial y que la sentencia que se expide en dicho proceso tiene efectos generales[56]. Pongo énfasis en esta materia porque en el derecho comparado normalmente la competencia para controlar la legalidad de los reglamentos es parte del ámbito característico del proceso contencioso-administrativo, lo que no sucede en Perú donde se confiere dicha atribución a un proceso constitucional específico como es la acción popular.

c') *La exclusividad del proceso contencioso administrativo y la subsidiariedad del proceso constitucional de amparo.* Conforme se ha venido señalando en este trabajo, desde la entrada en vigencia del Código Procesal Constitucional en diciembre de 2004, la regla que rige la procedencia entre ambos tipos de proceso consiste en que el contencioso administrativo es el proceso ordinario por excelencia al que pueden acudir los afectados para peticionar la tutela judicial de sus derechos o intereses contra cualquier actuación de las entidades de la administración pública que los afecte vulnerando el ordenamiento jurídico[57]. En dicho contexto el proceso de amparo tiene un carácter marcadamente residual porque se trata de una vía de urgencia que debería constituirse como un proceso expeditivo y dinámico exclusivamente destinada para la protección de sus derechos constitucionales amenazados o vulnerados, que solo se puede utilizar cuando no existan otras vías procedi-

---

[56] Dicho proceso lo he analizado en "La garantía constitucional de la acción popular", en *Lecturas sobre Temas Constitucionales*, núm. 4, Lima, Comisión Andina de Juristas, 1990, págs. 153 y ss. También: Juan Carlos Morón, "Evolución de la acción popular: el modelo peruano de control sobre reglamentos", en *Pensamiento Constitucional*, núm. 19, Lima, 2014, págs. 355 y ss.

[57] Sobre el punto, véase a Eloy Espinosa-Saldaña, "Proceso contencioso administrativo peruano: evolución, balance y perspectivas", en *Revista del Círculo de Derecho Administrativo*, núm. 11, Lima, 2012, págs. 14 y ss.

mentales específicas, pero igualmente satisfactorias para la protección eficaz de los derechos fundamentales de los afectados[58].

c) *Los procesos arbitrales en las contrataciones con el Estado.* El recurso al proceso arbitral como mecanismo establecido por el legislador peruano para resolver las controversias del Estado en sus relaciones contractuales con privados en materia de compras públicas (adquisición de bienes, prestación de servicios y contratación de obras), fue introducido por primera vez en la ley 26850 denominada "Ley de contrataciones y adquisiciones del Estado", de 1997, que ha servido de base para todas las normas posteriores que han modificado o vuelto a regular desde entonces el régimen de compras públicas en Perú, como es el caso de la vigente ley 30225, Ley de Contrataciones del Estado (en adelante LCE)[59].

La introducción del arbitraje en el régimen de compras públicas estuvo fundada en cuatro razones: (i) promover la celeridad en la solución de las controversias; (ii) asegurar que la resolución esté a cargo de profesionales especialistas en la materia; (iii) que los procesos arbitrales son más simples y expeditivos que los judiciales, y (iv) las reglas de trámite de los procesos arbitrales son más flexibles y menos engorrosas y formalistas que las judiciales.

De las razones reseñadas, no tenemos duda de que la principal que justificó que el Estado adoptara el arbitraje como el mecanismo, por excelencia,

---

[58] Consideramos ilustrativo glosar la resolución del Tribunal Constitucional peruano recaída en el expediente 04650-2011-PA/TC de 20 de enero de 2012 que reseña la posición del citado Tribunal sobre las relaciones entre procesos contencioso administrativos y de amparo:

"5. Que el Tribunal Constitucional ha determinado qué significa que el amparo sea considerado como proceso subsidiario y excepcional. El proceso de amparo solo atiende requerimientos de urgencia (STC 4196-2004-AA/TC) y cuando las vías ordinarias no sean idóneas, satisfactorias o eficaces para la cautela del derecho (STC 2006-2005-PA/TC). En consecuencia, si el demandante dispone de un proceso cuya finalidad también es la protección del derecho constitucional presuntamente lesionado, siendo igualmente idóneo para tal fin, entonces debe acudir a dicho proceso.

"De otro lado, también es válido recordar que dicha causal de improcedencia será aplicada siempre y cuando existan otros procesos judiciales que en la práctica sean rápidos, sencillos y eficaces para la defensa de los derechos que protege el proceso de amparo. En caso contrario, es obvio que el proceso de amparo constituye la vía idónea y satisfactoria para resolver la controversia planteada. Por ello, en la STC 1387-2009-PA/TC, se señala que «[...] La urgencia de tutela tiene que ser valorada por el juez en el caso concreto, teniendo en consideración las circunstancias del caso y la situación de la persona, eventualmente afectada o amenazada con la acción u omisión».

"De las sentencias precitadas, es claro que en el presente caso debe determinarse si el otro proceso (el ordinario) no cumple con la característica de urgencia, que define al proceso de amparo y que debe estar plenamente evidenciado en el caso concreto; y es el demandante quien tiene la carga de la prueba para justificarlo".

[59] Ley 30225 que fuera reformada por el decreto legislativo 1341, reglamentada mediante decreto supremo 350-2015-EF, modificado por el decreto supremo 056-2017-EF.

para resolver sus controversias con los contratistas privados fue la mayor celeridad de los procesos arbitrales en comparación con los procesos judiciales, con el objeto de reducir sustancialmente los problemas que se generarían pues importantes sectores de la población se verían afectados porque el Estado no podría contar oportunamente con los bienes, servicios y obras indispensables para atender las necesidades de la colectividad, las que podrían verse paralizadas durante un dilatado litigio judicial. Hoy día, en Perú, un proceso contencioso administrativo en promedio puede demorarse en su trámite cinco o más años, o en el mejor de los casos tres años; en cambio, un proceso arbitral en materia de compras estatales puede demorar un año y medio y en promedio un año. Para el legislador de 1997 el que el marco legal de las compras públicas estableciese el arbitraje como mecanismo obligatorio de solución de controversias con los contratistas, ofrecía a los agentes económicos privados: (i) la reducción de importantes costos de transacción, porque se suprime a los proveedores el riesgo de tener que litigar ante el poder judicial lo que encarecería los precios ofrecidos al Estado, y (ii) mayores garantías de imparcialidad, porque en el caso de que el arbitraje esté a cargo de un tribunal, cada una de las partes puede designar un árbitro y los escogidos a su vez elegir al presidente.

Probablemente otro aspecto jurídico que ha influido decisivamente en la determinación del Estado peruano de que todos los conflictos derivados de sus relaciones contractuales en materia de concesiones y asociaciones público-privadas, como en el régimen de compras públicas, obligatoriamente deben resolverse en la vía arbitral, es el marco constitucional claramente favorecedor de dicho mecanismo. Son tres los preceptos de la Constitución Política que otorgan cobertura constitucional al arbitraje en contrataciones públicas en Perú, que transcribimos a continuación (los énfasis son nuestros):

Artículo 62. "[...] *Los conflictos* derivados de la relación contractual solo *se solucionan en la vía arbitral* o en la judicial, según los mecanismos de protección previstos en el contrato o contemplados en la ley [...]".

Artículo 63. "[...] El Estado y las demás personas de derecho público pueden someter las *controversias derivadas de la relación contractual* a tribunales constituidos en virtud de tratados en vigor. Pueden también someterlas a *arbitraje nacional o internacional*, en la forma que disponga la ley".

Artículo 139. "Son principios y derechos de la función jurisdiccional:

"1. La unidad y exclusividad de la función jurisdiccional. No existe ni puede establecerse *jurisdicción* alguna independiente, con excepción de la militar y *arbitral*".

Como se puede apreciar el artículo 62 de la Constitución equipara la vía arbitral a la judicial, como un medio con aptitud para resolver las controversias que se generen entre las partes de un contrato. El artículo 63 constitucional faculta en forma expresa al Estado y, por ende, a todas las entidades de derecho público en general a someter las controversias derivadas de sus relaciones contractuales a arbitraje nacional o internacional y el numeral 1 del artículo 139 le otorga carácter jurisdiccional a la vía arbitral, que en consecuencia adquiere la calidad de jurisdicción especial[60].

El Estado peruano se ha servido de dicha cobertura constitucional favorable al arbitraje para disponer legislativamente que el único cauce para que se resuelvan las controversias respecto de los contratos de compras públicas sea obligatoriamente el arbitraje, de modo que todo postor que tiene interés en contratar con el Estado y postula presentado sus propuestas en un procedimiento administrativo de selección de contratistas tiene conocimiento que toda controversia que se produzca durante la relación contractual que pueda entablar con el Estado solo podrá resolverse mediante un proceso arbitral que, en el ordenamiento jurídico peruano, por mandato constitucional tiene carácter jurisdiccional.

En la misma medida la norma que regula con carácter general los procesos arbitrales en Perú, el decreto legislativo 1071, denominado Ley General de Arbitraje (en adelante LGA) enuncia en su artículo 4º que las entidades administrativas pueden someter a arbitraje las controversias derivadas de los contratos y convenios que celebre.

a') *Carácter obligatorio.* El régimen legal de las compras públicas en Perú determina que toda controversia surgida desde la firma del respectivo contrato con la administración pública referida a la ejecución, interpretación, resolución, inexistencia, ineficacia, nulidad e invalidez del contrato, obligatoriamente debe resolverse mediante arbitraje, luego de haberse descartado la conciliación en caso haberse pactado esta última.

b') *Materias arbitrables y no arbitrables.* Como regla general, el arbitraje es el medio para solucionar las controversias que se originan a partir de la suscripción del contrato y durante toda la etapa de ejecución contractual. A continuación sintetizamos los aspectos que con mayor frecuencia son materia de proceso arbitral en la contratación estatal:

• Aspectos vinculados a la ejecución de las prestaciones contractuales.

• Aspectos vinculados a la interpretación, resolución, nulidad e invalidez del contrato.

---

[60] El Tribunal Constitucional peruano ha tenido ocasión de referirse a la constitucionalización del arbitraje en su jurisprudencia recaída en el expediente 06167-2005-HC (Caso Fernando Cantuarias Salaverry) .

• Ampliaciones del plazo contractual y en el caso de obras públicas el pago de mayores gastos.

• Discrepancias respecto de valorizaciones o metrados.

• Conformidad de la recepción de las prestaciones en el caso de bienes y servicios.

• Liquidación del contrato de ejecución o consultoría de obras.

• Legalidad de las penalidades aplicadas.

• Procedencia de la ejecución de las garantías.

• Procedencia de indemnizaciones por daños y perjuicios

• Aspectos vinculados al pago y los intereses por la mora en el pago.

• Posibles defectos o vicios ocultos.

Se excluye expresamente la posibilidad de que se discuta mediante un proceso arbitral la decisión de la entidad contratante o de la Contraloría General de aprobar o rechazar la ejecución de prestaciones adicionales a las pactadas en el respectivo contrato, así como las pretensiones referidas a enriquecimiento sin causa o indebido, pago de indemnizaciones o cualquier otra que se derive u origine en la falta de aprobación de las citadas prestaciones adicionales, razón por la que las controversias sobre dichas decisiones podrían ser materia de impugnación en sede administrativa y, eventualmente, mediante el correspondiente proceso contencioso administrativo ante el poder judicial, pero no en vía arbitral.

c') *Plazos para iniciar el arbitraje.* La regla general es que el arbitraje solo puede iniciarse una vez que el respectivo contrato entra en vigencia y hasta cualquier momento anterior a la fecha de culminación del contrato, que en el caso de la adquisición de bienes y servicios se produce luego de que el funcionario competente otorgue conformidad de la recepción de las prestaciones a cargo del contratista y se haga el correspondiente pago al contratista y en el caso de los contratos de ejecución y de consultoría de obras la culminación definitiva del contrato se produce luego de haber quedado consentida la liquidación y efectuado el pago que corresponda·

La única excepción a la regla de que el arbitraje debe iniciarse antes de que culmine el contrato, ocurre cuando se imputa al contratista responsabilidad por vicios ocultos en los bienes y servicios y obras con posterioridad a la fecha en que la entidad contratante otorgó su conformidad, razón por la cual el plazo para solicitar el arbitraje se computa recién desde ese momento.

El reglamento de la LCE establece plazos de caducidad específicos para iniciar el arbitraje respecto de ciertas controversias que se pueden producir durante el desarrollo de la relación contractual, en los que el plazo promedio es de quince días hábiles, contados a partir de cuando se producen los hechos que pueden ser materia de discusión arbitral.

d') *Modalidad o tipo de arbitraje.* El marco legal del ordenamiento que hemos dado en llamar de compras públicas en Perú, establece que el arbitraje puede estar a cargo de un árbitro unipersonal o de un tribunal arbitral integrado por tres árbitros, lo que en la práctica depende de la cuantía involucrada. En caso de que la cláusula arbitral no contenga indicación al respecto, o en caso de duda, será resuelto por árbitro único. Se exige que el árbitro único o el presidente del respectivo tribunal arbitral que se nombre sean abogados con especialización acreditada en derecho administrativo, arbitraje y contrataciones con el Estado.

El arbitraje obligatoriamente es en derecho y, por tanto, no es posible que en la contratación pública se realice un arbitraje en equidad o en conciencia.

En tal sentido se establece expresamente un orden de prelación normativa conforme al cual los árbitros deben aplicar el régimen de la LCE y su reglamento, así como las normas de derecho público y, supletoriamente, las de derecho privado, pero observando obligatoriamente este orden de preferencia en la aplicación del derecho sustantivo al momento de resolver.

El arbitraje institucional debe estar a cargo de un establecimiento arbitral a la que se le encomienda la organización y administración del proceso arbitral[61]. Recientes modificaciones establecen que solo es posible pactar el arbitraje *ad hoc* tratándose de contratos de bienes, servicios y consultoría en general, cuyos montos sean menores o iguales a un importe equivalente a 25,000 dólares, porque la experiencia ha demostrado que se prefería dicho tipo de arbitrajes en un importante porcentaje de casos, pero que no ofrecían las mismas garantías de transparencia, independencia e imparcialidad que un arbitraje institucional.

e') *Principales aspectos procesales.* Dependiendo de que en el respectivo convenio arbitral se haya pactado la realización de un arbitraje institucional o uno *ad hoc*, la solicitud que plantee la parte interesada dando inicio al proceso arbitral debe dirigirla, en el primer caso, ante la correspondiente institución arbitral escogida, mientras que tratándose de los arbitrajes *ad hoc*, que operan bajo esa modalidad ya sea porque se pactó en el contrato o simplemente porque no se pactó que el arbitraje fuera institucional, la solicitud que da inicio al

---

[61] Las instituciones arbitrales de mayor prestigio en Perú son: El Centro de Conciliación y Arbitraje de la Pontificia Universidad Católica del Perú; el Centro de Conciliación y Arbitraje Nacional e Internacional de la Cámara de Comercio de Lima, el Centro de Arbitraje de AMCHAM Perú, el Centro de Conciliación, Arbitraje y Peritaje del Colegio de Ingenieros de Perú, Consejo Departamental de Lima y es obligatorio referirse al Sistema Nacional de Arbitraje de OSCE.

arbitraje se dirige por escrito a la contraparte, con la designación del árbitro cuando corresponda, además de un resumen informativo de la controversia que debe ser sometida a arbitraje y su cuantía, de manera referencial y con fines únicamente informativos.

La instalación del árbitro unipersonal o, en su caso, del tribunal arbitral, trae como consecuencia que si se ha imputado al contratista la posible comisión de alguna de las infracciones administrativas tipificadas en el régimen de la LCE, se deba suspender la tramitación del procedimiento administrativo sancionador a cargo de la sala competente para ejercer la potestad sancionadora del Tribunal administrativo de OSCE[62], a efectos de garantizar la vigencia de los derechos al debido procedimiento y al de defensa, lo que permite que previamente se dilucide por medio del proceso arbitral la legalidad o conformidad al contrato de la conducta del contratista y que la decisión adoptada mediante el correspondiente laudo por el tribunal arbitral tenga que ser considerada por la sala del Tribunal de OSCE para determinar la responsabilidad del supuesto infractor.

La facultad para dictar medidas cautelares está regulada por el decreto legislativo 1071, denominado Ley General de Arbitraje[63]. Si una parte se encuentra interesada en obtener una medida cautelar pero todavía no se instala el árbitro único o tribunal arbitral, la solicitud se debe plantear ante un juez para que la evalúe y resuelva, cuya decisión puede ser objeto de impugnación mediante un recurso de apelación para que lo resuelva el grado superior del poder judicial, pero si se ha iniciado el proceso arbitral debe reconducirse el recurso de modo que se tramite como recurso de reconsideración para que lo resuelva el árbitro unipersonal o tribunal arbitral recién instalado. Las medidas cautelares solo pueden ser solicitadas por las partes del proceso; no rige el principio de congruencia, pero si el de adecuación; los árbitros pueden dictar una medida cautelar distinta a la solicitada en tanto se cumpla con el propósito de asegurar la eficacia de la decisión arbitral y se cause menos perjuicio a la parte que la soportará. Para dictar una medida cautelar se requiere oír a la otra parte, salvo que se demuestre que ello haría ineficaz la medida y contra la resolución de los árbitros que responden a la solicitud de otorgamiento de la medida cautelar solo cabe recurso de reconsideración que ellos deben resolver. En cuanto a la ejecución de la medida cautelar otorgada, en principio debería corresponder a los propios árbitros que la conceden, salvo que la ejecución

---

[62] Es el Organismo Supervisor de las Contrataciones del Estado —OSCE— que entre sus diversas funciones tiene a su cargo velar y promover el cumplimiento de dicho marco legal; supervisar y fiscalizar en forma selectiva y aleatoria los procesos de contratación, administrar el Registro Nacional de Proveedores (RNP); operar el Sistema Electrónico de las Contrataciones del Estado (SEACE) e imponer sanciones a los proveedores inscritos en el RNP que contravengan el citado marco legal.

[63] Arts. 47 y 48.

implique el uso de la fuerza pública, caso en el cual la ejecución de la medida cautelar dictada por los árbitros solo podría corresponder al poder judicial.

f') *Régimen de los árbitros.* Si las partes pactan en el contrato someter sus diferencias al arbitraje de una institución arbitral, se deberán seguir las reglas de designación de árbitros de dicho centro de arbitraje.

Como se ha señalado, corresponde a las partes pactar si el arbitraje debe ser resuelto por árbitro único o por un tribunal arbitral conformado por tres árbitros.

Cuando las partes no hayan pactado la forma de designación del árbitro único o de los árbitros, corresponderá a OSCE designar el árbitro único si no hubiese un acuerdo entre las partes. Asimismo, se dispone que si corresponde integrar un tribunal arbitral, el OSCE será competente para designar el árbitro que la parte renuente no haya querido designar a pesar del requerimiento de quien solicita el arbitraje o, que en el caso que los dos árbitros efectivamente designados por las partes (contratista y entidad pública contratante) no hayan podido ponerse de acuerdo para designar al tercer árbitro dentro de los plazos legales, el OSCE lo designará.

Se exige que durante el desarrollo del arbitraje los árbitros sean y permanezcan independientes e imparciales respecto de las partes, lo cual constituye condición indispensable para garantizar su objetividad; esa es la razón por la cual se les prohíbe tener cualquier tipo de relación personal, profesional o comercial con las partes. En caso contrario, los árbitros pueden ser objeto de recusación, que se resolverá conforme a las reglas del correspondiente centro arbitral en caso de haberse pactado encargársele la administración del arbitraje, o por el OSCE en los casos de arbitrajes *ad hoc* y en los administrados por dicha entidad, que resolverá sobre la recusación y designará al árbitro sustituto en caso de declararla fundada.

Los árbitros están sometidos a las reglas y deberes que establece el Código de Ética que aprueba el OSCE[64] y el reglamento de la LCE, creándose un Consejo de Ética facultado para imponer sanciones de amonestación, suspensión temporal o inhabilitación permanente para ejercer el cargo de árbitro, en caso de cometer las infracciones que transgredan los principios de independencia, imparcialidad, transparencia y buena conducta procedimental[65].

---

[64] Código de Ética para el arbitraje en contrataciones con el Estado, aprobado mediante resolución 028-2016 - osce/PRE,

[65] La LCE dispone que el referido Código de Ética del OSCE será también aplicable "de manera supletoria" a los arbitrajes administrados por una institución arbitral que no tenga aprobado un Código de Ética o que, teniéndolo, no tipifique la infracción cometida por el

g') *Laudo*. El laudo tiene carácter definitivo, inapelable, definitivo y obligatorio para las partes, tiene valor de cosa juzgada y conforme a la Ley de Arbitraje[66] si la parte obligada no cumple lo ordenado por el laudo, en la forma y plazos establecidos, la parte interesada podrá pedir la ejecución del laudo a la autoridad judicial competente, ejecutándose como una sentencia.

Uno de los aspectos que distingue el arbitraje en materia de contratación con el Estado es que los árbitros están obligados a remitir el laudo al OSCE, dentro de los cinco días hábiles de notificado a las partes, para su registro y publicación en el SEACE, en la página web institucional del OSCE[67], lo cual garantiza su publicidad y el acceso de cualquier persona que esté interesada en analizarlos, y es coherente con el principio constitucional de publicidad que debe regir toda actuación de la administración pública y lo diferencia con el arbitraje que se realiza entre privados, en el que la regla es la confidencialidad.

Precisamente la Contraloría General de la República ha tomado en cuenta los laudos arbitrales que figuran en el referido SEACE, emitidos durante el período 2003-2013 para realizar un interesante estudio de sus resultados y tendencias con el objeto de formular recomendaciones que puedan servir para que las entidades administrativas mejoren su desempeño durante los procesos de contratación y en el patrocinio de sus intereses en los procesos arbitrales[68]. Sin embargo, en el citado Informe la Contraloría General deja constancia que los 2,796 laudos arbitrales del período 2003-2013 registrados en el portal web de OSCE no constituye el universo de todos los laudos arbitrales emitidos en el ámbito de la contratación pública de compras en Perú, pues el registro de laudos en el portal web de OSCE solo es obligatorio a partir de 2008.

A diferencia de lo que sucede en otros países que también han acogido, aunque con matices, la posibilidad de que en determinados ámbitos de la contratación estatal las controversias entre las partes se puedan resolver en vía

---

árbitro o no establezca la sanción aplicable. Asimismo crea un Consejo de Ética que se encarga de determinar la comisión de infracciones y de imponer las sanciones respectivas, integrado por funcionarios designados por tres Ministerios del poder ejecutivo, lo que para algunos no garantiza su objetividad o imparcialidad, además de significar un excesivo reglamentarismo del arbitraje con el Estado.

[66] La tipificación de las infracciones éticas que pueden cometer los árbitros son sancionables por el Consejo de Ética (art. 216 del Reglamento, según texto modificado por el decreto supremo 056-2017-EF).

[67] Los laudos pueden consultarse en *http://www.osce.gob.pe/descarga/arbitraje/laudos/ arbitraje1.asp*

[68] "El Arbitraje en las Contrataciones Públicas durante el período 2003-2013", Contraloría General de la República, Lima, 2015 , *http://doc.contraloria.gob.pe/estudios-especiales/ estudio/Estudio-Arbitraje-Online.pdf*

arbitral y que permiten el control judicial amplio de los laudos arbitrales, en Perú la única vía de impugnación del laudo es el denominado recurso de anulación ante el poder judicial pero solo por razones de validez formal de los laudos, es decir que no está destinado para revisar el fondo de lo resuelto por los árbitros[69].

Se establece la obligación de que las sentencias del poder judicial que resuelvan de manera definitiva el recurso de apelación contra laudos, también sean remitidas al OSCE, para su registro y publicación en la página web institucional de dicha entidad[70].

Un aspecto polémico durante algún tiempo en Perú fue lo relativo a la posibilidad de impugnar los laudos arbitrales mediante los procesos constitucionales, en especial el amparo, cuando alguna de las partes alegaba la afectación de un derecho constitucional, porque por esa vía los jueces o el Tribunal Constitucional podrían revisar el contenido de los laudos arbitrales y, en consecuencia, postergarse, vía procesos constitucionales, la definición de una controversia ya resuelta en vía arbitral.

La referida polémica ha sido zanjada jurisprudencialmente por el Tribunal Constitucional peruano[71] que ha establecido, con carácter de precedente vinculante, las siguientes reglas para la procedencia del amparo contra laudos:

• El amparo "arbitral" debe ser considerado un mecanismo excepcional, razón por la cual no procederá su uso para pretensiones referidas a la protección de derechos constitucionales vinculados al debido proceso o tutela procesal efectiva, la existencia de convenio arbitral o la arbitrabilidad de las cuestiones sometidas por las partes al arbitraje, toda vez que dichas cuestiones deben controvertirse mediante el recurso de anulación ante el poder judicial al que ya hicimos referencia.

• El referido amparo "arbitral" solo procede en tres situaciones específicas: a) cuando el sentido del laudo arbitral vulnere precedentes vinculantes expedidos por el propio Tribunal Constitucional; b) cuando los árbitros hayan ejercido control difuso de constitucionalidad y, por ende, en el ejercicio de sus

---

[69] Decreto legislativo 1071, Ley de Arbitraje, art. 62º. "*Recurso de anulación.* 1. Contra el laudo solo podrá interponerse recurso de anulación. Este recurso constituye la única vía de impugnación del laudo y tiene por objeto la revisión de su validez por las causales taxativamente establecidas en el artículo 63. 2. El recurso se resuelve declarando la validez o la nulidad del laudo. Está prohibido bajo responsabilidad, pronunciarse sobre el fondo de la controversia o sobre el contenido de la decisión o calificar los criterios, motivaciones o interpretaciones expuestas por el tribunal arbitral".

[70] Puede revisarse la relación y el texto de las citadas sentencias en *http://www.osce.gob. pe/descarga/arbitraje/sentencias_judiciales/sentencias.asp*

[71] Nos referimos a la sentencia recaída en el exp. 00142-2011-PA/TC de 21 de septiembre de 2011, que se puede revisar en *http://www.tc.gob.pe/jurisprudencia/2011/00142-2011-AA.html*

facultades jurisdiccionales inaplicado, por considerarla inconstitucional, en el caso concreto sometido a su conocimiento una norma legal que había sido declarada constitucional por el Tribunal Constitucional o por el poder judicial, y c) cuando un tercero ajeno al proceso arbitral interponga el amparo sustentado en la afectación de sus derechos constitucionales a consecuencia del laudo pronunciado en dicho proceso arbitral.

• La procedencia del amparo en los supuestos a) y b) a que se refiere el párrafo anterior está supeditada a que los interesados primero hayan planteado sus cuestionamientos ante los árbitros y que estos hayan tenido oportunidad para pronunciarse sobre dichos cuestionamientos.

• La sentencia recaída en un proceso de amparo que declare fundada la demanda podrá declarar la nulidad total o parcial del laudo arbitral y el mandato de emisión por los árbitros de uno nuevo, pero el Tribunal Constitucional cuida de señalar que en ningún caso corresponde a los jueces o al propio Tribunal resolver acerca de la cuestión de fondo materia del arbitraje,

h') *La Junta de Resolución de Disputas.* La LCE incluye a las denominadas juntas de resolución de disputas como un medio adicional de solución de controversias en una fase previa al arbitraje, exclusivamente para el caso de los contratos de obra, con el objeto de que puedan prevenirse o resolverse durante la ejecución de la obra, desde el inicio del contrato hasta la recepción total de la obra.

Las juntas de resolución de disputas deberían servir para evitar la excesiva tendencia a arbitrarizar las controversias en los contratos de obra, otorgando a las partes un medio para solucionar los conflictos que se generen durante la obra en marcha, evitando su paralización, situación que privaría al Estado de contar, en los plazos previstos, con las obras o infraestructuras necesarias para satisfacer las necesidades de la colectividad y que tendría la ventaja adicional de reducir los costos y la dilación que implica esperar la solución de dichas controversias en un arbitraje, aunque sean sustancialmente menores si las controversias tuvieran que ser resueltas mediante procesos judiciales.

i') *El arbitraje como medio de solución de controversias en contratos de concesión y de asociaciones público-privadas APPs.* Desde cuando, a comienzos de la última década del siglo pasado, se conocieron en el ordenamiento peruano se ha denominado "procesos de promoción de la inversión privada" en materia de servicios públicos y concesiones principalmente de infraestructura, los contratos de concesión o de transferencia de activos de empresas privatizadas que suscribieron el gobierno nacional (poder ejecutivo) y los inversionistas privados, consagraron al arbitraje como el medio de solución de controversias, en lugar de la vía judicial, por las razones de mayor celeridad, especialización y flexibilidad que justificaron que hacia 1997 el arbitraje se extendiera como el medio de solución de controversias también en la contratación de compras públicas. Posteriormente los contratos que, con la misma finalidad, suscribieron los gobiernos regionales y los gobiernos locales (municipalidades) también incluyeron la vía arbitral como el mecanismo para la solución de controversias entre los concesionarios privados y las citadas entidades estatales.

Como se ha comentado, en la actualidad el decreto legislativo 1224, que aprueba la Ley Marco de Promoción de la Inversión Privada mediante asociaciones público-privadas y proyectos en activos (en adelante: Ley de APP) y sus sucesivas modificaciones, dispone que todos los contratos que son comprendidos bajo dicha denominación genérica deben incluir la vía arbitral como mecanismo de solución de controversias. Si en la cláusula arbitral del respectivo contrato se distingue entre controversias de naturaleza técnica y de naturaleza no técnica, las primeras deben ser sometidas a arbitraje de conciencia y las segundas a arbitraje de derecho, permitiendo incluso que estas últimas puedan ser sometidas a arbitraje de conciencia cuando ello resulte pertinente. Asimismo se establecen pautas para que las entidades contratantes o concedentes al designar el árbitro que les corresponde, escojan preferentemente a un profesional con experiencia mínima de cinco años en la materia controvertida o a un abogado con experiencia en regulación de concesiones, según la materia de la controversia.

Tema muy importante regulado por la Ley de APP y que ha generado controversias en Perú es el referido a las materias arbitrables en dichas modalidades de contratos. El reglamento de la citada Ley ha señalado que[72] solo son arbitrables las "materias de libre disposición de las partes", con el propósito de restringir o impedir totalmente la posibilidad de discutir en vía arbitral las decisiones de los organismos reguladores de las inversiones privadas en servicios públicos y concesiones de infraestructura, cuando se emiten en ejercicio de potestades administrativas y que de ordinario primero son materia de impugnación en sede administrativa y luego mediante el proceso contencioso administrativo ante el poder judicial.

En nuestra opinión no cabe duda de que en principio la vía legalmente prevista en el ordenamiento administrativo peruano para cuestionar las decisiones de los organismos reguladores, que nunca son parte de los contratos de concesión o de APP, no es la arbitral, sino los mecanismos propios de impugnación de cualquier otra decisión administrativa de una entidad pública, es decir los re-

---

[72] Decreto supremo 410-2015-EF, reglamento del decreto legislativo 1012, art. 80. "*Cláusulas arbitrales*. [...] a) Podrán someterse a arbitraje las controversias sobre materias de libre disposición de las partes, conforme a lo señalado en el artículo 2º del decreto legislativo 1071, decreto legislativo que norma el arbitraje".

Art. 81.1. "No pueden someterse a los mecanismos de solución de controversias establecidos en el presente título las decisiones de los organismos reguladores u otras entidades que se dicten en ejecución de sus competencias administrativas atribuidas por norma expresa, cuya vía de reclamo es la vía administrativa".

cursos administrativos y si la resolución de dichos recursos en sede administrativa no satisface al interesado, en ejercicio de su derecho de tutela jurisdiccional, puede interponer una demanda contenciosa administrativa.

Sin embargo, consideramos que en aquellos casos en los que el organismo regulador toma como criterio para verificar el cumplimiento de sus obligaciones por el concesionario, reglas o compromisos contenidos en los respectivos contratos de concesión o de APP, y con base en ellos ejerce las potestades administrativas que el marco legal establece y que muchas veces los propios contratos recogen, sí debería ser procedente que se discuta en vía arbitral si la interpretación o alcance de las cláusulas contractuales pactadas por el inversionista con el concedente, que utiliza como criterio de referencia el organismo regulador para el ejercicio de sus potestades, es la correcta.

También se han previsto otros dos medios de solución de controversias, previos al arbitraje: el amigable componedor y la junta de resolución de disputas. La figura del amigable componedor solo opera en aquellos contratos en los que se haya pactado una etapa de trato directo, previa al inicio de un arbitraje nacional, caso en el cual las partes en cualquier momento de la referida etapa podrán acordar la intervención de un tercero neutral, al que se le denomina amigable componedor, quien podrá ser designado directamente por las partes o delegar su designación a un centro arbitral.

El reglamento de la Ley de App dispone que luego que las partes presentan por escrito sus posiciones y se lleva a cabo una audiencia en las que las exponen, el amigable componedor debe citar a audiencia para exponer y entregar su informe o fórmula de solución a las partes, las que podrán aceptarla, total o parcialmente, caso en el cual lo acordado por las partes tendrá los efectos de una transacción.

En nuestra opinión esta figura del amigable componedor servirá principalmente para que los funcionarios de las entidades estatales que son parte de la controversia puedan adquirir progresivamente mayor proclividad a conciliar o transar que la que han venido demostrando hasta la fecha, debido al temor al supuesto peligro que existe de la posible imputación de responsabilidad por los órganos de control, porque podrán fundamentarse en la opinión de un tercero neutral, imparcial e independiente, que incluso puede ser de nacionalidad diferente a la de las partes.

Para facilitar el acuerdo entre las partes y que no se generen prevenciones o recelos para la presentación de propuestas o posiciones por las partes, durante la intervención del amigable componedor, se prohíbe que las partes puedan presentar como medio probatorio en un proceso administrativo, arbitral o judicial ningún documento o declaración realizada por las partes o el amigable componedor durante el respectivo procedimiento, salvo que dichos documentos o declaración puede ser obtenido en forma independiente por la parte que esté interesada en presentarlo.

En cuanto a la junta de resolución de disputas, se dispone que en los contratos puede pactarse para que en la etapa previa al inicio del arbitraje nacional las partes puedan someter sus controversias a la referida Junta, a solicitud de cualquiera de ellas, cuyos integrantes podrán ser designados de manera directa por las partes o encargada su designación a un centro arbitral. La decisión que adopte la junta tendrá carácter obligatorio para las partes, lo cual no limita su facultad de poder llevar la controversia a la vía arbitral. Este medio de solución de controversias no ha sido objeto de desarrollo en el reglamento de la Ley de App, a diferencia del régimen similar que también está recogido en el proyecto de Reglamento de la nueva LCE.

d) *Procesos penales*. Otro mecanismo de control del funcionamiento de la administración pública es el que se realiza mediante los procesos penales que se pueden incoar directamente contra los funcionarios públicos por la comisión de delitos en ejercicio de sus funciones. Al respecto, el Código Penal peruano contiene un capítulo específico dedicado a tipificar los diferentes delitos que pueden cometer los funcionarios públicos (arts. 376 al 401-B) tales como abuso de autoridad, concusión, peculado, corrupción de funcionario y otros tipos penales en un universo de ilícitos penales bastante numeroso.

La experiencia demuestra que no es inusual que la persona que se considere afectada injustamente por alguna decisión de la administración recurra a la denuncia penal como mecanismo de control de la actuación de los funcionarios públicos; sin embargo, no está probado que dicha propensión a la criminalización sea realmente eficaz para corregir las conductas que se consideran ilegales, lesivas de los derechos de los administrados o que afectan los intereses de la colectividad.

En nuestra opinión, en Perú el relativamente frecuente recurso a la denuncia penal a los funcionarios públicos está sirviendo, *de facto*, como una suerte de sustituto a la casi nula operatividad de la responsabilidad patrimonial de la administración pública, que en el derecho comparado constituye uno de los principales mecanismos de control de la administración pública, pero que lamentablemente en el ordenamiento administrativo peruano es casi inexistente.

URUGUAY

CONTROL DE LA ACTIVIDAD ADMINISTRATIVA EN URUGUAY

Augusto Durán Martínez[*]

1. Aclaraciones

1. Dada la extensión prevista para este trabajo, no es posible un estudio completo sobre el control de la actividad administrativa en Uruguay.

No puedo, así, estudiar la totalidad de los institutos de control existentes en nuestro país. Elegiré algunos, los más representativos.

Tampoco, por esas razones, podré efectuar un estudio en profundidad de cada uno de los controles elegidos, sino que me limitaré a señalar los aspectos más generales. Por lo mismo, no presentaré la evolución histórica de esos institutos, solo evocaré sus antecedentes en unos pocos casos, cuando lo estime de particular interés.

2. Como el objeto de este estudio se circunscribe al Uruguay, no haré referencias al derecho comparado ni a doctrinas no uruguayas, salvo en lo estrictamente necesario.

3. No referiré tampoco al control de convencionalidad, muy en boga en los últimos tiempos, porque he elegido otro enfoque para este estudio. Sobre ese tema me remito a lo que ya he escrito con anterioridad[1]. Ahora me limito a decir que en el control de la actividad administrativa procede siempre el control de convencionalidad, cualquiera sea la causa del control, mérito o legitimidad, y cualquiera sea el órgano que ejerza el control, aunque esto no significa necesariamente aceptar el contenido del control sustentado por la Corte Interamericana de Derechos Humanos[2].

4. Comenzaré, así, por algunas consideraciones generales sobre el control, evocaré luego algunas clasificaciones de los tipos de control para después ceñirme a una sola de ellas, tal cual está recogida en el derecho uruguayo.

[*] Catedrático de Derecho Administrativo en la Facultad de Derecho de la Universidad de la República y en la Facultad de Derecho de la Universidad Católica del Uruguay. Catedrático de Procesos Constitucionales en la Facultad de Derecho del Instituto Universitario CLAEH. Director del Departamento de Derecho Administrativo y Decano Emérito de la Facultad de Derecho de la Universidad Católica del Uruguay.

[1] Augusto Durán Martínez, "El control de convencionalidad y el derecho público interno", en *La justicia uruguaya*, t. 149, Montevideo, 2014, págs. D. 23 y ss.

[2] Durán Martínez, "El control de convencionalidad y...", *loc. cit.*, págs. D. 28 y ss.

2. Noción de control

1. Según el Diccionario de la Real Academia Española, el término *control* proviene del francés, *contrôle*. En una primera acepción significa: "comprobación, inspección, fiscalización, intervención". Y, en una segunda acepción, significa "dominio, mando, preponderancia"[3].

A los efectos de este trabajo interesa la primera acepción, no la segunda.

2. Como se advertirá, de la definición transcrita vemos que refiere a una actividad, pero no señala su finalidad.

Como se trata de una actividad humana y como toda actividad humana tiene un fin, también esta actividad tiene un fin.

3. La definición francesa del término *contrôle* es algo más explícita. El diccionario Larousse define *contrôle* en una primera acepción como "vérification attentive et minutieuse de la régularité d'un état o d'un acte, de la validité d'un pièce [...]"[4].

De esta definición se extrae que el control es una actividad que procura determinar la regularidad de algo; dicho de otra manera, procura determinar el correcto o normal funcionamiento de algo.

4. Como se ha dicho, es una actividad humana finalizada. Se realiza por el conocimiento mismo, o para corregir el mal funcionamiento de algo o para evitar que, en el futuro, se reitere el mal funcionamiento.

Esa finalidad dependerá del tipo de control, puesto que hay distintos tipos de control: en el ámbito de la filosofía, de la medicina, de la mecánica o del derecho, por ejemplo.

5. El control de la actividad administrativa pertenece al ámbito jurídico. A este control, exclusivamente, se referirá nuestro análisis.

3. Noción de control de la actividad administrativa

1. Muchas son las definiciones que la doctrina ha dado del control de la actividad administrativa.

2. Sayagués Laso habla de contralor en lugar de control, pero consideramos dichos términos como sinónimos.

Expresa que los procedimientos de contralor están destinados a asegurar que la actividad administrativa se realice conforme a derecho y a los principios de buena administración. Afirma que esos procedimientos tienen una finalidad: "llegar a un pronunciamiento sobre la actividad administrativa controlada". Y,

---

[3] Real Academia Española, *Diccionario de la lengua española*, 22ª ed., t. i, Buenos Aires, Espasa Calpe, 2002, pág. 645.

[4] *Larousse de la Langue Française*, Paris, Lexis, Librairie Larousse, 1977, pág. 401.

en nota al pie expresa que "el contralor de una actividad supone un juicio lógico respecto a si dicha actividad se conforma o no a las reglas que la regulan"[5].

Esta posición es expresamente seguida por DELPIAZZO[6].

CAGNONI, en una definición descriptiva, escribió: "el control es un poder jurídicamente regulado mediante el cual el órgano controlador en conocimiento informado debidamente sobre la actividad o los actos emitidos o que se propone emitir el órgano controlado o la conducta de los soportes de los órganos, verificando la relación de conformidad o disconformidad con el ordenamiento jurídico y los principios de oportunidad y conveniencia que de él surgen, emita un acto en el sentido de impedir la emisión o la eficacia de voluntad del órgano controlado, o aprobándola o autorizándola o consiguiéndola por eliminación o rectificación o, en su caso, aplicando una medida respecto de la conducta de los soportes de los órganos"[7].

COMBARNOUS ha definido el control de la Administración como: "*action de vérification et de redressement en vue d'obtenir que les moyens de l'administration soient utilisés conformément aux fins qui lui sont assignée*"[8].

Considero correctas, en términos generales, todas las definiciones referidas precedentemente.

No obstante, prefiero no hablar de un *juicio lógico* como según se ha visto lo hacen algunos, porque ello puede dar a entender que ese juicio se circunscribe al silogismo, propio de la lógica formal.

En el ámbito jurídico el razonamiento silogístico imperó en épocas en que predominó el positivismo kelseniano. Pero eso está ya superado.

El ordenamiento jurídico no se compone solo de normas sino también de principios y, ante los principios, se requiere ponderación[9].

El método jurídico es prudencial. El razonamiento prudencial no se limita al conocimiento de la verdad. Tiende a guiar la conducta humana respecto de lo que es mejor y más adecuado para el hombre. No es un razonamiento propio de las ciencias exactas, sino que pertenece al mundo de lo probable.

---

[5] ENRIQUE SAYAGÜÉS LASO, *Tratado de derecho administrativo*, t. II, 8ª ed., puesta al día a 2010 por DANIEL HUGO MARTINS, Montevideo, F.C.U., 2010, pág. 405.

[6] CARLOS E. DELPIAZZO, *Desafíos actuales del control*, Montevideo, F.C.U., 2001, págs. 9 y ss.

[7] JOSÉ A. CAGNONI, *Introducción a la teoría del control*, Montevideo, Editorial Universidad, 1996, pág. 37.

[8] MICHEL COMBARNOUS, *Le contrôle jurisdictionnel et administratif*, Paris, Institut International d'Administration Publique, 1973-1974, pág. 1.

[9] AUGUSTO DURÁN MARTÍNEZ, "Neoconstitucionalismo. Proyecciones en el derecho administrativo uruguayo", en ALLAN R. BREWER-CARÍAS, LUCIANO PAREJO ALFONSO, LIBARDO RODRÍGUEZ RODRÍGUEZ (Coord.), *La protección de los derechos frente al poder de la administración. Libro homenaje al profesor Eduardo García de Enterría*, Bogotá, Temis-AIDA. Tirant lo Blanch-Editorial Jurídica Venezolana, 2014, pág. 198.

En la estructura del razonamiento prudencial se distinguen tres aspectos: la deliberación, el juicio y el mandato.

Por medio de la deliberación se toma conocimiento de las realidades que se deben ponderar en forma dialéctica, valorativa y teleológica a fin de describir la verdad y determinar lo justo, lo más adecuado al caso concreto. Luego de ello se emite un juicio. Por él se da la solución, que será la mejor de entre las posibles. Pero como la prudencia es imperativa, culmina con un mandato, se ordena que la solución justa sea concretada en los hechos[10].

De manera que el control supone un juicio, sí, pero no necesariamente un juicio lógico en el sentido de deductivo.

La definición de CAGNONI es correctísima, pero prefiero una más esencial. Por eso opto por partir de la de COMBARNOUS.

Siguiendo los lineamientos de COMBARNOUS, entiendo por control de la administración la acción de verificación de la regularidad de una actividad administrativa con el fin de procurar que los instrumentos de que dispone la Administración sean utilizados correctamente.

4. Raíz del control de la actividad administrativa

1. Siguiendo el pensamiento de ARISTÓTELES[11], TOMÁS DE AQUINO dejó muy en claro que la comunidad política deriva de la esencia del ser humano[12].

El hombre es un animal racional, por ser racional es social y por ser social es político. Es que, como son muchos los hombres, la multitud se dispersaría en sus fines si no hubiere alguien que cuidase que todo se dirija al bien común. Por eso el poder político es inherente a la persona humana[13].

Pero así como el poder político es inherente a la persona humana también lo es el control de ese poder, pues es preciso asegurar que ese poder se emplee adecuadamente.

De ahí se extrae la raíz natural del control de la Administración. El poder político y su control tienen la misma raíz.

---

[10] CARLOS IGNACIO MASSINI, *Sobre el realismo jurídico*, Buenos Aires, Abeledo-Perrot, 1978, págs. 133 y ss.; MICHEL VILLEY, *Método, fuentes y lenguaje jurídico*, Buenos Aires, Ghersi Editor, 1978, pág. 92; AUGUSTO DURÁN MARTÍNEZ, "La prueba en el procedimiento administrativo", en AUGUSTO DURÁN MARTÍNEZ, *Estudios de derecho administrativo, Parte general*, Montevideo, 1999, pág. 141.

[11] ARISTÓTELES, *La política*, Buenos Aires, Editorial Tor Srl, 1965, págs. 7 y ss.

[12] TOMÁS DE AQUINO, "Opúsculo sobre el gobierno de los príncipes", en TOMÁS DE AQUINO, *Tratado de la ley. Tratado de la justicia. Opúsculo sobre el gobierno de los príncipes*, México, Porrúa, 1975, págs. 257 y ss.

[13] TOMÁS DE AQUINO, *Opúsculo...*, *loc. cit.*, pág. 258.

2. No es por casualidad, así, que WEIL haya estructurado su breve pero gran libro, *Le droit administratif* en dos grandes partes: el tema de la acción[14] y el tema del control[15]. Esos son los dos pilares del derecho administrativo. No hay Estado sin poder, pero tampoco hay Estado sin control; al menos el Estado de derecho, en cualquiera de sus modalidades, único Estado hoy en día concebible. Es que el control asegura que el poder se emplee para servir con objetividad los intereses generales.

Precisamente, el sentido de la división de poderes propuesta por MONTESQUIEU, base del Estado de derecho, radica en el control del poder para asegurar la libertad[16].

LOEWENSTEIN consideró antigua la teoría de MONTESQUIEU y propone una nueva división tripartita: la toma de la decisión política, la ejecución de la decisión y el control político[17]. Pero no desdeña la importancia del control; por el contrario, le asigna especial relevancia[18].

También CASSAGNE advirtió que la separación de poderes no funciona conforme a los criterios del siglo XVIII que instauraron el modelo propugnado por MONTESQUIEU[19]. Pero valora en sus justos términos el gran aporte del presidente del Parlamento de Burdeos, subraya la importancia del control y llama la atención acerca de un nuevo tipo de control, las autoridades reguladoras[20], impuesto ante las transformaciones de las actividades que el Estado presta en la sociedad contemporánea[21].

Lo que deseo resaltar con estas referencias doctrinarias es que la esencia de la idea de MONTESQUIEU sigue siendo válida, por más que haya que adaptarla a los nuevos tiempos y la esencialidad del control, para que un Estado funcione como es debido. El control del poder es inescindible del poder. Si el poder político tiene un fin, es preciso el control para asegurar el cumplimiento de ese fin.

---

[14] PROSPER WEIL, *Le droit administratif,* Paris, Presses Universitaires de France, 1973, págs. 33 y ss.

[15] PROSPER WEIL, *Le droit...,* op. cit., págs. 81 y ss.

[16] MONTESQUIEU, *El espíritu de las leyes,* Buenos Aires, Editorial Heliastra, 1984, págs. 186 y ss.

[17] KARL LOEWENSTEIN, *Teoría de la Constitución,* Barcelona, Ariel, 1976, págs. 62 y ss.

[18] KARL LOEWENSTEIN, *Teoría de la...,* op. cit., págs. 68 y ss.

[19] JUAN CARLOS CASSAGNE, *Los grandes principios del derecho público. Constitucional y administrativo,* Buenos Aires, Thomson Reuters, La Ley, 2015, págs. 143 y ss.

[20] JUAN CARLOS CASSAGNE, *Los grandes principios...,* op. cit., págs. 147 y ss.

[21] AUGUSTO DURÁN MARTÍNEZ, "Nuevas formas de relacionamiento público-privada en el cumplimiento de los cometidos del Estado", en DURÁN MARTÍNEZ, AUGUSTO, *Neoconstitucionalismo y derecho administrativo,* Uruguay, Buenos Aires, La Ley, 2012, págs. 727 y ss.

5. Tipos de control

1. Muchos son los tipos de control.

La doctrina ha efectuado clasificaciones en función de diversos criterios. Así:

a) En base a la función ejercida el control, se clasifica en legislativo, jurisdiccional o administrativo;

b) Con fundamento en la oportunidad, en preventivo, concomitante o *a posteriori*;

c) En cuanto al objeto, se distingue el control sobre las personas o sobre la actividad;

d) Según el motivo, el control puede ser de legitimidad o de mérito;

e) Según sus efectos, el control puede producir o no efectos jurídicos;

f) También se distingue quién tiene la iniciativa, de oficio o a petición de interesado;

g) Según si es intrasistema o extrasistema, se distinguen los controles internos de los externos;

h) Según el ámbito territorial, tenemos controles nacionales o departamentales;

i) Asimismo, el control puede clasificarse por materia: financiera, telecomunicaciones, energía, derecho de la competencia, relaciones de consumo, etc.

j) Desde el punto de vista subjetivo, se puede distinguir el control parlamentario, el judicial, el administrativo y el cívico[22].

2. Esta clasificación no pretende ser completa. Podemos seguir distinguiendo los controles con fundamento en otros criterios o efectuar subclasificaciones a partir de la ya realizada.

Simplemente recojo la expuesta porque es generalmente aceptada en doctrina. Por otro lado, dado la índole de nuestro trabajo, manifiesto que no es posible analizar todos los tipos de control indicados. Por tal razón elijo uno solo de ellos, el subjetivo, sin perjuicio de que al analizar los distintos tipos de control en función de quién lo ejerce, al estudiar sus características podré considerar aspectos relacionados con otros criterios de clasificación.

6. El control según quién lo ejerce

1. Del punto de vista subjetivo, el control puede ser parlamentario, judicial, cívico o administrativo.

2. Este criterio se basa en quién ejerce el control.

---

[22] Enrique Sayagués Laso, *Tratado...*, t. II, págs. 406 y ss.; José Aníbal Cagnoni, *Introducción a la...*, págs. 41 y ss.; Carlos E. Delpiazzo, *Derecho administrativo general*, vol. 2, Montevideo, Amalio M. Fernández, 2013, págs. 280 y ss.

El control parlamentario es ejercido por un órgano parlamentario, o legislativo para tomar los términos de nuestra Constitución.

El control judicial es ejercido por un juez, integre o no el poder judicial.

El control cívico es ejercido por los que se encuentren inscritos en el registro cívico.

El control administrativo es ejercido por la Administración.

7. Control parlamentario

1. Conviene antes que nada distinguir el control parlamentario en el ámbito nacional, del control parlamentario en el ámbito departamental.

2. En el ámbito nacional, el control parlamentario puede ser legislativo, jurisdiccional o administrativo, según se efectúe mediante el ejercicio de la función legislativa, jurisdiccional o administrativa.

3. Un ejemplo de control parlamentario nacional legislativo es el que se efectúa por medio de las leyes de presupuesto o de rendiciones de cuentas (arts. 86 y 214 y ss. de la Constitución de la República). Esta es una de las formas, entre otros casos, de control de gastos e inversiones de la Administración.

Otro ejemplo de este tipo lo configura la aprobación de tratados internacionales (arts. 85 num. 7 y 168 num. 20 de la Constitución).

4. Como ejemplo de control parlamentario jurisdiccional menciono el juicio político. A mi juicio, en este caso estamos ante función jurisdiccional[23] a cargo de un órgano legislativo, en el caso, la Cámara de Senadores (art. 93 de la Constitución)[24].

La Cámara de Senadores, órgano legislativo nacional, es el único órgano competente para practicar un juicio político sean los imputados soportes de órganos nacionales: presidente de la República, vicepresidente de la República, ministros de Estado, miembros de la Suprema Corte de Justicia, Tribunal de lo Contencioso Administrativo, Tribunal de Cuentas o Corte Electoral (art. 93 de la Constitución); o departamentales: intendentes o miembros de las juntas departamentales (art. 296 de la Constitución).

---

[23] José Korzeniak, *Primer curso de derecho público. Derecho constitucional*, Montevideo, F.C.U., 2001, pág. 503; Enrique Sayagués Laso, *Tratado...*, t. I, pág. 62. Jiménez de Aréchaga, niega la naturaleza jurisdiccional del juicio político. Sostiene que se decide por un acto administrativo, más concretamente, un acto condición. Ver Justino Jiménez de Aréchaga, *La Constitución Nacional*, t. II, Montevideo, Cámara de Senadores, 1997, pág. 199.

[24] En puridad, se puede decir que la Cámara de Senadores, en el juicio político es un juez. Por tanto, conforme al criterio sustentado para determinar el tipo de control desde el punto de vista subjetivo, se puede decir que este es un control judicial.

El órgano competente para acusar a los titulares de los órganos nacionales indicados es la Cámara de Representantes (art. 93 de la Constitución). El competente para acusar a los titulares de órganos departamentales es la Junta Departamental, por un tercio del total de componentes de la respectiva Junta (art. 296 de la Constitución).

En todos esos casos, la causal es por violación de la Constitución u otros delitos graves (art. 93), y sobre ellos se pronuncia la Cámara de Senadores. El objeto del juicio político es separar del cargo al imputado. Para ello, la Cámara de Senadores debe pronunciarse mediante sentencia dictada en tal sentido, votados por dos tercios del total de componentes de la Cámara (art. 102 de la Constitución).

Los acusados a quienes la Cámara de Senadores haya separado de sus cargos mediante el juicio político, quedarán sujetos a juicio conforme a la ley (art. 103), vale decir que el juicio político puede ser sin perjuicio de la responsabilidad penal. En algunos casos, para hacer efectiva la responsabilidad penal se requiere el juicio político y en otros no[25].

5. Dentro del control parlamentario ejercido mediante la función administrativa, encontramos diversas modalidades. Así, podemos distinguir: a) aquellos casos en que el control se manifiesta por medio de actos concretos, en situaciones expresamente previstas por el derecho positivo; b) aquellos casos en que el control se manifiesta por medio de institutos de típico cuño parlamentarista; c) aquellos casos en que se desarrolla por medio de institutos inspirados en el ombudsman escandinavo; d) resolución de recursos de apelación interpuestos contra actos de los gobiernos departamentales, y e) revocación del mandato.

6. En el primer grupo de los tres señalados precedentemente, solamente a título de ejemplo indico:

a) La venia que debe otorgar la Cámara de Senadores o, en su caso, la Comisión Permanente para que el poder ejecutivo pueda destituir a determinados funcionarios (art. 168 num. 10 de la Constitución);

b) La venia que debe otorgar la Cámara de Senadores o, en su caso, la Comisión Permanente, para el ascenso de militares para los grados de Coronel y demás oficiales superiores (art. 168, num. 11 de la Constitución);

c) La venia que la Cámara de Senadores o, en su caso, la Comisión Permanente debe otorgar para el nombramiento de un diplomático como jefe de misión (art. 168, num. 12 de la Constitución);

---

[25] Ver Augusto Durán Martínez, "Responsabilidad penal de los ex ministros de Estado", en Augusto Durán Martínez, *Estudios de derecho constitucional*, Montevideo, Ingranusi Ltda., 1998, págs. 143 y ss.

d) La venia que debe otorgar la Cámara de Senadores o, en su caso, la comisión permanente, para la designación del fiscal de Corte y los demás fiscales letrados de la República (art. 168, num. 13 de la Constitución):

e) La venia que debe otorgar la Cámara de Senadores para la designación de los directores de ciertos entes autónomos y servicios descentralizados (art. 187 de la Constitución);

f) La venia que debe expedir la Cámara de Senadores para la remoción o destitución de directores de ciertos entes autónomos y servicios descentralizados (arts. 197 y 198 de la Constitución).

En todos estos casos, la venia es un acto administrativo de autorización, tomado el término *autorización* en el sentido de que es el acto que remueve el obstáculo jurídico para el ejercicio de un poder preexistente[26].

Otro control parlamentario ejercido mediante la función administrativa dentro de este tipo, digno de mención, es el relativo a las medidas prontas de seguridad en los casos graves e imprevistos de ataque exterior o conmoción interior, dando cuenta, dentro de las veinticuatro horas a la Asamblea General, en reunión de ambas Cámaras, en su caso, a la Comisión Permanente, de lo ejecutado y sus motivos, estándose a lo que estas últimas resuelvan. Y, a continuación, precisa algunos aspectos relacionados con medidas dispuestas respecto de personas.

Como se percibe, al establecer la Constitución que en cuanto a estas medidas se estará, en definitiva, a lo que la Asamblea General o, en su caso, la Comisión Permanente decida, se consagra un importantísimo control parlamentario sobre la actividad del poder ejecutivo al respecto.

7. Nuestro sistema de gobierno es atípico. Tan atípico que se ha discutido si se acerca al parlamentarismo o al presidencialismo. He sostenido que, sin perjuicio de todas sus particularidades, nuestro sistema de gobierno es semipresidencial, con algunos institutos típicos del parlamentarismo[27].

Dentro de los institutos de control parlamentario propios del parlamentarismo distingo dos categorías:

a) aquellos que no producen efectos jurídicos;

b) aquellos que pueden producir efectos jurídicos.

Dentro de los primeros cabe mencionar el pedido individual de informes (art. 118 de la Constitución)[28], el llamado a Sala a los ministros de Estado

---

[26] Enrique Sayagués Laso, *Tratado...*, *op. cit.*, t. I, pág. 426.

[27] Augusto Durán Martínez, "Poder ejecutivo: funcionamiento y sistema de gobierno", en Augusto Durán Martínez, *Estudios...*, *op. cit.*, págs. 75 y ss.; Augusto Durán Martínez, "Relaciones entre el poder ejecutivo y el poder legislativo" (arts. 174 y 175 de la Constitución)", en Augusto Durán Martínez, *Estudios...*, *op. cit.*, págs. 123 y ss.

[28] "Todo legislador puede pedir a los ministros de Estado, a la Suprema Corte de Justicia, a la Corte Electoral, al Tribunal de lo Contencioso Administrativo y al Tribunal de Cuentas, los datos e informes que estime necesarios para llenar su cometido. El pedido se hará por escrito

(art. 119 de la Constitución)[29] y la formación de comisiones parlamentarias de investigación o para suministrar datos con fines legislativos (art. 120 de la Constitución)[30].

El pedido individual de informes tiene su origen en una resolución de la Cámara de Representantes de junio de 1916, cuya iniciativa perteneció a MARTÍN C. MARTÍNEZ. Pero como fue desconocido por el poder ejecutivo, se incorporó en la Constitución de 1918[31].

El llamado a Sala a los ministros de Estado ya existía en la Constitución de 1830. Pero en esa Constitución el llamado era dispuesto por mayoría; en la Constitución de 1918, se otorga tal facultad a un tercio del total de componentes de cada Cámara. Esa solución, que consagra un derecho a la minoría, es la que está vigente.

El artículo 120 de la Constitución prevé dos tipos de comisiones parlamentarias, las de investigación y para suministrar datos con fines legislativos. Constituyen un instrumento de control las primeras[32]. También este artículo tiene su origen en la Constitución de 1918.

Estos tres institutos fueron considerados las tres grandes conquistas de tipo parlamentario logradas en la Constitución de 1918[33].

---

y por intermedio del presidente de la Cámara respectiva, el que lo trasmitirá de inmediato al órgano que corresponda. Si este no facilitare los informes dentro del plazo que fijará la ley, el legislador podrá solicitarlos por intermedio de la Cámara a que pertenezca, estándose a lo que esta resuelva.

"No podrá ser objeto de dicho pedido lo relacionado con la materia y competencia jurisdiccionales del poder judicial y del Tribunal de lo Contencioso Administrativo".

[29] "Cada una de las Cámaras tiene facultad por resolución de un tercio de los votos del total de sus componentes, de hacer venir a Sala a los ministros de Estado para pedirles y recibir los informes que estime convenientes, ya sea con fines legislativos, de inspección o de fiscalización, sin perjuicio de lo dispuesto en la Sección VIII.

"Cuando los informes se refieran a entes autónomos o servicios descentralizados, los ministros podrán requerir la asistencia conjunta de un representante del respectivo Consejo o Directorio".

[30] "Las Cámaras podrán nombrar comisiones parlamentarias de investigación o para suministrar datos con fines legislativos".

[31] MARTÍN C. MARTÍNEZ, *Ante la nueva constitución*, Biblioteca Artigas, Colección de Clásicos Uruguayos, vol. 48, Montevideo, Ministerio de Instrucción Pública y Previsión Social, 1964, pág. 10; WASHINGTON BELTRÁN, *En la Constituyente (Discursos e informes)*, Montevideo, Talleres Gráficos A. Barreiro y Ramos, 1918, pág. 181.

[32] Ver sobre el tema JOSÉ KORZENIAK, *Las comisiones parlamentarias de investigación*, Montevideo, F.C.U., 1998.

[33] MARTÍN C. MARTÍNEZ, *Ante la...*, *op. cit.*, págs. 7 y ss.; WASHINGTON BELTRÁN, *En la Constituyente...*, *op. cit.*, págs. 180 y ss.; JUAN ANDRÉS RAMÍREZ, "Sinopsis de la evolución constitucional", en JUAN ANDRÉS RAMÍREZ, *Dos ensayos constitucionales*, vol. 118, Montevideo, Biblioteca Artigas, Ministerio de Instrucción Pública y Previsión Social, Colección de Clásicos Uruguayos, 1967, págs. 126 y ss.; AUGUSTO DURÁN MARTÍNEZ, "Poder ejecutivo: funcionamiento y...," *loc. cit.*, pág. 70.

Como consecuencia de los controles practicados conforme a los artículos 118, 119 y 120 señalados precedentemente, cualquiera de las Cámaras podrá formular declaraciones (art. 121 de la Constitución). Estas declaraciones no producen efectos jurídicos, sin perjuicio de que pueden producir efectos políticos.

El instituto de control parlamentario, propio del parlamentarismo, susceptible de producir efectos jurídicos, es el de la interpelación prevista en los artículos 147 y 148 de la Constitución.

Con variantes, este instituto proviene de la Constitución de 1934. Digo con variantes, pues hubo cambios en las Constituciones de 1942, 1952 y 1967. El texto actual proviene de la Constitución de 1967.

Por medio de este mecanismo de control es posible provocar el cese de un ministro de Estado o del Consejo de Ministros, así como la disolución de las Cámaras y el llamado a elecciones legislativas anticipadas.

8. Otro control parlamentario ejercido por medio de la función administrativa es el inspirado en el ombudsman escandinavo.

En general, este control, aunque no siempre es así, es practicado por un órgano que integra el sistema orgánico del poder legislativo. Por eso lo incluyo entre los controles de tipo parlamentario. Este es el caso de Uruguay.

En unos casos, el ombudsman o equivalente tiene una competencia material de ámbito general y otras veces sectorial; a veces también tiene una competencia territorial nacional y, otras veces, local.

Este instituto no está previsto en nuestra Constitución, pero su constitucionalidad ha sido admitida[34].

Más allá de las diversas denominaciones que este instituto tiene en el derecho comparado y de las particularidades que presenta en los distintos países, reúne, al decir de CAGNONI, cinco notas comunes, cuyas palabras empiezan con la letra "i": imparcialidad, informalismo, inquisitivo, inmediación e influencia[35].

---

[34] EDUARDO, G. ESTEVA GALLICCHIO, "Compatibilidad del establecimiento del ombudsman defensor del pueblo con el sistema constitucional uruguayo", en *Revista Uruguaya de Derecho Constitucional y Político*, núm. 9, t. II, Montevideo, octubre-noviembre 1985, págs. 175 y ss.; AUGUSTO DURÁN MARTÍNEZ, "El defensor del vecino", en AUGUSTO DURÁN MARTÍNEZ, *Estudios de derecho público*, vol. I, Montevideo, 2004, pág. 423; JOSÉ ANÍBAL CAGNONI, *Ombudsman, comisionado parlamentario. Médiateur, defensor del pueblo*, 4ª ed. actualizada, Montevideo, 2004, pág. 104; PABLO LEIZA ZUNINO, "El Ombudsman: defensor del Pueblo. Un enfoque neoconstitucionalista", en *Estudios de derecho administrativo*, núm. 13, Montevideo, La Ley Uruguay, 2016, págs. 184 y ss.

[35] JOSÉ ANÍBAL CAGNONI, "El defensor del pueblo", en AUGUSTO DURÁN MARTÍNEZ (Coord.), *El poder y su control*, 2ª ed., Universidad Católica del Uruguay "Dámaso Antonio Larrañaga", Revista Uruguaya de Derecho Constitucional y Político/ Serie Congresos y Conferencias núm. 1, Montevideo, 1994, pág. 209.

Como se percibe, no puede dictar actos jurídicos sino opiniones o sugerencias o realizar informes. Estas opiniones, sugerencias o informes no producen efectos jurídicos, pero pueden tener importantes efectos políticos.

Por tal razón, como destacaba CAGNONI, un control de este tipo solo cabe en un Estado democrático[36].

En el orden nacional tenemos dos órganos de este tipo: el comisionado parlamentario y la Institución Nacional de Derechos Humanos y Defensoría del Pueblo.

El comisionado parlamentario fue creado por ley 17.684, de 29 de agosto de 2003.

No se trata de un control de ámbito general sino sectorial. En efecto, conforme al artículo 1º le corresponde asesorar al poder legislativo en el control del cumplimiento del derecho en lo relativo a la situación de quienes, en virtud de decisión jurisdiccional, es decir, procesados o condenados, están encarcelados[37].

La Institución Nacional de Derechos Humanos y Defensoría del Pueblo fue creada por la ley 18.446, de 24 de diciembre de 2008, modificada por la ley 18.806, de 14 de septiembre de 2011 y por la ley 19.307, de 29 de diciembre de 2014 (arts. 84, 85 y 86).

Conforme al artículo 1º de la ley de creación, en su actual redacción, el órgano en análisis es creado como una institución del poder legislativo. Por eso lo menciono entre los controles parlamentarios.

Su cometido, en el ámbito de su competencia, es la defensa, promoción y protección en toda su extensión de los derechos humanos reconocidos por la Constitución y por el derecho internacional. Posee una competencia material amplia en el ámbito nacional y reúne las notas esenciales del ombudsman[38].

9. El recurso de apelación contra actos de los gobiernos departamentales está previsto en los artículos 300 y 303 de la Constitución.

En ambos casos el recurso de apelación lo resuelve la Cámara de Representantes por lo que, por esa razón, estamos ante un ejemplo de control parlamentario. Pero mientras que el recurso previsto en el artículo 300 es contra decretos departamentales con fuerza de ley en su jurisdicción (que crean o modifican impuestos), el recurso del artículo 303 no solo es susceptible contra actos legislativos departamentales sino también respecto de actos administrativos. En consecuencia, el recurso del artículo 300 no es un instituto de control de la actividad administrativa y el del artículo 303 sí puede serlo. Por tanto, referiré únicamente al recurso del artículo 303.

---

[36] JOSÉ ANÍBAL CAGNONI, "El Defensor del...", loc. cit., pág. 213.

[37] JOSÉ ANÍBAL CAGNONI, El Ombudsman..., pág. 148. Ver también PABLO LEIZA ZUNINO, "El Ombudsman:..., loc. cit., págs. 202 y ss.

[38] Ver PABLO LEIZA ZUNINO, El Ombudsman..., loc. cit., págs. 206 y ss.

Recursos de este tipo tienen larga data en nuestro derecho positivo.

Se puede encontrar un antecedente en el artículo 41 de la ley 2.820, de 10 de julio de 1903 (ley orgánica de las juntas económico administrativas), que a su vez encuentra su fuente en el artículo 41 del decreto del poder ejecutivo de 4 de diciembre de 1891 (reglamento orgánico de la Junta Económico Administrativa de Montevideo).

La Constitución de 1918 recogió con variantes este recurso por su artículo 134, que fue reglamentado por los artículos 79 y 80 de la ley 7.042, de 23 de diciembre de 1919 (ley orgánica de los gobiernos locales).

La Constitución de 1934 volvió a innovar en el tema en sus artículos 261 y 262 los que fueron reglamentados por la ley 9.515, de 28 de octubre de 1935 (ley orgánica municipal) en sus artículos 68 a 70.

La Constitución de 1942, por sus artículos 258 y 259, reiteró en los mismos términos los artículos 261 y 262 de la Constitución de 1934.

La Constitución de 1952 regula estos recursos en sus artículos 300 y 303 e introduce innovaciones.

La Constitución vigente también incursiona en la materia, no hace cambios esenciales sino accidentales[39], y mantiene la misma numeración de la Constitución de 1952[40].

Los actos administrativos susceptibles del recurso de apelación previsto en el artículo 303 de la Constitución, reglamentado por la ley 18.045, de 23 de

[39] Así, el recurso de apelación del art. 303 era resuelto por la Asamblea General en el texto de la Constitución de 1952, y por la Cámara de Representantes, según el texto de la Constitución vigente.

[40] Augusto Durán Martínez, "Recurso de apelación del artículo 303 de la Constitución. Contra qué actos administrativos procede. Ante qué órgano se presenta. Efecto de la presentación del recurso", en Augusto Durán Martínez, *Casos de derecho administrativo*, vol. v, Montevideo, 2007, pág. 30. Sobre el tema, ver también Horacio Cassinelli Muñoz, "La apelación para ante la Asamblea General según el artículo 303 de la Constitución", en *La Revista de Derecho, Jurisprudencia y Administración*, t. 55, Montevideo, 1957, págs. 125 y ss.; Carlos E. Delpiazzo, "Recursos de apelación ante la Cámara de Representantes contra actos de los gobiernos departamentales", en Augusto Durán Martínez (Coord.). *El poder y su..., op. cit.*, págs. 181 y ss.; Augusto Durán Martínez, "Funcionarios públicos departamentales. Ejercicio de funciones inferiores a las del cargo. Obligación de garantizar un resultado económico. Retiro obligatorio. Recurso de apelación ante la Cámara de Representantes", en Augusto Durán Martínez, *Casos de derecho administrativo*, vol. iii, Montevideo, 2003, págs. 142 y ss.; Augusto Durán Martínez, "Seguridad para las inversiones en el Uruguay. Con especial referencia a las recientes impugnaciones de los proyectos de construcción en Maldonado", en Augusto Durán Martínez, *Estudios de derecho público*, Montevideo, 2008, vol. II, págs. 79 y ss.; Pablo D. Cruz, "Un medio de control parlamentario de legitimidad sobre determinada naturaleza de actos jurídicos departamentales (art. 303 de la Constitución de la República)", en *Estudios de derecho administrativo*, núm. 3, Uruguay, La Ley, 2011, págs. 23 y ss.

octubre de 2006, son los no susceptibles de ser impugnados ante el Tribunal de lo Contencioso Administrativo.

Se trata de un recurso por razones de legitimidad, que puede ser interpuesto por un tercio del total de miembros de la junta departamental o por mil ciudadanos inscritos en el departamento.

A mi juicio, este recurso es administrativo. Se ha discutido si el acto de la Cámara de Representantes que lo resuelve es susceptible de la acción de nulidad. Recientemente, el Tribunal de lo Contencioso Administrativo, en interesante sentencia dictada por tres votos contra dos, entendió que no cabe la acción de nulidad ante dicho Tribunal[41].

10. La revocación del mandato se puede plantear respecto de los miembros de la Corte Electoral.

Conforme al artículo 324 de la Constitución, la Corte Electoral se compone de nueve miembros, cinco denominados neutrales y cuatro, llamados representantes de los partidos.

Los cinco primeros, con sus suplentes, son designados por la Asamblea General en reunión de ambas cámaras por dos tercios de votos del total de componentes de cada cámara. Los cuatro restantes se eligen también por la Asamblea General pero por el sistema de doble voto simultáneo, y le corresponden dos a la lista más votada del lema más votado y dos a la lista mayoritaria del lema que le sigue en número de votos.

El artículo 2º de la ley 9.645, de 15 de enero de 1937, establece que los miembros neutrales de la Corte Electoral cesarán en sus cargos cuando, entre otros, la Asamblea General, por dos tercios de votos del total de componentes de cada Cámara, no les ratifique su confianza.

Con relación a los miembros partidarios, el artículo 14 de la ley 7.690, de 9 de enero de 1924, preveía la revocación del mandato cuando así lo decidía la mayoría absoluta de los legisladores electos. Se trata de un instituto inspirado en el *recall*.

Ninguno de estos textos legislativos fue recogido por la Constitución. Por eso se discutió la subsistencia de este instituto.

La revocación del mandato de los miembros partidarios fue especialmente debatida en oportunidad de plantearse la revocación del mandato de los ministros Dr. Juan José Fraga y Esc. Álvaro Alzugaray[42].

---

[41] Sentencia 678, de 25 de octubre de 2016, recaída en autos: "Junta Departamental de Tacuarembó C/ Cámara de Representantes. Acción de nulidad" (Ficha 850 de 2014). La sentencia votada en mayoría por los ministros Dr. Etcheveste, Dr. Gómez Tedeschi y Dra. Castro (redactora), hace un estudio muy serio sobre el tema. También es destacable el voto discorde del ministro Dr. Vázquez Cruz, al cual adhirió el ministro Dr. Tobía.

[42] Juan José Fraga y Álvaro Alzugaray, *En defensa de la justicia electoral*, Montevideo, 1955.

JIMÉNEZ DE ARÉCHAGA[43] y BARBAGELATA[44] entendieron que este instituto no subsistió luego de la Constitución de 1952, por resultar incompatible con la misma.

También, posteriormente, GROS ESPIELL opinó en el sentido de la derogación de la ley que establece la revocación del mandato de los miembros partidarios, por ser incompatible con la Constitución[45].

En cambio, GROS ESPIELL entendió vigente el régimen legislativo que permite a la Asamblea General cesar a los miembros neutrales por pérdida de confianza[46].

De compartirse esta opinión, tenemos aquí también un control parlamentario. Un control parlamentario sobre miembros de un órgano que ejerce función jurisdiccional pero también administrativa, por lo que se puede entender que se trata también de un control sobre actividad administrativa, aunque no se agota en ella.

11. Podemos también hablar de un control parlamentario departamental.

La República Oriental del Uruguay es un Estado unitario pero con descentralización territorial.

Las distintas circunscripciones territoriales se denominan departamentos. Hoy en día son 19, pero su número puede ampliarse por ley (art. 85, num. 9 de la Constitución). Al frente de cada departamento existe un gobierno departamental[47].

Cada gobierno departamental posee dos órganos necesarios: la junta departamental y la intendencia (art. 262 de la Constitución). La intendencia configura el poder ejecutivo del gobierno departamental y la junta departamental ejerce funciones legislativas y de contralor del gobierno departamental (art. 273 de la Constitución)[48].

Por eso, pese a que los actos legislativos departamentales, los llamados decretos departamentales de los gobiernos departamentales con fuerza de ley en su jurisdicción (art. 260 de la Constitución), que son los actos jurídicos de

---

[43] Dictamen de JUSTINO JIMÉNEZ DE ARÉCHAGA de 15 de junio de 1955, publicado en JUAN JOSÉ FRAGA y ÁLVARO ALZUGARAY, *En defensa de la...*, *op. cit.*, págs. 15 y ss.

[44] Dictamen de ANÍBAL LUIS BARBAGELATA de 5 de junio de 1955, publicado en JUAN JOSÉ FRAGA y ÁLVARO ALZUGARAY, *En defensa de la...*, *op. cit.*, págs. 22 y ss.

[45] HÉCTOR GROS ESPIELL, *La Corte Electoral del Uruguay*, San José de Costa Rica, Instituto Interamericano de Derechos Humanos. Centro de Asesoría y Promoción Electoral, 1990, pág. 159.

[46] HÉCTOR GROS ESPIELL, *La Corte Electoral...*, *op. cit.*, págs. 154 y ss.

[47] AUGUSTO DURÁN MARTÍNEZ, "Descentralización territorial en el Uruguay", en AUGUSTO DURÁN MARTÍNEZ, *Neoconstitucionalismo y...*, *op. cit.*, págs. 743 y ss. y 747 y ss.

[48] AUGUSTO DURÁN MARTÍNEZ, "Descentralización territorial en...", *loc. cit.*, pág. 747.

mayor valor y fuerza dictados por un gobierno departamental, no son leyes y no tienen valor y fuerza de ley[49], podemos hablar de control parlamentario cuando es ejercido por una junta departamental.

Para analizar el control parlamentario departamental seguiré el mismo criterio que el empleado para el control parlamentario nacional.

12. Un ejemplo de control parlamentario legislativo lo configura la sanción de los presupuestos departamentales remitidos por el intendente a la Junta Departamental para su consideración (arts. 223 y ss. y 273 num. 2 de la Constitución).

Otro ejemplo de este tipo lo configura el otorgamiento de concesiones para servicios públicos locales o departamentales, a propuesta del intendente (art. 273, num. 8 de la Constitución)[50].

13. Las juntas departamentales no ejercen función jurisdiccional. Ya se ha visto que el juicio político en todos los casos es de competencia de la Cámara de Senadores. Pero, en caso de juicio político seguido contra intendentes o miembros de las juntas departamentales, la acusación corresponde a la respectiva junta departamental por un tercio del total de sus componentes (art. 296 de la Constitución). De manera que, sin ejercer propiamente función jurisdiccional, la junta departamental participa necesariamente en el procedimiento ya que le compete la acusación.

14. Dentro del control parlamentario ejercido por medio de la función administrativa, encontramos diversas modalidades. Así, podemos distinguir: a) aquellos casos en que el control se manifiesta por medio de actos concretos, en situaciones previstas por el derecho positivo; b) aquellos casos en que el control se manifiesta por medio de institutos propios de un sistema parlamentarista; c) aquellos casos en que el control se desarrolla mediante institutos inspirados en el ombudsman escandinavo.

15. Dentro del primer grupo de los tres señalados precedentemente, a título de ejemplo, menciono la venia para destituir funcionarios de la intendencia (art. 275, num. 5 de la Constitución).

Por otro lado, el numeral 10 del artículo 273 de la Constitución somete a la junta departamental el otorgamiento de las venias que el intendente le solicite, pero no establece en qué casos. Esos casos son los que la propia Constitución, en otros artículos, prevé, como ocurre en el artículo 275, numeral 5 ya visto, o en los previstos por la normativa infravalente. Ejemplo de esto último lo configura, por ejemplo, la autorización al intendente prevista en el numeral

---

[49] Augusto Durán Martínez, "Descentralización territorial en...", *loc. cit.*, págs. 777 y ss.

[50] Augusto Durán Martínez, "¿Y después qué? A propósito del referéndum contra la ley de empresas públicas", en Augusto Durán Martínez, *Estudios de derecho administrativo. Parte especial*, Montevideo, 1999, pág. 188; Augusto Durán Martínez, "La concesión. Concepto, tipos y perspectivas", en Augusto Durán Martínez, *Estudios de derecho público*, vol. i, Montevideo, 2004, pág. 18.

6 del artículo 18 de la ley 9.515, de 28 de octubre de 1935 para solicitar al poder legislativo la contratación de empréstitos.

También, esa intervención de la junta departamental puede estar prevista en un decreto departamental con fuerza de ley en su jurisdicción. Es lo que ocurre con la previa "anuencia" de la junta departamental prevista en el artículo12 del decreto departamental 3.786, de 11 de noviembre de 2003, del gobierno departamental de Maldonado, para que la Intendencia dispense del cumplimiento de determinadas normas generales en determinadas construcciones urbanas[51].

16. El sistema de gobierno en el ámbito departamental es también semipresidencial, pero el presidencialismo es más acentuado que en el ámbito nacional. Por eso en el ámbito departamental existen menos institutos propios del parlamentarismo.

De todas maneras podemos mencionar:

a) El pedido individual de informes que todo miembro de las juntas departamentales puede efectuar al intendente (art. 284 de la Constitución);

b) El llamado a Sala al intendente, dispuesto por un tercio de los miembros de la junta departamental (art. 285 de la Constitución);

c) La posibilidad de que la junta designe comisiones de investigación o para suministrar datos necesarios para el cumplimiento de sus funciones.

Al igual de lo que sucede con estos instrumentos de control en el ámbito nacional, su actividad puede tener importantes consecuencias políticas pero no jurídicas.

No existe en lo departamental la interpelación, con la posibilidad de cese del intendente y disolución de la junta departamental y llamado a elecciones anticipadas.

17. En lo relativo a institutos inspirados en el ombudsman, debe mencionarse el defensor del vecino.

Este órgano reúne todas las características del ombudsman, tiene una competencia material amplia, pero su competencia territorial se circunscribe al departamento.

No existe en todos los departamentos. En el presente solo existe en dos de ellos, en Maldonado y en Montevideo.

El defensor del vecino de Maldonado fue creado por decreto departamental 3378. Fue aprobado por la junta departamental de Maldonado el 16 de mayo de 2003, y, al igual que la ley que creó el comisionado parlamentario, tuvo promulgación ficta.

El defensor del vecino de Maldonado no solo fue el primer defensor del vecino que existió en Uruguay sino también el primer ombudsman, ya que precedió a los otros institutos de este tipo existentes nacionalmente.

---

[51] Augusto Durán Martínez, "Recurso de apelación del artículo 303...", *loc. cit.*, págs. 33 y ss.; Íd., "Seguridad para las inversiones en...", *loc. cit.*, págs. 81 y ss.

El defensor del vecino de Maldonado integra el sistema orgánico de la junta departamental de Maldonado[52]; por eso lo incluyo dentro de los controles parlamentarios.

Pese a ser el primero, el defensor del vecino de Maldonado nunca funcionó, porque nunca se designó. Pero el decreto departamental que lo creó sigue vigente.

El otro defensor del vecino existente es el de Montevideo. Fue creado por decreto departamental 30.529, sancionado por la junta departamental de Montevideo de 18 de diciembre de 2003. Su texto es muy parecido al de Maldonado. Por tanto, cabe concluir que en sus aspectos esenciales, el defensor del vecino de Montevideo, tiene las mismas características que el de Maldonado[53].

8. CONTROL JUDICIAL

1. El control judicial es ejercido por un juez.

A diferencia de lo que ocurre con el control parlamentario que puede ser ejercido en distintas funciones del Estado, el control judicial se ejerce solo por medio de la función jurisdiccional.

2. El control judicial respecto de la actividad administrativa se efectúa por medio del contencioso administrativo.

3. En su momento he definido el contencioso administrativo como un litigio o contienda en materia administrativa o, dicho más precisamente, suscitado como consecuencia del ejercicio de la función administrativa o relacionado con ella, que se ventila ante la *justicia administrativa* por medio del *proceso administrativo* y es resuelto mediante el ejercicio de la *jurisdicción administrativa* con un acto que pasa en autoridad de cosa juzgada[54].

4. El contencioso administrativo es el más importante de los contenciosos de derecho público pero no el único.

Hay otros contenciosos de derecho público que no son contenciosos administrativos, porque las pretensiones objeto de esos procesos no refieren a la función administrativa.

5. Considero contencioso de derecho público aquel litigio en que por lo menos una de las partes es una persona jurídica de derecho público.

6. Nuestro país, en la Constitución de 1830, adoptó en esta materia un sistema judicialista, en el sentido en que todos los contenciosos, sean de derecho público o de derecho privado, se sustanciaban ante el poder judicial.

---

[52] AUGUSTO DURÁN MARTÍNEZ, "El defensor del...", *loc. cit.*, págs. 426 y ss.

[53] Sobre el defensor del vecino de Montevideo ver JOSÉ ANÍBAL CAGNONI, *Ombudsman...*, págs. 155 y ss. y PABLO LEIZA ZUNINO, "El Ombudsman...", *loc. cit.*, págs. 196 y ss.

[54] AUGUSTO DURÁN MARTÍNEZ, *Contencioso administrativo*, 2ª ed. actualizada y ampliada, Montevideo, F.C.U., 2015, pág. 12.

No obstante, a partir de la Constitución de 1934, por influencia francesa, se producen cambios, que sin llegar a adoptarse al sistema de la dualidad de jurisdicción, se crea un régimen híbrido que no coincide ni con el sistema de unidad de jurisdicción, de origen británico, ni con el de la dualidad, originario de Francia[55].

7. Esas personas jurídicas de derecho público que pueden ser parte en un contencioso de derecho público pueden ser estatales o no estatales.

Efectivamente, las leyes de creación de las personas públicas no estatales suelen prever una acción anulatoria contra sus actos, que se debe seguir ante los tribunales de apelaciones en lo civil[56].

No todas las personas públicas no estatales tienen un régimen de acción anulatoria como el indicado. Los existentes no son uniformes pero, sin duda, configuran contenciosos de derecho público.

Las personas públicas no estatales, precisamente por no ser estatales, no integran la administración pública uruguaya. Por tanto, no entran dentro del objeto de nuestro estudio, por lo que no analizaré estos contenciosos por más que sean de derecho público.

8. Los otros contenciosos de derecho público, es decir aquellos en que por lo menos una de las partes es una persona jurídica de derecho público estatal, están distribuidos de la siguiente forma:

a) La jurisdicción electoral corresponde a la Corte Electoral, órgano constitucional del Estado (en sentido de persona pública estatal mayor) del mismo nivel institucional que los clásicos poderes del Estado;

b) El contencioso administrativo de anulación (de actos administrativos) corresponde al Tribunal de lo Contencioso Administrativo, también órgano constitucional del Estado del mismo nivel que los clásicos poderes;

c) El contencioso interadministrativo —que comprende el intraorgánico— fundado en la Constitución compete a la Suprema Corte de Justicia, órgano jerarca del poder judicial;

d) El contencioso interadministrativo —que comprende el intraorgánico— fundado en la legislación corresponde al Tribunal de lo Contencioso Administrativo;

e) La acción por lesión de autonomía departamental compete a la Suprema Corte de Justicia;

f) La declaración de inconstitucionalidad de las leyes o decretos departamentales con fuerza de ley en su jurisdicción corresponde a la Suprema Corte de Justicia;

---

[55] Augusto Durán Martínez, *Contencioso...*, pág. 15.

[56] Felipe Rotondo, "Acción anulatoria contra actos de personas públicas no estatales", en *Estudios de derecho administrativo*, núm. 14, Montevideo, La Ley Uruguay, 2016, págs. 813 y ss.

g) El contencioso de reparación se distribuye entre distintos órganos integrantes del poder judicial;

h) El *habeas corpus* es de resorte del poder judicial;

i) La acción de amparo también es de competencia de diversos órganos jurisdiccionales del poder judicial;

j) El *habeas data*, tanto el propio como el impropio, se desenvuelve en el ámbito del poder judicial;

k) La acción de protección de los derechos en la comunicación (arts. 43 y siguientes de la ley 19.307, de 29 de diciembre de 2014), se desenvuelve en el ámbito del poder judicial;

l) Parte del contencioso aduanero, que a su vez es parte del contencioso represivo, compete a órganos especializados con función jurisdiccional integrantes del sistema orgánico poder ejecutivo;

m) También existen juzgados letrados de aduana, integrantes del poder judicial, competentes en materia de contencioso aduanero;

n) El resto del contencioso represivo corresponde a los órganos jurisdiccionales comunes del poder judicial;

ñ) El resto del contencioso administrativo no comprendido en los casos indicados es de competencia de los órganos jurisdiccionales comunes del poder judicial[57].

9. Como se percibe, de los contenciosos de derecho público indicados precedentemente no todos son contenciosos administrativos.

No lo es el contencioso electoral, ni el control jurisdiccional de constitucionalidad de actos legislativos, ni el contencioso de reparación patrimonial por daños provocados por el ejercicio de la función constitucional, legislativa o jurisdiccional. En ninguno de estos casos hay control sobre actividad administrativa. Pero en los demás casos sí lo hay, o puede haberlo, por lo que todos ellos configuran ejemplos de control judicial de la actividad administrativa con independencia de si este control es ejercido o no por un órgano integrante del poder judicial.

9. Control cívico

1. Tomo el *término control* cívico de Cagnoni[58] que, a mi juicio, con razón, lo considera más preciso que el de control popular empleado por algunos, como Sayagués Laso, por ejemplo[59].

---

[57] No existe ningún impedimento para que se acuda a los jueces comunes del poder judicial para que se solicite una sentencia declarativa o de condena tanto de hacer como de no hacer o de dar alguna cosa, distinta de las comprendidas en los restantes contenciosos administrativos. Alicia Castro Rivera, "Pretensiones contra personas estatales y justicia ordinaria", en *Revista de Derecho Público*, año 2000, núm. 17, Montevideo, F.C.U., pág. 49. Augusto Durán Martínez, *Contencioso...*, págs. 16 y 17.

[58] José Aníbal Cagnoni, *Introducción a la...*, págs. 43 y 44

[59] Enrique Sayagués Laso, *Tratado...*, t. II, pág. 406.

2. El control cívico es el ejercido por las personas inscritas en el registro cívico. A estos efectos, no interesa si son ciudadanos o no. Basta con que sea ejercido por las personas inscriptas en el registro cívico, sin que interese si esas personas son ciudadanos o no.

3. Un ejemplo de este tipo de control es el recurso de referéndum.

En Uruguay, a diferencia de lo que ocurre en otros países, el referéndum está concebido solo como un recurso, es decir como un instrumento de impugnación de un acto jurídico a los efectos de su derogación.

Está previsto en nuestra Constitución, tanto en el plano nacional (art. 79 de la Constitución), como departamental (art. 304 de la Constitución).

4. El artículo 79 de la Constitución[60], en su segundo inciso, establece: "El veinticinco por ciento del total de inscriptos habilitados para votar, podrá interponer, dentro del año de su promulgación, el recurso de referéndum contra las leyes y ejercer el derecho de iniciativa ante el poder legislativo. Estos institutos no son aplicables con respecto a las leyes que establezcan tributos. Tampoco caben en los casos en que la iniciativa sea privativa del poder ejecutivo. Ambos institutos serán reglamentados por ley, dictada por mayoría absoluta del total de componentes de cada Cámara".

Como se percibe, se trata de un control cívico, sí, pero sobre la actividad legislativa y no la administrativa, por lo que no es objeto de este trabajo[61].

5. El artículo 304 de la Constitución, en su primer inciso, establece: "La ley, por mayoría absoluta de votos del total de componentes de cada Cámara, reglamentará el referéndum como recurso contra los decretos de las juntas departamentales".

Como se percibe, la Constitución comete a la ley la reglamentación del referéndum departamental. Esa redacción hace decir a Ruocco, con razón, que también este referéndum, al igual que el nacional, es de origen constitucional[62]. La ley no lo crea, reglamenta un instituto ya creado por la Constitución.

Reglamentación que se hace en los artículos 74 a 77 de la ley 9.515, de 28 de octubre de 1935.

Esa ley se dictó al amparo del artículo 265 de la Constitución de 1934[63].

---

[60] El art. 79 de la Constitución fue reglamentado por la ley 16.017, de 20 de enero de 1989, parcialmente modificada por la ley 17.244, de 30 de junio de 2000.

[61] Sobre el punto, ver Augusto Durán Martínez, "El referéndum contra las leyes", en Augusto Durán Martínez (Coord.) *El poder y su control...*, págs. 27 y ss.; Augusto Durán Martínez, "Modificación a la legislación sobre el referéndum contra las leyes", en Augusto Durán Martínez, *Estudios de derecho administrativo*, vol. I, Montevideo, 2004, págs. 95 y ss.

[62] Graciela Ruocco, "El referéndum contra los decretos departamentales", en Augusto Durán Martínez (Coord.) *El poder y su control...*, pág. 49.

[63] La Constitución de 1942, con el núm. 262 reiteró el texto normativo del art. 265 de la Constitución de 1934. El texto del art. 304 de la Constitución vigente, proviene del art. 304 de la Constitución de 1952.

El hecho de que la ley reglamentaria sea anterior a la Constitución actual es irrelevante. Continúa vigente en lo que no sea incompatible con la nueva Carta[64].

El artículo 265 de la Constitución de 1934 decía: "La ley, por mayoría absoluta de votos del total de componentes de cada cámara, podrá instituir el referéndum en materia municipal".

Más allá de que no creaba el referéndum, sino que cometía su creación a la ley, tenía otra diferencia con el texto vigente que es de especial importancia para nuestro tema. Esa diferencia es el objeto del referéndum.

En la Constitución de 1934 se aludía genéricamente al referéndum en materia municipal. En cambio, en el texto vigente, se dice que el referéndum es contra decretos de las juntas departamentales.

Esta diferencia hizo decir a RUOCCO que en el marco de la Constitución de 1934, y también en el de la de 1942, ya que el texto es igual aunque con otra numeración, el referéndum era posible contra todo acto jurídico emanado de autoridades municipales dentro de su competencia por razón de la materia[65]. Es decir, este referéndum cabía también contra actos administrativos.

El artículo 74 de la ley 9.515 citado establece: "El recurso del referéndum podrá entablarse por un quinto de los ciudadanos inscriptos del departamento, para que se deje sin efecto un decreto o resolución de la junta departamental.

"La declaración de que se quiere emplear este recurso deberá presentarse al intendente dentro de los cuarenta días siguientes a la publicación del decreto o resolución de que se trata".

Esa referencia a "decreto" o "resolución", permite sostener que la ley prevé el referéndum contra actos legislativos y administrativos de las juntas departamentales.

RUOCCO, haciendo hincapié en el cambio de redacción de la Constitución en cuanto refiere a decreto y no a resolución, entendió que en este punto la ley era incompatible con la Constitución por lo que en ese aspecto queda derogada. En consecuencia, a su juicio, luego de la Constitución de 1952 el referéndum departamental no cabe contra actos subjetivos[66].

Sin embargo, MARTINS consideró vigente el artículo 74 de la ley 9.515[67]. Y al hacerlo no hizo ninguna salvedad, por lo que cabe razonable suponer que lo considera vigente *in totum*.

---

[64] GRACIELA RUOCCO, "El referéndum...", *loc. cit.*, págs. 50 y ss.

[65] GRACIELA RUOCCO, "El referéndum...", *loc. cit.*, pág. 49.

[66] GRACIELA RUOCCO, "El referéndum...", *loc. cit.*, pág. 51.

[67] DANIEL H. MARTINS, *El gobierno y la administración de los departamentos*, t. i, 2ª ed., corregida y ampliada, Montevideo, 2005, pág. 237.

De estar vigente este artículo 74, sería posible en el ámbito departamental un recurso de referéndum contra actos generales o subjetivos. En este caso, este referéndum no tendría raíz constitucional, sino legislativa.

Es claro que con la interpretación de MARTINS tenemos aquí un caso de control cívico de actividad administrativa.

Ahora bien, con la interpretación de RUOCCO, ¿se sigue que el referéndum departamental es solo contra actos legislativos departamentales y ya no más contra actos administrativos? Creo que no necesariamente.

Si se entiende que la expresión "decretos de las juntas departamentales" es sinónimo de la expresión "decretos de los gobiernos departamentales que tengan fuerza de ley en su jurisdicción", está claro que en la tesis de la derogación sostenida por RUOCCO, el referéndum departamental sería también como el nacional solo contra actos legislativos, por lo que no habría en el ámbito departamental control cívico de actividad administrativa.

Adviértase, sin embargo, que a juicio de CASSINELLI MUÑOZ la expresión "decretos de las juntas departamentales" puede referir a los con fuerza de ley en su jurisdicción, pero no necesariamente solo a esos. Así, puede comprender también a reglamentos de la junta departamental[68].

Esta interpretación surge del análisis del artículo 303 de la Constitución. Allí se dice "Los decretos de la junta departamental y las resoluciones del intendente municipal contrarios a la Constitución, las leyes no susceptibles de ser impugnados ante el Tribunal de lo Contencioso Administrativo, serán apelables ante la Cámara de Representantes...".

Adviértase que al escribirse "contrarios" en masculino y no en femenino, la exigencia de "no susceptibles de ser impugnados ante el Tribunal de lo Contencioso Administrativo" comprende también a los decretos de la junta y no solo a las resoluciones del intendente. Para que solo comprenda las resoluciones de la Intendencia se debió escribir "contrarias", es decir en femenino. La escritura en masculino lleva a la comprensión de los decretos.

Como los decretos con fuerza de ley en su jurisdicción, no son susceptibles de impugnación ante el Tribunal de lo Contencioso Administrativo sino ante la Suprema Corte de Justicia (art. 260 de la Constitución), la única explicación lógica del término decreto en el artículo 303, radica en tomarlo en sentido de reglamento de la junta.

También CASSINELLI MUÑOZ razona a partir del artículo 260 de la Constitución[69], expresando que al decir "tengan" en vez de "tienen", supone que "decreto" puede denotar un acto sin jerarquía normativa superior en el orden departamental.

---

[68] HORACIO CASSINELLI MUÑOZ, "La apelación para ante...", *loc. cit.*, págs. 127 y ss.

[69] Art. 260. "Los decretos de los gobiernos departamentales que tengan fuerza de ley en su jurisdicción, podrán también ser declarados inconstitucionales, con sujeción a lo establecido en los artículos anteriores".

Recuerda, además, que en el artículo 181 se llama "decretos" a los reglamentos del poder ejecutivo[70].

Sin embargo, afirma que cada vez que la Constitución llama "decreto" en el ámbito departamental, es para referirse a los actos legislativos departamentales. Los artículos 181, 260 y 303 son una excepción[71].

Coincido con CASSINELLI MUÑOZ en que la expresión "decreto" no refiere solo a los departamentales con fuerza de ley en su jurisdicción. Pero no encuentra razones para sostener que el sentido del término "decreto" en los artículos 181, 260 y 303 es una excepción.

En consecuencia, en nuestra Constitución, el término "decreto de la junta departamental", a mi juicio, puede ser tomado en sentido de acto legislativo o de acto reglamentario, según el contexto.

El contexto del artículo 304 no permite distinguir entre decretos que configuran actos legislativos y decretos que son actos administrativos. Y al no hacerlo la Constitución, no debe hacerlo el intérprete.

Entiendo así, entonces, que los decretos susceptibles del recurso de referéndum del artículo 304 de la Constitución son tanto los que poseen fuerza de ley en su jurisdicción, como los reglamentos de las juntas departamentales.

Conforme a lo expuesto, en la tesis de la vigencia del artículo 74 de la ley 9.515, procede el recurso de referéndum contra decretos de las juntas, cualquiera sea el sentido que se le asigne al término decreto de entre los dos ya señalados y contra actos subjetivos. Es decir, procede contra actos administrativos de la junta, con lo que podemos estar ante un control cívico de la actividad administrativa.

Si se sostiene la tesis de la derogación de tal artículo 74 no cabría el recurso de referéndum contra actos subjetivos de la junta, pero sí contra sus reglamentos, en la medida en que no se tome el término decreto como sinónimo de decreto con fuerza de ley en su jurisdicción. En este caso, también tendríamos un control cívico de la actividad administrativa, pero solo respecto de los reglamentos de la junta departamental.

Solo no procedería el referéndum contra los reglamentos de las juntas, si se entiende que el término decreto de las juntas departamentales, corresponde exclusivamente a aquellos que tienen fuerza de ley en su jurisdicción.

10. CONTROL ADMINISTRATIVO

1. Como se ha dicho, el control administrativo es el ejercido por la Administración, es decir, por un órgano del Estado en ejercicio de la función administrativa.

---

[70] HORACIO CASSINELLI MUÑOZ, "La apelación para ante..., *loc. cit.*, pág. 127.
[71] *Idem, ibidem.*

También aquí, como en el judicial, el control se ejercita por medio de una sola función. Así como el control judicial se ejecuta solo mediante la función jurisdiccional, el control administrativo se ejecuta solo por medio de la función administrativa.

2. Al analizar el control parlamentario y el control cívico, distinguimos el ámbito nacional y el departamental. No lo hice cuando referí al control judicial porque no existen jueces departamentales.

En el caso del control administrativo, podría, desde luego, distinguir entre control nacional y departamental. Pero no lo voy a hacer porque no existe en el ámbito departamental en este control, las particularidades que presenta el control parlamentario y el cívico, por lo menos en lo general, sin perjuicio de que pueda haber en algún gobierno departamental en particular algún tipo de control específico, que no justifica su estudio en un trabajo de las características del presente.

Por eso, para el control que corresponde ahora analizar me parece más relevante acudir a otras pautas de clasificación, como lo es la que distingue entre control interno y control externo.

3. Como una primera aproximación a este criterio, podemos decir que el control interno es el que se realiza dentro del mismo sistema orgánico y el externo es el que efectúa un órgano de un sistema, sobre la actividad de otro órgano de otro sistema.

Digo como una primera aproximación a este criterio porque aparte de esta primera noción, como luego se verá, habrá de considerarse control externo aquel que aunque se practica sobre órganos o soportes de órganos integrantes del mismo sistema, desenvuelven potestades no técnicas, sino jurídicas. Y esto ocurre porque ese control también se efectúa sobre particulares, con lo que las potestades, necesariamente, deben ser jurídicas y, por ese motivo, por una razón de igualdad, esas potestades jurídicas se deben emplear sobre los órganos, aunque sean internos o sus soportes

4. Un sistema orgánico es "la serie de órganos enlazados en virtud de un orden que pone los componentes al servicio del todo en consideración a tareas específicas"[72].

Conforme a MÉNDEZ existen tres sistemas orgánicos: el centralizado, el descentralizado y el acentralizado[73].

La centralización corresponde a un ordenamiento orgánico simple, de relaciones puramente internas, de naturaleza técnica. Hay un solo centro, con primacía jerárquica, esto es, con poderes de mando y jurídicos que le

---

[72] APARICIO MÉNDEZ, *Sistemas orgánicos*, t. I, Montevideo, Amalio M. Fernández, 1973, pág. 10.

[73] APARICIO MÉNDEZ, *Sistemas...*, *loc. cit.*, págs. 26 y ss.

permiten regular la actividad de las unidades componentes[74]. Dicho de otro modo, la centralización es "un sistema orgánico ordenado mediante relación jerárquica"[75]. Es el sistema básico de la estructura estatal. Cualquiera sea la forma del Estado existe y está presente en todas las entidades estatales[76].

La descentralización es un sistema compuesto formado por dos simples, fijos y supraordenados, que MÉNDEZ denomina primario y secundario, vinculados por un nexo que llama primacía institucional, que ejerce el primero sobre el segundo y, a veces, además, el primario tiene sobre el secundario, supremacía institucional y primacía jurídica. La competencia del sistema compuesto surge de la articulación de la competencia de los dos simples[77].

La primacía institucional y la supremacía institucional facultan al órgano que la posee a impartir directivas. La diferencia entre una y otra radica en que la primera implica una posición de preeminencia relativa, mientras que la segunda es absoluta[78].

La primacía jurídica implica la posibilidad de rever un acto jurídico de otro[79].

El primario ejerce predominantemente funciones pasivas o de contralor, aunque posee algunas potestades de administración activa y el secundario ejerce predominantemente funciones de administración activa, bajo el control del primario, sin perjuicio de ejercer también algunas funciones pasivas.

El sistema primario se encuentra enclavado en otro llamado comúnmente central o principal. "Es la fracción o parte del central o principal a la que se le da competencia descentralizada"[80]. Por eso se dice que el sistema descentralizado es derivado.

También MÉNDEZ ha definido la descentralización "como un sistema derivado y compuesto mediante el cual una organización ejerce directamente por sí, con poderes propios de decisión específicamente controlados, actividades que naturalmente corresponden a un orden administrativo más amplio"[81].

La acentralización es también un sistema orgánico compuesto formado por dos simples. Pero estos sistemas no están supraordenados sino equiorde-

---

[74] APARICIO MÉNDEZ, *Sistemas...*, *loc. cit.*, pág. 27.

[75] APARICIO MÉNDEZ, *Sistemas...*, *loc. cit.*, pág. 79.

[76] APARICIO MÉNDEZ, *Sistemas...*, *loc. cit.*, págs. 31 y ss.

[77] APARICIO MÉNDEZ, "La descentralización. Concepto y caracteres", en *AA. VV., Estudios de derecho administrativo*, t. I, Montevideo, Universidad de la República, Facultad de Derecho y Ciencias Sociales, 1978, págs. 232 y ss.

[78] APARICIO MÉNDEZ, *La teoría del órgano* (edición definitiva), Montevideo, Amalio M. Fernández, 1971, págs. 148 y ss., en especial, pág. 153.

[79] APARICIO MÉNDEZ, *La teoría del...*, pág. 155.

[80] APARICIO MÉNDEZ, "La descentralización...", *loc. cit.*, pág. 236.

[81] APARICIO MÉNDEZ, "La descentralización...", *loc. cit.*, pág. 284.

nados y no son fijos sino móviles. Estos sistemas se enlazan por la primacía institucional, que se traslada de uno a otro en función de la oportunidad[82].

5. En el sistema centralizado, llamado también centralización, es donde vemos el típico control interno. Esto es así porque se ejerce dentro del sistema. Lo ejerce el jerarca respecto de sus subordinados, tanto en relación con las personas, sus actos o su gestión.

El control se efectúa por medio del poder de mando, por más que el poder de mando no sea solo un instrumento de control, y mediante determinados poderes jurídicos específicos.

El poder de mando, uno de los elementos de la jerarquía[83], habilita al jerarca a impartir órdenes, es decir a imponer concreta, directa e inmediatamente el ejercicio de una actividad, la ejecución de un acto o hecho de acuerdo con el dictado de su voluntad[84].

La orden es un imperativo de conducta[85], de ahí que pueda ser un importante instrumento de control.

Pero también el control se realiza por medio de lo que Méndez considera el elemento jurídico de la jerarquía, fundamentalmente por medio de lo que él llama poderes jurídicos específicos[86].

Estos poderes pueden recaer sobre las personas, por ejemplo los de tipo disciplinario que habilitan a imponer sanciones[87] o sobre los actos.

Por medio de estos últimos se puede, según los casos, revocar, sustituir o modificar actos administrativos, tanto de oficio como por vía de los recursos administrativos[88]. Naturalmente que las potestades de la Administración en estos casos dependerán de si la revocación, reforma o sustitución, es de oficio o con recurso y si es por razones de mérito o de legitimidad y si los actos que se pretende revocar son o no creadores de derechos[89].

Los recursos administrativos en un sistema orgánico centralizado pueden ser de revocación y jerárquico en el ámbito nacional o de reposición y apelación en lo departamental (art. 117 de la Constitución)[90].

---

[82] Aparicio Méndez, *Sistemas...*, *loc. cit.*, págs. 27 y ss.

[83] Aparicio Méndez, *La jerarquía*, Montevideo, Amalio M. Fernández, 1973, pág. 37.

[84] Aparicio Méndez, *La jerarquía...*, pág. 62.

[85] Aparicio Méndez, *La jerarquía...*, pág. 82.

[86] Aparicio Méndez, *La jerarquía...*, págs. 103 y ss. y 133 y ss.

[87] Aparicio Méndez, *La jerarquía...*, págs. 107 y ss.

[88] Aparicio Méndez, *La jerarquía...*, págs. 133 y ss.

[89] Augusto Durán Martínez, "Revocación del acto administrativo", en Augusto Durán Martínez, *Estudios de derecho administrativo. Parte...*, págs. 206 y ss.; Augusto Durán Martínez, *Contencioso...*, págs. 178 y ss.

[90] Augusto Durán Martínez, *Contencioso...*, págs. 153 y ss.

Todos estos recursos proceden tanto por razones de mérito o de legitimidad. Los de revocación y de reposición, son resueltos por el mismo órgano que dictó el acto, por lo que configuran un verdadero auto control; los recursos jerárquicos y de apelación son resueltos por el jerarca máximo, por lo que, configuran un control jerárquico.

También dentro de los poderes jurídicos específicos, deben considerarse instrumentos de control, la intervención y la avocación[91].

6. Si partimos de la base de que la descentralización es un sistema compuesto formado por dos simples, el primario y el secundario, el control que efectúa el primero sobre el segundo es interno, porque se efectúa dentro del sistema compuesto. Solo podemos decir que ese control es externo si consideramos a los dos sistemas en forma aislada, como lo hace la doctrina tradicional.

Como ejemplo de este control menciono el recurso de anulación previsto en el artículo 317 de la Constitución, contra actos de los servicios descentralizados. Este recurso solo procede por razones de legitimidad, lo resuelve el poder ejecutivo que puede anular total o parcialmente el acto o rechazar el recurso, total o parcialmente, pero no revocar, modificar o sustituir el acto impugnado.

En el ámbito de los gobiernos departamentales, la ley 19.272, de 18 de setiembre de 2014, regula el régimen de los municipios. Conforme a esta ley, con MARTINS[92], he sostenido que todos los municipios pasaron a ser entidades descentralizadas[93].

El régimen de recursos administrativos está previsto en el artículo 17. Pero ese artículo fue objeto de un cambio de redacción dispuesto por el artículo 682 de la ley 19.355, de 19 de diciembre de 2015. Según el nuevo texto normativo, los actos administrativos de los municipios admitirán los recursos de reposición y conjunta y subsidiariamente el de apelación para ante el intendente. Por tanto, al ser descentralizados los municipios, este recurso de apelación no presenta las características de los recursos de apelación interpuestos contra actos de órganos sometidos a jerarquía, sino que reúne todas las características del recurso de anulación que se interpone contra los actos de los servicios descentralizados.

También como ejemplo de este control, menciono el previsto en los artículos 197 y 198 de la Constitución.

Por el primero de los artículos citados, se faculta al poder ejecutivo, por razones de mérito o de legitimidad, a observar la gestión o los actos de los

---

[91] APARICIO MÉNDEZ, *La jerarquía...*, págs. 141 y ss.

[92] DANIEL HUGO MARTINS, *Las autoridades locales electivas en el Uruguay. Análisis de la ley N° 19.272, de 18 de septiembre de 2014, sobre municipios*, Montevideo, Amalio M. Fernández, 2014, pág. 15.

[93] AUGUSTO DURÁN MARTÍNEZ, *Contencioso...*, págs. 160 y ss.

directores o director general de determinados entes autónomos o servicios descentralizados, así como disponer la suspensión de los actos observados.

De ser desatendidas las observaciones, el poder ejecutivo podrá disponer las rectificaciones, correctivos o remociones que considere del caso.

Se trata de un control por razones de mérito o de oportunidad, que versa sobre la gestión en general o sobre actos en particular, que puede llegar a la revocación del acto o a su modificación ("rectificaciones") y a la sanción de los directores ("correctivos"), que puede llegar hasta el cese ("remociones").

Realizada esta etapa del control, se comunicará lo actuado a la Cámara de Senadores, "la que en definitiva resolverá".

La primea etapa del control, es decir, la que se desenvuelve en el ámbito del poder ejecutivo, es lo que MÉNDEZ llama "control de descentralización".[94] Es el control que el órgano primario ejerce sobre el secundario. La segunda, es decir, la que efectúa la Cámara de Senadores, es lo que MÉNDEZ llama "control de la descentralización".[95] Un tercer órgano, en este caso un órgano parlamentario, controla el funcionamiento del primero y del segundo, con lo que controla el funcionamiento del sistema compuesto, es decir, del sistema descentralizado en su conjunto.

El artículo 198 citado, faculta al poder ejecutivo a destituir a los mismos directores, por ineptitud, omisión o delitos en el ejercicio del cargo o por la comisión de actos que afecten su buen nombre o el prestigio de la institución a que pertenecen, previa venia de la Cámara de Senadores.

También se ve aquí el control de descentralización, en la etapa del poder ejecutivo y el control de la descentralización, en la intervención de la Cámara de Senadores.

7. Si partimos de la base de que el sistema acentralizado es un sistema compuesto formado por dos simples, el control que efectúa uno sobre el otro, es interno, porque se desarrolla dentro del sistema. Solo podemos hablar aquí de control externo, si se consideran los dos sistemas simples por separado, sin integrar un mismo sistema compuesto, como se ha considerado tradicionalmente.

Menciono como un ejemplo de este tipo el Tribunal de Cuentas.

El Tribunal de Cuentas es de creación constitucional (arts. 208 y ss.), su origen proviene de la Constitución de 1934 y configura uno de los seis órganos constitucionales de mayor posición institucional del Estado, persona jurídica estatal mayor, junto con el poder legislativo, el poder ejecutivo, el poder judicial, el Tribunal de lo Contencioso Administrativo y la Corte Electoral.

Sus miembros son designados por la asamblea general y son responsables ante ella (art.s 208 y 209 de la Constitución). Goza de autonomía funcional

---

[94] APARICIO MÉNDEZ, "La descentralización...", *loc. cit.*, págs. 246 y ss.

[95] APARICIO MÉNDEZ, "La descentralización...", *loc. cit.*, págs. 247 y ss.

(art. 210 de la Constitución) y le compete el control de la hacienda pública (arts. 211 y 212 de la Constitución).

PRAT incluye al control del Tribunal de Cuentas dentro de los controles externos de la actividad financiera[96]. También DELPIAZZO estima que este Tribunal ejerce el contralor externo de la hacienda pública[97]. Concretamente lo considera un "contralor administrativo, externo, preventivo, permanente y *a posteriori* de la legalidad de la gestión económica financiera estatal", sin perjuicio de otros[98].

La afirmación de PRAT y de DELPIAZZO en cuanto al carácter externo de este control es correcta, en la visión tradicional, desde el momento que se ejerce sobre personas jurídicas distintas, como lo son los gobiernos departamentales, entes autónomos y servicios descentralizados y, cuando se ejerce sobre órganos de la misma persona que integra (poder legislativo, poder ejecutivo, poder judicial, Tribunal de lo Contencioso Administrativo y Corte Electoral) lo hace sobre órganos que tienen autonomía funcional y no se vinculan con él por razones de jerarquía. Pero si tenemos en cuenta que integra con cada una de las personas jurídicas y órganos indicados, un sistema compuesto acentralizado, formado por dos simples, las relaciones entre ellos son internas.

Para comprender este punto tomemos el literal B) del artículo 211 de la Constitución[99].

En un procedimiento de licitación, antes de proceder a la adjudicación, la Administración licitante debe remitir lo actuado con el proyecto de adjudicación, al Tribunal de Cuentas a los efectos de la intervención preventiva del gasto que le compete.

---

[96] JULIO A. PRAT, *Derecho administrativo*, t. 5, vol. 2, Montevideo, Acali Editorial, 1982, págs. 105 y ss.

[97] CARLOS E. DELPIAZZO, *Tribunal de Cuentas*, Montevideo, Amalio M. Fernández, 1982, págs. 21 y 35 y ss.

[98] CARLOS E. DELPIAZZO, *Tribunal de...*, pág. 21.

[99] "Art. 211. "Compete al Tribunal de Cuentas:

"A)...,

"B) Intervenir preventivamente en los gastos y los pagos, conforme a las normas reguladoras que establecerá la ley y al solo efecto de certificar su legalidad, haciendo, en su caso, las observaciones correspondientes. Si el ordenador respectivo insistiera, lo comunicará al Tribunal sin perjuicio de dar cumplimiento a lo dispuesto.

"Si el Tribunal de Cuentas, a su vez, mantuviera sus observaciones, dará noticia circunstanciada a la asamblea general, o a quien haga sus veces, a sus efectos.

"En los gobiernos departamentales, entes autónomos y servicios descentralizados, el cometido a que se refiere este inciso podrá ser ejercido con las mismas ulterioridades, por intermedio de los respectivos contadores o funcionarios que hagan sus veces, quienes actuarán en tales cometidos bajo la superintendencia del Tribunal de Cuentas, con sujeción a lo que disponga la ley, la cual podrá hacer extensiva esta regla a otros servicios públicos con administración de fondos".

De esa manera, la primacía institucional se traslada de la Administración licitante al tribunal.

Producida la intervención, la primacía institucional se traslada del tribunal a la Administración licitante.

Si el tribunal no observó, la Administración licitante proseguirá el procedimiento. Si el Tribunal de Cuentas observó el gasto, la Administración licitante puede disponer el archivo de las actuaciones o insistir en el gasto.

En este último caso lo comunicará al Tribunal, sin perjuicio de dar cumplimiento a lo dispuesto.

Si el tribunal mantiene sus observaciones, "dará noticia circunstanciada a la asamblea general, o a quien haga sus veces, a sus efectos".

Esa remisión a la asamblea general es a los efectos de que, si se considera del caso, se efectúe el consiguiente control parlamentario, un pedido de informes, un llamado a Sala, la constitución de una comisión parlamentaria de investigación, se opere una censura o se efectúe un juicio político[100].

Este control que hace el órgano parlamentario es el control de la acentralización, ya que controla tanto al Tribunal de Cuentas como, en el ejemplo, a la Administración licitante.

8. Como ejemplo de control externo menciono las autoridades reguladoras. Considero que las autoridades reguladoras en Uruguay ejercen un control externo.

La nueva visión del derecho que tiende a imponerse en el mundo occidental cristiano en torno a la idea del neoconstitucionalismo acentuó la crisis del servicio público, incentivó una *despublicatio*, impuso el derecho de la competencia en la prestación de lo que se llamó servicios de interés económico general[101], y para el correcto funcionamiento del sistema se generalizó el corte vertical de actividades[102], se impuso el servicio universal[103] y aparecieron o se incentivaron las llamadas agencias reguladoras o unidades reguladoras o autoridades reguladoras o autoridades reguladoras independientes[104].

---

[100] HORACIO CASSINELLI MUÑOZ, *Derecho público*, Montevideo, F.C.U., 1999, pág. 282; CARLOS E. DELPIAZZO, *Tribunal de...*, págs. 67 y ss.; JOSÉ KORZENIAK, *Primer curso de...*, págs. 641 y ss.; AUGUSTO DURÁN MARTÍNEZ, "Tribunal de Cuentas. Comunicación de sus observaciones a la Asamblea General", en AUGUSTO DURÁN MARTÍNEZ, *Casos de derecho administrativo*, vol. III, Montevideo, 2003, págs. 159 y ss.

[101] AUGUSTO DURÁN MARTÍNEZ, "Nuevas formas de relacionamiento...", *loc. cit.*, págs. 716 y ss.

[102] AUGUSTO DURÁN MARTÍNEZ, "Nuevas formas de relacionamiento...", *loc. cit.*, págs. 719 y ss.

[103] AUGUSTO DURÁN MARTÍNEZ, "Nuevas formas de relacionamiet.o...", *loc. cit.*, pág. 721.

[104] PAULO R. FERREIRA MOTTA, *Agências reguladoras*, Brasil, Marrale, Bomeri S.P., 2003, págs. 54 y ss.; RODRIGO FERRÉS RUBIO, *Autoridades reguladoras independientes en el marco*

El sentido de esas unidades reguladoras radica en que esas actividades funcionen conforme al fin debido y en definitiva acorde al derecho de los usuarios[105].

Este control se efectúa sobre actividades desarrolladas por particulares y sobre actividades desarrolladas por entidades estatales.

El control realizado sobre actividades de particulares obviamente es externo, desenvuelve potestades jurídicas, pero no es sobre la actividad administrativa.

El control desarrollado sobre las actividades estatales es sí un control de la actividad administrativa. Y lo considero externo, porque desenvuelve potestades de la misma naturaleza que las desenvueltas con relación a los particulares, sin perjuicio de que, además, se puedan emplear potestades inherentes a la jerarquía o primacía institucional, según el caso. Esas potestades son las mismas, en uno y otro caso, porque el sistema exige igualdad de trato. Por tanto, si las relaciones entre el órgano contratante y el particular controlado son externas, se desenvuelven potestades jurídicas, ocurre lo mismo con relación a las entidades estatales controladas.

9. En Uruguay destaco fundamentalmente los siguientes tipos: a) la referida a la intermediación financiera y otras actividades financieras; b) la referida a un determinado aspecto que es objeto del control, como las relaciones de consumo o el derecho de la competencia, cualquiera sea el tipo de la actividad; c) la referida a determinados sectores específicos distintos de la actividad financiera como ser, comunicaciones, energía y agua; d) la referida a la protección de datos personales; e) la referida al acceso a la información pública.

Aunque no todos los órganos de control incluidos en los tipos señalados precedentemente presentan una regulación uniforme, ni actúan sobre actividades de similar naturaleza y no siempre esos órganos son llamados unidades reguladoras, efectivamente lo son, en el sentido que generalmente se da a ese término, sin perjuicio de las particularidades impuestas por nuestro derecho positivo.

10. El Banco Central del Uruguay, verdadera autoridad reguladora en el ámbito de su competencia, fue creado por el artículo 196 de la Constitución de 1967 como ente autónomo.

DELPIAZZO, luego de analizar con gran detenimiento la materia bancocentralista en el derecho comparado[106], analiza la competencia del Banco Central

---

de la liberalización de los servicios públicos, Montevideo, Amalio M. Fernández, 2005; AUGUSTO DURÁN MARTÍNEZ, "Nuevas formas de relacionamiento...", *loc. cit.*, págs. 727 y ss.

[105] AUGUSTO DURÁN MARTÍNEZ, "Derechos de los usuarios de los servicios de interés económico general desde la perspectiva de los derechos humanos", en AUGUSTO DURÁN MARTÍNEZ, *Neoconstitucionalismo y...*, págs. 236 y ss.

[106] CARLOS E. DELPIAZZO, El Banco Central del Uruguay, Montevideo, Amalio M. Fernández, 1998, págs. 15 y ss.

del Uruguay. Al hacerlo, clasifica con gran precisión sus cometidos en cinco grupos: a) los relativos al régimen monetario (acuñación de moneda y emisión de papel moneda); b) los relativos a la dirección del sistema financiero (orientación del crédito, contralor del sistema financiero, Banco de Bancos, prestamista de última instancia, liquidador administrativo); c) los relacionados con el Estado (banquero del Estado y asesor del gobierno); d) los relacionados con el exterior (contralor de cambios, administrador de las reservas internacionales, representante financiero de la República), y e) los complementarios (relativos a seguros y reaseguros, a las AFAP y al mercado de valores)[107].

Los cometidos mencionados en los literales a) a d) precedentemente indicados, coinciden en general con los cometidos de los Bancos Centrales que aparecen en el derecho comparado. No ocurre lo mismo con los enumerados en el literal e), es decir, los relativos a seguros y reaseguros, a las AFAPs y al mercado de valores. Estas últimas actividades no son propiamente actividades bancocentralistas. Por algo DELPIAZZO las consideró como un cometido complementario[108].

Y luego DELPIAZZO, al enumerar los poderes jurídicos del Banco Central del Uruguay, indica: a) normativo, b) de contralor, c) sancionatorio[109].

No hay duda de que este control es administrativo, puesto que es ejercido por un órgano de naturaleza administrativa y es externo.

El Banco Central del Uruguay controla personas jurídicas de derecho público estatal y personas de derecho privado y lo hace en pie de igualdad, única forma de asegurar el derecho de la competencia.

La relación del Banco Central del Uruguay en el ejercicio de este control respecto de todas esas personas es de tipo jurídico. Es evidente que así lo es con relación a las personas privadas. Pero también lo es con relación a las personas públicas estatales, porque noforman con ellas en este aspecto un sistema orgánico centralizado, ni descentralizado ni acentralizado. Por tanto, no tiene con estos jerarcas relaciones de naturaleza técnica, sino jurídica.

11. La ley 17.250, de 11 de agosto de 2000, regula las relaciones de consumo.

El control de esta materia es asignado a la Dirección General de Comercio, órgano desconcentrado del Ministerio de Economía y Finanzas, a su vez, órgano desconcentrado del poder ejecutivo (art. 40 de la ley 17.250) y concretamente, dentro de la Dirección General de Comercio, el control compete a la Dirección del Área de Defensa de la Competencia (art. 42 de la misma ley)[110].

---

[107] CARLOS E. DELPIAZZO, El Banco Central..., pág. 77.

[108] AUGUSTO DURÁN MARTÍNEZ, "Incompetencia del Banco Central del Uruguay para sancionar a intermediarios por operaciones no vinculadas a ofertas públicas de valores", en AUGUSTO DURÁN MARTÍNEZ, *Casos de derecho administrativo*, vol. IV, Montevideo, 2005, págs. 105 y ss.

[109] CARLOS E. DELPIAZZO, *Derecho administrativo especial*, vol. 2, 3ª ed., actualizada y ampliada, Montevideo, Amalio M. Fernández, 2017, pág. 783.

[110] AUGUSTO DURÁN MARTÍNEZ, "La protección del consumidor en el derecho uruguayo", en AUGUSTO DURÁN MARTÍNEZ, *Estudios de derecho público*, vol. I, Montevideo, 2004, págs.

Los artículos 13, 14 y 15 de la ley 17.243, de 29 de junio de 2000 y luego la ley 18.159, de 20 de julio de 2007, que derogó los artículos citados precedentemente pero continuó y profundizó sus lineamientos, regularon el derecho de la competencia.

También esta legislación cometió el control de la aplicación del derecho de la competencia al Ministerio de Economía y Finanzas, concretamente, a la Comisión de Promoción y Defensa de la Competencia (art. 21 de la ley 18.159).

En ambos casos, sin perjuicio del control que compete al Banco Central, URSEC y URSEA[111], un órgano de la administración central controla en el ámbito de esas dos materias, a órganos de la misma persona jurídica a que pertenece y a personas jurídicas cualquiera sea su naturaleza en lo que refiere a actividades comprendidas en las leyes de relaciones de consumo y de derecho de la competencia.

Ese control lo efectúa en forma igualitaria, sin que interese si los controlados son entidades estatales o personas privadas; y las relaciones con los órganos o sujetos controlados son jurídicas y no técnicas, puesto que no tiene relación alguna con las relaciones propias de los sistemas orgánicos, centralizado, descentralizado y acentralizado, sin perjuicio de que, además, puedan ejercerse esas potestades.

12. Las autoridades reguladoras sectoriales que existen en Uruguay, además del Banco Central, que también lo es, pero que presenta diferencias, son la Unidad Reguladora de Servicios de Comunicaciones (URSEC) y la Unidad Reguladora de Servicios de Energía y Agua (URSEA).

Más recientemente se creó el Consejo de Comunicación Audiovisual.

Las dos primeras son las autoridades reguladoras que se inspiraron en aquellas de origen anglosajón, que se expandieron en la Europa Continental, primero y, luego, en Latinoamérica; cuando se produjo el fenómeno de la liberalización, se impuso el derecho de la competencia.

Esto llevó a una nueva regulación llamada por algunos *neorregulación*[112].

Esta neorregulación tiende a defender los derechos de los usuarios y consumidores, a garantizar la libre competencia y a otorgar garantías para que el mercado funcione libre y correctamente"[113].

---

278 y ss. Ver también Augusto Durán Martínez, "Sanciones administrativas y procedimiento para su aplicación en el marco de la ley reguladora de las relaciones de consumo", en Augusto Durán Martínez, *Estudios de derecho público*...,vol. I, págs. 33 y ss. y Augusto Durán Martínez, "El control administrativo y las relaciones de consumo con entidades estatales en el marco de la ley Nº 17.250", en Augusto Durán Martínez, *Estudios de derecho público*..., vol. I, págs. 309 y ss.

[111] Carlos E. Delpiazzo, *Derecho administrativo especial*, vol. 2, 3ª ed., actualizada y ampliada, Montevideo, Amalio M. Fernández, 2017, pág. 783.

[112] Felio J. Bauzá Martorell, *La desadministración pública*, Consell de Mallorca, Madrid, Marcial Pons, 2001, pág. 42.

[113] Rodrigo Ferrés Rubio, Autoridades reguladoras..., pág. 71.

Esto lleva a la necesidad de las unidades reguladoras, la tercera pata del sistema, junto con el corte vertical de actividades y el servicio universal.

En general se dice que estas autoridades reguladoras tienen funciones normativas, administrativas y jurisdiccionales, en el sentido de que refieren a solución de conflictos, o promover o de alguna manera participar en arbitrajes, sin que puedan dictar actos con valor de cosa juzgada[114].

En el caso uruguayo nuestras unidades reguladoras se inspiraron en las europeas, pero se apartaron bastante de sus modelos.

La URSEC tiene como antecedente, en el ámbito de las telecomunicaciones, la Comisión Nacional de Telecomunicaciones (CONTEL), creada por el decreto 718 de 1981, de 30 de diciembre de 1991, a la cual se le delegó atribuciones, por resolución del poder ejecutivo 1975 de 19991. El decreto citado asignó a la CONTEL competencia material; los poderes jurídicos fueron asignados por la delegación de atribuciones referida[115].

La URSEC fue creada por el artículo 70 de la ley 17.296, de 21 de febrero de 2001. Tiene competencia en el ámbito de las comunicaciones, tanto de las telecomunicaciones, como postales (art. 71 de la misma ley). Esas actividades son privadas, aunque pueden ser prestadas por el Estado y, cuando así sucede, se rigen por el derecho de la competencia[116].

Es un servicio desconcentrado del poder ejecutivo en régimen de desconcentración no privativa (arts. 70 y 74 de la ley 17.296)[117].

La URSEA tiene como antecedente la Unidad Reguladora de Energía Eléctrica (UREE) y la Unidad Reguladora del Gas (URGAS).

La UREE fue creada por la ley 16.382, de 17 de junio de 1987 y la URGAS fue creada por el decreto 79 de 25 de febrero de 2000[118].

La URSEA fue creada por la ley 17.598, de 13 de diciembre de 2002. Al igual que la URSEC es un órgano desconcentrado del poder ejecutivo, con desconcentración no privativa (arts. 1º y 3º)[119].

---

[114] Paulo R. Ferreira Motta, *Agências*..., págs. xxviii, 143 y ss. y 189; Augusto Durán Martínez, "Papel del Estado en el siglo xxi. Prestación de servicios públicos, explotación de actividades económicas y actividad regulatoria", en Augusto Durán Martínez, *Estudios de derecho público*, vol. ii, Montevideo, 2008, pág.54.

[115] Augusto Durán Martínez, "¿Se puede limitar derechos humanos por actos administrativos dictados por órganos reguladores de la actividad privada? Especial referencia a las unidades de regulación creadas en Uruguay", en Augusto Durán Martínez, *Estudios de derecho público*..., vol. i, págs. 377 y ss.

[116] Augusto Durán Martínez, "Papel del Estado en el...", *loc. cit.*, pág. 55.

[117] Augusto Durán Martínez, "La protección del consumidor en...", *loc. cit.*, págs. 284 y ss.

[118] Augusto Durán Martínez, "¿Se puede...", *op. cit., loc. cit.*, págs. 374 y ss.

[119] Augusto Durán Martínez, "Los servicios públicos y los derechos de los usuarios", en Augusto Durán Martínez, *Estudios de derecho público*..., vol. ii, pág. 35. Ver también Carlos E. Delpiazzo, *Derecho administrativo especial*, vol. 1, 3ª ed., actualizada y ampliada, Montevideo, Amalio M. Fernández, 2015, págs. 637 y ss. y 670 y ss.

La competencia material de la URSEA es energía y agua.

El control que ejerce la URSEC es sobre todos los prestadores de servicios de telecomunicaciones y postales y la URSEA, sobre todos los prestadores de servicios de energía y de agua potable por redes, destinados total o parcialmente a terceros y saneamiento. O sea, ese control es ejercido sobre cualquier persona, cualquiera sea su naturaleza jurídica, que preste esos servicios. Por tanto, este control se efectúa también sobre entidades estatales, con lo que desde ese punto de vista es un control administrativo. Y se trata de un control externo, porque se efectúa en el marco de relaciones jurídicas con los controlados, en igualdad de condiciones, sean públicos o privados, por lo que en el marco de las leyes indicadas los controladores no ejercen respecto de los controlados estatales, potestades inherentes a la jerarquía o a la primacía institucional propia de los sistemas descentralizado o acentralizado, sin perjuicio de que, además, esas potestades puedan ser ejercidas mediante los órganos que correspondan y por los procedimientos que correspondan.

En el derecho comparado, una de las características fundamentales de estas autoridades reguladoras es su independencia respecto del poder político.

Esto no ocurre en Uruguay ya que, como se ha visto, se las ha creado en régimen de desconcentración no privativa. Con esta organización no se garantiza la independencia; y la situación se ha agravado con la ley 18.719, de 27 de diciembre de 2010 que ha incrementado de tal manera la ingerencia del poder ejecutivo en estas unidades reguladoras, vulnerando de tal manera su autonomía técnica y funcional que se ha producido, al decir de FERRÉS RUBIO, una verdadera desnaturalización jurídica de estas entidades públicas[120].

Esto se ha agravado aun más en materia de servicios de comunicación audiovisual, luego de la ley 19.307, de 29 diciembre de 2014.

Esta ley, bajo el *nomen juris* "Diseño institucional", por sus artículos 63 y siguientes efectúa un tránsito de competencias hacia órganos ya existentes con competencia en la materia de esta ley y hacia nuevos órganos creados a tales efectos.

En esta materia, esta ley relega parte de las competencias que tenía asignadas URSEC a la Dirección Nacional de Telecomunicaciones y Servicios de Comunicación Audiovisual y al Consejo de Comunicación Audiovisual[121].

---

[120] RODRIGO FERRÉS RUBIO, "Modificaciones al régimen jurídico de las unidades reguladoras: URSEA y URSEC. Su desnaturalización jurídica", en *Estudios Jurídicos*, Montevideo, Universidad Católica del Uruguay "Dámaso Antonio Larrañaga" - Facultad de Derecho, núm. 11, 2013, pág. 101.

[121] RODRIGO FERRÉS RUBIO, y ROBERTO FIGUEREDO SIMONETTI, "Diseño Institucional de servicios de comunicación audiovisual", en AUGUSTO DURÁN MARTÍNEZ (Coord.), *Servicios recomunicación audiovisual*, Montevideo, Facultad de Derecho, Universidad Católica del Uruguay, 2016, pág. 263

A juicio de Ferrés Rubio, la ley 19.307 termina de desarmar la URSEC[122] y propicia la captura del regulador por el gobierno[123].

El Consejo de Comunicación Audiovisual (CCA) fue creado por el artículo 60 de la ley 19.307, ya citada.

Conforme a este artículo, el CCA es un órgano desconcentrado del poder ejecutivo, en régimen de desconcentración no privativa.

El artículo 68, entre otros, le asigna potestades de control que pueden llegar hasta la aplicación de sanciones, salvo las que son de exclusiva competencia del poder ejecutivo y las que aplique el poder judicial (art. 68, lit. R).

Por eso, con acierto Figueredo Simonetti ha concluido que el CCA es un órgano clave dentro de la nueva regulación, al que le compete el control genérico del cumplimiento de la materia de los medios de comunicación audiovisuales[124].

Esto incluye el control de contenidos, para eso se dictó esta ley ya que se entendió que la URSEC carecía de competencia para ello[125].

Este control de contenidos puede ser positivo, en cuanto se impone al medio la emisión de un determinado contenido o, negativo, en cuanto le prohíbe o limita un determinado contenido[126].

Este control se efectúa sobre todos los servicios de comunicación audiovisual, sea de prestación particular o estatal. Por tanto, en lo que refiere a los servicios de prestación estatal, estamos ante un control sobre actividad administrativa. Claro está que el sentido de esta ley es controlar al sector privado, no al estatal; ya he denunciado la desviación de poder en que incurre esta ley[127]. Pero de todas maneras, conforme al texto normativo hay control de actividad administrativa. Y este control es externo por las mismas razones que he considerado externo el control de las otras unidades reguladoras.

13. En materia de datos personales, la ley 18.331, de 11 de agosto de 2008, creó un órgano de control.

La ley citada reguló la protección de datos personales, consideró el derecho a la protección de datos personales un derecho humano (art. 1º), instituyó el *habeas data* (arts. 37 y ss.) como su instrumento de garantía jurisdiccional y creó un órgano administrativo de control (art. 31).

---

[122] Rodrigo Ferrés Rubio, y Roberto Figueredo Simonetti, "Diseño Institucional de...", *loc. cit.*, pág. 261.

[123] *Ibidem*, pág. 263.

[124] *Ibidem*, pág. 266.

[125] *Ibidem*, págs. 288 y ss.

[126] *Ibidem*, págs. 290 y ss.

[127] Augusto Durán Martínez, "Servicios de comunicación audiovisual. Concepto. Naturaleza. Principios. Diversidad y pluralismo", en Augusto Durán Martínez (Coord.), *Servicios de comunicación...*, pág. 171.

Este órgano de control es la Unidad Reguladora y de Control de Datos Personales, creado como órgano desconcentrado de la Agencia para el Desarrollo del Gobierno de Gestión Electrónica y la Sociedad de la Información y del Conocimiento (AGESIC), dotado de la más amplia autonomía técnica.

La AGESIC depende de la Oficina de Planeamiento y Presupuesto, dependiente, a su vez, de la Presidencia de la República y, como esta, forma parte del sistema orgánico poder ejecutivo[128], se deduce que esta unidad es un órgano del Estado[129], tomado este término en el sentido de persona pública estatal mayor.

Conforme al artículo 34 de la ley citada, a la unidad reguladora y de control le corresponde, entre otros controles, la observancia del régimen legal (lit. D), para lo cual le asigna determinadas potestades de fiscalización para poder cumplir con tal cometido (nums. 1 a 5 del art. 34) y por el artículo 35 se le asigna potestad sancionatoria.

Las medidas sancionatorias pueden ser: a) observación; b) apercibimiento; c) multa hasta 500.000 unidades indexadas; d) suspensión de la base de datos por cinco días, y e) clausura de la base de datos.

Todas esas sanciones, salvo la última, se disponen en sede administrativa. La clausura, en cambio se dispone en un procedimiento en parte administrativo y en parte jurisdiccional[130].

Como las bases de datos objeto de esta ley pueden ser públicas (arts. 24 y ss. de la ley 18.331) o privadas (arts. 28 y ss. de la misma ley), ambas pueden ser objeto de control.

También aquí, como en las otras unidades reguladoras, la Administración desenvuelve potestades jurídicas (no técnicas, como lo son las inherentes a la jerarquía o primacía institucional). Por tanto, cuando se controla bases de datos del Estado estamos ante un control administrativo, porque recae sobre actividad administrativa y ese control es externo, por la naturaleza de la relación.

14. En materia de acceso a la información pública también se creó un órgano de control.

La ley 18.381 de 17 de octubre de 2008, reguló el acceso a la información pública, considerado un derecho fundamental de todas las personas, sin discriminación alguna y que se ejerce sin necesidad de justificar las razones por las

---

[128] AUGUSTO DURÁN MARTÍNEZ, "La Presidencia de la República: naturaleza, posición institucional, situación de su personal y resolución de recursos administrativos", en AUGUSTO DURÁN MARTÍNEZ, *Estudios de derecho administrativo, Parte especial*, Montevideo, 1999, págs. 74 y ss.; AUGUSTO DURÁN MARTÍNEZ, "Poder ejecutivo: funcionamiento y sistema...", *loc. cit.*, pág. 78.

[129] AUGUSTO DURÁN MARTÍNEZ, *Derecho a la protección de datos personales y al acceso a la información pública. Habeas data,* 2ª ed., actualizada y ampliada, Montevideo, Amalio M. Fernández, 2012, pág. 129.

[130] AUGUSTO DURÁN MARTÍNEZ, *Derecho a la protección...*, págs. 135 y ss.

que se solicitó la información (arts. 1º y 3º). Se ha visto su fundamento en la necesidad de transparencia y como una exigencia democrática, que hace a la esencia del Estado constitucional[131].

Para asegurar tal derecho la ley creó la acción de acceso a la información (arts. 22 a 30), también llamada *habeas data* impropio, para distinguirlo del *habeas data*, también llamado *habeas data* propio[132] y creó un órgano de control (art. 19 de la ley 18.381).

El órgano de control es la Unidad de Acceso a la Información Pública. También, como la Unidad Reguladora y de Control de Datos Personales, es dotado de la más amplia autonomía técnica y está sometido a la jerarquía de la AGESIC, en régimen de desconcentración (art. 19). Es, por tanto, dependiente de la Oficina de Planeamiento y Presupuesto que, a su vez, depende de la Presidencia de la República, la que integra el poder ejecutivo, con lo que es un órgano del Estado, persona pública estatal mayor[133].

Al enumerar los cometidos del órgano de control, el artículo 21 de la ley 18.381 le asigna: "B) Controlar la implementación de la presente ley en los sujetos obligados; [...] J) Denunciar ante las autoridades competentes cualquier conducta violatoria a la presente ley y aportar las pruebas que considere pertinentes".

A diferencia de lo que ocurre con la Unidad Reguladora y de Control de Datos Personales, la Unidad de Acceso a la Información Pública, carece de potestades de administración activa. En materia sancionatoria, no puede sancionar, se debe limitar a efectuar la denuncia a quien tiene poderes sancionatorios.

Los sujetos obligados por la ley 18.381 son los organismos públicos, sean estatales o no (arts. 1º, 2º y 5º de la ley 18.381)[134]. La ley no hace ninguna distinción entre los sujetos obligados, por lo que ante una solicitud de acceso, todos ellos, sean estatales o no, tienen los mismos deberes[135]. Por tanto, comprobada una infracción, el órgano de control debe efectuar una denuncia

---

[131] Augusto Durán Martínez, *Derecho a la protección*..., 96 y ss.

[132] Augusto Durán Martínez, *Derecho a la protección*..., págs. 159 y ss.

[133] En el mismo sentido, Pablo Schiavi, *El control del acceso a la información pública y de la protección de datos personales en el Uruguay*, Montevideo, Universidad de Montevideo, Facultad de Derecho, 2012, pág. 29.

[134] El texto de la ley es muy claro. Refiere exclusivamente a personas de derecho público, sean estatales o no; no refiere a personas de derecho privado. Sin embargo, Robaina Raggio, considera también comprendidas en la ley 18.381, las sociedades de derecho privado con participación estatal. Ver Ignacio Robaina Raggio, "Sociedades de derecho privado con participación estatal y acceso a la información. Sobre el control democrático", en Pablo Schiavi (Coord.), *Estudios de información pública y datos personales*, Montevideo, Universidad de Montevideo, 2014, págs. 57 y ss.

[135] Pablo Schiavi, *El control de acceso a la información*..., pág. 42.

al órgano de esos organismos, sean estatales o no, que posean potestades de control en general, o sancionatorias en particular, sobre los omisos.

Eso demuestra que en esta materia, el órgano de control desenvuelve sus potestades en un marco diferente de las potestades inherentes a la jerarquía y a las inherentes de los sistemas, descentralizado o acentralizado, por lo que también debemos considerar este control como externo.

11. APRECIACIONES FINALES

1. De lo expuesto cabe señalar que el marco de derecho positivo en materia de control de la actividad administrativa, salvo el relativo a un sector que enseguida indicaré, es razonablemente correcto.

2. El marco jurídico defectuoso es el relativo al control de las comunicaciones, energía y agua. El diseño institucional previsto no garantiza la independencia con relación al sector político, que este tipo de control exige.

3. La ley que regula el derecho de la competencia es excelente, pero no se aplica hasta las últimas consecuencias. En efecto, esa legislación supone la supresión de los monopolios[136], pero ellos de hecho subsisten y nadie hace nada para que se cumpla la ley, más allá de algún reclamo desde sectores de la oposición sin ningún resultado.

4. Los controles parlamentarios, en un tiempo eficaces en términos generales, hoy en día son ineficaces, porque en las últimas tres elecciones el partido de gobierno obtuvo mayoría absoluta en el poder legislativo.

En esas condiciones todo intento de control por parte de los sectores minoritarios es ahogado por el voto de la mayoría que no desea que la Administración sea controlada.

5. Al no funcionar el control parlamentario, el control administrativo se diluye sensiblemente. El ejemplo más elocuente es el del Tribunal de Cuentas. Sus observaciones descansan en los estantes de la Asamblea General sin que se ensayen los controles previstos, porque se sabe de antemano que ellos serán ineficaces.

6. El único control que subsiste, con las dificultades del caso, es el control judicial, porque es el único realmente independiente.

Por eso se puede decir que en Uruguay, si subsiste el Estado de derecho es porque existe un control judicial de la actividad administrativa.

---

[136] AUGUSTO DURÁN MARTÍNEZ, "De la represión de la competencia desleal a la defensa de la competencia. Especial referencia a la ley 18.159, del 20 de julio de 2007", en EVA HOLZ y ROSA POZIOMEC (Dirs.) *25 años de la ley de sociedades comerciales. Necesidad de su reforma. Homenaje al Profesor Dr. Siegbert Rippe*, Montevideo, FAFCEA, Facultad de Ciencias Económicas y de Administración de la Universidad de la República, Banco de la República, 2014, págs. 509 y ss.

12. BIBLIOGRAFÍA

ARISTÓTELES: *La política*, Buenos Aires, Editorial Tor, 1965.

BARBAGELATA, ANÍBAL LUIS: dictamen de 5 de junio de 1955, publicado en JUAN JOSÉ FRAGA y ÁLVARO ALZUGARAY, *En defensa de la de la justicia electoral*, Montevideo, 1955.

BAUZÁ MARTORELL, FELIO J.: *La desadministración pública*, Madrid, Consell de Mallorca, Marcial Pons, 2001.

BELTRÁN, WASHINGTON: *En la Constituyente (Discursos e informes)*, Montevideo, Talleres Gráficos A. Barreiro y Ramos, 1918.

CAGNONI, JOSÉ ANÍBAL: "El defensor del Pueblo", en AUGUSTO DURÁN MARTÍNE, (Coord.), *El poder y su control*, Montevideo, Universidad Católica del Uruguay "Dámaso Antonio Larrañaga" - Revista Uruguaya de Derecho Constitucional y Político/Serie Congresos y Conferencias, núm.1, 2ª ed., 1994.

— *Introducción a la teoría del control*, Montevideo, Editorial Universidad, 1996.

— *Ombudsman, comisionado parlamentario. Mediateur, Defensor del Pueblo*, 4ª ed. actualizada, Montevideo, 2004.

CASSAGNE, JUAN CARLOS: *Los grandes principios del derecho público. Constitucional y administrativo*, Buenos Aires, Thomson Reuters - La Ley, 2015.

CASSINELLI MUÑOZ, HORACIO: "La apelación para ante la asamblea general según el artículo 303 de la Constitución", en *La Revista de Derecho, Jurisprudencia y Administración*, t. 55. Montevideo, 1957.

— *Derecho público*, Montevideo, F.C.U. 1999.

CASTRO RIVERA, ALICIA: "Pretensiones contra personas estatales y justicia ordinaria", en *Revista de Derecho Público*, núm. 17, Montevideo, F.C.U., 2000.

COMBARNOUS, MICHEL: *Le contrôle jurisdictionnel et administratif*, Paris, Institut International d'Administration publique, 1973-1974.

CRUZ, PABLO D.: "Un medio de control parlamentario de legitimidad sobre determinada naturaleza de actos jurídicos departamentales (artículo 303 de la Constitución de la República)", en *Estudios de Derecho Administrativo*, núm. 3, Uruguay, La Ley, 2011.

DE AQUINO, TOMÁS: "Opúsculo sobre el gobierno de los príncipes", en TOMÁS DE AQUINO, *Tratado de la ley. Tratado de la justicia. Opúsculo sobre el gobierno de los príncipes*, México, Porrúa, 1975.

DELPIAZZO, CARLOS E.: *Tribunal de Cuentas*, Montevideo, Amalio M. Fernández, 1982.

— "Recursos de apelación ante la Cámara de Representantes contra actos de los Gobiernos Departamentales", en AUGUSTO DURÁN MARTÍNEZ (Coord.), *El poder y su control*, 2ª ed., Montevideo, Universidad Católica del Uruguay "Dámaso

Antonio Larrañaga"- Revista Uruguaya de Derecho Constitucional y Político/ Serie Congresos y Conferencias núm. 1, 1994.

— El Banco Central del Uruguay, Montevideo, Amalio M. Fernández, 1998.

— *Desafíos actuales del control*, Montevideo, F.C.U., 2001.

— *Derecho administrativo general*, vol. 2, Montevideo, Amalio M. Fernández, 2013.

— *Derecho administrativo especial*, vol. 1, 3ª ed., actualizada y ampliada, Montevideo, Amalio M. Fernández, 2015.

— *Derecho administrativo especial*, vol. 2, 3ª ed., actualizada y ampliada, Montevideo, Amalio M. Fernández, 2017.

DURÁN MARTÍNEZ, AUGUSTO: "El referéndum contra las leyes", en DURÁN MARTÍNEZ, AUGUSTO (Coord.), *El poder y su control,* 2ª ed., Montevideo, Universidad Católica del Uruguay "Dámaso Antonio Larrañaga" - Revista Uruguaya de Derecho Constitucional y Político/ Serie Congresos y Conferencias núm. 1, 1994.

— "Poder ejecutivo: funcionamiento y sistema de gobierno", en DURÁN MARTÍNEZ, AUGUSTO, *Estudios de derecho constitucional*, Montevideo, Ingranusi Ltda., 1998.

— "Relaciones entre el poder ejecutivo y el poder legislativo" (arts. 174 y 175 de la Constitución)", en DURÁN MARTÍNEZ, AUGUSTO, *Estudios de derecho constitucional*, Montevideo, Ingranusi Ltda., 1998.

— "Responsabilidad penal de los ex ministros de Estado", en DURÁN MARTÍNEZ, AUGUSTO, *Estudios de derecho constitucional*, Montevideo, Ingranusi Ltda., 1998.

— "La Presidencia de la República: naturaleza, posición institucional, situación de su personal y resolución de recursos administrativos", en DURÁN MARTÍNEZ, AUGUSTO, *Estudios de derecho administrativo, Parte especial*, Montevideo, 1999.

— "Revocación del acto administrativo", en DURÁN MARTÍNEZ, AUGUSTO, *Estudios de derecho administrativo, Parte general,* Montevideo, 1999.

— "¿Y después qué? A propósito del referéndum contra la ley de empresas públicas", en DURÁN MARTÍNEZ, AUGUSTO, *Estudios de derecho administrativo, Parte especial*, Montevideo, 1999.

— "La prueba en el procedimiento administrativo", en DURÁN MARTÍNEZ, AUGUSTO, *Estudios de derecho administrativo, Parte general*, Montevideo, 1999.

— "Funcionarios públicos departamentales. Ejercicio de funciones inferiores a las del cargo. Obligación de garantizar un resultado económico. Retiro obligatorio. Recurso de apelación ante la Cámara de Representantes", en DURÁN MARTÍNEZ, AUGUSTO, *Casos de derecho administrativo*, vol. III, Montevideo, 2003.

— "Tribunal de Cuentas. Comunicación de sus observaciones a la Asamblea General", en Durán Martínez, Augusto, *Casos de derecho administrativo*, vol. III, Montevideo, 2003.

— "¿Se puede limitar derechos humanos por actos administrativos dictados por órganos reguladores de la actividad privada? Especial referencia a las unidades de regulación creadas en Uruguay", en Durán Martínez, Augusto, *Estudios de derecho público*, vol. I, Montevideo, 2004.

— "El control administrativo y las relaciones de consumo con entidades estatales en el marco de la ley Nº 17.250", en Durán Martínez, Augusto, *Estudios de derecho público*, vol. I, Montevideo, 2004.

— "El defensor del vecino", en Durán Martínez, Augusto, *Estudios de derecho público*, vol. I, Montevideo, 2004.

— "Modificación a la legislación sobre el referéndum contra las leyes", en Durán Martínez, Augusto, *Estudios de derecho administrativo*, vol. I, Montevideo, 2004.

— "La protección del consumidor en el derecho uruguayo", en Durán Martínez, Augusto, *Estudios de derecho público*, vol. I, Montevideo, 2004.

— "La concesión. Concepto, tipos y perspectivas", en Durán Martínez, Augusto, *Estudios de derecho público*, vol. I, Montevideo, 2004.

— "Sanciones administrativas y procedimiento para su aplicación en el marco de la ley reguladora de las relaciones de consumo", en Durán Martínez, Augusto, *Estudios de derecho público*, vol. I, Montevideo, 2004.

— "Incompetencia del Banco Central del Uruguay para sancionar a intermediarios por operaciones no vinculadas a ofertas públicas de valores", en Durán Martínez, Augusto, *Casos de derecho administrativo*, vol. IV, Montevideo, 2005.

— "Recurso de apelación del artículo 303 de la Constitución. Contra qué actos administrativos procede. Ante qué órgano se presenta. Efecto de la presentación del recurso", en Durán Martínez, Augusto, *Casos de derecho administrativo*, vol. V, Montevideo, 2007.

— "Los servicios públicos y los derechos de los usuarios", en Durán Martínez, Augusto, *Estudios de derecho público,* vol. II, Montevideo, 2008.

— "Papel del Estado en el siglo XXI. Prestación de servicios públicos, explotación de actividades económicas y actividad regulatoria", en Durán Martínez, Augusto, *Estudios de derecho público*, vol. II, Montevideo, 2008.

— "Seguridad para las inversiones en el Uruguay. Con especial referencia a las recientes impugnaciones de los proyectos de construcción en Maldonado", en Durán Martínez, Augusto, *Estudios de derecho público*, vol. II, Montevideo, 2008.

— "Derechos de los usuarios de los servicios de interés económico general desde la perspectiva de los derechos humanos", en *Neoconstitucionalismo y derecho administrativo*, Uruguay, Buenos Aires, La Ley, 2012.

— "Descentralización territorial en el Uruguay", en Durán Martínez, Augusto, *Neoconstitucionalismo y derecho administrativo*, Uruguay, Buenos Aires, La Ley, 2012.

— "Nuevas formas de relacionamiento público-privada en el cumplimiento de los cometidos del Estado", en Durán Martínez, Augusto, *Neoconstitucionalismo y Derecho Administrativo*, Uruguay, Buenos Aires, La Ley, 2012.

— *Derecho a la protección de datos personales y al acceso a la información pública. Habeas data*, 2ª ed., actualizada y ampliada, Montevideo, Amalio M. Fernández, 2012.

— "Neoconstitucionalismo. Proyecciones en el derecho administrativo uruguayo", en Brewer-Carías, Allan R.; Parejo Alfonso, Luciano; Rodríguez Rodríguez, Libardo (Coords.), *La protección de los derechos frente al poder de la Administración. Libro homenaje al Profesor Eduardo García de Enterría*, Bogotá, Temis-AIDA - Tirant lo Blanch- Editorial Jurídica Venezolana, 2014.

— "El control de convencionalidad y el derecho público interno", en *La Justicia Uruguaya*, t, 149. Montevideo, 2014.

— "De la represión de la competencia desleal a la defensa de la competencia. Especial referencia a la ley 18.159, del 20 de julio de 2007", en Holz, Eva y Poziomec, Rosa (Dirs.) *25 años de la ley de sociedades comerciales. Necesidad de su reforma. Homenaje al Profesor Dr. Siegbert Rippe*, Montevideo, FAFCEA, Facultad de Ciencias Económicas y de Administración de la Universidad de la República, Banco de la República, 2014.

— *Contencioso administrativo*, 2ª ed., actualizada y ampliada, Montevideo, F.C.U., 2015.

— "Servicios de comunicación audiovisual. Concepto. Naturaleza. Principios. Diversidad y pluralismo", en Durán Martínez, Augusto (Coord.), *Servicios de comunicación audiovisual*, Montevideo, Facultad de Derecho, Universidad Católica del Uruguay, 2016.

Esteva Gallicchio, Eduardo, G.: "Compatibilidad del establecimiento del Ombudsman defensor del Pueblo con el sistema constitucional uruguayo", en *Revista Uruguaya de Derecho Constitucional y Político*, t. ii, núm. 9, Montevideo, octubre-noviembre 1985.

Ferreira Motta, Paulo R:. *Agências reguladoras*, Brasil, Marrale, Bomeri S.P., 2003.

Ferrés Rubio, Rodrigo: *Autoridades reguladoras independientes en el marco de la liberalización de los servicios públicos*, Montevideo, Amalio M. Fernández, 2005.

— "Modificaciones al régimen jurídico de las unidades reguladoras: URSEA y URSEC. Su desnaturalización jurídica", en *Estudios Jurídicos*, núm. 11, Montevideo, Universidad Católica del Uruguay "Dámaso Antonio Larrañaga"- Facultad de Derecho, 2013.

Ferrés Rubio, Rodrigo y Figueredo Simonetti, Roberto: "Diseño Institucional de servicios de comunicación audiovisual", en Durán Martínez, Augusto (Coord.)*, Servicios recomunicación audiovisual*, Montevideo, Facultad de Derecho, Universidad Católica del Uruguay, 2016.

Fraga, Juan José y Alzugaray, Álvaro: *En defensa de la justicia electoral*, Montevideo, 1955.

Gros Espiell, Héctor: *La Corte Electoral del Uruguay*, San José de Costa Rica, Instituto Interamericano de Derechos Humanos. Centro de Asesoría y Promoción Electoral, 1990.

Jiménez De Aréchaga, Justino: Dictamen de 15 de junio de 1955, publicado en Fraga, Juan José y Alzugaray, Álvaro, *En defensa de la de la justicia electoral*, Montevideo, 1955.

— *La Constitución Nacional*, t. II, Montevideo, Cámara de Senadores, 1997.

Korzeniak, José: *Las comisiones parlamentarias de investigación*, Montevideo, F.C.U., 1998.

— *Primer curso de derecho público. Derecho Constitucional*, Montevideo, F.C.U., 2001.

Larousse de la Langue Française. Lexis, Paris, Librairie Larousse, 1977.

Leiza Zunino, Pablo: "El Ombudsman: defensor del Pueblo. Un enfoque neoconstitucionalista", en *Estudios de derecho administrativo*, núm. 13, Uruguay, Montevideo, La Ley, 2016.

Loewenstein, Karl: *Teoría de la Constitución*, Barcelona, Editorial Ariel, 1976.

Martínez, Martín C.: *Ante la nueva constitución*, Biblioteca Artigas, Colección de Clásicos Uruguayos, vol. 48, Montevideo, Ministerio de Instrucción Pública y Previsión Social, 1964.

Martins, Daniel Hugo: *El gobierno y la administración de los Departamentos*, t. I, 2ª ed., corregida y ampliada, Montevideo, 2005.

— *Las autoridades locales electivas en el Uruguay. Análisis de la ley N° 19.272, de 18 de setiembre de 2014, sobre Municipios*, Montevideo, Amalio M. Fernández, 2014.

Massini, Carlos Ignacio: *Sobre el realismo jurídico*, Buenos Aires, Abeledo-Perrot, 1978.

Méndez, Aparicio: *La teoría del órgano* (edición definitiva), Montevideo, Amalio M. Fernández, 1971.

— *La Jerarquía*, Montevideo, Amalio M. Fernández, 1973.

— *Sistemas orgánicos*, t. I, Montevideo, Amalio M. Fernández, 1973.

— "La descentralización. Concepto y caracteres", en *VV.AA. Estudios de derecho administrativo*, t. I, Montevideo, Universidad de la República, Facultad de Derecho y Ciencias Sociales, 1978.

MONTESQUIEU: *El espíritu de las leyes*, Buenos Aires, Editorial Heliastra S.R.L., 1984.

PRAT, JULIO A.: *Derecho administrativo*, t. 5, vol. 2, Montevideo, Acali Editorial, 1982.

RAMÍREZ, JUAN ANDRÉS: "Sinopsis de la evolución constitucional", en RAMÍREZ, JUAN ANDRÉS, *Dos ensayos constitucionales*, Biblioteca Artigas, Colección de Clásicos Uruguayos, vol. 118, Montevideo, Ministerio de Instrucción Pública y Previsión Social, 1967.

REAL ACADEMIA ESPAÑOLA: *Diccionario de la lengua española*, t. I, 22ª ed., Buenos Aires, Espasa Calpe, 2002.

ROBAINA RAGGIO, IGNACIO: "Sociedades de derecho privado con participación estatal y acceso a la información. Sobre el control democrático", en SCHIAVI, PABLO (Coord.), *Estudios de información pública y datos personales*, Montevideo, Universidad de Montevideo, 2014.

ROTONDO, FELIPE: "Acción anulatoria contra actos de personas públicas no estatales", en *Estudios de Derecho Administrativo*, núm. 14, Uruguay, Montevideo, La Ley, 2016.

RUOCCO, GRACIELA: "El referéndum contra los decretos departamentales", en DURÁN MARTÍNEZ, AUGUSTO (Coord.), *El poder y su control*, Montevideo, Universidad Católica del Uruguay "Dámaso Antonio Larrañaga" - Revista Uruguaya de Derecho Constitucional y Político/Serie Congresos y Conferencias, núm. 1, 2ª ed., 1994.

SAYAGÜÉS LASO, ENRIQUE: *Tratado de derecho administrativo*, t. I, 9ª ed. puesta al día a 2010 por DANIEL HUGO MARTINS, Montevideo, F.C.U., 2010.

— *Tratado de derecho administrativo*, t. II, 8ª ed. puesta al día a 2010 por DANIEL HUGO MARTINS, Montevideo, F.C.U., 2010.

SCHIAVI PABLO: *El control del acceso a la información pública y de la protección de datos personales en el Uruguay*, Montevideo, Universidad de Montevideo, Facultad de Derecho, 2012.

VILLEY, MICHEL: *Método, fuentes y lenguaje jurídico*, Buenos Aires, Ghersi Editor, 1978.

WEIL, PROSPER: *Le droit administratif*, Paris, Presses Universitaires de France, 1973.

VENEZUELA

EL CONTROL DE LA ACTIVIDAD ADMINISTRATIVA EN EL DERECHO VENEZOLANO

ALLAN R. BREWER-CARÍAS[*]

1. LA FUNCIÓN DE CONTROL DENTRO DE LAS FUNCIONES DEL ESTADO

Entre las funciones del Estado, como tareas que son inherentes a sus órganos, además de las funciones normativa, política o de gobierno, administrativa y jurisdiccional he insistido que también debe destacarse la función de control; todas las cuales no están encomendadas con carácter exclusivo a específicos órganos, siendo al contrario ejercidas por los diversos órganos estatales[1].

En cuanto a la función normativa es aquella que se manifiesta en la creación, modificación o extinción de normas jurídicas de validez general, que si bien se atribuye como función propia al órgano que ejerce el poder legislativo (Asamblea Nacional) por ejemplo, cuando sanciona las leyes, también se realiza por los otros órganos del poder público como, por ejemplo, por el presidente de la República cuando reglamenta las leyes (art. 236,10); por el Tribunal Supremo de Justicia cuando norma mediante reglamentos el funcionamiento del poder judicial (art. 267)[2]; o por los otros órganos del poder público como los órganos del poder Ciudadano cuando dictan los reglamentos reguladoras de su actividad[3], o por el Consejo Nacional Electoral, en ejercicio del poder electoral, cuando reglamenta las leyes electorales (art. 293,1)[4].

La función política o de gobierno tiene por objeto la conducción política de la sociedad, que se atribuye de principio al órganos superiores que ejerce el poder ejecutivo, al dirigir la acción de gobierno (arts. 226, 236,2). Ello no

---

[*] Profesor de la Universidad Central de Caracas.

[1] Véase sobre las funciones del Estado lo expuesto en el libro colectivo: JAIME VIDAL PERDOMO, EDUARDO ORTIZ ORTIZ, AGUSTÍN GORDILLO y ALLAN R. BREWER-CARÍAS, *La función administrativa y las funciones del Estado. Cuatro amigos, cuatro visiones sobre el derecho administrativo en América Latina,* Cuadernos de la Cátedra Allan R. Brewer-Carías de Derecho Administrativo, Caracas, Universidad Católica Andrés Bello, Editorial Jurídica Venezolana, 2014.

[2] Véase, LAURA LOUZA SCOGNAMIGLIO, "La potestad reglamentaria del poder judicial", en *Ensayos de derecho administrativo-Libro Homenaje a Nectario Andrade Labarca,* vol. II, Caracas, Tribunal Supremo de Justicia, 2004, págs. 9-45.

[3] Arts. 3, 14,2 y 28 de la Ley Orgánica de la Contraloría General de la República; arts. 29, 30, 34, 36, 40, 43, 46 y 51 de la Ley Orgánica de la Defensoría del Pueblo.

[4] Además, arts. 32 y 29 de la Ley Orgánica del Poder Electoral.

obsta, sin embargo, para que dicha función también la realice la Asamblea Nacional en ejercicio del poder legislativo sea a través de actos parlamentarios sin forma de ley[5], sea mediante leyes[6].

En cuanto a la función jurisdiccional, es decir, mediante la cual los órganos del Estado conocen, deciden o resuelven controversias entre dos o más pretensiones, su ejercicio se ha atribuido como función propia al Tribunal Supremo de Justicia y a los tribunales de la República; lo cual no implica una atribución exclusiva y excluyente, pues otros órganos estatales pueden ejercerla. Es el caso, por ejemplo, de los órganos que ejercen el poder ejecutivo, que la realizan cuando las autoridades administrativas deciden controversias entre partes, dentro de los límites de su competencia[7], o de la Asamblea Nacional que también participa en la función jurisdiccional, cuando por ejemplo, autoriza el enjuiciamiento del presidente de la República (art. 266,2).

En cuanto a la función administrativa, la misma se ejerce por los diversos órganos del Estado cuando entra en relación con los particulares[8], como sujeto de derecho y gestor del interés público[9], siendo posible distinguir entre la

---

[5] Por ejemplo, cuando autoriza al presidente de la República para salir del territorio nacional (art. 187 num. 17 de la Constitución); o cuando reserva al Estado determinadas industrias o servicios (art. 302).

[6] La ley que decreta una amnistía, por ejemplo, art. 186 num. 5 de la Constitución.

[7] Cuando la Administración decide, por ejemplo, la oposición a una solicitud de registro de marca de propiedad industrial; o cuando decide la oposición a una solicitud de otorgamiento de una concesión administrativa.

[8] Véase ALLAN R. BREWER-CARÍAS, *Las instituciones fundamentales del derecho administrativo y la jurisprudencia venezolana,* Universidad Central de Venezuela, Caracas, 1964, pág. 115. Si el Estado legisla, tal como lo señala SANTI ROMANO, "no entra en relaciones de las cuales él, como legislador, sea parte: las relaciones que la ley establece o de cualquier modo contempla se desenvuelven después entre sujetos diversos del Estado o bien con el mismo Estado, pero no en su aspecto de legislador sino en otros aspectos mediante órganos diversos de los del poder legislativo". V., "Prime pagine di un Manuale di Diritto Amministrativo", en *Scritti Minori*, Milano, 1950, pág. 363, cit., por J, M. BOQUERA OLIVER, *Derecho administrativo*, vol. I, Madrid, 1972, pág. 59. "Cuando el Estado juzga —enseña J. GONZÁLEZ PÉREZ—, no es parte interesada en una relación jurídica; no es sujeto de derecho que trata de realizar sus peculiares intereses con arreglo al Derecho [...] cuando el Estado juzga satisface las pretensiones que una parte esgrime frente a otra; incide como tercero en una relación jurídica, decidiendo la pretensión ante él deducida con arreglo al ordenamiento jurídico". (Véase *Derecho procesal administrativo*, tomo II, Madrid, 1966, pág. 37).

[9] En este sentido, la Corte Suprema ha señalado al referirse a la función administrativa, que en ella el Estado "no realiza una función creadora dentro del ordenamiento jurídico, que es la función legislativa, ni conoce ni decide acerca de las pretensiones que una parte esgrime frente a otra, que es la función judicial; sino que es sujeto de derecho, titular de intereses, agente propio de la función administrativa [...]". V. sentencias de la antigua Corte Suprema de Justicia en Sala Política Administrativa de 18 julio 1963, en *Gaceta Forense,* núm. 41, Caracas 1963, págs. 116 y ss.; de 27 mayo 1968, en *Gaceta Forense* núm. 60, Caracas 1969, págs. 115 y ss.; de 9 julio 1969 en *Gaceta Forense F* núm. 65, 1969, págs. 70 y ss. l.

función de crear el derecho (normativa), de aplicar el derecho imparcialmente (jurisdiccional), y de actuar en relaciones jurídicas como sujeto de derecho, al gestionar el interés público (administrativa)[10], en cuyo caso se concretiza la personalidad jurídica del Estado en el orden interno. Dicha función, de especial interés para el derecho administrativo, tal como sucede con la función normativa, política y jurisdiccional tampoco está atribuida con carácter de exclusividad a alguno de los órganos del poder público, ejerciéndose por todos los órganos del Estado concretándose en todos los casos mediante los actos administrativos[11]. Por ello, el acto administrativo, como concreción típica pero no única del ejercicio de la función administrativa, puede emanar de todos los órganos estatales en ejercicio del poder público, teniendo en todo taso carácter sub-legal.

Por último, además de la función normativa, de la función política, de la función jurisdiccional y de la función administrativa, los órganos del Estado también ejercen la función de control, cuando vigilan, supervisan y velan por la regularidad del ejercicio de otras actividades estatales o de las actividades de los administrados y particulares.

En Venezuela, el ejercicio de la función de control está atribuida como función propia a los órganos que ejercen el poder ciudadano, en particular a la Contraloría General de la República, pero en este caso ello tampoco implica una atribución exclusiva y excluyente, sino que, al contrario, los otros órganos estatales pueden y deben ejercer la función de control.

En efecto, la Asamblea Nacional, en ejercicio del poder legislativo ejerce la función de control político sobre el gobierno y la Administración Pública Nacional y los funcionaros ejecutivos (arts. 187 num. 3; 222)[12]; los diversos órganos superiores de la Administración Pública ejercen las funciones de control jerárquico en relación con los órganos inferiores de la misma (art. 226); los órganos que ejercen el poder ejecutivo controlan las actividades de los particulares, de acuerdo con las regulaciones legales establecidas respecto de las mismas; el Consejo Nacional Electoral, en ejercicio del poder electoral, ejerce el control de las actividades electorales, de las elecciones y de las organizaciones con fines políticos (art. 293), y el Tribunal Supremo de Justicia y demás tribunales competentes ejerce la función de control de constitucionalidad y legalidad de los actos del Estado (arts. 259 y 336).

[10] Véase sentencia de la antigua Corte Suprema de Justicia en Sala Política Administrativa de 13 marzo 1967, en *Gaceta Forense* núm. 55, 1968, pág. 107.

[11] Véase ALLAN R. BREWER-CARÍAS, "Consideraciones sobre la impugnación de los actos de registro en la vía contencioso-administrativa", en libro *Homenaje a Joaquín Sánchez Coviza*, Caracas, Universidad Central de Venezuela, 1975.

[12] Véase ALLAN R. BREWER-CARÍAS, "Aspectos del control político sobre la administración pública", en *Revista de Control Fiscal*, núm. 101, abril-junio 1981, Caracas, Contraloría General de la República, 1981, s, págs. 107-130.

Por tanto, la función de control como actividad privativa e inherente del Estado mediante la cual sus órganos supervisan, vigilan y controlan las actividades de otros órganos del Estado o de los administrados, se ejerce por tanto por diversos órganos estatales y en relación con la administración pública, puede clasificarse en control político, control administrativo, control fiscal y control jurisdiccional.

2. El control político sobre la administración pública

El artículo 187 de la Constitución atribuye a la Asamblea Nacional un conjunto de competencias que autorizan al órgano legislativo el ejercicio del control político sobre la administración pública y la actividad administrativa del Estado.

Esas competencias de la Asamblea Nacional son las siguientes:

"3. Ejercer funciones de control sobre el gobierno y la administración pública nacional, en los términos consagrados en esta Constitución y la ley. Los elementos comprobatorios obtenidos en el ejercicio de esta función, tendrán valor probatorio, en las condiciones que la ley establezca.

"[...]

"6. Discutir y aprobar el presupuesto nacional y todo proyecto de ley concerniente al régimen tributario y de crédito público.

"7. Autorizar los créditos adicionales al presupuesto (art. 314).

"8. Aprobar las líneas generales del plan de desarrollo económico y social de la Nación, que serán presentadas por el ejecutivo nacional en el transcurso del tercer trimestre del primer año de cada período constitucional (art. 236, ord. 18).

"9. Autorizar al ejecutivo nacional para celebrar contratos de interés nacional, en los casos establecidos en la ley. Autorizar los contratos de interés público municipal, estadal o nacional con Estados o entidades oficiales extranjeros o con sociedades no domiciliadas en Venezuela (art. 150).

"10. Dar voto de censura al vicepresidente ejecutivo y a los ministros. La moción de censura solo podrá ser discutida dos días después de presentada a la Asamblea, la cual podrá decidir, por las tres quintas partes de los diputados o diputadas, que el voto de censura implica la destitución del vicepresidente ejecutivo o del ministro o ministra.

"11. Autorizar el empleo de misiones militares venezolanas en el exterior o extranjeras en el país.

"12. Autorizar al ejecutivo nacional para enajenar bienes inmuebles del dominio privado de la Nación, con las excepciones que establezca la ley.

"13. Autorizar a los funcionarios públicos para aceptar cargos, honores o recompensas de gobiernos extranjeros.

"14. Autorizar e nombramiento del procurador general de la República y de los jefes de misiones diplomáticas permanentes.

"[...]

"16. Velar por los intereses y autonomía de los Estados.

"17. Autorizar la salida del presidente o presidenta de la República del territorio nacional cuando su ausencia se prolongue por un lapso superior a cinco días consecutivos".

Además, conforme al artículo 339 de la Constitución y a lo dispuesto en la Ley Orgánica sobre Estados de Excepción[13] ("circunstancias de orden social, económico, político, natural o ecológico, que afecten gravemente la seguridad de la Nación, de las instituciones y de los ciudadanos y ciudadanas, a cuyo respecto resultan insuficientes las facultades de las cuales se disponen para hacer frente a tales hechos", art. 337 de la Constitución), los decretos del presidente de la República que los declaren, deben ser presentados dentro de los ocho días siguientes de haberse dictado, a la Asamblea Nacional o a la Comisión Delegada, para su consideración y aprobación, independientemente de que deban someterse igualmente ante la Sala Constitucional del Tribunal Supremo de Justicia, para que se pronuncie sobre su constitucionalidad (art. 336,6)[14]. Si el decreto no se somete a dicha aprobación en el lapso mencionado, la Asamblea Nacional se debe pronunciar de oficio (art. 26, Ley Orgánica). La aprobación por la Asamblea debe efectuarse por la mayoría absoluta de los diputados presentes en sesión especial que se debe realizar sin previa convocatoria, dentro de las cuarenta y ocho horas de haberse hecho público el decreto (art. 27). Si por caso fortuito o fuerza mayor la Asamblea Nacional no se pronunciare dentro del lapso mencionado, el decreto debe entenderse como aprobado. Se estableció así, un silencio parlamentario positivo con efectos aprobatorios tácitos.

Ahora bien, en cuanto a la competencia general de la Asamblea Nacional, conforme al artículo 187.3 de la Constitución para ejercer el control político sobre la administración pública y la actividad administrativa del Estado, los artículos 222 y 223 de la Constitución la autoriza para realizar interpelaciones, investigaciones, preguntas, autorizaciones y aprobaciones parlamentarias previstas en la Constitución y en la ley y en cualquier otro mecanismo que establezcan las leyes y su reglamento.

En ejercicio de dicho control parlamentario, la Asamblea pueda declarar la responsabilidad política de los funcionarios públicos[15] y solicitar al poder ciudadano que intente las acciones a que haya lugar para hacer efectiva tal responsabilidad.

[13] Véase *Gaceta Oficial,* núm. 37.261 de 15 de agosto de 2001.

[14] Véase ALLAN R. BREWER-CARÍAS, *Reflexiones sobre el constitucionalismo en América,* Caracas, Editorial Jurídica Venezolana, 2001 , pág. 279.

[15] Véase sobre esto ALLAN R. BREWER-CARÍAS, "Aspectos del control político sobre la administración pública", en *Revista de Control Fiscal,* núm. 101, Caracas, Contraloría General de la República, 1981, págs. 107 a 130.

En relación con dichas funciones parlamentarias de control político, de acuerdo con el artículo 223 de la Constitución, todos los funcionarios públicos están obligados, bajo las sanciones que establezcan las leyes, a comparecer ante las Comisiones de la Asamblea y a suministrarles las informaciones y documentos que requieran para el cumplimiento de sus funciones. Esta obligación comprende también a los particulares, quedando a salvo los derechos y garantías que la Constitución consagra. A los efectos de asegurar la comparecencia se dictó la Ley Sobre el Régimen para la Comparecencia de Funcionarios Públicos y los Particulares ante la Asamblea Nacional o sus Comisiones[16], exigiendo en su normativa el respeto de los derechos fundamentales.

3. Control administrativo

En el ámbito del funcionamiento de la propia administración pública, la función de control puede decirse que es consustancial con la misma, su organización y su actividad, y se manifiesta en tres formas básicas: en relación con la organización administrativa; en relación con las actuaciones administrativas y en relación con el manejo de los fondos públicos.

A) *El control derivado de las formas de la organización administrativa*

El control orgánico que se ejerce en el ámbito de la administración pública, se clasifica según el principio de organización que rige las relaciones entre los órganos y entes de la misma, que puede ser el principio de la jerarquía o el principio de la descentralización, distinguiéndose entonces el control jerárquico del control de tutela.

a) *El control jerárquico.* Conforme se dispone en el artículo 28 de la Ley Orgánica de la Administración Pública (LOAP)[17], los órganos y entes de la misma deben estar internamente ordenados de manera jerárquica, y relacionados entre sí de conformidad con la distribución vertical de atribuciones en niveles organizativos. La consecuencia de ello es que los órganos de inferior jerarquía están sometidos a la dirección, supervisión, evaluación y control de los órganos superiores de la administración pública con competencia en la materia respectiva (art. 28).

---

[16] Véase Ley Sobre el Régimen para la Comparecencia de Funcionarios y Funcionarias Públicos y los o las Particulares ante la Asamblea Nacional o sus Comisiones (ley 30), en *Gaceta Oficial,* núm. 37.252 de 2 de agosto de 2001.

[17] Véase en general ALLAN R. BREWER-CARÍAS, "Introducción general al régimen jurídico de la administración pública", en ALLAN R. BREWER-CARÍAS (Coord. y editor), RAFAEL CHAVERO GAZDIK y JESÚS MARÍA ALVARADO ANDRADE, *Ley Orgánica de la Administración Pública, decreto ley N° 4317 de 15-07-2008,* Colección Textos Legislativos, núm. 24, 4ª ed. actualizada, Caracas, Editorial Jurídica Venezolana, 2009, págs 7-103.

En ejercicio de este control jerárquico, los órganos administrativos pueden dirigir las actividades de sus órganos jerárquicamente subordinados mediante instrucciones, órdenes y circulares, las cuales según los casos, deben publicarse en la *Gaceta Oficial* (art. 42).

Dispone el mismo artículo 28 de la LOAP que el incumplimiento por un órgano inferior de las órdenes e instrucciones de su superior jerárquico inmediato, obliga a la intervención de este y acarrea la responsabilidad de los funcionarios a quienes sea imputable dicho incumplimiento, "salvo lo dispuesto en el artículo 8º de esta ley" (art. 28), es decir, conforme al artículo 25 de la Constitución, es decir, "sin que les sirvan de excusa órdenes superiores" en caso de violaciones de los derechos garantizados en la Constitución.

b) *El control de tutela.* El otro principio de la organización administrativa conforme a la LOAP, es el principio de su descentralización funcional, conforme al cual, los titulares de la potestad organizativa pueden crear entes descentralizados funcionalmente cuando el mejor cumplimiento de los fines del Estado así lo requiera, en los términos y condiciones previstos en la Constitución y cn la lcy (art. 29).

Estos entes descentralizados, conforme al artículo 29 de la Ley Orgánica, pueden tener dos formas jurídicas, de derecho privado y de derecho público.

Los entes *con forma de derecho público* son, en general, los institutos autónomos, creados por ley (art. 142 de la Constitución), como personas jurídicas creadas regidas por normas de derecho público, y que pueden tener atribuido el ejercicio de potestades públicas[18]. De acuerdo con el artículo 97.5 de la Ley Orgánica, la ley respectiva (nacional, estadal u ordenanza) que cree un instituto público debe contener, entre otras previsiones, "los mecanismos particulares de control de tutela que ejercerá el órgano de adscripción".

Los entes púbicos con *forma de derecho privado* son aquellas "personas jurídicas constituidas de acuerdo a [*sic*] las normas del derecho privado y podrán adoptar o no la forma empresarial de acuerdo a [*sic*] los fines y objetivos para los cuales fueron creados y en atención a si la fuente fundamental de sus recursos proviene de su propia actividad o de los aportes públicos respectivamente".

Entre estos entes descentralizados con forma de derecho privado, además de las fundaciones y asociaciones del Estado constituidas conforme al Código Civil, están las compañías anónimas o sociedades mercantiles del Estado, es decir, las empresas del Estado constituidas de acuerdo con el Código de Comercio.

Conforme al artículo 122 de la ley Orgánica, el principio es que todos los entes descentralizados deben estar adscritos a un ministro o a un determina-

---

[18] Véase ALLAN R. BREWER-CARÍAS, "La distinción entre las personas públicas y las personas privadas y el sentido actual de la clasificación de los sujetos de derecho", en *Revista de la Facultad de Derecho,* UCV, núm. 57, Caracas 1976, págs. 115 a 135.

do órgano de adscripción, y que en el caso de las empresas, fundaciones y asociaciones civiles del Estado que se encuentren bajo su tutela, debe ejercer en la asamblea de accionistas u órganos correspondientes, la representación de la persona jurídico territorial de que se trate (República, estado, distrito metropolitano o municipio). Por ello, en la memoria que los ministros deban presentar a la Asamblea Nacional conforme a lo dispuesto en el artículo 244 de la Constitución, además de las referencias a la gestión de cada ministerio (art. 78), deben informar acerca de las actividades de control que ejerzan sobre los entes que le estén adscritos o se encuentren bajo su tutela.

Por su parte, el artículo 123 de la LOAP obliga a los entes descentralizados funcionalmente a informar al ministerio u órgano de adscripción (nacional, estadal, del distrito metropolitano o municipal) acerca de toda participación accionaria que suscriban y de los resultados económicos de la misma; y los mismos deben remitir anualmente a dicho órgano el informe y cuenta de su gestión (art. 123).

B) *El control de la actividad administrativa*

El segundo tipo de control administrativo en relación con la administración pública, es el que ejercen los propios órganos de la Administración sobre los actos administrativos dictados por los diversos órganos, mediante el conocimiento y decisión de los recursos administrativos que se establecen en la Ley Orgánica de Procedimientos Administrativos[19], que son tres: el recurso jerárquico, el recurso de reconsideración y el recurso de revisión

El recurso de reconsideración es el que se intenta ante la propia autoridad que dictó el acto, para que lo reconsidere, y el jerárquico es el que se intenta ante el superior jerárquico a los efectos de que lo revise. En cuanto al recurso de revisión, también se intenta ante el superior jerárquico, pero por motivos muy precisos, derivados de hechos que sobrevengan después que un acto se ha dictado.

a) *Recurso de reconsideración.* El recurso de reconsideración,[20] se regula específicamente en el artículo 94 de la Ley Orgánica y, en general, en los artículos 85 y siguientes. Tiene por objeto lograr que el propio funcionario que

---

[19] Véase, en general, ALLAN R. BREWER-CARÍAS, "Introducción al régimen de la Ley Orgánica de Procedimientos Administrativos", en ALLAN R. BREWER-CARÍAS (Coord. y editor), HILDEGARD RONDÓN DE SANSÓ y GUSTAVO URDANETA, *Ley Orgánica de Procedimientos Administrativos*, Colección Textos Legislativos, núm. 1, Caracas, Editorial Jurídica Venezolana, 1981, págs. 7-51.

[20] Véase ALLAN R. BREWER-CARÍAS, *Las instituciones fundamentales del derecho administrativo y la jurisprudencia venezolana*, Caracas 1964, págs. 260 y ss.; *El derecho administrativo y la Ley Orgánica de Procedimientos Administrativos*, Colección Estudios Jurídicos, núm. 16, Caracas, Editorial Jurídica Venezolana, 1982, 448 págs.; 2ª ed., Caracas, 1985; 3ª ed., Caracas, 1992; 5ª ed. 1999.

dictó un acto administrativo, reconsidere su decisión y la revise. Solo procede contra los actos administrativos de efectos particulares, definitivos y que aún no sean firmes. Debe interponerse ante el mismo funcionario que dictó el acto impugnado en un lapso de quince días hábiles siguientes a su notificación, pudiendo reconsiderarlo o ratificarlo en decisión que debe adoptarse, si el acto no causa estado, en un lapso de quince días hábiles siguientes al recibo del mismo (art. 94). En cambio, cuando el acto impugnado en reconsideración sea por ejemplo el dictado por un ministro, que causa estado, el lapso dispuesto para la decisión es de noventa días hábiles siguientes a su presentación (art. 91). La decisión que adopte el funcionario puede confirmar su acto; modificarlo en el sentido pedido o en cualquier otro sentido que estime conveniente, sin perjudicar la situación del recurrente; revocar el acto impugnado; reponer el procedimiento al estado en que se reinicie algún trámite, o si lo que se alegó fue un vicio de nulidad relativa, puede convalidar el acto, siempre que ello sea posible dada la naturaleza del vicio.

Si el recurso de reconsideración no se decide en los lapsos prescritos conforme a lo previsto en el artículo 4º de la Ley Orgánica, se considera que ha sido resuelto negativamente y el interesado puede intentar el recurso siguiente (silencio administrativo negativo), que puede ser el subsiguiente en vía administrativa o el recurso contencioso-administrativo de anulación conforme a lo prescrito en el artículo 93 de la Ley Orgánica y lo establecido en la Ley Orgánica de la Jurisdicción Contencioso Administrativa.

b) *Recurso jerárquico.* El recurso jerárquico puede interponerse contra los actos administrativos definitivos, que pongan fin al asunto, de los funcionarios inferiores directamente ante el ministro o ante el superior jerárquico del organismo respectivo, conforme al artículo 95 de la Ley Orgánica, dentro de un lapso de quince días hábiles siguientes a su notificación.

La decisión del recurso por el ministro, conforme a lo previsto en el artículo 91 de la Ley Orgánica, es de noventa días hábiles siguientes a la presentación del recurso. Caso contrario, si no se adopta la decisión en dicho lapso, también en este supuesto se aplica el artículo 4º de la Ley Orgánica y queda abierta la vía contencioso-administrativa conforme a lo establecido en el artículo 93 de la misma.

En estos casos, también de acuerdo con el artículo 90, el superior jerárquico tiene poder para confirmar, modificar o revocar el acto impugnado, así como para ordenar la reposición del procedimiento, si se trata de vicio de procedimiento y también para convalidar el acto del inferior, si se estima que adolece solo de un vicio de nulidad relativa que puede ser subsanado.

El efecto fundamental del recurso jerárquico es el de agotar la vía administrativa, por la decisión del ministro, por lo que conforme lo consagrado por el artículo 93 de la Ley Orgánica, queda abierta la vía contencioso-administrativa ante los tribunales contenciosos-administrativos.

c) *Recurso de revisión.* El tercer tipo de recurso que regula la Ley Orgánica es el de revisión, que se caracteriza porque se interpone ante el superior jerárquico contra un acto firme y por motivos precisos; es decir, contra un acto administrativo no impugnable por vía de otro recurso, porque se han vencido los lapsos para impugnarlo.

Por ello, precisamente se establecen como motivos específicos para intentarlo, de acuerdo con el artículo 97 de la Ley Orgánica, primero, cuando hubieren aparecido pruebas esenciales para la resolución del asunto, no disponibles para la época de la tramitación del expediente; segundo, cuando en la resolución objeto del recurso de revisión hubieren influido en forma decisiva, documentos o testimonios que fueron declarados posteriormente falsos por sentencia judicial definitivamente firme; y tercero cuando el acto cuya revisión se pide hubiese sido adoptado mediante cohecho, violencia, soborno u otra manifestación fraudulenta, y ello hubiese quedado establecido en sentencia judicial definitivamente firme.

La interposición de estos recursos de revisión, como lo dice el artículo 97, se debe hacer directamente ante el ministro, dentro de los tres meses siguientes a la fecha de la sentencia, que establezca la manifestación fraudulenta o la falsedad de los documentos, conforme a lo previsto en los ordinales 2º y 3º del artículo 97; o dentro de los tres meses siguientes a la fecha de haberse tenido noticia de la existencia de las pruebas esenciales que aparecen después de tramitado el asunto, de acuerdo con el ordinal 1º del mismo artículo.

En cuanto a la decisión del recurso de revisión, el ministro debe adoptarla conforme al artículo 97 de la Ley Orgánica, dentro de los treinta días hábiles siguientes a la fecha de su presentación, produciéndose igualmente en este caso, ante la ausencia de decisión en dicho lapso, la figura del silencio administrativo previsto en el artículo 4º de la Ley Orgánica, quedando por tanto abierta la vía contencioso-administrativa, de acuerdo con el artículo 93 de la misma ley.

C) *El control interno del manejo de fondos y bienes públicos*

En tercer lugar, en materia de control administrativo, además del que deriva de la organización administrativa y del que se realiza en relación con los actos administrativos, se distingue el control fiscal interno que se desarrolla en el seno de la propia administración pública en materia de manejo de fondos y bienes públicos.

El control fiscal interno que corresponde realizar a los órganos de la propia administración pública sobre el manejo de los recursos financieros y bienes que se les asignen, de acuerdo con el artículo 35 de la Ley Orgánica de la Contraloría General de la República y del Sistema de Control Fiscal, comprende la definición del plan de organización, las políticas, normas, así como los métodos y procedimientos adoptados dentro de un ente u organismo de la administración pública sujeto a dicha ley, para salvaguardar sus recursos, verificar la exactitud y veracidad de su información financiera y administrativa, promover la eficiencia, economía y calidad en sus operaciones, estimular la observancia de las políticas prescritas y lograr el cumplimiento de su misión, objetivos y metas.

Ese control interno debe ser ejercido por las máximas autoridades jerárquicas de cada ente, teniendo la responsabilidad de organizar, establecer, mantener y evaluar el sistema de control interno, el cual debe ser adecuado a la naturaleza, estructura y fines del órgano o ente respectivo (art. 36). A tal efecto, cada entidad del sector público debe elaborar, en el marco de las normas básicas dictadas por la Contraloría General de la República, las normas, manuales de procedimientos, indicadores de gestión, índices de rendimiento y demás instrumentos o métodos específicos para el funcionamiento del sistema de control interno (art. 37).

Dicho sistema de control interno que se implante en los entes y organismos que integran el universo de la administración pública, conforme al artículo 38 de la Ley Orgánica de la Contraloría, debe garantizar que antes de que se proceda a la adquisición de bienes o servicios, o a la elaboración de otros contratos que impliquen compromisos financieros, los funcionarios responsables deben asegurar que se cumplan los siguientes requisitos:

1. Que el gasto esté correctamente imputado a la correspondiente partida del presupuesto o, en su caso, a créditos adicionales.

2. Que exista disponibilidad presupuestaria.

3. Que se hayan previsto las garantías necesarias y suficientes para responder por las obligaciones que ha de asumir el contratista.

4. Que los precios sean justos y razonables, salvo las excepciones establecidas en otras leyes.

5. Que se hubiere cumplido con los términos de la Ley de Licitaciones, en los casos que sea necesario, y las demás leyes que sean aplicables.

Esto último es de especial importancia en materia de control respecto de la selección de contratistas en la contratación administrativa.

Asimismo, el sistema de control interno debe garantizar que antes de que se proceda a realizar pagos, los responsables deben asegurar el cumplimiento de los requisitos siguientes:

1. Que se haya dado cumplimiento a las disposiciones legales y reglamentarias aplicables.

2. Que estén debidamente imputados a créditos del presupuesto o a créditos adicionales legalmente acordados.

3. Que exista disponibilidad presupuestaria.

4. Que se realicen para cumplir compromisos ciertos y debidamente comprobados, salvo que correspondan a pagos de anticipos a contratistas o avances ordenados a funcionarios conforme a las leyes.

5. Que correspondan a créditos efectivos de sus titulares.

De acuerdo con el artículo 45 de la ley Orgánica de la Contraloría, por tanto, a los efectos de asegurar el cumplimiento de todos los requisitos antes mencionados, los órganos y entes públicos deben procurar la implantación y funcionamiento del sistema de control interno, en el sentido de que conforme al artículo 52 de la misma Ley Orgánica, quienes administren, manejen o custodien recursos de cualquier tipo afectados al cumplimiento de finalidades de interés público provenientes de los entes y organismos señalados en el artículo 9, numerales 1 al 11, de esta ley, en la forma de transferencia, subsidios, aportes, contribuciones o alguna otra modalidad similar, están obligados a establecer un sistema de control interno y a rendir cuenta de las operaciones y resultados de su gestión de acuerdo con lo que establezca la resolución indicada en el artículo anterior.

Además, otra de las piezas fundamentales para asegurar la eficacia del control interno, de acuerdo con la Ley Orgánica de la Contraloría General de la República, son las unidades de auditoría interna de las entidades que integran la administración pública, a las cuales corresponde "realizar auditorías, inspecciones, fiscalizaciones, exámenes, estudios, análisis e investigaciones de todo tipo y de cualquier naturaleza en el ente sujeto a su control, para verificar la legalidad, exactitud, sinceridad y corrección de sus operaciones, así como para evaluar el cumplimiento y los resultados de los planes y las acciones administrativas, la eficacia, eficiencia, economía, calidad e impacto de su gestión" (art. 41).

4. Control fiscal externo

La administración pública, además, está sometida al control fiscal externo que se ejerce por la Contraloría General de la República, que de acuerdo con la Constitución es un órgano constitucional con autonomía funcional que forma parte del poder ciudadano. Este es uno de los cinco poderes públicos conforme a los cuales se organiza el Estado en Venezuela, además del poder legislativo, poder ejecutivo, poder judicial y poder electoral. El poder ciudadano, además de por la Contraloría está integrado por el defensor del Pueblo y el fiscal general de la República (art. 273).

En ese contexto, la Contraloría General de la República, que es "el órgano de control, vigilancia y fiscalización de los ingresos, gastos, bienes públicos y bienes nacionales, así como de las operaciones relativas a los mismos," a cuyo efecto, "goza de autonomía funcional, administrativa y organizativa, y orienta su actuación a las funciones de inspección de los organismos y entidades sujetas a su control" (art. 287).

En materia de control fiscal, la Contraloría General de la República tiene entre sus atribuciones la de "ejercer el control, la vigilancia y fiscalización de los ingresos, gastos y bienes públicos, así como las operaciones relativas a los mismos, sin perjuicio de las facultades que se atribuyan a otros órganos, en el caso de los estados y municipios, de conformidad con la ley" (art. 289.1); pudiendo a tal efecto, "inspeccionar y fiscalizar los órganos, entidades y personas jurídicas del sector público sometidos a su control; practicar fiscalizaciones, disponer el inicio de investigaciones sobre irregularidades contra el patrimonio público, así como dictar las medidas, imponer los reparos y aplicar las sanciones administrativas a que haya lugar de conformidad con la ley (art. 289.3).

Corresponde también a la Contraloría, ejercer el control de gestión y evaluar el cumplimiento y resultado de las decisiones y políticas públicas de los órganos, entidades y personas jurídicas del sector público sujetos a su control, relacionadas con sus ingresos, gastos y bienes" (art. 289.5).

El régimen del control fiscal externo sobre la administración pública a cargo de la Contraloría está básicamente establecido en la Ley Orgánica de la Contraloría General de la República y del Sistema Nacional de Control Fiscal[21], cuyas normas se aplican a la totalidad del universo de la administración pública, que se enumera en el artículo 9º de dicha ley Orgánica y comprende:

En *primer lugar*, a todos los órganos de las entidades políticas del Estado Federal, en particular los que integran la administración pública central de las mismas, enumerados así: 1) los órganos y entidades a los que incumbe el ejercicio del poder público nacional; 2) los órganos y entidades a los que incumbe el ejercicio del poder público estadal. 3) los órganos y entidades a los que incumbe el ejercicio del poder público en los distritos y distritos metropolitanos; 4) los órganos y entidades a los que incumbe el ejercicio del poder público municipal y en las demás entidades locales previstas en la Ley Orgánica del poder público municipal, y 5) los órganos y entidades a los que incumbe el ejercicio del poder público en los territorios federales y dependencias federales.

En *segundo lugar*, las diversas personas estatales de derecho público, enumeradas así: 6) los institutos autónomos nacionales, estadales, distritales y municipales; 7) el Banco Central de Venezuela; 8) las universidades públicas, y 9) las demás personas de derecho público nacionales, estadales, distritales y municipales.

---

[21] Véase en *Gaceta Oficial*, núm. 6.013, extraordinario de 23 de diciembre de 2010.

En *tercer lugar*, las diversas personas jurídicas estatales de derecho privado, enumeradas así: 10) Las sociedades de cualquier naturaleza en las cuales las personas a que se refieren los numerales anteriores tengan participación en su capital social, así como las que se constituyan con la participación de aquéllas y 11) las fundaciones, asociaciones civiles y demás instituciones creadas con fondos públicos o que sean dirigidas por las personas a que se refieren los numerales anteriores o en las cuales tales personas designen sus autoridades, o cuando los aportes presupuestarios o contribuciones efectuados en un ejercicio presupuestario por una o varias de las personas a que se refieren los numerales anteriores representen el 50 por ciento o más de su presupuesto.

Y en *cuarto lugar*: 12) las personas (privadas), naturales o jurídicas, que sean contribuyentes o responsables, de conformidad con lo previsto en el Código Orgánico Tributario, o que en cualquier forma contraten, negocien o celebren operaciones con cualesquiera de los organismos o entidades mencionadas en los numerales anteriores o que reciban aportes, subsidios, otras transferencias o incentivos fiscales, o que en cualquier forma intervengan en la administración, manejo o custodia de recursos públicos.

De acuerdo con el artículo 42 de la Ley Orgánica de la Contraloría, en relación con todo ese universo de la administración pública, el control externo comprende la vigilancia, inspección y fiscalización ejercida por la Contraloría sobre las operaciones de las entidades la integran, con la finalidad de:

1. Determinar el cumplimiento de las disposiciones constitucionales, legales, reglamentarias o demás normas aplicables a sus operaciones.

2. Determinar el grado de observancia de las políticas prescritas en relación con el patrimonio y la salvaguarda de los recursos de tales entidades.

3. Establecer la medida en que se hubieren alcanzado sus metas y objetivos.

4. Verificar la exactitud y sinceridad de su información financiera, administrativa y de gestión.

5. Evaluar la eficiencia, eficacia, economía, calidad de sus operaciones, con fundamento en índices de gestión, de rendimientos y demás técnicas aplicables.

6. Evaluar el sistema de control interno y formular las recomendaciones necesarias para mejorarlo.

A tal efecto, la Ley Orgánica autoriza a la Contraloría General de la República y los demás órganos de control fiscal externo, en el ámbito de sus competencias, para realizar auditorías, inspecciones, fiscalizaciones, exámenes, estudios, análisis e investigaciones de todo tipo y de cualquier naturaleza en los entes u organismos sujetos a su control, para verificar la legalidad, exactitud, sinceridad y corrección de sus operaciones, así como para evaluar el cumplimiento y los resultados de las políticas y de las acciones administrativas, la eficacia, eficiencia, economía, calidad e impacto de su gestión (art. 46).

Por otra parte, la Ley Orgánica de la Contraloría General de la República, obliga a los funcionarios que administren, manejen o custodien recursos de los entes y organismos que integran la administración pública sujeta a control fiscal externo, a "formar y rendir cuenta de las operaciones y resultados de su gestión" ante el órgano de control fiscal que determine la Contraloría General de la República, teniendo dichos funcionarios la obligación adicional de demostrar formal y materialmente la corrección de la administración, manejo o custodia de los recursos (art. 51). Dichas cuentas deben ser objeto de un examen selectivo o exhaustivo, pudiendo la Contraloría, investigarlas, calificarlas, declararlas fenecidas o formular los reparos a quienes hayan causado daños al patrimonio de la República o de los entes u organismos de la administración pública por una conducta omisiva o negligente en el manejo de los recursos que le correspondía administrar, así como por la contravención del plan de organización, las políticas y normas que regulan el control interno (arts. 56 a 58).

Por último, conforme a la ley Orgánica, los órganos de control fiscal externo también tienen a su cargo realizar el control de gestión pudiendo realizar auditorías, estudios, análisis e investigaciones respecto de las actividades de los entes y organismos de la administración pública, "para evaluar los planes y programas en cuya ejecución intervengan" así como "para evaluar el cumplimiento y los resultados de las políticas y decisiones gubernamentales" (art. 61).

5. Control judicial sobre la administración pública

Por último, en materia de control sobre la administración pública debe destacarse el control judicial que se realiza por los tribunales de la República, los que forman la jurisdicción contencioso-administrativa que en Venezuela se regula directamente en la Constitución (art. 259), con competencia para: "anular los actos administrativos generales o individuales contrarios a derecho, incluso por desviación de poder; condenar al pago de sumas de dinero y a la reparación de daños y perjuicios originados en responsabilidad de la administración; conocer de reclamos por la prestación de servicios públicos y disponer lo necesario para el restablecimiento de las situaciones jurídicas subjetivas lesionadas por la actividad administrativa".

Dicha jurisdicción, conforme a la Constitución, corresponde a la Sala Político Administrativa del Tribunal Supremo de Justicia y a los demás tribunales que regula la Ley Orgánica de la Jurisdicción Contencioso Administrativa de 2010[22],

---

[22] La Ley Orgánica fue sancionada por la Asamblea Nacional el 15 de diciembre de 2009, y publicada en *Gaceta Oficial* núm. 39.447 de 16 de junio de 2010. Véase los comentarios a la Ley Orgánica en ALLAN R. BREWER-CARÍAS y VÍCTOR HERNÁNDEZ MENDIBLE, *Ley Orgánica de la Jurisdicción Contencioso Administrativa*, Caracas, Editorial Jurídica Venezolana, 2010.

siguiendo una muy rica tradición jurisprudencial precedente[23], que fue acompañada de una elaboración doctrinal de primera importancia[24].

En cuanto a la Sala Político Administrativa del Tribunal Supremo, la Constitución de 1999, le atribuyó directamente competencia respecto del control de la administración pública nacional, mediante las siguientes atribuciones:

"4. Dirimir las controversias administrativas que se susciten entre la República, algún estado, municipio u otro ente público, cuando la otra parte sea alguna de esas mismas entidades, a menos que se trate de controversias entre municipios de un mismo estado, caso en el cual la ley podrá atribuir su conocimiento a otro tribunal.

"5. Declarar la nulidad total o parcial de los reglamentos y demás actos administrativos generales o individuales del ejecutivo nacional, cuando sea procedente.

"6. Conocer de los recursos de interpretación sobre el contenido y alcance de los textos legales, en los términos contemplados en la ley".

En esta forma, al reservarse al Tribunal Supremo, en general, la declaratoria de nulidad de los actos administrativos del ejecutivo nacional, cuando sea procedente (art. 266, nums. 5, 6 y 7), se dejó implícitamente previsto que podía corresponder a los demás tribunales de la jurisdicción contencioso-administrativa la competencia para declarar la nulidad de los actos de las autoridades administrativas de los estados y municipios. Además, en cuanto a las demás autoridades nacionales que no integran estrictamente el ejecutivo nacional, el control contencioso-administrativo de sus actos, con base constitucional, se ha atribuido a otros tribunales distintos del Tribunal Supremo de Justicia, tanto por razones de inconstitucionalidad como de ilegalidad, que son

---

[23] En cuanto a la jurisprudencia, véase en ALLAN R. BREWER–CARÍAS, *Jurisprudencia de la Corte Suprema 1930–74 y Estudios de Derecho Administrativo,* tomo v, *La jurisdicción contencioso administrativa,* vols. 1 y 2, Caracas, Instituto de Derecho Público, Facultad de Derecho, Universidad Central de Venezuela, 1978; ALLAN R. BREWER–CARÍAS y LUÍS ORTIZ ÁLVAREZ, *Las grandes decisiones de la jurisprudencia contencioso administrativa,* Caracas, Editorial Jurídica Venezolana, 1996; y LUIS ORTIZ–ÁLVAREZ, *Jurisprudencia de medidas cautelares en el contencioso administrativo (1980–1994),* Caracas, Editorial Jurídica Venezolana, 1995.

[24] Véase entre otros estudios colectivos: *El control jurisdiccional de los poderes públicos en Venezuela,* Caracas, Instituto de Derecho Público, Facultad de Ciencias Jurídicas y Políticas, Universidad Central de Venezuela, 1979; *Tendencias de la jurisprudencia venezolana en materia contencioso administrativa,* 8ª Jornadas *"J. M. Domínguez Escovar" (enero 1983),* Facultad de Ciencias Jurídicas y Políticas, U.C.V., Caracas, Corte Suprema de Justicia; Instituto de Estudios Jurídicos del Estado Lara, Tip. Pregón, 1983; *Contencioso administrativo, I Jornadas de Derecho Administrativo Allan Randolph Brewer-Carías,* Caracas, Funeda, 1995; *XVIII Jornadas "J. M. Domínguez Escovar, Avances jurisprudenciales del contencioso administrativo en Venezuela,* 2 tomos, Barquisimeto, Instituto de Estudios Jurídicos del Estado Lara, Diario de Tribunales Editores, 1993.

los juzgados nacionales, los juzgados estadales y los juzgados de municipio de la jurisdicción contencioso-administrativa (art. 11).

En todo caso, la importancia del texto del artículo 259 de la Constitución, y su efecto inmediato que fue la consolidación de la constitucionalización de la jurisdicción, implicó una serie de condicionantes en relación con su desarrollo legislativo[25], que informaron en general las disposiciones de la Ley Orgánica de 2010, y que son: primero, el principio de la especialidad de la jurisdicción; segundo, el principio de la universalidad del control como manifestación del sometimiento del Estado al derecho (principio de legalidad); y tercero, el principio de la multiplicidad de los medios de control como manifestación del derecho ciudadano a la tutela judicial efectiva.

A) *El principio de la especialidad de la jurisdicción: actos*
   administrativos, administración, servicios públicos,
   actividad administrativa

En primer principio que caracteriza a la jurisdicción contencioso administrativa es el principio de la especialidad, que implica que la misma se puede definir como el conjunto de órganos judiciales encargados de controlar la legalidad y la legitimidad de la actividad administrativa, en particular, de los actos administrativos, hechos y relaciones jurídico-administrativas, los cuales están integrados dentro del poder judicial, apartándose el sistema venezolano del sistema francés.

Ahora bien, en cuanto a los asuntos sometidos al conocimiento de estos órganos de la jurisdicción, los mismos están condicionados por una parte, por las personas jurídicas sometidas a dicha jurisdicción especial, en el sentido de que una de las partes de la relación jurídico-procesal debe ser, en principio, una persona de derecho público o una persona jurídico estatal (la administración), o una entidad privada u organización de carácter popular actuando en función administrativa o ejerciendo prerrogativas del poder público, o que, por ejemplo, preste un servicio público mediante concesión (art. 7º, LOJCA 2010).

Por otra parte, respecto a las relaciones jurídicas, hechos y actos jurídicos, que la jurisdicción especial está llamada a juzgar, en principio, se trata de los actos, hechos y relaciones jurídico-administrativos, es decir, actos, hechos y relaciones jurídicas originados por la actividad administrativa (art. 8º, LOJCA 2010), y por tanto de carácter sublegal. Es por ello por lo que respecto del ámbito sustantivo de la jurisdicción, los elementos para su definición se derivan de lo establecido en el artículo 9º de la LOJCA 2010, al enumerarse la competencia de la jurisdicción para conocer de:

---

[25] Véase ALLAN R. BREWER-CARÍAS, *Nuevas tendencias en el contencioso administrativo en Venezuela*, Caracas, Editorial Jurídica Venezolana, 1993.

"1. Las impugnaciones que se interpongan contra los actos administrativos de efectos generales o particulares contrarios a derecho, incluso por desviación de poder.

"2. De la abstención o la negativa de las autoridades a producir un acto al cual estén obligados por la ley.

"3. Las reclamaciones contra las vías de hecho atribuidas a los órganos del poder público.

"4. Las pretensiones de condena al pago de sumas de dinero y la reparación de daños y perjuicios originados por responsabilidad contractual o extracontractual de los órganos que ejercen el poder público.

"5. Los reclamos por la prestación de los servicios públicos y el restablecimiento de las situaciones jurídicas subjetivas lesionadas por los prestadores de los mismos.

"6. La resolución de los recursos de interpretación de leyes de contenido administrativo.

"7. La resolución de las controversias administrativas que se susciten entre la República, algún estado, municipio u otro ente público, cuando la otra parte sea alguna de esas mismas entidades.

"8. Las demandas que se ejerzan contra la República, los estados, los municipios, los institutos autónomos, entes públicos, empresas o cualquier otra forma de asociación, en las cuales la República, los estados, los municipios o cualquiera de las personas jurídicas antes mencionadas tengan participación decisiva.

"9. Las demandas que ejerzan la República, los estados, los municipios, los institutos autónomos, entes públicos, empresas o cualquier otra forma de asociación, en la cual la República, los estados, los municipios o cualquiera de las personas jurídicas antes mencionadas tengan participación decisiva, si es de contenido administrativo.

"10. Las actuaciones, abstenciones, negativas o las vías de hecho de los consejos comunales y de otras personas o grupos que en virtud de la participación ciudadana ejerzan funciones administrativas.

"11. Las demás actuaciones de la administración pública no previstas en los numerales anteriores".

Por tanto, en general, se trata de una competencia especializada dentro de un único poder judicial que corresponde a ciertos tribunales, a los cuales están sometidas ciertas personas de derecho público o de derecho privado de carácter estatal, o personas o entidades que ejercen la función administrativa o prestan servicios públicos, y que juzga determinados actos o relaciones jurídicas de derecho administrativo.

B) *El principio de la universalidad del control: no hay actos excluidos de control*

El segundo de los principios que gobiernan a la jurisdicción es el de la *universalidad del control* que la Constitución regula en el artículo 259 respecto de las actividades y actos administrativos, como manifestación del principio de legalidad. Ello se ha recogido en la LOJCA al establecer que todos, absolutamente todos, los actos administrativos pueden ser sometidos a control judicial ante los órganos de la jurisdicción contencioso-administrativa por contrariedad al derecho, es decir, sea cual fuere el motivo de la misma: inconstitucionalidad o ilegalidad en sentido estricto. La Constitución no admite excepciones ni la Ley Orgánica las prevé, y como en su momento lo explicó la exposición de motivos de la Constitución de 1961, la fórmula "contrarios a derecho es una enunciación general que evita una enumeración que puede ser peligrosa al dejar fuera de control algunos actos administrativos".

Por tanto, de acuerdo con la intención de la Constitución, toda actuación administrativa y, en particular, los actos administrativos emanados de cualquier ente u órgano de la administración pública o de cualquier otra persona o entidad actuando en función administrativa, por cualquier motivo de contrariedad al derecho, puedan ser controlados por los tribunales que integran la jurisdicción contencioso-administrativa. Ello implica que cualquier exclusión de control respecto de actos administrativos específicos sería inconstitucional, sea que dicha exclusión se haga por vía de ley o por las propias decisiones de los tribunales, en particular, del propio Tribunal Supremo de Justicia.

C) *El principio de la tutela judicial efectiva*

El tercer principio que caracteriza a la jurisdicción radica en que es un instrumento para la tutela judicial efectiva frente a la administración que la Constitución regula cono derecho fundamental (art. 26), lo que implica que a los efectos de asegurar el sometimiento a la legalidad de la administración pública y el principio de la universalidad del control de la actividad administrativa, todas las personas tienen derecho de acceso a los órganos de la jurisdicción contencioso-administrativa como parte que son de la administración de justicia, para hacer valer sus derechos e intereses frente a la administración pública, sus órganos o entes, y ante las entidades que ejerzan la función administrativa, incluso los colectivos o difusos; y además, a obtener con prontitud la decisión correspondiente, mediante un procedimiento que garantice el debido proceso.

Como consecuencia de ello, la LOJCA 2010 ha establecido un elenco de *recursos y acciones* que se han puesto a disposición de los particulares y de toda persona interesada, que les permiten acceder a la justicia administrativa, lo que implica que además del recurso de nulidad contra los actos administrativos de efectos generales o de efectos particulares, o contra los actos administrativos generales o individuales, con pretensión patrimonial o sin ella o de amparo constitucional, está el recurso por abstención o negativa de los funcionarios públicos a actuar conforme a las obligaciones legales que tienen; el recurso de interpretación; el conjunto de demandas contra los entes públicos de orden patrimonial o no patrimonial, que comprende las que tengan por motivo vías de hecho; las acciones para resolver los conflictos entre autoridades administrativas del Estado, y las acciones destinadas a reclamos respecto de la omisión, demora o prestación deficiente de los servicios públicos.

En esta forma puede decirse que en relación con los particulares y los ciudadanos, la regulación de la jurisdicción contencioso-administrativa en la LOJCA 2010, facilitando el control judicial de la actividad administrativa y en particular de los actos administrativos, viene a ser una manifestación específica del *derecho fundamental del ciudadano a la tutela judicial efectiva de sus derechos e intereses frente a la Administración*, en el sentido de lo establecido en el artículo 26 de la propia Constitución. La consecuencia de ello es que entonces, la jurisdicción contencioso administrativa se configura constitucional y legalmente como un instrumento procesal para la protección de los administrados frente a la Administración, y no como un mecanismo de protección de la Administración frente a los particulares, y ello a pesar de que en la LOJCA 2010 se atribuya a los órganos de la jurisdicción competencia para conocer de las demandas que pueda intentar la Administración contra particulares,[26] o de las demandas entre personas de derecho público (art. 9º num. 8), lo que convierte a la jurisdicción en cierta forma, como el fuero de la Administración. Sin embargo, en el primer aspecto del control de la Administración a instancia de los administrados, tratándose de una manifestación de un derecho fundamental a dicho control, en la relación que siempre debe existir entre privilegios estatales, por una parte, y derechos y libertades ciudadanas, por la otra, este último elemento es el que debe prevalecer.

Este derecho a la tutela judicial efectiva y la garantía del principio de legalidad implican, por otra parte, la asignación al juez contencioso-administrativo de *amplísimos* poderes de tutela, no solo de la legalidad objetiva que debe siempre ser respetada por la Administración, sino de las diversas situaciones jurídicas subjetivas que pueden tener los particulares en relación con la Administración. De allí que el contencioso-administrativo, conforme al artículo 259 de la Constitución, no sea solamente un proceso a los actos administrativos, sino que también está concebido como un sistema de justicia para la tutela de los derechos subjetivos y de los intereses de los administrados, incluyendo

---

[26] En este mismo sentido se establece en la Ley Orgánica del Tribunal Supremo de Justicia de 2010, al regularse la competencia de la Sala Político Administrativa del Tribunal Supremo de Justicia (art. 26,2). Sobre dicha Ley Orgánica, véase ALLAN R. BREWER-CARÍAS y VÍCTOR HERNÁNDEZ MENDIBLE, *Ley Orgánica del Tribunal Supremo de Justicia 2010*, Caracas, Editorial Jurídica Venezolana, 2010.

los derechos e intereses colectivos y difusos, donde, por supuesto, se incluye también los derechos y libertades constitucionales.

Por tanto, el contencioso-administrativo no solo se concibe como un proceso de protección a la legalidad objetiva, sino de tutela de los derechos e intereses de los recurrentes frente a la Administración. Por ello, el juez contencioso-administrativo, de acuerdo con los términos del artículo 259 de la Constitución, tiene competencia para anular los actos administrativos contrarios a derecho, y además, para condenar a la Administración al pago de sumas de dinero y a la reparación de daños y perjuicios originados en responsabilidad de la misma, y adicionalmente, para disponer lo necesario para el restablecimiento de las situaciones jurídicas subjetivas lesionadas por la autoridad administrativa, incluyendo en la expresión "situaciones jurídicas subjetivas" no solo el clásico derecho subjetivo, sino los derechos constitucionales y los propios intereses legítimos, personales y directos de los ciudadanos. A lo anterior se agregan los reclamos derivados de la prestación de servicios públicos.

De lo anterior resulta entonces que a partir de la constitucionalización de la jurisdicción contencioso-administrativa en el texto constitucional dc 1961 y luego en cl de 1999, el contencioso-administrativo como instrumento procesal de protección de los particulares frente a la autoridad pública, se fue ampliado conforme a su desarrollo jurisprudencial antes de la sanción de la LOJCA 2010, distinguiéndose siete tipos de acciones contencioso administrativas[27], como se indica a continuación, sobre la nulidad de los actos administrativos o de contenido patrimonial, y además, en relación con la prestación de servicios públicos; las vías de hecho administrativas; las conductas omisivas de la Administración; la interpretación de leyes administrativas, y la solución de las controversias administrativas.

La LOJCA 2010 estableció en la materia, aun cuando en forma insuficiente, unas normas procesales comunes a todas las demandas, dividiendo arbitrariamente los procedimientos en tres tipos: *primero*, el procedimiento en las demandas de contenido patrimonial; *segundo*, un procedimiento denominado breve, para las acciones de contenido no patrimonial y en especial las destinadas a reclamos por la omisión, demora o deficiente prestación de los servicios públicos, contra las vías de hecho, y contra la abstención de la Administración; y *tercero*, un procedimiento común para las demandas de nulidad de actos administrativos, para la interpretación de leyes y para la solución de controversias administrativas. Decimos que es una división arbitraria, pues en realidad, por ejemplo, tal y como se había venido construyendo por la jurisprudencia, las demandas contra la carencia o abstención administrativas debían quizás seguir el mismo procedimiento establecido para las demandas de

---

[27] Véase ALLAN R. BREWER-CARÍAS, "Los diversos tipos de acciones y recursos contencioso-administrativos en Venezuela", en *Revista de Derecho Público*, núm. 25, Caracas, Editorial Jurídica Venezolana, enero-marzo 1986, págs. 6 y ss.

nulidad contra los actos administrativos, y las demandas contra vías de hecho, debía quizás seguir el mismo procedimiento establecido para las demandas de contenido patrimonial.

En todo caso, las acciones, recursos y pretensiones procesales varían en cada uno de esos tipos de contencioso y, por supuesto, también varían algunas reglas de procedimiento aplicables a los diversos procesos, que analizaremos más adelante.

D) *Los procesos contencioso administrativos conforme a la Ley Orgánica de la jurisdicción contencioso administrativa de 2010*

El sistema de los procesos contencioso administrativos que se regulan en la Ley Orgánica de 2010[28] resulta, sin duda, del conjunto de atribuciones asignadas a los diversos órganos de la jurisdicción contencioso administrativa, que como antes se dijo, son la Sala Político Administrativa del Tribunal Supremo de Justicia en su cúspide, y en orden descendente, los juzgados nacionales, los juzgados superiores estadales y los juzgados municipales de la jurisdicción contencioso administrativa.

Esas competencias, establecidas en los artículos 23, 24, 25 y 26 de la ley, en nuestro criterio dan origen a siete procesos contencioso administrativos, que son: (i) el proceso contencioso administrativo de anulación de actos administrativos[29]; (ii) el proceso contencioso administrativo contra las carencias administrativas; (iii) el proceso contencioso administrativo de las demandas patrimoniales[30]; (iv) el proceso contencioso administrativo de las demandas contra las vías de hecho[31]; (v) el proceso contencioso administrativo en materia de prestación servicios públicos[32]; (vi) el proceso contencioso administrativo para

---

[28] Véase el texto en el libro: ALLAN R. BREWER-CARÍAS, "Introducción general al régimen de la jurisdicción contencioso administrativa", en ALLAN R. BREWER-CARÍAS y VÍCTOR HERNÁNDEZ MENDIBLE, *Ley Orgánica de la Jurisdicción Contencioso Administrativa,* Caracas, Editorial Jurídica Venezolana, 2010, págs. 9-151.

[29] Véase, en general, la obra colectiva, *Comentarios a la Ley Orgánica de la Jurisdicción Contencioso Administrativa,* vols. I y II, Caracas, Funeda, 2010 y 2011, respectivamente.

[30] Véase MIGUEL ÁNGEL TORREALBA SÁNCHEZ, "Las demandas de contenido patrimonial en la Ley Orgánica de la Jurisdicción Contencioso Administrativa," en *Comentarios a la Ley Orgánica de la Jurisdicción Contencioso Administrativa,* vol. II, Caracas, Funeda, 2011, págs. 299-340.

[31] Véase MIGUEL ÁNGEL TORREALBA SÁNCHEZ, *La vía de hecho en Venezuela*, Caracas, Funeda, 2011.

[32] Véase JORGE KIRIAKIDIS, "Notas en torno al procedimiento breve en la Ley Orgánica de la Jurisdicción Contencioso Administrativa", en *Comentarios a la Ley Orgánica de la Jurisdicción Contencioso Administrativa,* vol. II, Caracas, Funeda, 2011, págs. 167-193.

la resolución de las controversias administrativas, y (vii) el proceso contencioso administrativo de interpretación de las leyes[33].

Debe señalarse además, que en el artículo 24.6 de la Ley Orgánica se atribuyó competencia a los juzgados nacionales de la jurisdicción contencioso administrativa para conocer de "los juicios de expropiación intentados por la República, en primera instancia", con la apelación ante la Sala Político Administrativa del Tribunal Supremo, y cuyo procedimiento se regula en la Ley de Expropiación por causa de utilidad pública o social de 2002[34].

a) *El proceso contencioso administrativo de anulación de los actos administrativos.* En primer lugar está el proceso contencioso administrativo de anulación de actos administrativos, a cuyo efecto el artículo 23 asigna a la Sala Político Administrativa, competencia para conocer de:

"5. Las demandas de nulidad contra los actos administrativos de efectos generales o particulares dictados por el presidente o presidenta de la República, el vicepresidente ejecutivo o vicepresidenta ejecutiva de la República, los ministros o ministras, así como por las máximas autoridades de los demás organismos de rango constitucional, si su competencia no está atribuida a otro tribunal.

"6. Las demandas de nulidad que se ejerzan contra un acto administrativo de efectos particulares y al mismo tiempo el acto normativo sub-legal que le sirve de fundamento, siempre que el conocimiento de este último corresponda a la Sala Político-Administrativa".

El artículo 24 de la Ley, por su parte, asigna competencia a los juzgados nacionales de la jurisdicción contencioso administrativa para conocer de:

"5. Las demandas de nulidad de los actos administrativos de efectos generales o particulares dictados por autoridades distintas a las mencionadas en el numeral 5 del artículo 23 de esta ley y en el numeral 3 del artículo 25 de esta ley, cuyo conocimiento no esté atribuido a otro tribunal en razón de la materia".

El artículo 25 de la Ley Orgánica, además, asigna a los juzgados superiores estadales de la jurisdicción contencioso administrativa competencia para conocer de:

---

[33] Véase ALLAN R. BREWER-CARÍAS, "Introducción general al régimen de la jurisdicción contencioso administrativa," en ALLAN R. BREWER-CARÍAS y VÍCTOR HERNÁNDEZ MENDIBLE, *Ley Orgánica de la Jurisdicción Contencioso Administrativa*, Caracas, Editorial Jurídica Venezolana, 2010, págs. 9-151. Véase además, ALLAN R. BREWER-CARÍAS, "Los diversos tipos de acciones y recursos contencioso-administrativos en Venezuela", en *Revista de Derecho Público,* núm. 25, Caracas, Editorial Jurídica Venezolana, 1986, págs. 6 y ss.

[34] Véase en *Gaceta Oficial*, núm. 37.475 de 01-07-02. Véanse los comentarios sobre esta ley en ALLAN R. BREWER-CARÍAS, GUSTAVO LINARES BENZO, DOLORES AGUERREVERE VALERO y CATERINA BALASSO TEJERA, *Ley de expropiación por causa de utilidad pública o interés social,* Caracas, Editorial Jurídica Venezolana, 2002.

"3. Las demandas de nulidad contra los actos administrativos de efectos generales o particulares, dictados por las autoridades estadales o municipales de su jurisdicción, con excepción de las acciones de nulidad ejercidas contra las decisiones administrativas dictadas por la Administración del trabajo en materia de inamovilidad, con ocasión de una relación laboral regulada por la Ley Orgánica del Trabajo.

"[...]

6. Las demandas de nulidad contra los actos administrativos de efectos particulares concernientes a la función pública, conforme a lo dispuesto en la ley".

Sobre estas competencias en materia de contencioso de anulación, debe observarse que conforme al artículo 8º de la Ley Orgánica de 2010, además de los actos administrativos de efectos generales y particulares, también pueden ser objeto de control judicial las "actuaciones bilaterales", lo que apunta, sin duda, a los contratos públicos. Esto se había establecido en la derogada Ley Orgánica de 2004, que expresamente preveía la posibilidad de la impugnación por ilegalidad o por inconstitucionalidad de los contratos o acuerdos celebrados por la Administración cuando afectasen los intereses particulares o generales, legítimos, directos, colectivos o difusos de los ciudadanos, atribuyéndose la legitimidad a personas extrañas a la relación contractual (art. 21, párr. 2º). La Ley Orgánica de 2010, sin embargo, en esta materia, tampoco reguló procedimiento contencioso específico alguno.

b) *El proceso contencioso administrativo contra las carencias administrativas.* En segundo lugar está el proceso contencioso administrativo contra la carencia administrativa, que regula la Ley Orgánica en su artículo 23, al asignar a la Sala Político Administrativa, competencia para conocer de:

"3. La abstención o la negativa del presidente o presidenta de la República, del vicepresidente ejecutivo o vicepresidenta ejecutiva de la República, de los ministros o ministras, así como de las máximas autoridades de los demás órganos de rango constitucional, a cumplir los actos a que estén obligados por las leyes".

Por su parte, el artículo 24 de la Ley Orgánica le asigna a los juzgados nacionales de la jurisdicción contencioso administrativa, competencia para conocer de:

"3. La abstención o la negativa de las autoridades distintas a las mencionadas en el numeral 3 del artículo 23 de esta ley y en el numeral 4 del artículo 25 de esta ley".

Y conforme al artículo 25 de la Ley Orgánica, los juzgados superiores estadales de la jurisdicción contencioso administrativa son competentes para conocer de:

"4. La abstención o la negativa de las autoridades estadales o municipales a cumplir los actos a que estén obligadas por las leyes".

c) *Los procesos contencioso administrativos de las controversias administrativas.* En tercer lugar, está el proceso contencioso administrativo previsto en la ley que es el proceso contencioso administrativo de resolución de controversias administrativas, a cuyo efecto, el artículo 23 asigna a la Sala Político Administrativa, competencia para conocer de:

"7. Las controversias administrativas entre la República, los estados, los municipios u otro ente público, cuando la otra parte sea una de esas mismas entidades, a menos que se trate de controversias entre municipios de un mismo estado.

"8. Las controversias administrativas entre autoridades de un mismo órgano o ente, o entre distintos órganos o entes que ejerzan el poder público, que se susciten por el ejercicio de una competencia atribuida por la ley".

Y conforme al artículo 25 de la Ley Orgánica, los juzgados Ssuperiores estadales de la jurisdicción contencioso administrativa son competentes para conocer de:

"9. Las controversias administrativas entre municipios de un mismo estado por el ejercicio de una competencia directa e inmediata en ejecución de la ley".

d) *El proceso contencioso administrativo de las demandas patrimoniales.* En cuarto lugar, está el proceso contencioso administrativo de las demandas patrimoniales contra los entes públicos o que estos puedan intentar, a cuyo efecto el artículo 23 de la ley le atribuye a la Sala Político Administrativa del Tribunal Supremo, competencia para conocer de:

"1. Las demandas que se ejerzan contra la República, los estados, los municipios, o algún instituto autónomo, ente público, empresa, o cualquier otra forma de asociación, en la cual la República, los estados, los municipios u otros de los entes mencionados tengan participación decisiva, si su cuantía excede de setenta mil unidades tributarias (70.000 U.T.), cuando su conocimiento no esté atribuido a otro tribunal en razón de su especialidad.

"2. Las demandas que ejerzan la República, los estados, los municipios, o algún instituto autónomo, ente público, empresa, o cualquier otra forma de asociación, en la cual la República, los estados, los municipios o cualquiera de los entes mencionados tengan participación decisiva, si su cuantía excede de setenta mil unidades tributarias (70.000 U.T.), cuando su conocimiento no esté atribuido a otro tribunal en razón de su especialidad.

"[...]

"10. Las demandas que se interpongan con motivo de la adquisición, goce, ejercicio o pérdida de la nacionalidad o de los derechos que de ella derivan.

"11. Las demandas que se ejerzan con ocasión del uso del espectro radioeléctrico.

"12. Las demandas que le atribuyan la Constitución de la República o las leyes especiales, o que le correspondan conforme a estas, en su condición de máxima instancia de la jurisdicción contencioso administrativa.

"13. Las demás demandas derivadas de la actividad administrativa desplegada por las altas autoridades de los órganos que ejercen el poder público, no atribuidas a otro tribunal.

"[...]

"23. Conocer y decidir las pretensiones, acciones o recursos interpuestos, en el caso de retiro, permanencia, estabilidad o conceptos derivados de empleo público del personal con grado de oficiales de la Fuerza Armada Nacional Bolivariana".

Por su parte el artículo 24 de la Ley Orgánica asigna a los juzgados nacionales de la jurisdicción contencioso administrativa, competencia para conocer de:

"1. Las demandas que se ejerzan contra la República, los estados, los municipios, o algún instituto autónomo, ente público, empresa o cualquier otra forma de asociación, en la cual la República, los estados, los municipios u otros de los entes mencionados tengan participación decisiva, si su cuantía excede de treinta mil unidades tributarias (30.000 U.T.) y no supera setenta mil unidades tributarias (70.000 U.T.), cuando su conocimiento no esté atribuido expresamente a otro tribunal, en razón de su especialidad.

"2. Las demandas que ejerzan la República, los estados, los municipios, o algún instituto autónomo, ente público, empresa o cualquier otra forma de asociación, en la cual la República, los estados, los municipios u otros de los entes mencionados tengan participación decisiva, si su cuantía excede de las treinta mil unidades tributarias (30.000 U.T.) y no supera setenta mil unidades tributarias (70.000 U.T.), cuando su conocimiento no esté atribuido a otro tribunal en razón de su especialidad.

"[...]

"8. Las demandas derivadas de la actividad administrativa contraria al ordenamiento jurídico desplegada por las autoridades de los órganos que ejercen el poder público, cuyo control no haya sido atribuido a la Sala Político-Administrativa o a los juzgados superiores estadales de la jurisdicción contencioso administrativa".

Conforme al artículo 25 de la Ley Orgánica, a los juzgados superiores estadales de la jurisdicción contencioso administrativa se les asigna competencia para conocer de:

"1. Las demandas que se ejerzan contra la República, los estados, los municipios, o algún instituto autónomo, ente público, empresa o cualquier otra forma de asociación, en la cual la República, los estados, los municipios u otros de los entes mencionados tengan participación decisiva, si su cuantía no excede de treinta mil unidades tributarias (30.000 U.T.), cuando su conocimiento no esté atribuido a otro tribunal en razón de su especialidad.

"2. Las demandas que ejerzan la República, los estados, los municipios, o algún instituto autónomo, ente público, empresa o cualquier otra forma de asociación, en la cual la República, los estados, los municipios u otros de los entes mencionados tengan participación decisiva, si su cuantía no excede de treinta mil unidades tributarias (30.000 U.T.), cuando su conocimiento no esté atribuido a otro tribunal en razón de su especialidad.

"[...]

8. Las demandas derivadas de la actividad administrativa contraria al ordenamiento jurídico de los órganos del poder público estadal, municipal o local".

Una de las innovaciones de la Ley Orgánica de 2010 en la conformación del proceso contencioso administrativo de las demandas de contenido patrimonial, fue haber eliminado la referencia a demandas que pudieran derivarse de "contratos administrativos", que en el pasado había condicionado la distribución de competencias judiciales en la materia. La ley 2010 ha regulado, en cambio, la competencia en materia de demandas de contenido patrimonial, independientemente de que sean derivadas de responsabilidad contractual o extracontractual, y la misma ha sido distribuida entre los diversos juzgados según la cuantía. Por tanto, conflictos derivados de la ejecución de contratos del Estado, contratos públicos o contratos administrativos corresponden según la cuantía a los diversos tribunales de la jurisdicción.

Con ello puede decirse que quedó superada la necesidad que antes había de determinar cuándo un contrato público era "contrato administrativo" para determinar la competencia de la jurisdicción contencioso administrativa, tal y como había sido establecida en la Ley Orgánica de la Corte Suprema de 1976 (art. 42,14) y repetida en la Ley Orgánica del Tribunal Supremo de 2004 (arts. 5º pár. 1º, 25). Debe mencionarse, sin embargo, que a pesar de aquellas normas, estimamos que la distinción entre contratos administrativos y contratos públicos que supuestamente no lo eran, no tenía sustantividad firme, ya que no había ni puede haber "contratos de derecho privado" de la Administración que pudiesen estar regidos exclusivamente por el derecho privado, que excluyeran el conocimiento de los mismos por la jurisdicción contencioso-administrativa[35]. En realidad, todos los contratos que celebra la Administración están sometidos en una forma u otra al derecho público y a todos se les aplica también el derecho privado, teniendo, según su objeto, un régimen preponderante de derecho público o de derecho privado[36]; por lo que la distinción no tenía ni tiene fun-

---

[35] Véase Allan R. Brewer-Carías, "La evolución del concepto de contrato administrativo," en *El derecho administrativo en América Latina, Curso Internacional,* Bogotá, Colegio Mayor de Nuestra Señora del Rosario, 1978, págs. 143-167; *Jurisprudencia Argentina*, núm. 5.076, Buenos Aires, 13-12-1978, págs. 1-12; *Libro Homenaje al Profesor Antonio Moles Caubet,* tomo I, Caracas, Facultad de Ciencias Jurídicas y Políticas, Universidad Central de Venezuela, 1981, págs. 41-69; y *Estudios de derecho administrativo,* Bogotá, 1986, págs. 61-90. Además, publicado como "Evoluçao do conceito do contrato administrativo," in *Revista de Direito Publico* núm. 51-52, São Paulo, julio-diciembre 1979, págs. 5-19.

[36] Véase Allan R. Brewer-Carías, *Contratos administrativos,* Caracas, Editorial Jurídica Venezolana, 1992, págs. 46 y ss.; y "La interaplicación del derecho público y del derecho privado a la administración pública y el proceso de huida y recuperación del derecho admi-

damento alguno, y menos cuando en Venezuela nunca ha habido dualidad de jurisdicciones (judicial y administrativa) que en Francia ha sido el verdadero sustento de la distinción[37]. Así como no puede haber acto unilateral dictado por los funcionarios públicos que no sea un acto administrativo, tampoco existen contratos celebrados por la Administración que no estén sometidos en alguna forma al derecho público.

En definitiva, como lo propusimos en 2004[38], la referencia a "contratos administrativos" ha sido eliminada de la Ley Orgánica de 2010, atribuyéndose a los órganos de la misma todas las cuestiones concernientes a los contratos de la Administración, cualquiera que sea su naturaleza, según la cuantía.

e) *El proceso contencioso administrativo de las demandas contra las vías de hecho administrativas.* En quinto lugar, está el proceso contencioso administrativo de las demandas contra las vías de hecho administrativas, a cuyo efecto, el artículo 23.4 asigna a la Sala Político Administrativa del Tribunal Supremo, competencia para conocer de "las reclamaciones contra las vías de hecho atribuidas a las altas autoridades antes enumeradas".

Por su parte el artículo 24.4 de la Ley Orgánica asigna a los juzgados nacionales de la jurisdicción contencioso administrativa, competencia para conocer de "Las reclamaciones contra las vías de hecho atribuidas a las autoridades a las que se refiere el numeral anterior".

Y conforme al artículo 25.5 de la Ley Orgánica, a los juzgados superiores estadales de la jurisdicción contencioso administrativa se les asigna competencia para conocer de "las reclamaciones contra las vías de hecho atribuidas a autoridades estadales o municipales de su jurisdicción".

f) *El proceso contencioso administrativo de las demandas relativas a los servicios públicos.* En sexto lugar, está el proceso contencioso administrativo de las demandas relativas a los servicios públicos regulado en el artículo 259 de la Constitución, de manera que en realidad, la única innovación en materia de competencias de la Jurisdicción contencioso administrativa en relación con lo que estaba regulado en la Constitución de 1961 (art. 206), fue el agregado de dicho artículo, sobre la competencia de los órganos de la jurisdicción para conocer de los "reclamos por la prestación de servicios públicos". Ello ha sido precisado

---

nistrativo", en *Las formas de la actividad administrativa. II Jornadas Internacionales de Derecho Administrativo Allan Randolph Brewer-Carías*, Caracas, Fundación de Estudios de Derecho Administrativo, 1996, págs. 59 y ss.

[37] Véase JESÚS CABALLERO ORTIZ, "Deben subsistir los contratos administrativos en una futura legislación?", en *El derecho público a comienzos del siglo XXI. Estudios homenaje al profesor Allan R. Brewer-Carías,* tomo II, Madrid, Instituto de Derecho Público, UCV, Editorial Civitas Ediciones, 2003, págs. 1773 y ss.

[38] Véase ALLAN R. BREWER-CARÍAS, *Ley Orgánica del Tribunal Supremo de Justicia*, Caracas, Editorial Jurídica Venezolana, 2004, pág. 219.

en la LOJCA 2010, al atribuir a los órganos de la jurisdicción competencia en materia de reclamos por la prestación de los servicios públicos y el restablecimiento de las situaciones jurídicas subjetivas lesionadas por los prestadores de los mismos (art. 9 num. 5), asignando el conocimiento de la materia exclusivamente a los juzgados de municipio de la jurisdicción contencioso administrativa, como competencia única, para conocer de "las demandas que interpongan los usuarios o usuarias o las organizaciones públicas o privadas que los representen, por la prestación de servicios públicos" (art. 26 num. 1)[39].

g) *El proceso contencioso administrativo de interpretación de las leyes*. El séptimo proceso contencioso administrativo es el de interpretación de las leyes, a cuyo efecto el artículo 23.21 asigna a la Sala Político Administrativa, con exclusividad, competencia para conocer de "los recursos de interpretación de leyes de contenido administrativo".

Se precisó, en esta forma, frente a la competencia general de todas las Salas para interpretar las leyes, que lo que corresponde a la Sala Político Administrativa en exclusividad es sólo la interpretación de las leyes de "contenido administrativo".

6. Apreciación final: la trágica realidad de la ineficiencia del sistema de controles sobre la administración pública en un régimen autoritario

El sistema de control sobre la administración pública antes descrito, que de acuerdo con la Constitución y las leyes existe en Venezuela, sin embargo, y es muy lamentable afirmarlo, no tiene aplicación efectiva alguna en el país, fundamentalmente por la falta de autonomía de los órganos llamados a ponerlo en práctica. Ello es la consecuencia del régimen autoritario de gobierno que se instaló en el país desde que la propia Constitución se sancionó en 1999, habiendo demolido progresivamente el Estado democrático y social de derecho y de justicia previsto en la misma, desmantelado la democracia[40], y destruido el principio de la separación de poderes, trastocando el Estado en un Estado totalitario[41].

---

[39] Se dispuso, sin embargo, en la Disposición Transitoria Sexta de la Ley Orgánica, que hasta tanto entrasen en funcionamiento estos juzgados de municipio de la jurisdicción contencioso administrativa, los juzgados de municipio existentes son los que deben conocer de esta competencia.

[40] Véase Allan R. Brewer-Carías, *Dismantling Democracy. The Chávez Authoritarian Experiment*, New York, Cambridge University Press, 2010.

[41] Véase Allan R. Brewer-Carías, *Estado totalitario y desprecio a la ley. La desconstitucionalización, desjudicialización, desjuridificación y desdemocratización de Venezuela*, Caracas, Editorial Jurídica Venezolana, 2015.

La consecuencia de todo ello ha sido que el control político que prevé la Constitución por parte de la Asamblea Nacional en relación con el gobierno y la administración pública, desde que se sancionó la Constitución de 1999 nunca ha tenido aplicación. Primero, hasta 2015, por el control total que el gobierno ejerció sobre la Asamblea Nacional al controlar la mayoría de la misma, lo que neutralizó e hizo inefectivas sus potestades de control; y luego, desde enero de 2016, después de que la oposición ganara el control de la Asamblea Nacional en las elecciones parlamentarias de diciembre de 2015, por el proceso de neutralización y aniquilamiento de sus poderes a manos del juez constitucional, lo que ha terminado en la configuración de una dictadura judicial[42].

En ese marco, la Sala Constitucional del Tribunal Supremo eliminó las facultades de control político de la Asamblea Nacional, y terminó asumiéndolas ella misma, pero para no ejercerlas[43].

En cuanto a los mecanismos de control administrativo que se desarrollan en el seno de la propia administración pública tampoco han tenido aplicación ni desarrollo durante el período del régimen autoritario actual, en gran parte por la distorsión que ha sufrido la Administración, de haber abandonado su rol constitucional de estar al servicio del ciudadano, pasando a ser un instrumento solo al servicio del Estado y la burocracia[44].

En punto al control externo que debería realizar la Contraloría General de la República sobre la Administración Pública, igualmente puede calificarse de inexistente, dada la ausencia de autonomía de dicho órgano, el cual al contario ha sido el responsable por omisión o encubrimiento de que Venezuela haya llegado a ocupar el primer lugar en los niveles de corrupción administrativa en el mundo[45].

[42] Véase ALLAN R. BREWER-CARÍAS, *La dictadura judicial y la perversión del Estado de derecho. El juez constitucional y la destrucción de la democracia en Venezuela* (prólogo de SANTIAGO MUÑOZ MACHADO), Madrid, Ediciones El Cronista, Fundación Alfonso Martín Escudero, Editorial Iustel, 2017; *La consolidación de la tiranía judicial. El juez constitucional controlado por el poder ejecutivo, asumiendo el poder absoluto*, Colección Estudios Políticos, núm. 15, Caracas, Editorial Jurídica Venezolana International, 2017.

[43] Véase ALLAN R. BREWER-CARÍAS, "El desconocimiento de los poderes de control político del órgano legislativo sobre el gobierno y la administración pública por parte del juez constitucional en Venezuela", en *Opus Magna Constitucional*, tomo XII, 2017 (Homenaje al profesor y exmagistrado de la Corte de Constitucionalidad Jorge Mario García Laguardia), Instituto de Justicia Constitucional, Adscrito a la Corte de Constitucionalidad, Guatemala, 2017, págs. 69-107.

[44] Véase ALLAN R. BREWER-CARÍAS, "Del derecho administrativo al servicio de los ciudadanos en el Estado democrático de derecho, al derecho administrativo al servicio de la burocracia en el Estado totalitario: la mutación en el caso de Venezuela," en *Revista de Derecho Público*, núm. 142, segundo semestre 2015, Caracas, Editorial Jurídica Venezolana, 2015, págs. 7-30.

[45] Véase el Informe de la ONG alemana, Transparencia Internacional de 2013, en el reportaje: "Aseguran que Venezuela es el país más corrupto de Latinoamérica", en *El Universal*, Caracas 3 de diciembre de 2013, en *http://www.eluniversal.com/nacional-y-politica/131203/aseguran-que-venezuela-es-el-pais-mas-corrupto-de-latinoamerica.* Igualmente véase el reportaje en BBC Mundo, "Transparencia Internacional: Venezuela y Haití, los que se ven más corruptos de A. Latina", 3 de

Y, por último, y aún más grave, en cuanto al control judicial sobre la Administración Pública, ha resultado inexistente en la práctica por la política continua desarrollada desde el poder ejecutivo de someter al poder judicial a control político[46], con la anuencia del propio Tribunal Supremo[47], lo que ha afectado directamente a la jurisdicción contencioso-administrativa, la cual en los últimos lustros ha dejado de ejercer control alguno sobre las actuaciones administrativas[48].

Este proceso comenzó desde 2000 cuando el poder ejecutivo comenzó a controlar el nombramiento de los magistrados del Tribunal Supremo de Justicia, proceso que se consolidó a partir de 2004[49], y se agravó en 2010[50], mediante

---

diciembre de 2013, en *http://www.bbc.co.uk/mundo/ultimas_noti-cias/2013/12/131203_ultnot_transparencia_corrupcion_lp.shtml*. Véase al respecto, ROMÁN JOSÉ DUQUE CORREDOR, "Corrupción y democracia en América Latina. Casos emblemáticos de corrupción en Venezuela", en *Revista Electrónica de Derecho Administrativo*, Universidad Monteávila, 2014.

[46] Véase RAFAEL J. CHAVERO GAZDIK, *La justicia revolucionaria. Una década de reestructuración (o involución) judicial en Venezuela*, Caracas, Editorial Aequitas, 2011; LAURA LOUZA SCOGNAMIGLIO, *La revolución judicial en Venezuela*, Caracas, Funeda, 2011; ALLAN R. BREWER-CARÍAS, "La progresiva y sistemática demolición institucional de la autonomía e independencia del poder judicial en Venezuela 1999 2004", en *XXX Jornadas J. M. Domínguez Escovar, Estado de derecho, administración de justicia y derechos humanos*, Barquisimeto, Instituto de Estudios Jurídicos del Estado Lara, 2005, págs. 33-174.

[47] Véase ALLAN R. BREWER-CARÍAS, "La justicia sometida al poder. La ausencia de independencia y autonomía de los jueces en Venezuela por la interminable emergencia del poder judicial (1999-2006)", en *Cuestiones internacionales. Anuario Jurídico Villanueva 2007,* Madrid, Centro Universitario Villanueva, Marcial Pons, 2007, págs. 25-57, en *Derecho y democracia. Cuadernos Universitarios*, Órgano de Divulgación Académica, Vicerrectorado Académico, Caracas, Universidad Metropolitana, Año II, núm. 11, septiembre 2007, págs. 122-138; y "La progresiva y sistemática demolición institucional de la autonomía e independencia del poder judicial en Venezuela 1999-2004", en *XXX Jornadas J. M. Domínguez Escovar, Estado de derecho, Administración de justicia y derechos humanos*, Barquisimeto, Instituto de Estudios Jurídicos del Estado Lara, 2005, págs. 33-174.

[48] Véase ANTONIO CANOVA GONZÁLEZ, *La realidad del contencioso administrativo venezolano (Un llamado de atención frente a las desoladoras estadísticas de la Sala Político Administrativa en 2007 y primer semestre de 2008)*, Caracas, Funeda, 2009.

[49] Tal como lo reconoció públicamente el presidente de la Comisión parlamentaria que escogió los magistrados, al punto de afirmar públicamente que "En el grupo de postulados no hay nadie que vaya actuar contra nosotros". Dicho diputado en efecto, declaró a la prensa: "Si bien los diputados tenemos la potestad de esta escogencia, el presidente de la República fue consultado y su opinión fue tomada muy en cuenta". Añadió: "Vamos a estar claros, nosotros no nos vamos a meter autogoles. En la lista había gente de la oposición que cumplen con todos los requisitos. La oposición hubiera podido usarlos para llegar a un acuerdo en las últimas sesiones, pero no quisieron. Así que nosotros no lo vamos a hacer por ellos. En el grupo de postulados no hay nadie que vaya actuar contra nosotros". Véase *El Nacional*, Caracas, 13 de diciembre de 2004. La Comisión Interamericana de Derechos Humanos sugirió en su Informe a la Asamblea General de la OEA para 2004 que las "normas de la Ley Orgánica del Tribunal Supremo de Justicia habrían facilitado que el poder ejecutivo manipulara el proceso de elección de magistrados llevado a cabo durante 2004". Véase Comisión Interamericana de Derechos Humanos, *Informe sobre Venezuela 2004*, párr. 180.

[50] Véase en HILDEGARD RONDÓN DE SANSÓ, *"Obiter dicta. En torno a una elección"*, en *La Voce d'Italia*, Caracas, 14-12-2010.

un nombramiento de magistrados casi todos sometidos al poder ejecutivo. Por ese control, en particular, en 2003 el propio Tribunal Supremo intervino a la Corte Primera de lo Contencioso Administrativo, secuestrando su competencia, destituyendo a sus magistrados, quedando no solo clausurada por más de diez meses, sino afectada de muerte en los lustros sucesivos que han transcurrido.

Bastó en efecto que la Corte Primera de lo Contencioso Administrativo adoptara una medida cautelar de suspensión de efectos de un acto administrativo que había sido impugnado, mediante el cual se había autorizado la contratación de médicos cubanos para atender programas de salud en Caracas, pero sin que los mismos tuvieran la licencia requerida en la Ley de Ejercicio de la Medicina.

La Federación Médica Venezolana había impugnado el acto administrativo por considerarlo discriminatorio y violatorio de los derechos de los médicos venezolanos al trabajo y a la igualdad, solicitando su protección[51]. La medida cautelar de suspensión temporal del programa de contratación[52] provocó la ira del gobierno, llegando el propio Presidente de la República a decir públicamente que no iba a ser acatada ni ejecutada en forma alguna[53]. De seguidas, la Corte fue allanada por la policía política, y a los pocos días todos sus cinco magistrados fueron destituidos[54]. Habiendo dicha Corte permanecido cerrada, sin jueces, por más de diez meses[55], tiempo durante el cual simplemente no hubo justicia contencioso administrativa en el país[56].

[51] Véase CLAUDIA NIKKEN, "El caso "Barrio adentro": la Corte Primera de lo Contencioso Administrativo ante la Sala Constitucional del Tribunal Supremo de Justicia o el avocamiento como medio de amparo de derechos e intereses colectivos y difusos", en *Revista de Derecho Público*, núm. 93-96, Caracas, Editorial Jurídica Venezolana, 2003, págs. 5 y ss.

[52] Véase la decisión de 21 de agosto de 2003 en *idem*, págs. 445 y ss.

[53] El presidente de la República dijo: "Váyanse con su decisión no sé para donde, la cumplirán ustedes en su casa si quieren [...]", en el programa de TV *Aló Presidente*, núm. 161, 24 de agosto de 2003.

[54] Véase la información en *El Nacional*, Caracas, 5 de noviembre de 2003, pág. A2. En la misma página el presidente destituido de la Corte Primera dijo: "La justicia venezolana vive un momento tenebroso, pues el tribunal que constituye un último resquicio de esperanza ha sido clausurado".

[55] Véase en *El Nacional*, Caracas, 24 de octubre de 2003, pág. A-2; y en *El Nacional*, Caracas, 16 de julio de 2004, pág. A-6.

[56] Véase sobre este caso la referencia en ALLAN R. BREWER-CARÍAS, "La justicia sometida al poder y la interminable emergencia del poder judicial (1999-2006)", en *Derecho y democracia. Cuadernos Universitarios*, Órgano de Divulgación Académica, Vicerrectorado Académico, Caracas, Universidad Metropolitana, Año II, núm. 11, septiembre 2007, págs. 122-138; "La justicia sometida al poder (la ausencia de independencia y autonomía de los jueces en Venezuela por la interminable emergencia del poder judicial (1999-2006)] en *Cuestiones internacionales. Anuario Jurídico Villanueva 2007,* Madrid, Centro Universitario Villanueva, Marcial Pons, 2007, págs. 25-57. Los magistrados de la Corte Primera destituidos en violación de sus derechos y garantías, demandaron al Estado por violación de sus garantías judiciales

Como la respuesta gubernamental a dicho amparo cautelar fue ejecutada por órganos judiciales controlados políticamente, es fácil imaginar lo que significó para los jueces que luego fueron nombrados para reemplazar a los destituidos, quienes sin duda comenzaron a "entender" cómo debían y podían comportarse en el futuro, frente al poder. El resultado fue que desde entonces los tribunales que integran la jurisdicción contencioso administrativa se han negado a aplicar el derecho administrativo, a controlar a la administración pública y a proteger a los ciudadanos frente a la misma[57].

Todo esto, por supuesto, contrasta con las previsiones de la Constitución de 1999, en la cual se encuentra una de las declaraciones de derechos más completas de América Latina, con previsiones expresas sobre la jurisdicción contencioso-administrativa difícilmente incluidas en otros textos constitucionales; lo que demuestra que para que exista control judicial de la actuación del Estado, es indispensable que el poder judicial sea autónomo e independiente, y esté fuera del alcance del poder ejecutivo. Al contrario, cuando el poder judicial está controlado por el poder ejecutivo, como lo muestra la situación venezolana, las declaraciones constitucionales de derechos y sobre las posibilidades de exigirlos ante la justicia y de controlar la actuación de la Administración se convierten en letra muerta, y las regulaciones de la jurisdicción contencioso administrativa en normas totalmente inoperantes y vacías.

New York, junio de 2017

---

previstas en la Convención Interamericana de Derechos Humanos, y la Corte Interamericana de Derechos Humanos condenó al Estado por dichas violaciones en sentencia de 5 de agosto de 2008 (Caso *Apitz Barbera y otros* ["*Corte Primera de lo Contencioso Administrativo*"] *vs. Venezuela*). Véase en *http://www.corteidh.or.cr/* Excepción Preliminar, Fondo, Reparaciones y Costas, Serie C núm. 182. Frente a ello, sin embargo, la Sala Constitucional del Tribunal Supremo de Justicia en sentencia núm. 1.939 de 18 de diciembre de 2008 (Caso *Gustavo Álvarez Arias y otros*), declaró inejecutable dicha decisión de la Corte Interamericana. Véase en *http://www.tsj.gov.ve/decisiones/scon/Diciembre/1939-181208-2008-08-1572.html*

[57] Véase Antonio Canova González, *La realidad del contencioso administrativo venezolano (un llamado de atención frente a las desoladoras estadísticas de la Sala Político Administrativa en 2007 y primer semestre de 2008)*, cit., pág. 14.

LOS SISTEMAS DE CONTROL
DE LA ACTIVIDAD ADMINISTRATIVA
EN EL DERECHO COMPARADO

CARLOS E. DELPIAZZO[*]

1. INTRODUCCIÓN

Sabido es que el Derecho comparado no es una rama del Derecho sino que implica una actividad intelectual en que el Derecho es el objeto y la comparación de instituciones o sistemas jurídicos de diversos lugares o épocas tiene por fin determinar notas comunes y elementos diferenciales[1] para la mejor comprensión de los mismos[2].

En este caso, la mirada comparada tiene por objeto el control y, más precisamente, el control de la actividad administrativa, para lo cual el punto de partida debe ser una noción amplia del control y sus tipos.

[*] Doctor en Derecho y Ciencias Sociales por la Universidad Mayor de la República Oriental del Uruguay. Catedrático de Derecho Administrativo en la Facultad de Derecho de la Universidad de Montevideo. Ex Catedrático de Derecho Administrativo, de Derecho Informático y de Derecho Telemático en la Facultad de Derecho de la Universidad Mayor de la República. Ex Decano de la Facultad de Derecho de la Universidad Católica del Uruguay Dámaso Antonio Larrañaga. Autor de 75 libros y más de 500 trabajos publicados en el país y en el exterior. Profesor Invitado del Instituto Nacional de Administración Pública (España). Profesor Visitante de la Especialización en Derecho Administrativo de la Universidad de Belgrano (Argentina). Profesor Extraordinario Visitante de la Universidad Católica de Salta (Argentina). Miembro del Comité Académico de la Maestría de Derecho Administrativo de la Facultad de Derecho de la Universidad Austral (Argentina) y de la Comisión Académica del Programa de Doctorado de Derecho Administrativo Iberoamericano liderado por la Universidad de La Coruña (España). Ex Director y miembro del Instituto Uruguayo de Derecho Administrativo, del Instituto de Derecho Administrativo de la Universidad Notarial Argentina, de la Asociación Argentina de Derecho Administrativo, de la Asociación de Derecho Público del Mercosur, de la Asociación Centroamericana de Derecho Administrativo, de la Academia Internacional de Derecho Comparado, de la Asociación Iberoamericana de Derecho Administrativo, y del Instituto Internacional de Derecho Administrativo. Secretario General del Foro Iberoamericano de Derecho Administrativo.

[1] EDUARDO GARCÍA MÁYNEZ, *Introducción al estudio del derecho*, México, Porrúa, 1960, págs. 162 y ss.

[2] EDUARDO J. COUTURE, "El derecho comparado y la comprensión de los pueblos", en *Jornadas de Derecho Comparado*, Montevideo, Biblioteca de Publicaciones Oficiales de la Facultad de Derecho y Ciencias Sociales, 1955, pág. 38.

En orden a su *caracterización*, siguiendo la enseñanza de Massimo Severo Giannini, cabe considerarlo como la "comprobación de regularidad de una función propia o ajena"[3]. De tal caracterización surgen con nitidez los dos componentes básicos que la configuran, a saber:

a) Una función (entendida ampliamente como comprensiva de toda tarea, trabajo o actividad), y

b) Un conjunto de normas (también entendidas estas en sentido amplio, o sea, cualquiera sea su naturaleza, jurídicas o no) según las cuales aquella ha de desenvolverse.

Por lo que refiere a su *tipología*, existe una amplia gama de especies de control que, si bien participan de la finalidad común de comprobar la regularidad de la actividad controlada, poseen notas diferenciales que permiten su clasificación y agrupamiento en diversas categorías según diferentes criterios no excluyentes sino complementarios.

Sobre el particular, es posible ensayar una presentación esquemática a partir de los siguientes criterios principales de clasificación: la naturaleza del órgano de control, la índole de los actos respectivos, la posición institucional del controlante, la oportunidad del control, su objeto y su alcance[4].

Atendiendo *a la naturaleza del órgano de control*, cabe distinguir entre:

a) Control parlamentario, que es el ejercido por los órganos legislativos;

b) Control administrativo, que es el confiado a los órganos administrativos; y

c) control jurisdiccional, que es el atribuido a los órganos jurisdiccionales en su más amplio sentido.

De acuerdo con la *índole del acto del control*, corresponde diferenciar entre:

a) Control legislativo, que es aquel que se manifiesta mediante el dictado de leyes;

b) Control administrativo, que es aquel que se expresa por medio de actos administrativos, y

c) Control jurisdiccional, que es aquel que culmina con una sentencia.

Según la *posición institucional del órgano de control*, puede distinguirse entre:

a) Control interno, que es el confiado a dependencias pertenecientes a la misma Administración controlada, y

b) Control externo, que es el asignado a órganos ajenos a la Administración controlada.

---

[3] Massimo Severo Giannini, "Control, noción y problemas en el derecho italiano", en *Anuario de Derecho Administrativo*, t. i, Santiago de Chile, 1976, págs. 424 y ss.

[4] Carlos E. Delpiazzo, *Desafíos actuales del control*, Montevideo, F.C.U., 2001, págs. 11 y ss.

El aludido criterio de la ubicación orgánica ha permitido separar también entre:

a) Controles verticales, que son aquellos derivados de una vinculación jerárquica, y

b) Controles horizontales, que son aquellos que vinculan órganos ubicados en igualdad de situación, pudiendo distinguirse entre ellos los intraorgánicos, los interorgánicos, y los extraorgánicos.

Conforme a la *oportunidad*, cabe diferenciar entre:

a) control previo, que se realiza durante el proceso de formación del acto o, al menos, antes de que produzca sus efectos;

b) Control concomitante, que se verifica en forma simultánea, y

c) Control *a posteriori*, que se efectúa con ulterioridad.

En función del *objeto de control*, es posible distinguir entre:

a) Control de legitimidad, que es el que busca y persigue que los actos de la Administración controlada se ajusten a las normas jurídicas que regulan su actividad, y

b) Control de mérito, que está destinado a apreciar la oportunidad y la conveniencia de los actos emanados de la Administración controlada.

Según su *alcance del control*, el mismo puede versar:

a) Sobre las personas, es decir, sobre la conducta de los funcionarios que desempeñan tareas en la Administración controlada, y

b) Sobre la gestión o actividad de dicha Administración, o sea, abarcando los actos y hechos que son el contenido mismo de la función administrativa.

Con fines expositivos, atendiendo más ampliamente a quien controla en función de la materia o *sustancia de control*, cabe distinguir el control administrativo, el jurisdiccional (o cuasi jurisdiccional), el político, el cívico (o ciudadano), el penal, el disciplinario y el referido al manejo de los fondos públicos.

2. Control administrativo

Respecto al control administrativo, entendido tanto en sentido funcional como orgánico, el panorama comparado exhibe lo que podrían considerarse *dos grandes tendencias*.

Así, mientras que en algunos países se pone el énfasis primordialmente en las peticiones o denuncias y en los recursos administrativos, en otros se apuesta preferentemente a sistemas orgánicos específicos de fiscalización administrativa (exclusión hecha de los relativos al manejo de los recursos públicos, que se examinarán separadamente más adelante).

Por lo que refiere *a los recursos administrativos*, es remarcable su variedad y diversidad de alcances[5].

En *Argentina*, además de distinguirse entre los recursos administrativos propiamente tales, las reclamaciones y las denuncias, aquellos pueden ser de revocación, jerárquico y de alzada.

En *Brasil*, tras distinguir entre el control de legitimidad (que pone el acento en los intereses primarios de la sociedad) y el control de legalidad (que enfatiza en la sujeción a la ley), se diferencian modalidades de control administrativo atendiendo a dos criterios principales: temporal y objetivo.

Desde el punto de vista temporal, se distingue entre el control preventivo, concomitante y posterior.

En cambio, desde el punto de vista del objeto, la diferenciación se hace, según la eficacia pretendida, entre la fiscalización y la corrección.

A su vez, las peticiones y recursos administrativos son los instrumentos para la actuación de dichas modalidades de control administrativo.

En *Colombia*, el Código de Procedimiento Administrativo y de lo Contencioso Administrativo de 2011 (CPACA) consagra un sistema de recursos administrativos que, dependiendo de la autoridad que adopte la decisión administrativa, pueden ser de reposición y apelación, agregándose la llamada "revocación directa de los actos administrativos" reconocida a la autoridad emisora o a su superior.

En *Costa Rica*, a partir de la Ley General de la Administración Pública de 1978 (LGAP), se destaca la autotutela administrativa con el doble fin de garantizar el respeto de las situaciones jurídicas sustanciales de los administrados y lograr el acierto o mejor cumplimiento de los fines de las administraciones públicas, entre otros instrumentos, por medio de los recursos administrativos.

En *España*, los recursos administrativos representan un eficaz mecanismo de control administrativo y suponen, al mismo tiempo, una garantía de la regularidad de la acción administrativa para los ciudadanos.

Los recursos administrativos pueden clasificarse en ordinarios (el recurso de alzada y el de reposición) y extraordinarios (el recurso de revisión).

En *Italia*, el decreto 1199 de 24 de noviembre de 1971 contempla cuatro tipos de recursos administrativos: el recurso jerárquico, el recurso jerárquico impropio, el recurso de oposición y el recurso extraordinario, de los cuales, desde el punto de vista práctico, los más importantes son el recurso jerárquico y el recurso extraordinario.

El recurso jerárquico, como en todos los países, se funda en la jerarquía, instando a la intervención del órgano superior a fin de que verifique la actividad del órgano subordinado.

---

[5] Jesús González Pérez, *Los recursos administrativos y económico administrativos*, Madrid, Civitas, 1975, págs. 119 y ss.

En cambio, el recurso extraordinario ante el presidente de la República es admitido solo contra medidas respecto de las cuales se hubiese interpuesto recurso jerárquico, debiendo motivarse en vicios de legitimidad que justifiquen la anulación del acto atacado. Requiere la opinión del Consejo de Estado con carácter vinculante, lo que ha acentuado su analogía con los medios impugnativos jurisdiccionales.

En *México*, la Ley Federal de Procedimiento Administrativo (LFPA) regula los recursos administrativos, especialmente el de revisión, que cabe contra todo acto de cualquier Administración y, para el caso de obtenerse satisfacción, habilita el juicio contencioso administrativo.

En *Perú*, los recursos administrativos también están regulados en la Ley de Procedimiento Administrativo General (LPAG), que prevé los de reconsideración y apelación, exigiendo el agotamiento de la vía administrativa para poder impugnar jurisdiccionalmente los actos que se consideran lesivos de derechos humanos o intereses legítimos.

En *Uruguay*, desde la propia Constitución (art. 317) se prevén los recursos administrativos de revocación, jerárquico y de anulación (respecto a los organismos sometidos a tutela administrativa) en el ámbito nacional, y los recursos administrativos de reposición y apelación en el ámbito departamental[6].

El agotamiento de la vía administrativa mediante la interposición de los recursos correspondientes es un requisito de admisibilidad para poder acudir al Tribunal de lo Contencioso Administrativo a fin de plantear la pretensión anulatoria en sede jurisdiccional (art. 319 de la Carta).

En *Venezuela*, se distingue entre el control derivado de las formas de la organización administrativa —que incluye el control jerárquico y el de tutela— y el control de la actividad administrativa mediante los recursos de reconsideración, jerárquico y de revisión. Mientras que el recurso de reconsideración es el que se intenta ante la propia autoridad que dictó el acto, el jerárquico es el que se intenta ante el superior a los efectos de que revise lo actuado, y el de revisión, que también se intenta ante el superior, solo cabe por motivos muy precisos, derivados de hechos que sobrevengan después que el acto se ha dictado.

En cuanto a los *órganos de control administrativo*, es de ver que en algunos países el acento se pone preferentemente en el control no jurisdiccional, tanto interno como externo, atribuido a órganos u organismos especializados en sede administrativa[7].

---

[6] Carlos E. Delpiazzo, *Régimen jurídico de los recursos administrativos*, Montevideo, F.C.U., 1984; "Los recursos administrativos. Enfoque comparado regional", en *Revista de Administración Pública Uruguaya*, núm. 27, págs. 99 y ss., y "Recursos administrativos nos Direitos brasileiro, uruguayo e argentino", en AA. VV., *As leis de processo administrativo*, São Paulo, Malheiros, 2000, págs. 242 y ss.

[7] Carlos E. Delpiazzo, *Desafíos actuales del control*, cit., págs. 18 y ss.

Así, en *Chile*, merece destaque el control autónomo e independiente ejercido por la Contraloría General de la República, de larga data, a la cual compete fiscalizar el debido ingreso e inversión de los fondos del fisco, de las municipalidades, de la beneficencia pública y de los otros servicios que determinen las leyes, verificar el examen y juzgamiento de las cuentas que deben rendir las personas o entidades que tengan a su cargo fondos o bienes de esas instituciones y de los demás servicios o entidades sometidos a su fiscalización, y de la inspección de las oficinas correspondientes, pronunciarse sobre la constitucionalidad y legalidad de los decretos supremos y vigilar el cumplimiento del ordenamiento administrativo.

Dicha Contraloría ejerce sus funciones mediante la toma de razón (control previo de legalidad), la emisión de dictámenes, y la realización de auditorías.

En *Ecuador*, la Constitución de 2008 define tres instituciones de control: el Consejo de Participación Ciudadana y Control Social, la Contraloría General del Estado y las Superintendencias.

En particular, a la Contraloría General del Estado corresponde la auditoría interna y externa de las entidades estatales, la determinación de responsabilidades administrativas, civiles e indiciarias de responsabilidad penal, y el asesoramiento a los órganos y entidades estatales.

En *Francia*, se presenta un nuevo enfoque del control jerárquico y de autotutela a partir del funcionamiento de la Administración "en red", o sea, más horizontal que vertical.

Asimismo, se destacan los controles de inspección y evaluación, las reclamaciones ante el defensor de los derechos y el control por las autoridades administrativas independientes.

En *México*, los controles administrativos, sin perjuicio de la posibilidad de ser activados por queja o interposición de recursos administrativos, se manifiestan mediante distintas autoridades en función de materia.

Entre ellas, cabe mencionar la Secretaría de la Función Pública, los órganos de control interno de las diversas administraciones, y los órganos que componen el Sistema Nacional Anticorrupción (SNA), desarrollado en la Ley General de Sistema Nacional Anticorrupción (LGSNA).

De modo similar, en *Perú*, sin perjuicio de los recursos administrativos, existen tribunales administrativos que ejercen función administrativa y no jurisdiccional, los cuales resuelven controversias planteadas por los particulares en ejercicio de facultades de autocontrol de las propias administraciones públicas.

Asimismo, un control original de Perú que se desarrolla en sede administrativa es el denominado de control de barreras burocráticas, encargado al Instituto de Defensa de la Competencia y de la Propiedad Intelectual (INDECOPI).

En *Uruguay*, además de los recursos administrativos, se distingue entre controles orgánicos internos y externos. A su vez, entre estos últimos, se incluyen, acudiendo a un criterio material, los referidos a la actividad financiera, a las relaciones de consumo, a la defensa de la competencia, a las comunicaciones, la energía y el agua, a la protección de los datos personales, y al acceso a la información pública.

3. Control jurisdiccional

Respecto al control jurisdiccional de la actividad administrativa, es generalmente aceptado que, desde el punto de vista organizativo, los diversos regímenes pueden agruparse en dos *tipos básicos*[8]:

a) El de jurisdicción única o judicialista, en el cual la competencia está atribuida al poder judicial, sea que corresponda al fuero general, como en Inglaterra, sea que se asigne a un fuero especial, como en España, y

b) El de doble jurisdicción, en el cual la competencia se distribuye entre tribunales judiciales y administrativos, como ocurre en Francia.

Entre los dos sistemas, y con elementos de ambos, algunos países presentan regímenes mixtos, como ocurre en los casos no judicialistas (en el sentido de jurisdicción única) sino jurisdiccionalistas (en el sentido de que la función jurisdiccional no radica exclusivamente en los órganos del Poder Judicial).

Por otra parte, bajo un enfoque material, es dable constatar en los diferentes ordenamientos una *diversa significación de lo contencioso administrativo*, partiendo de la más amplia —comprensiva del universo de los litigios referidos a la actividad administrativa o en que es parte la Administración— hasta la más específica, empleada para designar determinados órganos jurisdiccionales o las contiendas que tienen por objeto la anulación de actos administrativos.

En *Argentina*, la Constitución se inclina por el sistema judicialista de control jurisdiccional de la Administración.

Su objeto alcanza a la causa del acto administrativo (tanto en sus antecedentes de hecho como de Derecho), a las cuestiones técnicas, y en determinados supuestos a la oportunidad o mérito de las decisiones, sin avanzar sobre las típicas funciones de legislar y de administrar que, en forma prevalente, se adjudican a los poderes Legislativo y Ejecutivo respectivamente.

También cabe la acción declarativa de inconstitucionalidad cuya finalidad es la de preservar los derechos y garantías reconocidos por la Constitución respecto a actos o normas que repugnan al sistema constitucional argentino.

Asimismo, se reconoce la procedencia del amparo por mora de la Administración y del clásico amparo constitucional, reconocido en el artículo 43 de la Carta, a cuyo tenor "Toda persona puede interponer acción expedita y

---

[8] Héctor A. Mairal, *Control judicial de la administración pública*, vol. 1, Buenos Aires, Depalma, 1984, págs. 17 y ss.

rápida de amparo, siempre que no exista otro medio judicial más idóneo, contra todo acto u omisión de autoridades públicas o de particulares, que en forma actual o inminente lesione, restrinja, altere o amenace, con arbitrariedad o ilegalidad manifiesta, derechos y garantías reconocidos por esta Constitución, un tratado o una ley".

En *Brasil*, el control jurisdiccional de la actividad administrativa está concentrado orgánicamente en el poder judicial.

En cuanto a su objeto, el contencioso administrativo apunta al control de la juridicidad en su expresión objetiva y subjetiva. Consecuentemente, cabe la inconstitucionalidad de las leyes y la ilegalidad e irreglamentariedad de los actos infraconstitucionales.

A su vez, los medios de control judicial se clasifican en inespecíficos y específicos. Entre los primeros, cabe distinguir los ordinarios de los especiales, mientras que entre los segundos, se encuentran los tendientes a la provocación del Estado, la provocación del administrado y la provocación común.

En *Colombia*, siguiendo una larga tradición, el sistema vigente es de doble jurisdicción: la ordinaria y la contencioso-administrativa. Esta última se encuentra organizada es tres niveles: el Consejo de Estado, los tribunales administrativos y los jueces administrativos.

El objeto de la jurisdicción administrativa colombiana es conocer de las controversias y litigios originados en actos, contratos, hechos, omisiones y operaciones, sujetos al Derecho Administrativo, en que se encuentren involucrados organismos públicos o los particulares cuando participan del ejercicio de la función administrativa.

Los medios de control jurisdiccional de la actividad administrativa se encuentran condensados en el Código de Procedimiento Administrativo y de lo Contencioso Administrativo de 2011 (CPACA), entre los que cabe individualizar: la nulidad por inconstitucionalidad, el control inmediato de legalidad, la simple nulidad y la nulidad con restablecimiento del derecho, la nulidad electoral, la reparación directa, las controversias contractuales, la pérdida de investidura, la acción popular, la acción de grupo, y la acción de cumplimiento. A ellos cabe agregar el recurso extraordinario de unificación de jurisprudencia y las medidas cautelares.

En *Chile*, no existe una jurisdicción contencioso administrativa, correspondiendo al Tribunal Constitucional el control concentrado de constitucionalidad y a los tribunales del Poder Judicial el conocimiento de las causas en que sea parte la Administración, por medio de un conjunto de acciones especiales y de recursos extraordinarios.

En *Costa Rica*, con fundamento en la Constitución Política de 1949, la jurisdicción contencioso administrativa radica orgánicamente en el poder judicial.

En cuanto a los medios de control, al tenor del Código Procesal Contencioso Administrativo de 2006, se reconoce el principio de la plena justiciabilidad de la función administrativa y de las relaciones jurídico administrativas, de modo que "El demandante podrá formular cuantas pretensiones sean necesarias, conforme al objeto del proceso" (art. 42).

En *Ecuador*, la Corte Constitucional ejerce el control de constitucionalidad mientras que el sistema judicial juzga el cumplimiento de las leyes. En las contiendas contra entidades estatales actúa la jurisdicción contencioso administrativa.

En *España*, desde el punto de vista organizativo, rige el principio de la jurisdicción única, aunque estructurada en órdenes especializados, uno de los cuales es el contencioso administrativo.

La peculiaridad que justifica su diferenciación radica en su objeto, que comprende no solo la actuación administrativa (los actos, expresos o presuntos, la inactividad y la actividad material constitutiva de vía de hecho) sino también las pretensiones que, sobre la base de derechos e intereses legítimos, se deduzcan por los administrados.

Consecuentemente, las pretensiones contencioso administrativas pueden referir a disposiciones de carácter general, actos administrativos expresos o presuntos, supuestos de inactividad de la Administración, y las vías de hecho.

En *Francia*, existe desde hace más de dos siglos una separación de las jurisdicciones administrativa y ordinaria, configurando el caso modélico de sistema dual que se expresa a través de tribunales administrativos, cortes administrativas de apelación y el Consejo de Estado.

Este último órgano fue creado por Napoleón en 1799 y ejerce funciones tanto consultivas (en el seno de las seis Secciones llamadas administrativas) como contenciosas (centradas en el control de legalidad de los actos administrativos).

En *Italia*, la jurisdicción administrativa es ejercida sobre la base de dos niveles: los jueces de primer grado son los tribunales administrativos regionales y el juez de apelación es el Consejo de Estado (arts. 103 a 125 de la Constitución).

El sistema italiano de control jurisdiccional de la actividad administrativa se basa en la distinción entre derecho subjetivo e interés legítimo, la cual permite atribuir la competencia de los tribunales civiles (ligada al derecho subjetivo) y la de los tribunales administrativos (ligada al interés legítimo).

Por su objeto, el control sobre los actos de la Administración se centra especialmente en los vicios de ilegitimidad consistentes en la incompetencia, la violación de la ley y el exceso de poder. La comprobación de cualquiera de estos vicios apareja la anulación del acto impugnado y si la Administración no cumple a cabalidad la sentencia respectiva, el administrado puede acudir al juez administrativo para que este sustituya, directamente o mediante un interventor designado, a la Administración incumplidora.

En *México*, rige un sistema mixto inclinado a la dualidad jurisdiccional, que confía el juicio contencioso administrativo al Tribunal Federal de Justicia

Administrativa, el cual se integra por una Sala Superior, la cual está dividida en tres Secciones, una Junta de Gobierno y Administración, y Salas Regionales de tres miembros, las cuales tienen competencia territorial.

Al poder judicial corresponde conocer de las controversias que se susciten con motivo de la aplicación de las leyes federales cuando deba decidirse sobre la legalidad o subsistencia de un acto de autoridad o de un procedimiento seguido por una autoridad administrativa (el llamado juicio ordinario administrativo) así como para entender en los supuestos de defensa de la Constitución y de las garantías individuales (mediante el juicio de amparo).

En *Perú*, el proceso contencioso administrativo se encuentra consagrado en el artículo 148 de la Constitución como mecanismo de tutela jurisdiccional de los particulares para defenderse de las actuaciones administrativas arbitrarias que les afecten y como medio de control de la legalidad de la actividad de la Administración. El mismo está a cargo de jueces de primera instancia y de Salas de la Corte Superior, especializadas en lo contencioso administrativo. En los distritos en los que no exista juez o Sala especializada, será competente el juez civil y la Sala correspondiente.

Por su objeto, el control mediante dicho proceso implica la plena justiciabilidad del universo de las actuaciones de la Administración pública y no solo de los actos administrativos.

Adicionalmente, debe tenerse presente que el artículo 200 de la Constitución establece los siguientes procesos constitucionales para la protección de los derechos constitucionales: el *habeas corpus*, el *habeas data*, el amparo, la acción de cumplimiento, la acción de inconstitucionalidad, la acción popular, y el conflicto de competencias que se tramita ante el Tribunal Constitucional.

Una peculiaridad del régimen peruano la constituye el control jurisdiccional de la Administración mediante tribunales arbitrales en las contrataciones públicas.

En *Uruguay*, el sistema vigente conforme a las Secciones XV y XVII de la Constitución puede calificarse como orgánicamente mixto ya que está a cargo de los órganos del poder judicial y de otro órgano jurisdiccional —el Tribunal de lo Contencioso Administrativo— independiente de los demás poderes de gobierno y con igual jerarquía que la Suprema Corte de Justicia.

Por otra parte, desde el punto de vista funcional, nuestro sistema es de competencias diferenciadas por cuanto[9]:

---

[9] CARLOS E. DELPIAZZO , "La justicia administrativa en Uruguay", en GERMÁN CISNEROS, JORGE FERNÁNDEZ RUIZ y MIGUEL ALEJANDRO LÓPEZ OLVERA (Coords.), *Justicia administrativa*, México, UNAM, 2007, págs. 147 y ss., y "Los contenciosos administrativos de anulación y reparación en el derecho uruguayo", en *Revista de Derecho Público*, núm. 108, Caracas, 2006, págs. 7 y ss.

a) Al Tribunal de lo Contencioso Administrativo se le atribuye de modo exclusivo el contencioso de anulación de los actos administrativos dictados por las entidades estatales y el contencioso interadministrativo basado en la legislación, y

b) Al poder judicial se le asigna el contencioso de reparación, el contencioso interadministrativo basado en la Constitución, el contencioso represivo y el contencioso de amparo.

En *Venezuela*, el control judicial sobre la Administración pública se realiza por los tribunales de la República, los que forman la jurisdicción contencioso administrativa con competencia para "anular los actos administrativos generales o individuales contrarios a Derecho, incluso por desviación de poder; condenar al pago de sumas de dinero y a la reparación de daños y perjuicios originados en responsabilidad de la Administración; conocer de reclamos por la prestación de servicios públicos, y disponer lo necesario para el restablecimiento de las situaciones jurídicas subjetivas lesionadas por la actividad administrativa" (art. 259).

Dicha jurisdicción corresponde a la Sala Político Administrativa del Tribunal Supremo de Justicia y a los demás tribunales que regula la ley Orgánica de la Jurisdicción Contencioso Administrativa de 2010, inspirada en los principios de especialidad, universalidad del control, y tutela jurisdiccional efectiva.

Por su objeto, dicha ley permite distinguir el proceso contencioso administrativo de anulación de los actos administrativos, el proceso contencioso administrativo contra las carencias administrativas, los procesos contencioso administrativos de las controversias administrativas, el proceso contencioso administrativo de las demandas patrimoniales, el proceso contencioso administrativo de las demandas contra las vías de hecho, el proceso contencioso administrativo de las demandas relativas a los servicios públicos, y el proceso contencioso administrativo de interpretación de las leyes.

4. Control político

A diferencia del carácter objetivado de los controles jurídicos, la condición subjetiva es la propia del control político, lo que determina una serie de peculiaridades en lo que se refiere al controlante —cualificado por su condición política—, el criterio de valoración y el resultado del control[10].

Así, en *Argentina*, con fundamento en los principios de juridicidad y de separación de poderes, el ejercicio de las funciones ordinarias del poder está distribuido entre el Congreso, que ejerce la función legislativa, la Corte Suprema de Justicia y demás tribunales inferiores, que ejercen la función juris-

---

[10] Manuel Aragón, *Constitución y control del poder*, Buenos Aires, E.C.A., 1995, págs. 143 y ss.

diccional, y el presidente de la Nación, que ejerce la función administrativa. Esta pluralidad de órganos tiene por finalidad hacer más eficiente el ejercicio del poder del Estado y, para ello, se dan una serie de controles horizontales intraorgánicos —es decir, dentro de cada uno— e interorgánicos —los que se traducen en las relaciones que operan entre los órganos gubernamentales— que concurren con diversos controles

En *Brasil*, como acontece en muchos otros países, el control político se identifica con el parlamentario. De acuerdo con la Constitución de 1988, se reconocen diversas formas de control parlamentario sobre la Administración.

Bajo un criterio orgánico, se mencionan tres modalidades: dos directas (ejercidas por las cámaras legislativas y por sus comisiones) y una indirecta (ejercida en conjunto con órganos auxiliares constitucionalmente instituidos).

Atendiendo a un criterio material de los efectos, se distinguen las modalidades preventivas y represivas. A vía de ejemplo, entre estas últimas, a la Cámara de Diputados corresponde autorizar la instauración de proceso contra el presidente, el vicepresidente y los ministros, al tiempo que al Senado corresponde procesarlos y juzgarlos, así como a otras altas autoridades.

En *Colombia*, también la Constitución de 1991 confía al Congreso de la República el desarrollo de este tipo de control, por medio de diversos instrumentos tales como el juzgamiento por el Senado de las autoridades acusadas por la Cámara de Representantes y otros como las citaciones, los pedidos de informes y la censura.

En *Chile*, el control parlamentario es visto como una lógica consecuencia del principio de separación de poderes, considerándose como un control externo y no siempre jurídico por la propia índole de las cámaras legislativas. Los instrumentos propios de esta forma de control son las observaciones, las citaciones a los ministros, las comisiones investigadoras, y la acusación constitucional a los titulares de destacados cargos públicos.

En *Costa Rica*, el control político de las administraciones públicas se encuentra esbozado en la Constitución de 1949, en la cual se contempla la interpelación y censura de los ministros de Gobierno.

De modo similar, en *Ecuador*, la Asamblea Nacional tiene potestades para controlar y enjuiciar al presidente y al vicepresidente, así como a otras altas autoridades públicas, con excepción de las empresas públicas.

En *Francia*, con fundamento en el artículo 15 de la Declaración de los Derechos del Hombre y del Ciudadano de 1789 (a cuyo tenor "La sociedad tiene derecho a pedir cuentas de su gestión a cualquier agente público"), no han cesado de multiplicarse las modalidades de control parlamentario, destacándose la de evaluar las políticas públicas.

En *México*, el control político, asentado en el Parlamento, es una de las figuras más antiguas de fiscalización, por medio de la cual los titulares de los poderes de la Unión así como los funcionarios de la alta administración pueden ser acusados por la Cámara de Diputados y juzgados por la Cámara de Senadores.

En *Uruguay*, también el control político tiene como principal controlante al Parlamento en el entendido de que el sentido de la división de poderes, base del Estado de Derecho, radica en la fiscalización del poder para asegurar la libertad.

De modo similar, en la Constitución de *Venezuela*, se atribuye a la Asamblea Legislativa el ejercicio del control político sobre la Administración Pública y la actividad administrativa del Estado, con amplias facultades para realizar interpelaciones, investigaciones, preguntas, autorizaciones y aprobaciones parlamentarias, así como para declarar la responsabilidad política de los funcionarios públicos.

5. Control ciudadano

También llamado control popular, control cívico o control social, el control ciudadano se sustenta en la *participación de los administrados*, considerándola como un derecho fundamental.

Al respecto, la noción de participación requiere la realización de algunos deslindes en orden a la diferenciación de distintas especies de la misma. En particular, interesa distinguir entre participación política y administrativa, y entre participación presencial y virtual[11].

Por lo que refiere al primero de dichos deslindes, puede definirse a la *participación política* como cualquier acción de los ciudadanos dirigida a influir en el proceso político y en sus resultados, comprendiendo acciones tendientes a incidir en la composición de los órganos y cargos representativos, en las actitudes de los políticos y en la respuesta a decisiones tomadas, abarcando también la actuación en organizaciones que buscan objetivos colectivos.

Distintos son los instrumentos destinados a tal fin. Así, en *Argentina*, ha adquirido importancia la audiencia pública, en tanto que en otros países, como *Colombia* y *Uruguay*, se contemplan institutos tales como el referéndum.

En cambio, la *participación administrativa* posee un alcance más restringido ya que refiere específicamente al relacionamiento de la Administración con los administrados, sea individual o colectivamente considerados, de modo que la dualidad "Estado-ciudadano" (que especifica la participación política) se traduce aquí en la relación "Administración-administrado".

---

[11] Carlos E. Delpiazzo – "Dimensión tecnológica de la participación del administrado en el Derecho uruguayo", en *Rev. Iberoamericana de Derecho Público y Administrativo*, núm. 5, San José de Costa Rica, 2005, págs. 63 y ss., y en Rogerio Gesta Leal (Organizador), *Administração Pública e Participação Social na América Latina*, Santa Cruz do Sul, Edunisc, 2005, págs. 117 y ss.

Pasando a la segunda de las distinciones propuestas, mientras que la *participación presencial* supone la actuación personal del administrado frente al funcionario de la Administración (ordinariamente materializada en un expediente soportado en papel), la *participación virtual* es aquella que se concreta a distancia y que utiliza medios informáticos y telemáticos[12].

La diferenciación entre participación política y participación administrativa puede traducirse en el ámbito de las nuevas tecnologías de la información y de las comunicaciones en la distinción entre lo que se ha llamado "democracia electrónica" por un lado y "gobierno electrónico" o, más precisamente, "Administración electrónica" por otro (en todos los casos, por traducción de las expresiones en inglés *e-democracy, e-government* y *e-administration*).

Mientras que la "ciberdemocracia" refiere a la participación ciudadana a través de mecanismos interactivos de acceso a la información y consulta directa y, en especial, del voto electrónico, la "Administración electrónica" trata de la relación cotidiana de las administraciones entre sí y con los administrados en aspectos relativos al cumplimiento de los cometidos asignados a aquellas.

En ese marco, la viabilidad del control social mediante la participación virtual de los administrados, requiere como supuestos imprescindibles un cierto grado de automatización de las administraciones públicas, una adaptación del Derecho positivo a esa nueva realidad y una vigencia efectiva del *principio de transparencia* en el obrar administrativo.

Entendida como la diafanidad del obrar público, en rigor la transparencia supone dar un paso adelante respecto a la publicidad: mientras que la publicidad implica mostrar, la transparencia implica algo más, implica dejar ver, que el actuar de la Administración se deje ver como a través de un cristal[13].

Consecuentemente, es destacable la fuerza expansiva de la transparencia en tanto jerarquiza lo que es visible y accesible, lo que puede ser conocido y comprendido, por contraposición a lo cerrado, misterioso, inaccesible o inexplicable. Además, del contraste entre las sombras y la luz, entre opacidad y transparencia, nacen nuevos métodos que tratan de referir el principio de legalidad, como límite y fundamento de la acción administrativa, al principio de consecución del interés público y del respeto por los derechos de los ciudadanos en el marco del bien común, métodos que tratan de promover los principios de colaboración ciudadana, de participación y de promoción de una

---

[12] José Vicente Cebrian y José Luis Gonzàlez, "Participación política: de la participación presencial a la virtual: la manifestación a través de Internet", en *Ponencias del VII Congreso Iberoamericano de Derecho e Informática*, Lima, 2000, págs. 119 y ss.

[13] Carlos E. Delpiazzo, "De la publicidad a la transparencia en la gestión administrativa", en *Revista de Derecho de la Universidad de Montevideo*, Año II, núm. 3, Montevideo, 2003, págs. 113 y ss.

nueva y diferente forma de concebir el poder administrativo más próximo a los ciudadanos[14].

Para hacer efectiva la transparencia, muchos países han incorporado a sus ordenamientos instrumentos específicos para el acceso a la información pública, tales como el *habeas data* y similares.

6. CONTROL PENAL Y DISCIPLINARIO

Aunque la comprobación de si cualquier persona —gobernante, funcionario o no— ha incurrido en una conducta u omisión tipificada como delito, supone un juicio propio de la actividad de control, tradicionalmente la represión penal, que se ejerce por medio de la función jurisdiccional, no ha sido vista como un mecanismo específico de control de la Administración en sentido estricto.

Sin embargo, en el ámbito latinoamericano, especialmente a partir de la entrada en vigencia de la Convención Interamericana contra la Corrupción suscita en Caracas el 29 de marzo de 1996, el control penal ha adquirido una especial relevancia en el marco de la lucha contra la corrupción[15].

Sin perjuicio de ella, en la medida que el mismo se desenvuelve en ejercicio de la función jurisdiccional, no ha merecido una consideración autónoma.

Por otra parte, vinculado al control penal, en algunos países se visualiza próximo a él el control disciplinario, el cual, aun cuando se cumple por medio de la función administrativa, participa de características comunes a todo régimen represivo, sin que este sea el lugar para analizar si existe un único Derecho represivo que se particulariza en diversas ramas o si, por el contrario, el Derecho penal posee rasgos propios que no son trasladables sin más a los otros órdenes represivos (aduanero, fiscal, disciplinario, etc.).

En rigor, el régimen disciplinario de los funcionarios públicos es el conjunto de normas y principios generales que regulan el poder y el procedimiento disciplinarios. Como tal, se integra en trilogía estrechísima, con el procedimiento, la infracción y la sanción disciplinarias[16].

Además, al presente, la juridización de la ética pública encuentra en el régimen disciplinario un cauce apropiado para la promoción y defensa de la probidad de los servidores públicos[17].

[14] CARLOS E. DELPIAZZO, "Potencialidad aplicativa del principio de transparencia", en *Temas de derecho administrativo*, Año II, Buenos Aires, 2017, págs. 701 y ss.

[15] CARLOS E. DELPIAZZO y ROGERIO GESTA LEAL (Coords.), *Ética pública y patrologías corruptivas*, Montevideo, U. M., 2014, 478 págs.

[16] MARIANO R. BRITO. "Régimen disciplinario", en AA. VV., *Procedimiento administrativo*, Montevideo, Acali, 1977, págs. 136 y ss.

[17] CARLOS E. DELPIAZZO, "Ética y administración pública", Montevideo, La Ley Uruguay, 2017, pág. 26 y ss.

7. Control sobre el manejo de los recursos públicos

La gestión de las haciendas públicas[18] supone la existencia de una organización administrativo-contable, la realización de procedimientos mediante los cuales se recaudarán las rentas o se ejecutarán los gastos, y el dictado de actos administrativos, todo ello bajo un régimen de control específico.

Desde el punto de vista sustantivo, ello aplica a la interrelación de los sistemas presupuestario, de crédito público, de tesorería y de contabilidad, que, por ejemplo, reconocen explícitamente los Derechos argentino, brasileño y uruguayo.

Desde el punto de vista orgánico, es habitual la distinción entre el control externo normalmente a cargo de los tribunales de cuentas[19] o similares y el control interno confiado a órganos de la propia Administración.

Desde el punto de vista funcional, el control sobre el manejo de los recursos públicos debe diferenciarse de la cuestión —vinculada pero separable— de los supuestos configurativos de la responsabilidad patrimonial del Estado y de sus funcionarios[20].

En *Argentina*, la reforma de 1994 dio jerarquía constitucional a la Auditoría General de la Nación, como órgano de control externo (dependiente del Congreso) encargado del "control de legalidad, gestión y auditoría de toda la actividad de la Administración Pública centralizada y descentralizada, cualquiera fuera su modalidad de organización y las demás funciones que la ley le otorgue" (art. 85). A su vez, el control interno se confía por la Ley de Administración Financiera a la Sindicatura General de la Nación (dependiente de la Presidencia), creada en sustitución del Tribunal de Cuentas.

En *Brasil*, todos los poderes y órganos constitucionalmente independientes deben ejercer el control interno, abarcando los aspectos financieros, presupuestales, operacionales y patrimoniales.

A su vez, el control externo compete a los Tribunales de Cuentas estaduales y de la Unión (arts. 70 y ss. de la Constitución de 1988).

En *Chile*, con antecedentes que se remontan al siglo xvi, la Contraloría General de la República, con independencia de todos los ministerios, autoridades y oficinas del Estado, tiene por cometidos principales: fiscalizar el debido ingreso e inversión de los fondos del fisco, de las municipalidades, de

---

[18] Carlos E. Delpiazzo, "Alcance de la noción de Hacienda Pública", en Carlos E. Delpiazzo (Coord.), *Comentarios al TOCAF sobre la Hacienda Pública*, Montevideo, U. M., 2012, págs. 23 y ss.

[19] Carlos E. Delpiazzo, *Tribunal de Cuentas*, Montevideo, A.M.F., 1982, págs. 25 y ss.

[20] Juan Carlos Morón Urbina, *Control gubernamental y responsabilidad de funcionarios públicos*, Lima, Gaceta Jurídica, 2013, y Pablo Esteban Perrino, *La responsabilidad del Estado y los funcionarios públicos*, Buenos Aires, La ley, 2015.

la beneficencia pública y de los otros servicios que determinen las leyes, verificar el examen y juzgamiento de las cuentas que deben rendir las personas o entidades que tengan a su cargo fondos o bienes de esas instituciones y de los demás servicios o entidades sometidos a su fiscalización, llevar la contabilidad general de la Nación, y pronunciarse sobre la juridicidad de determinados actos administrativos.

Interesa destacar que la Contraloría actúa mediante la toma de razón, la emisión de dictámenes y la realización de auditorías.

En particular, la toma de razón consiste en el control previo de legalidad de los actos de la Administración, pudiendo ser favorable al acto o contener una observación al mismo, en cuyo caso se abre una instancia de diálogo con el órgano emisor del acto que puede terminar en la rectificación del mismo o en el convencimiento y consiguiente toma de razón por la Contraloría.

En *Costa Rica*, el artículo 183 de la Constitución de 1949 prescribe que la Contraloría General de la República "es una institución auxiliar de la Asamblea Legislativa en la vigilancia de la Hacienda Pública", que actúa con "absoluta independencia y administración en el desempeño de sus labores". Dentro de sus atribuciones de control externo, se destaca la fiscalización de los presupuestos y de su ejecución, así como su intervención en los procedimientos de contratación pública.

A su vez, la Ley General de Control Interno de 2002 regula los denominados sistemas de control interno en todas las administraciones públicas.

En *Ecuador*, la Contraloría General del Estado actúa con independencia en el control de la Hacienda Pública, con fundamento constitucional.

La legislación infra constitucional en materia hacendista ha desarrollado su competencia, con incidencia en la función pública y en la contratación administrativa.

En *Francia*, además del control ejercido por el Parlamento y por las Comisiones de Finanzas, el control no jurisdiccional de la Administración se ejerce por medio de órganos especializados con competencias específicas.

Particular mención merecen la Corte de Cuentas, creada por Napoleón como una jurisdicción administrativa especializada cuyos fallos pueden ser llevados en casación ante el Consejo de Estado, y la Corte de Disciplina Presupuestal y Financiera, creada en 1948 con el fin de sancionar los actos de los agentes públicos constitutivos de fallas graves o de irregularidades en la gestión de las finanzas públicas.

En *Italia*, el Tribunal de Cuentas, además de ser un órgano de control de toda la actividad administrativa en términos de resultados, es un tribunal especial a los efectos de determinar el resarcimiento que pueda corresponder por los daños causados al erario por los funcionarios públicos.

En *México*, la Auditoría Superior de la Federación, con reconocimiento constitucional, cuenta con autonomía técnica y de gestión para fiscalizar en forma posterior los ingresos, egresos y deuda.

La misma está asistida por el Sistema Nacional de Fiscalización, integrado por los órganos responsables de las tareas de auditoría gubernamental en los distintos niveles de gobierno.

En *Uruguay*, el Texto Ordenado de la Ley de Contabilidad y Administración Financiera (TOCAF) establece que "El sistema de control interno de los actos y la gestión económico financiero estará encabezado por la Auditoría Interna de la Nación" (arts. 104 y ss.) en tanto que "El sistema de control externo de los actos y la gestión económico financiero estará encabezado por el Tribunal de Cuentas" (arts. 111 y ss.), de creación constitucional[21].

En *Venezuela*, el control fiscal interno es el que corresponde realizar a los órganos de la propia Administración pública sobre el manejo de los recursos financieros y bienes que se les asignen. Debe ser ejercido por las máximas autoridades de cada organismo, teniendo la responsabilidad de organizarlo, establecerlo, mantenerlo y evaluarlo en forma acorde a la naturaleza, estructura y fines del mismo.

Por otra parte, el control fiscal externo está confiado a la Contraloría General de la República que, de acuerdo con la Constitución, es un órgano con autonomía funcional que forma parte del poder ciudadano (art. 287) y que, conforme a su ley orgánica, tiene una competencia de amplísimo alcance subjetivo y está dotada de facultades igualmente amplias para determinar el cumplimiento de las normas aplicables y la observancia de las políticas en materia patrimonial y de recursos, verificar la exactitud de la información financiera, administrativa y de gestión, evaluar la eficiencia, eficacia, economía y calidad de las operaciones, y evaluar el sistema de control interno, entre otros cometidos.

8. Conclusión

A modo de sintética conclusión, cabe constatar que no hay Estado de Derecho sin control ya que la plena vigencia del principio de juridicidad que le es inherente implica que deben existir los medios para que la actividad o inactividad administrativas se ajusten al mismo y, en caso contrario, operen los mecanismos adecuados para hacer valer las responsabilidades comprometidas[22].

---

[21] CARLOS E. DELPIAZZO, *Texto Ordenado de Contabilidad y Administración Financiera*, 12ª ed. actualizada y ampliada, Montevideo, F.C.U., 2016, págs. 93 y ss.

[22] CARLOS E. DELPIAZZO, *Derecho administrativo general*, vol. 2, 2ª ed. actualizada y ampliada, Montevideo, A.M.F., 2017, pág. 291.

Ello es así porque quien dice Derecho dice responsabilidad, de modo que no caben reductos de irresponsabilidad administrativa sin desmedro de la calidad del sistema democrático republicano[23].

---

[23] CARLOS E. DELPIAZZO, "Interdicción de la irresponsabilidad administrativa en el Estado constitucional de Derecho", en JAIME RODRIGUEZ ARANA y otros (Coords.), *La responsabilidad patrimonial de la Administración*, XIII Foro Iberoamericano de Derecho Administrativo, México, Universidad Panamericana, 2014, t. 1, págs. 189 y ss., y "La lucha contra las inmunidades del poder y el principio de tutela jurisdiccional efectiva", en ALLAN BREWER CARIAS y otros (Coords.), *La protección de los derechos frente al poder de la Administración*. Libro en homenaje al Prof. Eduardo García de Enterría, Bogotá - Caracas -Valencia, Temis - Editorial Jurídica Venezolana -Tirant lo Blanch, 2014, págs. 533 y ss.

Este libro se terminó de imprimir en los talleres de Editorial Nomos, el día veintidós de febrero de dos mil dieciocho, aniversario del nacimiento de Víctor Raúl Haya de la Torre (n. 22, II, 1895 y m. 3, VIII, 1979).

LABORE ET CONSTANTIA